国家出版基金项目
NATIONAL PUBLICATION FOUNDATION

國家出版基金項目

教育部哲學社會科學研究重大課題攻關項目

「十一五」「十二五」「十三五」
國家重點圖書出版規劃項目·重大工程出版規劃

「十四五」
國家重點出版物出版专項規劃項目·古籍出版規劃

國家社會科學基金重大項目

北京大學「九八五工程」重點項目

儒藏

精華編五三册下

經部禮類

# 儒藏

精華編

北京大學《儒藏》編纂與研究中心

# 《儒藏》精華編第五三册

## 經部禮類

### 禮記之屬

下册

# 禮記集說卷第八十

山節，藻棁，復廟，重檐，刮楹，達鄉，反坫出尊，崇坫康圭，❶疏屏，天子之廟飾也。

鄭氏曰：山節，刻欂盧爲山也。藻棁，畫侏儒柱爲藻文也。復廟，重屋也。重檐，重承壁材也。刮，刮摩也。鄉，牖屬，謂夾户窗也。每室八窗爲四達。反坫，反爵之坫也。出尊，當尊南也。唯兩君爲好，既獻，反爵於其上。禮，君尊于兩楹之間。崇，高也。康，讀爲「亢龍」之「亢」，又爲高坫，亢所受圭，奠于上焉。屏謂之樹，今浮思也。❷刻之爲雲氣蟲獸，如今闕上爲之矣。

孔氏曰：此一經論魯大廟之飾。鄭註欂盧，今之斗栱也。侏儒柱，梁上短柱也。重檐者，就外檐下壁，復安板檐，以辟風雨之灑壁，故鄭云「重承壁材」也。刮楹者，楹，柱也，以密石摩柱。達鄉者，謂牖户通達。《詩》云「塞向墐户」，故知鄉謂窗牖也。反坫者，兩君相見，反爵之坫也。築土爲之，在兩楹間，近南，人君飲酒，既獻，反爵於坫上，故謂之反坫。出尊者，尊在兩楹間，坫在尊南，故云出尊。崇坫康圭者，亢，舉也，爲高坫，受賓之圭，舉於其上也。疏屏者，疏，刻也。屏謂之樹。天子外屏，人臣至屏俯伏，思念其事。浮思，❸小樓也，城隅、闕上皆有

❶「坫」，原作「玷」，今據通志堂本、四庫本及下孔疏改。
❷「浮」，通志堂本、四庫本作「桴」。
❸「浮」，通志堂本、四庫本作「桴」，下文「鄭云浮思」之「浮」亦作「桴」。

之。然則屏上亦爲屋以覆屏牆，故鄭云「浮思」也。此皆天子廟飾。反坫亦在廟，故合言廟飾也。

馬氏曰：天子之廟飾不止於此，此舉其略爾。天子用其詳，而魯用其略也。

嚴陵方氏曰：刻節爲山，取其有鎮而已。飾棁以藻，取其有文而已。復廟，復猶傳，所謂複道之複。坫，奠圭與爵之器也。反坫者，爵坫也。崇坫者，圭坫也。凡器仰之爲正，覆之爲反。反坫，所以覆爵也，故爵坫謂之反。崇坫所以薦圭也，故圭坫謂之崇。反坫亦可以崇爵矣，獨於圭曰「崇」者，措圭之時，無反覆之異故也。出尊者，爵坫在尊之外也。凡物在内爲入，在外爲出，故在尊外則曰出。康圭者，圭以坫而康也。凡物措之則康，故以措圭曰康圭。此皆天子之禮，故臧文仲山節藻棁，管仲反坫塞門，君子以爲僭焉。

長樂陳氏曰：廟所以事死，復有歸根而静之義。刮其楹則有潔意，而潔也者，齊戒以事鬼神之義也。達其鄉則有明意，而明者神而明之之意也。於屏言「疏」，疏者，通之也。屏所以蔽而通之者，以神無方而無乎不在，故通之也。

金華應氏曰：複廟重檐，深嚴邃密於内，以爲神人祭祀居處之所，即《詩》之所謂「寢廟奕奕」是也。前殿曰廟，後殿曰寢，揔而名之，則皆曰廟。蓋内雖宗廟，外具朝廷之體，故天子受覲於此，納聘於此，諸侯聽朔於此，聘享於此焉。窔峙而仰承，欲其安静，故刻以山鎮之象，而亦有草木蒙茸之狀。棁細而俯踞，欲其粲爛，故繪以藻荇之文，而亦有水勢流動之狀。

非嚴密静深，則不足以安神靈，故複廟以邃其藏，而重簷則又以避風雨也。非絢麗赫奕，則不足以昭物采，故刮楹以華其飾，而達嚮又所以通日月也。稠複重固，幽而神之也。開通洞達，顯而明之也。

山陰陸氏曰：天子之桷，斲之礱之，加密石焉。刮楹，其一隅也。大廟旅楹，徘徊皆有柱。達鄉，若今偷柱，使前達也。反坫，反爵之坫。崇坫，崇矣。康圭，使圭安焉。出尊，使尊見焉，尊爵之所從也。康，讀如字。坫崇，則嫌或不安，故謂之康。疏爲疏於其上。

慶源輔氏曰：「反坫出尊」，言其所在，「崇坫康圭」，言其所用，互備也。

鸞車，有虞氏之路也。鉤車，夏后氏之路也。大路，殷路也。乘路，周路也。

鄭氏曰：鸞，有鸞和也。鉤，有曲輿者也。大路，木路也。乘路，玉路也。漢祭天，乘殷之路，今謂之桑根車。《春秋傳》曰：「大路素。」鸞，或爲「欒」也。

孔氏曰：此一經明魯有四代車，其制各别。路，即車也。鉤，曲也。輿則車牀。曲輿，謂曲前闌也。虞質，未有鉤矣。案桓二年《左氏》云「大路越席」，越席是祀天之席，則大路亦祭天之車。祭天尚質，故鄭云「素」也。

長樂陳氏曰：鸞在衡，和在式，鸞鳴則和應，唱和於自然，故虞氏之車以之。鉤者，曲也，致曲以趣時者，人之道，故禹之車以之。大路繁纓一就，《周官》謂之木路，木則質而其制略。殷之道略於周，故車以之。乘路繁纓之就十有二，《周官》謂之玉路，玉爲陽之精，而其制文。文之盛莫過於周，故車以之。

嚴陵方氏曰：鑾車，車之有鈴者必曰鑾，取其聲之美也。若鑾刀謂之鑾，亦以是而已。鉤車取其形之曲。鉤籩謂之鉤，亦以是而已。車之有鑾自虞氏始也，車之有鉤自夏后氏始也。以其尚素，而於道爲大，故曰大路。若大圭謂之大，亦以是而已。以其最貴，而尊者所乘，故曰乘路。若乘馬謂之乘，亦以是而已。周尚文，故其路名之以乘，而飾以玉。然於鑾、於鉤曰車，於大、於乘曰路者，何也？曰車則上下之所通，曰路則尊者之所獨。以其上下之所通，故或以鑾車爲遣車焉。《家人》言「鑾車象人」是矣。或以鉤車爲兵車焉，《司馬法》言「鉤車先正」是矣。以其尊者之所獨，故大路、乘路，殷、周乘之以祀而已。《郊特牲》言「乘素車，貴其質」，是殷以大路祀明矣。《巾車》言「玉路錫樊纓以祀」，是周以乘路祀明矣。夫路以大言之也。人君有大物者，故所居則曰路寢，所乘則曰路車也。

山陰陸氏曰：《詩》曰「鑾聲鏘鏘」，又曰「鉤膺鏤錫」，則車皆有鑾，馬皆有鉤。鑾車言和，鉤車言正，大路言道，乘路言德。

慶源輔氏曰：虞、夏言車，殷、周言路，各據時代所稱言之。意者殷、周始稱車爲路耳。自魯言之，故下皆曰路也。

新安王氏曰：路即車也。舜時始有鑾和，故其路謂之鑾車。夏始鉤車。大路，木也，❶殷人以此爲重，故謂之殷路。周天子乘玉路，封同姓則有金路，封異姓則有象路。魯之乘路，蓋金路也。玉路非魯所敢僭，故郊禮反用殷之大路。鄭以

❶「木」字下，通志堂本、四庫本有「路」字，是。

乘路爲玉路，非也。

有虞氏之旂，夏后氏之綏，殷之大白，周之大赤。

鄭氏曰：四者旌旗之屬也。綏，當爲「緌」，讀如「冠蕤」之「蕤」。有虞氏當言緌，夏后氏當言旂，此蓋錯誤也。緌，謂注旄牛尾於杠首，所謂大麾。《書》云「武王左杖黄鉞，右秉白旄以麾」，《周禮》「王建大旂以賓，建大赤以朝，建大白以即戎，建大麾以田」也。

孔氏曰：此一經論魯有四代旌旗。虞氏之綏，❶但注旄竿首，未有旒縿。夏后氏之旂漸文，既注旄竿首，又有旒縿。大白，謂白色旗。大赤，謂赤色旗。大白，大赤，各隨代之色，無所畫也。鄭引《周禮・巾車》職文。必知綏爲大麾者，彼大麾上有大白、大赤。此經夏后氏之綏下有大白、大赤，故知「綏」當大麾也。

金華應氏曰：子華子曰「舜建大常」，則車服之等辨於下，旂常之數備於上，至舜而已詳。《世本》云「奚仲爲車正，建旗旐，辨等級」，則車旗之制至夏而浸詳。然舜車惟有鑾和而已，夏則鉤之而曲，商復反之於質，至周飾之以玉而益文矣。舜惟建旂常耳，至夏則復綏之以羽旄。綏者，旒之係於繩而華者也。商復以素爲飾，周赫之以大赤，而又加明矣。

長樂陳氏曰：旂之制始於舜而已，此有虞氏所以謂之旂也。至於夏，則致飾矣，故曰「綏」。白，西方之色。西主殺而屬

❶「虞」字上，通志堂本、四庫本及《禮記正義》有「有」字，是。「綏」，通志堂本、四庫本及《禮記正義》作「緌」，是。

乎義，十一征而無敵於天下，自湯始，故殷之旂以之。赤，南方之色，南者離之位，文明之象也，故周之旂以之。

嚴陵方氏曰：旂飾以龍以象春，綏飾以黑以象冬，大白以象秋，大赤以象夏。綏即《巾車》所謂大麾是矣。大麾色黑而質，且旂即所謂「交龍爲旂」者是也。大帛即雜帛之物也，❶大赤即通帛之旜也。唯麾不在九旂之數，故特以綏名之。

山陰陸氏曰：車旂言四代，馬言三代。尊言四代，其爵、其彝、其勺言三代。篹俎言四代，豆言三代。祭言四代，其旌、其酒言三代。韍言四代，學言四代，官言四代。重者舉四，亦言之法。若樂言伊耆氏之土鼓、女媧之笙簧與四代之樂矣。其鼓、其簨虡，舉三代可也。

夏后氏駱馬黑鬣，殷人白馬黑首，周人黃馬蕃鬣。夏后氏牲尚黑，殷白牡，周騂剛。

鄭氏曰：順正色也。白馬黑鬣曰駱，殷黑首，爲純白凶也。騂剛，赤色。

孔氏曰：此一經明魯有三代之馬及牲色不同。夏尚黑，故用黑鬣。駱，白黑相間也。殷尚白，頭黑而鬣白，從所尚也。然類三代，俱以鬣爲所尚也。蕃，赤也。周尚赤，用黃，近赤也。剛，牡也。騂言剛，則白亦剛。白言牡，黑亦牡也。故殷告天云「敢用玄牡」，從天色也。

嚴陵方氏曰：馬以毛物爲主，而鬣又毛之長者，故三代之馬以鬣言之。❷剛，《公羊氏》作「犅」，蓋牛也。牡，言其質也。剛，言其性也。言二代如此，則夏后氏尚

❶「帛」，通志堂本、四庫本作「白」。
❷「馬」字下，通志堂本、四庫本有「皆」字。

黑，亦用牡可知。❶故湯用玄牡，❷而釋者以謂未變夏祀也。《郊特牲》言「牲孕弗食，祭帝弗用」。周景王時，雄雞自斷其尾，憚其犧。雞且用牲，而况牛乎？蓋陽貴陰賤，不得不然也。

山陰陸氏曰：據此魯雖兼用四代服器等物，皆有所殺也。駱馬黑鬣，即視乘驪。白馬黑首，即視乘翰。黄馬蕃鬣，即視乘騵。然則駱馬黑鬣，夏后氏猶以爲黑。白馬黑首，殷人猶以爲白。黄馬蕃鬣，周人猶以爲赤。蓋君子不以下妨上、小妨大如此。白牡，言牡而已。周然後稱剛。殷白牡，周騂剛，不言尚，尚不疑也。

慶源輔氏曰：殷、周獨於此稱人者，以言馬故也。周言剛，夏、殷亦剛也。殷言牡，則夏亦牡也。夏言尚，則殷、周亦尚也。

泰，有虞氏之尊也。山罍，夏后氏之尊也。著，殷尊也。犧象，周尊也。

鄭氏曰：泰用瓦。著，著地無足。

孔氏曰：此一經明魯用四代尊。或用三代，或用四代，隨其禮存者而用之耳。《考工記》云：「有虞氏尚陶。」故知泰用瓦。罍，猶雲雷也，畫爲山雲之形也。著無足，而底著地，故謂爲著。然殷尊無足，則其餘泰、罍、犧並有足也。犧象，畫沙羽及象骨飾尊也。然殷名「著」，周名「犧象」，而《禮器》云「君西酌犧象」，亦是周禮也。

嚴陵方氏曰：泰，《司尊彝》謂大古之瓦尊。蓋彼名其質，此名其義故也。山罍，即山尊也。《禮器》亦謂之罍尊，非謂諸臣所酢之罍也。以山罍爲尊，因謂之罍

❶ 「亦」字上，通志堂本、四庫本有「其」字，當是。
❷ 「故」字下，通志堂本、四庫本有「書言」二字，當是。

尊，亦猶以壺爲尊，因謂之壺尊也。著，讀如「附著」之「著」。下無所承，著地而已。殷質，故其尊從簡如此。飾以犧則曰犧尊，飾以象則曰象尊。無飾爲質，有飾爲文。周尚文，故其尊有飾如此。

爵，夏后氏以琖，殷以斝，周以爵。

鄭氏曰：斝，畫禾稼也。《詩》曰：「洗爵奠斝。」

孔氏曰：此一經明魯有三代爵，並以爵爲形，故并標名於其上。琖以玉飾之，殷亦爵形而畫爲禾稼。斝，稼也。周爵或以玉爲之，或飾之以玉。

長樂陳氏曰：考之《爾雅》，鍾之小者謂之棧。晉元興中，剡縣民井中得鍾，長三寸，口徑四寸，銘曰「棧」，則棧卑而淺矣。夏爵命之以琖，蓋其制若棧然也。《祭統》「尸酢夫人執柄，夫人受尸執足」，柄，其尾也，有足而尾，命之以爵，蓋其制若雀然也。琖象棧，爵象雀，而斝有耳焉，則三者之制可知矣。《明堂位》言「玉琖」，《周禮》言「玉爵」，《春秋傳》言「瓘斝」，則三者之飾可知矣。《詩》曰：「洗爵奠斝。」《周禮・鬱人》：「大祭祀，與量人受舉斝之卒爵而飲之。」琖、斝，先王之器也，唯魯與二王之後得用焉。諸侯用之，則僭矣。故《記》曰「琖、斝及尸君，非禮也」。《禮書》。

嚴陵方氏曰：斝，殷尊名也，而爵亦名之者，以爵有從尊之義，故因以名焉，殷質故也。若《行葦》所謂「尊斝」者，爵也。《司尊彝》所謂「斝彝」者，❶尊也。爵則爲爵之形以承之，周尚文故也。夏、殷未承

❶「司」，原作「周」，今據通志堂本、四庫本改。

以爵，而亦通謂之爵者，自周始然爾。若所謂一升曰爵，夏則一升曰琖，殷則一升曰斝也。不然，則由周以前止有爵之名，由周以後又有爵之形也。

山陰陸氏曰：琖以齊言，斝以鬯言，爵以酒言。知然者，盎齊亦或謂之「棧酒」，鬯尊一名「斝彝」知之也。

灌尊，夏后氏以雞夷，殷以斝，周以黄耳。❶其勺，夏后氏以龍勺，殷以疏勺，周以蒲勺。

鄭氏曰：夷，讀爲「彝」。《周禮》：「春祠夏禴，祼用雞彝、鳥彝。秋嘗冬烝，祼用斝彝、黄彝。」龍，龍頭也。疏，通刻其頭。蒲，合蒲如鳧頭也。

孔氏曰：此一經明魯有三代灌尊及所用之勺。彝，法也。與餘尊爲法，故稱彝。雞彝者，或刻木爲雞形，而畫雞於彝。斝，畫爲禾稼。黄目，以黄金爲目。鄭引《周禮》以下，《司尊彝》之文。雞彝盛明水，鳥彝盛鬱鬯。斝彝、黄彝義亦然。龍勺，勺爲龍頭。疏謂刻鏤，通刻勺頭。蒲謂刻勺爲鳧頭，其口微開，如蒲草本合其末微開也。

長樂陳氏曰：尊之爲言尊也，彝之爲言常也。尊用以獻上，及於天地，彝用以祼施於宗廟而已。故尊於祭器獨名尊，彝於常器均名彝。籍談曰：「有勳而不廢，撫之以彝器。」臧武仲曰：「大伐小取，其所得以作彝器。」則彝之爲常可知矣。尊亦謂之彝，彝亦謂之尊。故黄目，彝也，《記》曰「鬱氣之上尊」；雞斝皆彝也，《明堂位》曰「灌尊」。然彝之爲器，不特飾以雞鳥、黄目、虎蜼之象而已。凡邦國之約

❶「耳」，通志堂本、四庫本及《禮記》作「目」，是。

劑書於此，《司約》「大約劑書於宗彝」是也。凡臣之有功銘於此，《祭統》「勤大命，施于烝彝鼎」是也。蓋臣之有功，祭於大烝，故勤大命者施于烝彝鼎，則三時之彝不預也。又曰：雞者司晨之始，則陰盛而陽微。祼所以求諸陰，故夏后氏以之。若夫《司尊彝》以春言之者，春則所謂時之首焉者也。龍勺，龍，陽中之陰也。淵潛而爲仁以澤萬物，故夏以之。殷以疏者，亦前疏屏之意。蒲之爲物，柔而順，有懷柔百神之意。《禮書》。

嚴陵方氏曰：灌尊，所以實祼鬯之尊也。夷以對險，夷者道之常，險者道之變。故《孟子》引《烝民》之詩，變「彝」爲「夷」者以此。勺，用以酌酒者。疏，與「疏布」之「疏」同，而與「疏屏」之「疏」異。蓋疏而通之，無他飾焉。

山陰陸氏曰：六彝：雞，東方也；鳥，南方也；虎，西方也；蜼，北方也；黄彝、斝彝，中央也。鄭氏謂斝畫禾稼，龍勺爲龍頭，蒲勺爲鳧頭，疏勺爲雉頭。經曰：「雉曰疏趾。」龍勺，以能施爲義；疏勺，以能不淫爲義；蒲勺，以能不溺爲義。

土鼓，蕢桴，葦籥，伊耆氏之樂也。拊搏、玉磬、揩擊，大琴、大瑟、中琴、小瑟，四代之樂器也。

鄭氏曰：蕢，當爲「凷」。籥如笛，三孔。伊耆氏，古天子有天下之號也。今有姓伊耆氏者。拊搏，以葦爲之，充之以穅，形如小鼓。揩擊，謂柷、敔，皆所以節樂者也。四代，虞、夏、殷、周也。

孔氏曰：此一經明魯用古代及四代樂器。❶

❶ 上「代」字下，通志堂本、四庫本有「之樂」二字，是。

土鼓，謂築土爲鼓。蕢桴，以土塊爲桴。葦籥，謂截葦爲籥。説者以伊耆氏爲神農。

嚴陵方氏曰：古者以土爲鼓，未有鞸革之聲故也。蕢桴者，以凷爲桴，未有斵木之利故也。葦籥者，以葦爲籥，未有截竹之精故也。拊搏、揩擊，言所以作器也。或言其器，或言作樂，互相備也。與《益稷》言「戛擊鳴球，搏拊琴瑟以詠」同義。玉磬琴瑟，又皆堂上之樂，故特舉其名器言之。琴言中而不言小，瑟言小而不言中，亦互相備也。

山陰陸氏曰：伊耆氏之樂如是而已，故曰「伊耆氏之樂也」。據「四代之樂器也」，樂舉遠古，器舉近世。樂，性情也，與生俱生者也。器，形而已。據「垂之和鍾，叔之離磬，女媧之笙簧」，「崇鼎、貫鼎、大璜、封父龜，天子之器也」。中琴言琴，小琴言瑟，略之也。《書》言「戛擊鳴球，搏拊琴瑟」，《記》言「拊搏、玉磬、揩擊，大琴、大瑟、中琴、小瑟」者，蓋搏拊治亂以相是也。治亂在下，堯舜之事；治亂在上，殷周之事。球，璞也。磬，器也。琴瑟，器也。大小，形也。堯舜言璞，殷周言器，堯舜言器，殷周言形。又《書》言「搏拊」，言「戛擊」，《記》言「拊搏」，言「揩擊」。搏取聲深，拊取聲淺，戛取聲深，揩取聲淺，亦堯、舜、殷、周之辨也。且言玉磬等物，總舉四代，與他物異，則以樂統同，禮辨異故也。

長樂陳氏曰：中央爲土。以土爲鼓，則中聲具焉。以蕢爲桴，則中聲發焉。以葦爲籥，則中聲通焉。籥之爲器，如笛而三孔，通中聲故也。古之作樂自伊耆氏始，而蜡祭之禮亦始於此。故《周官》有伊耆氏之職，而以下士爲之，則伊耆氏非古有天下者之號也，特古之本始禮樂者而已。《樂記》曰：「金、石、絲、竹，樂之器也。」《荀卿》曰：「金、石、絲、竹，所以道樂也。」蓋先王本道以制器，制器以導樂。❶凡爲樂器，數度齊量，雖本於鍾律，要皆文以五聲，播以八音。然則四代之樂器，雖損益不同，其能外乎八物哉？《虞書》述舜樂曰：「戛擊鳴球，搏拊琴瑟以詠。」是樂器成於有虞氏，備於三代也。琴瑟之器，士君子常御焉，所以導心者也。故用大琴，必以大瑟配之，用中琴，必以小瑟配之。然後大者不陵，細者不抑，聲應相保，而爲和矣。自「拊搏」至「琴瑟」，皆堂上樂也。自「土鼓」至「葦籥」，皆堂下樂也。魯之用樂，推而上之，極於伊耆氏，推而下之，及於四代，則文質具矣。施之周公之廟，固足以報功，施之魯國，亦難乎免於僭矣。《樂書》。

魯公之廟，文世室也。武公之廟，武世室也。

鄭氏曰：此二廟，象周有文王、武王之廟也。世室者，不毁之名也。魯公，伯禽也。武公，伯禽之玄孫也，名敖。

孔氏曰：此一經明魯有二廟不毁，象周之文、武二祧也。魯公伯禽有文德，世世不毁其室，故云「文世室」，武公有武德，其廟不毁，故云「武世室」。案成六年立武宫，《公羊》、《左氏》並譏之，不宜立也。又武公之廟立在武公卒後，其廟不毁，在成公之時。此《記》所云美成王褒崇魯國

❶「制」，通志堂本、四庫本及《樂書》卷七作「因」。

而已。作《記》之人因成王褒魯，遂盛美魯家之事；因武公其廟不毁，遂連文美之，非實辭也。

慶源輔氏曰：由是觀之，則成王之所以賜伯禽者，未必如是之備。如此篇所載，亦有魯君因仍而僭用之者矣。

新安王氏曰：此言尤不可信。周公爲魯太祖，而開國實係魯公，其廟不毁，固有此理，然不可援文王爲比也。若夫武公，乃伯禽玄孫。春秋之初，毁廟復立，季氏爲之也。且季氏立已毁之廟者有二：煬公之廟毁而復立，煬公，以弟繼兄者也；武公之廟毁而復立，武公，舍長立少者也。二者皆季氏，有不臣之心。《春秋》書「立武宫」，「立煬宫」，以罪季氏。鄭不考其故，乃曰「世室者，不毁之廟」。夫昭穆遞遷，則毁武公之廟，禮也。世室既遠，毁而復立，非禮也。而比之於武之世室，亦甚乖《春秋》之旨矣。

米廩，有虞氏之庠也。序，夏后氏之序也。瞽宗，殷學也。頖宫，周學也。

鄭氏曰：庠、序，亦學也。庠之言詳也，於以考禮詳事也。魯謂之米廩。虞帝上孝，今藏粢盛之委焉。❶序，次序王事也。瞽宗，樂師瞽矇之所宗也，古者有道德者使教焉，死則以爲樂祖，於此祭之。頖之言班也，於以班政教也。

孔氏曰：此經明魯得立四代之學。❷魯之米廩，是有虞氏之庠，魯以虞庠爲廩，以藏粢盛。鄭註「古者」至「樂祖」，《大司

❶ 「今」，《禮記》鄭注作「令」，是。
❷ 「此」字下，通志堂本、四庫本及《禮記正義》有「一」字，是。

樂》文。於此祭之，❶謂於此瞽宗祭之。《大司樂》云「祭於瞽宗」是也。

横渠張氏曰：四代學名多不同，要之皆是學。可解則解之，不可解何必强爲？養老養賢之地也。❷瞽宗云善聽，教歌於此，則瞽蓋大師之官也。後世樂正雖未必瞽，其學則不害亦謂之瞽宗也。

嚴陵方氏曰：米廩者，藏養人之物，而庠以善養人，期於充實也。序也者，射也。射有偶然，而以序進焉。必曰序，則主以禮教故也。瞽宗者，瞽人之所宗，而樂祖在焉。必曰瞽宗，則主以樂教故也。頖宮者，天子曰辟廱，諸侯曰頖宮。辟言辟以禮，廱言廱以樂。頖宮雖半辟廱之制，亦兼禮樂以教之故也。有虞氏以善養人，而未及乎禮。夏后氏及乎禮，而未及乎樂。殷人及乎樂，而禮樂未能兼備。兼備之者，在乎周而已。此周所以爲文之盛歟？然《孟子》言「殷爲序」，而此以夏后爲序；❸言「周爲庠」，而此以虞爲庠者，蓋以其養人於此，則皆可謂之庠，以其習射於此，則皆可謂之序，其實一也。

崇鼎、貫鼎、大璜、封父龜，天子之器也。越棘、大弓，天子之戎器也。

鄭氏曰：崇、貫、封父，皆國名。文王伐崇，古者伐國，遷其重器，以分同姓。大璜，夏后氏之璜。《春秋傳》曰：「分魯公以夏后氏之璜。」越，國名也。棘，戟也。《春秋傳》曰：「子都拔棘。」

孔氏曰：定四年《左傳》：「夏后氏之璜，

❶「之」字下，通志堂本、四庫本及《禮記正義》有「者」字，是。
❷「養賢」之「養」，通志堂本、四庫本作「尊」，是。
❸「后」字，通志堂本、四庫本無，當是。

封父之繁弱。」封父與夏后氏相對，故知國名。「子都拔棘」，隱十一年《左傳》文，證「棘」爲「戟」。

嚴陵方氏曰：凡此即《周官》天府所藏大寶、鎮寶之類是矣。王氏曰：大寶、鎮寶，皆寶器也。非以道勝淫，不能伐而俘之。非以德服天下，不能受其獻也。故爲之先者，以能得其傳爲榮；爲之後者，以能守其所傳爲善。是皆天子之事。《左氏》曰：「周公相王室，以尹天下，於周爲睦。分魯公以大路、大旂、夏后氏之璜、封父之繁弱。」繁弱，則大弓也。則魯得有天子之器固明矣。凡五兵之用，遠則弓矢者射之，近則矛者句之。句之矣，然後殳者擊之，戟者刺之。弓爲五兵之始，戟爲五兵之終。此言棘與弓，則五兵之用略具。故戎器必以是爲言焉。

山陰陸氏曰：以周賜我爲夸，故曰「天子之器也」。其言天子之禮、之祭、之政、之廟飾、之戎器，其以爲夸一也。大璜、封父龜，《傳》所謂「夏后氏之璜，封父之繁弱」是也。蓋此龜一名繁弱，豈以善中名之歟？大弓，武王之弓也，周公受賜，藏之魯。《公羊》曰：「璋判白，❶弓繡質，龜青純。」

慶源輔氏曰：諸侯之國皆有分器，不獨魯有之，而曰「天子之器也」，夸辭也。

夏后氏之鼓足，殷楹鼓，周縣鼓。垂之和鍾，叔之離磬，女媧之笙簧。

鄭氏曰：足，謂四足也。楹，謂之柱貫中上出也。縣，縣之簨虡也。《殷頌》曰「植

❶「白」，原作「曰」，今據通志堂本、四庫本及《公羊傳》改。

我鼖鼓」，❶《周頌》曰「應輔縣鼓」。垂，堯之共工也。女媧，三皇承宓犧者。叔，未聞也。和、離，謂次序其聲縣也。笙簧，笙中之簧也。

孔氏曰：鄭引《殷頌·那》之篇證殷楹鼓，引《周頌·有瞽》之篇證周縣鼓。垂之所作調和之鍾，叔之所作編離之磬，女媧所作笙中之簧，三者先代之樂，魯皆有之。案《舜典》「垂作共工」，鄭不見古文，故曰堯時。《帝王世紀》云：「女媧氏，風姓，承包犧制度，始作笙簧。」鄭註「和、離謂次序其聲縣」，「聲」解「和」也，「縣」解「離」也。言縣磬之時，其聲希疏相離。

嚴陵方氏曰：楹以貫中，縣則在上，獨足爲在下，故特謂之鼓足焉。與《司服》言弁，則曰「弁服」，《屨人》言屨，則曰「服屨」同義。《郊特牲》曰：「以鍾次之，以和居參之也。」故謂之「和鍾」。《樂記》曰：「石聲磬，磬以立辨。」辨者，離之音也，故謂之「離磬」。

山陰陸氏曰：不言「足鼓」，而曰「鼓足」，言足固宜在下也。和鍾，編鍾也。離磬，特磬也。

長樂陳氏曰：足不若楹之高，楹不若虡之垂，亦其後世之加隆爾。又《樂書》曰：正北之坎爲革，則鼓爲冬至之音，而冒之以啓蟄之日。其聲象雷，其形象天，其於樂象君，故鼓柷、鼓敔、鼓瑟、鼓琴、鼓鍾、鼓簧、鼓缶，皆謂之鼓，以聲非鼓不和故也。《學記》曰：「鼓無當於五聲，五聲弗得不和。」此其意歟？蓋鼓制自伊

❶「植」，通志堂本、四庫本作「寘」。

者氏始，夏后氏加四足，謂之足鼓；商人貫之以柱，謂之楹鼓；周人縣而擊之，謂之縣鼓。春秋之時，楚伯棼射王鼓跗，豈夏后氏遺制歟？《周官·大僕》「建路鼓大寢門之外」，❶《儀禮·大射》「建鼓在阼階西，南鼓」，則其所建楹也。是楹鼓爲一楹而四棱焉。貫鼓於其端，猶四植之桓圭也。《莊子》曰：「負建鼓。」建鼓可負，則以楹貫而置可知。《商頌》曰「置我鞉鼓」是也。《周官·鼓人》「晉鼓鼓金奏」，《鎛師》「掌金奏之鼓」，所謂縣鼓也。《禮》曰「縣鼓在西，應鼓在東」，《詩》曰「應⿰車柬縣鼓」，❷則縣鼓，周人新造之器，始作而合乎祖者也。以應鼓爲和終之樂，則縣鼓其唱始之樂歟？鍾之爲樂，過則聲淫，中則聲和。垂之和鍾，和聲之鍾，非淫聲之鍾也。磬之爲樂，編之則雜，離之則特。叔之離磬，特縣磬，非編縣之磬也。和鍾始於垂，或謂之鼓延景爲之，或謂營援爲之。離磬始於叔，或謂古毋句氏爲之，或謂伶倫爲之，豈皆有所傳聞然耶？古者造笙，以匏爲母，列管匏中，施簧管端，宮管在中，道達陰陽之冲氣，象物之植而生，故有長短焉，太簇之音也。蓋其制法鳳凰以象其鳴，大者十九簧，而以巢名之，以其衆管在匏，有鳳巢之象也。小者十三簧，而以和名之，以其大者唱，則小者和也。《大射禮》「三笙一和而成聲」是也。《詩》曰「吹笙鼓簧」，則笙簧，笙中之簧也。笙簧始於女媧氏，而

❶「門之」，通志堂本、四庫本及《樂書》卷七作「之門」。
❷「應⿰車柬」，原作「⿰車柬田」，今據通志堂本、四庫本及《樂書》卷七改。

《世本》謂隋爲之，豈隋因而循之者歟？《詩》曰「並坐鼓簧」，又曰「左執簧」，《傳》曰「鼓振虡之簧」，則簧又非笙中之簧也。簧之爲物，非特施於笙，又施於竽。笙簧十三，或十九，水火合數也。竽簧三十六，水數也。

夏后氏之龍簨虡，殷之崇牙，周之璧翣。

鄭氏曰：簨虡，所以縣鍾磬也。横曰簨，飾之以鱗屬；植曰虡，飾之以臝屬、羽屬。簨以大版爲之，謂之業。殷又於龍上刻畫之爲重牙，以挂縣紘也。周又畫繒爲翣，戴以璧，垂五采羽於其下，樹於簨之角上，飾彌多也。《周頌》曰：「設業設虡，崇牙樹羽。」

孔氏曰：此一經明魯有三代樂縣之飾。案《考工記》：筍，飾以鱗。此經并云「虡」者，蓋夏時簨虡之上皆飾以鱗，至周乃别，故云「龍簨虡」。殷則於簨之上刻畫木爲崇牙之形，以挂鍾磬也。《詩·周頌》云「設業設虡」，業、虡相對，故鄭知業則簨也。其實簨上更加大版，刻崇牙，謂之業。故《詩·大雅》云「虡業惟樅」是也。翣，扇也。言周畫繒爲扇，戴小璧於扇之上。

嚴陵方氏曰：其崇如牙，夏后氏有簨虡，而未有崇牙，商有崇牙，而未有璧翣，至周然後三者兼備焉。此皆漸致其文也。

長樂陳氏曰：樂出於虡，而寓於器，本於情，而見於文。寓於器，則器異異虡；見於文，則文同同筍。鍾虡飾以臝屬，磬虡飾以羽屬，器異異虡故也。鍾、磬之筍皆飾以鱗屬，其文若竹筍然，文同同筍故也。筍則横之，設以崇牙，則其形高以峻。虡則植之，設以業，則其形直以舉。

是筍之上有崇牙，崇牙之上有業，業之兩端又有璧翣。鄭氏謂「戴璧垂羽」是也。蓋筍虡所以縣鍾磬，崇牙、璧翣所以飾筍虡。夏后氏飾以龍而無崇牙，殷飾以崇牙而無璧翣，至周則極文而三者具矣。「設業設虡，崇牙樹羽」是也。❶

有虞氏之兩敦，夏后氏之四璉，殷之六瑚，周之八簋。

鄭氏曰：皆黍稷器，制之異同未聞。

孔氏曰：簋是黍稷之器，敦與瑚璉共簠簋連文，故鄭云「皆黍稷器」。鄭註《周禮·舍人》云：「方曰簠，圓曰簋。」此註云「未聞」者，瑚璉之器與簋異同未聞爾。鄭註《論語》曰「夏曰瑚，殷曰璉」者，誤也。

長樂陳氏曰：敦者，養人之厚也。璉者，養人而不絶者也。瑚以玉爲之。玉者美而有充實之意，養人以爲充實者，瑚之用也。簋以竹爲之。竹者和而有節意，養人所以能節者，簋之用也。食所以養陰，自其數而觀之，則以兩，以四，以六，以八，豈非陰數而愈備於前歟？

嚴陵方氏曰：兩敦若《内則》所謂「敦」，《周官》所謂「玉敦」是矣。四璉、六瑚，即孔子謂子貢爲「女器」者是矣。釋者以爲宗廟之器焉。八簋即《伐木》所謂「八簋」是矣，皆黍稷之器也。故每用陰數之耦，❷則與籩豆同義。曰敦，曰璉，曰瑚，曰簋，則所命之名不同也。或兩，或四，或六，或八，則漸增其數也。

山陰陸氏曰：敦亦簋也。蓋設以對，故

❶「也」字下，通志堂本、四庫本有「樂書」二小字，是。

❷「耦」，通志堂本、四庫本作「偶」。

謂之敦。兩謂之對，則四謂之璉可知。瑚言蓋，蓋之而不可知也。簋言厎軌所同也。同而後受之，字或作「匭」以此。兩敦：黍、稷；四璉：黍、稷、稻、粱；❶六瑚：黍、稷、稻、粱、麥、苽。苽，一名彫胡，蓋以其器名之。八簋：黍、稷、稻、粱、白黍、黄粱、稰、穛。

俎，有虞氏以梡，夏后氏以嶡，殷以椇，周以房俎。夏后氏以楬豆，殷玉豆，周獻豆。

鄭氏曰：梡，斷木爲四足而已。嶡之言「蹷」也，謂中足爲横距之象。《周禮》謂之距。椇之言枳椇也，謂曲橈之也。房，謂足下跗也，上下兩間，有似於堂房。《魯頌》曰：「籩豆大房。」楬，無異物之飾也。獻，疏刻之。

孔氏曰：虞氏質，未有餘飾，故鄭知梡有四足而已。蹷，謂足横辟不正。鄭註「嶡之言蹷」，謂嶡足間有横，似有横蹷之象也。周則謂此俎之横者爲距。椇枳之樹其枝多曲橈，殷俎似之。周俎頭各有兩足，足下各别爲跗。足間横者，似堂之壁，横下二柎，❷似堂之東西頭角有房。❸但古制難識，不可委知。❹獻，音「娑」，娑是希疏之義，故爲疏刻之。

嚴陵方氏曰：梡者斷木爲足，無餘飾也，苟完而已。嶡者於足間加横木焉，植爲立，横爲嶡故也。椇者既有横木，又爲曲橈之形，則於是爲具故也。此皆漸致其備也。楬豆未有他飾，以木爲柄，若蜡氏之楬而已。玉豆則於楬之上又飾之以玉

❶「粱」，通志堂本、四庫本作「粱」，是。下文同。
❷「柎」，通志堂本、四庫本及《禮記正義》作「跗」，是。
❸「角」，通志堂本、四庫本及《禮記正義》作「各」，當是。
❹「委」，通志堂本、四庫本作「悉」。

也。獻，若《周官》所謂「再獻」之「獻」，「再獻」對「朝踐」言之，則朝踐爲初獻矣。《醢人》所謂「朝踐之豆」者，初獻也。所謂「饋食之豆」者，再獻也。此言「獻豆」，則主祭祀之豆耳。以祭祀之豆爲疏刻之形，則燕饗之豆不疏刻矣。《司尊彝》所謂「獻尊」，義亦類此。是皆漸增其飾也。山陰陸氏曰：椇，所謂全烝是也。《爾雅》曰：「木豆謂之豆，竹豆謂之籩，瓦豆謂之登。」豆言首，竹言籩縢，瓦言足。《祭統》曰「夫人薦豆，執校，執醴授之，執鐙」，鐙固足也。

長樂陳氏曰：殷之横距與夏同，而曲其足與三代異。周之下跗與三代異，而直其足與虞夏同。《詩》言「大房」，《傳》言「房烝」，此房俎也。《少牢禮》言「俎距」，此横距也。其高下脩廣無文。舊圖謂高二尺四寸，廣尺四寸，不可考。莊周曰：「禹雕其俎。」唐褚遂良曰：「禹加肩尻于雕俎之上。」《士喪禮》有「素俎」，蓋雕俎始於禹氏，❶後世用之於吉凶者，文質於是異矣。殷又曰「枳」，❷椇之枝屈而不能伸，故殷俎其形如椇，故名之。房者，堂之偏者也。周俎之足上下兩間，其形象之，故曰房俎。椇豆，椇者木之屬也，以木爲之，則無異飾。椇以言其制，玉以言其飾，犧以言其用。❸《禮書》。

有虞氏服韍，夏后氏山，殷火，周龍章。

鄭氏曰：韍，冕服之韠也，舜始作之，以尊祭服。禹湯至周，增以畫文，後王彌飾

❶「氏」，通志堂本、四庫本及《禮書》卷一百作「而」，則「而」屬下句。
❷「枳」，通志堂本、四庫本作「椇」，據下文疑是。
❸「犧」，通志堂本、四庫本作「獻」，疑是。

也。山，取其仁可仰也。火，取其明也。龍，取其變化也。天子備焉，諸侯火而下，卿大夫山，士韎韋而已。韍，或作「黻」。

孔氏曰：此一經論魯有四代韍制。虞氏直以韋爲韍，未有異飾，故服韍。夏后氏畫之以山，殷增以火，周人加龍以爲文章。《易·困卦》九二：「朱紱方來，利用享祀。」故鄭知韍爲祭服。案《士冠禮》：「士韎韐。」是士無飾。推此即尊者飾多，此有四等，天子至士亦四等。故知卿大夫加山，諸侯加火，天子加龍。

嚴陵方氏曰：有山，有火，而又加之以龍，則其文成矣。於周特言章焉。章者，文之成也。

有虞氏祭首，夏后氏祭心，殷祭肝，周祭肺。

鄭氏曰：氣主盛也。

長樂陳氏曰：祭以右手。凡祭必於脯醢之豆間，特《公食大夫》、《有司徹》祭於上豆之間，以豆數多故也。祭之尚肺，周禮而已。若有虞氏則祭首，夏后氏則祭心，殷則祭肝，以時異則禮異也。周之尚肺，特宗廟、賓客、飲食之間而已。若五祀，則户先脾，中霤先心，門先肝，以事異則禮異也。《士冠》有嚌肺，而《鄉飲》、《鄉射》、《燕禮》之類皆有離肺，而無祭肺。《婚禮》有離肺，又有祭肺。鬼神陰陽之意也。《特牲饋食》先祭肺，後祭肝，祝亦祭肺，後祭肝，則祭肺非不祭肝也，以肺爲主耳。由是推之，夏、殷非不祭肺也，以心與肝爲主而已。❶

嚴陵方氏曰：有虞氏祭首，尚用氣故也。

❶「已」字下，通志堂本、四庫本有「禮書」二小字，是。

氣雖有陰陽之異，要之以陽爲主爾。首者，氣之陽也。至於三代，則各祭其所勝者焉。蓋夏尚黑，爲勝赤，故祭心，心於色爲赤故也。殷尚白，爲勝青，故祭肝，肝於色爲青故也。周尚赤，爲勝白，故祭肺，肺於色爲白故也。必各祭其所勝者，明非有所勝，則不能王天下，不能王天下，則無以致孝於宗廟矣。

山陰陸氏曰：氏，旁出也。有虞氏稱氏，言堯之旁出，堯猶在也。夏后氏稱氏，言舜之旁出，舜猶在也。自此以上稱氏以此。殷稱人，無夏矣，周稱人，無殷矣，此篇言殷、周如此。

夏后氏尚明水，殷尚醴，周尚酒。

鄭氏曰：此皆其時之用爾，非「尚」也。❶

孔氏曰：夏后氏尚質，故用水。殷人稍文，故用醴。周人轉文，故用酒。案《儀禮》設尊「上玄酒」，是周亦尚明水也。《禮運》云：「澄酒在下。」則周不尚酒，故鄭知經言「尚」非也。

嚴陵方氏曰：明水者，陰鑑取於月，得之於天者也。醴則漸致其味，成之以人者也。然猶未厚，僅足以爲禮而已。酒則味成而可薦焉，厚之至也。

有虞氏官五十，夏后氏官百，殷二百，周三百。

鄭氏曰：周之六卿，其屬各六十，則周三百六十官也。此云「三百」者，記時《冬官》亡矣。《昏義》曰：「天子立六官，三公，九卿，二十七大夫，八十一元士，凡百二十。」蓋謂夏時也。以夏、周推前後之

❶「非尚也」，通志堂本、四庫本及《禮記》鄭注作「言尚非」。

差，有虞氏官宜六十，夏后氏宜百二十，殷宜二百四十，不得如此記。

孔氏曰：此經明魯兼有四代之官。魯是諸侯。案《大宰》職，諸侯唯有三卿，五大夫。故《公羊傳》司徒、司空之下，各有二小卿，司馬之下一小卿，是三卿五大夫也。今魯雖被褒崇，何得備四代之官與三百六十職？蓋成王褒崇於魯，使魯雜存四代官職名號，非謂魯盡備其數也。記者盛美於魯，因舉四代之官本數言之。❶鄭引《昏義》證夏官百二十。夏倍於虞，殷倍於夏。殷官既多，周不可倍之，故但加殷百二十。

嚴陵方氏曰：《書》言唐虞稽古，建官惟百，夏、商官倍，而與此不同，何也？《書》之所言者據其號，《記》之所言者據其人。蓋官有差等而分職不可以無辨，職有繁簡而用才或得以相兼，故官之號嘗多，而官之人常少。故曰「官不必備，惟其人」，蓋謂此也。以虞氏之官，其實五十，則夏、殷亦其實數而已。夏倍虞之五十而百，殷倍夏之百而二百，是乃所謂夏、商官倍也。周三百六十。此止言三百，亦以其實數而已。先儒遂以《冬官》之亡爲言，豈其然乎？《天官》言大宰卿，小宰中大夫，則天子之官得以相兼矣。《書》言周公爲師，則三公之職也，又言周公位冢宰，則六卿之職也，豈非相兼者乎？王氏謂三公之官，率以六卿之有道者兼之，無其人則不置，是矣。蓋魯用四代之禮樂，唯得通用其名，不必盡用其

❶「之官」，通志堂本、四庫本及《禮記正義》作「官之」，是。

數。若禘禮有山罍，而無大尊，夷樂用東南，而闕西北，皆此意也。

山陰陸氏曰：有虞氏官百而言五十，夏后氏官二百而言百，以著積隆有漸，魯乃今得兼用之，非實數也。與《魯頌》同義。

慶源輔氏曰：魯百里之國，决不能盡備四代之官，此皆夸辭也。以此例上所言可知也。

有虞氏之緌，夏后氏之綢練，殷之崇牙，周之璧翣。

鄭氏曰：緌，亦旌旗之緌也。夏綢其杠，以練爲之旒。殷又刻繒爲崇牙，以飾其側，亦飾彌多也。湯以武受命，恒以牙爲飾也。此旌旗及翣，皆喪葬之飾。《周禮》大喪葬，巾車「執蓋從車，持旌」，御僕「持翣」，旌從遣車，翣夾柩路左右前後。天子八翣，皆戴璧垂羽。諸侯六翣，皆戴圭。大夫四翣，士二翣，皆戴緌。孔子之喪，公西赤爲志，亦用此焉。《爾雅》説旌旗曰「素錦綢杠，纁白縿，素升龍於縿，練旒九」。

孔氏曰：此經明魯有四代喪葬旌旗之飾。❶夏既綢杠以練，又以練爲旒。殷刻繒爲崇牙之形，以飾旌旗之側。前經云簨虡既以崇牙爲飾，此旌旗又飾以崇牙，故鄭云「恒」也。周亦武取天下。殷既以崇牙爲飾，周尚文，更取他物飾之，不用牙也。周以物爲翣，翣上戴之以璧，陳之以郭柩車。前文「崇牙、璧翣」是飾簨虡。此與夏后「綢練」連文，故知喪葬之飾。鄭引《周禮》證葬有旌旗及翣之義。「天

❶「此」字下，通志堂本、四庫本及《禮記正義》有「一」字，是。

子八翣」，《禮器》文，「諸侯六翣」以下，並《喪大記》文。

嚴陵方氏曰：崇牙與樂之所設，其名雖同，其用則異。公西赤志孔子之喪曰：「飾棺牆，置翣，設披，周也。設崇，殷也。綢練設旐，夏也。」正謂是矣。

長樂陳氏曰：喪禮旌旂之飾亦有崇牙，棺牆之飾亦有璧翣，與筍虡同者，爲欲使勿之有惡耳。

凡四代之服，器、官，魯兼用之。是故魯，王禮也。天下傳之久矣，君臣未嘗相弑也，禮樂、刑法、政俗未嘗相變也。天下以爲有道之國，是故天下資禮樂焉。

鄭氏曰：王禮，天子之禮也。傳，傳世也。資，取也。此蓋盛周公之德耳。春秋時，魯三君弑；又士之有誄，由莊公始；婦人髽而弔，始於臺駘。云「君臣未嘗相弑，政俗未嘗相變」，亦近誣矣。

孔氏曰：記者既陳四代服、器、官於前，此結之於後，美大魯國。據「伊耆氏之樂」，「女媧之笙簧」，非唯四代，據其多者言之耳，亦有但舉三代者。然四代服、器，魯家每物之中得用之，不謂事事盡用也。作記之時，是周末，唯魯獨存周禮，故以爲有道之國。《左傳》襄十年云：「諸侯宋、魯，於是觀禮。」是天下資禮樂也。

嚴陵方氏曰：天下以爲有道之國，故《詩》述四篇而作《頌》，《語》稱一變而至道，孔子舍之而何適？齊仲孫則言「未可以動」，韓宣子則美其禮，吳季札則嘆其樂。王氏謂周公有人臣所不能爲之功德，而報之以人臣所不得用之禮樂，此《明堂位》之所以作歟？然而居人臣之位，而用天子之禮樂，是法之變而已，非法之常也。聖人由是即其間，必寓之微意，雖致其隆，亦每存乎殺焉。是以雖承周公之祀，而受魯侯之爵。郊禮，旗用日月之章，而闕弧韣之旗。禘禮，灌用特祭之黄彝，而闕間祀之虎蜼。獻用常祀之犧象，而闕間祀之大尊。灌器言圭瓚，而不言璋瓚。夷樂用《昧》、《任》，而無《離》、《禁》。社言春，而不言秋。省言秋，而不言春。於朝天子之年，或闕春祭。有大廟之制，而無明堂。以至有庫門而無臯門，有雉門而無應門，有木鐸而無金鐸。廟止曰世室，學止曰頖宫。此皆隆殺之意也。由是觀之，聖人之制作也，豈徒然！❶學者不可以不察。

金華應氏曰：有真賜之以備物，而他國之不得齒者，郊禘之盛禮是也。有例放之常典，而他國未必不同者，如礿、嘗、烝、社之常祭是也。有真畀之以寶玉，而視他國爲特優者，崇貫之鼎、夏后氏之璜、封父之繁弱是也。此其器固遠傳乎古。他如伊耆氏之樂，女媧之笙簧，虞、夏、周之尊罍，則皆用其制度而已。如虞、夏、商、周之官，則亦汎記其多寡之數，而又未必用其制度也。

山陰陸氏曰：「以爲」，以爲如此而已。「是故」，亦緩詞也。文雖少褒，其詞如是，與失之誣者異矣。

慶源輔氏曰：傳，謂傳説也，蓋言久矣。天下共傳説魯國之有禮法也。云「天下以爲有道之國」，「君臣未嘗相弑也」，雖曰隱惡，不若不言之愈也。

❶「然」字下，通志堂本、四庫本有「哉」字，是。

石林葉氏曰：鄭氏以桓公、宣公之事，欲附會而不可得，遂併記婦人髽、士有誄之事以言禮之變，謂此書爲近誣。❶若然，胡爲列之記乎？《禮記》雖出漢儒，其言未必盡實。然桓、宣之弒，不應滅裂不知至此。吾嘗證《吕覽》以周賜周公得用天子禮樂爲在平王之世，魯惠公之所請。以是質之，則《明堂位》之作宜在桓公之前，正當惠、隱之際。魯初得周公之賜，故記禮者因緝而載之，所以不及弒事。其説尤可信不疑也。非特此而已，且言「魯公之廟，文世室也；武公之廟，武世室也」，若果出於成、康及周公之身，安得所謂魯公、武公之廟乎？乃知事有在目前，歷千載而弗悟者，雖聖人猶然，而况其他？此不獨可辨《明堂位》之非誣，尤以成《吕覽》之言，而證成、康、周公之無違禮也。

禮記集說卷第八十



❶「近」字下，通志堂本、四庫本有「於」字。

# 禮記集說卷第八十一

## 喪服小記第十五

孔氏曰：案鄭《目録》云：「《喪服小記》者，以其記喪服之小義也。此於《别録》屬《喪服》。」

嚴陵方氏曰：哀之本在心，及發於聲音，而見於衣服者，乃其末耳。此篇則以服爲主，故以服爲言，且謂之「小記」，至於「大記」，則所主不特在服，故不曰「服」，而謂之「大記」。

斬衰，括髮以麻。爲母括髮以麻，免而以布。齊衰，惡笄以終喪。

鄭氏曰：母服輕，至免可以布代麻也。爲母，又哭而免。笄所以卷髮，帶所以持身也。婦人質，於喪所以自卷持者，有除無變。

孔氏曰：自此至「則髽」一節，論斬衰之喪，男女括髮免髽之異。斬衰者，主人爲父之服也。括髮者，爲父未成服之前所服也。禮：親始死，子布深衣，去冠，而有笄纚、徒跣，扱上衽。至將小斂，去笄纚，著素冠，視斂。斂訖，投冠而括髮。括髮者，以麻自項以前交於額上，卻繞紒，如著幓頭焉。爲母初喪至小斂後括髮，與父禮同，故亦云「括髮以麻」也。免而以布者，此謂爲母與父異者也，亦自小斂後而括髮，《士喪禮》云「卒小斂，主人髺髮袒」是也。至尸出堂，子拜賓時，猶與爲父不異。至拜賓後，子往即堂下之位。《士喪禮》所云：「男女奉尸侇于堂訖，主人降自西階，東即位。主人拜賓，即位踊，襲絰于序東，復位。」此時則異也。鄭註「又哭」是此時也。若爲父，此時猶括髮而踊，襲絰帶，以至大斂而成服。若母喪，於此時則不復括髮，乃著布免，踊而襲絰帶，以至成服，故云「免而以布」也。惡笄，榛木爲笄也。婦人質，於其自卷持者有除無變，故要絰及笄不須更易。至服竟一除，故云「以終喪」。

崔氏曰：凡親始死，將三年者，皆去冠笄纚如故。十五升白布深衣，扱上衽，徒跣，交手而哭。婦人則去纚衣，與男子同，不徒跣，不扱衽，著白布深衣。其齊衰以下，男子著素冠。齊衰以下，❶婦人骨笄而纚。皆吉屨，無絇，其服皆白布深衣。至死之明日，士則死日襲，明日小斂。若大夫，死之明日襲而括髮。大夫與士括髮，於死者俱二日。始死以後，小斂之前，大夫與士皆加素冠於笄纚之上。始死哀甚，未暇分別尊卑，故大夫與士其冠皆同也。至小斂投冠括髮之後，大夫加素弁，士加素委貌，皆加環絰。凡括髮之後，至大斂成服以來，括髮不改。但士之既殯，諸侯小斂，於死者皆三日說髦同也。其齊衰以下，男子於主人括髮之時則著免；其婦人將斬衰者，於男子括髮之時，則以麻爲髽。其齊衰者，於男子免時，婦人則以布爲髽，下「男子免而婦人髽」是也。其大功以下無髽也，其服斂畢至成服以來，白布深衣不改。士死後二

❶「齊衰」，原作「衰齊」，今據通志堂本、四庫本及《禮記正義》改。

日，襲帶絰。其大夫以上成服，與士不同。其襲帶絰之屬，或與士同，或與士異，無文以言之。其斬衰，男子括髮；齊衰，男子免，皆謂喪之大事斂殯之時。若其不當斂殯，則大夫以上加素弁，士加素冠，皆於括髮之上。天子七日成服，諸侯五日成服，大夫士三日成服。其葬之時，大夫及士男子散帶，婦人髽，與未成服時同，其服則如喪服。若天子諸侯，則首服素弁，以葛爲環絰；大夫則素弁，加環絰；士則素委貌，加環絰。鄭謂「接神不可以純凶」是也。至既虞卒哭之時，乃服變服，首絰要帶男子皆以葛易之；齊斬之婦人則易首絰，不易要帶；大功、小功婦人則易要帶爲葛。雖受變麻爲葛，卒哭時亦未説麻，至祔乃説麻服葛。其斬衰，至十三月練而除首絰。練冠素纓，中衣黄履，❶縓爲領袖緣，布帶，繩屨無絇。若母三年者，小祥亦然。斬衰，二十五月大祥，朝服縞冠。既祥，乃服十五升布深衣，領緣皆以布，縞冠素紕。二十七月乃禫，服玄冠、衣黄裳而祭，祭畢，服朝服，以黑經白緯爲冠，所謂纖冠。而練纓吉屨，踰月服吉。父没爲母與父同。父在爲母十一月而練，十三月而大祥，十五月而禫，其服變除與父没爲母同。其不杖齊衰及大功以下，服畢皆初服朝服素冠，踰月服吉也。

藍田吕氏曰：免，以布爲卷幘，以約四垂短髮而露其髻，於《冠禮》謂之「闕項」。冠者必先著此闕項而後加冠。故古者有罪，免冠而闕項存，因謂之免，音「免」，以其與

❶「履」，《禮記正義》作「裏」，是。

「冕弁」之「冕」其音相亂，故改音「問」。

長樂黃氏曰：括髮免髽，乃小斂。至大斂，未成服之制，又有變禮，括髮免髽者，《奔喪》是也。有啓殯見棺柩，變同小斂之時者，《既夕禮》「丈夫髽，散帶垂」是也。大要不出此三節，而免之用爲尤廣。蓋喪禮未成服以前，莫重於袒括髮。《檀弓》曰：「袒括髮，去飾之甚也。」括髮以麻，免以布。又曰：免，不冠者之所服。則免之禮稍殺於袒括髮也。是故小斂爲父括髮，而至於成服。爲母，則即位之後不括髮而爲免。小斂有括髮，有免。及啓殯，則雖斬衰，亦免而無括髮，以至卒哭。不唯此也，自斬至緦皆有免，五世無服者亦袒免，童子當室免，朋友在他邦亦袒免。君弔，雖不當免時必免，是免之用爲尤廣也。

嚴陵方氏曰：衰，凶服名也。其制當心曰衰，當背曰負，左右曰辟，其別如此。而通謂之衰者，以哀雖見於衣服，其本在心故也。

山陰陸氏曰：《士喪禮》主人髻髮袒，衆主人免于房，婦人髽于室，則袒括髮一人而已，諸子皆免。

新安朱氏曰：括髮是束髮爲髻，鄭氏《儀禮註》及疏以男子括髮與免及婦人髽，皆云「如著幓頭然」。所謂「幓頭」，即如今之掠頭編子，自項而前交於額上，却繞髻也。

男子冠而婦人笄，男子免而婦人髽。其義爲男子則免，爲婦人則髽。

鄭氏曰：別男女也。❶

❶「女」，原作「子」，今據《禮記》鄭注改。

孔氏曰：此明男子、婦人冠笄髽免相對之節，但吉時男子首有吉冠，則女首有吉笄。若親始死，男去冠，女則去笄。若成服爲父，男則六升布爲冠，女則箭篠爲笄。爲母，男則七升布爲冠，女則榛木爲笄。是男子冠而婦人笄。若遭齊衰之喪，首飾亦别。當襲斂之節，男子著免，婦人著髽，故云「男子免而婦人髽」。免者，鄭註《士喪禮》云：「以布廣一寸，自項中而前，交於額上，卻繞紒也，如著幓頭矣。」髽有二種，一是斬衰麻髻，二是齊衰布髽，皆名露紒。必知然者，以《喪服》「女子子在室，爲父箭笄髽衰」，是斬衰之髽用麻。鄭註以爲「露紒」，明齊衰髽用布，亦謂之露紒髽也。《喪服》往往寄異以明義。或疑免、髽亦有旨，故解之以其義。言於男子則免，婦人則髽。男去冠，猶婦人去笄，無服别義，故云「其義」也。

長樂黄氏曰：《襄公四年》：「臧紇救鄫，侵邾，敗於狐駘。國人逆喪者，皆髽，魯於是乎始髽。」註：「髽，麻髮合結也。遭喪者多，故不能備凶服，髽而已。」疏曰：「髽之形制，禮無明文，先世儒者各以意説。鄭衆以爲枲麻與髪相半結之；馬融以爲屈布爲之，高四寸，著於額上；鄭玄以爲去纚而紒。案《檀弓記》稱：『南宫縚之妻，孔子之兄女也。縚母喪，孔子誨之髽，曰：爾母從從爾，爾母扈扈爾。』鄭玄云『從從，謂大高。扈扈，謂大廣』。若布高四寸，則有定制，何當慮其從從扈扈而誨之哉？如鄭玄云『去纚而空露其紒』，則髪上本無服矣。《喪服》『女子在室爲父髽衰三年』。空露紒髪，安得與衰共文而謂之『髽衰』也？魯人逆喪皆髽，豈直露紒迎喪哉？凶服以麻表，髽字從『髟』，是髮之服也。杜以鄭衆爲長，故用其説，言麻髮合結，亦當麻髮半也。於時魯師大敗，遭喪者多，婦人迎子迎夫，不能備其凶服，唯髽而已。同路迎喪，以髽相弔。《傳》言『魯於是始髽』者，自此以後遂以髽爲弔服。雖有吉者，亦髽以弔人。《檀弓》曰：『魯婦人之髽而弔也，自敗於臺鮐始也。』鄭玄云：『時家家有喪，髽而相弔。』知『於是始髽』者，始用髽相弔也。」

嚴陵方氏曰：男子所以冒首者謂之冠，婦人所以貫髮者謂之笄，此特言其吉而已。及凶而變焉，男子則去冠而免，婦人則去笄而髽也。故曰「男子免而婦人髽」。蓋有冠則首服，去冠則免，故去冠，以布繞之謂之免。有笄則髮立，去笄則髽，故去笄，以麻繞之謂之髽。若夫男子成服，則亦有冠焉，所謂「厭冠」是也。婦人成服，則亦有笄焉，所謂「惡笄」是也。然則喪之或免或髽者，豈有他哉？特以辨男女之義而已。

山陰陸氏曰：婦人笄，猶男子之冠，故司馬子期曰：「吾有妾而愿欲笄之，可乎？」《喪服傳》曰：「女子子適人者爲其父母，婦爲舅姑，惡笄有首以髽，卒哭，子折笄首，以笄，布總。」蓋曰以笄則其主在笄，以髽則雖有笄焉，非笄之正。

苴杖，竹也。削杖，桐也。

孔氏曰：此一經解喪服苴杖、削杖也。苴者，黯也。至痛内結，必形色外章，心如斬斫，故貌必蒼苴，所以衰裳、絰杖俱備苴色也。必用竹者，以其體圓性貞，履四時不改，明子爲父有終身之痛，故斷而用之，無所厭殺也。削者，殺也。必用桐者，明外雖被削，而心本同也，且桐隨時凋落。此謂母喪，示外被削殺，服從時除，終身之心與父同也。

賈氏曰：父者子之天，竹圓亦象天。竹内外有節，象子爲父亦有外内之痛。此爲父所以杖竹。桐外無節，經時而變，象家無二尊，屈於父。削之使方者，取母象於地。此爲母所以杖桐也，杖所以扶病，病從心起，故杖之高下以心爲斷。《儀禮疏》。

祖父卒而后爲祖母後者，三年。

鄭氏曰：祖父在，則其服如父在爲母也。

孔氏曰：此一經論適孫承重之服。祖父卒者，謂適孫無父而爲祖後，祖父已卒，今又遭祖母喪，故云「爲祖母後」也。如父卒爲母三年。若祖父卒時父在，己雖爲祖期，今父没，祖母亡時，己亦爲祖母三年也。

嚴陵方氏曰：言「祖父卒而爲祖母」如是，則祖母卒而爲祖父亦若是。

爲父母、長子稽顙。大夫弔之，雖緦，必稽顙。婦人爲夫與長子稽顙，其餘則否。

鄭氏曰：父母、長子稽顙，喪尊者及正體，不敢不盡禮也。雖緦必稽顙，尊大夫，不敢以輕待之也。其餘則否，謂婦人恩殺於父母。

孔氏曰：此一節論喪合稽顙之事。重服先稽顙而後拜，父母、長子並重。其餘期以下，先拜後稽顙也。此謂平等來弔。若大夫弔士，雖是緦麻之親，亦必先稽顙而後拜也。婦人爲夫與長子，亦先稽顙而後拜。其餘否者，謂父母也。以受重他族，其恩減殺於父母。

長樂陳氏曰：稽顙，猶稽首也。禮非至尊不稽首，則喪非至重不稽顙矣。然有非至重而稽顙者，非以其至親，則以弔者之尊也。故爲妻稽顙，以至親也。大夫弔之，雖緦必稽顙，以弔者之尊也。婦人移天於夫而傳重於長子，故雖父母不稽顙。所稽顙者夫與長子而已。以所受於此者重，則所報於彼者殺也。

男主必使同姓，婦主必使異姓。

鄭氏曰：謂爲無主後者爲主也。異姓，同宗之婦也。婦人外成。

孔氏曰：婦人外成，適於他族，不得自與己同宗爲主。此云「異姓」者，與夫家爲異姓。❶ 庾氏曰：「喪有男主以接男賓，女主以接女賓。若父母之喪，則適子爲男主，適婦爲女主。」今或無適子、適婦，遣他人攝主。若攝男主，必使喪家同姓之男，婦主必使喪家異姓之女。

爲父後者，爲出母無服。

鄭氏曰：不敢以己私廢父所傳重之祭祀。

孔氏曰：此一經論適子承重不得爲出母著服之事。出母，謂母犯七出，爲父所遣。母子至親，義不可絶。父若猶在，子皆爲出母期。若父没後，適子係嗣，烝嘗不敢以私親廢先祖之祀，故不復爲出母服。

嚴陵方氏曰：爲出母無服者，隆於公義而殺於私恩也。

親親以三爲五，以五爲九。上殺、下殺、旁殺而親畢矣。

鄭氏曰：己，上親父，下親子，三也。以

❶「姓」下，原有「同」字，今據《禮記正義》删。

父親祖，以子親孫，五也。以祖親高祖，以孫親玄孫，九也。殺，謂親益疏者服之則輕。

孔氏曰：此一經廣明五服之輕重，隨人之親疏，著服之節。「親親以三」者，上父，下子，并己爲三也。爲五者，䣜者三，加祖及孫，故爲五也。以五爲九者，己上祖下孫，則是五也，又以曾祖故親高祖，曾孫故親玄孫，上加曾、高二祖，下加曾、玄兩孫，以四籠五，故爲九也。上殺者，據己上服父祖而減殺，故服父三年，服祖減殺至期，以次減之，應曾祖大功，高祖小功，而俱齊衰三月者，但父祖於己是同體之親，故依次減殺。曾、高，其恩已疏，故一等，從齊衰三月也。所以《喪服》註云：「重其衰麻，尊尊也。減其日月，恩殺也。」不可以大功、小功旁親之服加至尊，故皆服齊衰也。下殺者，謂下於子孫而減殺。子服父三年，父亦宜報，而父子首足，不無等衰，故父服子期也。若正適傳重，便得遂情，故《喪服》云「不敢降」是也。父服子期，孫卑，理不得祖報，故爲九月。若傳重者，亦服期也。爲孫既大功，則曾孫宜五月，但曾孫服曾祖止三月，故曾祖報亦一時也。曾祖是正尊，自加齊衰服，曾孫卑，故正服緦麻。曾孫既緦麻三月，玄孫理不容異，故服同三月。旁殺者，世叔之屬是也。父是至尊，故以三年。若據祖期斷，則世叔宜九月。而世叔是父一體，故加至期也。從世叔既疏，加所不及，據期而殺，是以五月。族世叔又疏一等，故宜緦麻。此外無服也。此是發父而旁漸至輕也。又祖是父一體，故加至期，而祖之兄弟非己一體，故加亦不及，據於期之繼殺，便止五月。族祖又疏一等，故宜緦麻。此外無服。是發祖而旁漸殺也。又曾祖據期本應五月，曾祖之兄弟謂族曾祖，既疏一等，故宜三月也。自此以外，及高祖之兄弟悉無服矣。又至親期斷，兄弟至親一體，相爲而期。同堂兄弟疏於一等，故九月。從祖兄弟又疏一等，故小功。族之昆弟又殺一等，故宜三月。此外無服。是發兄弟而旁殺也。又父爲子期，兄弟之子但宜九月，而今亦期者，父於子本應報以三年，特爲首足，故降至期。兄弟之子爲世叔，本應九月，言世叔與尊者一體，而加至期。世叔旁尊，不得自比彼父祖之重，無義相降，故報兄弟子期。且己與兄弟一體，兄弟之子，不宜隔異，與己子等，所以至期。故《檀弓》云「兄弟之子猶子，引而進之」是也。又同堂兄弟之子，服從伯叔無加，則從伯叔亦正報五月也。族兄弟之子又疏，故宜緦耳。此發子而旁殺也。又孫服祖期，祖尊，故爲孫大功。兄弟之孫服從祖五月，故從祖報之小功也。同堂兄弟之孫既疏，爲之緦麻，其外無服矣。曾祖爲曾孫三月，爲兄弟曾孫以無尊降之，故亦爲三月。始自父母，終於族人，故云「親畢」矣。且五屬之親，若同父則期，同祖則大功，同曾祖則小功，同高祖則緦麻，高祖外無服，亦是畢也。

嚴陵方氏曰：親親之道成於三，窮於九。夫道生一，一生二，二生三，三生萬物。萬物有生，則有成矣。人道上由父生，下以生子，身居其中，然後人道成焉。此謂「成於三」。變而爲九，是所謂九族，而人道盡於此矣。此之謂「窮於九」。曰上殺者，遠近之殺也。曰下殺者，尊卑之殺也。曰旁殺者，親疏之殺也。遠近之殺者，近者隆而遠者殺故也。尊卑之殺者，尊者隆而卑者殺故也。所謂親疏者，亦若是而已。不曰隆而曰殺者，親愈上則愈殺於遠，親愈下則愈殺於卑故也。所謂旁殺者，亦若是而已。三殺既畢，則九族之外也，絶族無移服，故曰「而親畢矣」。曾者，增之也。高者，積而上之謂也。玄者，久而小之謂也。

馬氏曰：「親親以三爲五，以五爲九」，而不言七者，以其上而曾、高者皆爲遠祖也，下而曾、玄者皆爲遠孫也。凡喪服之道，以近爲親。是故上殺者，有緦麻而無功衰，以其相遠也。旁殺之親有大功，有小功者，以其相近也。近者至於親親而不尊，遠者至於尊尊而不親。唯其親而不尊，故九月、五月之喪功衰而已。唯其尊而不親，故雖齊衰之喪亦有三月者也。

李氏曰：《周官·小宗伯》曰：「掌三族之别，以辨親疏。」《書》曰：「九族既睦。」辨因其近，故止于三；睦舉其遠，故至于九。蓋六世則親族竭矣。自己而上殺至于高祖，則五世；自己而下殺至于玄孫，則五世；自己而旁殺至于三從兄弟，則五世。故曰「上殺，下殺，旁殺，而親畢矣」。夫服者，所以序其親者也。禮有經而等，義有推而進，權有重而輕、輕而重。孫爲祖齊衰而祖爲之緦麻。兄弟之子爲世叔期，從兄弟之子爲從世叔小功五月，而從世叔亦爲之五月。族兄弟爲族世叔緦三月，而族世叔亦爲之緦。兄弟之孫爲從祖五月，而從祖亦爲之小功。從兄弟之孫爲曾祖之兄弟三月，而曾祖兄弟亦爲之緦。兄弟則期，從兄弟則大功，從祖兄弟則相爲緦。此經而等也。子爲父三年，而父爲之期。孫爲祖期，而祖爲之大功。曾孫、玄孫爲曾祖、高祖齊衰三月，而曾祖、高祖亦爲之緦，此順而殺也。爲子期，則爲兄弟之子當大功而亦期。此推而進也。有傳重者，則父爲祖三年，祖爲孫期，此輕而重也。爲祖期，爲曾祖當大功，而乃爲之五月，此重而輕也。

長樂陳氏曰：《書》與《詩序》皆言「九族」，特《周禮·小宗伯》、《儀禮·士昏》、《禮記·仲尼燕居》特言「三族」者，三族，父、子、孫也；九族，高祖至玄孫也。三族舉其本，九族極其末。舉三族則九族見矣。《白虎通》夏侯、歐陽，何琦、如淳之徒以父族四，母族三，妻族二爲九族，其説蓋以《詩》之《葛藟》刺平王不親九族而言「謂他人父」、「謂他人母」；《頍弁》刺幽王不親九族而言「豈伊異人，兄弟甥舅」；《角弓》亦刺不親九族而言「兄弟昏姻，無胥遠矣」，則所謂九族者，非特内宗而已。是惡知詩人之所主者，因内宗而發哉？彼謂父族四者，父之姓爲一族，父女昆弟適人者子爲二族，己女昆弟適人者子爲三族，己女適人者子爲四族；母族三者，母之父母爲一族，母之昆弟爲二族，母之女昆弟爲三族；妻族二者，妻之父爲一族，妻之母爲二族。然於母之母，則合而爲一族，妻之父母則離而爲二，可乎？《爾雅》於内宗皆曰「族」，於母妻曰「黨」而已。又《禮》，「小功之末可以嫁娶」，妻之黨固無妨於嫁娶，昏禮不容慮其不虞也。然則九族之説當從孔安國、鄭康成爲正。此經則九族隆殺之差也。《禮書》。

山陰陸氏曰：族之以喪紀論者，孔氏云「上至高祖，下及玄孫爲九族」，此斥同姓而兼死言之也。族之以親屬論者，歐陽氏云「父族四，母族三，妻族二，爲九族」，此斥生而兼異姓言之也。以此經考之，則孔氏之言爲是。以《詩·頍弁》、《角弓》考之，則九族異姓在焉，於歐陽氏之言爲當也。夫以喪紀言服者，推而上之，極於高祖；引而下之，極於玄孫者，何也？蓋曾祖之上，其祖謂之高，言尊者以親屬高遠也。曾孫之下，其孫謂之玄，言卑者於親屬微昧也。故喪紀於是盡焉。以親屬言族者，母族三有母之母姓，父族四無父之母姓者，蓋屈於父之姓故也。此「父在，爲母期」之意也。然則母之姓於母之父姓何以無屈？曰理有等，恩有殺。於同姓之族嚴，於異姓之族略，仁義之道也。母族三有母之女昆弟適人者，而妻族二無妻之昆弟適人者，何也？蓋女子謂姊妹之夫爲私，以其非正親故也。妻之姊妹於己則非正親，其不在族中也宜矣。

王者禘其祖之所自出，以其祖配之，而立四廟。庶子王亦如之。

鄭氏曰：禘，大祭也。始祖感天神靈而生，祭天則以祖配之。自外至者，無主不止。「而立四廟」者，高祖以下，與始祖而五也。世子有廢疾，不可立，而庶子立，其祭天立廟，亦如世子之立也。春秋時，衛侯元有兄縶。

孔氏曰：此一節論王者庶子之郊天立廟與適子同之義。禘，謂夏正郊天。自，從也。王者禘祭其先祖所從出之天，若周之先祖出自靈威仰。以祖配者，以其先祖配祭所出之天也。既有配天始祖之廟，更立高祖以下四廟，與始祖而五也。天位尊重，庶子爲王，郊天祀五廟，事事如適子。嫌其不得，故特明之。鄭註「自外至者，無主不止」，《公羊》宣三年傳文。外至者，天神也。主者，人祖也。引「衛侯元有兄縶」，證世子廢疾，不可立也。

長樂陳氏曰：韋玄成曰：「『王者禘其祖所自出，以其祖配之，而立四廟』，言始受命而王，祭天以其祖配，不爲立廟，親盡也。」然則玄成以禘爲祭天，固不足信。以立四廟爲始受命而王者，於理或然。蓋始受命而王者，不必備事七世，故立四廟，止於高祖而已。其上親盡，不祭可也。「庶子王，亦如之」者，禮爲人後者爲父母期，公子爲後，爲其母，於子祭，❶於孫否。蓋爲人後者，雖受重於所後，而不廢父母期；公子爲後，雖受重於君母，而不廢其母祭。則庶子爲王，雖有正統之七廟，其可輒廢祖考之祭乎？於是自立四廟，以視始受命而王者，所以著其不忘本也。昔漢宣帝以從孫繼昭帝，患昭穆之體一也，於是立悼皇考廟以當一代之穆，而王舜中、劉歆以爲孝宣以兄孫繼統爲孝昭後，考廟固不當立。累世奉之，是兩統二父也。然宣帝以悼皇考當一代之穆，固不合禮，若特立廟，乃庶子王之所當立者，謂不當立，誤矣。

嚴陵方氏曰：王立七廟，三昭三穆，與大祖之廟而七。此言王者止曰立四廟者，

❶「子」字，原無，今據《禮書》卷六十八補。

據月祭之親廟言之也。蓋遠廟爲祧，有二祧，享嘗乃止。既言「禘其祖之所自出，以其祖配之」，則祭及其二祧可知矣。此所以不言之也。

山陰陸氏曰：此言王者後世嘗更衰亂，統序既絶，其子孫有特起者，若漢光武復有天下，既復七廟，則其曾祖禰當別立廟祀之，故曰「庶子王亦如之」也。若孝文繼孝惠，雖非適子，其承祭祀不言可知。今經言此者，正爲庶子不祭，庶子王然後祭耳。

廬陵胡氏曰：鄭謂世子有廢疾，而庶子立，如昭七年《左氏》云「孟縶」之類。案經傳庶子王多矣，豈世子盡有疾？

清江劉氏曰：「庶子王亦如之」，註云「庶子祭天立廟」，非也。此一句當承後文「慈母與妾母不世祭也」之下，脱誤在前耳。又曰「而立四廟」，云「天子立四廟」，亦非也。此一句上有脱簡耳。文當曰「諸侯及其大祖而立四廟」。

別子爲祖，繼別爲宗。繼禰者爲小宗。有五世而遷之宗，其繼高祖者也。

鄭氏曰：別子者，諸侯之庶子，別爲後世爲始祖也。謂之別子者，公子不得禰先君。繼別者，別子之世長子，爲其族人爲宗，所謂百世不遷之宗也。繼禰者，別子庶子之長子，爲其昆弟爲宗也。謂之小宗者，以其將遷也。五世而遷，即小宗也。小宗有四，或繼高祖，或繼曾祖，或繼禰，皆至五世則遷。

孔氏曰：自此至「宗也」一節，並論尊祖敬宗之義。諸侯適子之弟，別於正適，不得禰先君，故稱別子。其子孫爲卿大夫，立此別子爲始祖，故云「別子爲祖」。別子之世世長子，恒繼別子，與族人爲百世不遷之大宗，故云「繼別爲宗」也。禰謂別子之庶子所生長子，繼此庶子，與兄弟爲小宗。比大宗爲小，故云「小宗」也。此五世者，爲上從高祖，下至玄孫之子。此玄孫之子，則合遷徙，不得與族人爲宗。故云「有五世則遷之宗」，此五世則遷，實是繼高祖者之子，記文略爾。若繼高祖之身，未滿五世，❶猶爲服也。鄭註：小宗有四，以別子之後，族人衆多，或繼高祖，與三從兄弟爲宗；或繼曾祖，與再從兄弟爲宗；或繼祖，與同堂兄弟爲宗；或繼禰，與親兄弟爲宗。一身凡事四宗：事親兄弟之適，是繼禰小宗也。事同堂兄弟之適，是繼祖小宗也。事再從兄弟之適，是繼曾祖小宗也。事三從兄弟之適，是繼高祖小宗也。兼大宗爲五。繼高祖者，至子五世，不復與四從兄弟爲宗，故云「皆至五世則遷」，各隨近相宗。然則小宗所繼非一，獨云「繼禰」，爲小宗者雖四，初皆繼禰爲始，據初爲元，故特云「繼禰」也。

橫渠張氏曰：宗子「繼別爲宗」，言別則非一也。如別子五人，五人各爲大宗。所謂兄弟宗之者，謂別子之子繼禰者之兄弟宗其小宗子也。

山陰陸氏曰：有五世而遷之宗，據宗其繼高祖者五世則遷者也。其繼高祖者，玄孫也；宗其繼高祖者，玄孫之子也。先儒謂記文略，此讀「五世而遷之宗」之誤也。即云「五世而遷之宗」，猶云「五世

❶「滿」，原作「蒲」，今據通志堂本、四庫本及《禮記正義》改。

則遷之宗」。是故祖遷於上，宗易於下。尊祖故敬宗，所以尊祖禰也。❶

鄭氏曰：宗者，祖禰之正體。

孔氏曰：四世之時，尚事高祖，至五世之時，謂高祖之父不爲加服，是「祖遷於上」。四世之時，仍宗三從族人，至五世，不復宗四從族人，各自隨近爲宗，是「易於下」。宗是先祖正體，所以「尊祖故敬宗，敬宗所以尊祖禰」也。

嚴陵方氏曰：先儒疏「祖遷於上，宗易於下」，特五世則遷之小宗爾。若夫百世不遷之大宗，則祖未嘗遷，而宗未嘗易焉。於祖曰「遷」，於宗曰「易」者，遷有升之之意，故於在上者言之，易有去之之意，故於在下者言之。

庶子不祭祖者，明其宗也。庶子不爲長子斬，不繼祖與禰故也。

鄭氏曰：庶子不祭祖者，明其尊宗以爲本也，禰則不祭矣。言不祭祖者，主謂宗子、庶子俱爲適士，得立祖禰廟者也。凡正體在乎上者謂下正，猶爲庶也。不爲長子斬，尊先祖之正體，不二其統也。言不繼祖禰，則長子不必五世。

孔氏曰：庶、適俱是人子，並宜供養，而適子烝嘗，庶子獨不祭者，正是推本崇適，明有所宗，故云「明其宗」也。此言庶子，則是父庶，父庶即不得祭父，何假言祖？故鄭云「禰則不祭也」。然而不祭祖者，謂適士得立二廟，自禰及祖，宗子得立祖廟祭之。祖庶雖俱爲適士，得立禰廟，不得立祖廟祭之也。鄭註正體，謂

❶「所」字上，《禮記》有「敬宗」二字，當是。

祖之適也。下正，謂禰之適也。雖正爲禰適，而於祖猶爲庶，故禰適謂之爲庶也。五宗悉然。不爲長子斬，亦尊宗之義。《喪服》爲長子斬，此明父是庶子，故不得爲長子斬，互相明也。然父適二世承重，則得爲長子三年，故鄭註云「不必五世」也。禮有適子者無適孫，雖是祖正，若父猶在，則己未成適，則不得重長。必是父没後者，故云「爲父後者，然後爲長子三年」也。然己身雖是祖庶，而是父適，則應立廟。立廟則己長子傳重，當祭而不爲斬者，以是祖庶厭降，故不敢服斬。且死者其父見在，父自供祭。然禮爲後者有四條皆不爲斬：有體而不正，庶子爲後是也；有正而不體，適孫爲後是也；有傳重而非正體，庶孫爲後是也；有正體而不傳重，適子有廢疾不立是也。四者皆期，悉不得斬也。唯正體又傳重者，乃極服耳。

賈氏曰：適妻所生，皆名適子。第一子死，則取適妻所生第二子者立之，亦名長子。若言適子，唯據第一者，若云長子，通立嫡以長故也。《儀禮疏》。

横渠張氏曰：此以服言，不以祭言，故又發此條。

嚴陵方氏曰：適士二廟，則有祖廟矣。官師一廟，則有禰廟而已。此言「庶子不祭祖」者，言適士家也。下言「庶子不祭禰」者，言官師之家也。夫立宗所以重本。適子，本也，庶子，支也。其不祭也，雖祖之不同，至於「明其宗」之義則一而已。其曰「不祭祖」，則禰容祭之矣。

山陰陸氏曰：庶子不祭祖，此謂庶子爲士，無祖廟者，不敢祭祖，祭於宗子之家，明其尊宗以爲本也。庶子不爲長子斬，此關上下言之，亦言之法。「不繼祖」，關上「庶子不祭祖」者也。「不繼禰」，關下「庶子不祭禰」者也。

禮記集説卷第八十一

# 禮記集説卷第八十二

庶子不祭殤與無後者，殤與無後者從祖祔食。

鄭氏曰：不祭殤者，父之庶也。不祭無後者，祖之庶也。此二者，當從祖祔食，而已不祭祖，無所食之也。共其牲物，而宗子主其禮焉。祖庶之殤，則自祭之。凡所祭殤者，唯適子耳。無後者，謂昆弟諸父也。宗子之諸父無後者，爲墠祭之。

孔氏曰：庶子，謂父庶及祖庶也。殤者，未成人而死者也。無後，謂成人未昏或已娶無子而死者。庶子不得祭父祖，此殤與無後者之親，共其牲物，各從其祖祔食。祖廟在宗子之家，已不得自祭之也。

鄭註「不祭殤者，父之庶」者，謂己是父之庶子及餘兄弟亦是父之庶子所生之適子爲殤而死者，不得自祭之，以己是父庶，不合立父廟故也。殤尚不祭，成人無後，不祭可知。云「不祭無後者，祖之庶」者，己是祖庶，不合立祖廟，故兄弟無後者，不得祭之。己若是曾祖之庶，亦不得祭諸父無後者。諸父無後，當於曾祖之廟而祭。此不云曾祖，言祖兼之也。云「無所食之」者，以庶子不合祭祖，無處食之，故宗子主其禮也。云「祖庶之殤，則自祭之」者，己於祖爲庶，故謂己子爲祖庶之殤。己是父適，得立父廟，故自祭子殤在於父廟也。「爲墠祭之」者，謂宗子是士，唯有祖、禰二廟，無曾祖廟，故諸父無後者，爲墠祭之。若宗子爲大夫，得立曾祖廟，則祭於曾祖廟，不於墠也。

横渠張氏曰：無後者必祭。借如有伯祖至孫而絶，則伯祖不得言無後，蓋有子也。夫祭者必是正統相承，然後祭禮正，有所統屬。今既宗法不立，❶而無緣得祭祀正，故且須參酌古今，順人情而爲之。如士當一廟而設三世，則是祖廟而設祖位與曾祖位也。有人又有伯祖與伯祖之子者，當如何爲祭？❷伯祖則當自與祖爲列，❸從父則自當與父爲列。苟不如此，使死者有知，以人情言之，必不安。使死者無知，己妄有去取，則己不是，不如求中於義理爲善。然禮於親疏遠近，則自有煩簡。或月祭之，或享嘗乃止。故拜朔之禮施於三世，伯祖之祭止可施於享嘗。平日藏去位板於櫝中，至時祭則取而祫之。其位則自如尊卑，且無逆祀之禮。若又設於他所，則似不得祫祭，皆人情所不安。近世亦有祭禮，於祖、考禮物皆同，而於其配皆有降殺。凡器皿、俎豆、筵席、純緣之類，莫不異也，此意亦僅得之。其從食者，必又有降，雖古亦然，以明尊卑親疏。至如設祔位，雖以其班，亦當少退，其禮物亦須少損。其主祭者於祔食者，若其尊也，則亦有親執其禮，❹必使有司或子弟爲之。且主祭者，不可絶親煩辱，必須簡逸。「庶子不祭殤與無後者」，註「不祭殤者，父之庶」，蓋以殤未足以語世數，特以己不祭禰，故不祭之。「不祭無後者，祖之庶」，雖無後，以其成人，備世數，當祔祖以祭之也。不

❶「立」，《經學理窟・祭祀》作「正」。
❷「如」，四庫本作「並」。「何」，通志堂本、四庫本無。
❸「當自」，四庫本及《經學理窟・祭祀》作「自當」。
❹「亦有」，《經學理窟・祭祀》作「不必」。

祭祖，故不得而祭之也。「祖庶之殤，則自祭之」，言庶孫則得祭其子之殤者，以己爲其祖矣，無所祔之也。「凡所祭殤者，唯適子」，此據禮天子下祭殤五，皆適子適孫之類，故知凡殤非適，皆不當特祭，唯當從祖祔食。

山陰陸氏曰：其謂之庶子，凡小宗子皆庶子也。知然者，以宗子無無後者，又得自祭其殤知之也。

金華應氏曰：殤與無後皆庶子之子也。殤者幼而未成人，無後者長而未有子。鄭氏以殤爲己之子，而繫於父之庶，以無後爲兄弟，而繫於祖之庶。蓋以殤惟適可祭。今適子之下又有無後者，不應更祭，故指此爲兄弟而言之。夫所謂殤與無後，包羅其義云爾，非謂庶子之子其適與庶皆死也。適子或殤而死，或無後而死，皆從祖而祭於宗子之家，謂之祔食，特祔焉而又食之，非必同祭於祖。故《曾子問》又謂之「殤不祔祭」。若果如此，則兄弟之無後者，亦不患於無所祔食矣。

廬陵胡氏曰：此與《曾子問》中義同語異也。

庶子不祭禰者，明其宗也。

鄭氏曰：謂宗子、庶子俱爲下士，得立禰廟也。雖庶人亦然。

孔氏曰：禰適故得立禰廟，故祭禰；禰庶不得立禰廟，故不得祭禰，明其有所宗。既無禰廟，故不得祭子殤也。前文云「不祭祖」，以有祖廟，故註云「宗子、庶子俱爲適士」。此文云「不祭禰」，唯有禰廟，故註云「宗子、庶子俱爲下士」。若庶子是下士，宗子是庶人，此下士立廟於宗子之家，庶子共其牲物，宗子主其禮，雖庶人，是有祭義。若宗子爲下士，是宗子自祭之，庶子不得祭也。

金華應氏曰：前文以長子衰斬之事重，❶故先言「不祭祖」，又言「不繼祖禰」以明之，以統傳於祖而源流遠也。幼殤祔食之事輕，故專言「不祭禰」以明之，以子出於禰而源流近也。注所言適士、下士之說，雖於禮法曲盡其詳，然立言初意恐不在是。

親親，尊尊，長長，男女之有別，人道之大者也。

鄭氏曰：言服之所以隆殺。

孔氏曰：此一經論服隆殺之義。親親，謂父母也。尊尊，謂祖及曾祖、高祖也。長長謂兄及旁親也。舉尊長，則卑幼可知。男女有別，若爲父斬，爲母齊衰，姑姊妹在室期，出嫁大功，爲夫斬，爲妻期之屬，此皆人道最大者也。

從服者，所從亡則已。屬從者，所從雖沒也服。妾從女君而出，則不爲女君之子服。

鄭氏曰：所從亡則已，謂若爲君母之父母、昆弟、從母也。所從雖沒也服，謂若自爲己之母黨也。妾爲女君之黨服，得與女君同。而今俱出，女君猶爲子期，妾於義絕，無施服。

孔氏曰：此一節論從服之事。從服者，按服術有六，其一是徒從者，徒，空也，與彼非親屬，空從此而服彼。徒中有四：一是妾爲女君之黨，二是子從母服於母之君母，三是妾子爲君母之黨，四是臣從君而服君之黨。就此四徒之中，而一徒所從雖亡，則猶服。如女君雖沒，妾猶服

❶「衰斬」，通志堂本、四庫本作「斬衰」。

女君之黨。其餘三徒，則所從亡則已，謂君母死，則妾子不復服君母之黨；及母亡，則子不復服母之君母；又君亡，則臣不復服君黨親也。其中又有妾攝女君爲女君黨，各有義故也。今云「所從亡則已」，已，止也，止謂徒從亡則止而不服者。鄭註略舉一隅爾。屬者，骨血連續以爲親也。亦三：一是子從母服母之黨，二是妻從夫服夫之黨，三是夫從妻服妻之黨。此三從，雖没猶從之，服其親也。鄭註亦舉一隅也。妾從而出，謂姪娣從女君而入，若女君犯七出，則姪娣亦從而出也。

嚴陵方氏曰：從服，即《大傳》所謂「徒從」也。屬從，即《大傳》所謂「屬從」者也。然徒從不若屬從之爲重，故於徒從則所從亡則已，於屬從則所從雖没而猶服焉。妾從女君而出，則不爲女君之子服者，以其義絶故也。

禮，不王不禘。

鄭氏曰：禘，謂祭天。

孔氏曰：此論王者郊天之事。王，謂天子也。禘，謂郊天也。禮唯天子得郊天。此經上下論服制，記者亂録不禘之事，厠在其間。

山陰陸氏曰：此文宜在「王者禘其祖之所自出，以其祖配之」之上。

世子不降妻之父母，其爲妻也與大夫之適子同。

鄭氏曰：世子，天子、諸侯之適子也。不降妻之父母，爲妻故親之也。爲妻齊衰不杖者，君爲之主，子不得伸也。主言「與大夫之適子同」，據服之成文也。

孔氏曰：世子既不降妻之父母，其爲妻

也亦不降，與大夫之適子爲妻同也。不杖者，父爲主，其子不得伸。《喪服》唯言大夫適子者，若舉世子爲妻，嫌大夫以下有降。《喪服》若舉士子爲妻，其士既職卑，本無降理，大夫是尊降之首，恐其爲適婦而降，故特顯之。

山陰陸氏曰：諸侯世子世國，故其妻死，齊衰不杖。不杖，不敢病也。然則大夫之適子爲妻，何以不杖？仕至大夫，賢著而德成，以賢望其適也。據大夫之適子服大夫之服，然則大夫非世爵禄，亦非不世爵禄。《孟子》曰：「如不得已，將使卑踰尊，疏踰戚。」矧吾大夫之子能似其先人，胡爲而不世？其所謂《春秋》譏世卿，謂非其似者也。

金華應氏曰：天子、諸侯降其妻之父母，而世子上不敢擬於尊者，儲副韜潛而未有君道也。大夫之子爲其妻齊衰不杖朞，而世子下不敢異於卑者，家國雖異，而敬父則均也。故服不降者，非厚於外黨也，自處於卑而致其謙焉耳。服不杖者，非薄於伉儷也，壓於所尊而避其私焉爾。凡以君父在焉，而不敢失臣子之禮也。

父爲士，子爲天子、諸侯，則祭以天子、諸侯，其尸服以士服。父爲天子、諸侯，子爲士，祭以士，其尸服以士服。

鄭氏曰：祭以天子、諸侯，養以子道也。尸服士服，父本無爵，子不敢以己爵加之，嫌於卑之也。「祭以士，其尸服以士服」者，謂父以罪誅，尸服士服，不成爲君也。天子之子，當封爲王者後，以祀其受命之祖。云「爲士」，則擇其宗之賢者，若微子者，不必封其子。爲王者後及所立爲諸侯者，祀其先君以禮卒者，尸服天子、諸侯之服。如遂無所封立，則尸也祭也，皆如士，不敢僭用尊者衣物。

孔氏曰：尸服士服，謂玄端。若君之先祖爲士大夫，則服助祭之服。故《曾子問》云：「尸弁冕而出。」是爲君尸有著弁者，有著冕者。若爲先君大夫尸，則著爵弁。若爲先君士尸，則著玄冕是也。若大夫、士之尸，則服家祭之服。故鄭註《士虞·記》「尸服卒者之上服，士玄端」是也。鄭知「父以罪誅」者，以尸服士服故也。以其嘗爲天子、諸侯，不可以庶人禮待之。士是爵之最卑，故服其士服。云「若微子者，不必封其子」者，案《尚書序》云「成王既黜殷命，殺武庚，命微子啓代殷後」，是擇其賢者，不立封紂子也。

嚴陵方氏曰：言天子、諸侯、士之祭，其别如此，則《王制》所謂「祭從生者」也，與《中庸》所言亦同。父爲士，其尸服以士服者，則與「喪從死者」同義。

金華應氏曰：古之爲天子者，皆積累世德而致之，未有一旦崛起而在尊位也。其失天下者，必有大惡，自絶於天人之心，否則未有不賴前哲以免也。故德必若舜、禹，而後能自匹夫驟興於萬乘，惡必若桀、紂，而後忽自萬乘驟降於匹夫。若諸侯與士之進退升黜，雖或有之，而亦已鮮矣。自周秦以降而後，興替之不常，貴賤之殊絶，始比比有之。此論其所祭、所服者，固亦當時所絶無而僅有。然先王制禮，以該括古今之變，而方來之人情事物不能違焉。所謂「百世以俟聖人而不惑」也。

婦當喪而出，則除之。爲父母喪，未練而出

則三年，既練而出則已；未練而反則期，既練而反則遂之。

鄭氏曰：當喪，當舅姑之喪也。出，除喪絶族也。

孔氏曰：此一經明婦人遭喪出入之節。婦正當舅姑之服，被夫遣出，恩情既離，故出即除服也。女出嫁爲父母期，若婦自有父喪，未小祥，被夫遣歸，值兄弟之小祥，則隨兄弟服三年之受。既已絶夫族，故其情隆於父母也，故云「則三年」。若父母喪已小祥，而女被遣，其服已除，今歸雖在三年内，則止，不更反服。以兄弟小祥之後，無服變節，故女遂止也。已，止也。未練而反，謂先有父母喪，爲夫所出，今喪猶未小祥，而夫命既反，❶則還家，小祥而除，是依期服也。「既練而反則遂之」者，若被遣還家，已隨兄弟小祥，服三年之受，而夫反命之，則猶遂三年乃除，隨兄弟故也。

嚴陵方氏曰：女出嫁，則恩隆於夫家。被出，則恩復隆於父母。得反，則恩復隆於夫家。既練而反，則服不可中道而除，故遂其三年。凡此所謂「以仁起禮」也。

再期之喪，三年也。期之喪，二年也。九月、七月之喪，三時也。五月之喪，二時也。三月之喪，一時也。故期而祭，禮也。期而除喪，道也。祭不爲除喪也。

鄭氏曰：「三年」至「一時」，言喪之節應歲時之氣也。期而祭，謂練祭也。禮，正月存親，親亡至今而期，期則宜祭。期，天道一變，哀惻之情益衰，衰則宜除，不相爲也。

❶「既」，通志堂本、四庫本作「已」。

孔氏曰：自此至「則已」一節，總明遭喪時節除降之義。期而祭者，孝子喪親，歲序改易，隨時悽感，故一期而爲練祭，是孝子存親之心，於禮當然，故云「禮也」。期而除喪者，親終一期，而除説其喪，天道當然，故云「道也」。祭爲存親，除喪爲天道之變，兩事雖同一時，不相爲，故云「祭不爲除喪」。男子除首絰，女子除要帶。總而言之，練祭、祥祭亦名除喪也。

嚴陵方氏曰：期而祭，謂練祭也。除喪，謂男子期則除首絰，婦人期則除要帶也。禮言「緣人情」，道言「因天時」，故曰「期而祭，禮也；期而除喪，道也」。人情、天時各有謂焉，故曰「祭不爲除喪」。

馬氏曰：期而祭者，謂之禮；其除喪也，謂之道。禮存乎人，道存乎天。

李氏曰：有經者，禮也；莫不由之者，道也。期而祭，以其有經，故曰「禮」，期而除喪，以其不可過與不及，故曰「道」。君子應乎禮，出乎道而已。

三年而后葬者，必再祭。其祭之間不同時而除喪。

鄭氏曰：再祭，練、祥也。間不同時者，當異月也。既祔，明月練而祭，又明月祥而祭。必異月者，以葬與練、祥本異歲，宜異時也。而除喪，已祥則除，不禫。

孔氏曰：此謂身有事，故不得及時而葬，故三年後始葬。再祭，謂練、祥祭也。既三年未葬，尸柩尚存，雖當練、祥之月，不可除親服，故三年葬後，必爲此練、祥。不可同一時而祭，當前月練，後月祥，故云「不同時」。於練、祥之時而除喪，謂練時男子除首絰，婦人除要帶，祥時除衰杖也。鄭註「已祥則除，不禫」者，以經直云

「必再祭」，故知「不禫」。禫者本爲思念情深，不忍頓除，故有禫也。今既三年始葬，哀情已極，故不禫也。

嚴陵方氏曰：未葬，則雖期未可練，再期未可祥，必待葬畢而爲之，故曰「再祭」。必有漸焉，故不可同時也。

馬氏曰：祭不爲除喪，而除喪者必因祭焉，以祭爲吉，而除喪者所以從吉也。夫練、祥之時，既已過矣，而獨爲之再祭，以存親之禮不可廢也。其祭之間不同時者，以其存親之節不可忘也。祭不同乎時，而除喪者亦不同乎時，則除喪必從祭也可知矣。

大功者主人之喪，有三年者，則必爲之再祭。朋友虞、祔而已。

鄭氏曰：謂死者之從父昆弟來爲喪主。有三年者，謂妻若子幼少。大功爲之再祭，則小功、緦麻爲之練祭可也。

孔氏曰：此明爲人主喪法也。大功，從父兄弟也。主人之喪者，謂死者無近親，而從父昆弟爲之主喪也。有三年者，謂死者有妻若子，妻不可爲主，而子猶幼小，未能爲主，故大功者主之，爲之練、祥再祭。朋友疏於大功，但虞、祔而已。然則大功尚爲練、祥，則虞、祔亦爲之可知。❶親重者爲之遠祭，親輕者爲之近祭。故大功爲之祥、練，小功、緦麻爲之練，朋友但爲之虞、祔也。皇氏曰：死者有三年之親，大功主者爲之練、祥。若死者但有大功，則大功主者至期，小功、緦麻至祔。若又無期，則各依服月數而止。故《雜記》云：「凡主兄弟之喪，雖疏

❶ 「之」字下，通志堂本、四庫本有「祭」字。

亦虞之。」謂無三年及期者也。

田氏曰：劉德議問：「朋友虞、祔，謂主幼而爲虞、祔也。若都無主族，神不歆非類，當爲虞、祔否？」答曰：「虞，安神也。祔，以死者祔於祖也。朋友恩舊歡愛，固當安之祔之，然後義備，但後日不常祭之耳。」魏田瓊，見《通典》。

金華應氏曰：責人必以其所，故同姓之所親，則要以三年；於父游之所厚，則期以三月。爲義必於其可，故變除生者之服飾，非親者而不能；安祔死者之精神，雖疏者可爲之。然又必有妻子，則爲之練、祥再祭，雖不廢而變除之節可略也。凡此皆爲死者無主後，而慮生者不能久其事，故以親疏而爲之節。若盡送往撫孤之義，則雖過於厚而無害也。夫死生之相收卹，人道之當然。今其身死，而又妻子惸弱，適無父母兄弟之至親也，則大功當任其責，而至於終喪。或其適無小功之親也，則朋友當任其責，而至於逾葬。使其不幸而無大功以爲之依，則小功以下其可以坐視乎？又不幸而無朋友以爲之助，則爲鄰者儻與之舊者，其可以恝然乎？是以體「朋友死，無所歸，於我殯」之義，則練、祥不必大功，而親黨皆不可得而辭。推「行有死人，尚或墐之」之心，則虞、練不必朋友，而凡相識者，皆不得而拒，特其情有厚薄，則處之各不同。自其篤於義者言之，則各有加焉，無害也。凡遇夫人之急難，而處事之變者，不可以不知。

士妾有子而爲之緦，無子則已。

鄭氏曰：士卑，妾無男女，則不服，不別貴賤。

孔氏曰：《喪服》云「大夫爲貴妾緦」，是大夫貴妾無子猶服之也。士妾無子則不服，不殊別妾之貴賤也。

生不及祖父母、諸父、昆弟，而父税喪，己則否。

鄭氏曰：謂子生於外者也。父以他故居異邦而生己，己不及此親存時歸見之，今其死，於喪服年月已過乃聞之，父爲之服，己則否者，不責非時之恩於人所不能也。當其時則服。税，讀如「無禮則税」之「税」。税喪者，喪與服不相當之言。

孔氏曰：此一節明税服之禮。父先本國有此祖父以下諸親，後或隨宦出遊，居於他國，更取而生此子。此子不與諸親相識，故云「不及」，謂不及歸見也。若此諸親死，道路既遠，喪年限已竟而始聞，父則税之，謂追服也；此子則否。然己在他國後生，得本國有弟者，假令父後又適他國，更取，所生之子則爲己弟，故有弟也。鄭註「當其時則服」者，以税是不相當之言。若服未除，則猶是服内服，故知「則服」謂服其全服也。　王氏曰：「己則否」，謂計己之生，不及此親之存，則不税。若此親未亡之前而己生，則税之也。昆弟，謂諸父之昆弟。

淳于氏曰：據「降而緦、小功者税之」，蓋正親而重骨肉也。今父在則祖周，父亡則三年。此非重歟？若但以不見，則割其至親之本愛，而忍惻怛之痛，使與諸父母昆弟同制，此其可乎？尊祖之義，於是踈矣。又禮爲慈母之父母無服，亦云「恩不能及」，恩不及者，慈母之父母則可也。今以它故，生不見祖，而以爲非時之恩，意實不厭。晉淳于纂，見《通典》。

嚴陵方氏曰：日月已過，乃聞喪而服曰「税」。爲君之父、母、妻、長子，君已除喪而后聞喪，則不税。

鄭氏曰：臣之恩輕也，謂卿大夫出聘問，以他故久留。

孔氏曰：自此至「臣服已」一節，明臣爲君親税之與否。此經謂臣出聘不在，而君諸親喪，臣後方聞之，若君未除，則從爲服之；若君已除，則臣不税之。所以然者，恩輕故也。

降而在緦、小功者，則税之。

鄭氏曰：謂正親在齊衰、大功者，正親緦、小功不税矣。《曾子問》曰：「小功不税，則是遠兄弟終無服也。」此句補脱誤在是，宜承「父税喪，己則否」。

孔氏曰：此廣釋《檀弓》中曾子所説也。曾子所云「小功不税」，是正小功耳。若本大功以上，降而在緦、小功者，則爲税之，本情重故也。

山陰陸氏曰：嫌小功不税，降服亦是也。故出之在此，非脱誤也。即承「父税喪，己則否」，於義不倫。

近臣，君服斯服矣，其餘從而服，不從而税。君雖未知喪，臣服已。

鄭氏曰：謂君出朝覲，不時反而不知喪者。近臣，閽寺之屬也。其餘，羣介、行人、宰、史也。「君雖未知喪，臣服已」，從服者所從雖在外，自若服也。

孔氏曰：此經明賤臣從君出朝覲，或遇險阻，不時反國，比反，而君諸親喪，君自税之，臣之卑近者則從君服之，非税義也。其餘爲臣之貴者，若君親服限未除，君既服之，則臣下亦從而服之；若限已竟，而君税之，臣不從君而税也。若君出而國内有親喪，君雖未知，在國之臣即如尋常先著服。凡從服者悉然也。

虞，杖不入於室；祔，杖不升於堂。

鄭氏曰：哀益衰，敬彌多也。虞於寢，祔於祖廟。

孔氏曰：此論哀殺去杖之節。《士虞禮》云：「虞於寢。」《檀弓》云：「明日祔于祖。」

嚴陵方氏曰：喪禮先虞而後祔。虞，杖特不入於室而已。至於祔，杖則雖堂亦不升焉。蓋哀雖衰，而敬愈不衰也。室内而堂外，故於室曰「入」；堂高而陛卑，故於堂曰「升」。《論語》於室亦曰「入」，於堂亦曰「升」者，義亦如此。

爲君母後者，君母卒，則不爲君母之黨服。

鄭氏曰：徒從也，所從亡則已。

孔氏曰：此經論徒從，所從亡則已之事。爲君母後，謂無適立庶爲後也。妾子於君母之黨悉徒從，若君母卒，則不服君母之黨。今既君母没，爲後者嫌同於適，服君母之黨，故特明之。

絰殺五分而去一，杖大如絰。

鄭氏曰：如要絰也。

孔氏曰：此一節論杖大如要絰之義。《喪服傳》云「苴絰大搹，左本在下，去五分一以爲帶」，是首尊而要卑，卑宜小，故五分而去一，象服數有五也。杖大如絰，同在下之物故也。

賈氏曰：苴絰大搹，搹是搤物之稱。據中人一搤，而言大者，據大拇指與大巨指搤之，故言大也。

山陰陸氏曰：齊衰之絰，斬衰之帶也。大功之絰，齊衰之帶也。杖大如絰，蓋如其絰即如要絰，是如帶，非如絰也。新安朱氏曰：首絰大一搤，只是拇指與第二指一圍。腰絰較小，絞帶又小於要絰。要絰象大帶，兩頭長垂下；絞帶象革帶，一頭串於中而束之。又曰首絰，右本在上者，齊衰絰之制，以麻根處著頭右邊，而從額前向左圍向頭後，却就右邊元麻根處相接，即以麻尾藏在麻根之下，麻根搭在麻尾之上綴殺之。有纓者，以其加於冠外，故須著纓，方不脱落也。

妾爲君之長子與女君同。

鄭氏曰：不敢以恩輕輕服君之正統。

孔氏曰：此一經論妾從女君服同。女君爲長子三年，妾亦爲女君長子三年，故云「與女君同」也。

除喪者先重者，易服者易輕者。

鄭氏曰：除喪，謂練，男子除乎首，婦人除乎帶。易服，謂大喪既虞卒哭，而遭小喪也，其易喪服，男子易乎帶，婦人易乎首。

孔氏曰：此一節論服之輕重相易及除脱之義。男重首絰，女重要絰。凡所重者，有除無變，所以卒哭不受以輕服。至小祥，各除其重也。易，謂先遭重喪，後遭輕喪，變先者輕，則謂男子要，婦人首也。謂先遭斬服，虞卒哭已變葛絰，大小如齊衰之麻。若又遭齊衰之喪，齊衰要、首皆牡麻。牡麻則重於葛服，宜從重。而男不變首，女不易要，以其所重故也。但以麻易男要女首，是所輕故也。若未虞卒哭，則後喪不能變。

無事不辟廟門，哭皆於其次。

鄭氏曰：廟，殯宮。鬼神尚幽闇也。哭皆於次，無時哭也。有事則入即位。

孔氏曰：此一經論在殯無事之時。辟，開也。朝夕入，即位哭，則暫開之，無事則不開也。次，謂倚廬。凡葬前晝夜無時之哭，則皆於廬次之中。有事，謂賓來弔。若朝夕哭及適子受弔，並入門即位而哭。

復與書銘，自天子達於士，其辭一也。男子稱名，婦人書姓與伯仲，如不知姓，則書氏。

鄭氏曰：此謂殷禮也。殷質，不重名，復則臣得名君。周之禮，天子崩，復曰皐天子復；諸侯薨，復曰皐某甫復。其餘及書銘則同。

孔氏曰：此一經論復與書銘男女名字之別。書銘，謂書亡人名字於旌旗也。天子書銘於大常，諸侯以下則各書於旌旗，士與天子同也。殷質，故男子復及銘皆名。周尚文，臣不名君也。婦人復則稱字。此云「書姓及伯仲」，是書銘也。姓，謂如魯姬、齊姜，伯仲隨其次也。此亦殷禮。周之文，未必有伯仲，當云「夫人」也。氏，如孟孫三家之屬。殷無世繫，六世而昏，故婦人有不知姓者。周則有伯宗掌定世繫，百世昏姻不通，故必知姓也。若妾有不知姓者，當稱氏矣。鄭註「其餘及書銘則同」，謂周卿大夫以下書銘，與殷同也。

嚴陵方氏曰：復，謂招魂也。銘，即明旌也。伯仲，則長幼之第也。

山陰陸氏曰：男子稱名，所謂「皐某復」是也。先儒謂周禮天子復曰「皐天子復」，諸侯復曰「皐某復」。此讀「復曰天子復矣」之誤也。「復曰天子復矣」，是告人以天子復，非復天子之詞，據「崩曰天王崩」。

斬衰之葛與齊衰之麻同，齊衰之葛與大功之麻同。麻同，❶皆兼服之。

鄭氏曰：斬衰之葛，齊衰之麻，其絰之大俱七寸五分寸之一，帶五寸二十五分寸之十九。齊衰之葛，大功之麻，其絰之大俱五寸二十五分寸之十九，帶四寸百二十五分寸之七十六。兼服之，謂服麻，又服葛也。男子則絰上服之葛，帶下服之麻。婦人則絰下服之麻，固自帶其故帶也。所謂「易服，易輕者」也。「兼服」之文，主於男子。

孔氏曰：此一節明前遭重喪，後遭輕喪，麻、葛兼服之義。斬衰既虞，受服之葛，首絰要帶與齊衰初喪麻絰帶同。齊衰變服之葛，與大功初死之麻同。皆兼服之者，皆上斬衰、齊衰、大功麻、葛之事也。斬衰既虞，遭齊衰新喪，男子則要服齊衰之麻帶，首服斬衰之葛絰；婦人則首服齊衰之麻絰，要仍服斬衰之麻帶。婦人上下皆麻，故鄭註云「兼服之文，主於男子」也。鄭知絰帶大小者，案《喪服傳》云「苴絰大搹，去五分一以爲帶，齊衰之絰，斬衰之帶也，去五分一以爲帶。大功之絰，齊衰之帶也，去五分一以爲帶」，《喪服》所云，謂初喪麻之絰帶也。至既虞變葛之時，絰帶漸細，降初喪一等。斬衰葛絰帶，與齊衰初死麻之絰帶同，故云「絰俱七寸五分寸之一」。所以然者，就苴絰九寸之中五分去一，以五分分之去一分，故七寸五分寸之一。其帶又五分去一，又就葛絰七寸五分寸之一之中五分去

❶「同」，通志堂本、四庫本作「葛」。

一，❶故帶五寸二十五分寸之十九也。此即齊衰初死之麻絰帶矣。齊衰既虞變葛之時，又漸細，降初喪一等，與大功初死麻絰帶同。大功首絰，與齊衰初死麻帶同，俱五寸二十五分寸之十九也。其帶五分首絰去一，就五寸二十五分寸之十九之中去其一分，故餘有四寸百二十五分寸之七十六也。凡算之法，皆以五乘母，乘母既訖，納子餘分以爲積數，然後以寸法除之。但其事繁碎，故略舉大綱也。

山陰陸氏曰：謂若斬衰，卒哭，男子變要絰以葛；若又遭齊衰之喪，則以齊衰之麻易葛帶，其首絰猶是斬衰之麻；女子更首絰以葛；若又遭齊衰之喪，則以齊衰之麻易葛絰，其要絰猶是斬衰之麻。是之謂兼服。是何也？斬衰之葛與齊衰之麻同故也。下文放此。鄭氏謂服麻又服葛，誤矣。故曰「兼服之服重者，則易輕者也」。

報葬者報虞，三月而后卒哭。

鄭氏曰：報，讀爲「赴疾」之「赴」。謂不及期而葬也。既葬即虞。虞，安神也。卒哭之祭，待哀殺也。

孔氏曰：此一節論不得依常葬之禮。赴，猶急疾也。貧者或因事故死而即葬，不待三月，葬竟而急設虞，安神宜急也。卒哭猶待三月者，奪於哀痛，不忍急也。

山陰陸氏曰：此不及期而葬。不及期而葬，報而後知之。即及期有會而無報。葬雖速，猶須三月而后卒哭。

父母之喪偕，先葬者不虞祔，待後事。其

❶ 下「之」字，通志堂本、四庫本無。

葬，服斬衰。

鄭氏曰：偕，俱也，謂同月若同日死也。先葬者，母也。《曾子問》曰：「葬先輕而後重。」又曰：「反葬奠，而後辭於殯，遂脩葬事。其虞也，先重而後輕。」待後事，謂如此也。「其葬，服斬衰」者，喪之隆哀宜從重。假令父死在前月，而同月葬，猶服斬衰，不葬，不變服也。言「其葬，服斬衰」，則虞、祔各以其服矣，及練、祥皆然，卒事反服重。

孔氏曰：此一節論並遭父母喪虞、祔及衣服之制。父母雖有同日月死，而不得同月葬。《曾子問》「先輕後重」，謂先葬母也。葬母竟，不即虞、祔，更脩葬父之禮，以虞、祔稍飾，父喪在殯，未忍爲也。後事，謂葬父也。待葬父竟，先虞父，乃虞母，所謂「祭，先重而後輕」也。鄭註「父死在前月」，謂母死前之月，但未葬之前皆是前月也。雖葬母，亦服斬衰之，❶以父未葬，不得變服也。若爲母虞、祔、練、祥，皆齊衰也。卒事之日，反服父服。故鄭云「卒事，反服重」。

大夫降其庶子，其孫不降其父。大夫不主士之喪。

鄭氏曰：大夫爲庶子大功。祖不厭孫也。士之喪，雖無主，不敢攝大夫以爲主。

孔氏曰：此一節論大夫尊降庶子一等，兼不爲主之事。大夫降其庶子，故爲其庶子不爲大夫者服其大功也。嫌既降其子，亦厭其孫，故此明雖降庶子，而不厭

❶「衰」字下，通志堂本、四庫本及《禮記正義》有「葬」字，是。

降其孫。庶子之子不降其父，猶爲三年也。士死無主後，其親屬有爲大夫者，尊不得主之。

嚴陵方氏曰：庶子之子不降庶子，以尊可以降卑，卑不可以降尊也。大夫不主士之喪者，不以尊攝卑。

爲慈母之父母無服。

鄭氏曰：恩不能及。

孔氏曰：此一節論不爲慈母之黨服。此即是《喪服》中慈母，父雖命爲母子，本非骨肉，故慈母之子不爲慈母之父母有服者，恩所不及也。

夫爲人後者，其妻爲舅姑大功。

鄭氏曰：以不貳隆。

孔氏曰：此一節論婦人不貳隆之義。賀氏曰：此謂子出時已昏，故此婦還，則本舅姑大功。若子出時未昏，至所爲後家方昏者，不服本舅姑，以婦本是路人，來又恩義不相接，猶臣從君而服，不從而稅。人生不及祖之徒，而皆不責非時之恩也。

熊氏曰：夫爲本生父母期，其妻降一等，服大功。是從夫而服，不論識前舅姑與否。假令夫之伯叔在他國而死，其婦雖不識，豈不從夫服也？

士祔於大夫，則易牲。

鄭氏曰：不敢以卑牲祭尊也，大夫少牢。

孔氏曰：謂祖爲大夫，孫爲士。孫死祔祖，則用大夫牲，不敢用士牲祭於尊者之前也。下云「賤不祔貴」，而此云「士祔大夫」者，謂無士可祔也。猶妾無妾祖姑，易牲而祔於女君可也。若有士，則當祔於士。故《雜記》云「不祔於大夫」，謂先祖兄弟有爲士者，當祔於士，不得祔於大夫也。

繼父不同居也者，必嘗同居。皆無主後，同財而祭其祖禰爲同居，有主後者爲異居。

鄭氏曰：録恩服深淺也，見同財則期，同居異財，故同居。今異居，及繼父有子，亦爲異居，則三月。未嘗同居，則不服。

孔氏曰：此一經解《喪服》經中「繼父同居、異居」之禮。繼父，謂母後嫁之夫也。若母嫁，子不隨，則此子與母繼夫固自路人，無繼父之名，故自無服也。今此言謂夫死，妻稚子幼，無大功之親，隨母適後夫，亦無大功之親。❶後以其貨財，爲此子同築宫廟，四時使之祭祀，同其財計，如此則是繼父同居，故爲服期。若異居，其理有三：一者，昔同今異；二者，今雖共居，其財計各别；三者，繼父更有子，便爲異居，則服齊衰三月而已。今經言「有主後爲異居」，謂繼父更有子也。舉此一條，餘亦可知。然既云「皆無主後」者爲異居，❷則此子有子，亦爲異居也。

山陰陸氏曰：言皆無主後，則子亦是也。然則繼父同居，蓋亦爲之娶婦矣。娶婦而有子，亦異居焉。

禮記集說卷第八十二

❶「亦」字上，通志堂本、四庫本及《禮記正義》有「後夫」二字，是。

❷「異」，《禮記正義》作「同」。

# 禮記集説卷第八十三

哭朋友者，於門外之右，南面。

鄭氏曰：變於有親者也。門外，寢門外。

孔氏曰：此一經論哭朋友之處。右，西邊也。南面，鄉南爲主，以對答弔客。《檀弓》云：「朋友，吾哭諸寢門之外。」

祔葬者，不筮宅。士、大夫不得祔於諸侯，祔於諸祖父之爲士、大夫者。其妻祔於諸祖姑，妾祔於妾祖姑，亡則中一以上而祔，祔必以其昭穆。諸侯不得祔於天子。天子、諸侯、大夫可以祔於士。

鄭氏曰：宅，葬地。祔葬不筮，前人葬既筮之也。士、大夫，謂公子、公孫爲士、大夫者，不得祔於諸侯，卑別也。既卒哭，各就其先君爲祖者兄弟之廟而祔之。中，猶間也。

孔氏曰：此一節論貴賤祔祭之義。此謂祔祭也。禮，孫死祔祖。今祖爲諸侯，孫爲士、大夫而死，則不得祔祖。謂祖貴，宜自卑遠也。諸祖，祖之兄弟也。既不祔祖，當祔祖之兄弟爲大夫、士者。夫既不得祔祖，妻亦不得祔於祖姑，而可祔於諸祖姑也。諸祖姑，是夫之諸祖父兄弟爲士、大夫者之妻也。若祖無兄弟，亦祔疏族不爲諸侯者。然上云士易牲，祔於大夫，而大夫不得易牲祔於諸侯者，諸侯之貴絶宗，故大夫、士不得輕親也。妾死，亦祔夫祖之妾。亡，無也。夫祖無妾，則又間曾祖而祔高祖之妾也。祔必昭穆同。曾祖非夫同列，故祔高祖也。妾無廟，爲壇祔之耳。諸侯不祔於天子，亦謂祔祭卑孫不可祔於尊祖也。「天子、諸侯、大夫可以祔於士」者，祖賤孫貴，祔之不嫌也。若不祔之，則是自尊，卑於祖也。

嚴陵方氏曰：祔葬與祔廟皆謂之祔者，以後死祔前而神事之則一故也。凡祔以廟爲正，葬則如之而已。故言祔廟則不言廟，言祔葬則必言葬者，以葬非正，故特明言以別之也。

馬氏曰：士之於大夫，皆人臣也。位皆人臣，則雖有貴賤，而其勢亦有可幾之道。是故進而祔之可也。天子、諸侯則君矣，尊無上，貴無倫，而其勢不可幾也。進而祔之，則君臣亂矣。苟無所祔，則祔於諸侯祖父之爲士、大夫者，而不敢祔於諸侯，所以明君臣之義也。

爲母之君母，母卒則不服。

鄭氏曰：母之君母，外祖適母，徒從也，所從亡則已。

孔氏曰：此一節論不責恩所不及之事。母之君母，母之適母也。此親於子爲輕，故徒從也。己母若在，母爲之服，己則服之。己母若亡，則己不服母之君母矣。

宗子，母在爲妻禫。

鄭氏曰：宗子之妻，尊也。

孔氏曰：此一節論宗子妻尊，得爲妻伸禫之事。宗子爲百世不遷之宗也。賀氏曰：「父在，適子爲妻不杖。」不杖，則不禫。若父沒母存，則爲妻得杖，又得禫。凡適子皆然。嫌畏宗子尊厭其妻，故特云「宗子，母在爲妻禫」。宗子尚然，則其餘適子母在爲妻禫可知。

橫渠張氏曰：喪之有禫，何也？所以致厚也。三年之喪，其禫者，所以欲占及三年也。齊衰之喪，禫者所以欲占及二年也。「宗子，母在爲妻禫」，則庶子母在不爲妻禫，以其不承重，不敢致厚於妻子也。庶子在父之宫，則爲其母不禫，以厭降也。宗子而爲其妻禫，以承其重，所以敬宗也。自命士以上，父子皆異宫，適士，其庶子異宫，皆爲母禫矣。

爲慈母後者，爲庶母可也，爲祖庶母可也。

鄭氏曰：謂父命之爲子母者也。父之妾無子者，亦可命己庶子爲後。

孔氏曰：此一節論爲庶母後之事。《喪服》有「慈母如母」，《傳》曰：妾之無子者，妾子之無母者，父命爲子母，而子服此慈母三年。此即「爲慈母後」之義也。記者見《喪服》有此例，故觸類言之，謂妾經有子而子已死者，餘他妾多子，則父命他妾之子爲無子之妾立後，與爲慈母後同也，故云爲庶母後可也。又觸類言之，謂祖庶母，乃己父之妾，亦經有子，子死，故己命己之妾子與父妾爲後，故呼己父之妾爲祖庶母，亦服之三年，如己母。必知妾經有子者，若無子，則不得立後故也。

山陰陸氏曰：「爲庶母」，「爲祖庶母」，爲讀去聲。言「爲後慈母」者，爲庶母服，爲祖庶母服可也。《喪服傳》云：「士爲庶母緦，大夫以上爲庶母無服。」「大夫以上爲庶母無服」，其後慈母者爲之服歟？

爲父、母、妻、長子禫。

鄭氏曰：目所爲禫者也。

孔氏曰：此一經鄭云「目所爲禫者」，此一人而已。然慈母亦宜禫也。而下「有庶子在父之室，爲其母不禫」，則在父室，爲慈母亦不禫也，故不言之。妻爲夫亦禫，但記文不具。

慈母與妾母，不世祭也。

鄭氏曰：以其非正。《春秋傳》曰：「於子祭，於孫止。」

孔氏曰：此一經論禮有不合世祭之事。祭慈母即所謂承庶母、祖庶母後者也，妾母謂庶子自爲其母也。既非其正，故唯子祭之，而孫則否。鄭引《春秋傳》見《穀梁》隱五年，明不得世祭也。

金華應氏曰：慈母一時之恩，易世可以無祭。若妾母爲所生，則子孫皆其所自出，而不世祭之可乎？以上文「爲庶母、爲祖庶母之後」觀之，或者妾母若此之類。然此更當隨宜精審，未易以一概言也。

丈夫冠而不爲殤，婦人笄而不爲殤。爲殤後者，以其服服之。

鄭氏曰：冠、笄，言成人也，婦人許嫁而笄，未許嫁，與丈夫同也。言「爲殤後者」，據承之也。殤無爲人父之道，以本親之服服之。

孔氏曰：此一經論宗子殤死，族人不得以父道爲後之事。爲殤後者，謂大宗子在殤中而死，族人爲後大宗，而不得後此殤者爲子也，以其父無殤義故也。既不後殤，而宗不可絶。今來爲後殤者之人，不以殤者之爲父，而依兄弟之服服此殤也。既不與殤爲子，則不應云「爲後」。今言「爲後」，故鄭謂據己承其處爲言也。云「以本親之服服」者，當在未後之前，不復追服，不責人以非時之恩。故推此時本親兄弟亡在未後之前者，亦宜終其本服之日月。唯爲後及所後，如有母亡，而猶在三年之内，則宜接其餘服，不可以吉居凶。若出三年，則不追服矣。
山陰陸氏曰：不言男子、女子，言丈夫、婦人，則以冠宜有丈夫之道，笄宜有婦德故也。自童汪踦觀之，冠而無丈夫之道，笄而無婦人之德，雖以爲殤可也。

久而不葬者，唯主喪者不除。其餘以麻終月數者，除喪則已。

鄭氏曰：其餘，謂旁親也。以麻終月數，不葬者喪不變也。

孔氏曰：此一節論久而不葬不變服之事。久而不葬，謂有事礙，則三年服，皆不得祥除。今云「唯主喪者」，廣説子爲父、妻爲夫、臣爲君、孫爲祖得爲喪主，悉不除也。其餘，謂期以下至緦也。主人既未葬，諸親不得變葛，仍猶服麻，各自服限竟而除，不待主人葬除也。然此皆藏之，雖緦亦藏，至葬則反服其服是也。

盧氏曰：其下子孫皆不除也，以主喪爲正爾。餘親者以麻，各終其月數除矣。

庾氏曰：案《服問》曰：「君所主：夫人妻、大子、適婦。」此以尊主卑，無緣以卑之未葬，而使尊者長服衰絰也。是知主喪不除，唯於承重之身。孫爲祖，子爲父，臣爲君，妻爲夫，此之不除也。

劉氏曰：注謂旁親，不指言衆子當除也。父謂衆子爲庶子，庶子不謂父爲庶父也。父得卑其庶子而降之，庶子不得降其父也。然子之於親，體同服等，非旁親之謂也。《喪服·大功》章：女子之嫁者，降伯叔父母及昆姊妹。注謂此旁親，而經無降父之文，明衆子及女雖不承嫡，猶非旁親也。然則未葬而除，自謂旁親得以麻終者耳。晉劉世明，見《通典》。

山陰陸氏曰：言「以麻終月數」，則期不

在此列。據「爲兄弟，既除喪已，及其葬也，反服其服」，兄弟期也，反服其服，即非不除，亦非「除喪則已」。除喪則已，於葬不反服也。

箭笄終喪三年。

鄭氏曰：亦於喪所以自卷持者，有除無變。

孔氏曰：此一經論婦人以箭笄終喪之事。前云「惡笄終喪」，女子爲母也。此云「箭笄」，女在室爲父也。

嚴陵方氏曰：在室者服父以箭笄，則出嫁者服篠笄矣。篠正作筱。前言「惡笄」，以爲母言之，故知其爲榛爾。然以對玉之美言之，則箭、篠通謂之惡亦可也。服母則一以榛，服父則有箭、篠之辨者，蓋父懷敬而不可無節，母懷愛而不可不同故也。杖有竹、有桐，亦以是而已。

山陰陸氏曰：箭笄重矣。據齊衰惡笄以終喪，箭笄猶苴杖，惡笄猶削杖。

齊衰三月，與大功同者繩屨。

鄭氏曰：雖尊卑異，於恩有可同也。

孔氏曰：此一經論尊卑屨同之事。大功以上，同名重服，與齊衰三月，可同繩屨，謂以麻繩爲屨。齊衰爲尊，大功爲卑，三月爲恩輕，九月恩稍重。所以衰服殊，而爲恩情處爲淺深，所以同其屨也。

練，筮日、筮尸、視濯，皆要絰、杖、繩屨，有司告具而后去杖。筮日、筮尸，有司告事畢，而后杖，拜送賓。大祥吉服，而筮尸。

鄭氏曰：臨事去杖，敬也。濯，謂溉祭器也。凡變除者，必服其吉服以即祭事，不以凶臨吉也。《閒傳》曰：「大祥素縞麻衣。」

孔氏曰：此一經論練、祥，筮日、筮尸之

時所著衣服也。❶練爲小祥也。筮日，謂筮小祥之日。筮尸，亦筮小祥之尸。視濯，謂視洗濯小祥之祭器。喪至小祥，男子除首絰，唯有要絰，病尚深，故猶有杖，屨是末服，變爲繩麻。將欲小祥，豫著小祥之服，臨此筮日、筮尸、視濯三事。此三事悉是爲祭，祭欲吉，故豫服也。不言「衰與冠」者，亦同小祥矣。有司謂執事者，曏者變服猶杖，今有司既告三事辦具，將欲臨事，故孝子去杖，敬生故也。「有司告事畢，而后杖，拜送賓」者，筮日與尸二事，皆有賓來。曏當臨事時去杖，今筮占事畢，則孝子更執杖以送賓，視濯輕而無賓，故不言也。吉服，朝服也。大祥之日，縞冠朝服，亦豫服以臨。筮尸，不言「日」及「濯」，從小祥可知。大祥則去絰、杖、屨，故不云杖、絰、屨。鄭引《間傳》者，以大祥之後，著素縞麻衣。此云「吉服」，則非祥後之服，是朝服也。故引以證之。

新安朱氏曰：古者喪服，始死至終喪漸漸變去，不似今人服滿頓除，便衣華采。

庶子在父之室，則爲其母不禫。庶子不以杖即位，父不主庶子之喪，則孫以杖即位可也。父在，庶子爲妻，以杖即位可也。

鄭氏曰：庶子爲母不禫，妾子父在厭也。不以杖即位，下適子也。位，朝夕哭位也。孫以杖即位，祖不厭孫，孫得伸也。父在，庶子爲妻，以杖即位，舅不主妾之喪，子得伸也。

孔氏曰：此一節論庶子父在應杖及不應

❶「尸」字下，通志堂本、四庫本有「視濯」二字，當是。經文有「視濯」。

杖之節。「庶子在父之室，爲其母不禫」，謂不命之士，父子同宮者也。若異宮，則禫之。庶子不以杖即位，謂適庶俱有父母之喪也。適子得執杖進阼階哭位，庶子至中門外而去之，下適子也。「父不主庶子喪，則孫以杖即位」者，父主適子喪有杖，適子子以祖爲其父主，故辟尊不敢俱以杖即位。今此父不主庶子喪，故庶子子則得杖即位。祖雖尊貴，不厭孫也。「父在，庶子爲妻，以杖即位」者，舅主適婦，則適子不得杖。舅不主庶婦，故庶子得爲妻以杖即位也。父主妻喪，故主適婦，所以適子不杖。父既不主妾喪，故不主庶婦，所以庶子得杖。若妻次子，既非正嗣，故亦同妾子之限也。

山陰陸氏曰：禫，服之細也。雖奪之可。在父之室，謂未娶者也。即已娶，雖同宮，猶禫。庶子無厭有降，若父爲長子杖，其子不以杖即位，是厭也，非降也。父雖不主庶子之喪，孫猶不以杖即位。作此記者見適孫有厭，今祖不與，因欲緣情許之，故曰「可也」。下「父在，庶子爲妻」，亦蒙上。蓋父不主庶子之喪，則雖父在，庶子爲妻，以杖即位可也。其曰「可也」，則不以杖即位亦可。

諸侯弔於異國之臣，則其君爲主。諸侯弔，必皮弁錫衰。所弔雖已葬，主人必免。主人未喪服，則君亦不錫衰。

鄭氏曰：君爲之主，弔臣，恩爲己也。子不敢當主，中庭北面哭，不拜。必免者，尊人君，爲之變也。未喪服，未成服也。既殯成服。

孔氏曰：此一節明諸侯弔喪衣服之節。君無弔他臣之禮。若來在此國，遇主國之臣喪，爲彼君而弔，故主君代其臣之子爲主。「弔必皮弁錫衰」者，有二種：一謂此弔異國臣，若自弔己臣，則素弁環絰錫衰也。一云此亦爲自弔己臣而未當事，則皮弁錫衰，至當事乃弁絰耳。《檀弓》已論。主人必免者，諸侯來弔，主人必爲之重禮。凡五服，大功以上爲重。重服自始死至葬爲免，卒哭後乃不復免也。小功以下爲輕，輕服自始死至殯爲免，殯後不復免，至葬啓殯後而免，以至卒哭，如始死。今若人君來弔，雖非服免時，必爲免，以尊人君故也。此經必免，謂大功以上。故下「親者皆免」，鄭註云「大功以上也」。按《士喪禮》：「君弔，主人中庭，拜稽顙，成踊。」彼爲主人爲主，故中庭拜。今鄰國君弔，君爲之主，拜賓，則主人不拜。《曾子問》稱「季桓子之喪，衛君來弔，魯君爲主，季康子拜而稽顙」，故譏其喪有二主。

嚴陵方氏曰：「諸侯弔異國之臣，則其君爲主」者，賓主欲其位相敵故也。《周官・司服》：「眡朝則皮弁服。凡喪，王爲三公、六卿錫衰。」弔以皮弁，則取其素而已。以錫衰，則王服三公、六卿之服而弔異國之臣，亦唯其稱也。錫，蓋麻之滑易者。

山陰陸氏曰：據此凡諸侯弔皆皮弁錫衰，言「必」者，著諸侯弔無内外，皆當如此。然則天子弔服，與諸侯異歟？天子重絰，諸侯重衰。天子弔服皮弁加環絰，諸侯弔服皮弁錫衰。《司服》職曰「凡甸冠弁服」，「凡凶事服弁服」，「凡弔事弁絰服」，蒙上皮弁，則皆皮弁素積。冠弁言冠不言服，服弁言服不言冠，相備也。相備而言冠在上，言服在下，亦言之法。然則凡弔，主人服而後弔，弔而後爲之服。若王弔三公、六卿，主人成服，王皮弁服加環絰以弔。及其爲之服也，皮弁緦衰以居，出亦如之。當事則弁絰。

養有疾者不喪服，遂以主其喪。非養者入主人之喪，則不易己之喪服。養尊者必易服，養卑者否。

鄭氏曰：不喪服，求生主吉，惡其凶也。遂以主其喪，謂養者有親也，死則當爲之主。其爲主之服，如素無喪服。入主人之喪，入，猶來也。謂養者無親於死者，不得爲主，其有親來爲主者，素有喪服而來爲主，與素無服者異。素無服，素有服，爲今死者當服，則皆三日成也。養尊者，謂父兄；卑，謂子弟之屬。

孔氏曰：此一節論自有喪服親族有疾患者養之法。己先有喪服，養此親屬有疾者，則不著喪服。疾者既死無主後，此養者爲之主。養時既去其服，今疾者身死，己爲之主，還與素無服同也。非養者，謂死者之親屬當死者病時，不得來爲養，而死時來爲主。雖有前喪之服，今來爲主，不易己之喪服。所以然者，己既前不養，不經變服，故今爲死者不易己之喪服。鄭註「與素無服者異」者，謂若來爲喪主者，身本吉無喪服。既來爲主，則爲此死者服始死之服。若本喪服，今來爲喪主，仍以先喪之服主之，故云「異」也。云「皆三日成」者，謂己身若本有服及本無服，與死者有親，則皆至三日成服，皆爲死者服其服也。若本有服重，而新死者輕，則爲一成服而反前服也。若新死重，則仍服死者新服也。❶身本吉，而來爲主，則計今親而依限服之也。養尊者必易服，養卑者否。此廣結前文「養有疾者不喪服」之文。前不分明尊卑，故此明之。

妾無妾祖姑者，易牲而祔於女君可也。

鄭氏曰：女君，適祖姑也。易牲而祔，則凡妾下女君一等。

孔氏曰：此一節明祔祭之法。妾當祔於妾祖姑，若無妾祖姑，當祔於高祖姑。故前文云「亡則中一以上」。今又無高祖妾祖姑，則當易妾之牲，用女君之牲，祔於女君可也。下一等者，若女君少牢，妾則特豚可也。

嚴陵方氏曰：女君，適祖姑也。妾祔之，嫌於隆，故易牲而祭，以示其殺焉。

婦之喪，虞、卒哭，其夫若子主之，祔則舅主之。士不攝大夫。士攝大夫，唯宗子。主人未除喪，有兄弟自他國至，則主人不免而爲主。

鄭氏曰：婦，謂凡適婦、庶婦也。虞、卒哭祭婦，非舅事也。祔於祖廟，尊者宜主焉。士之喪雖無主，不敢攝大夫以爲主。宗子尊，可以攝之。不免而爲主，親質，不崇敬也。

孔氏曰：此一節論喪祭爲主之事。虞與卒哭在寢，故其夫或子則得主之。祔是祔於祖廟，其事既重，故舅主之。婦之所祔者，則舅之母也。士喪無主，不敢使大夫兼攝爲主，士卑故也。宗子爲士而無主後，可使大夫攝主之也。「主人未除喪」者，謂在國主人之喪服未除。有兄弟自他國至，謂五屬之親，從遠歸奔者也。

❶「者」字下，通志堂本、四庫本有「之」字。

免必有時，若葬後唯君來弔，雖非時，亦免。崇敬，欲新其事故也。若兄弟非時而奔，則主人不須免也。

山陰陸氏曰：若應大夫主喪，雖無大夫，士不得攝。

陳器之道，多陳之而省納之可也，省陳之而盡納之可也。

鄭氏曰：多陳之，謂賓客之就器也，以多爲榮。省陳之，謂主人之明器也，以節爲禮。

孔氏曰：此一節論以明器送葬之事。鄭註「就器」者，《既夕禮》註云「就，猶善也」。以其可用也，贈無常，唯玩好所有。總而言之，亦曰明器。故《宰夫》云「凡弔，與其幣器」，註云「器，所致明器也」。多陳列之以爲榮。省少納之，有常數故也。若主人所作明器依禮有限，故省陳之而盡納於壙。《檀弓》云「竹不成用，瓦不成沬」之屬是也。

嚴陵方氏曰：就器，亦明器也。以賓客就喪家陳之，因謂之「就器」。《既夕禮》曰：「若就器，則坐奠于陳。」

山陰陸氏曰：陳器之道，如其陳之數，而納之正也。即雖多陳之，少納之，省陳之，盡納之，禮亦不禁，是之謂可。❶

奔兄弟之喪，先之墓而後之家，爲位而哭。所知之喪，則哭於宮而后之墓。

鄭氏曰：兄弟先之墓，骨肉之親，不由主人也。宮，故殯宮也。

孔氏曰：此一節論奔兄弟之喪。兄弟之喪，骨肉自然相親，不由主人，故先往之墓。若所知，由主人乃致哀戚，故先哭於

❶「之謂」，通志堂本、四庫本作「謂之」。

宫也。
父不爲衆子次於外。
鄭氏曰：於庶子略，自若居寢。
孔氏曰：衆子，庶子。次，謂中門外次也。父不爲庶子處門外爲喪次。長子則次於外爲喪次也。
與諸侯爲兄弟者服斬。
鄭氏曰：謂卿大夫以下也，與尊者爲親，不敢以輕服服之。言諸侯者，明雖在異國，猶來爲三年也。
孔氏曰：鄭恐彼此俱諸侯爲之服斬，故註云「謂卿大夫以下」。若俱爲諸侯，則各依本服。經不云「與君爲兄弟」，而言「與諸侯爲兄弟」，故知容在異國也。然既在異國，得爲舊君服斬者，以曾在本國作卿大夫，今來他國未仕，故得服斬也。
熊氏曰：諸侯死，凡與諸侯有五屬之親者，皆服斬。以諸侯體尊，不可以本親輕服服之也。
嚴陵方氏曰：兄弟期喪爾，而與之服斬衰者，以其爲君而有父道故也。
山陰陸氏曰：禮，臣爲君斬衰，雖兄弟不得以其屬通。如是而後君臣之分嚴，故期之喪達乎大夫。《喪服傳》曰：「始封之君不臣諸父昆弟。」此與諸侯爲兄弟者也。雖如此，猶服斬，所臣兄弟可知也。兄弟如此，諸父可知。
下殤小功，帶澡麻不絶本，詘而反以報之。
鄭氏曰：報，猶合也。下殤小功，本齊衰之親。其經帶，澡率治麻爲之。帶不絶其本，屈而上至要，中合而糾之，明親重也。凡殤，散帶垂。
孔氏曰：謂本期親在下殤降在小功者，服澡麻爲經帶，而斷麻根本，示輕故也。

今若下殤在小功者則但首絰無根，而要帶猶有根，示其重故也，故云「帶澡麻不絶本」，謂不斷本也。凡殤不糾要垂，皆散其帶。而此下殤則屈所散麻上至於要，故云屈而反也。屈向上，然後中分麻爲兩股，合而糾之以垂向下，故云報也。鄭註「澡率治麻」，謂戛率其麻，使潔白也。「凡殤」謂成人大功以下之殤，其殤既輕，唯散麻帶垂而下，不屈而上糾之，異於下殤小功故也。

嚴陵方氏曰：凡殤之帶則散而垂。今則不絶其本根而爲之，亦既粗矣，又詘而反以報之，不使之垂者，明其親本重而與凡殤異也。

山陰陸氏曰：以本齊衰之親降在小功，故視大功以報之。

婦祔於祖姑，祖姑有三人，則祔於親者。其妻，爲大夫而卒，而后其夫不爲大夫，而祔於其妻，則不易牲。妻卒而后夫爲大夫，而祔於其妻，則以大夫牲。

鄭氏曰：祖姑三人，謂舅之母死，而又有繼母二人也。親者，謂舅所生。不易牲，以士牲也。此謂始來仕無廟者，無廟者不祔，宗子去國，乃以廟從。

孔氏曰：此一節明婦人祔祭之事。婦祔祖姑，則祔於舅之所生者也。「其妻，爲大夫而卒」者，謂夫爲大夫時而妻死者也。「而后其夫不爲大夫」者，謂妻死後，夫或黜退，不復爲大夫而死也。夫既不爲大夫，死若祔祭此妻，但依夫今所得用之牲，不得易用昔大夫時牲也。妻死後夫乃得爲大夫，今既祔祭其妻，則得用大夫牲，妻從夫之禮故也。死當祔於祖，今夫死祔於其妻，故鄭知是無廟者。宗子以廟從，則祔於祖矣。

橫渠張氏曰：祔葬、祔祭極至理而論只合祔一人。夫婦之道，當其初昏，未嘗約再配，是夫只合一娶，婦只合一嫁。今婦人夫死而不可再嫁，如天地之大義，夫豈得而再娶？然以重者計之，養親承家，祭祀繼續，不可無也，故有再娶之理。然其葬、其祔雖爲同穴同筵几，然譬之人情，一室中豈容二妻？以義斷之，須祔以首娶，繼室别爲一所可也。

新安朱氏曰：程氏《祭儀》謂凡配止用正妻一人，或奉祀之人是再娶所生，即以所生配。謂「凡配止用正妻一人」是也。若再娶者無子，或祔祭别位，亦可也。若奉祀者是再娶之子，乃許用所生配，而正妻無子，遂不得配祭，可乎？程先生此説恐誤。《唐會要》中有論凡是適母無先後，皆當並祔合祭，與古者諸侯之禮不同。又曰：夫婦之義如乾大坤至，自有差等。故方其生存，夫得有妻有妾，而妻之所天不容有二。況於死而配祔，又非生存之比。橫渠之説似亦推之有太過也，只合從唐人所議爲允。況又有前妻無子、後妻有子之礙，其勢將有所杌隉而不安者。唯葬則今人夫婦未必皆合葬，繼室别營兆域，宜亦可矣。

長樂黄氏曰：案《喪服小記》云：「婦祔於祖姑，祖姑有三人，則祔於親者。」祖姑有三人，皆得祔於廟，則其中必有再娶者。則再娶之妻，自可祔廟。程子、張子特考之不詳耳。朱先生所辨，正合《禮經》也。

嚴陵方氏曰：婦人以從人爲事，故貴賤從夫，而不在己也。

山陰陸氏曰：夫爲大夫，而曰「其妻，爲

大夫」，婦人從夫之爵故也。祔於其妻，即是祔於其祖。蓋妻未有不祔於祖姑者也。鄭氏謂此謂「始來仕無廟者」，誤矣。金華應氏曰：經據妻之生死同夫榮辱而立文，注以祔於其妻則爲始仕而未有廟，亦未必然。且以妻言之，正使新徙他國而爲大夫，亦必有廟。既不立祖廟，豈敢爲妻立廟乎？

爲父後者，爲出母無服。無服也者，喪者不祭故也。

鄭氏曰：適子正體於上，當祭祀也。

金華應氏曰：祭，吉禮也；喪，凶事也。凶服不可以行吉禮。子無絶母之理，而爲父後，則有祭祀之責，以宗廟爲重。故寧奪母慈而不敢廢祖父之祀。然出婦既得罪於宗廟，則其爲服亦無望於前夫之家。其有故而它適者，必有受我而爲之服矣。

婦人不爲主而杖者，姑在爲夫杖，母爲長子削杖。女子子在室爲父母，其主喪者不杖，則子一人杖。

鄭氏曰：姑在爲夫杖，姑不厭婦也。母爲長子削杖，嫌服男子當杖竹也。母爲長子服，不可以重於子爲己也。女子子在室，亦童子也。無男昆弟，使同姓爲攝主，不杖，則子一人杖，謂長女也。許嫁及二十而笄，笄爲成人，成人正杖也。

孔氏曰：此一節論婦人應杖之節。姑在爲夫杖，鄭義唯謂出嫁婦人。若成人婦人在家爲父母，雖不爲主，亦杖。若在夫家，唯爲主乃杖，故爲夫與長子，雖不爲主，亦杖。若餘非爲主，則不爲杖。但夫是移天之重，婦雖不爲主而杖，而云「姑在」者，舅主適婦喪，則厭適子，使不杖。

今有姑主子喪，恐姑爲主則亦厭婦，故明之也。案《喪服・杖》云：❶「婦人何以不杖？示不能病也。」❷鄭謂爲童子婦人，不能爲父母杖也。今由主喪者不杖，則此童女一人杖。若主喪者杖，則此童女不杖。童女未嫁，而鄭稱「婦人」者，以其有適人之端也。

嚴陵方氏曰：削杖，桐也。杖桐非所以服男子，然母爲長子則杖之者，以其所以服我者而報之也。

山陰陸氏曰：婦人不杖，爲主而杖，猶童子當室杖也。今雖不爲主，爲夫杖，爲長子杖，異於童子，亦其情至，且能病也。《曲禮》曰：「士曰婦人。」雖曰婦人爲夫、爲長子杖，在可以勉之域也。若庶人非男子，蓋不杖矣。雖男子，後世猶有以杖闕轂而輠輪者，則先王不責婦人可知也。

緦、小功，虞、卒哭則免。既葬而不報虞，則雖主人皆冠，及虞則皆免。爲兄弟，既除喪已，及其葬也，反服其服。報虞、卒哭則免，如不報虞則除之。遠葬者，比反哭者皆冠，及郊而后免，反哭。

鄭氏曰：緦、小功，虞、卒哭，棺柩已藏，嫌恩輕可以不免也。言則免者，則既殯先啓之間，雖有事，不免。不報虞，謂有故不得疾虞。雖主人皆冠，不可久無飾也。皆免，自主人至緦麻也。爲兄弟不報虞則除之，謂小功以下也。遠葬，墓在四郊之外。

孔氏曰：自此至「皆免」一節，論著免之節。緦、小功之喪，棺柩在時則當著免。

❶「杖」，《禮記正義》作「傳」。
❷「示」，《禮記正義》及《儀禮・喪服傳》作「亦」。

今至虞、卒哭之時，棺柩雖藏已久，鄭註「既殯先啓之間，雖有事，不免」者，明未虞之前，則不免也。虞前有葬，葬是喪之大事，棺柩既啓，著免可知。嫌虞與卒哭棺柩既掩，不復著免，故特明之也。葬在遠處郊野之外，不可無飾。故葬訖欲反哭之時，皆著冠，至郊而后去冠著免，反哭於廟。

山陰陸氏曰：既葬而不報虞，則雖主人皆冠，此言過期而葬也，蓋亦報葬。知然者，以亦報虞知之也。蓋禮如期而葬，如期則虞，故曰「葬日虞，弗忍一日離也」。不及時而葬，渴葬也。過時而葬，慢葬也。故禮使後其虞，以責子道。先王之所以必其時也。會葬著葬已而去，即欲會虞，報而後知之。言「雖主人皆冠」，嫌不冠也。及虞則皆免。據此報葬、虞自有日，但禮文殘闕，其遠近之期不得而知也。報虞、卒哭則免。據此報虞則赴，卒哭；即不報虞，雖卒哭，不赴也。此言遠葬者視從葬反哭者皆冠。既及郊而後免，反哭。反哭遠葬者也。

君弔，雖不當免時也，主人必免，不散麻。雖異國之君，免也。親者皆免。

鄭氏曰：不散麻者，自若絞垂，爲人君變，貶於大斂之前、既啓之後也。親者，大功以上也。異國之君免，或爲弔。

孔氏曰：凡大斂之前著免，大功以上散麻，大斂以後著冠。不散麻，糾其垂也。至將葬啓殯之後，已葬之前，亦免，大功以上亦散麻。若君弔，雖不當免時，必爲之著免，不散麻帶，貶於大斂之前及既啓之後也。若他國君來，與已國君同，主人爲之著免。大功以上親者皆從主人之免，敬異國君也。己君來弔，親者亦免可知。

除殤之喪者，其祭也必玄。除成喪者，其祭也朝服縞冠。

鄭氏曰：殤無變，文不縞。❶冠、玄端、黄裳而祭，不朝服，未純吉也，於成人爲釋禫之服。成喪，成人之喪也。縞冠，未純吉祭服也。既祥祭，乃素縞麻衣。

孔氏曰：此一節明除殤及成人之喪。除殤之喪，謂除長殤、中殤、下殤之喪。其除喪祭服必玄冠、玄端、黄裳，異於成人也。鄭註「無變」，無虞、卒哭及練之變服也。成人喪服初除，著朝服，禫祭始從玄端。今除殤之喪，即禫服，是文不縟也。大夫朝服而祭。朝服者，玄冠、緇衣、素裳，是純吉之祭服也。今除成喪，用縞冠，是未純吉。

山陰陸氏曰：言必玄，則裳亦玄可知。鄭氏謂玄端、黄裳，蓋非是，據「齊之以玄也，以陰幽思也」，「齊玄而養」。

奔父之喪，括髮於堂上，袒，降，踊，襲絰于東方。奔母之喪，不括髮，袒於堂上，降，踊，襲免于東方。絰即位，成踊，出門，哭止，三日而五哭三袒。

鄭氏曰：凡奔喪，謂道遠，已殯乃來也。爲母不括髮，以至成服，一而已，貶於父也。「即位」已下，於父母同也。「三日五哭」者，始至，訖夕反位哭，乃出就次，一哭也。與明日、又明日之朝、夕而五哭。「三袒」者，始至袒，與明日、又明日之朝而三也。

❶「縞」，四庫本及《禮記正義》阮校作「縟玄」，則「玄」屬下讀。

孔氏曰：此一節論奔喪之法。括髮於堂上，殯宫堂上也。不笄纚者，奔喪異於初死也。袒，謂堂上去衣，降堂阼階東而踊，爲踊故袒。既畢，襲，謂揜所袒之衣。帶絰于東序東。奔母之喪，初時括髮，至又哭以後至成服，不括髮。袒於堂上，降踊與父同。父則括髮而加絰，母則不括髮而加免，此是異於父也。著免加絰已後，即位於阼階之東而更踊，故云「成踊」。其即位成踊，父母同。於此之時，賓來弔者則拜之。《奔喪禮》所謂「反位拜賓成踊」是也。出殯宫之門，就於廬，故哭者止。初死在家之時，哭踊無節，今聞喪已久，奔喪禮殺，故三日五哭，異於家也。此謂已殯而來，若未殯而來，與在家同，不得減殺也。

山陰陸氏曰：上言「絰於東方」，「免於東方」，絰，首絰也。今此言絰，爲要絰爾。

適婦不爲舅後者，則姑爲之小功。

鄭氏曰：謂夫有廢疾、他故，若死而無子，不受重者。小功，庶婦之服也。凡父母於子，舅姑於婦，將不傳重於適，及將所傳重者非適，服之皆如庶子、庶婦也。

孔氏曰：適子之婦不爲舅後者，則姑之服，庶婦小功而已。適婦宜大功，庶婦故小功也。鄭云「將不傳重於適」者，如廢疾、他故、死而無子之屬是也。云「及將所傳重非適」者，爲無適子，以庶子傳重及養他子爲後者也。

山陰陸氏曰：著爲舅後者，姑爲之大功，非情有厚薄，以傳重也。

禮記集說卷第八十三

# 禮記集説卷第八十四

## 大傳第十六

孔氏曰：案鄭《目録》云：「名曰《大傳》者，以其記祖宗人親之大義。此於《别録》屬《通論》。」

長樂陳氏曰：禘者，祭之大者也。追王者，孝之大者也。名者，人治之大者也。人道者，禮義之大者也。是篇言人道者三，則其所謂祭祀、追王、服術、宗族之類，莫非人道而已。豈非所謂傳之大者哉！故命曰《大傳》。

禮，不王不禘。王者禘其祖之所自出，以其祖配之。諸侯及其大祖。大夫、士有大事，省於其君，干祫及其高祖。

鄭氏曰：凡大祭曰禘。自，由也。大祭其先祖所由生，謂郊祀天也。王者之先祖，皆感大微五帝之精以生，蒼則靈威仰，赤則赤熛怒，黄則含樞紐，白則白招拒，黑則汁光紀，皆用正歲之正月郊祭之，蓋特尊焉。《孝經》曰「郊祀后稷以配天」，配靈威仰也。「宗祀文王於明堂，以配上帝」，汎配五帝也。大祖，諸侯受封君也。大事，寇戎之事也。省，善也。善於其君，謂免於大難也。干，猶空也。空祫，謂無廟，祫祭之於壇墠。

孔氏曰：此一節論王及諸侯、大夫、士祭先祖之義。禘，謂郊祭天也。郊天之祭，唯王者得行。案師説引《河圖》云：「慶都感赤龍而生堯。」又云：「堯赤精，舜黄，禹白，湯黑，文王蒼。」又《元命包》云：「夏，白帝之子。殷，黑帝之子。周，蒼帝之子。」是王者皆感大微五帝之精而生也。靈威仰至汁光紀，皆《春秋緯·文耀鉤》文。案《易緯·乾鑿度》云：「三王之郊，一用夏正。」是正歲之正月也。就五帝之中，特祭所感生之帝，是特尊焉。註引《孝經》證「禘其祖之所自出，以其祖配之」，又引「宗祀配上帝」，證文王不特配感生之帝，而汎配五帝矣。此文具於《小記》，於彼釋之。諸侯非王，不得郊天配祖，於廟及祭大祖耳。大夫、士有勳勞大事，爲君所善者，則君許其祫祭至於高祖，但無始祖廟。雖得行祫，唯至於高祖，並在於壇，空而祫之。故云「空祫及其高祖」也。然此對諸侯爲言，言支庶爲大夫、士者耳，若適爲大夫，亦有大祖。故《王制》云「大夫三廟，一昭一穆，與大祖之廟而三」是也。

趙氏曰：不王不禘，明諸侯不得有也。所自出，謂所系之帝。諸侯存五廟，唯大廟百世不遷，及其大祖。言及者，遠祀之所及也。不言禘者，不王不禘，無所疑也。不言祫者，四時皆祭，故不言祫也。有省，謂有功往見省記者也。干者，逆上之意，言逆上及高祖也。據此體勢相連，皆說宗廟之事，不得謂之祭天。《祭法》載虞、夏、殷、周禘禮，所謂「禘其祖所自出」，蓋禘郊祖宗，並叙永世追祀而不廢絶者也。禘者，帝王立始祖之廟，猶謂未盡其追遠尊先之義，故又推尋始祖所出之帝而追祀之。以其祖配之者，謂於始祖廟祭之，便以始祖配祭也。此祭不兼羣廟之主，爲其疏遠，而不敢褻狎故也。

其年數或每年，或數年，未可知也。鄭玄註《祭法》云：「禘爲配祭昊天上帝於圜丘也。」蓋見《祭法》所説文在「郊」上，謂爲郊之最大者，故爲此説耳。《祭法》所論「禘祖郊宗」者，謂六廟之外，永世不絶者有四種耳，非關祭祀也。禘之所及最遠，故先言之耳，豈關圜丘哉！若實圜丘，五經之中何得無一字説處。❶又云「祖之所自出」，謂感生帝靈威仰也。此何妖妄之甚。此文出自讖緯，始於漢哀、平間僞書也。故桓譚、賈逵、蔡邕、王肅之徒疾之如讎。而鄭玄通之於五經，其爲誣蠹甚矣。

横渠張氏曰：「禘其祖之所自出」，始受姓者也。「以其祖配之」，以始祖配也。文、武必以后稷，後世必以文王配，所出之祖無廟，於太祖之廟禘之而已。萬物本乎天，人本乎祖，故以所出之祖配天地。周之后稷生於姜嫄，姜嫄已上更推不去也。文、武之功起於后稷，故推以配天，復以后稷。「嚴父莫大於配天，宗祀文王於明堂，以配上帝。」上帝，即天也。聚天之神而言之，則謂之上帝。此武王祀文王，推父以配上帝，配上帝須以父也。曰「昔者周公郊祀后稷以配天，宗祀文王以配上帝」，不曰武王者，以周之禮樂盡出周公制作，故以其作禮樂者言之。猶言「魯之郊禘非禮，周公其衰」，是周公之法壞也。若是成王祭上帝，則須配以武王，配天之祖則不易，雖百世推以后稷。❷配上帝，則以父。若宣王祭上帝，

❶「處」，通志堂本、四庫本作「出」，是。

❷「推」，通志堂本、四庫本作「惟」。

則須以厲王。雖聖如堯、舜，不可以爲父。雖惡如幽、厲，不害其爲所生也。故《祭法》言「有虞氏宗堯」，非也。如此，則須是堯、舜之子，苟非其子，雖舜受以天下之重，不可謂之父也。如此，則是堯養舜，以爲養子，禪遜之事蔑然矣。以始祖配天，須在冬至。冬至一陽始生，萬物之始，祭用員丘，器用陶匏藁秸，服大裘而祭。宗祀九月，萬物之成。父者我之所自生，帝者生物之祖，❶故推以爲配，而祭於明堂，其實天與帝一也。本朝以太祖配員丘，以禰配於明堂。自介甫定議方正。先此祭五帝，又祭昊天上帝，並配者六位。自介甫議，惟祭昊天上帝，以禰配之。太祖而上，有僖、順、翼、宣，先嘗以僖祧之矣，介甫議以爲不當祧，順以下祧之可也。何者？本朝惟僖祖爲始，已上不可得而推也。或難以僖祖無功業，當祧。以是言之，則英雄以得天下自己力爲之，並不與祖德，物豈有無本而生者？今日天下基本，蓋原於此，安得爲無功業？故朝廷復立僖祖廟爲得禮。介甫所見終是高於世俗之儒。但《孝經》之文有可疑處。周公祭祀當推成王爲主人，則當推武王配上帝，不當言文王以爲配。若文王配，則周公自當祭祀矣。純父以祭地於員丘，愈於不祭。不知祭父於稠人廣衆中堂之上，則可；祭母，則不來享。要之，一是父道，一是母道，一在圓丘，一在方澤，一於冬，一於夏，自是資始與資生之道甚異。感生帝之説不可用。

❶「生」，通志堂本、四庫本作「萬」。

新安朱氏曰：禘之意最深長。如祖考與自家身心未相遼絶，祭祀之理亦自易理會。至如郊天祀地，猶有天地之顯然者，不敢不盡其心。至祭其始祖，已自大段闊遠，難盡其感格之道。今又推其始祖之所自出而祀之，苟非察理之精微，誠意之極至，安能與於此哉？又曰：室中西南隅，乃主位。室中西牖東户，若宣聖廟室，則先聖當東向，先師南向。如周人禘嚳郊稷，嚳東向，稷南向。今朝廷宗廟之禮，情文都相悖。古者主位東嚮，配位南向，故拜即望西。今既一列皆南向，❶到拜時亦却望西。

長樂黄氏曰：祀先之禮，自禰而祖，自祖而推之，以及始祖，其禮已備矣。而禘之祭，又推始祖之所自出，而以其祖配之也。夫報本追遠而至於及其祖之所自出，❷是其用意甚深，❸而非淺近之思也。然此豈私意常情之所可及哉？根於天性之自然者，謂之仁；形於人心之至愛者，謂之孝；真一無妄者，謂之誠；主一無適者，謂之敬。仁、孝、誠、敬，凡爲祭者皆然，交於神明者愈遠，則其心愈篤。報本追遠之深，則非仁孝誠敬之至者，莫能行也。此或問禘之説，夫子以不知答之。謂知其説者之於天下，❹蓋以報本追遠之深，而盡其仁孝誠敬之至，積其念慮精神之極，一至於此，則即此心而充之，事物之理，何所不明？吾心之誠，何所不格？其於治天下之道，豈不甚明而甚

❶「向」，通志堂本作「面」。
❷「其」字下，通志堂本、四庫本有「始」字，是。
❸「深」，通志堂本、四庫本作「厚」。
❹「下」字下，通志堂本、四庫本有「如示諸掌」四字，是。

易哉！

秦溪楊氏曰：此章所論宗廟之祭隆殺遠近爾，於祀天乎何與？而注妄引爲祭感生帝。《大司樂》冬至圜丘一章，與禘祭絶不相關，而注稱圜丘爲禘。《祭法》禘、祖、宗三條，分明説宗廟之祭，惟郊一條謂郊祀以祖配天爾。而注皆指爲祀天，同歸於誤。其病安在？蓋讀《祭法》不熟，而失之也。夫《祭法》歷叙四代禘郊祖宗之禮，禘文皆在郊上。蓋謂郊止於稷，而禘上及乎嚳。禘之所及者最遠，故先言之耳。鄭氏不察，謂禘又郊之大者，於是以《祭法》之禘爲祀天圜丘，以嚳配之，以《大傳》之禘爲正月祀感生帝於南郊，以稷配之。且《祭法》之禘與《大傳》之禘，其義則一，皆言禘其祖之所出也。鄭氏强析而爲祀天兩義，遂分圜丘與郊爲兩處，昊天上帝與感生帝爲兩祀，嚳配天與稷配天爲兩事，隨意穿鑿，展轉枝蔓，何其繆耶！又以祀五帝、五神於明堂，而配以文、武，謂之祖宗。夫《孝經》「宗祀文王以配上帝」，此嚴父之義。抗五神於五帝之列，而以文、武並配，於理自不通矣。况祖、宗乃二廟不毁之名，於配食明堂何關焉？又推此説以釋他經者，不一而止。疏家從而和之。凡燔柴、升煙、樂舞、酒齊之類，皆分昊天與感生帝爲兩等。循至隋唐之際，昊天與感生帝二祀常並行而不廢。杜佑《通典》惑於《大傳》之註，亦以感生帝與昊天帝並列而爲是，❶是又讀《大傳》本文不熟而失之也。明堂襲鄭氏祖宗之義而以二帝配

❶「天」字下，通志堂本有「上」字。

侑，或三帝並配者，蓋有之矣。幸而王肅諸儒力争之於前，趙伯循與近世大儒辨正之於後，❶大義明白，炳如日星，而周公制作之意，可以復見。不然，則終於晦蝕而不明矣。可勝歎哉！

長樂劉氏曰：「禮，不王不禘」者，謂大禘於廟，非祭天地。《生民》之序曰「《生民》，尊祖也。后稷生於姜嫄，文武之功起於后稷，故推以配天焉」者，此周人所以郊稷，而《思文》之頌奏焉。姜嫄，帝嚳之元妃也。姜嫄之廟，在魯則曰閟宫焉。帝嚳有廟于周必矣，然則后稷之神靈岐嶷，出自帝嚳，文王既受天命以王天下，尊其祖后稷以配天矣。又推其祖之所自出者帝嚳也，廟而祀之，五年而大禘，則自七廟而上至于帝嚳之毁主，皆用昭穆之禮，合食于帝嚳之廟，乃尊其受命者文王爲祖以配之，此之謂「王者禘其祖之所自出，以其祖配之」也。鄭氏引緯書以爲禘祭大微五精帝，事非經據，聖人之意不如是也。證以下文，其理焕然矣。諸侯降於天子，禘之禮得行於其君廟，五年一禘，則自其始封之祖以下，毁廟之主皆與其五廟之主序爲昭繆以合食，故曰「及其大祖」也。若王者大禘，則非止及其大祖而已也。又推其大祖所自出者，叙其昭繆以祭之焉。大夫、士又降於諸侯也。然其有大事勳勞補於國政，省録於其君，而寵賁之以禮樂，則干祫及其高祖。大夫三廟而已。高祖已下合食於壇墠空地之上，故曰「干祫及其高祖」也。由此推而上之，則天子之大禘也，有廟明矣。

❶「世」，通志堂本、四庫本作「代」。

嚴陵方氏曰：《儀禮》曰：「禽獸知母而不知父。野人曰『父母何算焉』，都邑之士則知尊禰矣，大夫及學士則知尊祖矣，諸侯及其大祖，天子及其始祖之所出。」禘，則及其始祖之所自出矣。故禮不王不禘，蓋德愈隆而孝愈廣，位愈尊而祭愈遠故也。此禘也，或謂之間祀，或謂之追享，或謂之大祭，或謂之四獻祼，何也？以其非四時之常祀，故謂之「間祀」；以其及祖之所自出，故謂之「追享」；以其比常祭爲特大焉，故謂之「大祭」；以其猶事生之有饗焉，故謂之「四獻祼」。名雖不同，至於所及爲適當焉，則一而已，此所以通謂之禘也。且禘之爲言諦也。月祭及其親廟而不及祧廟，特祭及其祧廟而不及毀廟，三年之祫及其毀廟之祖而不及祖之所自出，至於五年之禘，然後及其祖之所自出者焉。及其祖之所自出，則所及可謂諦矣，此其所以謂之禘也。以其祖配之，則以之配食也。祭必有配食，猶燕之有酬獻，亦相侑之意也。非特禘爲然，雖郊亦然。《孝經》所謂「郊祀后稷以配天」是也。非特郊爲然，雖宗亦然。《孝經》所謂「宗祀文王於明堂，以配上帝」是也。大禘必有配者，事死如事生也。郊必有配者，事天如事親也。宗必有配者，事亡如事存也。以成王之時言之，文王則祖考之祖也，后稷則始封之祖也，帝嚳則所自出之祖也。諸侯及其大祖，即《王制》所謂「二昭二穆，與大祖之廟而五」是也。「有大事，省於其君」，《序》所謂「有功而見知」是矣。❶ 祫，謂毀

❶ 「序」字，原無，今據通志堂本、四庫本補。

廟之主食於祖廟也。❶大夫止於三廟，士止於二廟、一廟，則廟祭固不及高祖，必待祫然後及之，故曰「干祫及其高祖」。祫，人君所行之祭也，非人臣之常禮也，特人君非常之賜而已。

建安真氏曰：祭祀之禮，遠及於始祖之所自出，無乃太遠乎？蓋萬物本乎天，人本乎祖，我之有此身，出於父母也，父母又出於祖，祖又出於始祖，始祖又出於厥初得姓受氏之祖。雖年代悠遠，如自根而榦，自榦而枝，其本則一而已矣。故必推始祖之所自出而祭之，則報本反始之義無不盡矣。若非仁孝誠敬之極至，豈有知此禮而行之乎？蓋凡人於世之近者如考妣，如祖考妣，則意其精神未散，或嘗逮事而記其聲容，必起哀敬之心而不敢忽。若世之遠者，相去已久，精神之存與否，不可得而知，又素不識其聲容，則有易忽之意。故禘禮非極其仁孝，極其誠敬者，不能知其理，不能行其事。蓋惟仁孝之深者，能知此身之所自來，惟誠敬之至者，能知我之精神即祖考之精神。至難知者，鬼神之理。苟能知此理矣，則其它事物之理何難知之？有苟能感格矣，則推而格天地者，此誠而已。❷

江陵項氏曰：禘其祖之所自出，必以其祖配之者，以其無名字，不知其誰何也。無名字者，必以有名字者配之，猶祭天帝者，必以人帝配之，使有依也。

石林葉氏曰：大事，大功也。省，察也。干，上達也。古者諸侯有祫而無禘，大夫

❶「主」字下，通志堂本、四庫本有「合」字，是。
❷「此」字上，通志堂本、四庫本有「亦」字，當是。

有時祭而無祫。禘，天子之事也；祫，諸侯之事也。大夫既不得祫，然有大功見察於天子，則視諸侯上達而祫其毁主。以類推之，諸侯有功見察於天子，則得視天子上達而禘其始祖，亦體之所通歟？

新安王氏曰：記《大傳》者首言「禮」一字，明所記者禮之舊典，非漢儒臆説也。鄭康成以來，皆言「不王不禘」，明侯不得禘，❶非也。「不王」之「王」與「王者」之「王」，其義不同。「不王」之「王」，謂終王也。「王者」之「王」，謂天子也。《國語》曰：「荒服終王。」韋昭曰：「終，謂世終。」劉歆曰：「大禘則終王。」❷顔師古曰：「每一王終，新王即位，乃來助祭。」此「不王不禘」之旨也。杜預云：「三年祭畢，致新神主於廟，廟之遠主當遷，乃大祭于大廟，以審諦昭穆，謂之禘。」禘與祫不同。祫則太祖東嚮，毁廟及羣廟之主昭南向，穆北向，合食於大祖之廟。禘則祖之所自出者東嚮，而以祖配食，昭穆各以其次。故禘爲大，祫次之。如周人之祀后稷祖廟。嚳，祖之所自出也。故祫則后稷東嚮，禘則帝嚳東嚮，后稷配之。

諸家解見《王制》「天子犆礿」章。

牧之野，武王之大事也。既事而退，柴於上帝，祈於社，設奠於牧室，遂率天下諸侯，執豆籩，逡奔走，追王大王亶父、王季歷、文王昌，不以卑臨尊也。

鄭氏曰：柴、祈、奠，告天地及先祖也。先祖者，行主也。牧室，牧野之室也，古者郊關皆有館焉。逡，疾也，疾奔走也，

❶「明」字下，通志堂本、四庫本有「諸」字，是。

❷「王」，原作「主」，今據通志堂本、四庫本改。

言勸事。《周頌》曰：「逡奔走在廟。」不以卑臨尊，不用諸侯之號臨天子也。文王稱王早矣，於殷猶爲諸侯，於是著焉。

孔氏曰：此一節論武王伐紂，率諸侯以祭祖廟，追王大王、王季，上尊祖禰之事，與前相接也。牧野之戰，是武王大事也。❶既戰而退，燔柴以告天，陳祭以告社，奠祭於牧野之館室，以告行主。遂領天下諸侯執豆籩，疾奔走在廟祭先祖。此時乃追王大王名亶父者，又追王王季歷及文王昌等爲王，所以然者，不以諸侯之卑號臨天子之尊也。案《曾子問》曰：「古者師行，必以遷廟主行。」故《甘誓》云「用命賞于祖」。此武王所載行主。案《周本紀》云載文王木主，以其成文王之業也。《遺人》云：「凡國野十里有廬，三十里有宿，五十里有市。」道路尚然，明郊關亦有館舍也。《中庸》云周公追王大王、王季者，謂以王禮改葬爾。不改葬文王者，先以王禮葬故也。此大王、王季追王者，王迹所由興故也。若非王迹所由，❷不必追王。故《小記》云「父爲士，子爲天子、諸侯，祭以天子、諸侯，其尸服以士服」是也。文王生雖稱王號，稱猶未定，武王追王乃是耳。❸

横渠張氏曰：文王之志，固欲成大王、王季之業，武王、周公成其志，追王之。❹取宗廟之中，❺叙昭穆，辨貴賤，辨賢，逮賤，序齒，義之大者也。踐文王之位，行文王

❶「王」字下，通志堂本、四庫本有「之」字。
❷「由」字下，通志堂本、四庫本有「興」字。
❸「是」，通志堂本、四庫本及《禮記正義》作「定」，是。
❹「追」字上，通志堂本、四庫本有「故」字。
❺「取」字，通志堂本、四庫本無。

之禮，奏文王之樂，敬文王之尊，愛文王之親，如文王之生存，所以爲達孝。

長樂陳氏曰：武王之出師，受命文考，類于上帝，宜于冢土，所以告其伐也。既事而退，柴於上帝，祈於社，設奠於牧室，所以告其成也。出師而告其伐，既事而告其成，以明所以伐者，天與神之命，以其所以成者，天與神之功而已。率諸侯，執豆籩，逡奔走者，《書》所謂「丁未，祀于周廟」是也。不以卑臨尊者，《小記》所謂「父爲士，子爲天子、諸侯，則祭以天子、諸侯」之意也。　又曰：《大傳》言「柴於上帝，祈於社，設奠於牧室，遂率諸侯，執豆籩，逡奔走」。《書・武成》「王來自商，至于豐。丁未，祀于周廟，邦甸侯衛駿奔走，執豆籩。越三日，庚戌，柴望，大告武成」。《大傳》言武王追王大王、王季，❶《中庸》言「周公成文、武之德，追王太王、王季、文王」。❷然則或先柴祈，然後率諸侯以享廟，或先率諸侯以享廟，然後柴望，或言追王在武王，或言追王在周公，何也？蓋既事而退，柴帝祈社，商郊之祭也，故在享帝之前。柴望大告武成，豐邑之祭也，故在享廟之後。文武有追王之志，周公行追王之事，則文王有其志而承以武王，武王有其志而佐以周公也。司馬遷言文王有正朔，追尊大王、王季，妄矣。《書》曰「至于商郊牧野」，《詩》曰「矢于牧野，維予侯興」，又曰「敦商之旅，于牧之野」，《周語》曰「武王以黄鍾之下宮，有戒于牧野」。牧野，武王克紂之地



❶「季」字下，通志堂本、四庫本有「文王」二字。

❷「文王」，通志堂本、四庫本無。

也。牧室，牧野之室也。《禮》曰「師行必載主，示必有尊」，《書》曰「用命賞于祖，不用命戮于社」，則設奠於牧室者，尊行主也。行主，遷廟之主也。鄭康成以行主爲先祖，其説是矣。《周本紀》稱「武王載文王木主以行」，果載以行，則文王之廟虚主矣。爲假主以行，則文王之廟二主矣。馬遷之説得非惑於「文考受命」之説乎？禮幼不誄長，賤不誄貴。孤子雖貴，不作父謚。王后歸于京師，猶稱季姜，尊不加父母也。子尊不加父母，而武王追王大王、王季、文王，不以卑臨尊者，以王迹所興故也。《書》曰：「大王肇基王迹，❶王季其勤王家。」《詩》曰：「惟周大王，實始剪商。」❷又曰：「惟此王季，因心則友。則友其兄，則篤其慶。」則文王所以三分天下有其二者，其始乃自大王、王季也。武王所以得天下，其成乃自文王也。《詩》曰「周雖舊邦，其命惟新」，又曰「文王受命，有此武功」。《書》曰「九年大統未集」，又曰「集大命于厥躬」。《記》稱「武王曰：君王其終撫諸」。《春秋》書「王正月」。《公羊》曰：「王者孰謂？謂文王也。」觀此則宜若文王既受天命作周，改元稱王矣。而《記》謂武王、周公追王之，何也？蓋於是時天下之獄訟者不之紂而之文王，謳歌者不謳歌紂而謳歌文王。則虞芮質成之後，天固已命之矣。然作周而未成，有所統而未集，不幸九年而終。至此武王、周公所以正其名，而追

❶ 上「王」字，原作「主」，今據通志堂本、四庫本及《尚書》改。

❷ 「惟周」，通志堂本、四庫本作「實維」，是。

之也。觀祖伊稱文王以西伯，武王稱文王以文考，則文王未嘗稱王可知也。

嚴陵方氏曰：《爾雅》言「邑外曰郊，郊外曰牧，牧外曰野」，《書》言「王朝至于殷郊牧野」，此又言「牧之野」，則武王之事，乃在於殷邑之外而已。國之大事在祀與戎，故曰「牧之野，武王之大事也」。柴者升其氣，祈者求以事，奠者薦以物，天下諸侯執豆籩，逡奔走，則「各以其職來祭」故也。執豆籩以見四時之和氣，逡奔走以見四表之歡心。所謂古公也，季歷也，西伯也，皆當時之所稱也。大王也，王季也，文王也，乃後來之所追也。且祖禰爲侯，子孫爲王，則是以卑臨尊也，故追王之者，不敢以子孫之卑，而臨祖禰之尊也，故曰「不以卑臨尊也」。《棫樸》，文王之詩，而曰「勉勉我王」，則當時固已王矣。今又追王，何也？蓋當時則以王道稱之而已，後世則以王爵追之也。

李氏曰：天言及於上帝，則地必及于大示矣。地言及于社，則天必及于日月矣。上帝言柴，則大示固瘞矣。而于社言祈者，蓋先王之用兵也以民，而所重者以食。故于既事而退，則祈于社。此武王所以能綏萬邦而屢豐年也。設奠饋食之始，饗至于饋食，則接祭，故設奠于牧室。《書・武成》曰：王自殷至于豐，「丁未，祀于周廟，邦甸侯衛，駿奔走，執豆籩，越三日，庚戌，柴望，大告武成」，于牧野則于地祇舉社，于豐則于地祇舉山川者，蓋社之利，民所恃以爲養，而山川國之所恃以爲險固者也。先王方其既事而退，以民爲重，故言社而不及于山川。方其武成，則以保國爲難，故言望而不及社，與人之安忘危、危忘安者異矣。其于牧野，則先言柴于上帝，祈于社，而後設奠于牧室。于豐則先告于周廟，而後柴望者，蓋祀于牧野，則天地以尊，至于豐，則以告廟爲始。此祭祀之序也。夫周之業，固建邦啓土于后稷，而「實始翦商」于大王；王季則始受禄，而「奄有四方，王此大邦」矣；文王則「受命作周」矣；于武王則既事矣，集大統而已。是以其追王者止于大王、王季、文王，記者以爲不以卑臨尊，則誤矣。不及于后稷者，固已追王于文王之時歟？是禮也，豈特周哉！《殷頌》「玄王桓撥」，玄王，契也，則追王之禮，殷固具矣。

東萊吕氏曰：謂不以卑臨尊，此出於後來漢儒之説無疑，而非追王之本意也。《儀禮·喪服傳》曰：父，至尊也；天子，至尊也；君，至尊也。則父與天子、人君，其尊等耳。大王與文王，乃武王之祖、父，其尊孰大於是？曷爲待追王而後尊哉？然則追王者何意？曰考之《武成》曰：❶「大王肇基王迹，王季其勤王家，我文考文王，克成厥勳，誕膺天命。」蓋三王皆肇基之主，所以追王之也。

眉山孫氏曰：❷觀《大傳》此書，似與《武成》所記畧同。然祈社自是往伐之時，不在既事之日。燔柴自是至豐之後，不在于牧之野。諸侯駿奔走、執豆籩自是祀周廟之禮，非設奠于牧室。三者之祭，皆失其實。惟追王三后當在入商未還之時

❶ 上「曰」字，通志堂本、四庫本作「嘗」。

❷ 「氏」字下，通志堂本、四庫本有小字「似」字，而本段之末則無。

耳。不知漢儒竊見古文《武成》舛誤之經而爲是言耶？抑自記其所聞而繆妄失實，有違於經也。《書序》曰：「武王伐殷，往伐歸獸，識其政事，作《武成》。」此篇經文當有條理。而孟子所見雜亂如此，《禮記》所述謬妄如此。昔人謂「六籍經幾秦」，非虚語也。佖。

上治祖禰，尊尊也。下治子孫，親親也。旁治昆弟，合族以食，序以昭繆，别之以禮義，人道竭矣。

鄭氏曰：治，猶正也。繆，讀爲「穆」，聲之誤也。竭，盡也。

孔氏曰：此一節論武王伐紂之後，外治親屬合族之禮，❶叙昭穆之事。上正祖禰，是尊其尊；下正子孫，是親其親。上主尊敬，故云「尊尊」；下主恩愛，故云「親親」；旁正昆弟，逾遠疏也。旁治昆弟之時，合會族人以食之禮，又次序族人以昭穆之事也。「上治祖禰，下治子孫，旁治昆弟」，此三事皆分别之以禮義，使人之道理竭盡於此矣。

長樂陳氏曰：「自仁率親，等而上之，至于祖，名曰輕。自義率祖，順而下之，至于禰，名曰重。」天子月祭，止於五廟，享嘗及於二祧，禱及於壇墠，此「上治祖禰」，尊之也。諸侯冢子生，祭以太牢，庶子皆以少牢；冢子未食而見，庶子已食而見；爲長子三年，庶子朞；爲嫡孫朞，庶孫大功：此「下治子孫」，親之也。兄弟朞，從兄弟大功，族兄弟小功，此「旁治昆弟」也。《周禮·大宗伯》曰：「以飲食之禮親兄弟宗族。」《記》曰「繫之以姓而

❶「外」，通志堂本、四庫本及《禮記正義》作「因」。

不別，綴之以食而弗殊」，則飲食者，人情之合歡者也。觀文王燕兄弟而《棠棣》之美作，幽王不能宴樂同姓而《頍弁》之刺興，則合族以食，禮之大者也。《禮》曰：「君與族人燕，則膳宰爲主人。」又曰：「族食世降一等。」《詩》曰：「厭厭夜飲，在宗載考。」《國語》曰：「親戚享燕，有殺蒸。」又曰：「歲飫不倦，時宴不淫。」則族食之禮，合之以時，等之以世，掌之以膳夫。其薦也以殺蒸，其飲也或以夜。不特如此而已。序以昭穆，別以禮義，則尊者安於爲尊，卑者安於爲卑，然後孝慈友恭，油然生於其間，人道不竭於此矣。蓋合族以食，恩也；序其昭穆，別之以禮義，所以節恩者也。無恩則離，恩而無以節之則亂。先王之於宗族，使不至於離且亂，無他，盡人道以治之而已。

嚴陵方氏曰：上治祖禰，固所以尊尊。然治之以法，則尊尊不能無等，經曰「自仁率親，等而上之，至于祖，名曰輕」是也。下治子孫，固所以親親。然治之以法，則親親不能無殺，經曰「五世袒免，殺同姓」是也。旁治昆弟，固所以合族。然治之以法，則合族不能無降，經曰「族食世降一等」是也。「序以昭穆」，謂三者皆爲先後之序，若《小宗伯》所謂「辨廟祧之昭穆」，蓋序祖禰之昭穆也。《魯語》言昭穆「等謂之親疏」，❶蓋序子孫之昭穆也。《祭統》言「昭與昭齒，穆與穆齒」，蓋序昆弟之昭穆也。別以禮義，爲遠近之別也。❷上曰「祖」曰「禰」，下曰「子」曰

❶「謂」，通志堂本、四庫本及《國語》作「胄」，是。
❷「爲」，通志堂本、四庫本作「謂」。

「孫」，旁曰「昆」曰「弟」，此之謂別之以禮。尊尊有等，親親有殺，合族有降，此之謂別之以義。若是，則人道豈復有餘蘊哉？故曰「竭矣」。

馬氏曰：上治祖禰，所以尊之也。下治子孫，所以親之也。至於旁治昆弟，蓋睦友之道，而不言之者，文之略也。上治祖禰，則上有所殺；下治子孫，則下有所殺；旁治昆弟，則旁有所殺。上殺、下殺、旁殺，而親畢矣。故合族以食，使之有所同，而內外之意一。序以昭穆，別以禮義，使之有所異，而親疏之義明。如此則人道爲盡於此矣。

慶源輔氏曰：馬氏之説似善。合族不止謂兄弟，合族以食，所以序昭穆，而以禮義別其尊卑、親疏也。

東萊吕氏曰：上治祖禰，下治子孫，旁治昆弟，此三句正是宗法。《大傳》一篇主説宗法。蓋尊祖然後能敬宗，故此篇之首先説禘祭，到此一節便説睦族、治子弟之事。治是整齊，不必作「正」。

聖人南面而聽天下，所且先者五，民不與焉。一曰治親，二曰報功，三曰舉賢，四曰使能，五曰存愛。五者一得於天下，民無不足，無不贍者。五者一物紕繆，民莫得其死。聖人南面而治天下，必自人道始矣。

鄭氏曰：且先，言未遑餘事也。功，功臣也。存，察也。存愛，察有仁愛者。物，猶事也。紕，❶猶錯也。五事得，則民足。一事失，則民不得其死。明政之難。人道，謂此五事。

❶「紕」字下，通志堂本、四庫本及《禮記》鄭注有「繆」字，是。

孔氏曰：此一節廣明聖人受命以臨天下，有不可變革之事。聖人即位，所且欲先行者五事。治親，即前三事。三事若正，則於家國皆正，故急在前。報功，謂報其有功勞者，使爲諸侯之屬是也。舉賢，謂舉用巖穴有賢德之士。皆謂有道藝亦禄之，❶使各當其職。存愛，謂存察民下有仁愛之心者，亦賞異之。上五事一皆得行於天下，民無有不足，無有不贍贍者。贍是優足之餘。莫得其死，言無得以壽終也。

嚴陵方氏曰：所先者五，言未暇致其詳也。民不與焉，非不以民爲事，苟能行此五者，民亦從而治矣。故後言「民無不足，無不贍者」。夫正之以善之謂治，予其所施之謂報，升之於位之謂舉，任之以職之謂使，念之而不忘之謂存，而愛則人之所不可忘者也。君子仁民而愛物，則存愛者，主物言之也。聖人治天下必自人道始，蓋以治親爲先故也。始言聽天下，終言治天下者，蓋事之來也，聽其可否，而後治之使正焉，故言之序如此。

馬氏曰：夫治外者必自内始，故先之以治親。賢者去就在彼，而我所不可得而制，則舉之。能者去就在我，而我之所可得而制，則使之而已。治親、報功、舉賢、使能，可謂有良法矣。然而無仁心、仁聞，則徒法不能以自行，故卒之以存愛。

山陰陸氏曰：鄭氏謂察有仁愛者，蓋啜羹放麛，其持心不同。古者求忠臣於孝子之門以此。後世以善求事爲精神，以能訐人爲風采，刻薄之徒進，而仁愛者不

❶「皆」，通志堂本、四庫本作「使能」，是。

見察，民始莫得其死矣。無不足力也，無不贍財也。後變「聽」言「治」，聽而後治之。聽之以德，治之以道。

李氏曰：夫古帝王之平章百姓必始于睦族，治天下必自乎齊家，故一曰治親。成大功而以民爲主者，聖人之所賚也，故二曰報功。賢者，服休者也，故三曰舉賢。能者，服采者也，故四曰使能。愛者，曰予好德者也，曰予好德，則錫之福，故五曰存愛。夫治親，則天下不遺其親；報功，則天下不遺其力；尊賢，則樂于德；使能，則勸于藝；存愛，則篤于仁。治親，仁也；報功，義也；尊賢使能，知也；存愛，仁也。仁者，人道之終始也，故曰「必自人道始矣」。《武成》曰：「建官惟賢，位事惟能。重民五教，惟食喪祭。惇信明義，崇德報功，垂拱而天下治。」「建官惟賢」，所謂舉賢也。「位事惟能」，所謂使能也。「重民五教」，則自治親始也。崇德，所謂存愛也。報功，則與此同也。《大傳》尊賢序于治親之後，《武成》建官言于五教之前者，蓋始乎治親者，治天下之常也。待仁人有過于周親者，時隆殺之義也。綢繆者，❶被飾緜密之意。有所被飾而不能周曰紕，物有被飾而過實曰繆。

長樂陳氏曰：湯有天下，「德懋懋官，功懋懋賞」。武王有天下，崇德而後報功。《周官》八統，進賢使能，然後保庸。先王於有功者，非不報也，特在進賢、使能之後耳。後世不然，故晉文反國，先賞從亡；

❶「綢」，通志堂本、四庫本作「紕」，是。

衛獻及郊，先賜從者；漢高就業，首封諸將。❶類皆急勳勞而緩賢能。此以報功繼治親，以舉賢、使能後存愛，豈漢儒之説歟？

慶源輔氏曰：既已舉賢使能，則存愛不可如鄭説。仁而不謂之賢，可乎？五者無非爲民，而曰「民不與焉」，何哉？言未及於民事，如勞來、勸率、賙給之類也。親親、存愛，仁也。舉賢、使能，義也。聖人之治天下，仁義而已矣。始曰親親，終曰存愛，則又以仁爲本也。仁，體也。義，用也。

立權度量，考文章，改正朔，易服色，殊徽號，異器械，別衣服，此其所得與民變革者也。

鄭氏曰：權，稱也。度，丈尺也。量，斗斛也。文章，禮法也。服色，車馬也。徽號，旌旗之名也。器械，禮樂之器及兵甲也。衣服，吉凶之制也。徽，或作「褘」。

孔氏曰：此廣明損益之事。權度量，新制天下，必宜造此物也。考，校也。禮法，謂夏、殷、周損益之禮。正，謂年始。朔，謂月初。王者得政，改故用新。周子，殷丑，夏寅，是改正也。周夜半，殷雞鳴，夏平旦，是易朔也。車馬，謂夏尚黑，殷尚白，周尚赤，各隨所尚之正色也。殊，別也。徽號，謂周大赤，殷大白，夏大麾，各有別也，《周禮》「九旗」是也。器，謂楬豆、房俎、禮樂之器。械，謂戎路、革路、兵甲之屬。別衣服者，周吉服九章，虞以十二章；殷凶不厭賤，周貴則降卑。此諸事可變革，與民爲新者也。

❶「首」，通志堂本、四庫本作「先」。

長樂陳氏曰：權度量者，法制之所自出，故先立之。衣服者，法制之所自成，故後別之。《論語》言爲政之術，則先之以謹權量；而《王制》巡守之所觀，則終之以衣服，皆此意也。衣服言其制，服色言其色，而徽號者，帝王之所稱，非所謂旌旗者也。又曰：宜革而因，物失其均；宜因而革，物失其則。故得於天者，可因而不可革，則親親、尊尊、長長、男女有別是也。成於人者，可革而不可因，則「立權量，❶考文章，改正朔，易服色，殊徽號，異器械，別衣服」是也。立權度量，所以示民信；改正朔，所以授民時；考典章，❷別衣服，所以示民禮；易服色，殊徽號，異器械，所以便民用。蓋聖人立法，因民而已。民之所安，聖人不强去；民之所厭，聖人不强存。「通其變，使民不倦」，天下其有敝法哉？《周官·司常》「辨九旗之物，象其事，象其名號」，《大司馬》「仲夏教茇舍，卞號名之用」，❸《詩》曰「織文鳥章」，《左傳》曰「揚徽者，公徒也」，鄭氏曰「徽，旌旗之名」，蓋用兵之法，以旌旗待晝事，以名號待夜事，則徽號者，徽識之號也。許慎曰：「有盛曰械，無曰器。」然器足以兼械，械不足以兼器，則械者戒備之具而已。必曰「有盛曰器」，非也。

嚴陵方氏曰：銖、兩、斤、鈞、石，謂之五權。首言「權」，則以規矩準繩衡皆始於此故也。權之輕重，度之長短，量之多

❶「量」字上，通志堂本、四庫本有「度」，是。
❷「典」，通志堂本、四庫本作「文」，是。
❸「卞」，通志堂本、四庫本作「辨」，當是。

少，及其久也，則不能無差，故立以定之。文章，蓋言禮樂法度，久則不能無壞，故考以成之。正朔者，天之所爲，則改之而已。服色者，人之所爲，故可易焉。徽號者，天子之美稱也。以道則稱皇，以德則稱帝，以業則稱王，此之謂「殊徽號」。若有虞氏之兩敦，夏后氏之四璉，殷之六瑚，周之八簋；有虞氏之旂，夏后氏之綏，殷之大白，周之大赤：此之謂「異器械」。虞、夏、殷、周養老，❶或以深衣，或以燕衣，或以縞衣，或以玄衣：此之謂「別衣服」。此七者，治之法也。法有變，要在通之而不倦，故曰「此其所得與民變革者也」。

慶源輔氏曰：殊徽號，陳氏、方氏説優。❷器械，則兼夫旗幟矣。❸然厠於器械、服色、衣服之間，則又似古説及陳氏後説是，當考。所得與民變革者，則知聖人之治有所更易，無非所以奉天命而順民心，固非私意所能也。

其不可得變革者，則有矣。親親也，尊尊也，長長也，男女有別，此其不可得與民變革者也。

鄭氏曰：四者，人道之常。

嚴陵方氏曰：或以三，或以五，或以九，其數雖不同，所以爲親親之義則一也。有祖、有父、有曾、有高，其名雖不同，所以爲尊尊之義則一也。四世而緦，五世祖免，疏戚雖不同，所以爲長長之義則一也。父則隆於母，夫則隆於婦，兄弟則隆

❶「周」字下，通志堂本、四庫本有「之」字，當是。

❷「説」字下，通志堂本、四庫本有「爲」字，是。

❸「旗」，通志堂本、四庫本作「旌」。

於姊妹，其位雖不同，所以別男女之義則一也。此四者，治之道也。道有常，要在久之而不易，故曰「不可得與民變革」也。既曰變，又曰革，何也？天下之理，因之則有常，革之則有變，因革則存乎人，變常則存乎事，人與事常相須而已。

馬氏曰：自「立權度量」至於「別衣服」者，禮之文也，文則應時而造。自「親親」至於「男女有別」者，禮之本也，本則理之不可易。

慶源輔氏曰：親親，仁也；尊尊、長長，義也；男女有別，禮也。知者，知此者也。信者，信此者也。其不得而變革者，經也。

同姓從宗，合族屬。異姓主名，治際會。名著而男女有別。

鄭氏曰：合，合之宗子之家，序昭穆也。異姓，謂來嫁者也，主於母與婦之名耳。際會，昏禮交接之會也。著，明也。母、婦之名不明，則人倫亂也。亂者，若衛宣王、楚平王爲子取而自納焉。❶

孔氏曰：自此至「可無慎乎」一節，論同姓從宗、異姓主名、男女有別之事。同姓，父族也。從宗，謂從大小宗也。合聚族人親疏，使昭爲一行，穆爲一行，同時食，故曰「合族屬」也。異姓，謂他姓之女來爲己姓之妻。夫爲父行，則主母名。夫子行，❷則主婦名。治，正也。際會，所以主此母、婦之名，正昏姻交接會合之事。若母、婦之名著，則男女尊卑異等，

❶ 上「王」字，通志堂本、四庫本及《禮記》鄭注作「公」，是。

❷ 「夫」字下，通志堂本、四庫本及《禮記正義》有「若」字。

各有分别，不相淫亂。鄭註衛宣公生急子，娶於齊而美，公取之，見桓十六年《左傳》。楚平王爲大子建取秦女，自納之，見昭十九年《左傳》。凡姓族異者，所以别異人也。天子賜姓、賜氏，諸侯但賜氏，故隱八年《左傳》云：「天子因生以賜姓，胙之土而命之氏。諸侯以字爲謚，因以爲族，官有世功，則有官族，邑亦如之。」以此言之，天子因諸侯先祖所生賜之曰姓。杜預云：「若舜生嬀汭，賜姓曰嬀；封舜之後於陳，以所封之土命爲氏。舜後姓嬀，而氏曰陳。」故鄭《駮異義》云：「炎帝姓姜，大皞之所賜也。黄帝姓姬，炎帝之所賜也。故堯賜伯夷姓曰姜，賜禹姓曰姒，賜契姓曰子，賜稷姓曰姬，著在《書傳》。」是天子賜姓也。諸侯賜卿大夫以氏。若同姓，公之子曰公子，公子之子曰公孫，公孫之子其親已遠，不得上連於公，故以王父字爲氏。若適夫人之子，則以五十字伯仲爲氏，若魯之仲孫、季孫是也。若庶子妾子，則以二十字爲氏，則展氏、臧氏是也。若異姓，則以父祖官及所食之邑爲氏。以官爲氏，則司馬、司城是也。以邑爲氏，若韓、趙、魏是也。凡賜氏族者，爲卿乃賜。有大功德者，生賜以族，若叔孫得臣是也。雖公子之身，若有大功德，則以公子之字賜以爲族，若仲遂是也。其無功德，死後乃賜族，若無駭是也。若子孫不爲卿，其君不賜族，子孫自以王父字爲族也。氏、族對之爲别，❶散則通。故《左傳》「問族於衆仲」下云「以字爲展氏」是也。其姓與氏

❶「之」，通志堂本、四庫本作「文」。

散亦得通，故《春秋》有姜氏、子氏，姜、子皆姓而云氏是也。

長樂劉氏曰：宗者，一族人倫之主也。天子、諸侯尊崇，雖其子之親，非嗣厥位，則莫可得而禰之也，是以同姓之親必崇其宗。從其宗，則五服各有倫類，所以辨親疏，定長幼，明尊卑，繫昭穆也。正其一身，而人倫之道備焉者，宗以正之使然也。故先王之禮，同姓人之昏嫁、祭祀、燕饗、食飲，必稟於大宗。仕進出入，饋遺往來，亦如之。合族屬者，屬，猶繫也。父之黨則繫於昭，子之黨則繫於穆，昭穆分而叙之以長幼。合族人而食，所以正人倫，而禮義行於宗黨矣。「異姓主名，治際會，名著而男女有別」者，謂娶異姓之女以爲己親。彼雖無服，可以娶矣。而其名在昭行，則不可娶之以爲婦，名在穆行，則不可娶之以爲母。此謂「治其際會」也。故名著則男女之尊卑自分，而匹偶不失其序焉。

嚴陵方氏曰：從宗者，從大宗、小宗也。主名者，主母名、婦名也。從宗，所以合親疏之族屬；主名，所以治昏姻之際會。以衆而聚於一者，謂之族，若所謂「宗以族得民」、「敬宗，故收族」是也。以小而繫於大者謂之屬，若所謂「夫屬乎父道」、「夫屬乎子道」是也。上下之交謂之際，彼此之合謂之會。若王姬下嫁於諸侯者，際也；會男女之無夫家者，會也。言同姓從宗，則異姓非不然也。以同姓爲宗之所主而族屬之所繫焉，不然則離故也。經曰「婦人從夫」，其謂是歟？異姓主名，則同姓非不然也。以異姓則名之所難辨而際會之所因焉，不然則亂故也。

經曰「合二姓之好」，其謂是歟？名著而男女有别者，尊者爲父，親者爲母，而父母之名著矣；外則爲夫，内則爲婦，而夫婦之名著矣。此男女所以有别也。至於父之與夫而名著乎外，則男又有别矣；母之與婦而名著乎内，則女又有别矣。

馬氏曰：同姓者自内出而有所殺，嫌於無所厚，故使之從宗合族屬，所以親之以仁恩也。異姓者自外入而有所厚，嫌於無所分，故使之主名治際會，所以别之以禮義也。

慶源輔氏曰：同姓從宗，所以合族屬也。異姓主名，所以治際會也。際會謂男女際會之時，名著則男女雖際會而有别矣。此所謂主名也。

東萊吕氏曰：名著而男女有别。大抵婦人尊卑，本無定位，隨其夫之尊卑爾。故所主者在名。

其夫屬乎父道者，妻皆母道也。其夫屬乎子道者，妻皆婦道也。

鄭氏曰：母焉則尊之，婦焉則卑之。尊之、卑之，明非己倫，以厚别也。

孔氏曰：此言他姓婦人來嫁己族，本無昭穆於己親，唯繫夫尊、卑而定母、婦之號也。道，猶行列也。若其夫隨屬於己之父行者，其妻皆己之母行也，其夫隨屬於己之子行者，其妻皆己之婦行也。故婦人來嫁己伯叔之列，即謂之爲母也；來嫁於己之子行，即謂之爲婦也。男女若無尊卑倫類，相聚則淫亂易生。

長樂陳氏曰：母、婦無昭穆，而昭穆係於父子之别。嫂、婦無長幼，而長幼係於兄弟之倫。故婦於世叔父母則大功，世叔於婦亦大功，以其相遠而親之也。兄公與叔於嫂、婦無服，嫂、婦於兄公與叔亦無服，以其相邇而遠之也。謂弟之妻「婦」者，是嫂亦可謂之「母」乎？名者，人治之大者也，可無慎乎！

鄭氏曰：謂之婦與嫂者，以其在己之列，以名遠之耳。復謂嫂爲母，則令昭穆不明，亦可謂之母乎？言不可也。昆弟之妻、夫之昆弟，不相爲服，不成其親也。男女無親，則遠於相見，人治所以正人也。

孔氏曰：此論兄弟之妻在己之倫列，恐相褻瀆，故弟妻假以同子婦之名，兄妻假以嫂老之名，殊遠之也。既以子妻之名名弟妻爲婦，若又以諸父之妻名名兄妻爲母，則上下全亂，昭穆不明，故鄭註《喪服》亦云：「弟之妻爲婦者，卑遠之，故謂之婦。嫂者，尊嚴之。」❶是弟妻可借婦名，兄妻不可借母名也。男女尊卑隔絶，相服成親，義無混雜。兄弟之妻，己之倫列，若成親爲服，則數相聚見，姦亂易生，故無服以疏遠之，全同路人，恩親不接也。名謂母、婦之名，得之則昭穆明，失之則上下亂，是人治之大，須慎之也。

嚴陵方氏曰：兄之與弟，長幼而已，非尊卑也，而謂弟之妻爲婦者，蓋推而遠之，別嫌爾。以弟之妻爲婦則可，謂兄之妻爲母則不可矣。然止謂之嫂者，蓋男，陽也，陽宜伸；女，陰也，陰宜屈。以女宜屈，故弟之妻可謂之婦，而從卑。以男宜伸，故不可謂兄之妻爲母，而從尊也。是以叔不服兄之妻，而婦服夫之兄，屈伸之理，蓋可見也。然而嫂雖少，當敬忌如

❶「之」字下，通志堂本、四庫本有「稱」字。

叟，故於文從之。是乃所以别嫌歟？名雖非尊，而實則敬之，蓋先王之微意也。人道所以相治而不亂者，以是而已。不曰治人，而曰「人治」者，非其所以治人，而人所以治故也。

山陰陸氏曰：孔子曰「必也正名乎」是也。若子路者猶以爲迂，故曰「可不慎乎」。

金華應氏曰：人固有幼而無依。年之長幼，或甚遼絶。兄當撫幼弟如父，故《康誥》以兄不念鞠子哀爲大不友。嫂當撫幼叔如子，故唐賢有鞠于嫂以有成，以母服報之。恩禮可以有加而名卒不可變者，天倫自然之序，非人所能移也。此其所以莫急於主名也。❶

四世而緦，服之窮也。五世袒免，殺同姓也。六世，親屬竭矣。

鄭氏曰：四世共高祖，五世高祖昆弟，六世以外，親盡無屬名。

孔氏曰：自此至「周道然也」，論殷、周統叙宗族之異名。四世，謂上至高祖，下至己兄弟，同承高祖之後，爲族兄弟，相報緦麻，是服蓋盡於此也。爲親兄弟期，一從兄弟大功，再從兄弟小功，三從兄弟緦麻，共承高祖爲四世，而緦服盡也。五世，謂共承高祖之父者，服袒免而無正服，減殺同姓也。六世，謂共承高祖之祖者，❷不復袒免，❸同姓而已，故云「親屬竭」矣。

嚴陵方氏曰：四世者，三從之親也，以其

❶「主」，通志堂本、四庫本作「正」，是。
❷「謂」字上，通志堂本、四庫本有「則」字。
❸「復」，通志堂本、四庫本及《禮記正義》作「服」，是。

疏而不足於哀也，致其思而已，故服謂之緦焉。五世者，三從之外也，以其尤疏，但不襲不冠，以變其吉爾，故謂之袒免焉。六世，雖不變吉可也。

馬氏曰：服有五者，蓋其親有隆殺，則服有精粗。故四世而緦者，服之精，乃其服之窮也。至於五世，則宜其無服，而先王不忍遂絶之也，故爲之袒免之禮，所以殺同姓也。免者如冠，廣一寸，加之於首，所以示其吉。袒者，袒其體，所以示其凶。吉凶相半，此其所以爲殺同姓也。

禮記集説卷第八十四

# 禮記集說卷第八十五

其庶姓別於上，而戚單於下，昏姻可以通乎？繫之以姓而弗別，綴之以食而弗殊，雖百世而昏姻不通者，周道然也。

鄭氏曰：玄孫之子，姓別於高祖，五世而無服。姓，世所由生。「昏姻可以通乎」，問之也。周之禮，所建者長也。姓，正姓也。始祖爲正姓，高祖爲庶姓。「繫之弗別」，謂若今宗室屬籍也。《周禮・小史》：「掌定繫世，辨昭穆。」

孔氏曰：作《記》之人以殷之五世以後可以通昏，❶故將殷法以問於周。云周家五世以後，庶姓別異於上，與高祖不同，各爲氏族，不共高祖，別自爲宗，是「別於上」也。戚，親也。單，盡也。謂四從兄弟，恩親盡於下，各自爲宗，不相尊敬。庶，衆也。高祖以外，人轉廣遠，分姓衆多，故曰庶姓。高祖以上，復爲五宗也。既姓別親盡，昏姻應可以通，故問其可通與否。記者以周法答之。周法雖庶姓別於上，而有世繫連繫之以本姓而不分別，若姬氏、姜氏，大宗百世不改也。連綴族人以飲食之禮，而不殊異。雖相去百世，昏姻不得通。周道如此，異於殷也。鄭註「玄孫之子姓別於高祖」者，玄孫與高祖服屬仍同，其姓與高祖不異。玄孫之子則四從兄弟，承高祖父之後，至己五世而無服，各事小宗，因字因官爲氏，不同高祖之父，是「庶姓別於上」。庶姓，氏族

❶ 下「之」字，通志堂本、四庫本及《禮記正義》作「人」。

之謂也。云「姓，世所由生」者，五世無服，不相禀承，各爲氏姓也。云「姓，正姓」者，對氏族爲正姓也。云「始祖爲正姓」，❶若炎帝姓姜，黄帝姓姬，周姓姬，本於黄帝；齊姓姜，本於炎帝；宋姓子，本於契是也。云「高祖爲庶姓」者，若魯之三桓，慶父、叔牙、季友之後，及鄭之七穆，子游、子國之後爲游氏、國氏之等。云「若今宗屬籍」者，❷漢同宗有屬籍也。

長樂陳氏曰：恩出於情，有時而可絶。義出於理，無時而可廢。故「六世而親屬竭」者，恩之可絶也；「百世而昏姻不通」者，義之不可廢也。然恩之有絶，其來尚矣；而義之不廢，特始於周。故舜娶於堯，而君子不以爲非禮；昭公娶於吴，而君子以爲不知禮：以其時之文質不同故也。

嚴陵方氏曰：姓爲正姓，氏爲庶姓。正姓，始祖也。庶姓，高祖也。氏别於上，而親盡於下，則既五世矣，宜若可以通昏姻焉。❸然繫之以本姓而弗别，綴之以族食而弗殊，在殷而上，禮質而親，故五世而昏姻可通；由周而來，則禮文而嚴，❹雖百世不通。曰「周道然」者，言周所行之道如是也。《周官》言「定世繫」，❺所謂「繫之以姓」也。以飲食之禮親宗族兄弟，所謂「綴之以食」也。《小記》言「婦人不知姓，則書氏」，則殷無所繫可知。堯、

❶「姓」字下，通志堂本、四庫本及《禮記正義》有「者」字。

❷「宗」字下，通志堂本、四庫本及《禮記正義》有「室」字，是。

❸「宜」，通志堂本、四庫本作「疑」。

❹「而」，通志堂本、四庫本作「尚」，是。

❺「世繫」，通志堂本、四庫本作「繫世」，是。

舜同出於黄帝，而堯以二女妻舜，則自殷而上通昏姻可知。《曲禮》曰「取妻不取同姓」，則周之不通也明矣。

東萊吕氏曰：《禮記》庶姓，即《左傳》所謂「氏族」，如襄二十五年崔武子欲娶東郭偃之姊。偃曰：「男女辨姓，今君出自丁，臣出自桓，不可。」蓋崔與東郭皆是氏，其姓同出於姜，自姜姓中分别出來，便有所謂崔氏，有所謂東郭氏。此便是「庶姓别於上」也。「戚單於下」，蓋親盡也。

慶源輔氏曰：自野者觀之，疑若可以通昏姻矣。❶而周道則不然，此夫子所以欲從周也。必如是而後仁之至、義之盡也。

服術有六：一曰親親，二曰尊尊，三曰名，四曰出入，五曰長幼，六曰從服。

鄭氏曰：術，猶道也。親親，父母爲首。尊尊，君爲首。名，世母、叔母之屬也。出入，女子子嫁者及在室者。長幼，成人及殤也。從服，若夫爲妻之父母、妻爲夫之黨服。

孔氏曰：此經明服術之制。親親，父母爲首，次以妻、子、伯、叔。尊尊，君爲首，次以公、卿、大夫。名者，若伯叔母及子婦，并弟婦、兄嫂之屬。出入，若女子子在室爲入，適人爲出，及出繼爲人後者也。長謂成人，幼謂諸殤。從服，下有六等，鄭略舉夫妻相爲而言之。

馬氏曰：術者，言其所由服之制有五，而術則有六。其詳至於如此者，所謂「喪多而其服五，上附下附」是也。親親者，門

❶「疑」，通志堂本、四庫本作「宜」。

內之喪，門內之喪則以恩掩親，❶而以父母爲首，故爲父母斬衰，此親親之重也。尊尊者，門外之喪，門外之喪則以義斷恩，而以君與臣爲首，故爲君斬衰，此尊尊之重也。名者，自彼而適我也。出入者，自我而適彼，若姑姊妹之服是也。方姑姊妹之未出，則其服重；其已出，則其服輕。所謂姑姊妹受我而厚之者也。❷從服者，言其以類相從，而非正服也。

山陰陸氏曰：親親，下所謂「自仁率親」是也。尊尊，下所謂「自義率祖」是也。三曰名，所謂「名曰輕」、「名曰重」是也。四曰出入，所謂「一輕一重」是也。鄭氏謂「用恩則父母重而祖輕，用義則祖重而父母輕」，是之謂出入。

賈氏曰：❸鄭康成謂「親親，父母爲首；尊尊，君爲首；名，世母、叔母之屬；長幼，成人及殤」，其說是也。謂「出入，女子嫁者及在室者」，以嫁者爲出，在室者爲入。然在室者，於兄弟有長幼之服，於姪有尊卑之服。❹入，非在室者也。《周官·媒氏》「判妻入子皆書之」。《喪服》「出妻之子爲母朞，爲人後者爲其父母朞」。《喪服小記》「婦當喪而出，則除之；爲父母喪，未練而出則三年；既練而出則已；未練而反則朞；既練而反則遂之；妾從女君而出，則不爲女君之子服」。然則《大傳》所謂出入，蓋此類歟？從服有六：有屬從，有徒從，有從有服而無服，有從無服而有服，有從重而輕，有從輕



❶「則」字下，通志堂本、四庫本有「必」字。
❷「妹」字下，通志堂本、四庫本有「有」字。
❸「賈」字，原爲墨丁，今據四庫本補。
❹「姪」字下，通志堂本、四庫本有「姒」字。

而重。

鄭氏曰：屬從，子爲母之黨。徒從，臣爲君之黨。從有服而無服，公子爲其妻之父母。從無服而有服，公子之妻爲公子之外兄弟。從重而輕，夫爲妻之父母。從輕而重，公子之妻爲其皇姑。

孔氏曰：從服有六者，從術之中别有六種。屬從者，屬謂親屬，以其親屬爲其支黨。鄭註舉一條爾，妻從夫，夫從妻，並是也。徒從者，徒，空也，與彼無親，空服彼之支黨。鄭亦略舉一條，妻爲夫之君、妾爲女君之黨、庶子爲君母之親、子爲母之君母並是也。「有從有服而無服」以下，鄭註所引，並見《服問》篇。公子之妻爲本生父母期，公子爲君所厭，不得服從，妻有服而公子無服，是「從有服而無服」。嫂、叔無服亦是也。公子被君厭，爲己外親無服，而妻猶服之，是「從無服而有服」。娣、姒亦是也。妻自爲其父母期爲重，夫從妻服之三月爲輕，是「從重而輕」也。舅之子亦是也。公子爲君所厭，自爲其母練冠是輕，其妻猶爲皇姑服期，是「從輕而重」也。

嚴陵方氏曰：以非正由於己，特從人而服，故謂之從服。若母爲其黨服，則服之正也，至於子爲母之黨服，是從之而已；若君爲其黨服，則服之正也，至於臣爲君之黨服，是從之而已：是則屬從與徒從也。推此，則餘可知。有所繫而從則曰屬，無所繫而從則曰徒。屬從由仁而生也，徒從以義而起也。從有而無，從重而輕，斷之以義也；從無而有，從輕而重，濟之以仁也。先王之於服術，仁之至，義之盡矣。故率親則自仁，率祖則自義。

餘亦見《服問》。

東萊吕氏曰：從輕而重，所因者自輕，而己從之，乃反重也。從重而輕，妻爲重，又其父母當重，而己反輕。從無服而有服，所從者自無而己反有。從有服而無服，所從者自服而已乃無服。

山陰陸氏曰：無屬而從謂之徒從。

自仁率親，等而上之至于祖，名曰輕。自義率祖，順而下之至于禰，名曰重。一輕一重，其義然也。

鄭氏曰：自，猶用也。率，循也。用恩則父母重而祖輕，用義則祖重而父母輕。恩重者爲之三年，義重者爲之齊衰。然，如是也。

孔氏曰：此一經論祖禰仁義之事。仁，恩也。親，謂父母也。等，差也。子孫若用恩愛循親而上，至於祖，遠者恩漸輕，故「名曰輕」。用義循祖，順而下之，至於禰，其義漸輕，祖則義重，故「名曰重」。義，宜也，言人情道理宜合如是。案《喪服》條例，衰服表恩，若高、曾之服，本應緦麻小功，而進以齊衰，踰數等之服，豈非爲尊重而然？至親以期斷，而父母加三年，寧不爲恩深故亦然矣？

嚴陵方氏曰：言「率親」以知率祖之爲尊，言「率祖」以知率親之爲禰。親親，仁也，以禰之親，故自仁率之；尊尊，義也，以祖之尊，故自義率之。因親以推祖，則以階而升焉，故曰「等而上之」；由祖以及禰，則即世以降焉，故曰「順而下之」。「至于祖，名曰輕」者，隆之以仁，而親爲重故也；「至于禰，名曰重」者，制之以義，而祖或輕故也。或輕而斷以義，或重而隆以仁，而下止言「其義然」者，義之爲言宜也，宜輕而輕，宜重而重，是亦義而已。

馬氏曰：以祖對禰則禰爲仁，以禰對祖則祖爲義。祖以義爲主，禰以仁爲本。故曰「自仁率親，等而上之以至于祖，名曰輕」，以其義有所殺也；「自義率祖，順而下之，以至于禰，名曰重」，以其仁有所隆也。唯其仁有所隆，義有所殺，其理不得不然，故曰「一輕一重，其義然也」。

慶源輔氏曰：親親，仁也，逆而上之，則漸輕，故「至于祖，名曰輕」；尊尊，義也，順而下之，則漸重，故「至于禰，名曰重」。輕則緦麻三月，重則斬衰三年。一輕一重，其義則然，非人之所能爲也。孔、鄭説鑿。

金華應氏曰：自，從也。仁恩之厚於親者無極，以仁率親，逆而推於祖乃漸而殺。以是較之，則謂之曰輕。義道之施於祖者有節，以義率祖，順而及於親乃愈隆。以是擬之，則謂之爲重。非故欲爲是輕重之差，乃其理之不容不然耳。

君有合族之道，族人不得以其戚戚君位也。

鄭氏曰：君恩可以下施，而族人皆臣也，不得以父兄子弟之親自戚於君。位，謂齒列也，所以尊君别嫌也。

孔氏曰：此一經明君有絶宗之道。合族者，言設族食燕飲，有合會族人之道。

長樂陳氏曰：君之於族人，主乎愛，而失愛則疏。族人之於君，主乎敬，而失敬則褻。以失其愛則疏，故「有合族之道」，所以明其親親之恩。以失其敬則褻，故「不得以其戚戚君位」，所以明其尊尊之義。不能親睦九族，燕樂同姓，與夫恃親而不恭者，豈知此哉！

東萊吕氏曰：君有合族之道，如《詩》所謂「飲食宴樂同姓」是也。蓋君雖絶宗，而恩自不可廢。族人不得以其戚戚君位，謂族雖有尊卑，爲臣者雖屬尊，不敢與君叙列。君，至尊也。

慶源輔氏曰：君有合族之道，親親，仁也。族人不得以其戚戚君位，尊尊，義也。上所行者仁，下所守者義。

庶子不祭，明其宗也。庶子不得爲長子三年，不繼祖也。

鄭氏曰：明，猶尊也，一統焉。族人上不戚君，下又辟宗，乃後能相序。

孔氏曰：上經論人君絶宗，自此至「之義也」一節論卿、大夫以下繼屬小宗、大宗之義。案《小記》云「庶子不祭祖」，下文云「不祭禰」。此直云「不祭」者，《小記》辨明上士、下士，此則總而言之。又《小記》云「庶子不爲長子斬，不繼祖與禰」，斬則三年，與此一也。《小記》文詳，此文簡略，故直云「不繼祖也」。《小記》已備釋之。

長樂陳氏曰：庶子之所以不祭，不敢瀆其祖於上也。所以不得爲長子三年，不敢重其嗣於下也。上不敢瀆其祖，下不敢重其嗣，皆以己之不繼祖，所以明其宗也。《喪服小記》曰「庶子不祭禰」，而亦繼之以「明其宗」，則不祭祖所以明大宗，不祭禰所以明小宗。此文止言「不祭」，兼大宗、小宗而明之也。《小記》又曰「庶子不爲長子斬」者，蓋亦不繼祖與禰故也。蓋不繼祖，大宗之庶者也；不繼禰，小宗之庶者也。合而言之，皆祖也。斬言其服，三年言其期，言斬則知其有三年之期，言三年則知其有斬之服，蓋亦相爲表裏而已。

嚴陵方氏曰：適子爲宗，宗則承家主祭焉。庶子非宗也，故不得祭，以明其宗焉。《小記》言「不祭祖」，又言「不祭禰」者，蓋言適士、官師之辨爾。其所以言庶子不祭之義，則一而已，故於此則統而言之。

東萊吕氏曰：「庶子不祭，明其宗也。」如《曾子問》所謂「供其牲物」，所以辨其大宗故也。

新安朱氏曰：依《大傳》文，直謂非大宗，則不得祭别子之爲祖者；非小宗，則各不得祭其四小宗所主之祖禰也。其《小記》則云：「庶子不祭禰，明其宗也。」又云：「庶子不祭祖，明其宗也。」文意重複，似是衍字，而鄭氏曲爲之説。於「不祭禰」，則曰：「謂宗子、庶子俱爲下士，得立禰廟也，雖庶人亦然。」則其尊宗以爲本也。於「不祭祖」，則云：「禰則不祭矣。言不祭祖者，主謂宗子、庶子俱爲適士，得立祖禰廟者也。凡正體在乎上者，謂下正猶爲庶也。」「族人上不戚君，下又辟宗，乃後能相序。」而疏亦從之。上條云：「禰適，故得立禰廟，故祭禰。禰庶，故不得立禰廟，故不得祭禰，明其有所宗也。」下條云：「庶子、適子俱是人子，並宜供養，而適子烝嘗，庶子獨不祭者，正是推本崇適，明有所宗也。」又云：「父庶，即不得祭父，何暇言祖？而言不祭祖，故知是宗子、庶子俱爲適士。適子得立二廟，自禰及祖，是適宗子得立祖廟祭之。而已是祖庶，雖俱爲適士，得自立禰廟，而不得立祖廟祭之也。正體，謂祖之適也，下正謂禰之適也。雖爲禰適，而於祖猶爲庶，故禰適謂之爲庶也。五宗悉然。」今姑存之。然恐不如《大傳》語雖簡而事反該悉也。

別子爲祖，繼別爲宗，繼禰者爲小宗。

鄭氏曰：別子，謂公子若始來在此國者，後世以爲祖也。繼別，謂別子之世適也，族人尊之，謂之大宗，是宗子也。繼禰者，父之適也，兄弟尊之，謂之小宗。

孔氏曰：前既云「明其宗」，故此以下廣陳五宗義也。別子，謂諸侯之庶子也。諸侯之適子、適孫繼世爲君，而第二子以下悉不得禰先君，故云「別子」，並爲其後世之始祖，故云「爲祖」也。鄭註「若始來在此國」，謂非君之親，或是異姓始來，亦謂之「別子」，以其別於在本國不來者。繼別，謂別子之適子世繼別子爲大宗也。族人與之爲絶族者，五世外皆爲之齊衰三月，母、妻亦然。繼禰，謂父之適子，上繼於禰，諸兄弟宗之，謂之小宗，以本親之服服之。

晉賀氏曰：庾亮問：按禮，宗子之服，傳代不遷，所以重其統也。是以祖宗之正不易，則本支昭穆歷百代而不亂，此立宗之大旨也。然則士、大夫及諸從事於典禮者，服宗之義便應相放矣。而禮祖宗之文，❶惟著諸侯別子，不列卿、大夫之制，不審此由諸侯君其族人，族人不得宗其君，故祖宗之制指爲此歟？自卿、大夫以下與其宗黨無君臣之懸，則宗統有常嫡，服宗有成例，故不得別著其制也。將由卿、大夫位卑，則宗服之制厭宗嫡，無不遷服，紀止五族，故不復別見其義

❶「文」，通志堂本、四庫本作「義」。

也。今既無士、大夫依諸侯別子之明文，又不見無得立宗之定制，而頃者以來，諸私服於宗嫡者，無服者則制緦，有服者無加，又不詳此。爲各以非開國、代封之家，故避嫌謙而不敢私重其宗耶？將此之由，自有所承，願告旨要。答曰：禮，宗子之義，所以明本祖之正統，紀百代而不紊者也。而宗之義，委曲著見者多在別子，非卿大夫之文，❶偏不詳悉。服之致疑，有如來旨。然舊義，雖非別子，起於是邦而爲大夫者，便爲大宗，其嫡繼之，亦百代不遷。《禮記·王制》云：「大夫之廟，一昭一穆，與太祖之廟而三。」鄭君解曰：「太祖，別子始爵者也。雖非別子，始爵者亦然。」此其義也。此謂起於是國，盛德特興，爲一宗之始者也。如此則百代不遷，統族序親，及族人服之，皆宜始別子之宗也。❷又宗子之服雖在絶屬，皆齊縗三月。代衰禮替，敦之者少。吴中畧無此服，中土緦而不齊。其所由來，以政教凌遲，人情漸慢，非謂大夫位卑，或以非代封爲嫌也。又曰：奉宗加於常禮，平居即每事諮告。凡告宗之例，宗内祭祀、嫁女、娶妻、死亡、子生、行來、改易名字，皆告。若宗子時祭，則宗内男女畢會，喪故亦如之。若宗内吉凶之事，宗子亦普率宗黨以赴役之。若宗子時祭，則告于同宗。祭畢，合族於宗子之家，男子、女子以班，宗子爲男主，宗婦爲女主。故云「宗子雖七十，無無主婦」，

❶「非」字，通志堂本、四庫本無，疑是。
❷「始」，《通典》卷七十三作「如」。「宗」字下，通志堂本、四庫本有「者」字。

以當合族糾宗故也。凡所告子生，宗子皆書于宗籍，大宗無後，則支子以昭穆後之。後宗立，則宗道存，而諸義有主也。立主義存，❶而有一人不惇者，則會宗而議其罰。族不可以無統，故立宗。宗位既定，則常尊歸之，理其親親者也。是故義定於本，自然不移；名存於政，而不繼其人，宗子之道也。故爲宗子者，雖在凡才，猶當佐之佑之，奉以爲主。雖有高明之屬、盛德之親、父兄之尊，而不得干其任者，所以全正統而一人之情也。若姦回淫亂，行出軌道，有殄宗廢祀之罪者，然後乃告諸宗廟，而改立其次，亦義之權也。《通典》。

横渠張氏曰：夫所謂宗者，以己之旁親兄弟來宗己，所以得宗之名。是人來宗己，非己宗於人也。所以繼禰則謂之繼禰之宗，繼祖則謂之繼祖之宗。曾、高亦然。

藍田吕氏曰：國君之適長爲世子，繼先君之正統，自母弟而下，皆不得宗。次適爲別子，別子既不得禰先君，則不可宗嗣君，又不可無所統屬，故爲先君一族大宗之祖。其生也，適庶兄弟皆宗之。別子之母弟，雖適子，與羣公子同，不得謂之別子。其死也，子孫世世繼之爲先君一族之大宗，凡先君所出之子孫皆宗之，雖百世不遷。無後，則族人以支子繼之。此謂「別子爲祖，繼別爲宗」。羣公子雖宗別子，而自爲五世小宗之祖。死則其子、其孫爲繼禰、繼祖之小宗。至五世以上，則上遷其祖，下易其宗。無子孫則絶。此謂「繼禰者爲小宗」。

❶「義」，通志堂本、四庫本作「意」。

每一君有一大宗，世世統其君之子孫，故曰「宗其繼别子之所自出者，百世不遷者也」。别子所自出，謂别子所出之先君。如魯季友乃桓公之别子，所自出即桓公。大宗者，乃桓公一族之大宗。「公子之公，爲其士大夫之庶者宗其士大夫之適者」，則别子爲先君大宗之祖，羣公子皆宗之，是謂「有大宗而無小宗」。若君無次適可立爲别子，止有庶公子數人，則不可無宗以統，當立庶長一人爲小宗，使諸弟皆宗之，是謂「有小宗而無大宗」。若庶長死，國君復追立庶長爲别子，以爲先君一族大宗之祖，而以其子繼之。此雖不經見，然以義求之，則一君之大宗不可以絶後也。若君之正適外，止有一公子，既不可宗君，又無昆弟宗己，是謂「無宗亦莫之宗」。然此公子亦爲其先君一族大宗之祖。没則百世相繼，先君之子孫皆宗之。如大宗法國君主先君之祀，上可及先君之大祖，而下爲先君子孫之宗。故曰「尊者，尊統上」。别子爲先君百世大宗之祖，而不敢禰先君，故曰「卑者，尊統下」。大宗者所以統先君之子孫，非統别子之子孫，故曰「大宗，尊之統也」，又曰「繼别子之所自出」。《宗子議》。又曰：宗子法久不行，今雖士大夫亦無收族之法。欲約小宗之法，且許士大夫家行之。其異宫同財，有餘則歸，不足則取。及昏、冠、喪、祭必告，皆酌今可行，❶仍以古法，❷詳立條制，使之遵行，以爲睦宗之道。亦無所害於今法，可以漸消析居争競之醜，所補當不細矣。《雜議》。又曰：古之典禮

❶「酌」字，通志堂本、四庫本無。
❷「以」，通志堂本、四庫本作「似」。

者，皆以宗名之，故伯夷作秩宗。《周官》有宗伯，下及乎都家，皆有宗人。宗者，廟也。禮始於親親之法，非廟不統，所以別姓收族無一不出於祖廟，不主乎宗祖。❶故天子之元子爲天子之大宗，以繼其大祖。而別子爲諸侯，諸侯不敢祖天子，而自爲一國之大祖。故諸侯元子亦爲諸侯之大宗，❷而繼其太祖。而別子爲大夫，大夫亦不敢祖諸侯，而自立家爲別子之祖。繼別者爲宗，亦謂之大宗，所以別小宗，而百世不遷者也。小宗有四五世則遷者也，故繼高祖之宗，得祀高祖。凡族兄弟皆宗之，族兄弟同出於高祖，故高祖與族兄弟之服皆三月。至于繼祖、繼曾祖、繼禰所祀所宗，莫不倣此。故其所繼者，皆謂之宗子，以主家政，而宗之者，皆聽命焉。諸侯、大夫之大宗久廢不講，唯小宗若可行于今。然士大夫廟制、世數之等，與宗子族食之差，其詳可得聞歟？至宗子必以世適，有才不才，間有所廢置，變之則宗法壞，不變則家不行。❸支子不祭，必告于宗子。古者仕不出鄉，則支子常得與祭於宗。以今之仕者出處之不常，將有終身不與者，可乎？至於尊祖奉宗之心，或奪于貴富同財歸資之法，或廢于私藏。嚴之則賊恩，寬之則弛法。如庶民之無知，雖父兄猶有不聽，何有於宗子乎？將使家政脩，宗法舉，嚴祭饗，謹冠昏，貨財不私，法度如一，其親親之道至於祖遷宗易而後已，亦有道

❶「宗祖」，通志堂本、四庫本作「祖宗」。
❷「侯」字下，通志堂本、四庫本有「之」字。
❸「家」字下，通志堂本、四庫本有「政」字。

乎？《策問》。

長樂陳氏曰：人生而莫不有孝弟之心，親睦之道。先王因其有是道而爲之節文，故立爲五宗，以糾序族人，而使之親疏有以相附，赴告有以相通，然後恩義不失，而人倫歸厚。此《周官》所謂「宗以族得民」也。蓋諸侯之適子孫則繼世爲君，而支子之爲卿大夫者，謂之别子。有自他國而來於此者，亦謂之别子。有起自民庶而致位卿大夫者，亦從别子之義。此三者各立宗而爲大宗，所謂「繼别」者也。若魯之仲孫、叔孫、季孫之類是也。其適子弟之長子，則爲小宗，所謂「繼禰」者也。又《禮書》曰：百夫無長，不散則亂。一族無宗，不離則疏。先王因族以立宗，敬宗以尊祖。故吉凶有以相及，有無得以相通，尊卑有分而不亂，親疏有别而不貳，貴賤有繫而不間。然後一宗如出乎一族，一族如出乎一家，一家如出乎一人。此禮俗所以刑，而人倫所以厚也。蓋公子不禰先君，故爲别子，而繼别者，族人宗之爲大宗。庶子不得祭祖，故諸兄弟宗之爲小宗，以其服服之。大宗，遠祖之正體，則一而已；小宗，高祖之正體，其别有四。四世則親盡屬絶而不爲宗矣。然言「繼别爲宗」，又言「繼别子之所自出者」，言「繼禰爲小宗」，又言「宗其繼高祖者」，則繼别者，别子之子也。繼别子所自出者，即别子也。繼禰者，庶子之子也。繼高祖者，五世之孫也。繼禰，言其始；繼高祖，言其終；繼别，言其宗；繼别子之所自出，言其祖。經言「繼别子之所由出」，而孔穎達言「别子之所由出」，然則别子所由出即國君也。其可宗乎？《穀梁》曰：「燕，周之分子也。」分子，即別子也。

東萊呂氏曰：別子爲祖，如魯桓公生四子，莊公既立爲君，則慶父、叔牙、季友爲別子。繼別爲宗，如公孫敖繼慶父，是爲大宗。繼禰者爲小宗，如季武子立悼子，悼子之兄曰公彌。悼子既爲大宗，則繼公彌者爲小宗。所以謂之「繼禰」者，蓋自繼其父爲小宗，不繼祖故也。

嚴陵方氏曰：諸侯之適子繼世而爲君，非羣弟之所敢宗。❶諸侯之於世子不爲之服，❷而子亦不敢私相服。故君命長弟以統之，使夫不敢宗君者有所宗，不敢相服者有以相服，此宗道所以立也。別子爲祖者，適子既爲諸侯，則別子乃大夫爾。大夫不敢祖諸侯，故自別爲祖焉。別子，即庶子也。然庶子有二例。別而言之，妻之子無長幼，皆爲適子。妾之子無長幼，皆爲庶子。合而言之，自繼世之子爲適子，其餘雖妻之子亦庶子而已。猶之天子之伯叔兄弟則爲同姓，昏姻之國則爲異姓，非昏姻之國則爲庶姓。合而言之，自伯叔兄弟之外，昏姻與非昏姻之國，皆異姓而已。此之所言「別子」是也。以其得繼別子，故得承家主祭而爲宗禰，即別子之庶子也。以其非適，故不得繼別而爲大宗，已自立爲祖，使其子繼之，是爲小宗也。以繼禰者爲小宗，則繼別者爲大宗矣。

盱江李氏曰：大宗者，其先祖之負荷，族人之紀綱乎？有族食、族燕之禮，所以

❶「羣」，通志堂本、四庫本作「別」，是。
❷「世」，通志堂本、四庫本作「庶」，是。

收族也。夫五服者，人道之大治也。然而盡於高祖，遠者忘之矣；旁盡於三從，則疏者忘之矣。故立大宗以承其祖。族人五世外皆合之宗子之家，序以昭穆，則是始祖常祀而同姓常親也。始祖常祀，非孝乎？同姓常親，非睦乎？

有百世不遷之宗，有五世則遷之宗。百世不遷者，别子之後也。宗其繼别子之所自出者，百世不遷者也。宗其繼高祖者，五世則遷者也。尊祖，故敬宗；敬宗，尊祖之義也。

鄭氏曰：遷，猶變易也。繼别子，别子之世適也。繼高祖者，亦小宗也。先言「繼禰」者，據别子子弟之子也。以高祖與禰皆有繼者，則曾祖亦有也，則小宗四，與大宗凡五。

孔氏曰：此一經覆説大宗、小宗之義，并明敬宗所以尊祖也。百世不遷，謂大宗也。五世則遷，謂小宗也。宗其繼别子之所自出者，自，由也，别子或由此君而出，或由他國而來。適子、適孫，世世繼别子，故鄭註云「世適也」。前文云「繼禰者爲小宗」，今此云「繼高祖」，無小宗之文，故鄭云「亦小宗也」。鄭以經繼高祖爲小宗，何以前文云「繼禰」，又釋此意，謂前文「繼禰」者，承上「繼别爲大宗」之下，則從别子言之。「别子子」者，别子之適子；「弟之子」者，别子適子之弟所生子也。弟則是禰，其長子則是小宗，故云「繼禰爲小宗」，因别子而言也。此經云「繼高祖」，上文云「繼禰」，唯曾祖及祖無繼文，故鄭云「曾祖亦有也」。五宗者，一是繼禰，與親兄弟爲宗；二是繼祖，與同堂兄弟爲宗；三是繼曾祖，與再從兄弟爲宗；四是繼高祖，與三從兄弟爲宗。是小宗四，并繼别子之大宗，凡五也。「尊祖，故敬宗」，總結大宗、小宗。大宗是遠祖之正體，小宗是高祖之正體。尊崇其祖，故敬宗子，所以敬宗子者，尊崇先祖之義也。

新安朱氏曰：「之所自出」四字疑衍。註中亦無其文，至作疏時方誤爾。

横渠張氏曰：今無宗之家，所祭不能追遠。大宗則百世不遷，言百世已遠矣。小宗、大宗人，主禮者。統宗族之事者，宗也，故稱宗子。國有宗正。大抵主族中之禮，故以主禮稱宗人。唐虞已稱「秩宗」，掌禮。秩，典秩也；宗，宗族之禮也。

藍田吕氏解見前。

長樂陳氏曰：大宗則一，故雖至於五世之外，猶爲之齊衰三月，此所謂百世不遷也。小宗則有四：有繼禰而兄弟宗之，爲之服期年。有繼祖而同堂宗之，爲之服九月。有繼曾祖而再從宗之，爲之服五月。有繼高祖者而三從宗之，爲之服三月。至於四從親屬盡絶，則不爲之服。此所謂「五世則遷」者也。蓋大宗，始祖之親，始祖之廟以義立，而百世不毁。小宗，高祖之統，高祖之廟以恩立，而五世則遷。以其廟之遷不遷之不同，❶故其宗所以易不易之不齊也。凡此皆卿、大夫之制，至於公子，則具下文。餘見前解。

嚴陵方氏曰：繼别子，即别子之子也。别子之子出自别子，故謂之「繼别子之所自出」。繼别子者既爲宗矣，而其子又宗

❶ 上「之」字，通志堂本、四庫本作「有」，當是。

之，世世不絶，故曰「百世不遷」也。至於小宗，族人宗之，五世則遷，遷則變而别爲之宗矣。夫宗以承祖之家者也，尊祖於上，故敬宗，則尊祖之義在其中矣。

東萊吕氏曰：尊祖，故敬宗。敬宗，尊祖之義也。蓋諸侯必敬宗子者，以宗子是祖之嫡，尊所以自來，故敬嫡也。

盱江李氏曰：吾於五宗見孝弟之至焉。高祖以上遠矣，而數十百世尊其正體，不忘祖也，何孝如之？祖免以外疏矣，而合之以食，序以昭穆，厚其同姓，何弟如之？先王之所以治天下，此其本歟？周衰法弛，斯道以亡。廢正適者有之矣；幼陵長者有之矣；祖以世斷，❶遠則忘之矣；族以服治，疏則薄之矣；骨肉或如行路，尚何有於天下乎？於戲！❷

有小宗而無大宗者，有大宗而無小宗者，有無宗亦莫之宗者，公子是也。

鄭氏曰：公子有此三事也。公子，謂先君之子，今君昆弟。

孔氏曰：以前經明卿、大夫自有大宗，有小宗，以相繼屬。此經明諸侯之子身是公子，上不得宗君，下未爲後世之宗，不可無人主領之義。君無適昆弟，遣庶兄弟一人爲宗，領公子禮如小宗，是「有小宗而無大宗」也。君有適昆弟，使之爲宗，以領公子，更不得立庶昆弟爲宗，是「有大宗而無小宗」也。公子唯一，無他公子可爲宗，是「有無宗」，亦無他公子來宗於己，是「亦莫之宗」也。「公子是也」，

❶「祖」，原作「袒」，今據通志堂本、四庫本及《直講李先生文集》卷十五《五宗圖序》改。「斷」，通志堂本、四庫本作「繼」，誤。

❷「於戲」二字，通志堂本、四庫本無。

言此三事，他人無，唯公子有也。

河南程氏曰：凡言宗者，以祭祀爲主，言人宗於此而祭祀也。別子爲祖，上不敢宗諸侯，故不祭；下亦無人宗之。此「無宗亦莫之宗」也。別子之嫡子，即繼父爲大宗，此「有大宗而無小宗」也。別子之諸子祭其別子，別子雖是祖，然是諸子之禰，繼禰者爲小宗，此「有小宗而無大宗」也。「有小宗而無大宗」，此句極難理會。蓋本是大宗之祖，別子之諸子稱之，却是禰也。

山陰陸氏曰：君有適兄弟，使爲大宗，以統公子，是之謂「大宗而無小宗」。鄭氏下文註謂「所宗者適，則如大宗，死爲之齊衰九月」是也。君無適兄弟，使庶兄弟一人爲小宗，而無大宗。鄭氏謂「無適而立庶，則如小宗，死爲之大功九月」是也。若公子一而已，無公子可宗，亦無公子宗之，是之謂「無宗亦莫之宗」。鄭氏謂「公子唯己而已，則無所宗，亦莫之宗」是也。

金華應氏曰：宗法自一而五，自五衍之，❶以至於無窮。而其初泒而未長，獨立而無副者，則惟一而已。故或無大宗，或無小宗，或莫之宗，以此也。❷然此其始出，亦或有數傳而不增，若五世無他枝者焉。族之衆寡，非人之所能爲也，天也。然宗法則常存而不可廢，維持培養，而忽焉滋榮長茂，則始而寡弱者亦能以蕃衍盛大。此所謂「綿綿瓜瓞」也。先王之世有千百年禮義之家，而後世鮮三數傳《詩》、《書》之族，可歎也！

❶「五」字下，通志堂本、四庫本有「而」字。
❷「以」，通志堂本、四庫本作「亦」。

藍田呂氏解見前。❶

公子有宗道。公子之公，爲其士大夫之庶者，宗其士大夫之適者，公子之宗道也。

鄭氏曰：公子不得宗君，君命適昆弟爲之宗，使之宗之，是公子之宗道也。所宗者適，則如大宗，死爲之齊衰九月，其母則小君也，爲其妻齊衰三月。無適而宗庶，則如小宗，死爲之大功九月。其母、妻無服，公子唯已而已，則無所宗，亦莫之宗也。

孔氏曰：此一經覆説上公子宗道之意。公子有宗道，言公子有族人來與之爲宗，爲下起文也。公子之公者，公，君也，謂公子之君，是適兄弟爲君者。爲其士大夫之庶者，則君之庶兄弟爲士大夫，所謂公子者也。宗其士大夫之適者，言君爲此公子士大夫庶者宗。其士大夫適者，謂立公子適者。士大夫之身與庶公子爲宗，故云「宗其士大夫之適」也。此適者，即君之同母弟，適夫人所生之子。公子既有小宗、大宗，❷故知適者如大宗，庶者如小宗。大宗之正本是别子之適，今公子爲大宗，謂禮如之，非正大宗，故鄭註云「如」也。云「死爲齊衰九月」者，以君在厭降兄弟降一等，故九月。以其爲大宗，故齊衰。與君同母，故云「其母則小君也」。「爲其妻齊衰三月」者，同《喪服》宗子之妻也。既立適爲大宗，則不復立庶爲小宗，前經所謂「有大宗而無小宗」是也。云「無適宗庶」者，既無適子可立，但立庶子爲宗，禮如小宗，與尋常兄弟相

❶「解」，通志堂本、四庫本作「説」。
❷「小宗大宗」，通志堂本、四庫本作「大宗小宗」。

爲同，君在厭降一等，故死爲之大功九月，母則庶母，妻則兄弟之妻，故無服也，前文所謂「有小宗而無大宗者」也。❶「公子唯己而已」，即前經「無所宗亦莫之宗」。鄭註遥釋前爾。

晉范氏曰：禮，諸侯於其非正嫡，一無所服，則群昆弟亦不敢相服，❷則無相統領。無相統領，則不可不立宗，立宗然後有服爾。故云「公子有宗道」也。「公子之公」，公者，君也。此立宗，君命所制，嫌自相推，故又舉公以明之也。爲其士大夫之庶宗者，此獨説庶宗者，嫌上總謂「有小宗而無大宗者」爲混，故復指解小宗之義，則大宗自然了也。所以統大夫庶宗者，諸侯庶昆弟有爲大夫也。所以正舉大夫者，所宗庶長或可爲士，嫌大夫位尊，不相宗，故云爲大夫之庶宗，以斷疑也。《通典》。

晉曹氏曰：禮，諸侯不服庶子，先君之所不服，子亦不敢私相服也。夫兄弟之恩，既不可以無報，親戚群居，又不可以無主，故君必命長弟以爲之宗。宗立而相服。相服之義由於其宗，故曰「公子有宗道」也。「公子之公，爲其士大夫之庶宗」者，公子之公，謂君之庶弟受命爲宗者也。其有功德，王復命爲諸侯。尊，群庶所不敢宗。故此君復命其次庶代己爲宗主。❸士大夫，群庶之在位者也。《通典》。

嚴陵方氏曰：士大夫，即公子也。以先君之子，故曰「公子」。以爵爲士大夫，故

❶「也」字上，通志堂本、四庫本有「是」字。
❷「昆」，通志堂本、四庫本作「兄」。
❸「庶」字下，通志堂本、四庫本有「弟」字。

曰「士大夫」。爲，猶使之也。使其庶公子宗其適公子焉，即上言「有大宗而無小宗」是也。至於「有小宗而無大宗，有無宗亦莫之宗」，皆公子之宗道，而此不釋之者，舉大以該之也。雖然，所謂有宗道者，非特公子而已，有自他國而來於此者，亦謂之别子，有起自民間而致位士大夫者，亦從别子之義。❶經之所言，舉一端而已。

山陰陸氏曰：言「公子有宗道」，如上所謂「無宗亦莫之宗」，是無宗道也。故公子之公爲此公子求其上行先君之昆弟適者，使爲之宗，以統公子。此公子之宗道也。即上行無適，以其先君庶昆弟爲小宗以統之。

東萊吕氏曰：假如國君有兄弟四人，二庶而一嫡。嫡者，君之同母弟。公子既不敢宗君，君則命同母弟爲之宗，使庶兄弟宗焉。若皆庶而無適，則須令庶長權攝祭事。傳至子，則自爲宗矣。❷

藍田吕氏解見前。

絶族無移服，親者屬也。

鄭氏曰：族昆弟之子，不相爲服。有親者，服各以其屬親疏。

孔氏曰：此一節論親盡則無服，有親則有服。絶族者，謂三從兄弟同高祖者。族兄弟緦麻，族兄弟之子及四從兄弟爲族屬，既族故無移服。❸在旁而及曰移，言不延移及之。有親者，各以屬而爲之服，故云「親者屬也」。

❶「從」，通志堂本、四庫本作「同」。
❷「爲」字，通志堂本、四庫本無。
❸「族」，通志堂本、四庫本及《禮記正義》作「絶」，是。

横渠張氏曰：君子之澤五世而斬，小人之澤五世而斬。澤斬於五世，則恩可知矣。故四從六世爲絶族。而後旁及之服，❶特親者各以親踈屬之也。服不及於六世，而昏姻乃百世不通者，仁之所施有宗，而義之所别不可已也。然所謂「絶」，非特此也。《喪服》「出妻之子爲母朞，則爲外祖父母無服，傳曰『絶族無施服，親者屬』」也。謂妻於夫家與族齒，其出也與族絶，族絶則爲祖父母無服。此所謂「無施服」。然夫妻則合有絶族，子母至親，無絶道，故爲出母期，謂「親者屬」。《禮記》作「移」，《喪服傳》作「施」，蓋古者「移」、「施」通用。

嚴陵方氏曰：九族之外謂之「絶族」，以其恩至此絶故也。有恩則有服，以其恩絶，故無移服也。❷夫以卑而屬尊，以幼而屬長，以庶而屬適，以旁而屬正，親親之道如斯而已，故曰「親者屬也」。族絶，即非其所屬。

山陰陸氏曰：言「公子有宗道」，如上「從重而輕」，是之謂「移服」。

東萊吕氏曰：絶族無移服，謂四從兄弟無服。移者，推也。推不去，親者屬也，如期服親兄弟之屬也、大功同堂兄弟之屬也，此類皆是。

自仁率親，等而上之至于祖；自義率祖，順而下之至于禰。是故人道親親也。

鄭氏曰：親親，言先有恩。❸

孔氏曰：自此至篇末一節，論人道親親，

❶「後」，通志堂本、四庫本作「從」，當是。
❷「移」，通志堂本、四庫本作「施」。
❸「有」，原作「其」，今據通志堂本、四庫本及《禮記》鄭注改。

從親己以至尊祖，敬宗，收族，宗廟嚴，社稷重，禮俗成，天下樂之而無厭倦。「自仁」至「於禰」，前文已具。此重説之者，前文論服之輕重，此論親親之道。

嚴陵方氏曰：「自仁率親，等而上之至于祖」，則始乎親親焉。「自義率祖，順而下之至于禰」，則終乎親親焉。人道終始乎親親也。

慶源輔氏曰：人道不過仁義。親親，仁也；尊祖，義也。推親親之仁至于尊祖，則義也。率尊祖之義而至於親親，則仁也。仁義之極則一，故云「人道親親也」，又云「親親，故尊祖」。

親親，故尊祖；尊祖，故敬宗；敬宗，故收族；收族，故宗廟嚴；宗廟嚴，故重社稷；重社稷，故愛百姓；愛百姓，故刑罰中；刑罰中，故庶民安；庶民安，故財用足；財用足，故百志成；百志成，故禮俗刑；禮俗刑，然後樂。《詩》云「不顯不承，無斁於人斯」，此之謂也。

鄭氏曰：收族，序以昭穆也。嚴，猶尊也。《孝經》曰：「孝莫大於嚴父。」百志，人之志意所欲也。刑，猶成也。斁，厭也。言文王之德不顯乎？❶不承成先人之業乎？言其顯且承之，人樂之無厭也。

孔氏曰：己上親於親，親亦上親於祖，以次相親，去己高遠，故云「尊祖」。宗是祖之正胤，故云「敬宗」。族人既敬宗子，宗子故收族人。故《喪服傳》云「大宗收族」是也。族人散亂，骨肉乖離，則宗廟祭饗不嚴肅也。若收之，則親族不散，昭穆有

❶「德」字下，通志堂本、四庫本有「豈」字。

倫，則宗廟之所以尊嚴也。「宗廟嚴」以下，始於家邦，終於四海，並立宗之功也。先嚴宗廟，而後社稷重。百姓，百官也。百官當職，更相匡輔，則刑罰得中，上無淫刑濫罰，則民手足有所措，各安其業，財用得足也。❶百姓足，君孰與不足？天下皆足，君及民人百志悉成。是謂「倉廩實，知禮節，衣食足，知榮辱」。禮節、風俗於是而成，所以大平告成功也。樂謂不厭也。禮俗既成，所以民庶樂而不厭也。引《詩·周頌·清廟》之篇，言文王之德，人無厭倦之者。斯，語辭也。今尊祖敬宗，人皆願樂，亦無厭倦，故云「此之謂也」，謂與文王相似矣。

河南程氏曰：收族之義，止爲相與爲服，祭祀相及。

嚴陵方氏曰：親其所親，則推而上之，至於親之所親。親之所親，則尊矣，故曰「親親，故尊祖」。有祖而後有宗，宗者，五宗也。有宗而後有族，族者，九族也。宗廟者，祖禰之祀也。社稷者，土穀之神也。族屬雖以祖禰而後生，然非子孫衆多，則無以共承宗廟之祭祀。宗廟雖以有土穀而後立，然非祖禰積累，則無以保守社稷之基業，故曰「收族，故宗廟嚴，宗廟嚴，故重社稷」。有社有稷，必得人而共守，是以重社稷，故愛百官族姓也。有愛人之心，則刑不濫，故庶民安其生而樂其業，則農者生財於田野，商者通財於道路，而足以致用，❷故養生送死無憾，而百志成也。百志成，則禮義於是乎生，故禮

❶「財」字上，通志堂本、四庫本及《禮記正義》有「故」字。
❷「致」字下，通志堂本、四庫本有「其」字。

俗刑。禮俗刑矣，則争鬭之患息，和平之氣通，故曰「然後樂」。王者功成作樂，其以是歟？樂者，樂也。「不顯不承」，則親親尊祖之意也。❶「無斁於人斯」，其樂之意也。故引《詩》之言以明之。然上言愛百姓，非不愛庶民也，蓋政自貴以及賤爾。下言庶民安，非百姓不安也，蓋賤者已安，而貴可知矣。臣以安社稷爲事，上言社稷，故繫之以百姓。刑不上大夫，下言刑罰，故繫之以庶民而已。

山陰陸氏曰：孔子所謂「名不正則言不順，言不順則事不成，事不成則禮樂不興，禮樂不興則刑罰不中，刑罰不中則民無所措手足」，反是而已。彼輒父子親親之義滅矣。雖曰尊祖，是卑之也。誠若《詩》所云，可謂樂矣。樂未有大於此者也。彼「於論鼓鐘」末矣。

東萊吕氏曰：「親親故尊祖，尊祖故敬宗」，此一篇之綱目。❷人愛其父母，則必推其生我父母者祖也，又推而上之，求其生我祖者，則又曾祖也。尊其所自來，則敬宗。儒者之道，必始於親，此非是人安排，蓋天之生物，使之一本，天使之也。譬如木根枝葉繁盛，而所本者只是一根。如異端愛無差等，只是二本，皆是汗漫意思。收族，如窮困者收而養之，不知學者收而教之。宗族既合，自然繁盛。族大則廟尊，如宗族離散，無人收管，則宗廟安得嚴耶？宗廟嚴，故重社稷者，蓋有國家社稷，然後能保宗廟，安得不重社稷。國以民爲本，無民安得有國乎？故

❶「意」，通志堂本、四庫本作「義」。
❷「篇」，通志堂本、四庫本作「條」。

重社稷，必愛百姓也。心誠愛民，則謹於刑罰，不中矣。❶「庶民安」，謂民有定居，而上不擾之，則可以生殖財用。上既愛下，下亦愛上，此是第一件。其次歡忻奉上，❷樂輸其財，和氣感召，則時和歲豐，萬物盛多。「財用足，故百志成」者，雖有此志，而無財以備禮，則志不成。財用既足，則祭祀合族，皆可舉矣。所謂「萬物盛多，能備禮也」。禮、俗不可分爲兩事，且如後世，雖有籩豆簠簋，百姓且不得而見，安得習以成俗？故禮、俗不相干。故制而用之謂之禮，❸習而安之謂之俗。如春秋祭祀，不待上令而自安而行之。刑是「儀刑」之「刑」。須是二者合爲一，方謂之禮俗。若禮自禮，俗自俗，不可謂之禮俗。「不顯不承，無斁於人斯」，且如成王能盡得許多事，則在文、武，豈不甚顯，在成王，豈非是能承。此兩句總結一篇之意。前面有許多事，到得禮俗成後，方有此意思。「惟王萬年，子子孫孫，永保民」，此言「無斁於人斯」之意。德盛者流遠，德薄者流淺。

慶源輔氏曰：親親故尊祖，尊祖故敬宗，率仁而義也。敬宗故收族，率義而仁也。

新安朱氏曰：承，尊奉也。斯，語辭。言文王之德豈不顯乎？豈不承乎？信乎其無有厭斁於人也。

新安王氏曰：此詩頌文王之德。記此傳者，即之以明己之意耳。不顯，顯也。不承，承也。親親、尊祖、敬宗、收族，而宗

❶「不」字上，通志堂本、四庫本有「刑罰無」三字，《東萊呂太史集·別集卷一·家範一》有「無」字，是。

❷「忻」，通志堂本、四庫本作「欣」。

❸「故」，通志堂本、四庫本作「蓋」。

廟嚴，豈不顯乎？推其效至於財用足，百志成，禮俗刑，豈不承乎？禮俗刑而民樂，豈非人之無斁乎？

禮記集説卷第八十五

# 禮記集説卷第八十六

## 少儀第十七

孔氏曰：案鄭《目録》云：「《少儀》者，以其記相見及薦羞之小威儀，少，猶小也。此於《别録》屬《制度》。」

嚴陵方氏曰：篇中所言不特主於少者。然壯者之儀亦在乎少時所習而已。

山陰陸氏曰：《内則》曰「十年學幼儀」，則此篇其類也。

范陽張氏曰：先儒訓少爲小，其意以爲所記者小節耳。聖人之道本無大小，以此爲小，孰能爲大？少有副意，如大師之有少師，則少者所以副其大，是儀者所以副其禮也。有大無小，何以見其用？伊川先生曰：「灑掃應對，即形而上者之事。」豈不信哉！

聞始見君子者，辭曰：「某固願聞名於將命者。」不得階主。敵者曰：「某固願見。」

鄭氏曰：君子，卿大夫若有異德者。固，如故也。將，猶奉也。即君子之門，而云願以名聞於奉命者，謙遠之也。重則云「固」。奉命，傳辭出入。階，上進者。言賓之辭不得指斥主人。敵，當也。願見，願見於將命者，謙也。

孔氏曰：此一經論見君子之法，但此一篇雜明細小威儀，不復局以科段。記者謙退，不敢自專制其儀，而傳聞舊説，故曰聞也。辭，客之辭也。某，客名也。再辭曰固。聞名，謂名得通達也。將命，謂傳辭出入、通主客之言語也。客實願見君子，而云「願聞名於傳命者」，不敢必斥見君子，但願將命者聞之而已。不云「初辭」，而云「固」者，欲明主人不即見己，己乃再辭也。若初辭，則不云「固」，惟云「某願聞於將命者」耳。階，進也。人升階必上進。主，謂主人也。客宜卑退，不得進斥主人也。敵者不謙，故云「願見」，亦應云「願見於將命者」，因上已有，故此略之。「固」，義亦同上。

長樂劉氏曰：古者朋友往來，賓主相覿，同用一禮，於是傳命共爲一辭。若士相見，載於《儀禮》，用以一天下之禮俗也。此《少儀》所以載於經乎？曰「聞」者，謂三代先王既行其辭於舊俗間，或衰墜，而知禮者未盡殄滅，故曰「聞」焉。「願聞名於將命者」，謂至於門外，擯者請事，答以辭。「不得階主」，述其崇德之意，不敢由階升堂，直見主人之謂也。

金華應氏曰：古禮廢壞，辭命不審，擯詔不嚴，交際之義能盡其敬者固鮮。然分勢之隆崇者，又未免亢焉而不接。人臣之見天子，昧死而後言，頓首而後請，其辭曰「陛下」；下僚之見上官，庭趨而後進，升階而屢降，其辭曰「閤下」：亦幾於阻絶而不通矣。夫將命者，人也，人則有可通之情。陛，階也；閤，地也，地則無自通之路。噫！安得以《少儀》之辭而語之哉。

嚴陵方氏曰：聞言所記之事，非由於己見，乃聞之於人爾。君子者，有位有德者之通稱也。辭，則《表記》所謂「無辭不相見」是矣。將命者，蓋將奉主人之命而傳道之者也。亦擯詔之類歟？《論語》言

名」。

鄭氏曰：罕，希也。希相見，雖於敵者，猶爲尊主之辭如於君子也。亟，數也。於君子則曰「某願朝夕聞名於將命者」，於敵者則曰「某願朝夕見於將命者」。

瞽，無目也，以無目辭不稱見。

孔氏曰：前二條明始相見，此經明已相見而疏者。尊者、敵者，皆云「願聞名於將命者」。然敵者始來曰「願見」，重來而疏，黜曰「聞名」者，亦獎之使不疏也。或云：「始來禮隆，故尊卑宜異；重來禮殺，故宜同也。」亟見，謂數相見者。瞽者，其來不問見貴賤，則並通云「願聞於將命者」。

嚴陵方氏曰：罕見，以其相見之希，疑其情之不通，雖於敵者，亦曰「聞名」而已。適有喪者曰「比」，童子曰「聽事」。適公卿

「將命者出户」是矣。願見君子，而曰「願聞名於將命者」，以其尊而不可以遽見，故先欲聞其名。以其不可指斥而與之亢禮，故止言將命者而已。不得階主，蓋言不可指斥主人升進而與之階也。與之相敵，故不必先聞其名，直曰「願見」而已。此隆殺之辨也。

山陰陸氏曰：主，主尊者。階，階敵者。不得階主，亦詞也。若曰「固願見，不得階主而前爾」。

新定邵氏曰：諸家解釋「不得階主」未甚分曉。以愚觀之，階猶階梯之「階」，主猶「觀近臣以其所爲主」之「主」。求見君子者，辭曰「某固願聞名於將命者，恐不得將命者導達爲之階主爾」。「夷之因徐辟而求見孟子」，正此意。

罕見曰「聞名」，亟見曰「朝夕」，瞽曰「聞

之喪，則曰「聽役於司徒」。

鄭氏曰：適，之也。曰「某願比於將命者」，比，猶比方，俱給事。童子未成人，不敢當相見之禮，曰「某願聽事於將命者」。聽役者，喪憂戚，無賓主之禮，皆爲執事來也。

孔氏曰：前明吉禮相見，此以下明凶事相見也。往敵者，❶喪家。喪不主相見，凡往者，皆是助事，故云「比」，謂比方其年力以給喪事也。若五十從反哭，四十待盈坎，皆是比方其事。童子往適他喪，不得與成人爲比，但來聽主人以事見使也。若適公卿貴者之喪，聽主人之見役，輕重唯命，不敢辭也。云「於司徒」者，國有大喪，謂公卿之喪，則司徒率其屬掌之。故《司徒》職云「大喪，帥六卿之衆庶，屬其六引而治其政令」。鄭云：「衆庶所致役也。」又《檀弓》云「孟獻子之喪，司徒旅歸四布」是也。

嚴陵方氏曰：比，猶「比之匪人」之「比」，言願比於將命者，以俱給事也。

君將適他，臣如致金玉貨貝於君，則曰「致馬資於有司」。敵者曰「贈從者」。

鄭氏曰：適他，行朝會也。資，猶用也。贈，送也。

孔氏曰：此經論臣致物於君及敵者之辭。前明吉凶相見之禮，此以下明吉凶送遺之禮。此明送吉也。君若朝會出往他國，而臣奉財物以充路費，金玉貨貝略舉其梗概耳。君尊，備物不有乏少，故不言「獻」。恐君行有車馬，路中或須資給，故云「此物以充馬資」。有司，主典君物

❶「敵」，《禮記正義》作「適」。

者也。敵者當言贈於左右從行者。

嚴陵方氏曰：尊者之行必有馬，故於君則曰「致馬資於有司」。資，謂稸秣之資，蓋所以惡其瀆也。《玉藻》曰：「凡於尊者有獻而弗敢以聞。」蓋謂是矣。自大夫以上，然後不徒行。故於敵者曰「贈從者」而已。

臣致襚於君，則曰「致廢衣於賈人」。敵者曰「襚」。親者兄弟，不以襚進。

鄭氏曰：言「廢衣」，不必其以斂也。賈人知物善惡也。《周禮·玉府》「掌凡王之獻金玉、兵器、文織、良貨賄之物，受而藏之」，有賈八人。不以襚進，不執將命也，以即陳而已。

孔氏曰：此明送凶。襚者，以衣送死人之稱。禮，以衣送敵者死曰「襚」。襚者，遂彼生時之意也。若臣以衣送君死，不得曰「襚」，但云「致廢衣」，言不敢必充君斂，但充廢致不用之列也。賈人者，識物價貴賤，主君衣物者也。不敢云「與君」，故云「賈人」也。然《喪大記》云：「君無襚。」註云：「無襚者，不陳不以斂。」鄭註《周禮》云：「物，謂文織畫繡之物。」❶送敵者無謙，故云「襚」也。親者相襚，但直將進即陳之，不須執以將命。若非親，則擯者傳辭將進，以爲禮節。進，謂執之將命也。案《士喪禮》，大功以上，同財之親襚，不將命，即陳於房中；小功以下及同姓等皆將命。

臣爲君喪，納貨貝於君，則曰「納甸於有司」。

鄭氏曰：甸，謂田野之物。

❶「物」，《禮記正義》作「屬」，當是。

孔氏曰：此言臣爲君喪進物之辭。納，爲獻也。納，入也。甸，田也。言此物是田野所出，合獻入於君有司也。必云「田所出」者，臣受君地，明地物本由君出也。衣是送君，故與賈人。貨貝但供喪用，故付有司。

賵馬入廟門。賻馬與其幣，大白兵車，不入廟門。

鄭氏曰：賵馬入廟門，以其主於死者。賻馬以下不入廟門，以其主於生人也。兵車，革路也。雖爲死者來，陳之於外，戰伐田獵之服，非盛者。《周禮》：「革路建大白，以即戎。」

孔氏曰：此一節論賵賻之異。以馬送死曰「賵」，賵副亡者之意。既送亡者，遂入廟門。以馬助生人營喪曰「賻馬」。幣，謂以財貨賻助主人喪用，並助主人之物，故不將入廟。大白兵車，革路之旗，並爲送喪之從車，本是田戰之具，故不入廟門。然所以得有大白兵車來助主人者，此謂諸侯有喪，鄰國之君以此賻之。或家國自有也。　庾氏曰：「禮，既祖訖，而後賵馬入。設於廟庭而入門者，欲以供駕魂車也。」故鄭云「主於死者」。

賻者既致命，坐委之，擯者舉之，主人無親受也。

鄭氏曰：喪者，非尸柩之事，不親也。舉之，舉以東。

孔氏曰：此一節明賻者授物及主人受之之禮。坐，猶跪也。謂賻者既致命，跪而委物於地。主人擯者舉而取之。吉時，若人饋物，主人自拜受之。有喪，主於哀戚，不得拜受，使擯者受舉之而已。鄭知「舉以東」者，《雜記》云：「含者入，升堂，致命，坐委于殯東南，宰夫坐取璧，降自西階以東。」後檖者、賻者並然。若賻生人，則致命擯者，不告殯，不升堂。然車馬不舉以東，謂幣之屬也。

受立授立，不坐。性之直者，則有之矣。

鄭氏曰：不坐，由便也。有之，有跪者也。謂受授於尊者，而尊者短則跪，不敢以長臨之。

孔氏曰：此一節明相授受之禮。坐亦跪也。凡尊卑相授，乃以跪爲禮。❶受立，謂尊者立，以物與卑者，卑者受此尊者之物。授立，謂尊者立，己以物授尊者之立。此二事皆不坐，以尊者立故也。若坐，則尊者屈身故也。性，謂天性。若尊者天性直自如此短小，尊者雖立，若授受尊者之物，則有坐而授受。

嚴陵方氏曰：《曲禮》所謂「授立不跪，授坐不立」是也。此兼言受而不及坐，彼兼言坐而不及立，亦互相明。不坐，謂不跪也。與《曲禮》「坐而遷之」同，而與「授坐不立」之「坐」異。凡此所以周旋於禮，以致其曲而已。或直情者則雖授受於立，固有或坐者矣。

山陰陸氏曰：言人之性，有不能委曲如禮者，雖坐，君子不責也。據此禮雖致曲，不責人盡能。《曲禮》所言，雖若已煩，君子不以爲苛者，有恕存焉爾。然則聖人禁其大者，故曰「直情而徑行者，戎狄之道也」。禮道則不然。

新安朱氏曰：按此句文義皆未通，恐是記失禮耳。性之直猶所謂「直情而徑行者」歟？

❶「禮」，《禮記正義》作「敬」。

慶源輔氏曰：性之直者，徇禮而不度宜。跪固禮也。

始入而辭，曰：「辭矣。」即席，曰：「可矣。」排闔説屨於户内者，一人而已矣。有尊長在，則否。

鄭氏曰：可，猶止也。謂擯者爲賓主之節。「謂屨於户内者，❶一人」，雖衆敵，猶有所尊也。在，在内也。尊長在，則後來之衆皆説屨户外。

孔氏曰：此一節明賓主之人。❷擯者告之辭讓之節及説屨之儀。始入門，主人辭謝於賓。擯者告主人曰：「辭謝賓矣。」謂辭讓賓，令賓先入。至階之時，擯者亦應告主人曰：辭讓賓先登矣。此不言者，始入之文包入門、登階也。至賓主升堂，各就席而立，擯者恐賓主辭讓即席，故告之曰「可矣」。言止，不須辭也。賓主登席，衆入户内，雖尊卑相敵，猶推一人爲尊。闔，謂門扉，排推門扉。説屨户内者，止尊者一人而已。先有尊長在堂或室，衆人後入，不得説屨户内也。

山陰陸氏曰：「始入而辭，曰『辭矣』。即席，曰『可矣』」，宜承「道瞽亦然」，脱亂在此。

慶源輔氏曰：物畜然後有禮，故衆必有所尊也。若説屨於尊長前，非禮。

問品味，曰：「子亟食於某乎？」問道藝，曰：「子習於某乎？子善於某乎？」不疑在躬。

鄭氏曰：不斥人，謙也。道，三德三行也。藝，六藝也。躬，行也。❸不服行所

❶「謂」，通志堂本、四庫本作「説」，是。

❷「人」，通志堂本、四庫本及《禮記正義》作「入」，是。

❸「行」，通志堂本、四庫本及《禮記》鄭注作「身」，是。

不知，使身疑也。

孔氏曰：此一經明賓主相問飲食及道藝之事。品味，殽饌也。亟，數也。若欲問彼人已嘗食某殽饌與否者，則不可斥問嘗食否，但當問其數食某食乎，如言彼已嘗經數食也。問道藝，則曰子習於某道乎，子善於某藝乎。道難，故稱習；藝易，故稱善。疑而稱「乎」，謙退之辭。鄭註「不斥人」，此人兼賓主也。師氏告國子三德三行，一曰至德，二曰敏德，三曰孝德；一曰孝行，二曰友行，三曰順行。保氏教六藝，禮、樂、射、御、書、數。賓主相問以道藝，則亦當習學明了，不得使疑事在其躬也。

嚴陵方氏曰：人之情，品味有偏嗜，道藝有異尚。問品味，不可斥之以好惡，而昭其癖，故曰「子亟食於某乎」。問道藝，不可斥之以能否，而暴其短，故曰「子習於某乎，子善於某乎」。信然後不疑，「有諸己之謂信」，則疑固不可以在躬矣。

慶源輔氏曰：凡問當有疑辭，不可必其然也。舉此二事以例其餘。品味曰「亟食」者，數食則其所嗜也。清明在躬，宜也。有疑而不求師親友以决之，使之在身而不去，是自弃也。

《講義》曰：君子處富貴之中，而人不疑其貪者，視之如無也。見富貴財利，則有欲之之色，安能使人不疑其貪乎？在吾身有可疑者，莫甚於此。故此先言「不疑在躬」，而下繼以民械、重器、大家三者。

金華應氏曰：按在躬之疑，若衣服而不知其名，亦其一也。

不度民械，不願於大家，不訾重器。

鄭氏曰：械，兵器也。不計度民家之器

物，使己亦有。大，謂富之廣也。訾，思也。重，猶寶也。

孔氏曰：此一節因明賓主之禮。客至主人之家，不度民械，使己亦有也。大家，謂富貴廣大之家，謂大夫之家。士往見彼富大，不可願效之。非分而願，必有亂心也。客不思玩主人珍物重器，若思玩之，則憎疾己貧賤，生淫亂濫惡也。

嚴陵方氏曰：民備械以待敵，苟度其利否，則是與之爲敵矣。大家，謂貴臣之家。《梓材》所謂「達大家」者是也。以賤而願貴，則僭亂之原不可遏。《洪範》五福不言貴者以此。重器，謂若九鼎之屬。訾，與《國語》「訾相」之「訾」同。

慶源輔氏曰：械，猶機械，「不逆詐」之意，民有械而度之，億詐也。眩小慧而入大惑，知者不爲也。居室以苟完爲善，用器以粗給爲足。

新安朱氏曰：訾，猶計度也。下「無訾金玉成器」，字義同此。《國語》云「訾相其質」，《漢書》云「爲無訾者」，又云「不訾之身」，皆此義。此言「不訾重器」者，謂不欲量物之貴賤，亦避不審也。

氾埽曰埽，埽席前曰拚。拚席不以鬣，執箕膺擖。

鄭氏曰：鬣，謂帚也。帚恒埽地，不絜清也。持箕將去糞者，以舌自鄉。

孔氏曰：此一經明主人爲賓洒掃之事。氾，廣也。大賓來，外内俱埽，謂之「埽」。小賓來，則止埽席前，名曰「拚也」。拚是除穢，埽是滌蕩。若拚席上，不得用埽地帚也。膺，人之胷前。擖，箕之舌也。持箕舌，自鄉胷前，不得鄉尊者。

不貳問。問卜筮曰：「義與？志與？」義

則可問，志則否。

鄭氏曰：不貳問，謂當正己之心，以問吉凶於蓍龜。「義與，志與」，大卜問來卜筮者也。義，正事也。志，私意也。

孔氏曰：此一節明問卜筮之法，當正己心志。若貳心不正，則卜筮妄告。若卜筮者是公義，則可爲卜筮；若所問是私意，則不爲之卜筮。

長樂劉氏曰：凡問卜筮之道，先正其心，決定所事之去就，則從此而違彼，無疑貳之心矣。然後問於筮，考諸卜。吾所就而從者，吉乎？凶乎？是之謂「不貳問」也。則擇義以爲主，而不敢徇其志也。《書》曰：「官占惟先蔽志，昆命于元龜。朕志先定，詢謀僉同，鬼神其依，龜筮協從，卜不習吉。」言以義蔽志爲先，人謀次之，鬼謀又次之，然後龜筮協從也。習吉之卜，徇其志者也，大卜之所弗筮焉。

慶源輔氏曰：問卜當誠壹。惟誠，然後此問彼應。志不必義也，必義而後可卜，而不可行險以僥幸矣。《左傳》昭十二年，南蒯將叛，筮而遇坤之比。季昭惠伯曰：❶「即欲有事，如何？」惠伯曰：「忠信之事則可，不然則否。」又曰：「《易》不可以占險。」

尊長於己踰等，不敢問其年。燕見不將命。遇於道，見則面，不請所之。喪俟事，不犆弔。侍坐，弗使，不執琴瑟，不畫地，手無容，不翣也。寢，則坐而將命。

鄭氏曰：踰等，父兄黨也。問年，則已恭孫之心不全。燕見謂自不用賓主之正

❶「季」字上，《左傳》原文有「示」字。

來，則若子弟然也。遇於道，可以隱則隱，不敢煩動也。不請所之，恐尊長所之或卑褻。喪不犆弔，亦不敢故煩動也。事，朝夕哭時。「侍坐，弗使，不執琴瑟」至「不翣」，皆端慤，所以爲敬。尊長或使彈琴瑟，則爲之可。命有所傳辭也。坐者，不敢臨之。

孔氏曰：此一節論卑幼奉侍於尊長諸雜儀。卑幼，私燕而見，不使擯者將傳其命，無賓主之禮。若於道路遇逢尊者，尊者見己則面見，不見則隱。雖面見，而不得問何往也。弔於尊者，當俟朝夕哭時，不非時而獨弔。侍坐於尊者，若不使己，不執琴瑟而鼓之。不敢無故畫地，不弄手。翣，扇也。雖熱，不敢摇扇。皆以爲敬也。寢，卧也。坐，跪也。若尊者眠卧，而侍者傳辭，當跪前。立，則臨尊者也。

嚴陵方氏曰：琴瑟固常御之樂，然非尊長使之執，則不敢執。《深衣》言「舉手以爲容」，《玉藻》言「手容重」，❶則手未始無容也。言雖或無容，當暑亦不可持翣。

山陰陸氏曰：侍坐應使，故以不使爲「弗」。若曾點鼓瑟希，不必使也。然則「弗使，不執琴瑟」，亦禮爲之大坊而已，有不皆也。

慶源輔氏曰：既已非我屬行，雖幼穉，亦當尊敬之矣。問年，則己恭孫之心不全。遇於道，可隱而不隱，則敖。已見而不面，則忽。尊者於卑者，則可問所之。琴瑟，自養之具，雖無故不去，而侍於尊長，不使亦不執。古者席地而坐，故云畫地

❶「重」，通志堂本、四庫本作「恭」，是。

則不容。

侍射則約矢，侍投則擁矢。勝則洗而以請。客亦如之。不角，不擢馬。

鄭氏曰：約矢，不敢與之拾取也。擁矢，不敢釋於地也。投，投壺也。投壺坐勝，則洗爵，請行觴，不敢直飲之。「客亦如之」，謂客射，若投壺不勝，主人亦洗而請之。角，謂觥，罰爵也。於尊者與客，❶如獻酬之爵。擢，去也，謂徹也。已徹馬嫌勝，故專之。

孔氏曰：矢，箭也。凡射必計耦，先設楅在中庭。楅者，兩頭爲龍頭，中央共一身，而倚箭於楅身上。上耦前取一次，❷下耦又進取一，如是更進，各得四箭而升堂，插三隻於要，而手執一隻。若卑者侍射，則不敢更拾進取，但一時并取四矢，故云「約矢」。投壺禮亦賓主各四矢。矢，謂投壺箭也，若柘若棘爲之。從委於身前坐，一一取之。若卑者侍投，則不敢釋置於地，手并抱投之也。擁，抱也。若敵射及投壺竟，司射命酌，而勝者當應曰「諾」。勝者弟子酌酒南面以置豐上。不勝者下堂，揖讓升堂，北面，就豐上取爵，將飲之，而跪曰「賜灌」。灌，猶飲也。勝者立於不勝者東，亦北面，跪而曰「敬養」。若卑者得勝，則不敢直酌當前，洗爵而請行觴，然後乃行也。客若不勝，則主人亦洗以請，所以優賓也。行罰用角爵。《詩》云「酌彼兕觥」是也。飲尊者及客，則不敢用角。投壺，立算爲馬，馬有威武，射者所尚也。凡投壺，每一勝輒立

❶「者」，《禮記正義》作「長」。
❷「次」，《禮記正義》明、監、毛本作「矢」。

一馬，至三馬而成勝。但頻勝三馬難得，若一朋得二馬，一朋得一馬，於是二馬之朋徹取一馬者，足以爲三馬，以成勝也。今若卑者，朋雖得二，亦不敢徹尊者馬，足成己勝也。

山陰陸氏曰：約矢，言約長者之矢，意若欲中。擁矢，言擁長者之矢，意若欲入。如是而勝，非求勝也。客雖勝，亦洗而以請。後言「不角」、「不擢馬」，使不蒙「如」也。不角，示無所争也。不擢馬者，雖以彼馬從我馬，不擢我馬在上，示無所矜也。

新安朱氏曰：此皆是卑者與尊者爲耦而及投壺。若己勝而司射命酌，則不敢使他弟子酌酒以罰尊者，必自洗爵而請行觴。若耦勝，則亦不敢煩他弟子酌而飲，己必自洗爵而請自飲也。註、疏説恐非是。

執君之乘車，則坐。僕者右帶劍，負良綏，申之面，拖諸幦，以散綏升，執轡然後步。

鄭氏曰：執，執轡，謂守之也。君不在中坐，示不行也。面，前也。幦，覆笭也。良綏，君綏也。負之，由左肩上，入右腋下，申之於前覆笭上也。步，行也。

孔氏曰：此一節明爲君僕御之法。凡御則立，今守空車則坐。「右帶劍」，帶之於要右邊也。此謂初御法。僕，即御者也。帶劍之法在左，以右手抽之便也。今御者在中，君在左，若左帶劍，則妨於君，故右帶也。良，善也。君由後升，僕者在車背君，面嚮前，取君綏，由左腋下加左肩上，繞背入右腋下，申綏之末於面前。拖諸幦者，拖，猶擲也，亦引也。綏申於面前，而擲末於車前幦上，亦云「引之」，置車轓上也。苓，車前欄也，亦名爲式。故《詩傳》云「幭覆式」，與此同。「以散綏升」者，謂初升時也。散綏，副綏也。僕登車，既不得執君綏，故執副綏而升也。既升車，執策分轡，而後行車。行車五步而立待君，君出上，則授良綏而升君也。新安朱氏曰：以言「以散綏升」，則是此時僕方在車下，帶劒負綏，而擲綏末於轓上。君固未就車也。及僕以散綏升之後，君方出而就車。此疏乃言君由後升，僕者在車背，君取綏而拖諸轓，誤矣。又疑綏制當是以索爲環，兩頭相屬，故負之者得以如環處自左腋下過，前後各上至背，則合而出於右腋之中，以申於前，而自車下擲於轓上。君升則還身向後，復以覆轓如環處授君，使君得以兩手執之而升也。按此與《曲禮》「君車將駕」以下，皆非專爲君御者之事。蓋劒妨左人，自當右帶。綏欲授人，自當負之以升。又當升時無人授己，故但取散綏以升。乃僕之通法。註、疏皆誤。

請見不請退。朝廷曰退，燕遊曰歸，師役曰罷。

鄭氏曰：不請退，去止不敢自由也。朝廷曰退，近君爲進。燕遊曰歸，禮褻，主於家也。罷之言罷勞也，《春秋傳》曰「師還曰疲」。

孔氏曰：此一節明卑者見尊及朝廷歸退之辭。卑者於尊所，有請見之理，去必由於尊者，朝還則稱曰「退」，《論語》「子退朝」，「冉有退朝」。若在燕及遊還，稱曰「歸」。燕遊禮褻，主於歸家也。師役之中欲還，則曰罷勞。

長樂陳氏曰：請見於君子，有慕德之志，

而請退焉，則幾於簡賢矣。朝廷曰退者，寵榮之地人所競進，君子之道雖行而猶請退也。燕遊之事，人所樂爲，而忘本者衆，故曰「歸」者，不忘反其本也。師旅之役，事干于國，不敢言歸，動衆之爲懼也，曰已疲勞，不勝其役，可也。

山陰陸氏曰：言退，不必請也。即請，嫌欲主人留己。朝廷之上宜退而已。燕遊曰歸，言當返也。《詩》曰：「不醉無歸。」雖君子之厚意，猶不敢忘此。師役曰罷，未有不罷者也。雖曰「如虎如貔」，然猶如此。

新安朱氏曰：按《易》曰「或鼓或罷」，與《史記》「將軍罷休就舍」之「罷」亦同。註引《春秋傳》，疏以爲用何休註，傳無此文也。

侍坐於君子，君子欠伸，運笏，澤劍首，還屨，問日之蚤莫，雖請退可也。

鄭氏曰：此皆解倦之狀。伸，頻伸也。運、澤，謂玩弄也。金器弄之，易以汗澤。

孔氏曰：此明侍坐法也。志倦則欠，體疲則伸。運，動也，謂君子摇動於笏。澤，謂光澤。玩弄劍首，則生光澤。還，轉也。尊者説屨於户内，是屨恒在側，故得自還轉之也。及尊者忽問日之早晚。雖，假令也。前言侍者不得請退，今若見君子有「欠伸」以下諸事，皆是坐久體倦欲起或卧息，侍者此時假令請退可也。

山陰陸氏曰：氣不足則欠，力不足則伸。「運笏，澤劍首」，示無所事也。

慶源輔氏曰：運笏，示欲搢而起；還屨，示欲著而起；澤劍首，則意不在己也。

事君者量而后入，不入而后量。凡乞假於人，爲人從事者亦然。然，故上無怨而下遠罪也。

鄭氏曰：量，量其事意合成否。

孔氏曰：此一節明臣事君之法。臣之事君，欲請爲其事，必先商量事意可合以否，然後入而請之。不先入請，然後始商量成否。乞假於人，謂就人乞貸假借；爲人從事，謂求請事人。亦須先商量事意成否，故云「亦然」。「然，故上無怨」，然，猶如此也。事君若能如此，則下不忤上，故上無怨；上不責下，故下遠罪。

長樂劉氏曰：事君，所以行其道，非苟禄也。己才雖可任，當量其君之德與己協否。協，然後入其朝，則道斯可行，而君臣合德矣。故入而后量其君之不己協也，進退皆難，咈之則害身，從之則失守，君子不爲也。孔子不假蓋於子夏，量其心意之不樂，非重蓋而輕其師也。然則君子之於人也，保其仁義，終而始之，不以外物失其往來之義，矧於其所從事者乎？故上無怨而遠於罪，無所入而不自得之謂也。

嚴陵方氏曰：彼有量而我量之之謂量。量有大小，受不可過也。人亦如之。量大者乃能受大言，量小者止能受小言而已。入，謂進言也。《表記》曰「事君者大言入則望大利，小言入則望小利」，則進言謂之「入」也明矣。事君量而後入者，量其大小可否，而後入其言也。苟入而後量，則無及矣。凡乞假於人，爲人從事，言亦必量其可否，而後入其言也。

馬氏曰：事君者三揖而進，其進之難，非苟謙也，懼其義未合也。一辭而退，其退之易，非苟廉也，恐其過已形也。此「量而後入，不入而後量」者，蓋諫期於必行，言期於必聽。無讒諂以爲間，無沾詐以取禍，則臣之將入，豈可不量哉？古人能盡臣道，量而後入者，莫如伊、周；不入而後量者，莫如孔、孟。伊尹處莘，將使君爲堯、舜之君，民爲堯、舜之民，必量成湯可以爲此，又必待成湯三往聘也，然後入爲阿衡之任；周公居東，遠則四國流言，近則主不知，必量成王將出迎也，又必待成王是以有衮衣而歸也，然後入處上公之職：量而後入者也。孔子在魯，欲以季、孟之間待之，孔子之行，蓋知魯終不我用也；孟子在齊，欲以萬鍾之禄授之，孟子之不受，蓋知齊終不我用也：不入而後量者也。

慶源輔氏曰：入，謂進入也。方氏謂進言曰入，可也。然入不止於進言，進而委質，進而任事，皆入也。若乞假於人，則主於言矣。爲人從事，豈曰言乎？孔子之未嘗有所終三年淹，孟子之久留於齊，蓋皆量其君也。上無怨，謂下無怨上之心也。不量而入，上不我用，則怨心生矣。君子成己所以成物，故其效如此。

不窺密，不旁狎，不道舊故，不戲色。

鄭氏曰：不窺密，嫌伺人之私也。密，隱曲處。不旁狎，妄相服習，終或争訟。不道舊故，言知識之過失，損友也。孔子曰：「故舊不遺，則民不偷。」

孔氏曰：此一節明在僚類當自矜持之事。人當正視，不得窺覘隱密之處。旁，猶妄也。妄與人狎習，或致忿争，因狎而致訟也。不戲色，言人當尊其瞻視，褻慢則失敬也。

山陰陸氏曰：不旁狎，雖在側，不狎也。不道舊故，不道人之舊故，即故舊，應言故舊。不戲色，色容莊。

新安朱氏曰：旁，泛及也。泛與人狎習，不恭敬也。不道舊故，舊事既非今日所急，且或揚人宿過，以取憎惡，如陳勝賓客言勝故情，爲勝所殺之類也。戲色，謂嘻笑侮慢之容。

《講義》曰：不窺密者，慎獨也。不旁狎者，誠己也。不道舊故，全交也。不戲色，正容貌也。四者皆學也。

慶源輔氏曰：密，謂人之所隱。人且密之，己可窺乎？不旁狎，近猶不可狎，況遠乎？

爲人臣下者，有諫而無訕，有亡而無疾，頌而無讇，諫而無驕。怠則張而相之，廢則埽而更之，謂之社稷之役。

鄭氏曰：亡，去也。疾，惡也。頌，謂將順其美也。驕，謂言行謀從，恃知而慢也。怠，惰也。相，助也。廢，政教壞亂，無可因也。役，爲也。

孔氏曰：此明臣事君之道，君若有惡，臣當諫之。訕，謂道説君之過惡及謗毁也。《論語》云：「惡居下流而訕上者。」三諫不從，乃出境而去，不得强留而憎惡君也。頌，美盛德之形容。讇，謂以惡爲美，横求見容。君政怠惰，臣當爲張起而助成之。君政廢壞，無可復張助者，則當掃蕩而更立新政也。鄭註「爲」，謂助爲也。社稷之臣，謂爲助社稷之臣也。

嚴陵方氏曰：君有過焉，諫之使正可也，訕之則不恭矣。諫之不從而去焉可也，疾之則大傷矣。頌而無讇，則所頌爲公；諫而無驕，則所諫爲正。事弛而不力爲怠，故張而相之；事弊而無用爲廢，故埽而更之。臣之事君如此，則君豈有失德，國豈有廢事哉？夫然後休功足以固王業，而人人各安其居；和氣足以召豐年，而人人各得所養。謂之社稷之役，其以是歟？必曰役者，以其有勞於社稷故也。

山陰陸氏曰：諫不得已也，而有驕志，則幸君之失。「有社稷臣者，以安社稷爲悦者也」，謂之役以此，即進於此。君之德政廢怠，吾知有去而已，《羔裘》之詩是也。

慶源輔氏曰：以下美上，易失於諂；以是諫非，易失於驕。志怠則張而助之，事廢則掃而改之。「謂之社稷之役」者，凡所以竭誠效力如此者，爲社稷而已。

毋拔來，毋報往。毋瀆神，毋循枉，毋測未至。士依於德，游於藝。工依於法，游於説。毋訾衣服成器，毋身質言語。

鄭氏曰：報，讀爲「赴疾」之「赴」。拔、赴，皆疾也。人來往所之，當有宿漸，不可卒也。瀆，謂數而不敬。毋循枉，謂前日之不正，不可復遵行以自伸也。毋測未至，測，意度也。德，三德也。一曰至德，二曰敏德，三曰孝德。藝，六藝也。一曰五禮，二曰六樂，三曰五射，四曰五御，五曰六書，六曰九數。工依於法，謂規矩尺寸之數也。游於説，謂鴻殺之意所宜也。《考工記》曰：「薄厚之所震動，清濁之所由出，侈弇之所由興，有説。」説，或爲甲。❶毋訾衣服成器，訾，思也。成，猶善也。思此則疾貧也。❷毋身質言

❶「甲」，通志堂本、四庫本作「申」，是。《禮記正義》作「伸」，申、伸通。

❷「貧」，《禮記》鄭注作「貪」。

語，質，成也，聞疑則傳疑，若成之，或有所誤。

孔氏曰：此一節廣明爲人之法。神明正直，敬而遠之，不可瀆慢。循，猶追述也。枉，邪曲也。未至之事，聖人難之，凡人固不可預欲測量之也。士，謂進士有德行者，當依附於三德，敖游於六藝。鄭註「三德」，《周禮・師氏》職文。六藝，《保氏》職文。説，謂論説規矩法式之辭。工當依附於規矩尺寸之法式，游息於規矩法式之文書。鄭引《考工記》文證説是説法度之意。彼説鑄鐘，或薄或厚，聲之震動，其聲清濁，由薄厚而出。

新安朱氏曰：拔來報往，拔是急走，倒從這邊來，赴是又急再還，倒向那邊去。來往只是向背之意。此二句文勢猶云「其就義若熱，則其去義若渴」，言人見有箇好事，火急歡喜去做。這樣人不耐久，少間心懶意闌，則速去之矣。所謂「其進鋭者，其退速也」。

《講義》曰：毋拔來者，事來則應；毋報往者，事往則已。未來則拔而致之，既往則追而報之，此世所謂生事也。

嚴陵方氏曰：君子之應物也，來則迎之，未嘗拔之使至；往則將之，未嘗報之不已。神人異道，不可雜擾。故曰「毋瀆神」。孔子所以敬而遠之也。枉而復循之，則非所以改過。故曰「毋循枉」。《左氏》所謂「尤而效之，罪又甚也」。未至之事不可測，故「毋測未至」。孔子所以不逆詐，不億，不信也。依則無日不然，游則有時而已。德，本也，故言「依」。藝，末也，故言「游」。依於法者，常法也。所謂説，則有變通存焉。若規矩準繩，所謂法也，故依之而不可違。若器或利於古而害於今，則有説，故游之而不泥。昔子貢觀於魯廟北，蓋皆斷，以問孔子。孔子答之以「官致良工之匠，尚有説也」。所謂説者如此。衣服所以致飾，成器所以致用。苟區區言之，則奢侈之心生矣。

山陰陸氏曰：毋拔之使來，毋報之使往，毋瀆神，禮也。毋循枉，義也。毋測未至，知也。

廬陵胡氏曰：拔，猶拒也。報，猶追也。測未至，測，謂不窮理而幸中如子貢。毋身質言語，身，己也，有疑當就有道而正，毋斷以己意。

慶源輔氏曰：拔來則亟，報往則滯。毋測未至者，雖億則屢中，然君子不貴也。「依於德，游於藝」，學道之方也。「依於法，游於説」，學技之道也。士所據者德，藝則游之而已。工所據者法，説則游之而已。游，謂遊習於其間，然亦莫非誠也。衣以覆體爲足，器以給用爲良。

馬氏曰：《語》曰：「百工居肆以成其事，君子學以致其道。」又曰：「工欲善其事，必先利其器。」蓋士之於道，猶工之於事也。古之處士於學校，處工於官府，朝夕從事，不見異物而遷焉。知工之所以爲器之術，則知士之所以致道之方。德出於性，在内之良知也。藝成於才，在外之小技也。法者，規矩準繩之成算也。説者，功藝巧拙之異宜也。所依在德則可以就道，藝則游之而已。藝去道遠，而亦可以助道。所依在法則可制器，説則游之而已。説去器遠，而亦可以成器。

長樂劉氏曰：有言遜于汝志，必求諸非

道，有言逆于汝心，必求諸道。以悦己而賞，以拔其來，則陷於非道。爲怫己而罰，以報其往，則失於有道。勤祭祀而違于中，則瀆慢於神祇。作好惡以循于枉，則戕賊於政教。恃聰明測事之未至，則事汩其情。人君謹此五者，所以御天下之道也。是以王心無爲，以守至正篤恭，而天下平焉。依於德者，凡求仕進者，則以忠信爲本也。而司徒之三物須臾離之，則失其依焉。游於藝，謂六藝以馳騁其心焉。工依於法者，冬官司空掌天下之制度，工作器用，苟不依之，則無所受而刑之所禁也。故工不信度，政之弊可知矣。游於説者，謂論説聖人制器尚象之義。註引《考工記》者，制度之説也。毋訾衣服成器者，訾，謂慕望之也。君子進德脩業，欲及時也。位至而後衣服備，禄至而後器用周，未至而言之，非道也。

言語之美，穆穆皇皇。朝廷之美，濟濟翔翔。祭祀之美，齊齊皇皇。車馬之美，匪匪翼翼。鸞和之美，肅肅雍雍。

鄭氏曰：匪，讀如「四牡騑騑」。齊齊皇皇，讀如「歸往」之「往」。美，皆當爲「儀」字之誤也。《周禮》「教國子六儀，一曰祭祀之容，二曰賓客之容，三曰朝廷之容，四曰喪紀之容，五曰軍旅之容，六曰車馬之容」。

孔氏曰：此一節明諸事之宜。與賓客言語，形狀穆穆皇皇然。《曲禮》「天子穆穆，諸侯皇皇」，行容也，皆美大之狀。在朝威儀，則濟濟翔翔然，謂厚重寬舒之貌。孝子祭祀，威儀嚴正，心有所繼屬，故齊齊皇皇。匪匪翼翼者，皆是車馬之形狀。故《詩·小雅》云「四牡騑騑」，下又云「駟牡翼翼」，❶皆是馬之行容。鸞和聲之形狀肅肅雍雍，肅肅是敬貌，雍雍是和貌。引《周禮・保氏》六儀，容即儀也，故知「美皆當爲儀」。

長樂劉氏曰：言語之美顧於行，則穆穆可觀；協于極，則皇皇可大。朝廷之美萃其賢，則濟濟可尊；迪于禮，則翔翔可度。祭祀之美致其嚴，則齊齊罔差；崇其德，則煌煌可敬。車馬之美毛齊牡，則騑騑孔阜；僕御閑，則翼翼敬飭。鸞和之美，步趨應節，則肅肅有嚴；宫商成文，則雍雍協律。五音之爲美皆出於中和之心，非止於儀容而已也。

嚴陵方氏曰：穆穆者敬以和，皇皇者正而美，濟濟者出入之齊，翔翔者翕張之美。齊齊言致齊而能定，皇皇言有求而不得，匪匪言行而有文，翼翼言載而有輔，肅肅言唱者之整，雍雍言應者之和。

山陰陸氏曰：天子穆穆，諸侯皇皇，行容也。今曰言語之美，言行相顧也。朝廷之美，不言蹌蹌。蹌蹌，士也。齊齊，如見所祭者；皇皇，如有望而弗至也。匪匪，猶騑騑也；騑騑，翼翼之反。肅肅雍雍，《爾雅》所謂「肅雍，聲也」。

廬陵胡氏曰：鄭讀「匪匪」爲「騑騑」，以《詩》有「四牡騑騑」、「四牡翼翼」之文，今從之。餘並如字，不勞改讀。

慶源輔氏曰：美，如字自通，不假易。

禮記集説卷第八十六

❶ 「駟」，通志堂本、四庫本及《禮記正義》作「四」，是。

# 禮記集說卷第八十七

問國君之子長幼，長則曰「能從社稷之事矣」，幼則曰「能御」、「未能御」。問大夫之子長幼，長則曰「能從樂人之事矣」，幼則曰「能正於樂人」、「未能正於樂人」。問士之子長幼，長則曰「能耕矣」，幼則曰「能負薪」、「未能負薪」。

鄭氏曰：御，謂御事。正，樂政也。《周禮・大司樂》：「以樂德教國子：中、和、祗、庸、孝、友。以樂語教國子：興、道、諷、誦、言、語。以樂舞教國子：舞《雲門》、《大卷》、《大咸》、《大韶》、《大夏》、《大濩》、《大武》。」士禄薄，子以農事爲業。

孔氏曰：此一節明國君及大夫、士之子長幼之稱。彼人問君之子長幼，長則答云「能從君供社稷之事」；若幼則曰「能御」，御，治也，謂已能治事；大幼，❶則曰「未能治事」，此事謂尋常細事。大夫之子恒習學於樂，長則已能習樂，故曰「能從樂人之事」；幼則習樂未成，但聽政令於樂人，故云「已能受政令於樂人」；若大幼，則曰「未能受政令於樂人」。鄭引《大司樂》證卿大夫子習樂之事。《曲禮》問其父身，此問其子，記人之意異耳。

嚴陵方氏曰：國君以能保社稷爲孝，國君之子則從社稷之事而已。「正於樂人」，謂從其政也。長則能其事，幼則從

❶「大」字上，通志堂本、四庫本及《禮記正義》有「若」字，是。

其政而已。負薪易於耕田，故長則曰「能耕」，幼則曰「能」、「未能負薪」。❶

山陰陸氏曰：《曲禮》記天子之大夫、士禮。《少儀》所記諸侯之大夫、士禮。知然者，以冒「問國君之子長幼」知之也。《少儀》視《曲禮》降一等以此，且曰「長則曰『能從社稷之事矣』，幼則曰『能御』、『未能御』」，其間容衆子若《曲禮》所言，是以一人之身長幼問答。

慶源輔氏曰：「御」謂五御。孔子曰：「吾何執？執御乎？執射乎？吾執御矣。」謙辭也。亦天下未有無生而貴者也。❷教之樂，所以養其德也。而曰「能從樂人之事」者，謙辭也。教所以正之也，猶言「能受教於樂人」、「未能受教於樂人」也，且示不敢忘教。負薪，則貶於耕。

長樂陳氏曰：古之學校，樂正崇四術，立四教，以造士。將出學，小樂正簡不帥教者，以告于大樂正。是樂正之職，主於正國子而教之者也。大夫之子，國子之次者也，故問大夫之子長幼，必以樂答焉。《内則》曰：「十三舞《勺》，成童舞《象》，二十舞《大夏》。」自成童而上皆長，自成童而下皆幼。曰「能正於樂人」，以其能舞《勺》故也。「未能正於樂人」，未能舞《象》故也。蓋樂者人之所成終始也，始乎樂舞，命夔以樂教胄子是也；終于樂，孔子曰「成於樂」是也。《曲禮》言問大夫之子，長曰「能御矣」，幼曰「未能御也」，與此異，何耶？曰：禮、樂、射、御、書、

❶ 上「能」字下，通志堂本、四庫本有「負薪」二字。
❷ 「未」，通志堂本、四庫本作「謂」。

數，無非藝也。禮然後樂，言樂則禮舉矣。射然後御，言御則射舉矣。人之於六藝，闕一不可，大夫之子既能禮、樂、射、御，則書、數蓋亦無不能矣。其不言者，以人生六年固已教之名數，十年固已學書計故也。《樂書》。

金華應氏曰：《曲禮》之問，乃他人之旁自相問，故對之者其辭文。此則人問其子於父，故對之者其辭卑。先儒誤以此之問對爲人之問對，其辭意皆不適其中。且人之對父，必譽其子；父之言子，必承以謙。此古今之常情，天下之達禮也，尚何疑焉？然《曲禮》上焉則問天子之年，下焉則問庶人之子，而此則不及焉者，蓋彼亦旁問之辭，而此則請問其父。天子之前，固無與之敵而敢問其子者矣。庶人卑賤，其自相答問之辭，不足紀也。此問諸侯之子，亦必鄰國之君。

執玉、執龜筴不趨，堂上不趨，城上不趨。武車不式，介者不拜。

鄭氏曰：於重器，於近尊，於迫狹，無容也。步張足曰趨。兵車不以容禮下人也，軍中之拜，肅拜。

嚴陵方氏曰：武車以言其道，戎車以言其事，兵車以言其器，革車以言其飾，餘説並見《曲禮》解。

山陰陸氏曰：前曰「兵車不式」，兵車，革路也。此曰「武車不式」，武車，木路也。

慶源輔氏曰：趨蓋所以爲容也。執重器則加謹，近尊者則加恭，於迫狹及臨危則自斂，故皆不趨。非此時，則行不可無容也。

婦人吉事，雖有君賜，肅拜。爲尸坐，則不手拜，肅拜。爲喪主，則不手拜。

鄭氏曰：肅拜，拜低頭也。手拜，手至地也。婦人以肅拜爲正，凶事乃手拜耳。爲尸，爲祖姑之尸也。《士虞禮》曰：「男，男尸。女，女尸。」「爲喪主，不手拜」者，爲夫與長子，當稽顙也。其餘亦手拜而已。雖或爲唯。或曰喪爲主，則不手拜，肅拜也。

孔氏曰：此一經論婦人拜儀。婦人吉禮不手拜，但肅拜，肅拜如今婦人拜也。吉事及君賜悉然。手拜則《周禮》「空首」。鄭註《周禮》「空首，拜頭至手」。此云「手至地」，不同者，此手拜之法，先以手至地，而頭來至手，兩註不同，其實一也。肅拜是婦人之常，而昏禮婦拜扱地，以其新來爲婦，盡禮於舅姑故也。《左傳》穆嬴頓首於宣子之門者，有求於宣子，非禮之正也。下云「爲喪主，則不手拜」，明不爲喪主，其餘輕喪，凶事則手拜也。《周禮》坐尸，嫌婦人或異，故記者明之。尸坐，謂虞祭。若平常吉祭，共以男子一人爲尸，《祭統》云「設同几」是也。婦人爲尸或答拜時，但肅拜，而不手拜也。

長樂陳氏曰：肅拜，俯其手而肅之也，婦人與介者之拜也。手拜者，手至地也。《士昏禮》「婦拜扱地」是也。《禮書》。

嚴陵方氏曰：肅拜者，低頭屈膝，以致其肅爾。莫重於君賜，吉事雖有之，亦止於肅拜而已。爲尸亦拜者，以婦人容或答拜故也。

慶源輔氏曰：言「雖有君賜，肅拜」，以見肅拜非簡也，自是婦人禮當然。凶事變常，故手拜。爲尸坐、爲喪主，不手拜，則又變於喪。

葛絰而麻帶。

鄭氏曰：帶，所以自結束也。婦人質，少變，於喪之帶，有除而無變。

孔氏曰：此謂婦人既虞、卒哭，其絰以葛易麻，故云「葛絰」。婦人尚質，所貴在要帶，有除無變，終始是麻，故云「麻帶」。

取俎、進俎不坐。

鄭氏曰：以其有足，亦柄尺之類。

孔氏曰：取俎，謂就俎上取肉。進俎，謂進肉於俎。俎既有足，立而進取便，故不坐。《管子書·弟子職》云「進柄尺」，謂爵豆之屬。

嚴陵方氏曰：俎有足而高，進取必立焉，故不坐。若書册琴瑟，則坐而遷之可也。

山陰陸氏曰：《弟子職》曰「柄尺不跪」，蓋籩豆之屬。若俎無柄，應坐。今卒哭，取俎、進俎猶立。

執虛如執盈，入虛如有人。

鄭氏曰：重慎。

上蔡謝氏曰：或問敬慎同異。曰：「『執虛如執盈，入虛如有人』，慎之至也。敬則慎在其中矣。敬則外物不能易，甚物事換得？」

嚴陵方氏曰：《曲禮》曰「執輕如不克」，「執虛如執盈」之謂也。《詩》曰「相在爾室，尚不愧于屋漏」，「入虛如有人」之謂也。執虛猶如執盈，況於有物之器而敢忽乎？入虛猶如有人，況於有人之室而敢怠乎？故孔子執圭如不勝，出門如見大賓者，此也。君子推執器之道，以任天下之事，雖微小，在所不可遺也，況萬鈞之重者乎？推入室之道，以遇天下之事，雖幽暗，在所不可欺也，況十目之視者乎？

北溪陳氏曰：此二句體認持敬工夫，意

象最親切。且如人捧至盈之物，心不在焉，移步即傾了。惟執之拳拳，心常在這上，看行到何處也不傾倒。雖無人境界，此心常嚴肅，如對大賓然，此便是主一無適之意。

慶源輔氏曰：敬慎有常心，不以在外者變也。

凡祭，於室中、堂上無跣，燕則有之。

鄭氏曰：祭不跣者，主敬也。燕則有跣，爲歡也。天子、諸侯祭，有坐尸於堂之禮。祭，所尊在室。燕，所尊在堂。將燕，降説屨，乃升堂。

孔氏曰：此一經論堂上有跣、無跣之事。凡祭，謂天子至士悉然也。跣，説屨也。下大夫及士陰陽二厭及燕尸皆於室中。上大夫陰厭及祭在室，若儐尸則于堂。正祭饋食，卿大夫、士並在室中，此則貴賤通。天子、諸侯則有室、有堂。朝事延尸於户外，是坐尸於堂，然非禮之盛節。初入室，灌及饋孰之時，事神大禮，故鄭註云「祭，所尊在室」。祭禮主敬，故凡祭在室中者，非唯室中不説屨，堂上亦不敢説屨。燕則有之者，謂堂上有跣也。《燕禮》云「賓及卿大夫皆説屨，升就席」，註云「凡燕，坐必説屨」。屨賤，不在堂也。初時在堂行禮，立而致敬，故曰「所尊在堂」。

山陰陸氏曰：凡脱屨爲坐也，立飫坐燕，故曰「燕則有之」，而禮「不脱屨升堂謂之飫」。跣，脱屨也。無韈而跣，謂之徒跣。

未嘗，不食新。

鄭氏曰：嘗，謂薦新物於寢廟。

孔氏曰：人子不忍前食新也。

嚴陵方氏曰：秋祭曰嘗，以物新成而可嘗故也。未嘗，則親未嘗新矣，孝子其忍食之乎？《月令》每言「先薦寢廟」者以此。然新物不待秋而有，此止以嘗言者，以物成於秋故也。《月令》特於孟秋言「嘗新」者以此。《左氏》言「不食新」，乃謂麥爲新麥，以夏爲秋故也。

慶源輔氏曰：一飲食，不敢忘父母。未嘗而遽食新焉，則是死其親而喪其心矣。

僕於君子，君子升、下則授綏，始乘則式。君子下行，然後還立。

鄭氏曰：還車而立，以俟其去。

孔氏曰：此一經論僕御之禮。「必授人綏」，故君子升及下，僕者皆授綏也。僕者始乘，君子未至，御者則式以待君子升也。僕人之禮，若君子將升，則僕先升；君子下行，則僕後下，更還車而立，待君子去後乃敢自安。或云君車將駕，則僕執策立於馬前，故君子將下車，則僕亦下車，立於馬前，待君子下行，乃更還車立，以俟君去。

嚴陵方氏曰：《曲禮》言：「凡僕人之禮，必授人綏。」式之以致敬也。還立，猶言復立也。

山陰陸氏曰：言僕自始乘則式，至君子下車，然後已還立其處。正言君子乘者，君子之器也，即負且乘，何足以當之？

乘貳車則式，佐車則否。貳車者，諸侯七乘，上大夫五乘，下大夫三乘。

鄭氏曰：貳車、佐車，皆副車也。朝祀之副曰「貳」，戎獵之副曰「佐」。魯莊公九年「敗于乾時，公喪戎路，傳乘而歸」。七乘、五乘、三乘，此蓋殷制也。《周禮》：貳車，公九乘，侯、伯七乘，子、男五乘，及卿大夫各如其命之數。

孔氏曰：乘貳車、佐車，僕乘副車，法也。

朝祀尚敬，乘副車者式；戎獵尚武，乘副車者不式也。戎、獵自相對，則戎車之副曰「倅」，田獵之副曰「佐」。故《周禮》：「戎僕馭倅車，田僕馭佐車。」

嚴陵方氏曰：貳車，道車之副也，如世子之貳其父，有故乃攝而代之，故謂之貳。佐車者，田車之副也，如衆臣之佐其君，以佐爲事，故謂之佐。道車，即象路也，以朝夕燕出入而謂之燕車。王朝夕燕出入，無非道路也。田車，即木路也。道車以道之所在故乘，其貳則式以爲儀。田車，則事之所在故乘，其佐則否。路車，先王以之祭天。《玉藻》亦言「不式」者，蓋祭天以内心爲尊，儀有所不足進也。

山陰陸氏曰：《周官》所謂「凡諸侯之卿，其禮各下其君二等」，然則下文「大夫三乘」，子、男之卿。

金華應氏曰：按此與《周禮》未甚差，似非異代之制。當時記禮者所見多諸侯禮，故所言止及於此。若上公禮，亦自是等而上之耳。

有貳車者之乘馬、服車，不齒。觀君子之衣服、服劍、乘馬，弗賈。

鄭氏曰：服車，所乘車。不齒，尊有爵者之物，廣敬也。弗賈，平尊者之物，非敬也。

孔氏曰：此一節明廣敬之義。有貳車，則謂下大夫，其所乘之馬，所服之車，不敢齒次論其年歲，評其價數高下。車有新舊，則年數有多少，價數有貴賤。觀，視也。不輕平尊者物堪直多少之價。

嚴陵方氏曰：乘馬者，所乘之馬也。車、馬皆服而乘之，此亦互言之也。道車之副謂之貳，大夫乘墨車而已。乃有貳車者，蓋別言之，則道車之副謂之貳，田車之副謂之佐；合而言之，凡朝祀之車，其副皆謂之貳，戎獵之車其副皆謂之佐。故《檀弓》言魯莊公之戰，而曰「佐車授綏」也。弗賈者，弗計其直之貴賤也。上因言貳車，故止及車馬而不及衣服。下言乘馬，則車亦弗賈可知，❶其言互備耳。大夫以上有貳車，然後謂之君子。貳車以位言之也，君子以德言之也。上言「貳車」，則斥大夫以上而已。下言「君子」，則凡於有德者皆若是也。

慶源輔氏曰：齒，與「齒君之路馬」之「齒」同。衣服，舉其總服。劍，佩之大者。乘馬，物之盛者。微細之物有不必戒。

其以乘壺酒、束脩、一犬賜人，若獻人，則陳酒、執脩以將命，亦曰「乘壺酒、束脩、一犬」。其以鼎肉，則執以將命。其禽加於一雙，則執一雙以將命，委其餘。

鄭氏曰：陳重者，執輕者，便也。乘壺，四壺也。酒，謂清也，糟也。不言「陳犬」，或無脩者，牽犬以致命也。於卑者曰「賜」，於尊者曰「獻」。鼎肉，謂牲體已解，可升於鼎也。加，猶多也。

孔氏曰：自此至「辟刃」一節，廣明以物獻遺人之法。四馬曰乘，乘酒亦然。束脩，十脡脯也。酒脯及犬皆可爲禮。陳，列也。陳列於門外。「亦曰『乘壺酒、束脩、一犬』」者，謂將命之時辭也。雖陳酒、犬，而單執脯致命，其辭亦猶曰有酒、脯、犬也。無脯而有酒肉，則亦陳酒而執肉以將命。若以禽獸賜人，加於一雙，謂或十或百雙，則唯執一雙將命，其餘委陳

❶「亦」，通志堂本、四庫本作「之」。

於門外。

長樂劉氏曰：此已下皆述將命者之禮，必有所執以致命，所以提其綱領，俾知所獻之大數也。

慶源輔氏曰：乘壺酒、束脩、一犬，此例以多物獻人者。其以鼎肉，此例以一物獻人者，不必須有酒也。加於一雙，此例以一物獻人，物多不盡執者。

犬則執緤，守犬、田犬則授擯者，既受，乃問犬名。牛則執紖，馬則執靮，皆右之。臣則左之。

鄭氏曰：緤、紖、靮，皆所以繫制之者。守犬、田犬問名，畜養者當呼之名，謂若韓盧、宋鵲之屬。右之者，執之宜由便也。臣謂囚俘，異於衆物。

孔氏曰：緤，牽犬繩也。犬有三種：一曰守犬，守禦宅舍；二曰田犬，田獵所用；三曰食犬，充君子庖厨庶羞用。田犬、守犬有名，主人擯者既受之，乃問犬名。食犬無名。《戰國策》云：「韓盧者，天下之壯犬也。」桓譚《新論》云：「夫畜生賤也，然其尤善者，皆見記識，故犬道韓盧、宋猉。」皆右之，謂以右手牽之。此謂田犬、守犬畜養馴善，無可防禦。若充食之犬，則左手牽之，右手防禦。《曲禮》云「效犬者左牽之」是也。臣，謂征伐所獲民虜，或起惡慮，左手操其右袂，右手當制之。《曲禮》「獻民虜者，操右袂」是也。

慶元輔氏曰：❶馬亦有名，不問之者，從犬可知矣。犬馬有名，則牛亦可知。既受乃問，則未受不問也。君子於人畜，必致其辨如此，義也。

❶「元」，據書前《名氏》，當作「源」。

車則説綏，執以將命。甲，若有以前之，則執以將命，無以前之，則袒櫜奉胄。器則執蓋，弓則以左手屈韣執拊。劒則啓櫝，蓋襲之，加夫襓與劒焉。

鄭氏曰：甲，鎧也。有以前之，謂他摯幣也。櫜，弢鎧衣也。胄，兜鍪也。袒其衣，出兜鍪以致命。器則執蓋，謂有表裏也。韣，弓衣也。櫝，謂劒函也。襲，卻合之。夫襓，劒衣也，加劒於衣上。夫，或爲煩，皆發聲。

孔氏曰：《曲禮》云「獻車馬者，執策、綏」，故知陳車馬而説綏，執以將命。獻鎧，若復有他物，與鎧同獻，則陳鎧而執他物輕者以將命也。袒，開也。若唯獻甲，無他物，則開甲櫜出胄，奉之將命。《曲禮》云「獻甲者執胄」是也。器，凡器若獻，則陳底執蓋以將命，蓋輕便也。拊，弓把也。弓則左手屈弓衣，并於把而執之，右手執簫以將命。《曲禮》云「右手執簫，左手承拊」是也。啓櫝，啓，開也。獻劒，則先開函。蓋，劒函之蓋也。開函而以蓋卻合於函下底，謂仰蓋於函底之下，加函底於上，重合之，故云「襲」。加夫襓與劒焉者，又加劒衣函中，而以劒置衣上也。

慶源輔氏曰：綏，乘車所執也。甲若有以前之者，此又例有前之者。袒櫜，則甲可見。器則執蓋者，蓋輕，又在器之上。屈韣，屈卷之也。

笏、書、脩、苞苴、弓、茵、席、枕、几、穎、杖、琴、瑟、戈有刃者櫝、筴、籥，其執之皆尚左手。刀，卻刃授穎，削授拊。凡有刺刃者，以授人則辟刃。

鄭氏曰：苞苴，謂編束萑葦以裹魚肉也。

茵，著蓐也。穎，警枕也。筴，蓍也。籥，如笛，三孔。皆十六物也。左手執上，上，陽也。右手執下，下，陰也。「卻刃授穎，削授拊」，辟用時。穎，鐶也。拊，謂把。以刺刃授人則辟刃，不以正鄉人也。

孔氏曰：笏也，書也，脩脯也，苞苴也，弓也，茵也，席也，枕也，几也，穎也，杖也，琴也，瑟也，戈有刃者櫝也，謂戈之有刃以櫝韜之，筴也，籥也，執此諸物，皆左手在上而執之，右手在下而承之。若授人以刃，卻仰其刃，授之以刃鐶。穎是穎發之義。刀之在手，❶禾之秀穗，枕之警動，皆謂之爲穎。其事雖異，大意同也。案《既夕禮》「葦苞長三尺」，《内則》云「炮取豚，編萑以苴之」，是裹魚及肉。亦兼容他物，《禹貢》云「厥包橘柚」。茵，謂以物所著之蓐，言有著謂之茵。故《既夕禮》云「茵著用茶」，茶，謂茅秀，用茶以著茵也。

嚴陵方氏曰：卻其刃，恐傷人也。禾首爲穎。此言穎，亦刀頭耳。刀以柄爲首也。前經所謂「澤劍首」，《莊子》所謂「吹劍首」，皆柄。

慶源輔氏曰：辟，當音「避」。此總辭也。上「授穎」、「授削」皆此意。至於無穎與拊，則授時辟刃，不以鄉人耳。方氏謂穎爲刀似優，刀柄之末或有環。「削授拊」，無環者也。

乘兵車，出先刃，入後刃。軍尚左，卒尚右。

鄭氏曰：入後刃，不以刃鄉國也。軍尚左，左，陽也，陽主生，將軍有廟勝之策，左將軍爲上，貴不敗績。卒尚右，右，陰

❶「刀」，通志堂本、四庫本作「刃」。

也，陰主殺，卒之行伍，以右爲上，示有死志。

孔氏曰：此一節論兵車出入及將士所處之宜。軍將行伍尊尚左方，士卒行伍貴尚於右。

嚴陵方氏曰：軍以謀爲主而好生，故尚左。卒以戰爲事而敢死，故尚右。

慶源輔氏曰：軍衆而卒寡，軍尊而卒卑，異其所尚，所以致別也。

賓客主恭，祭祀主敬，喪事主哀，會同主詡。軍旅思險，隱情以虞。

鄭氏曰：恭在貌也，而敬又在心。詡謂敏而有勇，若齊國佐也。險，險阻，出奇覆諼之處也。隱，意也，思也。虞，度也。當思念己情之所能，以度彼之將然否也。

孔氏曰：成二年《左傳》齊、晉戰於鞍，齊國佐陳辭以拒晉師，是敏而有勇也。鄭註「覆諼之處」者，解經中「險」字，險是地形險阻。諼，詐也。地形既險，得出奇謀覆詐也。隱情，謂以意思念彼情，豫測度前敵，知其所欲爲事。

長樂劉氏曰：恭敬哀詡，同出於一心也。而用之以應物，各有所宜焉。致其誠於應接迎勞曰「恭」，故賓客待之以成禮焉。致其誠於心志言貌曰「敬」，故祭祀待之以饗神焉。致其誠於悲傷憂念曰「哀」，故喪事待之以竭忠焉。致其誠於煦育生成曰「詡」，故會同待之以立極焉。詡，煦也。經云「德發揚，詡萬物」，人君法天地，作會同以建極，而生成萬物之德在焉。

慶源輔氏曰：交際以禮相示，故以容貌之恭爲主。祭祀以誠感格，故以內心之敬爲主。內外無二致，恭敬無二理。行軍之道，以臨事而懼，好謀而成爲上。

思險，謂臨事而懼，慮敗不慮勝也。隱情以虞，謂好謀而成，且兵事露則不神也。

燕，侍食於君子，則先飯而後已。毋放飯，毋流歠，小飯而亟之，數噍，毋爲口容。客自徹，辭焉則止。

鄭氏曰：先飯而後已，所以勸也。亟，疾也。備噦噎，若見問也。口容，弄口。

孔氏曰：此一節明侍食之法。先君子之飯，若嘗食然。君子食罷而後已，若勸食然。小飯，謂小口而飯，備噦噎。亟，謂疾速而咽，備見問也。數噍，謂數數嚼之，無得弄口以爲容。食訖，客欲自徹其俎，主人辭其徹俎，客則止而不徹。

客爵居左，其飲居右。介爵、酢爵、僎爵皆居右。

鄭氏曰：客爵，謂主人所酬賓之爵也，以優賓耳。賓不舉，奠于薦東。介爵、酢爵、僎爵，皆飲爵也。介，賓之輔也。酢，所以酢主人也。古文《禮》「僎」作「遵」，遵謂鄉人爲卿大夫來觀禮者。酢，或爲「作」。僎，或爲「騶」。

孔氏曰：此一節明客爵所在。《鄉飲酒禮》主人酬賓之爵，賓受奠觶于薦東，是客爵居左也。旅酬之時，一人舉觶于賓，賓奠觶于薦西，至旅酬，賓取薦西之觶，以酬主人，是其飲居右也。主人獻介，介飲獻賓，賓酢主人，主人飲。主人獻僎，僎飲，是三爵皆飲爵也。此三人既不被優，故爵並居右。案《鄉飲酒》三爵皆不明奠置之所，故記者於此明之。

羞濡魚者進尾。冬右腴，夏右鰭，祭膴。

鄭氏曰：進尾，擗之由後，鯁肉易離也。乾魚進首，擗之由前，理易析也。冬右腴，氣在下。腴，腹下也。夏右鰭，氣在上。鰭，脊也。膴，大臠，謂刳魚腹也。膴，讀如「冔」。

孔氏曰：此一節明進魚之禮。濡，濕也。冬時陽氣下在魚腹，夏時陽氣上在魚脊。凡陽氣所在之處肥美，故進魚使嚮右，以右手取之便也。此謂尋常燕食所進魚體，非祭祀及饗食正禮也。祭膴者，此處肥美，故食魚則刳取以祭先也。

長樂陳氏曰：魚之在俎，或縮或横，或右首，或左首，或進首，或進尾，或進鰭，或進腴，或右鰭。則右首左首者，於俎爲縮，於人爲横。進首、進尾者，於俎爲横，於人爲縮。《公食大夫》，魚縮俎，寢右進鰭。《士喪》卒塗之奠，左首進鰭。《士虞》亦進鰭。《少牢》右首進腴。蓋鰭者體之所在，腴者氣之所聚。禮雖貴右，人之飲食貴體，鬼神之祭貴氣也。《公食》與《少牢》皆右首，而《喪禮》左首，反吉故也。《少牢》進腴，《公食》進鰭，而喪奠與虞進鰭，未異於生故也。《儀禮》大夫、士祭皆薧魚。《周禮·𩾃人》「凡祭祀，共其魚之鱻薧」。《曲禮》曰：「稾魚曰商祭，鮮魚曰脡祭。」《少儀》曰：「羞濡魚者進尾。」先儒謂天子、諸侯之禮備薧濡，其説是也。魚之爲物，冬則潛而趨陽乎下，故腴美。夏則躍而趨陽乎上，故鰭美。冬右腴，夏右鰭，此又所尚在時。與《公食大夫》、《少牢》之所進者異矣。

山陰陸氏曰：凡食魚進首，唯羞濡魚者進尾，嫌軟媚無骨鯁。冬右腴，夏右鰭，冬則在下，夏則在上，祭膴。瓜祭小取上，魚祭大取下。

李氏曰：冬右腴，夏右鰭者，以陽之所在

也。祭祀之牲則皆薦右，以陰之所在也。❶魚，陰物也，故尚其陽。牲，陽物也，故尚其陰。

凡齊，執之以右，居之於左。

鄭氏曰：齊，謂食羹醬飲有齊和者也。居於左手之上，右手執而正之，由便也。

孔氏曰：此一經明齊和之宜。凡齊者，謂以鹽梅齊和之法，執此鹽梅以右手。居之於左者，居處羹食於左手，以右手所執鹽梅調和正之，於事便也。

山陰陸氏曰：五齊加於明水，居之於左，祖天地之左海也。

贊幣自左，詔辭自右。

鄭氏曰：自，由也。謂爲君授幣，爲君出命也。立者尊右。

孔氏曰：此一經論贊幣、贊辭之異。贊，助也。爲君授幣之時，❷由君左。「詔辭」，謂爲君傳辭與人，則由君之右。

嚴陵方氏曰：助之以言則曰詔，助之以事則曰贊。分而言之，❸事亦可謂之詔，《大宰》「詔其廢置」是也；言亦可謂之贊，《大宰》「贊王命」是也。

山陰陸氏曰：贊幣，若《聘禮》「擯者進相幣」是。詔辭，若「賓降辭幣，公降一等辭」是。

酌尸之僕，如君之僕。其在車，則左執轡，右受爵，祭左右軌范，乃飲。

鄭氏曰：如君之僕，當其爲尸則尊也。《周禮·大御》：「祭兩軹，祭軓，❹乃飲。」

---

❶「陰」，通志堂本、四庫本作「陽」。

❷「爲」字上，通志堂本、四庫本及《禮記正義》有「謂」字。

❸「分」，明本作「合」。

❹「軓」，通志堂本、四庫本作「軌」，是。下除「式前之軓」、「亦謂之軓」、「此言左右軓」外，餘同，不再出校。

軌與軹於車同謂轊頭也。❶「範」與「范」聲同，謂軾前也。

孔氏曰：此一節明爲尸之僕祖道祭軷之宜。尸之僕，爲尸御車之僕，將欲祭軷，酌酒與尸之僕，今爲軷祭，如酌酒與君之僕也。其在車，謂僕在車中時也。僕既主尸車，故於車執轡受爵。尸位在左，僕立在右，故左執轡，右受爵祭酒也。君僕亦然。軓謂轂末，范謂式前。僕既受爵將飲，則祭之於車左右軓及前范，所以祭者，爲其神助己，不使傾危也。祭徧，乃自飲。此云「范」，《周禮·大馭》云「軓」，兩事是一，聲同字異，但式前之「軓」車旁著「凡」，或作「範」字。轂末之軓，則車旁著「九」，此經「左右軓」是也。車轍亦謂之「軓」，亦車旁著「九」。

嚴陵方氏曰：當其爲尸，則弗臣。酌尸之僕如君之僕，豈爲過哉？蓋僕正王服位，以詔贊擯相前驅爲職，祭祀則贊牲事，既祭則王使馭酌焉，明與之並受福也。王乘，則有馬以轡爲之御；王行，則有車以軹爲之節；王馮，則有式以軓爲之前。《大馭》言「及祭酌僕，僕左執轡，右祭兩軹，乃飲」，則亦歸賴於神之意。其言正與此合。然彼作「兩軹」，此作「左右軓」，兩即左右也，軹即軓也。彼作「軓」，此「范」。《荀子》曰「形范正」，則「範」通作「范」，軓亦通作「范」可知。凡車轂末謂之轍，亦謂之軓。此言左右軓，即轂末之軓。《考工記》言「經涂九軓」，即車轍之軓。轂末謂之軹，輢之衡者亦

❶「軌」，原作「之」，今據通志堂本、四庫本及《禮記正義》改。

謂之軹。《大馭》言兩軹，即轂末之軹也。《考工記》言「參分軹圍」，即輢衡之軹也。李氏曰：左右，兩轂末也。軓，范轂也。左右乃祭于旁，軓乃祭于中也。祭至此者，先王之於物，凡有功于己者，未嘗不致其誠與敬也。凡爲祭，必受神之福者，禮也。故僕祭乃飲。

慶源輔氏曰：言「酌尸之僕，如君之僕」，尊庸敬也。斯須之敬如之而已。軓，轂末，所謂轊也，范則軾前。老蘇曰：「輪輻蓋軫，皆有職乎車，而軾獨若無所爲者。雖然，去軾則吾未見其完車也。天下之車莫不由轊，而言車之功者，轊不與焉。雖然，車弊馬仆，而患亦不及轊。」此其所以獨祭之歟？

凡羞有俎者，則於俎内祭。君子不食圂腴。小子走而不趨，舉爵則坐祭立飲。凡洗必盥。牛羊之肺，離而不提心。凡羞有湇者，不以齊。爲君子擇葱薤，則絶其本末。羞首者，進喙祭耳。

鄭氏曰：於俎内祭者，俎於人爲横，不得祭於間也。《周禮》「圂」作「豢」，謂犬豕之屬，食米穀者也。腴，有似於人穢。小子，弟子也，卑不得與賓、介俱備禮容也。凡洗必盥，謂先盥乃洗爵，先自絜也。盥有不洗也。牛羊之肺離而不提心者，提猶絶也，刲離之，不絶中央少者，使易絶以祭耳。齊，和也。絶其本末，爲有萎乾。耳，出見也。

孔氏曰：自此至「則坐」一節，廣明祭俎及羞膳之事。若羞在豆，則祭於豆間。若羞在俎，則於俎内而祭。俎内近人之處，俎在人前横設，故不得祭於俎外及兩俎間。腴，豬、犬腸也。豬、犬亦食米穀，其腸與人相似，故君子辟其腴。故鼎闕一也。小子但給役使，故宜驅走，不得趨翔爲容。趨，徐趨也。小子若得酒，舉爵時則先以坐祭，祭竟而立飲之。盥，盥手也。洗爵必先洗手也。祭肺之法，刲離之，不絕心，心謂肺中央少許耳。提猶絕也。凡羞有湆，湆，汁也。羞有汁，則有鹽梅齊和。若食者更調和之，則嫌薄主人味，故不以齊也。葱薤根不浄，末萎乾，故擇者必絕其二處。本，根也。羞首，謂膳羞有牲頭者，則進口以嚮尊者。尊者若祭，先取牲耳祭之也。

嚴陵方氏曰：凡飲食之祭，皆於器外。唯俎不然，以横於前，而便於内祭也。凡鳥獸之口皆曰喙。

尊者以酌者之左爲上尊。尊壺者面其鼻。飲酒者、機者、醮者，有折俎不坐。未步爵，不嘗羞。

鄭氏曰：尊者，設尊者也。酌者鄉尊，其左則右尊也。❶鼻在面中，言鄉人也。折俎尊，徹之乃坐也。已沐飲曰機。酌始冠曰醮。步，行也。

孔氏曰：此一節論設尊及折俎、行爵、嘗羞之儀。人君陳尊在東楹之西，於南北列之，設尊之人，在尊西嚮東，以右爲上，則尊以南爲上也。酌，謂酌酒人也。酌人在尊東西面，以左爲上，亦上南也。二人俱以南爲上，故云「以酌者之左爲上尊」也。尊與壺悉有面，面有鼻，鼻宜嚮於尊者，故言「面其鼻」。「飲酒者」，則下文「機者」、「醮者」是也，總以飲酒目之。折俎者，折骨體於俎也。機、醮者，若有

❶「右」，《禮記》鄭注作「上」，當是。

折俎爲尊，機、醮小事爲卑，故不得坐也。折俎所以爲尊者，「折俎則殽饌尊」。故《冠禮》：庶子冠于房户之前，而冠者受醮不敢坐，及機者並不敢坐也。案《鄉飲酒》、《燕禮》有折俎者皆不坐，獨云機者、醮者不坐者，以機者、醮者無酒俎之時則得坐，嫌有折俎亦坐，故特明之。羞，殽羞也。殽羞本爲酒設，若爵未行而先嘗羞，是貪食矣。此謂無筭爵之時。羞，庶羞，行爵之後始嘗之。若正羞脯醢折俎，未飲酒之前，則嘗之。故《鄉飲酒》、《鄉射》、《燕禮》、《大射》獻後乃薦賓，皆先祭脯醢，嚌肺，乃飲卒爵。

庾氏曰：《燕禮》：「司宮尊于東楹之西，兩方壺，左玄酒，南上。」註：「《玉藻》云：『唯君面尊。』」玄酒在南，順君之面也。下云：「公席阼階上，西鄉。」下又云：「執冪者升自西階，立于尊南，北面，東上。」案：「左玄酒，南上」之言，是設尊者東鄉，酌者西鄉，設者之右，則酌者之左也。

嚴陵方氏曰：設尊者必面其鼻，示專惠也。《玉藻》曰「唯君面尊」是也。謂之鼻者，以當前如人之鼻故也。若《玉人》「大璋駔琮皆有鼻」，亦此意。蓋聖人之制器，近取諸身而尚其象故也。以至劒有首，壺有頸，箕有舌，鼎有足，量有耳，皆以是而已。機，見《玉藻》解。醮，見《郊特牲》解。俎者，折骨於俎也。取之則辨貴賤，雖王之燕饗，亦不過此。小子不敢當備禮，故不坐也。凡燕饗以酒爲主，以食爲配，所以未步爵，不嘗羞。

新安朱氏曰：設尊之法，《鄉飲酒》云「玄酒在西」，《鄉射》云「左玄酒」，而鄭註云「設尊者北面，西曰左」，即此所謂「尊者以酌者之左爲上尊」者，蓋言設尊之人方其設時，即預度酌酒人之左尊而實以玄酒也。若據《燕禮》，則設尊者西面而左玄酒，南上，公乃即位於阼階上，則酌者不得背公，自當東面以酌，而上尊乃在其右矣。故此經所云以爲爲《鄉飲》、《鄉射》而言，則可；以爲爲《燕禮》而言，則正與之反。今鄭註既不分明，庾、孔又皆引《燕禮》而反謂「酌者西面」，其辟戾甚矣。唯賈氏疏《儀禮》，以爲「據君面以左爲尊者」，得之。

牛與羊魚之腥，聶而切之爲膾。麋鹿爲菹，野豕爲軒，皆聶而不切。麕爲辟雞，兔爲宛脾，皆聶而切之。切葱若薤實之，醯以柔之。

鄭氏曰：此軒、辟雞、宛脾，皆菹類也。其作之狀，以醯與葷菜淹之，殺肉及腥氣也。

孔氏曰：此一節明膾及虀菹麤細之異。聶而切之者，先牒爲大臠，而復報切之爲膾也。❶「麋鹿爲菹」已下，已於《内則》具釋之。

嚴陵方氏曰：菹，酢菜也。《醢人》所謂「菁菹」、「茆菹」是矣。彼以菜爲菹，❷此以麋鹿爲之者，特制造之法如之而已。《膳夫》通謂之醬者以此。聶而不切則大，聶而切之則小。

山陰陸氏曰：孔子曰「膾不厭細」。《内則》腥言肉而已，此言魚；《内則》菹言魚，此言麋鹿：亦相備也。麋無角，以有角者名之。兔無脾，以有脾者名之。豕

❶「報」，通志堂本、四庫本作「細」。
❷「菹」，通志堂本、四庫本作「之」。

俯而已，以能仰者名之。

其有折俎者，取祭，反之，不坐，燔亦如之，尸則坐。

鄭氏曰：亦爲柄尺之類。燔，炙也。《鄉射》曰「賓奠爵于薦西，興，取肺，坐，絶祭，左手嚌之，興，加于俎，坐帨手」是也。尸，尊也。《少牢饋食禮》曰：「尸左執爵，右兼取肺肝，擩于俎鹽，振祭嚌之，加于菹豆。」

孔氏曰：此一節明祭俎之儀。折俎，折骨於俎。俎既有足，柄尺之類，故立而就俎取所祭肺，升席坐祭。祭訖，反此所祭之物，加之於俎，皆立而爲之，故云「取祭，反之，不坐」，唯祭時坐耳。燔謂燔肉。雖非折骨，其肉在俎，其取及祭、反時，亦不坐，故云「如之」。此皆謂賓客，若爲尸，尸尊，雖折俎，取祭、反之，皆坐也。《鄉射禮》云興則立也，鄭引《少牢饋食禮》證尸坐之義。

山陰陸氏曰：此一節宜承「小子走而不趨，舉爵則坐祭立飲」，脱亂在是。凡卑者燕不坐，故曰「其有折俎者，取祭，反之，不坐」，據「燕有折俎」。

衣服在躬，而不知其名爲罔。

鄭氏曰：罔，猶罔罔，無知貌。

孔氏曰：衣服文章，所以表人之德，亦勸人慕德。若著之而不識知其名義者，則是罔罔無知之人也。

横渠張氏曰：古之人直以衣服爲事。《禮》云「衣服在躬，不知其名爲罔」，然今之人固能名其衣曰襖，曰衫，然不知襖之與衫何以得其名，如此則亦是未知其名。

嚴陵方氏曰：《書》云：「予欲觀古人之象，汝明。」此其大者也。

山陰陸氏曰：衣者對裳之稱，服者對御之禮。蓋在上曰衣，在下曰裳，在人曰物，在物曰御。別而言之，其義如此。合而言之，凡所衣者皆曰衣，凡所服者皆曰服。若所謂褻衣，則不必在上者矣。若所謂矢服，則不必在人者也。有在物者，亦可謂之衣，若「弓衣」是也。有在上者，亦可謂之服，若「首服」是也。此言「衣服在躬」，則上至冠冕，下及裳履，皆得以兼之。

李氏曰：先王之制衣服，莫非性命之理，故冠圜冠者知天時，履方屨者知地形，佩玦者事至而能斷。先王之製衣服，豈徒然乎？夫衣服者，未嘗去者也；身者，至近者也。以未嘗去之衣服，被乎至近之身，而有所未知，故曰「罔罔」者，神不明也。

慶源輔氏曰：切身者不知猶爲罔，況在內者乎？

其未有燭而有後至者，則以在者告。道瞽亦然。凡飲酒，爲獻主者執燭抱燋，客作而辭，然後以授人。執燭不讓，不辭，不歌。

鄭氏曰：以在者告，爲其不見，意欲知之也。「師冕見，及階，子曰：『階也。』及席，子曰：『席也。』皆坐，子告之曰『某在斯，某在斯』」，是也。凡飲酒，主人親執燭敬賓，示不倦也。言獻主，容君使宰夫也。未爇曰「燋」，爲宵言也。「不讓，不辭，不歌」，以燭繼晝，禮殺。

孔氏曰：此一節明有燭無燭之儀，爲主人法也。在者，謂已在於坐者也。若日已闇，而坐中未有燭，有人後至，則主人以在坐中者而告之，云「某人在此，某人在此」，道瞽亦如無燭時也。獻主，主人也。凡飲酒，主人自獻賓，若尊卑不敵，則使宰夫爲主人以獻賓，故云「獻主」。夜闇，故執燭。燋，謂未爇之炬。既欲留客，又取未燃之炬抱之也。作，起也。客自起辭。主人從辭而止，乃以燭授執事之人也。執燭，夜時也。禮，賓主有讓，及更相辭謝。又各歌《詩》相顯德。今既夜莫，所以殺此三事。

山陰陸氏曰：「其未有燭而有後至者，則以在者告。道瞽亦然。」此一節宜承「執燭不讓，不辭，不歌」，脱亂在是。

慶源輔氏曰：如是而後盡，不然則苟矣。所貴乎人者如是而已，故曰「唯君子爲能通天下之志」。以燭繼晝，出於主人之意則可，故必親爲之。若使人疑有不得已者，不讓，不辭，不歌，禮殺矣。禮之殺，則亂之所由生，此田完之所以不敢也。

金華應氏曰：「執燭抱燋」，賤役也。爲獻主者以身親之，其敬客而自下之者，不嫌其爲勞也。執已然之燭，而又抱未爇之燋，其愛客而欲留之者，尤有加而無已也。一席之内，獻酬交錯，或讓，或辭，或歌，皆不容廢，惟執燭之人不暇爲此。

洗、盥、執食飲者，勿氣。有問焉，則辟咡而對。

鄭氏曰：示不敢歆臭也。口旁曰「咡」。

孔氏曰：洗，謂與尊長洗足也。盥，謂與尊長洗手也。及執尊者飲食之時，尊者有事問己，己則辟口而對，不使口氣及尊者。

山陰陸氏曰：洗、盥，所謂「凡洗必盥」是也。洗爵及執食飲，苟有氣焉，人或穢之。氣猶不得，其謦欬言語可知。循咡，循之也；辟咡，辟之也。

嚴陵方氏曰：勿氣，則屏氣也。凡以致恭而已。辟弭，説見《曲禮》。

爲人祭曰「致福」，爲己祭而致膳於君子曰膳，祔、練曰告。凡膳、告於君子，主人展之，以授使者于阼階之南，南面，再拜稽首送，反命，主人又再拜稽首。其禮，大牢則以牛左肩、臂、臑折九个，少牢則以羊左肩七个，犆豕則以豕左肩五个。

鄭氏曰：曰致福、曰膳、曰告，此皆致祭祀之餘於君子也。攝主言致福，申其辭也。自祭言膳，謙也。祔、練言告，不敢以爲福膳也。主人展之，展，省具也。折，斷分之也。皆用左者，右以祭也。羊豕不言臂、臑，因牛序之可知。

孔氏曰：此一節明致福及膳於君子及所膳牲體之數。「爲人祭」謂攝祭而致飲胙於君子。其將命之辭謂致彼祭祀之福於君子也。若己自祭而致胙於君子，則不敢云「福」，而言「致膳」。膳，善也，致其善味耳。若已祔祥而致胙，又不敢云「福」、「膳」，但云「告」，言以祭胙告君子，使知已祔祥而已。故顔回之喪，饋孔子祥肉是也。凡初遣膳告君子之時，主人自省視飲食多少備具，於阼階南稽首拜送使者。使者反亦在阼階南，南面再拜稽首，受命。《曲禮》云「使者反，必下堂而受命」是也。「其禮」以下明所膳禮數也。若得大牢祭者，則用牛膳。周人牲體尚右，右邊已祭，所以獻左也。周貴肩，故用左肩。九个者，取肩自上斷折之，至蹄爲九段，以獻之也。臂、臑，謂肩脚也。禮得少牢者，則膳羊左肩，折爲七个。大牢、少牢並用上牲。不并備饌，故大牢唯牛，少牢唯羊也。若祭唯特豕，亦用豕左肩，爲五段也。

嚴陵方氏曰：《膳夫》所謂「凡祭祀之致福者，受而膳之」是矣。必謂之福，以言祭者獲福致其餘於人，而與之同其福也。曰「致膳」者，蓋祭祀不祈爲己而祭，非敢徼福，以其味之善，乃致之於君子爾。於致膳曰君子，則致福又可知矣。至於練、祔，特告死者之已祔，生者之已練而已。故直以「告」稱之。展，與「展墓」之「展」同。主人展之，省其善否也。其授使者與反命皆再拜稽首，則敬之至也。止言膳告，而不及致福，則致福者，尤致其敬，不嫌其不如是矣。臂，則脛也；臑，其節也。

山陰陸氏曰：祔、練，凶事也。難以福言，又難以善言，旁言之而已，故曰「告」。凡告以善，《干旄》是也。凡膳、告於君子，言告則自此以下皆謂祔、練，故牲皆用左胖。

慶源輔氏曰：君子者，有德者之稱。誠者，物之終始，不誠無物，以祭之餘獻遺人，故加敬也。

國家靡敝，則車不雕幾，甲不組縢，食器不刻鏤，君子不履絲屨，馬不常秣。

鄭氏曰：靡敝，賦稅亟也。雕，畫也。幾，附纏爲沂鄂也。組縢，以組飾之及紟帶也。《詩》云「公徒三萬，貝胄朱綅」，亦鎧飾也。

孔氏曰：此一節明國家靡敝減省之禮。君造作侈靡，賦稅煩急，則物凋敝。或以「靡」爲「糜」，謂財物糜散凋弊。車不雕畫漆飾以爲沂鄂。甲不用組以爲飾及紟帶。紟帶謂以組連甲及爲甲帶，鄭以紟帶解經「縢」字。縢，約也。引《詩・魯頌·閟宫》文。貝胄,謂以貝飾胄,朱綅綴之也。絲屨謂絇繶純之屬,不以絲飾之。

山陰陸氏曰:言「國家靡敝」,則所乘、所衛、所養、所履、所御皆貶。

嚴陵方氏曰:幾,微也。雕刻以微爲工。組,猶纓之用組,縢,猶簜之有縢,皆所以約而緘之,因以爲車飾。食器若木者爲刻,金者爲鏤。馬食穀曰秣。五事必以車馬爲始終者,蓋車馬在禮爲重,故「年不順成,則大夫不得造車馬」。

禮記集説卷第八十七

# 禮記集説卷第八十八

## 學記第十八

孔氏曰：案鄭《目録》云：「名曰《學記》者，以其記人學教之義。此於《别録》屬《通論》。」

發慮憲，求善良，足以謏聞，不足以動衆。就賢體遠，足以動衆，未足以化民。君子如欲化民成俗，其必由學乎！

鄭氏曰：憲，法也，言發計慮當擬度於法式也。求，謂招來也。謏之言小也。動衆，謂師役之事。就賢，就謂躬下之。體，猶親也。所學者，聖人之道，在方策。

孔氏曰：此一節明雖有餘善，欲化民成俗，不如學之爲重。發謂起發，慮謂謀慮。舉動能擬度於法式，故云「發慮憲」。又能招求善良之士以自輔，則可以少有聲聞，不足以動衆。賢，謂德行賢良，屈下從就之。遠，謂才藝廣遠，心意能親愛之。恩被於外，故足以動衆也。仁義未脩，未足以化民也。君子，君謂君於上位，子謂子愛下民，謂天子、諸侯及卿大夫欲教化其民，成其美俗，非學不可。鄭恐所學者唯小小才藝之事，故云「所學者，聖人之道」也。

横渠張氏曰：求善良，求爲良善之人也。就賢體遠，就謂躬下之，體謂體遠大之事。足以動衆，若燕昭下士，可以有聞于人也，未足以化民。就賢下士，在乎他人，而不在乎己。未能成德也，其必由學乎？何謂學？成德謂之學。學在乎推廣，而不可以不思。

清江劉氏曰：發慮憲者，言發動知慮，能求憲法也。動讀如《中庸》「明則動」之「動」，言此皆徒善，未足以動人也。就賢體遠，賢謂賢於人之賢，遠謂遠於人之遠。可以動人矣，未能使人化也。凡動者，言矜式之；化者，言心服之。唯學可以化民成俗，謂其所傳者博，所教者衆，見之者詳也。

長樂陳氏曰：致防患之思爲慮，則德義之經爲憲，存其可欲爲善，充善之至爲良。友天下之善士，就賢者也。尚論古之人，體遠者也。古之論誠者，誠則形，形則著，著則明，明則動，動則變，變則化，是動之所終爲化，化之所始爲動。《詩序》言「風以動之，教以化之」，《楊子》言「鼓衆動化」，天下雖皆始終相成，要之本於誠，一也。《孟子》曰：「誠而不動者，未之有也。不誠，未有能動者也。」不誠未有能動，則動本於誠可知。子思云：「唯天下至誠爲能化。」則化本於誠可知。由是觀之，唯誠爲能動，唯至誠爲能化。

延平周氏曰：憲，與「憲章文武」之「憲」同。發己之所慮與己之所憲，求人之善與人之良者，足以小有聞，而不足以動衆。蓋善良者未至於賢，故止於有聞而已。就其賢者而師之，體其遠者而行之，足以動衆而未足以化民。蓋就賢體遠，則止於成己而已。如欲化民成俗，則必由學。蓋學者，一道德之源。道德一，然後可以化民成俗。

馬氏曰：慮者，求諸己者也。憲者，法先

王者也。求善良，資於人者也。雖然，此細行而已。《中庸》言爲天下國家之經，而以尊賢繼脩身之後，所謂賢者，非特如善良而已。動衆，政也。化民，道也。學以致其道而以教之，則足以化民成俗矣。

山陰陸氏曰：就賢，進於求善；體遠，進於發慮。變言未足，非不足以化民也。

新安朱氏曰：動衆，謂聳動衆聽。蓋守常法，用中材，❶其效不足以致大譽。遠，謂疏遠之士。下賢親遠，足以聳動衆聽，使知貴德而尊士，然未有開導誘掖之方也，故未足以化民。唯教學可以化民，使成美俗。

永嘉戴氏曰：夫求賢以自輔，屈己以下賢，人君之治，莫先於此，而皆不如建學之功，何也？蓋求賢以自輔，足以資人君多聞之益；屈己以下賢，足以興起天下爲善之心。然學校不立，教養闕然，天下之人雖欲爲善，而無所考德問業。其賢者固已用矣，而未賢者將孰從而成就之？故化民成俗，必由學校，其所及者廣，所傳者遠也。大抵天之生賢實難。其生賢也，所以扶植國家，以爲民命。其既生也，又賴上之人教養成就之。若舍之不教，使之斲喪戕賊，則自暴自棄，往往而是，國家何賴焉？此建學之功所以爲大也。

慶源輔氏曰：發慮憲，謂所發之志慮合乎法式。求善良，乃是發慮憲之事也。動，與「風以動之」之「動」同。小小聲聞，不足以動衆也。就賢，如《孟子》所謂「欲有謀焉，則就之也」。體，與《中庸》「體百

❶「材」，原作「林」，今據通志堂本、四庫本改。

姓」之「體」同。❶體遠，如「武王不忘遠」之意。「古之教者，家有塾，黨有庠，術有序，國有學」，所以體遠也。就賢，則尊德之誠至。體遠，則愛民之仁深。其仁心仁聞，固足以感動天下矣，然法度未立，政事未舉，故未足以化民。故曰「堯舜之道，不以仁政，不能平治天下」。教學，政之先務也。

玉不琢，不成器；人不學，不知道。是故古之王者，建國君民，教學爲先。《兑命》曰：「念終始典于學。」其此之謂乎？

鄭氏曰：教學，謂内則設師、保以教，使國子學焉；外則有大學、庠、序之官。典，經也。言學之不舍業也。兑，當爲「説」。高宗夢傳説，求而得之，作《説命》三篇，在《尚書》，今亡。

孔氏曰：此一節論喻學之爲美，故先立學之事。王者建立其國，君長其民，内設師保，外設庠序以教之。記者明教學事重，不可暫廢，故引《兑命》以證之。鄭不見《古文尚書》，故云「今亡」。

長樂陳氏曰：玉則璞之至美者也，人則性之至貴者也。器待琢而後成，苟不琢焉，雖其質至美，不成器者有矣。道待學而後知，苟不學焉，雖其性至貴，不知道者有矣。《聘義》曰「君子比德於玉」，終之以「天下莫不貴者，道也」。經曰「大道不器」，是則以器明道，非大道也，特就所學者言耳。又曰：《詩》云：「魯侯戾止，在泮飲酒。順彼長道，屈此羣醜。」由是知魯侯非特在泮教人，抑又在泮學而受教焉。順彼長道，學而受教之謂也，豈

❶ 「百姓」，通志堂本、四庫本作「群臣」，是。

非「念終始典于學」之意歟？

嚴陵方氏曰：道則器之所出也，器則道之所寓也，故以器比道。天子則有辟雍，諸侯則有頖宫。始於學，終於教，教亦學也。

山陰陸氏曰：以玉取譬，玉之質美者也，故曰「大匠不能斲冰」。

永嘉戴氏曰：玉不琢而碔砆琢之，則碔砆猶爲可用，玉蓋不及也。大抵資質之美不足恃，資質之美而未嘗學問，其與資質不美者均爾。夫子曰：「好仁不好學，其蔽也愚；好知不好學，其蔽也蕩；好信不好學，其蔽也賊；好直不好學，其蔽也絞；好勇不好學，其蔽也亂；好剛不好學，其蔽也狂。」好仁、好知、好信、好直、好剛、好勇，此天下至美之質也。愚、蔽、賊、絞、狂、亂，此天下至不美之事也。有天下至美之質，一不好學，陷於天下之至惡。况夫資質不美，而又不學，小而害身，大而害人，其禍豈不大可畏乎？夫人之所以貴於爲學者，謂其知道也。道本在我，人唯不學，故有所不知，則道與人爲二物。苟不知道，則觸事面牆，其意皆以善爲之，而卒陷於不義者多矣，况於死生禍福之際乎？昔者子游舉夫子之言曰：「君子學道則愛人，小人學道則易使。」由此語觀之，三代之時，小人固亦知學矣。小人賤隸之詩，聖人取焉，則小人固知學也。蓋自黨庠遂序以達於學，民之秀異者固已舉而用之，而其下焉者亦知有義理，天下安得而不易治？蓋三代之學，如人堂室然，寢於斯，食於斯，生長於斯，未嘗一日不葺。後之學校如園圃然，有之徒爲美觀而已。

李氏曰：建國以教爲先，君民以學爲先，故曰「建國君民，教學爲先」也。《詩》曰「鎬京辟雍，自西自東，自南自北，無思不服」，言辟雍成而天下服，教也。《訪落》，成王謀于廟，而羣臣進戒，曰「學有緝熙于光明」，言學日益緝熙于光明，學也。

慶源輔氏曰：由此觀之，則古之王者以君子、長者待天下，而務使天下皆爲君子、長者之歸，至於用刑法以治不軌，皆非得已也。教學，謂在上者教之，在下者學之。典，常也。《兑命》曰，此斷章取義。

雖有嘉肴，弗食，不知其旨也。雖有至道，弗學，不知其善也。是故學然後知不足，教然後知困。知不足，然後能自反也；知困，然後能自强也。故曰「教學相長」也。《兑命》曰「學學半」，其此之謂乎？

鄭氏曰：旨，美也。學則睹己行之所短，教則見己道之所未達。自反，求諸己也。自强，脩業不敢倦也。學學半，言學人乃益己之學半。

孔氏曰：此一節明教學相益。嘉，善也。至，謂至極。不足，謂己之所短。困，謂困弊，困則甚於不足矣。

嚴陵方氏曰：肴有味，唯食之然後可以辨其味。道有理，唯學之然後可以窮其理。然而味有旨否，唯肴之嘉者爲旨。理有善惡，唯道之至者爲善。人莫不飲食，鮮能知味也，此以食喻道者也。以道之難明，故所況如此。若夫造道之全，則淡乎其無味，又豈肴之可比哉？足則厭矣，故學以不厭爲知。困則倦矣，故教以不倦爲仁。知其不足，然後能自反，以求其足。知其困，然後能自强，以濟其困。

自反，若所謂「自反而仁」之類。自强，若所謂「自强不息」之類。教人之功得學之半，故引《説命》之言以證之。上「學」字，宜讀曰「斆」，《説命》亦作「斆」。斆，即教也。孔子曰：「起予者，商也。」又曰：「回也，非助我者也，於吾言無所不説。」豈非斆學半之謂乎？

永嘉戴氏曰：天下之事，履之而後知，故聞見之與身親，其知不同。如羅列盛饌，非不美也，人皆見之，而食者爲知味。道在天下，非不高且美也，人皆仰之，而學者爲知善。《中庸》曰：「人莫不飲食也，鮮能知味也。」食者猶未必能知味，況未嘗食者乎？夫子謂冉有曰：「力不足者，中道而廢，今汝畫。」蓋冉子以畫爲不足，故夫子責之。譬如行百里者，至中道而止，力不足也。畫則未嘗出門，安知力之不足也？故曰「學然後知不足」。人唯知不足，然後能自反。若自以爲足，豈復有反己之功？

長樂陳氏曰：人皆有所不足，非學無以知；皆有所困，非教無以覺。是以顔淵學孔子之道，然後知其卓然不可及，此學而後知不足者也。任人問禮食之重，而屋廬子至於不能答，此教然後知困者也。夫彼不足而求於我之教，所以長於彼；我之知困自强則學者，所以長於我。故曰「教學相長」也。方其學也未嘗不教，及其教也未嘗不學，此《説命》所以言「斆學半」也。

橫渠張氏曰：困者，益之基也。學者之病正在不知困爾。自以爲知，而問之不能答，用之不能行者多矣。

東萊吕氏曰：人皆病學者自以爲是，但

恐其未嘗學耳。使其果用力於學，則必將自進之不足，而何敢自是哉？又曰：不能自反自强，皆非真知者也。若疾痛之在吾身，然後爲真知。蓋未至聖人，安能無欠闕？須深思欠闕在甚處，然後從而進之。苟汎然以爲我有所未足，夫何益哉？

慶源輔氏曰：此因上教者、學者而推言之。能自反，則在己無不足者；能自强，則亦未有力不足者。

馬氏曰：能自强而興之，則進於學矣，是以教長學也。自反而得之，則優於教矣，是以學長教也。

山陰陸氏曰：所謂教學，教之中有學，學之中有教，是之謂相長。

古之教者，家有塾，黨有庠，術有序，國有學。

鄭氏曰：術，當爲「遂」。古者仕焉而已者，歸教於閭里，朝夕坐於門。門側之室謂之塾。❶《周禮》五百家爲黨，萬二千五百家爲遂。黨屬於鄉，遂在遠郊之外。

孔氏曰：自此至「之謂乎」一節，明國家立庠序上下之殊，并明入學年歲之差。古之教者，謂上代也。《周禮》百里之内，二十五家爲閭，同共一巷。巷首有門，門邊有塾，謂民在家之時，朝夕出入，恒受教於塾。《白虎通》云：「古之教民，百里皆有師，里中之老有道德者，爲里右師，次爲左師，教里中之子弟以道藝、孝弟、仁義也。」鄭註「仕焉而已」者，已猶退也，謂仕年老而退歸者。案《書傳》説云「大夫七十而致仕，而退老歸其鄉里。大夫

❶「室」，《禮記》鄭注作「堂」。

爲父師，士爲少師。新穀已入，餘子皆入學，距冬至四十五日始出學。上老平明坐於右塾，庶老坐於左塾，餘子畢出，然後皆歸。反亦如之」。❶此謂家有塾也。庠、序皆學名。於黨中立學，教閭中所升也。於遂中立學，教黨學所升也。案《周禮》六鄉之内，「五家爲比，五比爲閭，四閭爲族，五族爲黨，五黨爲州，五州爲鄉」，六遂之内，「五家爲鄰，五鄰爲里，四里爲酇，五酇爲鄙，五鄙爲縣，五縣爲遂」。今此經六鄉舉黨，六遂舉序，則餘閭里以上皆有學可知，故鄭註云「歸教於閭里」。其比與鄰近，止五家而已，不必皆有學也。又《周禮》遂人掌野之官，百里之外，故鄭知「遂在遠郊之外」也。鄭註《州長》職云：「序，州黨之學。」則黨學曰「序」也。《鄉飲酒》云：「主人迎賓于庠門之外。」註云：「庠，鄉學也。」則鄉學曰庠。此云「黨有庠，遂有序」者，蓋黨爲鄉學之庠，不別立序。凡六鄉之内州學以下，皆爲庠。六遂之内，則縣學以下，皆爲序也。或云「黨有庠，謂夏、殷禮，非周法」，義或然也。國謂天子所都及諸侯國中也。周禮，天子立四代學，以教世子、羣后之子及鄉中俊選所升之士也。諸侯但立時王之學，故云「國有學」。

新安朱氏曰：或問：古者庶人子弟入學者，亦皆有以養之否？答曰：不然。古者教士，其比閭之學，則鄉老坐于門，而察其出入。其來學也有時，既受學則退而習於其家。及其升而上也，則亦有時。春夏耕耘，餘時肄業，未聞上之人復有以

❶「反」，通志堂本、四庫本及《禮記正義》作「夕」，是。

養之也。夫既給之以百畝之地矣，又給之以學糧，亦安得許多糧給之耶？《周禮》自有士田可攷。

長樂陳氏曰：董氏言王者立大學以教於國，設庠序以化於邑，則家塾黨庠術序，所謂「鄉學而化於邑」也。國有學，所謂「大學而教於國」也。「大司樂掌成均之灋，以治建國之學政」，則成均之學，豈非國有學之謂歟？以義求之，塾者，孰也，言習孰乎洒掃、應對、進退之事，將由末以致本者也。庠者，養也，言養人材而成之，非特口體而已。序者，射也，言以射別行能而進，非特主皮而已。學則本天人之道而覺之，非特爲利而已。又曰：家言其塾，則凡鄉遂之家皆塾也。遂言其序，則凡鄉遂之路皆序也。學者自比而至於鄉，自鄰而至於遂，近而出入之所習孰，遠而往來之所次序，文德之盛，無大於此。

山陰陸氏曰：黨有庠，則鄙有序；遂有序，則鄉有庠；鄉有庠，則州有序；州有序，則縣有庠。六鄉貴庠，則以養之爲義，六遂貴序，則以別之爲義。又《新説》曰：周人設庠序學校，具於六鄉、六遂之中，非謂於一處設一學而已。《周官》「州長言射于州序」，則所謂序者，州亦有之，而不獨有於遂也。《黨正》言「飲酒于序」，則所謂黨者，又有序矣，不獨有於庠也。《王制》曰「耆老皆朝于庠，習射上功，習鄉尚齒」，《鄉飲酒》曰「迎賓于庠門之外」，則所謂庠者，鄉亦有之，不獨有於黨也。《春秋傳》曰「子產不毀鄉校」，則鄉又有校矣，不獨有乎庠也。由是言之，則庠序學校之制，其於鄉遂蓋各具矣，不必於鄉有庠，於遂有序也。故《孟子》設爲庠序學校以教之，而不分所在之地。蓋此數學，鄉遂中通有也。《學記》曰：「國有學，家有塾，黨有庠，術有序。」蓋術之言路也，讀如「經術」之「術」。鄭氏謂「術」爲「遂」，非也。蓋記此者言古之教人者，以外則國有學，以內則家有塾，於黨則有庠以待其居者，於路則有序以待其行者，以明先王之教人，其大略如此，非以盡天下之學而已也。宗鄭氏者，遂以爲鄉有庠、遂有庠而已。❶此不該不偏，一曲之論也。

李氏曰：古者國有學，州有序，族黨有庠，比閭有塾，縣遂同于州鄉，酇鄙同于黨族，鄰里同于比閭。此經于六遂言「序」，以見鄉之黨；于六鄉言「黨」，以見遂之鄙；于縣遂之學言「遂」，于族黨之學言「黨」，舉大以兼于小。比閭鄰里之學言「家」，舉小以見大。此先王之法言，所以常約而詳也。康成謂六鄉之學皆曰「庠」，六遂之學皆曰「序」，則誤矣。

永嘉戴氏曰：班固云：里有序，鄉有庠。序以明教，庠則行禮而視化焉。《周禮》於鄉遂獨不載庠序事，止於《州長》言「春秋以禮會民而射于州序」。《黨正》亦言「國索鬼神而祭祀，則以禮屬民，而飲酒于序」。說者以爲序者，州黨之學也。《禮記》曰「耆老皆朝于庠」，說者曰「此庠，鄉學也」。既曰「黨庠術序」，又曰「里序鄉庠」，又曰「州黨有序」，雖所載不同，要之，州鄉里之間通謂之庠序，不得謂之學。唯天子、諸侯得稱學爾。《孟子》

❶ 下「庠」字，通志堂本、四庫本作「序」，是。

曰：「夏曰校，殷曰序，周曰庠。」《禮記》又有上庠、下庠、東序、西序、左學、右學、東膠、虞庠之名。四代之學，其名又多不同。大抵後人多祖述前人之名也。

延平周氏曰：養人之有序，故自家至國，皆立之學。

建安真氏曰：按古教灋，其近民者教彌數。故二十五家爲閭，閭有塾，民朝夕處焉。四閭爲族，則歲之讀灋者十有四。灋者何？大司徒所頒之三物也。士生斯時，不待舍去桑梓，而有學有師。敬敏任恤，則閭胥書之。孝弟睦婣，則族師書之。其所以教，又皆因性誘民而納諸至善之域。禮鎔樂冶，以成其德，達其材。古者作人之功蓋如此。今之世，里於民最近而無學，士常輕去土著而事遠游，行之修寙，無所乎考。至其設教，則以琢辭鎪句爲巧，詭聖僻説爲能，非惟無以淑其人，抑且重斲喪之也。

比年入學，中年考校，一年視離經辨志，三年視敬業樂羣，五年視博習親師，七年視論學取友，謂之小成。九年知類通達，强立而不反，謂之大成。夫然後足以化民易俗，近者説服，而遠者懷之。此大學之道也。《記》曰：「蛾子時術之。」其此之謂乎？

鄭氏曰：比年入學者，每歲來入也。中猶間也，鄉遂大夫間歲則考學者之德行道藝。《周禮》三歲大比，乃考焉。離經，斷句絶也。辨志，謂別其心意所趣鄉也。知類，知事義之比也。强立，臨事不惑也。不反，不違失師道也。遠者懷之，懷，來也，安也。蛾，蚍蜉也。蚍蜉之子，微蟲爾。時術，蚍蜉之所爲，其功乃復成大垤。

孔氏曰：每間一歲，鄉遂大夫考校其藝，下一年、三年、五年、七年之類是也。入大學者，自國家考校之，未入大學，則鄉遂大夫考校也。鄭引《周禮》「三年大比考校」，則此中年考校，非周禮也。學者初入學，一年，鄉遂大夫於年終考視其業也。離經，謂離析經理，使章句斷絶。辨志，謂辨其志意趣向，習學何經。敬業，謂藝業長者，敬而親之。樂羣，謂朋友善者，願而樂之。博習，謂廣博學習。親師，謂親愛其師。論學，謂學問嚮成，論説學之是非。取友，謂選擇好人，取之爲友。此七年之學，其業小，故曰「小成」。九年則視其知義理事類，通達無疑，强立不反，則是大學聖賢之道。記禮者引舊《記》之言，故云「蛾子時術之」。蛾子，小蟲，蚍蜉之子，時時術學銜土之事，而成大垤，猶如學者時時學問，而成大道。

長樂陳氏曰：比年者，必再歲也。《周官》「鄉大夫三年大比，則考其德行道藝」，則所謂中年者，必三歲也。比年一小聘，三年一大聘，諸侯之於天子也。比年入學，中年考校，學者之於庠序也。蓋學者由積而成，自小而至大。教者因年而視，自一而至九，皆中年以考校，以校中失之實也。離經，以審其師授；辨志，以別其趣嚮。敬業而不慢，則不知燕辟之爲可尚。樂羣而不厭，則不知燕朋之爲可從。博習而詳説，則理無不窮。親師而信道，則功無不倍。學有先後而知所論，友有損益而知所取。知類通達，有以盡知之所及；强立不反，有以盡仁之所守。由離經辨志至於論學取友，則可與適道而未可與立，學之小成者也。必四進而後視之，知類通達，强立而不反，則可與立矣，學之大成者也，尚何事於視爲哉？今夫王道以九變成化，《簫韶》以九變成樂，則學以九年大成，亦天數之常，爲學日益之事也。知類通達而見善明，强立不反而用心剛，權利不能傾，羣衆不能移，天下不能蕩，夫然後内能定，外能應，非夫以善養人而服天下，孰能與此？今夫蛾有君臣之義，言蛾子，又有父子之道焉。内則父子，外則君臣，人之大倫也。大學之道，所以明人倫也，故取此以明之。僖公作頖宫於魯，禮教達而國人從之，德義達而淮夷懷之。武王立辟雍於鎬京，「自西自東，自南自北，無思不服」。其學雖殊，其成功一也。化民易俗，始也。化民成俗，終也。近者説服，遠者懷之，教也。近者説，遠者來，政也。

嚴陵方氏曰：人不可一日不學，故「比年入學」。又不可比年而視之，故「中年考校」。如下所言皆其事也。離經，考經之文也。離其經矣，因習之以爲業。敬業者，脩其業而不敢慢也。志既辨，則與之同志者在所樂矣。樂羣，居而不厭之謂也。樂羣則上足以親師而爲之法。上能親師，則下足以取友以爲之助，故繼之以取友。上有師以爲之法，下有友以爲之助，則遵道而行，半塗而廢者寡矣。故繼之以「强立而不反」焉。以能强立，故不反也。不反則有進而無退矣。知類通達，則告往知來，聞一知十之謂。自取友以上，固足以爲成矣。然或立之不强，有時而反，必待强立而不反，然後足以爲大成也。視，與《文王世子》言「視學」同意。易俗，謂易其污俗也。美俗成，則污俗易矣。俗既易矣，則天下豈有殊俗哉？近者既服，而遠者懷之，固其理也。説服者，中心説而誠服也。術者，述其所行之謂也。時者，猶學者之時習也。

延平周氏曰：觀人之有序，故自「一年離經辨志」，而至於「九年知類通達，强立而不反」。能離經，然後知業之爲可敬；能敬業，然後所習者博；習博，然後能講學；能講學，然後知類通達。凡此皆視其學問者也。内辨其志，然後外樂其羣。樂羣然後上能親師，親師然後下能取友，取友然後能强立而不反。凡此皆視其德性者也。《孟子》曰：「以善養人，然後能服天下。」此所以「近者説服，遠者懷之」。

横渠張氏曰：辨志，辨經之志，《詩》之志如何，《書》之志如何。敬業樂羣，學者必有業，尊敬其所業；樂羣，謂朋友。由博習而將以反約，事師而至於親敬，則學之篤而信其道也。論學取友，能講論其學，而取友必端矣。知類通達，比物醜類是也。九年者，止言其大略。人性有遲敏，氣有昏明，豈可齊也？强立而不反，可與立也，教者可以無恨矣。化民易俗之道，非學則不能至，此學之大成。蛾子時術之，積功也。

山陰陸氏曰：其視親師友如此，豈有殺羿之事哉？故曰尹公之他，端人也，其取友必端矣。雖然，尚非其至也，謂之小成而已。「知類通達，强立而不反」，立所謂「知及之，仁能守之」似之矣。蛾，讀如字。蛾之子，蠶蠋爾。術，蛾之所爲，乃復成垤，可以人而不如乎？且蛾，俄而生，俄而死矣，其不苟尚如此。此愚公所以屈知叟之笑也。

新安朱氏曰：辨志者，自能分别其心所趨向，如爲善、爲利、爲君子、爲小人也。樂羣敬業者，專心致志，以事其業也。樂羣者，樂於取益，以輔其仁也。博習者，積累精專，次第而徧也。親師者，道同德合，愛敬兼盡也。論學者知言而能論學之是非，取友者知人而能識人之賢否也。知類通達，聞一知十，能觸類而貫通也。强立不反，知止有定，而物不能移也。蓋考校之法，逐節之中，先觀其學業之淺深，徐察其德行之虛實，讀者宜深味之，乃見進學之驗。

東萊吕氏曰：離經辨志，謂浹意義。敬業，不敢輕易，五年方可博習，未至此，則非聖人之書不敢觀。前此非不從師，至此方能親師。七年見得的當，方可議論是非，決擇賢否。

慶源輔氏曰：離經，謂分章析句，未有不得其辭而達其意者也，故教學以離經爲先。羣居所以講習，樂羣則知講習之説也。親師，則能自得師也。《荀子》「博習不與師術」，蓋用於此，然而誤矣。此之博習，謂所習者不一也。夫師道不一，下至農工皆有師焉，况道藝豈一塗而足？各因其所習而就師可也，豈曰博習然後可以爲師耶？能自得師，然後可以取友；未能得師，則取友或失之濫。論學，謂講論所學之道。於是則又可以取友也。親師易，取友難。師必道藝顯著，故親之爲易。若友，則凡勝我者皆可友也。不慎取友，則反害其德。能親師取友以自輔，可謂小成矣。然未保其能强立而不反也。小成，所謂「可與適道」之時也。大成，則「可與立」之時也。「建國君民，以學爲先」。是以君子長者之道待斯民也，此所以心説而誠服之歟？彼刼於威而强服者，則以草芥禽獸視其民，其變也可立而待。由是言之，則民之於學固不可已，而教者亦不可以不自反也。不勉己而欲勉人，難矣哉！

大學始教，皮弁祭菜，示敬道也。《宵雅》肄三，官其始也。入學鼓篋，孫其業也。夏、楚二物，收其威也。未卜禘，不視學，游其志也。時觀而弗語，存其心也。幼者聽而弗問，學不躐等也。此七者教之大倫也。《記》曰：「凡學，官先事，士先志。」其此之謂乎？

鄭氏曰：皮弁，天子之朝朝服也。祭菜，禮先聖先師。菜，謂芹藻之屬。《宵雅》，宵之言小也。肄言習也。習《小雅》之三，謂《鹿鳴》、《四牡》、《皇皇者華》也。此皆君臣宴樂相勞苦之詩，爲始學者習之，所以勸之以官，且取上下相和厚也。鼓篋，擊鼓警衆，乃發篋，出所治經業。孫，猶恭順也。夏楚，夏，槄也；楚，荆也。二者所以扑撻犯禮者。收，謂收斂整齊之。威，威儀也。❶時觀而弗語，使之憤憤悱悱，然後啓發也。學不躐等，學，教也，教之長穉。倫，理也。自大學始教至此，其義七也。官，居官者也。士，學士也。

孔氏曰：此一節明天子、諸侯教學大理，凡有七種。大學，謂天子、諸侯使學者入大學，始習先王之道，使有司服皮弁，祭先聖先師以蘋藻之菜。著皮弁，祭蔬菜，

❶「也」字下，通志堂本、四庫本有「禘，大祭也。天子、諸侯既祭，乃視學校，以游暇學者之志意」二十二字。

並是質素，示學者以謙敬之道矣。當祭菜之時，使歌《小雅》，習其三篇。謂以官勸其始，欲使學者得爲官，與君臣相燕樂，各自勸勵也。鼓篋，謂學士入學之時，大胥之官先擊鼓以徵之，《周禮·大胥》云：「用樂者，以鼓徵學士。」學者既至，發其篋篋，以出其書，所以然者，欲使學者恭順其所持經業也。夏，《爾雅·釋木》云：「槄，山榎。」郭景純云：「今之山楸。」學者不勤其業，則以笞撻之，收斂其威儀也。「未卜禘，不視學」者，禘在於夏，天子、諸侯視學考校必在禘祭之後，禘必先卜，故連言之。若不當禘祭之年，亦待時祭後乃視學也。所以然者，欲學者之志優游縱暇，不欲急切之也。此視學，謂考試學者經業，或君親往，或使有司爲之，非天子大禮視學也。若大禮視學，在仲春、仲秋及季春，故《文王世子》云：「凡大合樂，必遂養老。」註云：「大合樂，謂春入學舍菜合舞，秋頒學合聲。於是時也，天子則視學焉。」《月令》：「季春大合樂。」與此別也。此視學既在夏祭之後，則天子春秋視學，亦應在春秋時祭之後。此舉「未卜禘，不視學」，則餘可知也。時觀而弗語，謂教者時時觀之而不告語，欲使學者存其心，使心憤口悱，然後啓之。幼者但聽長者解説，不得輒問，令其謙退，不敢踰越等差也。此七者是教學大理也。又引舊《記》結上事。凡學，謂學爲官、學爲士者，官則先教以居官之事，士則先諭教以學士之志。言七事皆是教學居官及學士者。

横渠張氏曰：皮弁、祭菜，始入學，教以天子視學之禮，所以表示學者，雖天子尚必敬學，欲使之敬業也。士，即仕也。始入學，便教以官人之事。蓋學也者，君國子民之道也。鼓篋，謂入學先搜索所藏，防其挾異端邪説以亂學者也。時觀而弗語，默觀其人之所爲。幼者當問長者，不可躐等直問其師。官先事，士先志，謂有官者先教之事，未官者使正其志爲先。此據教之大倫而言也。官先事，官，已仕者；事，謂先其職事。士先志，觀其志之如何。

長樂陳氏曰：《文王世子》：「凡學，春官釋奠于先師，秋、冬亦如之。」《周官·大胥》：「掌學士之版，春入學舍菜合舞。」蓋學者之於先聖先師，大有釋奠，小有釋菜，釋奠以飲爲主而其禮隆，釋菜以食爲主而其禮薄。故「大學始教，皮弁祭菜」，所以示敬而已矣。皮弁，順物性而制之，則文質具焉。祭菜，芼芹藻而羞之，則誠禮著焉。古者天子以皮弁視朝，而士亦以之爲飾，則皮弁，上下之通服，而三王共焉者也。始教者，服皮弁之服，行祭菜之禮。菜之爲物至薄，而誠禮寓焉，則以之致祭也，其敬非自外至，由中出，生於心而已，豈非内心以示敬道之意歟？《儀禮·鄉飲酒》、《燕禮》皆工歌《鹿鳴》、《四牡》、《皇皇者華》。《春秋》襄四年穆叔如晉，亦歌是三篇而已。蓋《鹿鳴》主於和樂，《四牡》主於君臣，《皇皇者華》主於忠信。習《小雅》之三，則和樂、君臣、忠信之道不闕，而可以入官從政矣。用是以勸始入學之士，則所入易以深矣。古之教世子必以禮樂，則其教學士亦必以禮樂焉。故皮弁祭菜而示之使敬，教以禮也。《小雅》肄三而誘之使勸，教以樂也。《周官・小胥》：「掌學士之徵令而比之，撻其怠慢者。」徵而比之，鼓篋孫業之謂也；撻其怠慢者，夏、楚收威之謂也。君喪畢之明年，然後卜禘，未卜禘則不視學，不以凶禮干吉禮也。卜禘，猶卜郊於上、中、下辛之類也。未卜禘，猶所謂寡君之未禘祀也。卜禘尊祖，所以崇本也。視學尊師，所以勸士也。先尊祖，後勸士，其序然也。孔子之於門人，退而省其私，不憤則不啓，不悱則不發，不以三隅反則不復，「時觀弗語，以存其心」之謂也。未能知生者，不得聞知死之説，未能事人者，不得聞事鬼之論，「聽而弗問，學不躐等」之謂也。先事者，非忘志也，急先務而已。先志者，非遺事也，特在所後而已。故《周官》考士之法先功緒而德行次之，孔子設科之序先德行而政事次之。

嚴陵方氏曰：皮弁無經緯之文，織紝之功；祭菜無犧牲之味，黍稷之實。《宵雅》肄習必至於三，欲孰故也。習必以《雅》，欲其正也。止以《小雅》，欲其有漸也。以其始教，故曰「官其始」也。官者，主治之謂也。學以孫志爲事，故教者必扑之，以收其威也。禘，蓋五年之祭，未五年不視學，所以優游學者之志故也。且中年考校，則再考校乃當視學之年。五年視學，則再視學乃當學者大成之年矣。「視學」見《文王世子》解。以言傳道，則學者止得於耳聞；以默識道，則學者乃得於意會。時觀而弗語，則欲其默識之。存其心，則得於意會矣。觀者不可過也，不可不及也，當其可而已，故以時言之。游其志，所以俟其自成；存其心，所以使之自得。《莊子》曰「美成在久」，則「未卜禘，不視學」者，久之謂也。《孟子》曰「思則得之」，則時觀而弗語者，思之謂也。夫入道有序，進學有時，所謂等也。居幼而爲長者之事，則爲躐等矣。所謂之倫，先後不可亂者。然教亦多術矣，豈止如是？亦其大略爾。夫官所治者事，士所尚者志。方其學居官，則以事爲先；方其學爲士，則以志爲先。故教之大倫，爲是而已。

東萊吕氏曰：自堯、舜三代以來，所以教學者切要工夫，唯是敬之一事最難識。未見師友，未經講習，先使之皮弁祭菜，肅然此心，是以敬道示之。宵，舊説以「宵」爲「小」，大抵經書字不當改。古人采詩夜誦，正是「《宵雅》肄三」之意。夜間從容無事，諷誦吟詠，善端良心油然而生。初入學，未知爲學之方，其心茫然，初無所據，使夜間肄習三章之《雅》，非獨舊説所謂《鹿鳴》、《四牡》、《皇皇者華》也。但取《雅》之三章，諷誦吟詠，此心遂有所據，所謂「官其始」也。初入學，凡在學之衆，鳴鼓升堂，衣冠濟濟，肅然在上。新入學者，要得出示其所業，向來驕慢怠忽之意都消了，所謂「遜其業」也。未禘先視學，遽以萬乘之尊臨之，學者安得不迫切？所以未卜禘，不視學，使人從容優豫以養其德。既卜禘而視學，使之不敢自怠也。古者教之善處，不在口耳之間，其動容感發之功深矣。故時觀而弗語，所以存養其心也。古人爲學盈科而後進，幼者踰節而問，即是躐等，雖曰自求益，亦是犯分，便與爲學相悖。七者皆是古者教人大概，後世此理皆亡。七端之教，所謂講道不過兩事，如其他皆是存養工夫。古人爲學，十分之中九分是動容周旋、洒掃應對，一分在誦説。今之學者，全在誦説，入耳出口，了無涵蓄工夫，所謂「道聽塗説，德之棄也」。

永嘉戴氏曰：《宵雅》肄三，説者謂始學習此，勸之以官，則是王者以利禄誘人也。《語》曰：「誦《詩》三百，授之以政，不達；使於四方，不能專對，雖多，亦奚以爲？」古人之學，亦貴於有用爾。學者以學《詩》爲先，所以興起人心也。人而不孫，不可以爲學。入學之初，挾其所有，以求勝於人，則業不進矣。故始入學者，鼓衆發篋，示其所短，以求教於人。非若後世掩匿所短，畏人之議己；亦非矜誇所長，求人之服己也。孫其業者，言所業不如人，使之知孫也。幼者未足以問而驟躐等焉，則爲不孫弟矣。然學者之問亦難，泛然而問，列事未盡而問，有所挾而問，非所當問而問，皆所不答也。七者之教於學者初無論辨誦説之功，教以謙敬之道，正其威儀之失，優游其志慮，涵養其心術，而習孰其恭順之意而已。

慶源輔氏曰：示敬道也，所以使之立爲學之誠。官其始也，所以使之知教者之意。學者之誠立，教者之意明，然後可以教之矣。故孫其業而使之有受道之質，然又慮其怠也，則又收其威而使之有勉强之意。有受道之質，無怠惰之志，則學者可以進道矣。然又慮教者之亟而不俟夫學者之自得也，故又五年一視學，使學者之志優游而無迫急之患；時觀而勿語，使學者之心常存而有憤悱之誠。上無迫切之教，下有憤悱之誠，則不患乎人之不自得已。夫教者固不可亟矣，而學者亦不可以有亟心也，故又終之以學不躐等焉。此其倫序也。七者皆所以正士之志。士則未爲官也，志則未見於事也。士而正其志，則官而能其事矣。

新安朱氏曰：《小雅》肆三，案《鄉飲酒》及《燕禮》皆歌此三篇。笙入，樂《南陔》、《白華》、《華黍》。間歌《魚麗》，笙《由庚》；歌《南有嘉魚》，笙《崇丘》；歌《南山有臺》，笙《由儀》。❶ 六笙詩本無詞，聲亦不傳。觀，示也。謂示以所學之端緒。語，告也。

馬氏曰：古之君子，其學也爲道而已，豈爲官而學哉？然而士之學者，未有不志於行道者也。楊子曰：「學之爲王者事，其已久矣。」則是官其始者，所以爲王者事也。凡視學必於卜禘者，以禘爲大祭之禮，所以擇士也。若夫時觀，則不必以禘祭爲節矣。然或曰「視」，或曰「觀」者，何也？視學，所以考其成德爲行也；時觀者，觀其存於內者而已。成德爲行，著者也，謂之視焉，見於著者也。存於內，隱者也，謂之觀焉，見於隱者也。古者三年一祫，五年一禘，蓋常禮。比年入學，中年考校，則其所謂中年者，豈皆合於禘祭之歲歟？蓋中年而考校者，有司而已。卜禘而視學者，是天子、諸侯之事。

臨邛魏氏曰：古者上自朝廷，下及四方之賓燕，凡以爲講道修政之樂，歌則《小雅》之三也。《鹿鳴》以示人善道，樂嘉賓之心；《四牡》以勤勞王事，養父母之志；

❶「笙」，原作「笛」，今據通志堂本、四庫本改。

《皇皇者華》以布宣主德，爲使臣之光。故大學之教自皮弁祭菜以後，即肆此三《雅》。饗、燕、射、鄉自旅酬奠觶以後，即升此三歌。嗚呼！非文武之澤浹於人也深，其能和平忠厚，使人油油翼翼，詠嘆而不能已也如此。

金華應氏曰：禘者，春祭之名，見於《王制》、《郊特牲》。比年之學，則自正歲始和之後，即已講祭菜、鼓篋之儀。而天子、諸侯既畢禘事，乃始視入學考校。蓋從容游泳其志，而使之一意於學也。必以五年大禘爲說，則視學希闊，而學者之志浸弛而荒矣。按《月令》每歲視學者凡四，豈必待五年之久乎？且大禘惟魯有之。

禮記集說卷第八十八

# 禮記集説卷第八十九

大學之教也，時。教必有正業，退息必有居。

鄭氏曰：有居，有常居也。

孔氏曰：自此至「之謂乎」一節，論教學之道，必當優柔寬緩，不假急速。遊息孫順，其學乃成也。時，謂時習之。正業，謂先王正典，非諸子百家。學者退息必有常居之處，各與其友同居，得相諮決，不可雜濫也。

長樂陳氏曰：「大學之教也，時」，所以順天道。「教必有正業，退息必有居」，所以盡人道。蓋安弦以夏，安《詩》以冬，安禮以秋，此所謂時也。教人弦、《詩》、禮，學之正，而不以異端，此謂正業也。❶ 退息必有居，教者之事。遊焉、息焉，學者之事。

山陰陸氏曰：正業，言時教之所教也，若「春誦夏弦」，「春秋教以禮樂，冬夏教以《詩》、《書》」是也。居學，言退息之所學也，若「不學操縵，不能安弦；不學博依，不能安《詩》」是也。

新安朱氏曰：今按上句鄭註、孔疏讀「時」字、「居」字句絶，而「學」字自爲一句，恐非文意。當以「也」字、「學」字爲句絶。時教如春夏《禮》、《樂》，秋冬《詩》、《書》之類。居學，謂居其所學，如《易》之言「居業」。蓋常時所習，如下文「操縵」、「博依」、「興藝」、「藏脩」、「息游」之類，所

❶「此」下，通志堂本、四庫本有「所」字。

以學者能安其學而信其道。

《講義》曰：時教，謂時時教之道。欲其孰習，故學者貴於時習，而教者亦貴於時教。正業，如楊雄曰「君子正而不他」，正與他之間不可不謹其所向，故教者必以先王之正道。退息必有居，非謂有所居止而已也，必有常居焉。所居有常，乃教者所以教，學者所以學。古之人坐則如尸，立則如齊，几杖有銘，盤盂有戒，無非學也，豈以退息而姑置之哉？

延平周氏曰：退息必有居，故身安而心廣。

學不學操縵，不能安弦。不學博依，不能安詩。不學雜服，不能安禮。不興其藝，不能樂學。

鄭氏曰：操縵，雜弄也。博依，廣譬喻也。依，或爲「衣」。雜服，冕服、皮弁之屬。雜，或爲「雅」。興之言喜也，歆也。藝，謂禮、樂、射、御、書、數。

孔氏曰：此以下並正業積漸之事。學操縵，教樂也。樂主和，故在前。弦，琴瑟之屬。人將學琴瑟，若不先學調弦雜弄，則手指不便，不能安正其弦，故先學雜弄，然後音曲乃成也。學博依，教《詩》法也。《詩》是樂歌，故次樂。依，謂依倚，譬喻也。雜服，自袞而下。《禮經》正體在於服章，以表貴賤。不明雜服，則心不能安善於禮也。不興其藝，此總結上三事，並先從小起義也。藝謂操縵、博依、六藝之等。若欲學《詩》、《書》正典，意不歆喜其雜藝，則不能耽玩樂於所學之正道也。

横渠張氏曰：古之教人，先使有以樂之者，如「操縵」、「博依」，如此則心樂，樂則道義生。今無此以致樂，專義理自得以爲樂。然學者太苦思，不從容，第恐進鋭退速，苦其難而不知其益，莫能安樂也。服，事也。雜服，洒掃、應對、投壺、沃盥細碎之事。興藝樂學，興，興起也；❶藝，禮樂之文，如琴瑟笙磬，古人皆能之，以中制節；射御亦合於禮樂之文，如「不失其馳」、「舍矢如破」、「騶虞和鸞」，動必相應也；書數，其用雖小，但施於簡策，然莫不出於學。故人有倦時，又用此以游其志，所以使樂學也。

長樂陳氏曰：「不學操縵，不能安弦」以至「不學雜服，不能安禮」，學者之於業也。「不興其藝，不能樂學」，教者之於人也。縵之爲樂，鍾師之所職，磬師教而奏之，所謂「操縵」，則燕樂而已，此固音之所存而易學者也。凡物雜爲文，色雜爲采。古者冠而後服備，未冠則冠衣不純素，所服采衣之雜服而已，此固禮之所存而易學者也。安弦而後安《詩》，學樂誦《詩》之意也。❷安《詩》而後安禮，興《詩》之禮之意也。夔教胄子必始於樂，孔子語學之序則成於樂，《内則》「就外傅」必始於書計，孔子述志道之序則終於游藝，豈非樂與藝固學之終始歟？

嚴陵方氏曰：操之而急、縱之而緩者，操縵之謂也。弦之理亦若是而已。依則依物之理以爲言焉。「多識於鳥獸草木之名」，則博依之謂也，《詩》之理亦若是而已。服雖雜而煩，❸亦君子之所不憚焉，

❶「興」字，通志堂本、四庫本無。
❷「學樂」，通志堂本、四庫本作「樂學」。
❸「煩」，通志堂本、四庫本作「繁」。

以服亦無非禮也。藝雖成而下，亦君子之所不廢焉，以藝亦無非學也。

山陰陸氏曰：操縵，非弦之正事。博依，非《詩》之正事。依，讀如字。《書》曰：「聲依永。」

新安朱氏曰：理會得雜服，則於禮亦思過半矣。且如冕服是天子祭服，皮弁是天子朝服。諸侯助祭於天子，則服冕服；自祭於其廟，則服玄冕。大夫助祭於諸侯，則服玄冕；自祭於其廟，則服皮弁。又如天子常朝，則服皮弁；朔旦，則服玄冕。諸侯常朝，則服玄端；朔旦，則服皮弁。大夫私朝，亦服玄端，夕深衣。士則玄端以祭，上士玄裳，中士黄裳，下士雜裳。庶人深衣。此所謂雜服也。

慶源輔氏曰：博依，如陸氏之説，學《詩》然後能多識鳥獸草木之名，謂廣譬喻，亦非。古人因詩而歌，使協聲律，歌有高下清濁，❶合於宫商則爲聲，聲協律吕則爲律。蓋古之學《詩》者，先學歌《詩》，使其歌依於聲律，故云「博依」。博謂有其聲者清濁高下不一也。先能歌，然後能安之而求其義。服，事也。雜服，謂凡禮之事如三千三百之儀是也。「不學操縵」以下皆言藝也。藝，謂禮、樂、射、御、書、數。上言禮樂矣，故下言藝，以總射、御、書、數也。《詩》亦樂也，故因樂言之。「不興其藝，不能樂學」，故學者先教以六藝也。興，如舊音。

故君子之於學也，藏焉，脩焉，息焉，遊焉。夫然，故安其學而親其師，樂其友而信其道。是以雖離師輔而不反也。《兑命》曰：

❶「歌」字上，通志堂本、四庫本有「而」字。

「敬孫務時敏，厥脩乃來。」其此之謂乎？

鄭氏曰：藏，謂懷抱之。脩，習也。息，謂作勞休止□之息。遊，謂閒暇無事之遊。敬孫，敬道孫業也。敏，疾也。厥，其也。學者務及時而疾，其所脩之業乃來。

孔氏曰：故，因上起下之辭。君子之爲學，恒使業不離身。若能藏脩息遊，無時暫替，乃能安其所習學業。學業既深，知由於師，故親愛師。既能親師，故樂重同志之友，説信己道。一云：安業，故乃親師樂友，後乃信道。輔，即友也。離，猶違也。心信己道，不復虛妄。假令違離師友，亦强立不反也。乃來，謂所學得成也。

横渠張氏曰：藏，退也。脩則思以得之，日知其所不知也。息，休止也。遊，遊玩也。接物倦，則存心講習，以不忘其故，此温故而知新也，❶大要未嘗須臾忘也。敬孫務時敏，孫其志於仁則得仁，孫其志於義則得義，唯其敏而已。

長樂陳氏曰：君子之於學也，將以致道，没身不怠而已。故藏焉以藴其所已知，「月無忘其所能」是也。脩焉以習其所未知，「日知其所亡」是也。息焉則所次必於是，若倪寬帶經而鉏，休息輒誦是也。遊焉則所造必於是，若孔子出遊於觀之上，有志於三代之英是也。君子之於學如此，故能安其學而親其師，樂其友而信其道矣。今夫美吾身者，學也。成吾性者，道也。模範我者，師也。切磋我者，友也。學待師而後正，性不安學則疾其師而不親矣；道待友而後明，情不樂友

❶「此」字下，通志堂本、四庫本有「即」字，是。

則疑其道而不信矣。安學而親師，則外有正以行；樂友而信道，則中有主以止。若然，則雖離師輔，確乎强立而不反也。❶

延平周氏曰：藏者，言其學之既得者也。脩者，言其學之未得者也。息對遊，則息爲暫，遊爲久。言安學而親師，則知信道而樂友；言樂友而信道，則知親師而安學。有所藏，有所脩，有所息，有所遊，則其所入者深。故雖離師輔，亦不反也。輔也者，蓋友有佑助之意。

嚴陵方氏曰：藏焉脩焉，所以存其心；息焉遊焉，所以遊其志。藏則藏於其心，脩則脩於其身。務學不求師，則道孰爲之傳？獨學而無友，則道孰爲之輔？是故雖安其學，必親其師，必樂其友。既樂其友，然後能信其道。其始也，親師取友，以至於此。其終也，雖離師輔，亦若是而已。孔子曰：「以友輔仁。」

廬陵胡氏曰：學者，君子之所以藏身，猶魚之藏於水，不可離也。脩，猶竹之脩，日加益而不知也。息，謂居之安也。遊，若「遊心於淡」之「遊」。

永嘉戴氏曰：君子爲學，當以進德脩業爲本。今脩居其一，而藏、遊、息居其三，豈教人爲怠乎？蓋古之教者教以心，後之教者教以言。古之學者養其心，後之學者苦其心。然則學問之道無他，求其放心而已。既求之，則操之，存之，養之，制之，至於宅心正大，而後至於縱心不踰，豈若後世學者博而寡要，勞而少功，苦其志慮，耗其血氣，非徒無益，而喪失



❶「確」字上，通志堂本、四庫本有「亦」字。

其本心者多矣。觀師取友，❶此學者急務。師友之間，固有實不相知，而外徇其名者。無所得於其師，則齟齬而情實踈。無所得於其友，則疑忌而意不合。此非學者之過，抑師友亦有過焉。蓋涵養之功不加，而督迫之意日至；漸漬之實不孚，而責善之意太甚：則彼有不安而已爾，有不樂而已爾，况望其能進德乎？涵養其心術之微，使之漸漬習孰，安於義理，無所矯揉，則無有師保，自進於善，雖他日離群索居，不變其初。大抵物之矯揉者，力盡則還，❷唯自然馴習者久而不變。一段，與上文意似不合，然古人援《詩》、《書》爲證，畧取其大意而已。❸敬孫，則心有所守，無欲速之患。時敏，則進脩及時，無自怠之失。此所以「厥脩乃來」。要之，藏、脩、遊、息，四者不同，其爲脩業則一也。

慶源輔氏曰：藏，猶《詩》所謂「中心藏之」。脩，謂以身脩之也。藏之，則不須臾而忘；脩之，則不頃刻而廢。息亦在於斯，遊亦在於斯，猶言「造次必於是，顛沛必於是」也。夫然，故能自小成而進於大成。安其學而親其師，樂其友而信其道，小成也。雖離師輔而不反，大成也。樂猶心有所愛羡之意。❹若子貢所謂「賜也，何敢望回」。安其學故親其師，樂其友故信其道。如七十子之服孔子，所謂「安其學而親其師」。曾子曰：「昔者吾友嘗從事於斯矣。」所謂「樂其友則信其道」。

❶「觀」，通志堂本、四庫本作「親」，是。
❷「還」，通志堂本、四庫本作「返」。
❸「已」，原作「也」，今據通志堂本、四庫本改。
❹「猶」，通志堂本、四庫本作「謂」。

變「友」言「輔」，欲見不假友之輔助而不反也。敬孫務時敏，謂「時教必有正業，退息必有居學」以下。「厥脩乃來」，謂「安其學而親其師，樂其友而信其道」以下。

金華應氏曰：深攷自「大學之教」至此章，則自「比年入學」至「九年大成」，其所學大畧可見。蓋時教之正業，即所習者經也。至於親其師，樂其友，乃所謂樂羣、親師也。至於知類通達，則雖離師輔而强立不反矣。

今之教者，呻其佔畢，多其訊。言及于數，進而不顧其安。使人不由其誠，教人不盡其材。其施之也悖，其求之也佛。夫然，故隱其學而疾其師，苦其難而不知其益也。雖終其業，其去之必速。教之不刑，其此之由乎！

鄭氏曰：呻，吟也。佔，視也。簡謂之畢。訊，猶問也。言今之師，自不曉經之義，但吟誦其所視簡之文，多其難問也。呻，或爲「慕」。訊，或爲「訾」。言及于數，謂發言出說，不首其義，動云有所法象而已。不顧其安，謂務其所誦多，不惟其未曉也。不由其誠，由，用也，使學者誦之而爲之説，不用其誠也。不盡其材，謂師有所隱。「施之也悖，求之也佛」，謂教者言非，則學者失問也。隱，不稱揚也。不知其益，若無益然。速，疾也。學不心解，則忘之易。刑，猶成也。

孔氏曰：此一節論教者違法，學者所以不成。多其訊者，不曉義理，假作問難，詐了多疑也。進，謂務欲前進，誦集使多，❶而不曾反顧其義理之安。誠，忠誠

❶「集」，通志堂本、四庫本及《禮記正義》作「習」。

也。使學者誦文，而已爲之説義，心皆不曉，是不用己之忠誠也。教人不盡其材，謂隱惜所知也。❶教者有上五者之短，故施教於人，違背其理。❷其學者求之，則亦違戾義意。佛，戾也。師教既悖，受者又違，故弟子隱其師之學，而憎疾其師也。師説既不曉了，故弟子受之，苦其難不解，❸不自知其有益也。雖得終竟其業，其去之必速疾。師教弟子不成，由此在上諸事。

嚴陵方氏曰：以言問之之謂訊。道之本寓諸理，其末見乎數。言及于數，非所謂教之大倫矣。進而不顧其安，非所謂安其學矣。使人不由其誠，非所謂信其道矣。教人不盡其材，非所謂强而弗抑矣。施之也悖，非所謂不陵節矣。求之也佛，非所謂孫其業矣。隱其學而疾其師，非所謂「師逸而功倍，又從而庸之」矣。隱以言其學之不明也。苦其難而不知其益，非所謂「和易以思」矣。其去之必速，非所謂「强立而不反」矣。

新安朱氏曰：數謂形名度數。言及於數，欲以是窮學者之未知，非求其本也。《註疏》法象之説，恐非。若小學之教，蓋將使之循習乎掃洒應對之節，❹與今之教言及于數者，其意不同。隱其學，謂以其學爲幽隱而難知，如曰「二三子以我爲隱」之意。

延平周氏曰：孔子曰：「求也退，故進之。由也兼人，故退之。」蓋進之，必顧其所安

❶「惜」字下，通志堂本、四庫本有「其」字。
❷「違」字上，通志堂本、四庫本有「皆」字。
❸「不」字，通志堂本、四庫本無。
❹「掃洒」，通志堂本、四庫本作「灑埽」。

而使之進也。使漆雕開仕，曰：「吾斯之未能信。」孔子説。蓋使之必由其誠，而不强其中心之所不欲也。於門人問仁、問孝之類，其答皆不同。蓋教之必盡其材，故所答雖有難易，而未嘗不隨其才之大小也。後之教人者反此。故曰「其施之也悖，其求之也佛」。而其教之者，卒不見其成。故曰「隱其學而疾其師，苦其難而不知其益。雖終其業，而去之必速」。

慶源輔氏曰：至「言及數」，❶所謂記問之師也。呻其佔畢，所以形容其貌。多其訊，謂無統類强聒而泛語之。訊，猶《墓門》詩所謂「歌以訊之」之「訊」。毛氏曰：「訊，告也。」言及于數，則愈下矣。此上言在己之失，此下言教人之失。盈科而後進可也，如是然後居之安而資之深。若不顧其安否而强揠以進，此學者所以隱其學而苦其難也。强揠以進，是使人不由其誠。未及安於此而又進之，是教人不盡其材。此二句所以終上句之義。材者可爲之資，施與求皆謂師之事。施謂施己之教，求謂求學者之益。隱，不安之意。《栢舟》之詩註云：「隱，痛也。」痛則不安矣。安其學故親其師，則隱其學而疾其師宜矣。所謂「雖得之，必失之」也。强聒而教之，强揠而進之，則有終其業者矣，然其忘也可立而待。刑，猶「儀刑」之「刑」。「教之不刑」，猶言教不足爲人之儀刑也。

横渠張氏曰：人未安之，又進之；未喻之，又告之，徒使人生此節目。不盡其

❶「及」字下，通志堂本、四庫本有「于」字。

材，不顧安，❶不由誠，皆是施之妄也。教人至難，必盡人之材，乃不誤人。觀可及處，然後告之。聖人之明，直若庖丁之解牛，皆知其隙，刃投餘地，無全牛矣。故使人必由其誠，教人必盡其材。人之材足以有爲，但以其不由於誠，則不盡其材。若曰勉率而爲之，則豈有由其誠者哉？

大學之法，禁於未發之謂豫，當其可之謂時，不陵節而施之謂孫，相觀而善之謂摩。此四者，教之所由興也。

鄭氏曰：未發，情欲未生，謂年十五時。可，謂年二十成人時。不陵節，謂不教長者、才者以小，教幼者、鈍者以大也。施，猶教也。孫，順也。相觀而善，謂不並問，則教者思專也。摩，相切磋也。興，起也。

孔氏曰：此一節論教得理，則教興也。十五以前，情欲未發，則用意專一，學業易入，逆防於未發之前，故云「豫」也。二十德業已成，時可受教，故云「時」。陵，猶越也。節，謂年才所堪，不越其節，分而教之，所謂「孫，順也」。善，猶解也。

長樂陳氏曰：邪不閑，則誠有所不存；回不釋，則美質有所不增。故禁於未發之謂豫，所以救失於未然之前。當其可之謂時，所以長善於可教之際。故當其可以學之之時而達之可以習之之業，《易》所謂「進德脩業，欲及時也」。因時而不違，循理而不逆，不責其所不及，不强其所不能，「優而柔之，使自求之；厭而飫

❶「顧」字下，通志堂本、四庫本有「其」字，下句「由」字下亦有「其」字，疑是。

之，使自趣之」，豈不爲孫乎？與夫驟而語之，喧德蕩志者異矣。教者不陵節而施之，則學者見賢思齊，見善相示，不必親相與言，而同歸于善矣，豈不爲摩乎？與夫「朋友以譖，不胥以穀」者異矣。以《内則》推之，七年男女不同席，不共食；十年出就外傅，居宿于外，禁於未發之意也。八年，始教之孫；以至二十，敦行孝弟，當其可之意也。學樂而後射御，射御而後學禮，舞《勺》而後舞《象》，舞《象》而後舞《夏》，不陵節而施之意也。三十，博學無方，孫友視志，相觀而善之意也。教之所由興，本諸此而已。

嚴陵方氏曰：夫既發而後禁，則爲無及。未發而先禁，乃爲有備。幼子常視毋誑，亦可謂之豫矣。未可以教而教，則欲速而不達。可以教而不教，則雖悔而不可追。若十年學書計，十三年舞《勺》，成童舞《象》，則可謂之時矣。不陵節而施，則理順而不悖，故謂之孫。若孔子言「可與共學，未可與適道。可與立，未可與權」，則可謂之孫矣。以此之善而見彼之不善，以彼之不善而見此之善，所謂相觀也。有見於上，則知善可慕；有見於下，則知不善之可戒。《荀子》所謂「見善脩然，必以自存；見不善愀然，必以自省」，則可謂之摩矣。夫既有以防其情，又有以成其性；既有以因其才，又有以輔其仁：則教之之道盡矣。故曰「所由興」也。

廬陵胡氏曰：《蒙卦》「初六，❶發蒙」，則未發謂童蒙之初也。❷其志不分，防之宜

❶「蒙」字上，通志堂本、四庫本有「易」字。
❷「則」字下，通志堂本、四庫本有「知」字。

早。康衡曰：「謹防其端，禁於未然。」《詩傳》「人少而端慤，長大無欲」。十有五而志于學，三年通一經，三十而五經立，此皆學之時。不陵節，若學《詩》、學《禮》之次。

新安朱氏曰：禁於未發，但謂預爲之防，其事不一，不必皆謂十五時也。當其可，謂適當其可告之時，亦不當以年爲斷。❶相觀而善，但謂觀人之能而於己有益，如以兩物相摩而各得其助也。

横渠張氏曰：當其可者，乘其間而施之，不待彼有求而後教之也。又曰：不待其問，當其可告之機即告之。如《孟子》曰「時雨化之」，如天之雨，豈待望而後雨，但時可雨即雨。

馬氏曰：自掃洒應對進退，❷而至於成人者，各有當也，當其可之謂時也。鯉趨而過庭，曰「學《詩》乎」，❸又曰「學《禮》乎」，不陵節而施之謂孫也。切切偲偲，相觀而善之謂摩也。

山陰陸氏曰：鄭氏謂「可謂二十成人時」，夫謂之可，豈特年二十而已。不陵節，若孔子所以教諸弟子未有同者也，此之謂孫。孫，師之事也。摩，友之事也。鄭氏謂「不並問，則教者思專」，夫所謂「相觀」，豈特不並問而已。

永嘉戴氏曰：夫「禁於未發之謂豫，當其可之謂時」，疑若不可須臾緩也。然「不陵節而施之謂遜，相觀而善之謂摩」，又何其甚緩也。夫「君子進德脩業欲及

❶ 「當」，通志堂本、四庫本作「必」。
❷ 「掃洒」，通志堂本、四庫本作「灑埽」。
❸ 「曰」字上，通志堂本、四庫本有「子」字，是。

時」，過時非也，不及時亦非也。乾於九三論「君子進德脩業」，其言曰「知至至之，可與幾也；知終終之，可與存義也」。知所終始，則無過、不及之患矣。大抵學者爲學，始終節目皆有次第，先傳後倦，不可誣也。若先後倒置，本末舛逆，學雖勤，無益也。禁於未發，不必謂十五時也。物欲未深，情僞尚淺，則猶可禁也。當其可，不必謂年二十成人時也，適當其機，因而導之，此之謂可。孫之爲言有優游巽入之意焉，摩之爲言有切磋動盪之意焉。人知豫與時之爲教，而不知孫與摩之爲教也深矣。❶

河南程氏曰：朋友講習，更莫如相觀而善工夫多。❷

四明沈氏曰：時過然後學，則勤苦而難成，謂失可教之機也。聖人朝夕視學者孰矣，投機之會藏於未形，非聖人誰識之？夫子於子貢、曾子，不待其問，不俟其請，遽提其名，❸語以大道之要。蓋夫子默察二子見道之機以語之，聖人於門弟，❹所謂如慈母之哺嬰兒，如醫師之候病者，無不各中其所欲，內外感動之妙，❺油然而自得矣。

慶源輔氏曰：凡事豫則立，況教人者乎？已犯上矣，而使之無爲亂；已穴坯矣，而使之勿爲盜；既爭而教之讓，既奢而教之節：難矣。故先王之教人，自能言時，男唯、女俞之不同；至七年時同席

❶「深矣」，通志堂本、四庫本作「益深」。
❷「工夫」，通志堂本、四庫本作「之工夫爲」。
❸「遽」字上，通志堂本、四庫本有「而」字。
❹「弟」字下，通志堂本、四庫本有「子」字，是。
❺「動」，通志堂本、四庫本作「應」。

共食之不可，其道當然，不可謂之太早計也。自「子能食，食教以右手」至「吾道一以貫之」，皆當其可之時。❶ 顏子曰：「夫子循循然善誘人。」子曰：「賜也，可與言《詩》。」則其所施不陵節而孫可知矣。曾子問顏子「有若無，❷實若虛，犯而不校」，是相觀而善也。忠告而善道之，又其次也。强聒而不已，祇取辱焉。

發然後禁，則扞格而不勝。時過然後學，則勤苦而難成。雜施而不孫，則壞亂而不脩。獨學而無友，則孤陋而寡聞。燕朋逆其師，燕辟廢其學。此六者，教之所由廢也。

鄭氏曰：扞格不勝，謂教不能勝其情欲。「格」讀如「凍洛」之「洛」。扞格，❸堅不可入之貌。時過然後學，則思放也。雜施不孫，則小者不達，大者難識，學者所惑也。獨學無友，則不相觀也。燕朋，燕猶褻也。燕辟，褻師之譬諭。廢，滅也。

孔氏曰：此一節論學不依理，教所由廢。發，謂情欲既生也。扞，謂拒。扞格，謂堅强，譬如地凍，則堅强難入，今人謂地堅爲洛也。學時已過，則心情放蕩，雖復追悔，❹精明已散，徒勤苦四體也。雜施，謂教雜亂，無次越節，則大才輕其小業，小才苦其大業，並是壞亂之法，不可復脩治也。獨學，則學識孤褊鄙陋，❺寡有所聞。此四條皆反上教之所興也。燕朋，謂燕褻朋友，不相尊敬，則違逆師之教道。燕辟，謂義理難曉，時須假設譬喻，

❶「之」字下，通志堂本、四庫本有「謂」字。
❷「問」，通志堂本、四庫本作「稱」，當是。
❸「格」字，原無，今據《禮記正義》阮校補。
❹「復」，通志堂本、四庫本作「欲」。
❺「褊」，通志堂本、四庫本作「偏」。

而墮學之徒好褻慢笑之，是廢學之道也。

此六者是廢學之由。

嚴陵方氏曰：情發後禁則扞格，言相扺也，相扺，則禁之有所不勝矣。時過後學則勤苦不倦，欲有所成，難矣。雜施而至於亂壞，則術業無由而脩矣。獨學無友，則孤而無與，陋而不廣，所聞寡矣。以燕安爲朋，而至於逆其師之教；以燕安爲譬，而至於廢其學之道。若是則教何自而興乎？然教之興止於四，廢至於六者，以見教之爲難，所由興者常少，所由廢者常多也。

延平周氏曰：燕安則有褻意。人之所以爲朋者，以其同出於師，故尊其朋則爲順其師，而褻其朋乃爲逆其師也。學至於難解，然後有用於辟，故褻其辟，則爲廢其學也。

横渠張氏曰：學者當先與朋游講習，❶然後問師。若但多問，未嘗自得，學者則惰，教者則瀆，兩俱失之。燕朋，不敬其朋友而燕慢之，必不能從師之教，理之然也。燕，安也，褻也。褻其友則慢其師，蓋有漸也。安師之辟喻，則不能三隅反，何學之有？燕辟，燕爲燕安，樂人之譬喻，不能自得，是廢學，人當思而得之。

山陰陸氏曰：燕朋，逆其師之意。燕辟，廢其學之方。

新安朱氏曰：燕朋逆其師，《大戴·保傅篇》作「左右之習，反其師朋」。此燕朋是私褻之友，所謂「損者三友」之類，註説非也。燕辟，但謂私褻之談，無益於學，而反有所害也。

❶「游」，通志堂本、四庫本作「友」。

永嘉戴氏曰：發然後禁，非不禁也，特禁之不得其要爾。時過然後學，非不學也，特學之不得其道爾。雜施而不遜，則固嘗施之矣，施之不得其統，猶不施也。獨學則固嘗自學矣，而無其友，猶不學也。燕遊，私昵之謂也。燕朋，謂昵於朋比，如「孺子其朋」之「朋」。燕辟，謂昵於敖辟，如「師也辟」之「辟」。昵於朋比，則人自爲學，不顧其師；昵於敖辟，則自以爲是，不力於學。教之不行，由此其故也。❶其夫人之患在好爲人師，而爲師最難。道與天、地、君、父並是，❷烏可以易爲之？夫子曰：「温故而知新，可以爲師矣。」人而可以爲師，則中之所存必有大過人者。然而非深識學者之病，無以成闔闢造化之功。故修己者可以尊道，知人者可以明道，設教者不可以不兼備也。

慶源輔氏曰：發而後禁，❸唯孔子之聖而後可。過而能改，非子路之勇則不能。舍是，則未有不扞格者也。禁，師之事也；學，弟子事也。互言之爾。如孔子之教則無不勝，如子路之學則無不成。先儒之言曰：「老而好學，尤不易得。」人固不可不自勉。學於孔子者，雖鄙如樊遲，有子夏以啓發之，則不患其陋而未達，況其餘者，相觀而善，切切偲偲，則其成德達才可知矣。朋友攝以威儀，而切偲致意，則非燕朋矣。善教者罕譬而喻。孟子之長於譬喻，則非燕辟矣。燕朋，則志有所溺，故逆其師之教。燕辟，則心有

❶「其」，通志堂本、四庫本作「之」。
❷「是」，通志堂本、四庫本作「重」，當是。
❸「而」，通志堂本、四庫本作「然」。

所分，故廢其學之業。子曰：「群居終日，言不及義。好行小慧，難矣哉！」六者雜舉師資之病，以見教之廢，非獨一人之罪也。

《講義》曰：前四者，教之所由興，在師者三，在學者一。後六者，教之所由廢，在師者三，在學者三。

君子既知教之所由興，又知教之所由廢，然後可以爲人師也。故君子之教喻也，道而弗牽，强而弗抑，開而弗達。道而弗牽則和，强而弗抑則易，開而弗達則思，和易以思，可謂善喻矣。

鄭氏曰：道，示之以道塗也。抑，猶推也。開，爲發頭角。思而得之則深。

孔氏曰：此一節明君子教人方便善誘之事。喻，猶曉也。君子既識學之廢興，故教喻有節。道，猶示也。牽，謂牽偪令速曉。强，謂微勸學者，不推抑而教之。開，謂開發大義，不事事使之通達也。人苟不曉而牽偪之，彼心必生忿恚。今但示正道，則彼心和而意悟。易，謂受者和易，則易成也。思，謂用意思念，所得必深。師能教弟子如此，可謂善教喻矣。

長樂陳氏曰：君子之教人，道而使之和，則所從者樂；强而使之易，則所進者鋭；開而使之思，則所得者深。此所以爲善喻矣。

延平周氏曰：知其學之所興者寡，所廢者多，則可以爲人師。❶道而弗牽者，私淑艾者也。强而不抑者，盡其材者也。開而不達者，引而不發者也。道而弗牽，則和而不暴。强而弗抑，則易而不艱。

❶「師」字下，通志堂本、四庫本有「矣」字。

開而不達，則思而不殆。君子之教人，常欲其所得勝所聞。故曰「和易以思，可謂善喻矣」。

嚴陵方氏曰：教主乎道，喻形乎言。然道未嘗不資乎言，言未嘗不本乎道。教無非喻也，喻無非教也，故下有獨言善喻者，或獨言善教者。君子之教喻也，道之使有所向，❶而弗牽之使從，則人有樂學之心；强之使有所勉，而弗抑之使退，則人無難能之病；開之使有所入，而弗達之使知，則人有自得之益。以此三道而喻人，故曰「可謂善喻矣」。若孔子「循循然善誘人」，所謂「道而弗牽」也。於互鄉童子「與其進，不與其退」，所謂「强而弗抑」也。「舉一隅，不以三隅反，則不復」，所謂「開而弗達」也。

永嘉戴氏曰：君子之教而以喻爲言，何哉？喻以義理，使之心通意悟，默然自喻，此教之大功也。「道而弗牽，强而弗抑」，未嘗示人以其難。「開而弗達」，亦未嘗示人以其易。不示人以其難，則教者有善誘之功，學者有欲罷不能之意。不示人以其易，則教者寓憤悱之機，學者有啓發之功。大要和易以思，使學者不過用其心，亦非泛然無所用其心，所謂「勿正」之功蓋如此。

慶源輔氏曰：知所由興則行之，知所由廢則防之，然後可以爲人師。「道而弗牽」則和，「强而弗抑」則易，所謂「優而柔之，使自求之」也。先儒謂至道懇切，固是誠意。若迫切不中理，則反爲不誠，則教者亦豈可不知此理哉？開，謂開其端

❶「向」，通志堂本、四庫本作「尚」。

緒。開其端緒，則自不能已於致思，故可以致於自得之地。❶於教喻而如此，謂之善。

學者有四失，教者必知之。人之學也，或失則多，或失則寡，或失則易，或失則止。此四者，心之莫同也。知其心，然後能救其失也。教也者，長善而救其失者也。

鄭氏曰：失於多，謂才少者。失於寡，謂才多者。失於易，謂好問不識者。失於止，謂好思不問者。救其失者，多與易則抑之，寡與止則進之。

孔氏曰：此一節明教者識學者之心而救其失也。才識淺小而所學貪多，則終無成，是失於多也。才識深大而所學務少，徒有器調，終成狹局，❷是失於寡少也。至道深遠，非凡淺所識，人不知思求，唯好汎濫外問，是失之輕易，此「學而不思則罔」。心未曉知，不肯諮問，唯但自思，終不能達，此失於自止，是「思而不學則殆」。四失由人心之異故也。師既識四心之不同，乃能隨失而救之。❸使學者和易以思，是長善；使學者無此四失，是救失：唯善教者能之。

橫渠張氏曰：失之多，過也；失之寡，不及也。止有兩端，無三也。凡學，❹不是過，即不及。❺若無過與不及，乃是中矣。失則多，謂才少，❻卒然不能會歸，故失於煩多，若子夏是也。子夏之學，自洒掃應

❶「致」，通志堂本、四庫本作「至」。
❷「終」字上，通志堂本、四庫本及《禮記正義》有「而」字。
❸「隨」字下，通志堂本、四庫本有「其」字。
❹「學」字下，通志堂本、四庫本有「者」字，當是。
❺「即」字下，通志堂本、四庫本有「是」字。
❻「少」，通志堂本、四庫本作「小者」。

對之末至「博學而篤志，切問而近思」，其學最實。寡者，❶以才多，易曉達而不精密，若子張窺見夫子近上一節，不復勤求力行，又問善人之道，意謂善人可不學而至。孔子告以必踐履善人之事，乃能至善人之地。曾子亦曰：「堂堂乎張也，難與並爲仁矣。」易者，輕易也，與寡相近，以爲易知，更不復研究，子路事多近之。止，畫也，苦其難而不進，冉求事近之。學者四失，❷爲人則失多，好高則失寡，不察則易，❸畏難則止。

東萊吕氏曰：大抵治學者之病，須是先知它病處，所謂學者四失，隨其氣禀厚薄清濁，判斷不出四端。或失則多，才有餘者；或失則寡，才不足者；或失則易，俊快者；或失則止，鈍滯者。大抵四者所謂心之莫同也，❹病各自别。知其心，然後能捄其失也。要識他病處，失在多寡易止。譬如醫者用藥，知得陰陽虚實，方始隨證補瀉鍼灼。若錯他之，❺教者、學者皆勞而無功。只看孔子教人，於四者之病隨證用藥，曲得其妙。且如子路，所失者多，孔子未嘗不裁減。「由也兼人，故退之」，知他多病而成就之。❻或失之寡，孔門如柴愚、參魯、雍也仁而不佞，就他資質上，所失在寡。孔子之教，就他寡處，「博之以文，約之以禮」，各到成立。「或失則易」，如子貢「億則屢中」，與夫方

❶「寡」字上，通志堂本、四庫本有「失于」二字，是。
❷「者」字下，通志堂本、四庫本有「之」字。
❸「則」字下，通志堂本、四庫本有「失」字。下句「則」字下亦有「失」字。
❹「謂」，通志堂本、四庫本作「爲」。
❺「他」，通志堂本、四庫本作「施」，是。
❻「成就」，通志堂本、四庫本作「底救」。

人之病，孔子未嘗不深懲而痛抑之。如云「夫我則不暇」，皆使之難，不使之易。「或失之止」，孔子之門如冉求之自畫，孔子未嘗不誘掖而進之，小以成小，大以成大。若不識學者之病，到去他病上加添，無緣得成就。子路之失多，更若進之，所謂有餘不敢盡工夫，子路何緣得入？推此類言之，其他無不如此。教也者，長善而救其失者也。爲學之道，扶持長養人之善端，救人之偏失。孔子之教皆在一部《論語》中。如「君子哉，若人」，「尚德哉，若人」，「大哉問」，「善哉問」，如此之類，無非長善。如責以「朽木不可彫，糞土之牆不可汙」，凡此之類，無非救其失。

長樂陳氏曰：失之多者，孔子謂之狂，而失之寡者，孔子謂之簡。古之教者，觀性以知心，因心以救失。多者約之以禮，寡者博之以文，易者抑之以自反，止者勉之以自强，此長善救失之道也。且善譬則苗也，失譬則莠也。欲長善者必救其失，欲長苗者必去其莠。彼閔其苗之不長而揠之者，其智不已疏乎？

延平周氏曰：或失則多者，智之所以過。或失則寡者，愚之所以不及。或失則易者，賢者之所以過。或失則止者，不肖之所以不及。

嚴陵方氏曰：失雖見乎事，❶而所存本乎心。故知其心於内，然後可以救其失於外也。人之性莫不有善，苟無教以長之，則善浸以消人之心，不能無失。苟無教以救之，則失或爲害。

❶「事」，通志堂本、四庫本作「外」。

永嘉戴氏曰：夫人資稟各有所偏，雖伯夷、柳下惠不能免也。其平日所踐履，終身所成就，皆於其所偏者重，况於學者乎？學者四失，其意皆自以爲善，而不知其非。失之多者，博採以爲功。失之寡者，約取以爲精。失之易者，泛應而不能致思。失之止者，小成而莫肯前進。所貴於學問者，謂其能化氣質之偏，❶學者每患於不自知，故有賴於教者之功。蓋自知甚難，自上知下甚易。設教而不知學者之失，知其失而不知救學者之過，皆非所以爲教也。

慶源輔氏曰：必知之，言不可不知也。不言失之多，而言「失則多」者，蓋多、寡、易、止，有時爲當然。若一於此，則爲失也，故云「則」焉。博之失則多，陋之失則寡，勇之失則易，愚之失則止。有所溺，❷然後失形於外。❸不正其心而治其外，未之能也。失由心生，善本性有。教人者，長其固有之善而已。救其失，則非知其心有所不能也。❹

山陰陸氏曰：長善而救其失，將順其善而匡救其失也。

善歌者使人繼其聲，善教者使人繼其志。其言也約而達，微而臧，罕譬而喻，可謂繼志矣。

鄭氏曰：善歌、善教，言爲之善者，則後人樂放傚也。「可謂繼志」，謂師説之明，則弟子好述之。其言少而解。臧，善也。

孔氏曰：此一節論教者若善，則能使學

❶「質」，通志堂本、四庫本作「稟」。
❷「有」字上，通志堂本、四庫本有「内」字，是。
❸「後」字，原重，今據通志堂本、四庫本删其一。
❹「能」字下，通志堂本、四庫本有「及」字。

者繼其志於其師也。記者以善歌而比喻之，音聲和美，感動人心，能使聽者繼續其聲；善教者必能使後人繼續其志，如今傳繼周、孔也。又釋所以可繼之事。善爲教者，出言寡約而理顯易解，義理微妙而説之精善，其譬罕少而聽者皆曉。爲教如上，則可使後人繼其志也。

横渠張氏曰：繼其志，謂教者使學者繼其志。循循然善誘，是繼志也。善歌者亦使學歌者自繼其聲，高下得相繼。使人繼其志，繼學之志也。使人心不能已，善教者也。志常繼，則罕譬而喻。言易入，則微而臧。

長樂陳氏曰：聲之不可繼者，非善歌；志之不可繼者，非善教。蓋高明以絶物，則不足以爲善。中庸以導物，然後爲善也。夫詳而不約而後能達，顯而不微而後能臧，多譬而不罕然後能喻，此理之常也。今也約而能達，微而能臧，罕譬而能喻，則是約而人知其要，微而人知其妙，罕譬而人知其簡，可謂繼志矣。蓋約與微，所以明道。罕譬，所以明物。道至於難明，則又明物以顯之，此所以爲善也。又《樂書》曰：善歌者直己而陳德，未嘗無可繼之聲。善教者易直以開道，未嘗無可繼之志。其聲爲可繼，則氣盛而化神；其志爲可繼，則德盛而教尊。其故何哉？其言也，❶約而達、微而臧、罕譬而喻故也。

嚴陵方氏曰：天下之理，太高則與物絶，而人莫能繼矣；太卑則與物褻，而人不

❶「其」字下，通志堂本、四庫本有「爲」字。

足繼矣：惟得中則可爲繼焉。❶夫言苟務多，則人以爲惑而不達矣。言苟好大，則人以爲迂而不臧矣。言苟多譬，則人以爲僻而不喻矣。若然，則教者雖有其志，學者焉能繼之哉？

山陰陸氏曰：歌不貴苟難，則易於繼其聲；教不貴苟難，則易於繼其志。若佛老言理則妙矣，以爲善教，則未也。故昔賢論此，以爲無之則昧理，有之則害教，不可謂「微而臧」也。約而達，微而臧，則「罕譬而喻」矣。

新安朱氏曰：繼聲、繼志者，皆謂微發其端而不究其説，使人有所玩索而自得之也。約而達、微而臧、罕譬而喻，三者皆不務多言，而使人自得之意。

永嘉戴氏曰：善歌，藝也，猶使人繼其聲，善教者可不使人繼其志乎？然繼志之學，不在言語之間。曰約、曰微、曰罕譬，其爲詞甚簡。曰達、曰臧、曰喻，其見理甚明。教者之辭簡，學者之理明。若此，可謂能繼志矣。

東萊吕氏曰：約而達，教者之言甚約，然而本末貫徹，未嘗不達。微而臧，教者之言甚微，然而淵深粹美，其味無窮。罕譬而喻，大抵曲爲之喻，使學者自得於言意之表。如此可謂善繼志矣。大抵聖賢之教，引而不發，非是阻節學者。若開户倒囊，盡其底藴以告之，學者不去思量，不去玩味，其流弊多是口耳之學。惟是引而不發，示其端而不盡，使人萬緒千思，及功深力到，義理自涣然冰釋，怡然理順。《學記》教人，皆是三代教人之法，如

❶「可爲」，通志堂本、四庫本作「爲可」，疑是。

孔子洙泗之教。孟子在戰國，風氣既降，氣質既薄，三代之教已自盡用不得。❶今看《論語》，少者一二語，多者不過三四語。《孟子》往往至千百言，所謂「約而達」，到孟子已自用不得。如「予豈好辯哉，予不得已也」，而孔子則「罕言利與命與仁」，「夫子之言性，天道不可得而聞」。到孟子已自用剖析精微示人。如論性，直指之謂善，如論浩然之氣，皆是分明説破。所謂「微而臧」，到孟子時已自用不得。孔子「不憤不啓，不悱不發」，所謂譬喻見於《論語》者少。若孟子每事譬喻，亦是不得已。傳注者謂其長於譬喻，當時罕譬而喻又用不得。然而孟子觀會通以行典禮，於此自立規模，所以爲孟子。如多寡易止，則止是就一人身上看，孟子改規模，是統天下看。

慶源輔氏曰：若夫子之舉一隅，孟子之引而不發，所謂善教也。不以三隅反，躍如也，則能繼其志矣。約而達，微而臧，罕譬而喻，則人有自得之地矣。然則孟子之譬喻，非與？曰時不同也。孟子於戰國大道既隱之時，與其君臣言論，又非其素所講學也，故不得不假譬以曉之。然孟子固曰「吾豈好辯哉？予不得已也」。「可謂繼志矣」者，省文也。蓋言如此則可謂能使人繼志矣。

李氏曰：欲其求而後應，故其言常約。欲其思而後得，故其義常微。言之所不能及，義之所不能明，故達之以譬。譬者，理之所在也。理欲其自窮，故罕譬。言雖近而指不可不遠，故其言約，其義

❶「自」，通志堂本、四庫本作「是」。

微，其譬罕。指遠，故雖約而達，雖微而臧，雖罕譬而喻也。子曰：夫《易》，「其稱名也小，其取類也大。其指遠，其辭文，其言曲而中，其事肆而隱」。其稱名小、取類大，則罕譬而喻也。其指遠、其辭文，則微而臧也。曲而中，則約而達。

延平黄氏曰：學之序，能辨志，然後能遜志，能遜志，然後能繼志。辨志，求道之時也。遜志，從道之時也。繼志，會道之時也。志於道則無累，志於仁則無惡。

禮記集說卷第八十九

# 禮記集說卷第九十

君子知至學之難易，而知其美惡，然後能博喻。能博喻，然後能爲師。能爲師，然後能爲長。能爲長，然後能爲君。故師者，所以學爲君也，是故擇師不可不慎也。《記》曰：「三王、四代唯其師。」此之謂乎？

鄭氏曰：美惡，説之是非也。長，達官之長。弟子學於師，學爲君也。擇師不可不慎，師善則善也。四代，虞、夏、殷、周。

孔氏曰：此一節明爲師法。君子，謂師也。教人至可以爲君長之事。❶隨器與之，是至學之易；隨失而救之，是至學之難。罕譬而喻，言約而達，是爲美。反此，則爲惡。博喻，廣曉也。知此四事爲主，觸類長之，乃廣有曉解。能廣解，乃可爲人作師。爲師是學優，學優宜仕，故能爲一官之長。治官有功，則能爲君也。師有君德，弟子就師可學爲君之德，故宜慎擇其師也。三王謂夏、殷、周，四代則加虞，雖皆聖人，無不擇師爲慎，故云「唯其師」。引舊《記》，結此擇師之重也。

横渠張氏曰：知學者至于學之難易及知其資質才性之美惡。知至學之難易，知德也；知其美惡，知人也。知其人，且知德，故能教人使入德。仲尼所以問同而答異以教人者，必知至學之難易。知人之美惡，當知誰可先傳此，誰將後倦此。若洒掃應對，乃幼而遜弟之事，長後教之，人必倦弊。唯聖人於大德有始有卒，

❶「之」，原作「乏」，據通志堂本、四庫本及《禮記正義》改。

故事無大小，莫不處極。今始學之人，未必能繼，妄以大道教之，是誣也。學也者，所以學爲君也。古者雖匹夫，若學，則必先學正心誠意，學治國平天下之事，此則以道言之也。師也者，所以學爲君也。學者，斅也。所以爲教者，莫非王道也。王道則非君道而何施於爲政？其所以輔佐於其君者，亦孰非君道？

長樂陳氏曰：學有精粗，則其至有難易；質有美惡，則其喻有淺深。知美而喻之，則有以長人之善而達才；知惡而喻之，則有以救人之失而成德。《詩》曰：「克明克類，克長克君。」君子知至學之難易，以至能博喻，所謂「克明」也。能博喻，然後能爲師，所謂「克類」也。能爲師，然後能爲長，所謂「克長」也。能爲長，然後能爲君，所謂「克君」也。古之論學，必自有虞氏始，而擇師亦如之。是法始乎伏犧，成乎堯，備於有虞氏，而夏、殷、周特因之而已。故先三王，而四代次之，主三王，兼用虞氏故也。

延平周氏曰：知其至學之難易者言其才，而知其美惡者言其性。知其才，知其性，然後能不以一類喻之。能不以一類喻之，然後能爲師。師者有爲長之道，長者有爲君之道。

嚴陵方氏曰：楊子云：「學者所以求爲君子。」蓋君子者，人之成名，雖聖人亦不過君子而已。必知其事之難易，才之美惡，然後能博喻於人。喻之爲義，以理喻人，而人之所以喻而曉也。師之爲義，以道帥人，而人所以帥而從也。❶且師，有道

❶「人」字下，通志堂本、四庫本有「之」字。

者也；長，有位者也；君，有土者也。有其道，然後可以有其位；有其位，然後有其土。❶君雖有土，非有道，不足以得之。故曰「師也者，所以學爲君也」。學，宜讀曰「斅」。斅，教也。雖尊而爲君，亦師之所教焉，故擇師不可不慎也。三王者，禹、湯、文武也。四代者，虞、夏、殷、周也。指其人，則曰「王」；指其世，則曰「代」。先言王，而後言代者，有其人乃有其世故也。楊子曰：「學之爲王者事，其已久矣。」堯、舜、禹、湯、文武汲汲好學如此，誰獨無師乎？若舜之於務成昭，禹之西王國，❷湯之於伊尹，文王之於臧丈人，武王之於太公望，則三王、四代之師，固可見矣。

李氏曰：知至學之難易者，循理以造道者也；知其美惡者，窮理以得道者也。故曰「然後能博喻」。能博喻，則可以反説約，而衆之所附依，❸故曰「然後能爲長」。有長人之道也。❹能爲長，則可以出令正衆，故曰「然後能爲君」。君者，出令以正衆者也，故《易·乾》之九二「見龍在田，君德也」，而曰「學以聚之，問以辨之，寬以居之，仁以行之」，寬者居上之道，仁者長人之道。居上長人之道，必自乎學而已。

慶源輔氏曰：人之至於學也，順理則易，逆理則難。習是則美，習非則惡。知其理之順逆，習之是非，然後能廣博開喻，

❶「後」字下，通志堂本、四庫本有「可以」二字。
❷「之」字下，通志堂本、四庫本有「於」字，是。
❸「附依」，通志堂本、四庫本作「依附」。
❹「有」字上，通志堂本、四庫本有「長者」二字；「道」字下，通志堂本、四庫本有「者」字。

學者而可以爲人師也。能爲師，然後可以爲人君，則君之爲道可知矣。彼其刑法制民，❶而不本之教化者，其君去道遠矣。武王曰：「天佑下民，作之君，作之師。」若武王者，可謂知君道矣。禹、湯、文、武，其師善矣。若四代之君，或善或否，皆繫其師之如何，此《墓門》之詩所由作也。

山陰陸氏曰：《周官》：「以九兩繫邦國之民。一曰牧，以地得民；二曰長，以貴得民；三曰師，以賢得民。」長即此所謂長，師即此所謂師，牧亦此所謂君也。❷「雍也，可使南面」，蓋學之力歟？若顏淵問爲邦，子曰「行夏之時，乘殷之輅，服周之冕，樂則《韶》舞」，進於是矣。彼「千乘之國，可使治其賦」、「十室之邑，百乘之家，可使爲之宰」、「束帶立於朝，可使與賓客言」，尚未足以語此。唯其師，言顧師如何耳。❸

新安朱氏曰：今詳經文，但能爲師以教人，則能爲君以治人耳。擇師不可不慎，言能爲君者，其人難得，故不可不擇也。

永嘉戴氏曰：君、師、長三者雖不同，皆以教化其民。然不明乎義理，不察乎人心，雖欲施實德於民，不可得也。是故君子先知其理之難易，而又知其人之美惡，然後能旁取曲譬以開導人心，然後可以爲師矣。出而長民，上而爲君，復以斯理教民爲善，夫豈有二道哉？大抵君子爲學，貴其有用也。❹有民人，有社稷，則有君國子民之道焉。是以仲弓可使南面，

❶「其」字下，通志堂本、四庫本有「以」字，是。
❷「亦」字下，通志堂本、四庫本有「即」字，是。
❸「顧」字下，通志堂本、四庫本有「其」字。
❹「其」，通志堂本、四庫本作「於」。

而子路、冉有自詭治國。❶故師也者，所以學爲君也，惡可不謹擇其人哉？三王、四代皆以擇師爲重，況其下者乎？

金華應氏曰：洞達人情事理，然後可以教人。能教人，則亦可以服人而爲長。能服人，則可以治人而爲君。❷

凡學之道，嚴師爲難。師嚴然後道尊，道尊然後民知敬學。是故君之所不臣於其臣者二：當其爲尸，則弗臣也；當其爲師，則弗臣也。大學之禮，雖詔於天子，無北面，所以尊師也。

鄭氏曰：嚴，尊敬也。尸，主也，爲祭主也。尊師重道，不使處臣位也。「武王踐祚，❸召師尚父而問焉，曰：『昔黄帝、顓頊之道存乎意，亦忽不可得見與？』師尚父曰：『在丹書。王欲聞之，則齊矣。』王齊三日，端冕，師尚父亦端冕，奉書而入，負屏而立。王下堂，南面而立。師尚父曰：『先王之道不北面。』王行西，折而南，東面而立，師尚父西面道書之言。」

孔氏曰：此一節論師德既善，雖天子以下，必須尊師。此文義在於師，并言尸者，欲見尊師與尸同也，不當其時則臣之。案《鉤命決》云：「暫所不臣者五，謂師也，三老也，五更也，祭尸也，大將軍也。天子、諸侯同之。」此據尊師與尸相似，故特言之。詔，告也。雖天子至尊，當告詔之時，天子不使師北面，所以尊師也。鄭註「武王踐阼」以下，皆《大戴禮・武王踐阼篇》文，有小異。「存乎意」，言

❶「詭」，通志堂本、四庫本作「謂」。

❷「則」字下，通志堂本、四庫本有「亦」字，是。

❸「祚」，通志堂本、四庫本及《禮記》鄭注作「阼」，是。

意恒念之。丹書，赤雀所銜丹書也。

濂溪周氏曰：師道立，則善人多。善人多，則朝廷正，而天下化矣。

横渠張氏曰：王人將王命，乃在諸侯之上，非尊是人，蓋尊命也。匹夫傳道，雖天子無北面，亦非尊是人，蓋尊道也。王者事天如事君，故爲師弗臣，不必師傅之官，但問所不知，皆師之道，便不可以臣禮處之。

嚴陵方氏曰：嚴，即尊也。嚴師，即「雖詔於天子，無北面」是矣。以一人之貴，而師匹夫之賤；以四海之富，而師環堵之貧：此嚴師所以爲難也。嚴師者，人嚴之也。人嚴其師，則師道嚴矣。師所以傳道，故師嚴然後道尊。學所以爲道，故道尊然後民知敬學。以神言之，故爲尸則弗臣。以道言之，故爲師則弗臣。此篇有曰「大學之道」，有曰「大學之教」，有曰「大學之法」，有曰「大學之禮」，何也？蓋道以言其位，教以言其術，法以言其治，禮以言其文。

永嘉戴氏曰：此一段爲人君尊師言，非學者事也。以人君而尊師若此，學者可知矣。大抵古人行禮，有教化存焉。嚴師固所以尊道，尊道則民知敬學。率天下之人而皆知敬學，天下豈不大治？是故先王養老尊賢之義，非特爲其人也，皆所以令衆庶見也。夫君之尊天也，而君之於臣有答拜之禮。臣之卑地也，而臣之於君有無北面之義。然則古人於君臣之際，亦淵乎其有意矣。尊君卑臣，其殆始於後世乎？上下曠間而交泰之情疏，❶堂陛尊嚴而臣鄰之意薄。先王之

❶「間」，通志堂本、四庫本作「闊」。

時，「仕而未有禄者，君有饋焉曰獻，使焉曰寡君」，而况於尊師乎？

慶源輔氏曰：凡學之道，則非獨君也。嚴師爲難，蓋言盡嚴師之道爲難耳，非心悦誠服，致敬盡禮如七十子之於孔子不可也。能盡嚴師之道，則師始嚴矣。師所以傳道，師嚴則道自尊。道未嘗不尊也，因其尊而尊之，則繫人之嚴師也。師嚴道尊，然後斯民皆將興起於學。是故古之人君必自其師以致其誠敬也。道尊然後民知敬學，所以極言之也。

盱江李氏曰：善之本在教，教之本在師。師者所以制民命，其可以非其人哉？古者家有塾，黨有庠，術有序，國有學，爲民立師也。學校廢師，不命于上，而學者自擇焉。識不至，擇不精，是能言之類，莫不可師也。然則父儒而子跖，朝華而暮戎，何足怪哉？

善學者，師逸而功倍，又從而庸之。不善學者，師勤而功半，又從而怨之。

鄭氏曰：從，隨也。庸，功也。

孔氏曰：自此至「之道也」一節，明善學及善問并善答、不善答之事。善學，謂聰明易入者，師體逸豫，而己之所解又倍於他人，故恒言師特加功於己。不善學者，己既闇鈍，故師體勤苦，而功裁半於他人，又反怨師獨不盡意於我也。

延平周氏曰：善學者，不自以爲功；不善學者，不自以爲過。

嚴陵方氏曰：顔氏聞一以知十，❶子貢告往而知來，所謂「師逸而功倍」也。顔淵

❶「氏」，通志堂本、四庫本作「淵」。

曰「夫子奔逸絶塵，而回瞠若乎其後」，❶子貢則曰「夫子之不可及也，猶天之不可階而升」，所謂「又從而庸之」也。以其有功於我，我故庸之，❷有德於我，我故德之也。

馬氏曰：博學而篤志，所謂善學也。善學者務其本，務本則道立。故其爲教也，長善而已，不必救其失，故師逸而功倍。

廬陵胡氏曰：庸，謂用師之道見於日用也。怨，若陳子禽毁仲尼。

永嘉戴氏曰：此一段爲學者言也。不善教而罪學者，則教者固失矣。不善學而咎其師，亦非教者罪也。夫子曰：「予欲無言。」《論語》亦曰：「子所雅言，《詩》、《書》、執禮。」蓋聖人欲以無言教學者，不得已形於言，亦曰「《詩》、《書》、執禮」而已。師何其逸也。七十子之徒，中心悦而誠服，其有功於學者若此。古人樂得天下英才而教育之謂是也。莊周之學未必出於子夏，李斯之罪豈盡出於荀卿？今論莊周者，推原所自，歸過子夏；罪李斯者，以荀卿爲誅首。然則取友必端，爲師者其難哉！

慶源輔氏曰：顔子曰：「夫子循循然善誘人。博我以文，約我以禮，欲罷不能。既竭吾才，如有所立卓爾。雖欲從之，末由也已。」所謂「又從而庸之」也。公孫丑曰：「道若登天然，似不可及也，何不使彼爲可幾及，而日孳孳也。」所謂「又從而怨之」也。

善問者如攻堅木，先其易者，後其節目，及

❶「若乎」，通志堂本、四庫本作「乎若在」。
❷「庸」下，原有墨丁，今據通志堂本、四庫本删。

其久也，相說以解。不善問者反此。善待問者如撞鐘，叩之以小者則小鳴，叩之以大者則大鳴，待其從容，然後盡其聲。不善答問者反此。此皆進學之道也。

鄭氏曰：善問，言先易後難以漸入也。從容，從，讀如「富父舂戈」之「舂」。舂容，謂重撞擊也，始者一聲而已，學者既開其端意，進而復問，乃極說之，如撞鐘之成聲矣。從，或爲「松」。

孔氏曰：問，謂論難也。攻，治也。善問者，如匠善攻堅木，先斫治其易處，然後及於節目。問者順理，答者分明。及其經久，師徒共相愛說，以解義理。若不解問之人，❶與能問者意反也。善能答問難者，如鐘之應撞，亦隨彼所問事之大小而答之。

橫渠張氏曰：問學亦須發端，不發端則無以起論議。蓋道若大路，如不因端，則指何者爲先？須是攻堅而不入，有疑而未泮者，❷如此發問乃有得也。善待問如撞鐘，❸洪鐘未嘗有聲，由叩乃有聲；聖人未嘗有知，由問而有知。答問者必知問之所由，故答從所問，❹言各有所當也，大鳴、小鳴，因所叩也，不必數數告語。待其來問至當，皆實見處，故易以喻，所謂「待其從容，然後盡其聲」。

嚴陵方氏曰：節則木理之剛者。《說卦》所謂「爲堅多節」是矣；目則木理之精者，《弓人》所謂「斲目必荼」是矣：皆其至堅難攻之處也。苟先其易攻之處，則

❶「解」，通志堂本、四庫本作「善」。
❷「泮」，通志堂本、四庫本作「判」。
❸「問」字下，通志堂本、四庫本有「者」字，是。
❹「故」字下，通志堂本、四庫本有「所」字。

其難者亦相説以解矣。欲其因微以入乎妙，由淺以極其深故也。從非牽也，容非迫也，待其從容，然後盡其聲，則隨其所感而爲之應，進之以漸而不以頓故也。善問者，則足以進己之學；善待問者，則足以進人之學：故曰「皆進學之道」。

延平周氏曰：善問者，知先後之序；善待問者，小以成小，大以成大。

馬氏曰：「切問而近思」，所謂「善問」也。「於吾言無所不説」，所謂「相説以解」者也。

山陰陸氏曰：説，息也，言師弟子相與委蛻於言意之表。從，讀如「從容」之「從」。昔子路初見孔子，以爲不若己。居一年，以爲與己等。居三年，然後知不如。若此可謂從容矣。老子所謂「爲學日益」是歟？

廬陵胡氏曰：鐘隨叩而應，能待問，❶亦隨問而答。從容，謂再三叩也。《間傳》云：「大功之哭，三曲而偯。」偯，聲餘從容也。盡其聲，謂無隱也。如以梃撞鐘而應之以大，蓋不善答問者。

新安朱氏曰：善問者如攻堅木，先其易者，後其節目。非特善問，讀書求義理之法皆然。置其難處，先理會其易處，易處通則堅節自迎刃而解矣。若先其難者，則刃頓斧傷而木終不可攻。縱使能攻，而費工竭力，無自然説而解之之功，❷終亦無益於事也。相説而解，説，只當如字，而解音「蟹」。蓋義理相説之久，其難處自然觸發解散也。又曰：從容，註

❶「問」字下，通志堂本、四庫本有「者」字，當是。
❷「功」，通志堂本、四庫本作「效」。

説非是，正謂聲之餘韻，從容而將盡者也。言必答盡所問之意，然後止也。

永嘉戴氏曰：古人論學必繼以問，故曰學問。《中庸》曰：「博學之，審問之。」《論語》曰：「博學而篤志，切問而近思。」蓋學以問爲功。❶疑思問，問思難，故問者進德之階。然非學者善問，教者善答，雖問無益也。❷善問者如攻堅木，去其枝葉，尋其脉理，難易節目皆有次第，而不求欲速之功。善待問者如撞鐘，公而無我，虚而善應，洪纖高下，隨扣而答，從容而後盡其聲，如此則進學之道也。

慶源輔氏曰：今之治木者猶然，柔者既去，然後堅者可脱而解矣，故曰「相説以解」。音「悦」，恐非。「悦」，則以學者言矣，以後譬觀之不然。撞鐘者以梃撞之則其聲小，以楹撞之則其聲大，聲之大小雖不同，然必待問者之從容，然後盡其聲焉。若亟撞之，則未有能盡其聲者也。夫子之答門弟子固未嘗同也，然非禮勿聽，勿視，❸勿言，勿動之言，必發於「請問其目」之後；「自古皆有死，民無信不立」之説，必待其問「於斯二者何先」，然後語之也。問者、答者皆得其理，然後學者有可進之道也。一或不善，則失是矣。然則學者之無功，殆又非特不善學者之罪也。

記問之學，不足以爲人師，必也其聽語乎？力不能問，然後語之。語之而不知，雖舍之可也。

❶「學」字下，通志堂本、四庫本有「者」字。
❷「雖」字上，通志堂本、四庫本有「則」字。
❸「勿聽勿視」，通志堂本、四庫本作「勿視勿聽」。

鄭氏曰：記問，謂豫誦雜難、雜説，至講時爲學者論之。此或時師不心解，或學者所未能問也。聽語，必待其問，乃説之。舍之，須後。

孔氏曰：此一節論教者不可爲記問之學。記問，謂逆記他人雜問，爲人解説，無益學者。聽語，謂聽其問者之語，依問爲説也。受業者，才力不能見問，待憤悱之間，師然後語之。語之不能知，且舍住，待後別更語之也。

河南程氏曰：記問文章，不足以爲人師，以其所學者外也。所謂師者，何也？曰理也，義也。

嚴陵方氏曰：記者得諸言而非得諸心，問者資諸人而非資諸己，是特學者之事爾。若夫教者，則得之於心而寓之於言，取之於己而傳之於人者也。聽語者，聽其所問，然後語之以言也。彼無問，則我無言矣。《易》曰「匪我求童蒙，童蒙求我」，其聽語之謂乎？教人之道，固聽其所問，然後語之以言，至於力所不能問者，教者將舍之乎？亦曰語之而不知，然後舍之而已。聽所問而語之者，教者之義也；力不能問而語之者，教者之仁也。

山陰陸氏曰：聽之而覺，語之而知，非記問之學也。「力不能問，然後語之」，非不欲問也，力不能問爾。子曰：「吾有知乎哉？無知也。有鄙夫問於我，空空如也。我叩其兩端而竭焉。」

李氏曰：記問者，記而待問之謂也。夫人之才性有明暗之殊，而其學有淺深之異。或學博矣而約有所不能，知體矣而用有所不備。可告之詳者，不待三隅而反；可告之略者，不叩其兩端而竭。滯學而不知本，則語之以貫于心；務本而不知學，則語之以求于學。此所謂聽語也。可與言而不與言，失人。故才有不足而志至焉者，斯可告矣。故曰「力不能問，然後語之」。孔子之於鄙夫近是矣。至于材不足而志不至，則不可告也。故曰「語之而不知，雖舍之，可也」。孔子之於孺悲近是矣。此君子之所謂不屑教者也。力不能而後語之，❶所以不失人。語之而不知則舍之，所以不失言也。夫君子之教人，或聽而語，❷或語之，或舍之，其欲成之一也。

永嘉戴氏曰：昔人有言：「經師易得，人師難遇。」若記問之學足以爲人師，則學者求諸簡編可也，何以師爲？是故闔闢造化之功，全在教語唯諾之間。其力能問者，因問以致啓發之功；其不能問者，告語以開其欲問之意。力不能問而語，語之而復不知，❸則教者無所施其力矣，雖舍之可也。舍之以須其後，猶爲不棄也。世人皆知誦説之爲學，而不知游息之爲學，皆知答問之爲教，而不知不屑之爲教，此教學之所以難也。

慶源輔氏曰：記問之學，如前「呻其佔畢，多其訊，言及于數」是也。記問之學，據己所有者以告人，聽語者因人之所疑以啓之，《孟子》所謂「知言」是矣，「詖辭知其所蔽，淫辭知其所陷，邪辭知其所離，遁辭知其所窮」，此非心與道一，而尺

❶「能」字下，通志堂本、四庫本有「問」字，當是。
❷「而語」，通志堂本、四庫本作「之」。
❸「復」，通志堂本、四庫本作「彼」。

度權衡之在我者，不足以與此也。知言，則其義精矣。彼有質朴而訥於言，雖有所欲問而力不能發者，必有以知，❶不待其問而語之，如孔子曰「吾道一以貫之」是也。如此而語之，未有不知者也。故曾子一唯之外，口耳俱喪。若夫雖語之，❷而彼無以受之，則止而不以告，非謂其既語，而彼亦不知，乃已也。舍，如字。

良冶之子，必學爲裘。良弓之子，必學爲箕。始駕馬者反之，車在馬前。君子察於此三者，可以有志於學矣。

鄭氏曰：必學爲裘，仍見其家錮補穿鑿之器也。補器者，其金柔乃合，有似於爲裘。必學爲箕，仍見其家撓角幹也。撓角幹者，其材宜調，調乃三體相勝，有似於爲楊柳之箕也。

孔氏曰：此一節論教者數見數習，❸其學則善，故三譬之。良，善也。冶，謂鑄冶也。裘，謂衣裘也。積世善冶之家子弟，見其父兄世業陶鑄金鐵，使之柔合以補治破器，皆令全好，故能學爲袍裘，補續獸皮，片片相合，以至完全也。爲弓之家，使角幹撓屈，調和成弓，故其子弟亦學取柳和軟撓之成箕也。始駕馬，明新習者也。駕馬之法，大馬本駕在車前，今馬子始學駕車，繫隨車後而行，故云「反之，車在馬前」。所以然者，此駒未曾駕車，若忽駕之，必驚奔。今以大馬牽車於前，使駒日日見車之行，慣習而後駕之，則不復驚也。學者亦須先教小事，如操

❶「知」字下，通志堂本、四庫本有「其情」二字。
❷「雖」字下，通志堂本、四庫本有「欲」字。
❸「教」，通志堂本、四庫本及《禮記正義》作「學」，是。

縵之屬，然後示其業，則道易成也。上三事皆須積習，非一日所成。君子察此，則可有志於學也。❶

横渠張氏曰：良冶之子，不見異物而遷。裘，當爲「毬」，沙土之範模。

長樂陳氏曰：裘非一腋之所能成，理非一物之所能備，故爲裘所以譬明理也。箕待揉然後成，性待脩然後善，故爲箕所以譬脩性也。馬觀於車然後可以駕，行識於所往而後能行，故駕馬所以譬其善行也。蓋明理而後能脩性，能脩性然後能見於行。君子察於此三者，可以有志於學矣。

延平周氏曰：爲裘則所資者不一，所資者不一，故象其道問學。爲箕則所因者自然，所因者自然，故象其尊德性。車在馬前，有觀而化之之意。君子察此三者，則可以有志於學矣。

李氏曰：合皮以爲裘，合金以爲器，其合則同，而裘有異于冶。析柳以爲箕，析木以爲弓，其析則同，而弓有異于箕。學者自麄而入精，故學冶者先爲裘，學弓者先爲箕。始駕馬者，未嘗馭者也，故車在馬前。趨有近于馭，故始駕馬者先觀趨，此學之次也。❷至于鐘鼎之齊不可以爲斤斧，大刃之齊不可以爲鑑遂。以之爲器，則新而無窮，敝而無惡；以之爲刃，則倨而可入，勾而可決，長外而堅，短内而疾；以之爲鐘，則厚薄之所震動，❸清濁之所由出，侈弇之所由興，皆有説；以爲

❶「也」，通志堂本、四庫本及《禮記正義》作「矣」。

❷「此」字下，通志堂本、四庫本有「爲」字，是。

❸「厚薄」，通志堂本、四庫本作「薄厚」。

之量，❶則可以權，可以量，❷可以鬴，莫不有法；以爲之甲，則其裏易，其朕直，橐之而約，舉之而豐，衣之而無齘。此冶之良也。冶至于良，則非爲裘者之所能知也。析幹必倫，析角無邪，斵木必荼，其液厚，其節帑，方其峻，高其柎，長其畏，薄其敝，其和至于濟，❸其應至于無已，此弓之良也。弓至于良，則非爲箕者之所能至也。得之于銜，應之于轡，得之于轡，應之于手，得之于手，應之于心，不以目視，不以策驅，進退履繩尺，而曲旋中規矩，❹輿輪之外，可使無餘轍，馬蹄之外，可使無餘地，此御之良也。馭至于良，則非趨者之所能任。雖然，學冶必始于裘，學弓必始于箕，學馭必始于趨。蓋其學有漸次耳。故曰「君子察于此三者，可以有志于學矣」。

永嘉戴氏曰：夫子曰：「性相近也，習相遠也。」夫三子言性，止曰性而已，獨夫子性習兼言之，此其所以善論性也。夫人性不甚相遠，善惡之分，全係乎習。習與性成，久而自然。人知其爲性，不知其爲習也。良冶之子必學爲裘，良弓之子必學爲箕，人情皆然也。「始駕馬者反之，車在馬前」，物理亦然也。少而習之，長而安焉，耳目見聞，轉移心志，而不自知，是故學者貴乎習也。觀聽以習其外，涵咏以習其内，❺德之不進，未之有也，故曰「麗澤兑，君子以朋友講習」。講習爲兑，

❶「爲之」，通志堂本、四庫本作「之爲」，是。
❷「量」，通志堂本、四庫本作「準」，當是。
❸「于」字下，通志堂本、四庫本有「無」字，是。
❹「曲」，通志堂本、四庫本作「周」，是。
❺「咏」，通志堂本、四庫本作「泳」。

此時習之所以説也。

慶源輔氏曰：良冶之子必學爲裘，良弓之子必學爲箕，至於馬之子則不能然也。雖然，苟有以調習之，則亦無不能也。此見人獸之異。君子而能察夫弓冶之賤必學爲箕裘之業，馬之子異於人矣而有以調習之，亦皆安於牽駕之事，則可以有志于學矣。蓋學乃君子當爲之事也。可以，勉之之辭。

古之學者，比物醜類。鼓無當於五聲，五聲弗得不和；水無當於五色，五色弗得不章；學無當於五官，五官弗得不治；師無當於五服，五服弗得不親。

鄭氏曰：比物醜類，以事相況而爲之也。醜，猶比也。醜或爲計。當，猶主也。五服，斬衰至緦麻之親。

孔氏曰：此一節論弟子當親師之事。上明學者仍見舊事，又須以時事相比方也。物，事也。古之學者以同類之事相比方，則事學乃易成。既云古學如斯，則今學豈不然？以下四事皆比物醜類也。鼓，革也。五聲，宫、商、角、徵、羽也。言鼓之爲聲，不宫不商，故言「無當於五聲」。而五聲不得鼓，則無諧和之節。五聲與鼓俱是聲。類，即是比類也。水，謂清水也。五色，青、赤、黄、白、黑也。章，明也。水清無色，❶而五色畫繢者，不得水則不明。五色是其水之出，故五色須水，亦其類也。五官，金、木、水、火、土之官也。學先王之道，非主於一官，五官不得學，則不能治，故化民成俗必由學。能爲師，然後能爲君長，故官是學之類也。五

❶「水清」，通志堂本、四庫本及《禮記正義》作「清水」，是。

服，斬衰、齊衰、大功、小功、緦麻也。師於弟子，不當五服之一。人若無師教誨，則五服之情不相和親也。師情有在三年之義，故亦與親爲類。

橫渠張氏曰：比物醜類，須學者至明乃能之。五官弗得不治，施於天官而天官治，施於地官而地官治，不主於一官。

長樂陳氏曰：類者，物之所同也。醜之爲言衆也。理有所不顯，則比物以明之；物有所不一，則醜類以盡之。夫然後因理以明道，而善乎學矣。夫聲中於宮，觸於角，祉於徵，❶章於商，宇於羽。其聲濁者尊，其聲清者卑，非得鼓爲之君而唱節之，則五聲雖奏而不和者有矣。夫色青於震，白於兑，赤於離，黑於坎，黄於坤，相有以章，相無以晦，非得水爲之主而潤色之，則五色雖施而不章者有矣。耳目鼻口形能各有接，❷而不相能者，是之謂五官。心居中虚以治五官，是之謂天君。蓋五官不思而蔽於物，物交物則引之而已。善假學以治之，使目非是無欲見，斯徹而爲明矣；使耳非是無欲聞，斯徹而爲聰矣；使口非是無欲言，斯隸乎善矣；使心非是無欲慮，斯凝於神矣。五服也，或以恩、以義而制，或以節、以權而制，升數有多寡，歲月有久近，凡皆稱情爲之隆殺而已，非假師以訓迪之，則五服之制不明於天下，而學士大夫欲短喪者有之。此百姓不親，五品不遜，所以有待契之敷教也。總而論之，鼓非與乎五聲，而五聲待之而和；水非與乎五色，而

❶「祉」，通志堂本、四庫本作「驗」。
❷「鼻口」，通志堂本、四庫本作「口鼻」。

五色待之而章；學非與乎五官，而五官待之而治；師非與乎五服，而五服待之而親。是五聲、五色、五官、五服雖不同，而同於有之以爲利。鼓也、水也、學也、師也，雖不一而一於無之以爲用。然則古之學者，比物醜類，而精微之意有寓於是，非夫窮理之至者孰能與此？《記》之論學多辟諭以明之。言「玉不琢不成器」，取其有質者言之；「善問者如攻堅木」，取其有材者言之；❶「嘉肴」，取其有味者言之；「鐘鼓」，取其有聲者言之；川與水，取其有本者言之；官與服，取其在身者言之；蛾子與馬，取其動物言之；弓冶與車，❷取其成器言之。蓋「君子知至學之難易，而知其美惡，然後能博喻。能博喻，然後能爲師」。

永嘉戴氏曰：夫比物醜類，本不足以爲學，然察於萬物而見義理之當然，則心通意曉有所信，而必爲此教者，所以貴於博喻也。天下之理固有不相爲而實相用者，如鼓之於五聲，水之於五色是也。學何與於五官？然視、聽、言、貌、思，非學則不得其正。師何與於五服？然五服隆殺，非師則恩義不篤。學者苟知五聲非得鼓則聲不和，五色非得水則色不章，將以治五官，安得不從事於學？將以親五服，安得不有賴於師邪？

嚴陵方氏曰：五聲之清濁，固所以相和也，然非鼓以作之，則弗得其和而乖矣。五色之淺深，固所以成章也，然非水以潤之，則弗得其章而隱矣。五官之異用，固

❶「材」，通志堂本、四庫本作「理」。
❷「冶」，原作「治」，今據通志堂本、四庫本改。

所以相治也，然非學以明之，則弗得其治而亂矣。五服之異等，固所以相親也，然非師以教之，則弗得其親而疏矣。以鼓况學，以水况師，五聲以之况五官，五色以之况五服，是皆比物醜類之道也。

金華應氏曰：聲以鼓而震，色以水而發，身以學而治，族以師而親，皆若緩而甚急，若不相關而不可廢也。

君子曰：大德不官，大道不器，大信不約，大時不齊。察於此四者，可以有志於本矣。三王之祭川也，皆先河而後海，或源也，或委也。此之謂務本。

鄭氏曰：不器，謂聖人之道不如器施於一物。不約，謂若胥命于蒲無盟約。不齊，或時以生，或時以死。有志於本，謂本立而道生，以學爲本，則其德於民無不化，於俗無不成也。源，泉所出也；委，流所聚也。始出一勺，卒成不測。

孔氏曰：此一節論學爲衆事之本。記者引君子之言也。大德，謂聖人之德。官，謂分職在位。聖人在上，垂拱無爲，不治一官，故云「大德不官」。器各施其用，聖人之道弘大，無所不施，故云「不器」。《論語》云「君子不器」，又云「博學而無所成名」是也。大信，謂聖人之信。約，謂期要也。大信，不言而信。孔子曰：「予欲無言，天何言哉？四時行焉。」是大信也。不爲細言約誓，故云「不約」也。大時，謂天時也。齊，謂一時同也。春夏華卉自生，薺麥自死，秋冬草木自死，薺麥自生，故云「不齊」。若能察此在上四者之事，則人當志學爲本也。三王祭百川之時，皆先祭河，後祭海，或先祭其源，或後祭其委，河爲海本，源爲委本，總之則皆曰川也。源委，謂河海之外諸大川也。或解云：源，則河也。委，則海也。申明先河而後海，義亦通矣。先祭本，是務重其本。本小而至大，❶是小爲大本。先學然後至聖，是學爲聖本也。　庾氏曰：不官爲群官之本，不器爲群器之本，不約爲群約之本，不齊爲群齊之本，四者莫不有本。人亦以學爲本也。

長樂陳氏曰：上德無事於事，故不官。大道妙於無體，故不器。大信無必，而唯義所在，故不約。大時無固，而唯變是適，故不齊。由德以至道，則入神而無爲。由信以至時，則致用而無不爲。此四者，先後之序也。不官、不器者，道德之本，而入於器、主於事者，皆道德之末。不約、不齊者，時信之本，而言必信、行必果者，皆時信之末。猶之河與源者海與委之本，海與委者河與源之末。末雖君子之所不忘，而本則君子之所志。是故末之所不忘則存乎學，本之所志則存於道，學則日益，道則日損。夫推本之事至於此，則君子之道成矣。

嚴陵方氏曰：大德不官，不拘於所守也。大道不器，不拘於所用也。大信不約，不拘於所期也。大時不齊，不拘於所遇也。德之大者無入而不自得，若孔子可以仕則仕、可以止則止是矣。道之大者無往而不通，若孔子小以成小、大以成大是矣。信之大者則無可無不可，若孔子「不言而信」是矣。時之大者則唯理之適，孔子「聖之時」是矣。❷唯其不官，故無所不

❶「而」字下，通志堂本、四庫本及《禮記正義》有「後」字。

❷「孔」字上，通志堂本、四庫本有「若」字。

官。唯其不器，故無所不器。唯其不約，故無所不約。唯其不齊，故無所不齊。此其所以謂之大而爲之本。河也，海也，源也，委也，名雖不同，合而言之，皆習衆流而已。❶故總以爲祭川焉。《孟子》言「源泉混混，不舍晝夜，有本者如是」。此以祭川況務本，固所宜矣。

山陰陸氏曰：大德、大道、大信、大時，凡此道之事也。❷於學之終篇言此者，將以遺學也。❸《老子》曰：「絶學無憂。」夫守古人之糟粕而不能遠離者，猶蟲鏤《詩》、《書》，不能自化，安能化民；不能自成，安能成俗。有見於學，又有見於本，可謂君子矣。作記者以是終焉以此。彼不知因心會道而溺於末流之弊者，學之失也。源，所出也，❹河是已；委，所歸也，海是已。《爾雅》曰：「河出崐崘虛，色白。所渠并千七百一川，色黄。百里一小曲，千里一曲一直。」蓋君子之於學，無以貫之則無源，無以聚之則無委，無源非也，無委亦非也。故曰「以予爲多學而識之者與？予一以貫之」，又曰「寡聞無約也，寡見無卓也」。然三王祭川，皆先河而後海，則先後緩急可知。故曰形名度數，古人有之，而非所以先也。

新安朱氏曰：註説非是。但言大德者，不但能專一官之事，若《荀子》所謂「精於道者兼物物」也。大信不約，謂如天地四時不言而信者也。先河後海者，以其或

❶「習」，通志堂本、四庫本作「集」，當是。
❷「此」，通志堂本、四庫本作「所」。
❸「遺」，通志堂本、四庫本作「道」，是。
❹「也」，通志堂本、四庫本作「者」，下文「歸也」之「也」亦作「者」，當是。

是源，故先之，或是委，故後之。疏有二説，此説是也。

慶源輔氏曰：學固不可無漸，教固不可無等。然亦不可不使之知其本也，故舉此四者使之察之，而有所志焉。可以者，勉辭也。此與《中庸》云「上天之載無聲無臭」同意。祭川亦比物之意。由是觀之，則學者固不可不知所謂本也。

四明沈氏曰：《學記》之末，聖人始以此四者示學者，大意欲學者離言語，捨形迹，而求大本也。大則不可以一端名，一曲取，造形而悟，絶物離迹而立於獨矣。此正是學者事。

吴興沈氏曰：海者，源也；河者，委也。昔有人問何以謂海爲源，應之曰：海者水之所會也，其河之所流者，皆其泉脉也。譬之人之一身元氣，則其海也，其經絡則其河也。元氣不充實，則經脉不運行矣。❶ 謂經絡爲源，則非也。謂元氣爲委，則非也。鄭氏謂源者泉所出，委者流所聚，蓋不知吾之説也。然則所謂先河而後海者，以河之近，故先祭之；海之遠，故後祭之。非固後之也，亦務其本者當如是也。

永嘉戴氏曰：官如「禮樂明備，天地官矣」之「官」，器如「形而下者謂之器」之「器」。❷ 不約，如上古結繩之信。大時，如堯舜揖遜、湯武征伐之時。皆深造本源，不累形迹。君子察此，豈得不用志於本原之學？自斆學而至於罔覺，自文章而至於不可得聞，前日所謂善學、善問，

❶「脉」，通志堂本、四庫本作「絡」。
❷「之器」二字，原不重，今據通志堂本、四庫本補其一。

至此皆不足進矣。又曰：河流入海，三王祭川，先小後大，重本也。《學記》之論，由末以造本；《大學》之論，自本以徂末：其爲教則一也。

禮記集説卷第九十

# 禮記集説卷第九十一

## 樂記第十九

孔氏曰：案鄭《目録》云：「名曰《樂記》者，以其記樂之義。此於《别録》屬《樂記》。」蓋十一篇合爲一篇。有《樂本》，有《樂論》，有《樂施》，有《樂言》，有《樂禮》，有《樂情》，有《樂化》，有《樂象》，有《賓牟賈》，有《師乙》，有《魏文侯》。今雖合此，略有分焉。《藝文志》云：「黄帝已下至三代各有當代之樂名。周衰禮壞，其樂尤微，以音律爲節，又爲鄭、衛所亂，故無遺法矣。漢興，制氏以雅樂聲律世爲樂官，頗能記其鏗鏘鼓舞而已，不能言其義理。武帝時，河間獻王好博古，與諸生共采《周官》及諸子云樂事者，以作《樂記》。其内史丞王度傳之，以授常山王禹，成帝時爲謁者，數言其義，獻二十四卷《樂記》。劉向校書，得《樂記》二十三篇，與禹不同。今《樂記》斷取十一篇，餘有十二篇，其名猶在，曰《奏樂》，曰《樂器》，曰《樂作》，曰《意始》，曰《樂穆》，曰《説律》，曰《季札》，曰《樂道》，曰《樂義》，曰《招本》，❶曰《昭頌》，曰《竇公》是也。案《别録》，《禮記》四十九篇，《樂記》第十九，則《樂記》十一篇入《禮記》在劉向前矣。至向作《别録》時，更載所入《樂記》十一篇，與餘十二篇總爲二十三篇也。

❶「招」，通志堂本、四庫本作「昭」。

凡音之起，由人心生也。人心之動，物使之然也。感於物而動，故形於聲。聲相應，故生變，變成方謂之音。比音而樂之，及干戚、羽旄，謂之樂。

鄭氏曰：宮、商、角、徵、羽，雜比曰音，單出曰聲。形，猶見也。樂之器，彈其宮則衆宮應，然不足樂，是以變之使雜也。《易》曰：「同聲相應，同氣相求。」《春秋傳》曰：「若以水濟水，誰能食之？若琴瑟之專一，誰能聽之？」方，猶文章也。干，盾也；戚，斧也。武舞所執也。羽，翟羽也；旄，旄牛尾也。文舞所執。《周禮》舞師、樂師掌教舞，有兵舞，有干舞，有羽舞，有旄舞。《詩》曰：「左手執籥，右手秉翟。」

孔氏曰：自此至「王道備矣」一節，論樂本音之所以起於人心者，由人心動則音起。人心所以動者，外物使之然也。人心既感外物而動，口以宣心，形見於聲。心若感死喪之物，則形見於悲戚之聲；心若感於福慶，則形見於歡樂之聲。既有哀樂之聲，自然一高一下，或清或濁，相應不同，故云生變。變，謂不恒一聲，變動清濁也。聲既變轉，和合次序，成就文章，謂之音也。音則今之歌曲也。以樂器次比音之歌曲播之，并及干戚、羽旄鼓而舞之，乃謂之樂也。鄭註「宮、商、角、徵、羽雜比曰音，單出曰聲」者，極濁爲宮，極清爲羽，五音以清濁相次，❶五音清濁相雜，和此謂之音，❷單有一聲，無餘

❶「音」，通志堂本、四庫本及《禮記正義》作「聲」，下句「五音」之「音」亦作「聲」，是也。

❷「此」，通志堂本、四庫本及《禮記正義》作「比」，是。

聲相雜曰聲。然則初發於口，單者謂之聲，衆聲和合成章謂之音。金石、干戚、羽旄謂之樂，則聲爲初，音爲中，樂爲末也。唯舉音者，舉中見上下矣。引《易·文言》證「同聲相應」之義。引《春秋》昭二十年《左傳》文，證「同聲不得爲樂」也。云「方，猶文章」者，凡畫青黄相雜，分布得成文章，言音清濁上下分布次序，得成音曲，似之也。案《樂師》有帗舞，有羽舞，有皇舞，有旄舞，有干舞，有人舞，無兵舞。鄭彼註「干舞者，兵舞」，但經云「干戚」，用戚則是《大武》。《大武》，兵舞，故註引《樂師》益以兵舞，解經之干戚也。引《詩·邶風》者，證羽舞是翟舞也。張氏曰：夫樂之起，其事有二：一是人心感樂，樂聲從心而生；一是樂感人心，心隨樂聲而變也。物有外境，外有善惡來觸於心，則應觸而動，故云物使之然。比音，言五音雖雜，猶未足爲樂。後須次比器之音，及文武所執之物，共相諧會，乃是由音得名爲樂。武陰文陽，故所執有輕重異。❶唐張守節，篇内同。

延平周氏曰：音之所以起者以心，心之所以動者以物，無心則無物。

長樂陳氏曰：禮自外作而文，樂由中出而静。虚一而静者，其人心乎？此凡音之起所以由人心生也。人心離静而動，豈自爾哉？有物引之而已。今夫由心以感物，其能不形於聲乎？形於聲，故有鼓宫，宫動鼓角，角應而以同相應也。彈羽而角應，彈宫而徵應，而以異相應也。以同相應則一倡一和，而未始不有

❶「重」字下，通志堂本、四庫本有「之」字，是。

常；以異相應則流行散徙，不主故常而生變矣。然心動而生聲，聲動而生音。語樂則未也。比音而樂之，動以干戚之武舞，飾以羽旄之文舞，然後本末具而樂成焉。是豈不謂發於聲音，形於動静，有以盡性術之變歟？由是觀之，樂者心之動也，聲者樂之象也。文采節奏，聲之飾也；羽籥干戚，樂之器也。君子動其本，樂其象，然後治其飾，舉其器。則凡音之起由人心生者，其本也；形於聲而生變者，其象也；變成方者，其飾也；比音而樂之，及干戚羽旄者，其器也。四者備矣，樂之所由成也。《周官·大司樂》以五聲敀八音，以八音節六舞，而大合樂焉，是樂至舞然後大成也。言「變成方謂之音」，又言「聲成文謂之音」，何也？曰倡和有應，回邪曲直，各歸其分，聲之所以成方也；比物以飾節，節奏合以成文，聲之所以成文也。變成方，將以成樂，音之始也；聲成文，必寓於政，音之終也。

又曰：文者音之雜，方者音之節。音之雜者，音之始；音之節者，音之成。故情動於中而形於聲，則成文；聲相應而生變，然後成方。此始與成之辨也。《樂書》。

嚴陵方氏曰：音雖聞于外，其原生於人心而已。楊子所謂「言心聲」是矣。音之所由生者，陽作之也，故以「起」言之。音雖一也，起於心者則不一，故以「凡」言之。人心之静，性自然也，及其動也，物使然爾，《莊子》所謂「有物揉之而出」是矣。爲物所使而動，則心與物感故也，故曰「感於物而動」。心静則藏於默，心動則發於言，故形於聲。藏於隱而作於顯者，聲也，故以形言之。有聲矣，或唱或和，則相應無常也。宮變生徵，徵變生商，商變生羽，羽變生角，上下相通而成方，則雜比之矣，故謂之音。音既雜比，則節美而可聽。❶人斯樂之，不知手舞足蹈也，故曰比音而樂之。❷及干戚、羽旄謂之樂，樂者樂也，以人樂之，故謂之樂。先干戚而後羽旄者，事之序也與？❸《書》言「乃武乃文」，《明堂位》先言舞《大武》而後言舞《大夏》者，亦此之意。此「變成方」則言歌之音，後「聲成文」則言《詩》之音。

延平黃氏曰：樂之實本於性，根於心，故凡音之起，由人心生，非作於外物也。外物爲之感發而已，人之心其猶柷敔？有物觸其中則鳴，非柷求鳴於物也。聲者，心以應物者也。單出曰聲，雜比曰音。單出未之變也，五聲相應而變生焉。聲成文謂之音，此言聲有所變。變成方謂之音，此言變有所歸。惟其有所歸在，故其「始作翕如也，縱之純如也，❹繹如也以成」。無方，則不可比矣。裳。

馬氏曰：樂者，人情之所不能免也。心動於中，然後發於口，而形於聲。故凡同聲者皆相應也。變而使之雜，則清濁相錯，高下相足，而成其文，故曰「變成方謂之音」。東西曰經，南北曰緯。有經有緯，文之象也。比音而樂之，聲也；干戚、羽旄，容也。有聲有容，樂之所以成也。

山陰陸氏曰：音，八音是也。據此雖有

❶「美」，通志堂本、四庫本作「奏」。
❷「而」字，原重，今據通志堂本、四庫本删其一。
❸「事」，通志堂本、四庫本作「舞」。
❹「也」字下，通志堂本、四庫本有「皦如也」三字。

金、石、絲、竹，而無舞焉，不得謂之樂。故《舞師》「凡小祭祀則不興舞」。

慶源輔氏曰：樂非外事也，我固有之，故此篇數言音之起於人心以曉人。❶聲相應，則自然高下之不同，故云「生變」。聖人因其變而品節之以五音，使高下清濁雜然而可聽，故云「變成方謂之音」。樂始於聲，成於舞，故於首發之。

廬陵胡氏曰：❷聲，感物而生者也，變何自而生哉？ 聲之感者主於一，而聲之應者從以五，則清濁之不齊，高下之不類，變由是而生矣。 宮之應者徵也，而不止於徵；商之應者羽也，而不止於羽。 宮倡而徵、商、角、羽迭應以變，商倡而羽、角、宮、徵迭應以變，以其應之隨聲者推之，則其變有不勝窮者矣。 此聲相應故生變也。 羽、角及商之聲，則變而爲金石，爲革木；宮及徵之聲，則變而爲絲竹，爲匏土。 自其方之不同，則回旋以相參；合其方之所向，則曲折以相和。 聲不因乎應，則不能以自變；變不成乎方，則不足以爲音。

樂者，音之所由生也，其本在人心之感於物也。是故其哀心感者，其聲噍以殺。其樂心感者，其聲嘽以緩。其喜心感者，其聲發以散。其怒心感者，其聲粗以厲。其敬心感者，其聲直以廉。其愛心感者，其聲和以柔。六者非性也，感於物而后動。是故先王慎所以感之者。

鄭氏曰：言人聲在所見，非有常也。噍，踧也。嘽，寬綽貌。發，猶揚也。粗，

---

❶「此」，通志堂本、四庫本作「首」。

❷「廬陵胡氏」四字，原爲墨丁，今據四庫本補。

麄也。

孔氏曰：此經覆明上文感物而動之意，結樂聲生起所由也。合音乃成樂，是樂由此音而生。❶本，猶初也。物，外境也。樂初所起在於人心之感外境也。心既由於外境而變，故有下六事之不同。若外境痛苦，則其心哀，哀感在心，故其聲踧急而速殺也。若外境所善，心必歡樂，歡樂在心，故其聲必隨而寬緩也。若外境會心，心必喜悦，喜悦在心，故聲必隨而發揚放散。❷但樂是長久之歡，喜是一時之悦。《左傳》云「喜生於好」，是喜與樂別也。若忽遇惡事而心恚怒，恚怒在心，則其聲粗以猛厲也。若外境見所尊，心中嚴敬，嚴敬在心，則其聲正直而有廉隅。直謂不邪。廉，廉隅也。若愛情在心，則聲和柔。和，調也。柔，軟也。人生而静，無此六事。六事之生，由應感外物而動也，所以知非性也。今設取一人觸此六事，必隨觸而動，故知非本性也。庾氏曰：「隨其所感而應之，是知非性也。」此聲皆據人心感於物而口爲聲，故鄭註云「人聲在所見」也。

張氏曰：六事隨見而動，非關本性。聖人在上，制正禮以防之，故先王慎所以感之者也。

横渠張氏曰：古樂不可見，蓋爲後人求之太深，始以古樂爲不可知。但以《虞書》言「《詩》言志，歌永言，聲依永，律和聲」，求而得之，樂之意盡於是。《詩》止言志，歌但永其言而已。永轉其聲，令人

❶「此」，通志堂本、四庫本作「比」，是。
❷「故」字下，通志堂本、四庫本有「其」字。

可聽爾。今學者亦以轉聲不變字爲善歌，既長言之，要入於律，則知音者察之，知此聲入得何律，錯綜以成文矣。古樂所以養人德性中和之氣也，後之樂反以求哀爲工。故晉平公曰：「音無哀於此乎？」哀則止感人不善之心。歌也者，不可以太高，亦不可以太下。太高則入於噍殺，太下則入於嘽緩。幾聲之上下，❶有此聲則有此心，窮本知變，樂之情也。所求乎知變，樂之道盡於此。樂所以養人中外之性，❷以其無嘽緩噍殺之聲。太噍殺則聽之使人悲哀，太嘽緩則聽之使人怠惰。惟雅樂則聲音中正，故可以養人和平。此鄭衛之聲，古人所以切禁。蓋移人者莫甚焉，苟未成性，皆能移之。不然夫子何以之戒顏回也？鄭衛之聲使人忘倦樂聽。魏文侯，當時賢君也，尚曰：「聽古樂則欲卧，聽鄭衛之聲則忘倦。」蓋鄭衛之音悲哀，則令人意思留連光景，其音正與心合，故樂聽也。靡靡者亦類此聲。故古人以御瞽幾聲之上下，使之不至於噍殺，不至於嘽緩，惟是中正。既作此聲，又語之以義，不聞其音，即聞其意，未嘗須臾不在理義，此所以雅樂之能養仁義。今日意思，正惟日日講及義理，則心乃常存也。其始則心要合音，終久復要音養人心也。大概外物未必能動人，動人惟聲爲切。

長樂陳氏曰：樂出於虛，必託乎音然後發。音生於心，必感乎物然後動。蓋人心其静乎？萬物無足以撓之，而性情之

❶「幾」，通志堂本、四庫本作「其」。
❷「外」，通志堂本、四庫本作「和」，是。

所自生者也。攝動以静，則喜怒哀樂未發而爲中，則性也，君子不謂之情。離静以動，則喜怒哀樂中節而爲和，則情也，君子不謂之性。其故何哉？人函天地陰陽五行之氣，有哀樂喜怒敬愛之心。然心以情變，聲以心變，其哀心感者，未始不戚，戚故其聲噍以殺；其樂心感者，未始不蕩，蕩故其聲嘽以緩；其喜心感者多毗於陽，故其聲發以散；其怒心感者多毗於陰，故其聲粗以厲；敬心感者，内直而外方，故聲必直以廉；愛心感者，内諧而外順，故聲必和以柔。則志微噍殺之音作，而民思憂，哀心所感然也；嘽諧易簡之音作，而民康樂，樂心所感然也；流散滌濫之音作，而民淫亂，喜心所感然也；粗厲猛起之音作，而民剛毅，怒心所感然也；廉直莊誠之音作，而民肅敬，敬心所感然也；寬裕順和之音作，而民慈愛，愛心所感然也。凡此六者，非性之正也，感於物而後動，則其情而已。乃若其情，則能慎其所以感之，窮人心之本，知六者之變，使姦聲不留聰明，淫樂不接心術，合生氣之和，道五常之行，使之陽而不散，陰而不密，剛氣不怒，柔氣不懾，各安其位，而不相奪，則正人足以副其誠，邪人足以防其失，而治道舉矣。若夫不知慎所以感之，則彼必有悖逆詐僞之心，淫泆作亂之事，以强脅弱，以衆暴寡，以知詐愚，以勇苦怯，窮人欲，滅天理者矣。其欲君子以好善，小人以聽過，移風易俗，天下皆寧，不尤難哉！《樂書》。

嚴陵方氏曰：凡人之情，得所欲則樂，喪所欲則哀，順其心則喜，逆其心則怒，於所畏則敬，於所悦則愛，此六者之别也。

噍則竭而無澤，殺則減而不隆，蓋心喪其所欲，故形於聲者如此。嘽則顯而無餘，❶緩則紓而不迫，蓋心得其所欲，故形於聲者如此。發則生而不窮，散則施而無積，蓋順其心，故形於聲者如此。粗則疏而不精，厲則危而不安，蓋逆其心，故形於聲者如此。直則無委曲，廉則有分際，蓋心有所畏，故形於聲者如此。和則不乖，柔則致順，蓋心有所悦，故形於聲者如此。静者天之性，動者人之情，無所感則静，有所感則動，六者感於物而後動，故曰非性也。

延平黄氏曰：樂生於夷曠，故其聲嘽以緩。喜生於愜適，故其聲發以散。哀則抑，故噍以殺。怒則揚，故粗以厲。敬則義心感也，故其聲直以廉。愛則仁心感也，故其聲和以柔。六者之感，情動於中而形於聲者也。性所有也然而非性，言性則静矣，無六者之動；言性則合矣，無六者之别。物能動人之情，先王能制天下之物，故物之所以感人者，先王能爲之謹焉。聲之所出，則有樂以和之；志之所適，則有禮以道之；其得喪同，則有政以一之；其姦害同，則有刑以防之。禮樂以治其内，刑政以治其外。其名四，❷其所以同民心而出治道，其實一也。裳。

山陰陸氏曰：其所以感民者，苟爲不慎，雖有《韶》、《濩》，使夔爲之，不能諧也。

慶源輔氏曰：噍殺，急促而微細，急促故微細也。外境可哀，故心之哀應之，是我心本無哀也，因彼之哀而哀之耳。故曰

❶「顯」，通志堂本、四庫本作「闡」。

❷「名」字下，通志堂本、四庫本有「有」字，是。

「哀心感」，下準此。人心憂愁則揫斂，喜樂則舒散。然喜是樂之初，樂是喜之終，始則發散，終則舒緩，自然之勢也。厲謂憤厲。廉近乎方，故曰「敬義體用」也。愛心如母之於子是也。先王知此，則知樂之本矣。慎，謂一嚬一笑不敢妄形，一話一言不敢妄發。

延平周氏曰：哀樂喜怒敬愛，皆天性也。感而形於聲，亦天性然也。以是六者爲非性，誤矣。

金華應氏曰：❶静者天之性，具於喜怒哀樂未發之初。動者人之情，形於喜怒哀樂既發之後。

故禮以道其志，樂以和其聲，政以一其行，刑以防其姦。禮、樂、刑、政，其極一也，所以同民心而出治道也。

鄭氏曰：極，至也。「同民心而出治道」，此其所謂至也。

孔氏曰：既六事隨見而動，非關其本性，故先代聖人在上，制正禮、正樂以防之，不欲以外境、惡事感之也。禮、樂、刑、政，是防慎所感之具。政，法律也。正禮教道其志，正樂諧和其聲，法律齊一其行，刑辟防其凶姦。用其四事，齊之使同其一致。人心所觸，六事不同，聖人用四者制之，使俱得其所也。賀氏曰：雖有禮、樂、刑、政之殊，及其檢情歸正至理，一也。

長樂陳氏曰：聖人之於《易》，制禮於謙，作樂於豫，明政於賁，致刑於豐。則禮樂者，政刑之本；政刑者，禮樂之輔。古之人所以同民心，出治道，使天下如一家，

❶「金華應氏」四字，原缺，今據四庫本補。

中國如一人者，不過舉而錯之而已。夫姦聲感人，而淫樂興焉。正聲感人，而和樂興焉。先王必慎所以感之，故禮自外作而道志於内，樂由中出而和聲於外，政以一不齊之行，刑以防不軌之姦，慎所以感之之術也。其極則一於同民心，使之無悖逆詐僞之心；一於出治道，使之無淫泆作亂之事，慎所以感之之效也。此因人心之感物而動，故先王慎所以感之，而以禮樂政刑出治道。下文因人之好惡無節，故先王以人爲之節，而以禮、樂、刑、政備治道，相爲終始故也。❶

嚴陵方氏曰：心有所之，則不能無壅，故於志言「道」。情有所發，不能無乖，❷故於聲言「和」。成德者欲確乎不可拔，故於行言「一」。在外者宜止其所自，❸故於姦言「防」。離言之，則先政而後刑，先後之序也。合言之，則先刑而後政，終始之序也。民心由四者而同，治道由四者而出。

馬氏曰：道有達而治之之意也。蓋禮所以節於内，有以節於内，則在下者無覬覦之心矣。《易》所謂「辨上下，定民志」者是也。樂所以和其心，能和其心，然後能和其聲。不言和其心者，聲和則心和可知矣。蓋有禮以道其志，則樂必有以和其聲，❹此内外之辨也。政者所以約之於外，而行亦自外作，故政以一其行。有禮以道其志，有樂以和其聲，有政以一其

❶「相」字上，通志堂本、四庫本有「蓋」字；「也」字下，有「樂書」二小字，是。
❷「不」字上，通志堂本、四庫本有「則」字。
❸「止」，通志堂本、四庫本作「正」，是。
❹「樂必有」，通志堂本、四庫本作「必有樂」，是。

行，而奇邪不能無也，故又爲刑以防其姦。蓋刑者所以待其有不帥也。故禮、樂、刑、政，其體雖不同，而其極則一也。所謂「其極一」者，皆「所以同民心而出治道也」，言治道因之以出。

山陰陸氏曰：《風》出於德性，《雅》出於政事。故《魏》褊《曹》奢，其《風》雖不同，而《雅》則常一也。《春秋傳》曰：「人心之不同，如其面焉。」禮、樂、刑、政所以同之。此四者蓋出於民，而還以治民。

廬陵胡氏曰：極，中也。禮、樂、刑、政合乎民心，是謂中。

慶源輔氏曰：制於外，所以順行於内；養於心，所以和易其聲：禮樂交相養也。政者，正也，一於正而已。不正，則有刑以俟之。民心本同，隨所感而異，而禮、樂、刑、政所以反其同也。爲治之道，無越於此矣。

盱江李氏曰：趙簡子問子太叔揖讓周旋之禮焉。對曰：「是儀也，非禮也。夫禮，天之經也，地之義也，民之行也。天地之經，而民實則之。是故爲九歌、八風、七音、六律以奉五聲。爲政事、庸力、行務，以從四時。爲刑罰威獄，使民畏忌，以類其震曜殺戮。」以是言之，樂、政、刑非禮者乎？

金華邵氏曰：此又言聖人養其樂之本如此。夫音由心生，心由物動。苟不謹其所感，使放僻邪侈日作於外，非心妄念日動於中，則發之音聲，其將若何？故感者在心，感之者在物。先王所以謹其感之者，豈有它道哉？制禮以道其志，而使不放；作樂以和其聲，而使不乖；政以一其行，而不使之雜；刑以防其姦，而不使之犯。禮、樂、刑、政，其用雖異，然究其終窮，則未始異也。志者心之所之，聲者心之所發，行者心之形也，姦者心之賊也，四者既謹，則民心同入於善，而治道由是而出。故曰「所以同民心而出治道」。養其本者如是，則心之發於聲，有不得其所者哉。

延平黄氏説見前。

凡音者，生人心者也。情動於中，故形於聲，聲成文謂之音。是故治世之音安以樂，其政和；亂世之音怨以怒，其政乖；亡國之音哀以思，其民困。聲音之道，與政通矣。

鄭氏曰：言八音和否隨政也。《玉藻》曰：「御瞽幾聲之上下。」

孔氏曰：上文云音從人心生，乃成爲樂。此一經明君上之樂隨人情而動也。❶人君政教善惡，感動於心，故形於聲。上文「感於物而動，故形於聲」是也。「聲成文謂之音」，則上文「變成方謂之音」是也。聲之清濁雜比成文，乃謂之音。此云「音」，不云「樂」者，樂以音爲本，變動由於音。又下文言「治世之音」、「亂世之音」，故不云「樂」也。治平之世，其樂音安静而歡樂，由君政和美而人心安樂故也。亂世音樂怨恨而恚怒，❷由君政乖僻而人心怨怒故也。亡國謂將欲滅亡之國，樂音悲哀愁思，由其人困苦哀思故也。治世、亂世云「世」，亡國不云「世」者，以國將亡，無復繼世也。治世、亂世云「政」，亡國不云「政」者，言國將滅，無

❶「經」，通志堂本、四庫本及《禮記正義》作「節」，疑是。
❷「音樂」，通志堂本、四庫本及《禮記正義》作「樂音」，是。

復有政也。

張氏曰：人心，即君上心也。樂音善惡，由君上心之所好，故云生於人心者也。情，君之情也。中，猶心也。心既感物而動，故形見於聲也。政和則聲音安樂，政乖則聲音怨怒，是「聲音之道與政通矣」。

黄氏曰：《正義》解云「清濁雜比爲成文」，今詳之，非其義也。斯蓋言情動於中而形於聲，聲若單出，未能成文，成文則聲成章句之辭，理義明白，可以爲樂文者理也。❶ 謂之音者，取言成章句，咸包五聲，可以八音和諧，❷爲樂之本者也，故聲成文者，言合理也。以其頌美刺淫，章句合理，爲成文矣。儻但取清濁雜比，則常言俗語，鳥獸之聲，咸有清濁雜比，豈可謂之成文者哉？

濂溪周氏曰：樂者，本乎政也。❸ 政善民安，則天下之心和。故聖人作樂以宣暢其和心，達于天地，天地之氣感而大和焉。天地和，則萬物順，故神祇格，鳥獸馴。

長樂陳氏曰：心以感物而動爲情，情以因動而形爲聲。聲者情之所自發，而音者又雜比而成者也。治世以道勝欲，其音安以樂，雅頌之音也，政其有不和乎？亂世以欲勝道，其音怨以怒，鄭衛之音也，政其有不乖乎？亡國之音則桑間濮上，非特哀以思而已，其民亦已困矣。由是觀之，世異異音，音異異政。夫豈聲音自與政通耶？蓋其道本於心與情然也。

❶「者」字，通志堂本、四庫本無。
❷「以」，通志堂本、四庫本作「比」，是。
❸「政」字下，通志堂本、四庫本有「者」字。

《書》曰：「八音在治忽。」《國語》曰：「政象樂。」亦斯意歟？ 自繼代以論世，未嘗無治亂；自封域以論國，未嘗無興亡。治亂言世不言國，則國以世舉。亡國不言世，則國亡而世從之矣。治亂言政不言民，亡國言民不言政，亦可類推也。言樂者，音之所由生，繼之以六者之聲；言宮、商、角、徵、羽，繼之以五者之音，何也？ 曰聲以單出爲名，音以雜比爲辨。論音之散而單出，雖音也亦可謂之聲。論聲之合而雜比，雖聲也亦可謂之音。此言「情動於中」，又言「形於聲」，《詩序》言「情動於中而形於言」，又言「情發於中而形於聲」者，動者，喜怒哀樂之未發者也；發者，發而中節，動不足以言之。動發於中而形於言與聲，《詩》之所以寓於音也；動於中而形於聲，樂之所以通於政也。《詩序》兼始終言之，《樂記》特原其始而已，故其辨如此。❶

延平黄氏曰：怒有以責之也，至亡國也不足以責之，思其治者而已，《下泉》之詩是也。怨有以親之也，至亡國也不足以親之，哀其亡者而已，《黍離》之詩是也。政有得失，則於物有善惡；物有善惡，則於情有喜怒；情有喜怒，則於聲有美刺。故曰「聲音之道與政通」。

嚴陵方氏曰：安以樂者，安其居，樂其業也。怨以怒者，其心怨，其氣怒也。哀以思者，哀於今，思於古也。人安而樂，由世之治，世治由政之和，和者相順而理之謂。人怨而怒者，由世之亂，世亂由政之乖，乖者相悖而逆之謂。人哀而思者，由

❶「此」字下，通志堂本、四庫本有「樂書」二小字，是。

國之亡，國亡由民之困，困者不能自立之謂。且政和則其音安樂，政乖則其音怨怒，此聲音之道所以與政通也。

馬氏曰：上言「變成方謂之音」，而此言「聲成文謂之音」，其實一也。哀者哀其將亡，而思者思其已存之際。

慶源輔氏曰：安謂不知其所以然，樂則驩虞不足以盡之矣，怨怒猶有所屬，哀思則伥伥然矣。人樂則思慮省，哀則思慮多，通上下只一理。

山陰陸氏曰：❶讀《鳧鷖》、《既醉》之詩，則「安以樂」可知。讀《君子偕老》之詩，則「怨以怒」可知。讀《黍離》、《揚之水》諸詩，則「哀以思」可知。審樂知政，蓋知本之論歟？

宮爲君，商爲臣，角爲民，徵爲事，羽爲物。五者不亂，則無怗懘之音矣。宮亂則荒，其君驕。商亂則陂，其官壞。角亂則憂，其民怨。徵亂則哀，其事勤。羽亂則危，其財匱。五者皆亂，迭相陵，謂之慢。如此，則國之滅亡無日矣。

鄭氏曰：五者，君、臣、民、事、物也。凡聲濁者尊，清者卑。怗懘，敝敗不和貌。五者其道亂，則其音應而亂。荒，猶散也。陂，傾也。

孔氏曰：此一經論五聲之殊，❷所主不一，得則樂聲和調，失則國將滅亡。鄭註《月令》云：宮屬土，土居中央，總四方，君之象也。又音以絲多聲重者爲尊，宮絃最大，用八十一絲，故爲君也。商屬金，七十二絲，次宮，如臣次君之貴重也。

❶「山陰陸氏」四字，原爲墨丁，今據四庫本補。

❷「經」，通志堂本、四庫本及《禮記正義》作「節」，當是。

角屬木，以其清濁中，民之象也。宮濁而羽清。角六十四絲，聲居宮、羽之中，半清半濁，故云清濁中。民比君臣爲劣，比事物爲優，故云角清濁中，民之象也。徵屬火，用五十四絲，聲清，故爲事。羽屬水，用四十八絲，最處末，所以羽爲物也。五者各得其所用，不相壞亂，則五音之響無敝敗矣。宮音亂，則其聲放散，由其君驕溢故也。商音亂，則其聲欹邪不正，由其臣不治於官，官壞故也。角音亂，則其聲憂愁，由政虐民怨故也。徵音亂，則其聲哀苦，由繇役不休，民事勤勞故也。羽音亂，則其聲傾危，由君賦重，民貧乏故也。迭，互也。陵，越也。五聲不和，則君臣上下互相陵越，所以爲慢也。滅，絶也。無日，言旦夕可俟，無復一日也。

崔氏曰：五音之次，以宮最濁，自宮以下則稍清矣。君、臣、民、事、物，亦有尊卑，故以次配之。商是金，金以決斷，爲臣事君，❶亦以義斷爲賢也。角屬春，春時衆物生，❷皆有區別，象萬民衆多而有區別也。徵屬夏，夏時生長萬物，皆成形體，事亦有體，故以徵配事也。羽屬冬，冬物聚，則成財用，冬則物皆藏聚，與財相類也。宮聲所以散，❸由君驕也，君驕則萬物荒散也。商聲所以傾邪者，由臣官壞也，官壞則物傾邪也。角聲所以亂者，由民之不安業，有憂愁之心也。民無自怨，君上失政，故下民生怨也。徵所以亂者，

❶「爲」，通志堂本、四庫本作「猶」。

❷「衆物生」，通志堂本、四庫本及《禮記正義》作「物生衆」。

❸「散」字下，通志堂本、四庫本及《禮記正義》有「者」字，是。

由民勤於事，悲哀之所生也。危者，聲不安也。羽聲所以不安者，由君亂於上，物散於下，故知財乏不能得安，故有匱乏也。偏據一亂，未足以滅亡。五者皆亂，故滅亡無日矣。

延平周氏曰：還相爲宫而不相亂，則其音和。相陵，謂聲不依永也。君、臣、民、事、物，其道亂，則其音應。

長樂陳氏曰：先王作樂，以聲配日，以律配辰。原樂聲之始，五聲未始不先律；要樂器之成，十二律未始不先聲。《書》曰：「詩言志，歌永言，聲依永，律和聲。」原樂聲之始也。《周官・大師》「掌六律、六同以合陰陽之聲，皆文之以宫、商、角、徵、羽之聲」，樂器之成也。古者考律均聲，必先立黄鍾以本之。黄鍾之管九寸，觸類而長之，數多者上生而有餘，數少者下生而不足。一損一益，皆不出三才之數而已。故三分益一，上生之數也，三分損一，下生之數也。今夫樂始於聲，聲始於宫，宫聲最大而中，固足以綱四聲，覆四方，君之象也。三分宫數損一而下生徵，徵聲微清而生變，事之象也。三分徵數益一而上生商，商聲則濁而下次於宫，臣之象也。三分商數損一而下生羽，羽聲最清而足以致飾，物之象也。三分羽數益一而上生角，角聲一清一濁，其究善觸而已。宫、徵、商、羽、角，上下相生之次也。宫、商、角、徵、羽，君、臣、民、事、物之次也。《傳》曰「宫者，音之主」，蓋商非宫，則失其所守，不足以爲臣；角非宫，則失其所治，不足以爲民；徵非宫，則失其所爲，不足以爲事；羽非宫，則失其所生，不足以爲物。五行主土，五事主思，亦由是也。❶宫、商、角、徵、羽，五聲之名也。君、臣、民、事、物，五聲之實也。實治則聲從而治，實亂則聲從而亂。《傳》曰：「聞宫音，使人温舒而廣大；聞商音，使人方正而好義；聞角音，使人惻隱而愛人；聞徵音，使人樂善而好施；聞羽音，使人整齊而好禮。」宫亂而君驕，失温舒廣大之意也；商亂而官壞，失方正好義之意也；角亂而民怨，失惻隱愛人之意也；徵亂而事勤，失好施而爲之之意也；羽亂而財匱，失好禮而節之之意也。《樂書》。

嚴陵方氏曰：王氏謂宫爲君者，周覆而以宅人者也。商爲臣者，臣主商度者也。❷角爲民者，民可制也，不知所以制之，則善觸人者也。徵爲事者，事於徵則有徵也。羽爲物者，物則有實用，亦可以爲飾故也。怗如沾，懘如滯，由是而成除故也。「滅亡無日」，滅則滅之也，❸亡則自亡而已。

山陰陸氏曰：荒，其君驕之兆也。陂，其官壞之證也。怨是以憂，勤是以哀。危兆於匱，亦危所以匱也。凡樂，唯宫爲大，故宫亂則荒。若商亂、角亂，則壞、則憂而已。

延平黄氏曰：其君不驕，則其宫不亂。其宫不亂，則其音不荒。其財不匱，則其羽不亂。其羽不亂，則其音不危。故曰五者不亂，則無怗懘之音矣。

慶源輔氏曰：大而不治曰荒。荒，不治

❶「由」，通志堂本、四庫本及《樂書》卷九作「猶」。
❷「主」，通志堂本、四庫本作「爲」。
❸「則」字下，通志堂本、四庫本有「人」字，是。

也。陂，不正也。變「臣」言「官」者，主有職者言之也。率土之濱，莫非王臣。憂與哀，噍殺之意也。危則欲絶矣。嵇康之制慢商者，其是之謂乎？商慢則臣陵乎君矣。

《講義》曰：人君知音之理實與政通，則不敢驕傲怠忽，而臣、民、事、物之理亦從而得矣。蓋治生於敬而失於慢。方慢之初，疑若未至於亂亡，及其漸也，則已不可收拾。古之人君所以務敬，不使慢心得生焉，以此也。《記》言迭相陵謂之慢，其有旨哉！

鄭、衛之音，亂世之音也，比於慢矣。桑間、濮上之音，亡國之音也，其政散，其民流，誣上行私而不可止也。

鄭氏曰：比，猶同也。濮水之上，地有桑間者，亡國之音於此之水出也。昔殷紂使師延作靡靡之樂，已而自沈於濮水。後師涓過焉，夜聞而寫之，爲晉平公鼓之，是之謂也。桑間在濮陽南。誣，罔也。

孔氏曰：此經論亂世滅亡之樂。鄭國之音好濫淫志，衛國之樂促速煩志，並亂世之音也。雖亂而未滅亡，故云「比於慢」，同前之慢也。鄭註「昔殷紂」以下，皆《史記·樂書》之文。君政荒散，民自流亡，誣罔於上，行其私意，違背公道，不可禁止也。

横渠張氏曰：鄭衛之音，人聞之，須起留憐光景之意，❶又生怠惰之意，從而致驕淫之心。雖珍玩奇貨，其始感人也，亦不如是之切，從而生無限嗜好。故孔子必

❶「憐」，通志堂本、四庫本作「連」，是。

曰「放之」，亦是聖人經歷過，但聖人不爲物所移耳。苟未成性，則有時能爲所移。蓋鄭衛之地，濱大河沙地，土壤不厚，其間人自然氣輕浮，其地氣薄，不費耕耨，物亦能生，故其人偷脱怠惰，弛慢頹靡。其人情既如此，則其聲音所感亦同。故聞其樂，亦使人如此。又其地平下，其間人自然意氣柔弱怠惰，其土足以生，古所謂「息土之民不才」者，此也。

長樂陳氏曰：鄭音好濫淫志，衛音趨數煩志。內足以發疾，外足以傷人，亂世之音也。雖未全於亡國之慢，❶亦比近於慢而已。其政散而無統，❷其民流而不反。《樂書》。

山陰陸氏曰：桑間即《詩·桑中》是已。其序曰：「政散民流而不可止。」今曰「誣上行私而不可止」，其濮上之音歟？孔子曰：「大師摯適齊，亞飯干適楚，三飯繚適蔡，四飯闕適秦，鼓方叔入於河，播鼗武入於漢，少師陽、擊磬襄入於海。」此言有守者也不至於是矣。

慶源輔氏曰：五音應五事，陵慢則滅亡無日矣。故鄭衛之音幾於慢，而未至於慢也。夫至於形於聲音者如此，則反之，豈易事哉？亦終必亡而已矣。故曰「政散民流，誣上行私而不可止」。「政散」、「民流」，亂國之事也，疑當在「亂國之音」下。國亡矣，何有「政散民流，誣上行私」之足言哉？吕氏《詩記》辨之詳矣。「政散民流而不可止」，序《詩》者引是以爲說，豈亦誤歟？

❶「於」，通志堂本、四庫本作「如」。
❷「統」，通志堂本、四庫本及《樂書》卷九作「紀」。

延平黄氏曰：誣上則天下之誠心喪，行私則天下之和心喪，此亡國之音所以作也。

凡音者，生於人心者也。樂者，通倫理者也。是故知聲而不知音者，禽獸是也。知音而不知樂者，衆庶是也。唯君子爲能知樂。

鄭氏曰：倫，猶類也。理，分也。禽獸知此爲聲耳，不知其宫商之變也。八音並作克諧曰樂。

孔氏曰：自此至「正也」，明音、樂之異。音易識而樂難知，知樂則近於禮。又明禮樂隆極之音，❶先王以禮教人之意，❷音從聲生，聲從心起，故云「生於人心者也」。比音爲樂，有金、石、絲、竹、干、戚、羽、旄，樂得則陰陽和，失則羣物亂，是樂能通倫理也。陰陽萬物，各有倫類分理者也。衆庶知歌曲之音而不知樂之大理，❸唯君子能知極樂之理。

横渠張氏曰：樂通倫理者，合八音，行八風，如此得其和也。不通倫理，安得如是？樂欲通天下之和，必先盡萬物之理，須是無不和，故通倫類也。「論倫無患，樂之情」，與萬類皆無患，方是樂之情。和八音，行八風，猶是其間事之小者。自天地鬼神萬物之類，無不盡其理，所以作之而神人和，鳥獸感，通倫類故也。

延平周氏曰：大而天地，細而秋毫，莫不有倫理也。唯樂爲能宣之。樂者豈特聲

❶「音」，通志堂本、四庫本及《禮記正義》作「旨」，是。
❷「禮」字下，通志堂本、四庫本及《禮記正義》有「樂」字，是。
❸「理」，通志堂本、四庫本作「體」。

音而已？故禽獸知聲而不知音，則異於衆庶；衆庶知音而不知樂，則異於君子。雖然，君子之知樂，亦未嘗不始於聲音。

長樂陳氏曰：樂爲音之藴，音爲樂之發，故樂足以該音，而音不足以盡樂。音雖生於人心，未始不通於倫理，「八音克諧，無相奪倫」是也。樂雖通倫理，未始不生於人心，「樂者心之動」是也。蓋倫則天人之道存而有先後，理則三才之義貫而有度數。故行而倫清以爲樂，論倫無患以爲情。近而親疏貴賤之理形，遠而天地萬物之理著。然則樂通倫理，雖不離先後、度數之間，蓋將載道而與之俱往來而不窮矣。彼禽獸知聲而不知音，衆庶知音而不知樂，豈足與語此？心感於內，情形於外，而單出者，樂之聲也。曲折成方，交錯成文，而雜比者，樂之音也。《大司樂》曰「凡樂皆文之以五聲，播之以八音」，《傳》曰「五聲和，八音諧，而樂成」，則樂者比五聲八音而成之者也。君子仁足以盡性術，智足以通倫理，其於知樂也何有？❶

延平黄氏曰：倫理之於人，同有於性，同生於心。然而無樂爲之和同，則至於乖絶；無樂爲之感通，則至於湮塞。君臣上下聽之，莫不和恭，父子兄弟聽之，莫不和親，則不至乎乖絶。聽鐘聲則思武臣，聽鼓鼙之聲則思將帥之臣，則不至乎湮塞。禽獸有聞而無知，有情而無文，故不知音。衆庶有知而無德，有文而無實，故不知樂。

嚴陵方氏曰：倫言人倫，理言物理也。

❶ 「有」字下，通志堂本、四庫本有「樂書」二小字，是。

若君臣上下同聽之，則莫不和敬；長幼同聽之，則莫不和順；父子兄弟同聽之，則莫不和親：所謂通人倫也。若草木茂，區萌達，羽翼奮，角觡生，所謂通物理也。君子則通於道者也，故唯君子爲能知樂焉。若「瓠巴鼓瑟，流魚出聽；伯牙鼓琴，六馬仰秣」，此禽獸之知聲者也。魏文侯好鄭衛之音，齊宣王好世俗之樂，此衆庶之知音者也。若孔子在齊之所聞，季札聘魯之所觀，此君子之知樂者也。

清江劉氏曰：所謂君子知樂者，知其通倫理也，知其扶性飾情而反之正也，知其創業象功，移風易俗也。

慶源輔氏曰：「樂者，通倫理者也」，蓋有序而後和，和則其序不紊矣。君子通倫理，故能知樂。子語魯大師樂，曰「樂其可知也，始作」至「繹如也，以成」。君子，盡人道者也。衆庶則有所虧矣。《孟子》曰：「人之所以異於禽獸者，幾希。庶民去之，君子存之。」

金華邵氏曰：倫，倫類也。理，條理也。曰心，曰聲，曰音，曰樂，名雖不同，倫理未嘗不相通爲一。故心與聲通，聲與音通，音與樂通，極其終則樂又未嘗不與理通。禽獸知單出之聲而不知成文之音，衆庶知成文之音而不知比音之樂，此皆不通倫理者也。惟君子通倫理，故能知樂。

新安王氏曰：❶領父子君臣之節，形貴賤長幼之理，樂之通倫也。動四氣之和，著

❶「新安王氏」四字，原爲墨丁，據四庫本補。又此段原補在本卷末，今據通志堂本、四庫本移至此。

萬物之理，樂之通理也。樂不通倫，其能使祖考來格，虞賓在位？❶樂不通理，其能使百獸率舞，鳳凰來儀乎？樂者，通倫理者也。

是故審聲以知音，審音以知樂，審樂以知政，而治道備矣。是故不知聲者不可與言音，不知音者不可與言樂。知樂則幾於禮矣。禮樂皆得謂之有德。德者，得也。

鄭氏曰：「知樂則幾於禮」者，幾，近也。聽樂而知政之得失，則能正君、臣、民、事、物之禮也。

孔氏曰：音由聲生，樂由音生，政由樂生。政善樂和，音聲皆善，治道備矣。

黄氏曰：《書》云：「《詩》言志，歌永言，聲依永，律和聲。八音克諧，無相奪倫。」以此辨之，樂之作非徒然而起，咸取《國風》、《雅》、《頌》四詩爲本。先有歌詩，後乃從而爲樂。故古之審樂，辨於《詩》者多矣。若全捨《詩》言而辨五聲八音者，當《春秋》二百四十二年，唯聞師曠吹律，云「南風不競」，知楚師無功；及泠州鳩辨鍾聲之摦，❷理猶未當。蓋辨音聲之能者，唯知其吉凶之徵兆也。若政之善惡不辨《詩》言而唯在聲音，則夫子云：「師摯之始，《關雎》之亂，洋洋乎盈耳哉！」及「自衛反魯，然後樂正，《雅》、《頌》各得其所」，當此之時，魯政日衰，而惡聲不見於《雅》、《頌》之樂哉？以此詳之，辨於聲則微，而辨於《詩》者多矣。蓋魯國樂師方失《雅》、《頌》，至夫子歸而正之，俾聲依其永，律和其聲，則《雅》、《頌》之樂

❶「位」字下，通志堂本、四庫本有「乎」字。
❷「泠」，通志堂本、四庫本作「伶」。

復正矣。儳聲音之旨不繫於《詩》，則奏鄭衛之樂而歌《關雎》之詩爲亡國之音哉？奏《周南》之樂而歌《桑中》之什爲治世之音哉？非通論也。言五聲應君、臣、民、事、物者，乃御瞽察聲之上下得失之徵應爾。觀註文、《正義》之旨，言樂不本四《詩》，誠爲未當。故云「知音不知樂者，衆庶是也。唯君子爲能知樂」。是故審樂而知政也。詳其義，如今之琴也，小人聞之，但知琴之音，而不辨其辭旨，唯君子能知其音而辨其《詩》，可知政也明矣。

長樂陳氏曰：聲，樂之象；音，樂之輿。故審聲之清濁，則知音之高下；審音之高下，則知樂之和否；審樂之和否，則知政之得失：而治道備矣。《大司樂》「以五聲、八音、六舞、大合樂以致鬼神示，以和邦國，以諧萬民，以安賓客，以說遠人，以作動物」，則五聲所以成八音，審聲以知音也。八音所以節舞而合樂，審音以知樂也。幽足以致鬼神示，明足以和邦國，内足以諧萬民，外足以安賓客，遠足以說遠人，微足以作動物，是則審樂以知政而治道備，豈外是歟？凡物皆動而有聲，聲變而成音，知音必自聲始，知樂必自音始。禮主節，樂主和，和勝則流，有以節之，則不至慢易以犯節，流湎以忘本。其於禮也，亦何嘗遠之有？且「幾」者，近而不遠之辭。知樂之情則樂常幾於禮，而未嘗遠禮。自迹求之，聖人作爲鞉鼓、椌楬、塤篪，以道德音之音，然後鐘磬、竽瑟以和之，旄狄以舞之。執其干戚，習其俯仰詘伸，容貌得莊焉；行其綴兆，要其節奏，行列得正焉，進退得齊焉。

施之祭祀，所以獻酬交酢也；施之饗燕，所以官序貴賤得其宜也；施之鄉射，所以示後世有尊卑長幼之序也。然則樂之所樂，❶禮之所節，未始不行於其間，曷嘗不幾於禮歟？楊子曰：「人而無禮，焉以爲德？」《易》曰：「先王以作樂崇德。」則禮爲德之容，樂爲德之華。所謂有德者，禮樂皆得於身而已。《樂書》。

嚴陵方氏曰：聲雜而爲音，故審聲以知音。音比而爲樂，故審音以知樂。聲音之道與政通，故審樂以知政。此皆由粗以致精，故每言審焉。審聲以知音，故不知聲者不可與言音。審音以知樂，故不知音者不可與言樂。夫以天地之形言之，則樂隆於禮；以陰陽之理言之，則禮深於樂。所謂知音者，知其禮而已，故言「知樂則止幾於禮」也。❷何以言之？樂由陽來，而陽爲春夏之作長，作長所以動而即事；禮由陰作，而陰爲秋冬之斂藏，斂藏所以靜而入道故也。王氏謂「見形則知剛强之勝柔弱，識理則悟柔弱之勝剛强」是矣。雖然，獨陽不生，獨陰不生，非春夏之作長，亦無以致秋冬之斂藏。苟不知樂，亦何以幾於禮乎？

馬氏曰：「唯君子爲能知樂」，故由聲以至於知音，由音以至於知樂，以至於知政，❸而爲治之道無以易此矣。禮樂有相通之理，禮者中也，樂者和也，中以和爲用，和以中爲體。故「知樂則可以幾於禮」。幾者，近而未至之辭。夔之達於樂

❶ 下「樂」字，通志堂本、四庫本作「和」，是。
❷ 「止」字，通志堂本、四庫本無，是。
❸ 「以」字上，通志堂本、四庫本有「由樂」二字，是。

而未達於禮，所謂「幾於禮」者也。至於禮樂皆得，則不特幾於禮而已。凡禮樂之情文，皆有以得之。得者，對失之辭。禮樂之道，非淺聞單見之所能知，故知之者寡，而不知者衆。知之者寡，而不知者衆，則是天下皆失，而我獨得之，故曰「德者，得也」。

延平黄氏曰：聲變而爲音，故審聲以知音。音比而爲樂，故審音以知樂。政者，樂之安樂、怨怒、中淫、恭慢之所自作，故審樂以知政。樂與禮同出乎仁義之實，禮之實節文仁義之成，樂則樂其成而已。然而樂之和，已有節文在其中焉。子曰：「禮者，理也。樂者，節也。」以其樂爲主，不得謂之禮耳。故曰「知樂則幾於禮」。心徹而爲智，智徹而爲德。偏得樂，則和而有所流；偏得禮，則中而有所倚：非所謂有德。

山陰陸氏曰：得其一而已，德不足言也。既得之，又失之，不得爲德也。

李氏曰：樂由陽來，禮自陰作，故禮樂者，猶東西之相反而不可以相無也。是以方其以禮爲體也，必以樂爲文；方其以樂爲體也，必以禮爲用。故子曰：「薄于樂，❶於禮素。」言禮必以樂爲文也。《周官》曰：「以樂禮教和。」言樂必以禮爲質也。故達于禮而不達于樂，則素；達于樂而不達于禮，則偏矣。夫唯知禮，故幾于樂；知樂，故幾于禮。此自樂言之，故曰「知樂則幾于禮矣」。

慶源輔氏曰：審聲以知音，審音以知樂，順而下之，自源以尋流也。審樂以知政，

❶「薄于」，通志堂本、四庫本作「不能」，是。

逆而上之，自末以反本也。審始形之聲，以知他日之樂；審已成之樂，以知前日之政：如表裏形影之不誣也，則治道悉矣。樂通倫理，故知「樂則幾於禮」。禮者，理也。然知之而已，故曰「幾」焉。子曰：「興於《詩》，立於禮，成於樂。」《孟子》曰：「禮之實，節文斯二者是也。樂之實，樂斯二者。樂則生矣，生則烏可已也。」故禮樂不備，不可謂之成人。

金華邵氏曰：惟君子知樂，故審噍殺之聲，則知其爲志微噍殺之音；審嘽緩之聲，則知其爲嘽諧慢易繁文簡節之音。❶如此之類，所謂「審聲以知音」也。審寬裕肉好、順成和動之音，則知和樂興焉。審流辟邪散、狄成滌蕩之音，則知淫樂興焉。若此之類，所謂「審音以知樂」也。審樂之和，則知其政之和；審樂之乖，則知其政之乖。若此之類，所謂「審樂以知政」也。吾能自知音以至於知政，倫理貫通，則於爲治音樂不敢缺一。苟一有缺，則聲與音，音與樂，必形見於此矣。故不知聲不可與言音，不知音不可與言樂。苟能知樂，則於禮爲幾。蓋禮者，理也。樂通倫理，故於禮爲幾。論至於此，則禮樂豈二理哉？

禮記集説卷第九十一

❶「嘽」，通志堂本、四庫本作「寬」。

# 禮記集説卷第九十二

是故樂之隆，非極音也。食饗之禮，非致味也。《清廟》之瑟，朱弦而疏越，壹倡而三歎，有遺音者矣。大饗之禮，尚玄酒而俎腥魚，大羹不和，有遺味者矣。

鄭氏曰：隆，猶盛也。極，窮也。《清廟》，謂作樂歌《清廟》也。朱弦，練朱弦，練則聲濁。越，瑟底孔也，畫疏之，使聲遲也。倡，發歌句也。三歎，三人從歎之耳。大饗，祫祭先王，以腥魚爲俎實，不臑孰之。大羹，肉湆，不調以鹽菜。遺，猶餘也。

孔氏曰：樂之隆盛，在移風易俗，非崇鐘鼓之音。食饗之禮，謂宗廟祫祭，在於孝敬，非在致美味。《清廟》之瑟，謂歌《清廟》之詩所彈之瑟也。朱弦，案《虞書傳》云：「古者帝王升歌《清廟》之樂，大琴練弦。」此云「朱弦」，明練之可知也。不練，則體勁而聲清，練則絲孰而絃濁。瑟兩頭有孔，疏通之，後兩頭孔相連。❶孔小則聲急，孔大則聲遲。弦聲既濁，瑟音又遲，是其質素。初壹倡之時，但有三人贊歎之，言歎者少也。雖然，有遺餘之音，言以其貴在於德，所以有遺音，人念之不忘也。此覆上「樂之隆，非極音也」。大饗之禮，案《郊特牲》云「郊血，大饗腥」，此云「腥魚」，故鄭知大饗爲祫祭宗廟也。尚玄酒，在五齊之上。腥，生也。俎雖有三牲，而兼載腥魚，謂薦血腥之時，至薦

❶「後」，通志堂本、四庫本及《禮記正義》作「使」，是。

孰之時，皆亨之而孰，魚則始末不亨，故云「俎腥魚」，并肉湆皆質素之食，而大饗設之。雖然，有遺餘之味，人愛之不忘也。此覆上「食饗之禮，非致味也」。

張氏曰：樂之盛，本在移風易俗，非窮鍾鼓之音。❶禮之盛，本在安上治民，非崇玉帛至味。《清廟》之瑟，言樂盛非用極音。大饗，即食饗也。變食言大，崇其名故也。不尚重味，故食言大也。此言禮盛不在至味。先王制禮作樂，本是教訓澆民，❷平於好惡之理，使去惡歸善，不爲口腹耳目之欲，令反歸人之正道也。

長樂陳氏曰：德爲禮樂之本，禮樂爲德之文。樂之隆在德不在音，非極五音之鏗鏘而已。大饗之禮在德不在味，非致五味之珍美而已。《清廟》之瑟爲樂之隆，則大饗之禮其禮之隆歟？《清廟》而以朱弦疏越之瑟和之，使人知樂意所尚，非在乎極音者也。且得無遺音乎？《老子》所謂「大音希聲」，此也。《周官·大司樂》「以肆獻祼享先王，以饋食享先王」，蓋羞其肆而酌獻焉則以祼，猶生事之有饗也；羞其孰而饋食焉則以食，猶生事之有饗也。❸饗以陽爲主，而其祭爲禘；食以陰爲主，而其祭爲祫。由是觀之，食饗之禮未嘗不致味，謂之「非致味」者，豈大饗之禮而誤爲食饗歟？《曲禮》「大饗不饒富」，《郊特牲》曰「郊血，大饗腥」，故大饗之禮尊尚玄酒，俎尚腥魚，豆尚大羹，貴飲食之本也。聖人爲禮，貴本

❶「窮」，通志堂本、四庫本作「崇」。
❷「澆」，通志堂本、四庫本作「曉」。
❸「饗」，通志堂本、四庫本及《樂書》卷十作「食」，當是。

始以示之，使人知禮意所尚，非在乎致味者也。且得無遺味乎？《左傳》所謂「大羹不致」，此也。《樂書》。

清江劉氏曰：此皆言貴其本而忘其末也。遺者，忘也，棄也。《清廟》之瑟，美其德而忘其音；大饗之禮，美其敬而忘其味。凡樂以音爲之節，而反忘音焉，意不主於音也。意不主於音，是故朱弦疏越乃可尚也。凡食饗以味爲之文，而反忘味焉，意不主於味也。意不主乎味，是故玄酒大羹乃可尚也。主於音，則不能遺音，不能遺音，則雖煩手淫聲，❶有不足矣。主於味，則不能遺味，不能遺味，則雖大牢庶羞，有不足矣。故孔子曰「禮樂」云。

延平黄氏曰：極音致味，以物爲音、爲味也。朱絃之有遺音，玄酒之有遺味，以德爲音、爲味也。先王之制禮樂也，以極口腹耳目之欲，則雖極音致味，不足以厭其志。而教民平好惡，反人道之正，則内足而無待乎外矣。故雖朱絃之濁，疏越之遲，三嘆之希，玄酒之質，俎魚之腥，大羹之淡，足以勝其欲。是以先王之制禮樂也，務使人以理而後動，以節而後作。

嚴陵方氏曰：以樂之隆非極音，則凡音之所極者，皆樂之殺爾。以饗之大非致味，則凡味之所致者，皆饗之小爾。極音則無遺音，致味則無遺味矣。《仲尼燕居》曰：「升歌《清廟》，示德也。」升而在上，則隆之故也。瑟，堂上之樂，君子之所御，此《清廟》之詩所以必播之於瑟也。朱絃疏越，皆非極音之義。倡必有和，歌

❶「手」，明本、通志堂本、四庫本作「響」。

之常也，於此則歎之而不和者，以言之不足故也，是所以有遺音歟？大羹以其不和，故足爲大也。於玄酒言尚，則知腥魚大羹，皆在所尚矣。於腥魚言俎，則知玄酒之在尊，大羹之在豆矣。於大羹言不和，則知玄酒之不厚，腥魚之不孰矣。是互相備也。有所遺，則爲不盡矣。極與致一也，互言之耳。前曰食饗，後曰大饗，又何也？饗雖以食爲下，亦未嘗無食焉，故以食言之。然饗之類不一，且嫌其非大也，故又以大言之。

延平周氏曰：《傳》曰：「有聲者，有聲聲者，有味者，有味味者。」聲之所聲者，聞矣，而聲聲者未嘗發。味之所味者，嘗矣，而味味者未嘗呈。是故《清廟》之瑟有遺音者，貴其未發之音也。所謂未發者，無音之音也。大饗之禮有遺味者，貴其未嘗呈之味也，所謂未嘗呈者，無味之味也。

山陰陸氏曰：一倡而三歎，所謂「嗟歎之不足，故永歌之」，❶於是爲至。遺，猶忘也。言造其極者，忘其粗也。遺音與味，其於禮樂可謂真得矣。

新安朱氏曰：一倡三歎，蓋一人倡而三人和也。今解者以爲三歎息，非也。

慶源輔氏曰：三歎，謂聞者歎其有遺音也。有遺音，言弗盡其音也。有遺味，言弗盡其味也。於此有所遺，則於彼有所盡矣。

金華邵氏曰：禮樂皆得而謂之德者，豈自外來哉？得之於我而非强探力索，始可謂德耳。是以樂之隆，雖鍾鼓、管磬、

❶ 「永」，通志堂本、四庫本作「咏」。

干戚、羽籥莫不具陳，而非得乎樂者，故非極音。食饗之禮，雖籩豆、簠簋、體薦、饔餼莫不畢備，而非得乎禮者，故非致味。至文王《清廟》之瑟聲濁而遲，倡者一，而歎者三，其音蓋有遺矣。而後世必貴焉者，以文王之瑟有得於樂，故音雖不足，而德則有餘也。大饗之禮，玄酒、腥魚、大羹，其味蓋有遺矣。而後世必重焉者，以大饗之禮有得於禮，故味雖不足，而德則有餘也。然則禮樂之理，豈假於外，亦貴其自得於吾身而已。

是故先王之制禮樂也，非以極口腹耳目之欲也，將以教民平好惡，而反人道之正也。

鄭氏曰：教之使知好惡也。

孔氏曰：玄酒、腥魚、大羹，是非極口腹也。朱絃、疏越，是非極耳目也。教民均平好惡，使好者行之，惡者避之，反歸人道之正也。

黄氏曰：禮樂之制，所以平天下之情欲，俾各知其分，而不萌好惡之心者也。《洪範》云「無有作惡，遵王之路；無有作好，遵王之道」，皆節其好惡之心爲王道者也。若禮樂失制，則王道不行，而好惡無節矣。譬諸負者，小人之事也；乘者，君子之器也。名器失制，則小人者不責己愚，但心惡其負而好其乘也。是故强脅弱，衆暴寡，奔競無極，爲大亂之道也。若禮樂明備，則君子在位，小人自知其愚，不求僥倖之乘，而甘乎負矣。如斯則是好惡有節，而反人道之正也。

長樂陳氏曰：作好則失仁，作惡則失義。故平其好，所以反之仁；平其惡，所以反之義。《易》曰「立人之道曰仁與義」，則反仁與義者，反人道之正也。《周官》五禮防民之僞而教之中，六樂防民之情而教之和。所謂防民之情僞者，平好惡也；教之中和者，反人道之正也。《樂書》。

嚴陵方氏曰：飲食以行禮，非極口腹之欲；歌舞以作樂，非極耳目之欲。禮以節之，則民之好惡平而無過；樂以和之，則民之好惡平而無乖。好得其平，則好也人之所同是；惡得其平，則惡也人之所同非。好惡止於一，故能反人道之正焉。孔子曰：「唯仁者能好人，能惡人。」夫仁也者，人也。合而言之，道也。能好能惡，是爲人道之正矣。

馬氏曰：先王之制禮樂也，不知者以爲極口腹耳目之欲。極口腹耳目之欲，從其小體而已。先王之爲禮樂，將以教民平好惡，平之使中其節也。反人道之正，則非强其所無也，使之復其性之本而已。

慶源輔氏曰：人之好惡，本無不正也。蔽於私，奪於氣，則不得其平，而失其正矣。禮所以防其私，樂所以平其氣也。

金華應氏曰：民受天地之中以生，喜怒哀樂之未發謂之中，何往而非正？發而中節謂之和，❶何往而非平？乖戾而失其平，則和德喪；偏倚而失其正，則中德虧。平其好惡，則得其和；反人道之正，則得其中。平者固所以趨乎和，正者固所以趨乎中。「無黨無偏，王道平平；無反無側，王道正直。會其有極，歸其有極。」惟平則正矣，正則中矣。

人生而静，天之性也。感於物而動，性之欲也。物至知知，然後好惡形焉。好惡無節於內，知誘於外，不能反躬，天理滅矣。

❶「而」字下，通志堂本、四庫本有「皆」字。

鄭氏曰：性不見物則無欲。物至知知，至，來也；知知，每物來則又有知也。節，法度也。知，猶欲也。誘，猶道也，引也。躬，猶己也。理，猶性也。

孔氏曰：自此至「道也」，論人感物而動。物有好惡，所感不同。若其感惡，則天理滅，爲大亂之道。故下文明先王所以制禮樂而齊之也。外物既來，每一物來，則心知之。會意則好愛之，不會則嫌惡之，❶是好惡形也。好惡恣己之情，是無節於內。所欲之事，道誘於外，外見所欲，心則欲之，❷是知誘於外也。不能自反而禁止，則天性滅絶矣。

河南程氏曰：不能反躬，天理滅矣。天理云者，百理俱備，元無少欠。

横渠張氏曰：謂天性静，則何常静；謂之動，則何常動？天性難專以静言，無物非天性静也，感之而動，氣之性也。何謂氣之性？人須氣以生，其性即氣之性也。感者必待有物則有所感，無物則何所起？喜怒、好惡、去取，莫非因物而有。知知，猶言能知，能知其知，則好惡形焉。

長樂陳氏曰：人生而静，《書》所謂「惟民生厚」也，有不爲天之性乎？感於物而動，《書》所謂「因物有遷」也，有不爲性之欲乎？史遷以性之動爲性之順，誤矣。夫道，有君子，必有小人；性有善，必有惡。知惻隱之爲仁，羞惡之爲義，是非之爲知，辭讓之爲禮，此知性之本也。知耳之欲聲，目之欲色，鼻之欲臭，口之欲味，

❶「會」字下，通志堂本、四庫本及《禮記正義》有「意」字。
❷「欲」，通志堂本、四庫本及《禮記正義》作「從」，當是。

此知性之欲也。知性之本，循而充之，爲君子。知性之欲，循而充之，爲小人。《樂書》。

嚴陵方氏曰：性稟於天，静而無欲。物自外至，而入吾可知之域。得所欲，則在所好，非所欲，則在所惡，而好惡形焉。知知者，知其所知也。然心知其爲好而好之，知其爲惡而惡之，所謂好惡，特未定也。知誘於外則逐物，逐物則不能反躬，沈於人僞，而天理滅矣。

馬氏曰：人生而静，則無知也。物之至，然後知之，順其心則好，逆其心則惡，好惡無節於内，則在内之志誘於在外之物，不能反躬以復其性之本，而天理於是滅矣。然則所謂知者非真知也，所謂欲者非可欲也，所謂動者非動而中節也。所知非真知，則所欲非可欲也。欲非可欲，則其動亦不能中其節也。

延平周氏曰：静則爲性，性則情之未發者也。動則爲情，情則性之已發者也。

山陰陸氏曰：物至而知所謂知，則所謂真者鑿而好惡形矣。《列子》曰：「無樂無知，是真樂真知。」

廬陵胡氏曰：欲，情也。董生曰：「情者，人之欲也。」《禮運》云：「喜怒哀樂愛惡欲，謂之七情。」《易》取於「艮其背」者，背則不見可欲也。知知，所知者多也，人病以多知爲雜。理猶道也。鄭謂「理，性也」。案《易・説卦》云「窮理盡性」，則理、性各别。

新安朱氏曰：「人生而静」以上不容説，「人生而静」以上，即是人物未生時。人物未生時，只可謂之理，説性未得。此所謂「在天曰命」也。纔説性時，便已不是性。纔謂之性，便是人生以後。此理已墮在形氣之中，不全是性之本體矣，此所謂「在人曰性」也。大抵人有此形氣，則是此理始具於形氣之中，而謂之性。纔是説性，便已涉乎有生而兼乎氣質，不得爲性之本體也。然性之本體，元未嘗離，亦未嘗雜，要人就此上面見得其本體元未嘗離，亦未嘗雜耳。凡人説性，只是説「繼之者善也」者，言性不可形容，而善言性者，不過即其發見之端而言之，而性之理固可默識矣。如《孟子》言性善與四端是也。未有形氣，渾然天理，未有降付，故只謂之理。已有形氣，是理降而在人，具於形氣之中，方謂之性。已涉乎氣矣，便不能超然專説得理也。程子曰「天所賦爲命，物所受爲性」，又曰「在天曰命，在人曰性」是也。又曰：「人生而靜，天之性也。感於物而動，性之欲也。」此言性情之妙，人之所生而有者也。蓋人受天命之中以生，其未感也純粹至善，萬理具焉，所謂性也。然人有是性則有是形，有是形則有是心，而不能無感於物，感於物而動，則性之欲者出焉，而善惡於是乎分矣。性之欲，即所謂情也。又曰「物至知知，然後好惡形焉」，此指情之動處爲言，而性在其中也。物至而知，知之者，心之感也。好之惡之者，情也。形焉者，其動也。所以好惡而有自然之節者，性也。好惡無節於内，知誘於外，此言情之所以流而性之所以失也。情之好惡，本有自然之節，唯其不自覺知，❶無所涵養，而大本不立。是以天則不明於内，

❶「知」，通志堂本、四庫本作「之」。

外物又從而誘之，此所以流濫放逸而不自知也。苟能於此覺其所以然者，而反躬以求之，則其流庶乎其可制也。不能如是，而唯情是徇，則人欲熾盛，而天理滅息，尚何難之有哉！此一節正天理、人欲之機，❶間不容息處。唯其反躬自克，念念不忘，則天理益明，存養自固，而外誘不能奪矣。

延平黄氏曰：「喜怒哀樂之未發謂之中，發而皆中節謂之和。」静而中者，静之正也。❷動而和者，情之正也。好惡無節於内，知誘於外，無中爲之主故也。《莊子》曰：「以有涯隨無涯，殆已。已而爲知者，殆而已矣。」夫用無涯之知應無窮之感，生無節之好惡，則天理滅矣。《孟子》曰：「萬物皆備於我矣，反身而誠，樂莫大焉。」不能反躬，而誘於外爲樂，此天理所以滅也。

廣漢張氏曰：感物而動，性之欲也。言亦性所有也，而其要係乎心君宰與不必耳。❸心宰，則情得其正，率乎性之常，而不可以欲言矣。心不宰，則情流而陷溺，其性專爲人欲矣。又曰：反躬之義深矣。好惡無節於内，則知爲物誘，心不宰而情徇於物矣，故貴於反躬焉。反躬而求之，則夫生而静者，卓然而可見，而萬理可得而窮矣。平日致知力行，無非反躬之功也。

慶源輔氏曰：因上禮樂教民平好惡，故此推人好惡所由生。反躬，謂反之於心

❶「正」，通志堂本、四庫本作「明」。
❷「静」，通志堂本、四庫本作「性」，當是。
❸「必」，通志堂本、四庫本作「宰」。

也。變性言理，善言性也。滅，謂堙滅之，實未嘗亡也。

金華邵氏曰：感物而動，性始有欲。欲非「情欲」、「逸欲」之「欲」。性而無欲，則槁木死灰耳，率性之謂道，從何出哉？孔子曰「我欲仁」，孟子曰「可欲之謂善」，《書》曰「惟天生民有欲」，果情欲、逸欲之謂乎？所謂物者，亦豈外物哉？感君臣而敬、感父子而親之類耳。然性非自能有欲也，物至於吾前，吾之知足以知之，故所喜則好，所怒則惡，其欲遂形。欲雖形矣，當此之時，乃邪正未分之時。苟作好惡無節於内，而吾之知又爲物誘於外，則流蕩忘反，而天理滅矣。天理，即人道之正也。

夫物之感人無窮，而人之好惡無節，則是物至而人化物也。人化物也者，滅天理而窮人欲者也。於是有悖逆詐僞之心，有淫泆作亂之事。是故强者脅弱，衆者暴寡，知者詐愚，勇者苦怯，疾病不養，老幼孤獨不得其所，此大亂之道也。

鄭氏曰：窮人欲，言無所不爲。

孔氏曰：物既衆多，感人無有窮已。所好、所惡無有法節，物善則人善，物惡則人惡，是人化物也。人既化物，逐而遷之，恣其情欲，故滅其天生清静之性，而窮極人所貪嗜欲也。❶知者欺詐愚人，勇者困苦怯者，疾病者心所嫌惡，不收養之，老幼孤獨無有哀矜者，故不得其所也。

横渠張氏曰：窮人欲，則心無由虚，須立天理。人心者，人欲。道心者，天理。窮

❶「嗜」字下，通志堂本、四庫本有「之」字，是。

人欲，則滅天理。既無人欲，則天理自明，明則可至於精微。謂之危，則在以禮制心。　又曰：滅天理而窮人欲，今當復反歸其天理。古之學者便立天理。孔、孟而後，其心不傳，如荀、楊皆不能知。

長樂陳氏曰：天理滅，則人之良心亡矣。彼生於其心者，安得無悖逆詐僞者乎？人欲窮，則人之美行喪矣。彼發於其事者，安得無淫泆作亂之事者乎？夫然，則弱者無所恃，而爲强者之所脅；寡者無所附，而爲衆者之所暴；愚者無所施，而爲知者之所詐；怯者無所立，而爲勇者之所苦。疾病不養，而其政散；老幼孤獨不得其所，而其民流。非大治之道也，豈足以同民心哉？自好惡無節於內，至滅天理而窮人欲，不能平好惡之患也。自有悖逆詐僞之心，至老幼孤獨不得其所，不能反人道之正之患也。由是觀之，先王之於禮、樂、刑、政，獨可已乎？《樂書》。

延平周氏曰：《孟子》曰：「耳目之官不思，而蔽於物。物交物，則引之而已矣。」謂其蔽於物，則我亦物也。我亦物，則以物而交物者也。以物而交物，則天理所以滅，而人欲所以窮也。天理滅，人欲窮，大亂之道也。

嚴陵方氏曰：物之感人，自外入而無窮，人之好惡，由中出而無節，則非所謂「物物而不物於物」者矣。故曰「物至而人化物也」。人爲物所化，則滅自然之天理，窮使然之人欲而不反矣。天下之亂，莫大於此，故曰「大亂之道」。

馬氏曰：君子爲能役物，物至而化者，是役於物者也。

李氏曰：夫役于物，則失其精義；逐于物，則喪其利用；而化于物者，言其成于漸也。《孟子》曰「交于物」，《傳》曰「習與性成」。夫人之於物也，始于交，至于化，而終于成。夫物有外有内，得于内者，内物也；動于外者，外物也。能無失其良心，則不汨其内物；操其常心，則不動于外物。《詩》曰「天生烝民，有物有則」，所謂内物也。《書》曰「惟民生厚，因物有遷」，所謂外物也。《孟子》曰「物交物，則引之而已」，言内之物交乎外之物也。夫所謂「不能反躬」者，舍其常心也；「好惡無節于内」者，失其良心也。

新安朱氏曰：「物之感人無窮，而人之好惡無節」，此説得工夫極密，兩邊都有些罪過。物之誘人固無窮，然亦是自家好惡無節，所以被物誘去。若自有主宰，如何被誘去？此處極好玩味，且是語意渾粹。　又曰：上言情之所以流，此以其流之甚而不返者言之也。好惡之節，天之所以與我也，而至於無節。宰制萬物，人之所以爲貴也，而反化於物焉。天理唯恐其存之有未至也，而反滅之；人欲唯恐其制之不力也，而反窮之：則人之所以爲人者至是盡矣。然天理秉彝，終非可殄滅者。雖化物窮欲，至於此極，苟能反躬以求，則天理之本然者初未嘗滅也，但染習已深，❶難覺而易昧，難反而易流，非厲知耻之勇而致百倍之功，則不足以復其初耳。

慶源輔氏曰：是故君子先立乎其大者，則其小者不能奪也，天下固未有大於心

❶「染習」，通志堂本、四庫本倒。

者。自「强者脅弱」至「孤獨不得其所」，皆所謂滅天理而窮人欲也。反此，則天理也。故文王發政施仁，必先斯四者。

是故先王之制禮樂，人爲之節。衰麻哭泣，所以節喪紀也。鐘鼓干戚，所以和安樂也。昏姻冠笄，所以別男女也。射鄉食饗，所以正交接也。

鄭氏曰：人爲之節，言爲作法度以遏其欲也。男二十而冠，女許嫁而笄，成人之禮。射，鄉，大射、鄉飲酒也。

孔氏曰：人爲，猶爲人也。言制禮樂爲人作法節也。食饗，饗食賓客也。凡此皆是正交接之節，不使相陵越也。

張氏曰：言制禮樂以節於人，衰麻以下並是陳禮節人之事也。❶

長樂陳氏曰：居喪以哀爲主，其發於衣服容體，則斬衰三升而其貌若苴；至緦麻十五升而去其半，容貌可也。其發於言語聲音，則斬衰唯而不對，其哭若往而不反；至緦麻，議而不及樂。所以節喪紀者如此。有文事必有武備，有武事必有文備，故鐘鼓以聲文事，干戚以容武事。所以和安樂者如此。婦曰昏，夫曰姻，二姓之好自此和，室家之道自此正，所以別男女之親也。男娶以三十，則參天之陽數；女嫁以二十，則兩地之陰數。則陽數者必成以陰，故始之以二十之冠；則陰數者必成以陽，故始之以十五之笄。所以別男女之成也。諸侯之射先行燕禮，卿大夫之射先行鄉飲酒禮，旌以詔之，鼓以節之，朴以戒之，定其位有物，課其功有算，使人存爭心於揖遜之間，奮

❶「禮」字下，通志堂本、四庫本有「樂」字。

武事於燕樂之際，德行由是可觀，齒位由是可正。所以正交接於鄉黨也。食以養陰而食在所主焉，饗以養陽而飲在所主焉。故諸侯饗禮七獻，食禮七舉，而諸伯如之；諸子饗禮五獻，食禮五舉，而諸男如之。禮事相於世婦，樂事序於樂師。所以正交接於賓客也。然亂多而刑五，治多而禮五，故天之所秩不過五禮有庸而已。由是觀之，節喪紀而使之不過者，凶禮也；和安樂而使之不乖者，吉禮也；別男女而使之不雜者，嘉禮也；正交接而使之不瀆者，賓禮也。不言軍禮者，舉干戚與射以見之。《樂書》。

嚴陵方氏曰：人爲之節者，因人而制爲之節也。因人之有喪紀也，故制爲衰麻哭泣以節之；因人之有安樂也，故制爲鐘鼓、干戚以和之。以至昏姻、冠笄之於男、女，射、鄉、食、饗之於交接，亦若是而已。且制禮所以爲之節也，樂則所以爲和也，❶總曰「爲之節」者，蓋樂雖和而不流，是乃所以爲之節也。以至別男女，正交接，亦無非節而已。喪在彼也，而我以禮數紀之，故謂之喪紀。衰麻有重輕之節焉，哭泣有多少之節焉。於樂舉鐘鼓以見管籥，於舞舉干戚以見羽旄。安則無危，樂則無憂，和則可否相濟之謂也。和其安，則安不至於怠；和其樂，則樂不至於流。昏姻所以別男女之名，冠笄所以別男女之服。

延平黄氏曰：先王爲人化物，然後制禮樂。人莫不有禮樂之實而無化物者，則天下自有禮樂矣，先王安用制哉？及其

❶「爲」字下，通志堂本、四庫本有「之」字。

化物，非特滅天理也，僞禮、僞樂又從而乘之。故先王之制禮樂也，原天地之美，達萬物之理。恩有厚薄，禮有隆殺。麻所以節其文，泣所以節其情。

新安朱氏曰：人爲之節，言人人皆爲之節也。

金華邵氏曰：先王制禮樂以爲防閑之具，則人道正而天理還。制爲衰麻哭泣，則喪紀不失人道之正；制爲鍾鼓干戚，則安樂不失其正；昏姻、冠笄，則男女之道正；射、鄉、食、饗，則交接之道正。此以上皆明禮樂之意如此。

禮節民心，樂和民聲，政以行之，刑以防之。禮、樂、刑、政，四達而不悖，則王道備矣。

孔氏曰：禮有尊卑上下，所以裁節民心；樂有宫、商、角、徵、羽及律呂，所以調和民聲。政謂禁令，用禁令以行禮樂也。不行禮樂，則以刑罰防止之。四事通達，流行而不悖逆，則王道具備矣。

長樂陳氏曰：帝道成於虞，王道備於周。周之時，禮掌於宗伯，樂掌於司樂，政掌於司馬，刑掌於司寇。以謂化民於未僞之前者，在禮樂而不在刑政；治民於已僞之後者，在刑政而不在禮樂。四者交達，順理而不悖，則王道備而無闕矣。禮樂譬則陽也，刑政譬則陰也。陰積於無用之地，不時出以佐陽，則天道不成；刑政委於不急之務，不時用以佐禮樂，則王道不備。然則急刑政，緩禮樂，其霸道歟？禮自外作，而節民心，以外節内也，與《書》「以禮制心」同意。樂由中出，而和民聲，以内和外也，與《書》「以義制事」同意。《樂書》。

嚴陵方氏曰：禮以道其志，然後能節民

心。樂以和其聲，然後能和民聲。政以一其行，然後能行禮節之道。❶刑以防其姦，然後能防禮樂之失。四者如是，則無所不達。無所不達，則無所不順。無所不順之謂備。前言「出治道」，則四者之始也。此言「王道備」，則四者之終也。既曰「道其志」，又曰「節民心」，蓋禮達而分定。禮達則所謂「道其志」也，分定則所謂「節民心」也。

馬氏曰：禮者齊人之外，而亦所以節於中，故禮節民心。樂者導民之心，而亦所以和於外，故樂和民聲。禮樂者，爲治之本也。政以行之，恐其有所偏也。刑以防之，防其不帥於禮樂也。此與上之言雖不同，而其實則一也。先王爲治之大要，莫出於斯四者。故禮、樂、刑、政四達而不悖，則王道備矣。

金華邵氏曰：用禮樂者，先王之本意，間有不循吾化而越禮棄樂者，則有政焉以使之必行，有刑焉以防其或違。

樂者爲同，禮者爲異。同則相親，異則相敬。樂勝則流，禮勝則離。合情飾貌者，禮樂之事也。

鄭氏曰：同，謂協好惡。異，謂別貴賤。流，謂合行不敬也。離，謂析居不和也。合情飾貌，欲禮樂並行斌斌然也。

孔氏曰：從此以下爲《樂論》。此章凡四段，自此至「民治行矣」爲第一段，論樂與禮同異。同謂上下同聽，莫不和說也。異謂尊卑各別，恭敬不等也。無所間別，故相親。有所殊別，故相敬。樂勝則流，禮勝則離。明雖有同異，而又有相須也。



❶「節」，通志堂本、四庫本作「樂」，當是。

勝猶過也。樂過和同而無禮，則流慢無復尊卑之敬。禮過殊隔而無和樂，則親屬離析無復骨肉之愛。唯禮樂兼有，所以爲美。合情謂樂也，樂和其内，是合情也。飾貌謂禮也，禮以檢跡於外，是飾貌也。二者無偏，是禮樂之事也。

河南程氏曰：禮勝則離，故「禮之用，和爲貴。先王之道斯爲美，小大由之」。樂勝則流，故「有所不行，知和而和，不以禮節之，亦不可行也」。

長樂劉氏曰：樂和上下，所以爲同。禮别尊卑，所以爲異。同則遠邇欣合，故相親。異則大小適宜，故相敬。相親而無節，則流蕩而忘返。相敬而無節，則離析而不通。是故合和天下之情以爲同者，樂之事也；賁飾萬民之貌以爲敬者，禮之事也。

長樂陳氏曰：樂主和而爲同，凡天下所謂同者麗焉。禮主别而爲異，凡天下所謂異者麗焉。《周官·大司徒》：「以樂禮教和，以儀辨等。」《記》曰：「仁近於樂，義近於禮。」教和則其仁足以相親而不乖，辨等則其義足以相敬而不越，二者不可偏勝也。《詩》曰「好樂無荒」，戒其流也。《易》曰「履和而至」，戒其離也。樂者爲同而有異焉，故雖合愛，❶未嘗不異文。樂者爲異而有同焉，❷故禮雖殊事，未嘗不合敬。要之，樂同禮異者，特其所主爾。❸

延平黄氏曰：可以相勝者，仁義也。故

❶「故」字下，通志堂本、四庫本及《樂書》卷十一有「樂」字，是。
❷「樂」，通志堂本、四庫本及《樂書》卷十一作「禮」，是。
❸「爾」字下，通志堂本、四庫本有「樂書」二小字，是。

厚於仁而薄於義，則親而不尊；厚於義而薄於仁，則尊而不親。不可以相勝者，禮樂也，故曰「樂勝則流，禮勝則離」。仁義相勝則相治，禮樂相勝則相賊。相親以其有情，相敬以其有分。禮樂之同異，正也，而使之相勝，則非禮樂之正矣。故情勝分則流，分勝情則離。樂於内合情，禮於外飾貌，内外不相勝，而後爲禮樂之事。禮者理也，而行禮者義也。樂者情也，而稱情者文也。下文「上下和」與夫「爵舉賢」者，所謂「仁以愛之」也。「貴賤等」與夫「惡不肖」、「刑禁暴」者，所謂「義以正之」也。

嚴陵方氏曰：同則有情以相親，異則有貌以相敬。然能同而不能異，則樂勝於禮，其和至於流矣；能異而不能同，則禮勝於樂，其體至於離矣。禮樂不相勝，而無流離之患，則能事畢矣。故曰「禮樂之事」也。

馬氏曰：同則有恩以相愛，故相親。異則有文以相接，故相敬。流者無所止，離則失其所附。禮樂之道，貴其並行，而不隆於所獨也。

新安朱氏曰：禮勝則離，樂勝則流，好就「勝」字上看，只争這些子。禮纔勝些子，便是離了；樂纔勝些子，便是流了。知其勝而歸之中，即是禮樂之正。又曰：嚴而泰，和而節。

建安真氏曰：禮屬陰，凡天地間道理一定而不可易者皆屬陰。樂屬陽，凡天地間流行運轉者皆屬陽。禮樂之不可闕，一如陰陽之不可偏勝。❶一歲之間，寒暑

❶「一」，通志堂本、四庫本作「亦」。

之相易，雨露霜雪之相濟，方能氣候和平，物遂其生。陽太勝則亢而爲旱，陰大勝則溢而爲水。有陰無陽，則物不生；有陽無陰，則物不成。禮勝則太嚴而不通乎人情，故難合。樂勝則太和而無所限節，則流蕩忘返。所以有禮須用有樂，有樂須用有禮。此禮樂且是就性情上説，然精粗本末，亦初無二理。

慶源輔氏曰：樂者所以合人之和，禮者所以辨人之分，和合則相親，分辨則相敬。有以合其情，而無以飾其貌，則樂勝而流矣。有以飾其貌，而無以合其情，則禮勝而離矣。合情飾貌，禮樂之事也。二者闕一則不可。

金華應氏曰：同異者，禮樂之理；親敬者，禮樂之效；流離者，禮樂之偏。内合其情而相與交致其親敬，外飾其貌而不使偏勝於流離，此禮樂之見於事爲者。

禮義立，則貴賤等矣。樂文同，則上下和矣。好惡著，則賢不肖別矣。刑禁暴，爵舉賢，則政均矣。仁以愛之，義以正之。如此，則民治行矣。

鄭氏曰：等，階級也。

孔氏曰：義，宜也。禮得其宜，則貴賤各有階級。文，謂聲成文也。樂文諧同，則上下自和。所好得其善，所惡得其惡，則賢不肖自分別矣。用刑罰禁止暴慢，用爵賞以舉賢良，則政教均平矣。用仁以愛民，用義以正惡，則民治行矣。此經凡五事也。

張氏曰：言禮、樂、刑、政既均，又須仁以愛民，義以正民。如此，則民順理正行矣。

長樂劉氏曰：禮之爲義，立於民心，則貴賤雖殊，而莫敢以爲不等也。樂之爲文，同於天下，則尊卑雖異，而莫敢以爲不和也。是以用禮樂以尊崇之者，示之以天子之所好也。用禮樂以疏遠之者，示之以天子之所惡也。好惡著於天下，則賢不肖有別，而民務德遠罪矣。❶故暴於禮樂之俗者，必有刑以禁之；賢於禮樂之俗者，必有爵以旌之。仁以愛之，謂樂以和其心也。義以正之，謂禮以方其行也。溥天之下，莫不如此，則民治行矣。

長樂陳氏曰：禮粗而顯，而以義微之；樂妙而幽，而以文闡之。故禮非義立，則貴賤之位不等；樂非文同，則上下之情不和。天尊地卑，而君臣定；卑高已陳，而貴賤位：「禮義立，則貴賤等」之謂也。節奏合而成文，父子以之和親，君臣以之和敬，「樂文同，則上下和」之謂也。因禮樂以好惡，則好惡著而賢不肖別矣。刑以禁暴，與衆棄之也。爵以舉賢，與士共之也。因好惡以施刑爵，則人人勸賞畏刑而政均矣。爵以舉賢，仁不可勝用也；刑以禁暴，義不可勝用也。仁以立人而有以愛之，義以立我而有以正之，則禮、樂、刑、政四達而不悖，固足以同民心，出治道，而民治不行，未之有也。前言「政以一其行，刑以防其姦」，此兼刑以爲政，何哉？曰：孔子將爲政於衛，謂「禮樂不興，❷則刑罰不中」。子張問政於孔子，則對之「明於禮樂」而已。是禮樂者，政之本；刑罰者，政之助。以刑爲政，古人有之，而非所以先之也。《樂書》。



❶「務德」，通志堂本、四庫本作「得」。
❷「謂」字上，通志堂本、四庫本及《樂書》卷十一有「嘗」字，是。

延平周氏曰：合情者樂之事，飾貌者禮之事。禮之義既立，則貴賤有等；樂之文既同，則上下能和。有禮有樂，所以平好惡。故好之著，則所好者賢；惡之著，則所惡者不肖：此賢不肖所以別。惡之必至於刑，故刑以禁不肖；好之必至於爵，故爵以舉賢。有威有福，則政之所均。自好之至于爵，仁以愛之也；自惡之至于刑，義以正之也。如此則民治行矣。

嚴陵方氏曰：貴賤以位言，故曰「等」。上下以情言，故曰「和」。於禮言義，於樂言文，於禮言貴賤，於樂言上下，互相明也。❶然上言「不肖」，而下言「暴」者，蓋不肖雖爲可惡，然未至於可刑，必至於暴，然後有刑以禁之也。

馬氏曰：「禮義立，則貴賤等。」公以七爲節，侯、伯以五爲節，子、男以三爲節，此等之之迹也。樂爲同，故「樂文同，則上下和」。君臣上下同聽之，莫不和敬，此和之之類也。於禮言義，於樂言文，言義則有數，言文則有情。言文而不言情，言義而不言數，互文以見意也。義者，禮之本，故言立。樂者，八音克諧，故言同。好惡當其實，則賢不肖有別。自「貴賤等」以至於「政均」，其爲治略具矣，而猶未盡也。又有「仁以愛之，義以正之」，故民治行矣。於王道行則止言禮、樂、刑、政，而於民治行則不止於禮、樂、刑、政，而又益之以仁義者，蓋王道備則爲治之略，民治行則爲治之詳。上言政而又言刑，此則兼刑以爲政者，蓋合而言之，則

❶「明」，通志堂本、四庫本作「別」。

政、刑一也；分而言之，則刑與政異矣。

山陰陸氏曰：所謂導之以禮樂而民和睦，示之以好惡而民知禁。有以禁之，又有以舉之，是之謂均。所謂民治，仁義而已，非所與論於仁義之外也。

李氏曰：夫禮之所以爲異者，以其數也。樂之所以爲同者，以其情也。數必存乎義，情必見乎文，故曰「禮義立，則貴賤等矣。樂文同，則上下和矣」。樂之道，爲明、爲出、爲愛、爲變、爲息，而屬乎陽；禮之道，爲幽、爲入、爲化、爲殺、爲消，❶而屬乎陰。屬乎陽者，于人爲好，于政爲爵，于治爲仁。屬乎陰者，于人爲惡，于政爲刑，于治爲義。故曰「好惡著，則賢不肖別矣，刑禁暴，爵舉賢，則政均矣。仁以愛之，義以正之，如此則民治行矣」。

慶源輔氏曰：禮之義立，則貴賤有等；樂之文同，則上下相和。同亦和也。貴賤有等矣，上下相和矣，然人之賢、不肖終不能無也。賢者好之，不肖者惡之，則賢、不肖分別，而刑政所由生也。刑以禁暴，則非作惡也。爵以舉賢，則非作好也。刑賞不以私意，而一循公理，則其政均平而無偏陂。前止言禮、樂、刑、政之用，此又言刑、政之所由生也。禮、樂、刑、政，即是仁義之事，後又總言之也。如此，謂如上所言者也。行即達也。民治行，謂治民之道達于下也。

金華邵氏曰：此又申言相親相敬之事，必有政、刑、仁、義以輔之。❷治不偏於一，而後可行於天下。猶前言禮、樂、刑、

❶「爲化爲殺」，通志堂本、四庫本作「爲殺爲化」。
❷「政刑仁義」，通志堂本、四庫本作「仁義政刑」。

政四達，則王道行也。夫禮者，義之實。義既立，則貴賤有等。樂者文以五聲，文既同，則上下無不和。然貴賤不徒等，必也明其好惡，使賢不肖有別；上下不徒和，必刑賞以禁暴舉賢，❶而使其政均一。既有仁以致其愛，復有義以正其過，如此則治達於下，無有壅而不行者。然禮樂者治之本，而刑政所以輔之歟？

金華應氏曰：等所以辨異，和所以統同。好惡者，心之取舍也。刑爵者，政之勸懲也。合和，其仁也；辨等，❷其義也。好賢而爵舉之，仁也；惡不肖而刑禁之，義也。言禮樂與政，而刑包其中。蓋別而言之，則禮樂亦所以爲政也。前以刑政輔禮樂，而曰「王道備」，言其爲治之具也。此以仁義別禮樂，而曰「民治行」，言其爲治之效也。

樂由中出，禮自外作。樂由中出，故静。禮自外作，故文。大樂必易，大禮必簡。

鄭氏曰：由中出，和在心也。自外作，敬在貌也。文，猶動也。易簡，若於《清廟》、大饗然。

孔氏曰：自此至「禮行矣」爲《樂論》第二段。明禮樂自内、自外，或易、或簡。天子行之得所，則樂達禮行也。樂從心起，在心故静。禮肅人貌，貌在外，故云動也。大樂必易，「朱弦疏越」是也。大禮必簡，「玄酒、腥魚」是也。

張氏曰：出，猶生也。爲人在中，和有未足，故生此樂。作，猶起也。爲人在外，敬有未足，故起此禮。

❶「賞」，通志堂本、四庫本作「爵」。
❷「辨等」，通志堂本、四庫本作「等辨」。

横渠張氏曰：禮自外作故文，與《孟子》義内之説相似。蓋《孟子》方辨道，故其言得造深。作記者，非不知内者，據粗淺言之。事簡則誠是易從。然而後世之理簡，❶而至於無矣，故必崇禮。古人於禮亦爲常事，故其爲之也亦易。禮樂簡易，亦有此理。

長樂劉氏曰：樂由中出，則復其自然之性，所以静也。禮自外作，則除其詐僞之心，所以文也。大樂必易者，以言其與上下同樂也。大禮必簡者，以言其與貴賤同安也。

長樂陳氏曰：方陽之復也，雖動而静，此樂由中出，所以爲静也。方陰之出也，雖静而動，此禮自外作，所以爲文也。《易》言乾之静專、坤之爲文，如此而已。言静則知文之爲動，言文則知静之爲質。人之心也，静而與物辨，則在性而質；動而與物雜，則在貌而文。原樂之始，則静而已；及要終焉，未始不動乎外也。要禮之終，則文而已；及原始焉，未始不中正以爲質也。夫乾，天下之至健，其德行常易以知險。坤，天下之至順，其德行常簡以知阻。樂作自乎天，其來自乎陽，其所以著者在於大始，未嘗不與乾同德焉，此大樂所以必易也。禮制自乎地，其作自乎陰，其所以居者在於成物，未嘗不與坤同德焉，此大禮所以必簡也。大樂之易，大禮之簡，言必者，不易之理也。❷

嚴陵方氏曰：由中出，則天作之也。天無聲無臭，所以爲静。自外作，則地制之

❶「理」，通志堂本、四庫本作「禮」，當是。

❷「也」字下，通志堂本、四庫本有「樂書」二小字。

也。地有剛有柔，所以爲文。基命宥密爲無聲之樂，此非其静歟？大理物博而多之爲美，❶此非其文歟？

延平黄氏曰：樂者，樂也，德也，故由中出，而外設者其文也。禮者，履也，行也，故自外作，而中立者其本也。外作於貌，故文；内出於性，故静。　又曰：大樂所樂者性也，故易。大禮所履者理也，故簡。簡者禮之至也，易者樂之至也。易則無險阻，故無怨；簡則無紛辨，故不争。大禮、大樂之世，所樂者正性，所履者真理，則吾復何爲哉？此所以揖遜而天下治。　又曰：大樂所樂者，性也，故易。大禮所履者，理也，故簡。先王之制禮樂也，豈其私意哉？禮制其性之中，樂制其情之和而已。由性之中制禮以致其中，由情之和作樂以致其和，然後天位乎上以生，地位乎下以成，而人位乎其中以贊之。大樂之易，大禮之簡，天下之理存乎。先王以禮樂合天地之化，百物之産，則成位乎其中矣。

延平周氏曰：樂由中出，文在於外；禮自外作，本在於中。所謂由中出者，言其自然也；所謂自外作者，言其使然也。以其自然，故静；以其使然，故文。樂由天作，故易，此大樂所以有遺音也。禮以地制，故簡，此大禮所以有遺味也。

慶源輔氏曰：樂由中出，原其始也。禮自外作，論其形也。原其始則樂本於静，論其形則禮必有文。静則必形於動，文則必有其本。自静而爲動故易，自文而反本故簡。

❶「理」，通志堂本、四庫本作「禮」，當是。

《講義》曰：静者，謂樂未出之初，人心未感物之時，寂然而已。及其爲樂，則聲音由静而生爾。樂既本静，則當求之於静矣。文者，謂威儀三千，其始安得有此？以其行於外，故有如此之文。禮之本不在文，則不當求之於文矣。是以「大樂必易，大禮必簡」。

金華邵氏曰：禮樂皆天理也，而曰「禮自外作」，何哉？謂僞者矣，於禮何取？使禮果自外作，荀卿子所謂僞者矣，於禮何取？曰樂由中而出於外也，禮自外作，自外而作夫内也。外有所爲，必出於中而有本。中有所蘊，必作於外而可形。學者詳繹「出」與「作」之義，則思過半矣。惟由中而出於外，故陽而不散，陰而不密，剛氣不怒，柔氣不懾，「姦聲亂色不留聰明，淫樂慝禮不接心術，惰慢邪僻之氣不設於身體。耳、目、鼻、口、心知、百體皆由順正」，而其用則静。蓋中之静形於外亦静也。惟自外而作夫内，則升降、上下、周旋、裼襲、隆殺、等威，經而爲三百，曲而爲三千，而其用則文，蓋外之文所以作夫中之文也。然則禮樂果有内外之辨哉！　又曰：中出而静，外作而文，此樂、禮之用也。必易、必簡，又推其本而言之。大樂者性之和，大禮者性之中。以一性之和爲樂，則和之外無它事，如《清廟》之瑟，豈不易乎？以一性之中爲禮，則中之外無煩文，如大饗之禮，豈不簡乎？

金華應氏曰：樂之和藴於心，由中出者，和氣之鬱積充溢而流動於外也。禮之敬動於容，自外作者，威儀之周旋設飾而矯揉於内也。静者言樂止其所，雖鏗鏘備舉，而中之純一者不可散也。文者言禮備其節，雖莊敬純實，而外之設飾不可略也。蓋樂和而易於流，故雖動而必主乎静。禮嚴而易以倦，故雖質而必飾以文。四肢百體，皆由順正，樂之静也。禮儀三百，威儀三千，禮之文也。樂出於虚，愈出而愈静，禮飾其實，愈飾則愈文，此所以不同。易以心言，簡以事言，心和則易而順，事敬則簡而略。大，猶重也。

樂至則無怨，禮至則不争。揖讓而治天下者，禮樂之謂也。暴民不作，諸侯賓服，兵革不試，五刑不用，百姓無患，天子不怒，如此則樂達矣。合父子之親，明長幼之序，以敬四海之内，天子如此，則禮行矣。

鄭氏曰：至，猶達也，行也。賓服，賓，協也。試，用也。

孔氏曰：樂行於人由於和，故無怨。禮行於民由於謙敬，故不争。民無怨争，則君上無爲，但揖讓垂拱而天下自治。其功由於禮樂，故云「禮樂之謂也」。暴民，凶暴之民。不作，不動作也。「天子如此，則禮行」者，言天子若能使海内如此，則是禮樂興行也。樂云「達」，禮云「行」者，互文也。

長樂陳氏曰：樂不至，不可以言極和，禮不至，不可以言極順。内極和則不乖於心，何怨之有？外極順則不逆於行，何争之有？樂以治内爲同，禮以脩外爲異。同則相親而無怨，異則相敬而不争。通而言之，禮亦可以無怨，樂亦可以不争。故經言樂，則曰「瞻其顔色，而民不與争」。《禮器》言禮，則曰「内諧而外無怨」也。周道之衰，民之無良，相怨一方，則樂不至可知。受爵不讓，至于己斯亡，則禮不至可知。暴民不作於下，諸侯賓服於上，大則兵革不試，小則五刑不用，百姓無患而有所謂和，天子不怒而有所謂威，如此則樂無不達矣。父子，天性也，有以合其親。長幼，天倫也，有以明其序。敬四海之内，則立愛自親始，而民睦；立敬自長始，而民順。德教加於百姓，刑于四海，而禮無不行矣。《樂書》。

嚴陵方氏曰：至，則無以復加之謂也。天下之心無怨争，則天下有所不足治者矣。暴民不作，則諸侯賓服；諸侯賓服，則兵革不試，五刑不用；兵革不試，五刑不用，然後百姓無患，天子不怒，故其序如此。此皆和之所致，故曰「如此則樂達矣」。父子固有親矣，禮則合之；長幼固有序矣，禮則明之。父子得其親，長幼得其序，四海之内豈有相慢易者哉？故曰「以敬四海之内」，言四海之内皆相敬。此皆節之所致，故曰「如此則禮行矣」。

山陰陸氏曰：樂至則無怨，若「神罔時怨，神罔時恫」是也。禮至則不争，若「虞芮質厥成，文王蹶厥生」是也。天子不怒，當曰「天下不怒」。以天子言禮，以天下言樂，相備也。以敬四海之内，所謂予視天下匹婦匹夫能勝予是也。❶

廬陵胡氏曰：樂至則無怨，禮至則不争，此明堯舜之揖讓，異乎後世之戰争。「禮至」、「樂至」，謂躬行之至。此云「樂達」、「禮行」，謂施乎天下之盛。

慶源輔氏曰：「至」可以兼「達」與「行」，「達」與「行」不足以盡「至」之義也。唯至，故可以達，可以行。亂世之音怨以怒，則樂亦有怨者也，然非樂之至。滕、

❶「匹婦匹夫」，通志堂本、四庫本作「匹夫匹婦」，是。

薛争長，子産争承，則禮亦有争者也，然非禮之至。極禮樂之至，則堯舜之事是也。固不可分别而言之矣。故曰「其極一也」。樂達，言其終也。禮行，言其始也。樂欲達之於下，故以天下言樂。禮欲率之於上，故以天子言禮。陸氏之説善矣。然亦非相備而已。

金華應氏曰：「四海之内」一句，恐在「合」字上。

□□□□曰：❶《清廟》之瑟，音不足而德有餘；大饗之禮，味不足而德有餘。然則禮樂之理亦貴自得於吾身而已。此先王之制禮樂所以不務極音致味。

禮記集説卷第九十二

❶ 此段原補在卷九十二之後，現提至卷末。通志堂本、四庫本無。

# 禮記集説卷第九十三

大樂與天地同和，大禮與天地同節。和，故百物不失；節，故祀天祭地。明則有禮樂，幽則有鬼神。如此，則四海之内合敬同愛矣。

鄭氏曰：同和、同節，言順天地之氣與其數。不失，謂不失其性。「祀天祭地」，謂成物有功報焉。「明則有禮樂」，教人者也。「幽則有鬼神」，助天地成物者也。

孔氏曰：從此至「述作之謂也」，爲《樂論》第三段。自此至「名與功偕」，明禮樂與天地合德，明王用之，相因不改，功名顯著也。鄭註氣解同和，數解同節，天地氣和而生萬物。大樂之體，順陰陽律吕，生養萬物，是「天地同和」也。天地之形，有高下、大小之限。大禮辨尊卑貴賤，與天地相似，是「與天地同節」也。和，故能生成百物，不失其性。節，故有尊卑上下，祀天祭地，報生成之功也。聖王能使禮樂與天地同和節，又於明則尊崇禮樂以教人，幽則尊敬鬼神以成物，則四海之内合其敬，同其愛也。

長樂劉氏曰：律吕和而四時順，陰陽和而萬物生，是「與天地同和」也。寒暑節而萬物遂，等降節而兆民安，是「與天地同節」也。和而百物不失其宜，節而三禮必報其本。故明則使之敬禮樂，以保於五福之休；幽則使之敬鬼神，以避於六極之咎。然則四海之内，莫不合其敬以爲義，同其愛以爲仁矣。

延平黄氏曰：大樂致和，大禮致中。天

地之於萬物，生之以和，成之以節，而先王之大禮、大樂，贊天地之化育，故大樂與之同其和，大禮與之同其節。天地生成百物者也，故言「皆化」。王者收用百物者也，故言「不失」。百物得和而生，得節而成。先王以大禮同天地之節，以大樂同天地之和，其力則在天地之後，故物之成也，先王不敢私有其功焉，祀天祭地，報之而已。明則有禮樂，幽則有鬼神，此禮樂之配鬼神也。率神而從天，居鬼而從地，此禮樂之役鬼神也。又曰：以樂合天之神，動物之產，使陰德無淫邪，「與天地同節」者也。以禮合地之化，植物之產，使陽氣無倦怠，「與天地同和」者也。

長樂陳氏曰：天地之氣，春夏與物交而爲和，秋冬與物辨而爲節。和則有聲，而大樂出焉。節則有形，而大禮出焉。是禮樂之本，出於天地自然之和節，而其用實同之。乃若樂者，天地之和，禮者，天地之序，則直與之爲一，非特同之而已。《易》曰：「乾道變化，各正性命，保合太和，乃利貞。」和故「百物不失」之謂也。孔子曰：「非禮無以節祀天地之神。」節故「祀天祭地」之謂也。均是和也，或謂「百物不失」，或謂「百物皆化」者，蓋樂者道天地沖和之和，所以合天地之化，百物之產者也。「與天地同和」，其功深，故於百物不失。爲「天地之和」，其功淺，故止至於百物皆化。自天地訢合，至不殰不殈，所謂百物皆化也。百物不失，特不失其道理而已。故《詩序》曰「《崇丘》廢，則萬物失其道理矣」。大樂必易，大禮必簡，禮樂之德也。大樂與天地同和，大禮與天地同節，禮樂之功也。明則有禮樂，幽則有鬼神，得非傳所謂「動天地，感鬼神，莫近於禮樂」，經所謂「極乎天，蟠乎地，通乎鬼神」者歟？禮樂則合敬同愛於其明，鬼神則合敬同愛於其幽。明寓愛敬於禮樂，幽寓愛於鬼神，❶如此則推而放諸四海之内，未有不合敬同愛者也。然合敬同愛，禮樂之情，非禮樂之文也。合情飾貌，禮樂之事，非禮樂之道也。《樂書》。

嚴陵方氏曰：「與天地同和」，則其爲和也大矣，故曰「大樂」；「與天地同節」，則其爲節也大矣，故曰「大禮」。和者，氣之所生，故「百物不失」，蓋百物不失本乎氣生之初故也。節者，形之所成，故「祀天祭地」，蓋祀天祭地在乎形成之後故也。有氣而後有形，故百物不失，乃可以祀天祭地而報本反始焉。天地所以示教化於明者，禮樂也，故曰「明則有禮樂」；所以行變化於幽者，鬼神也，故曰「幽則有鬼神」。鬼神之與禮樂，固相爲體用矣。四海之心莫不有敬也，合之者則存乎禮；莫不有愛也，同之者則存乎樂。

馬氏曰：天地之和，此自然之和；天地之序，此自然之序也。至於禮樂，則人爲之禮樂也。人不天不因，天不人不成。禮樂之道，雖出於天地之自然，而未嘗不繼之以仁。❷故極樂之妙，則和與天地同；極禮之妙，則節與天地同。自「暴民不作」以至「天子不怒」，「天地同和」之效

❶「愛」字下，通志堂本、四庫本及《樂書》卷十一有「敬」字，是。

❷「仁」，通志堂本、四庫本作「人」。

也。自「合父子之親」至於「敬四海之内」，「天地同節」之功也。天地自然之和，故百物化生，至人爲之樂，則聖人有以贊天地之化，故百物不失其性而已。天高地下，而聖人爲禮，則祀天於地上之圜丘，祭地於澤中之方丘者，以其有節也。「和，故百物不失」者，此言其和之之意也。「節，故祀天祭地」者，此言其節之之事也。明則有禮樂使然之禮樂也，幽則有鬼神自然之禮樂也。鬼神者，往來乎天地之間，以和以節，而生萬物者。聖人則合天地之化，輔天地之宜，而制禮作樂以示於人。禮者别宜，居鬼以從地而近於鬼。樂者敦和，率神以從天而近於神。故「明則有禮樂，幽則有鬼神」。合敬者，禮之事，同愛者，樂之事。禮樂之道得乎此，則合敬同愛者見于彼。❶

慶源輔氏曰：與天地同和，則和而不失其節，故曰「和，故百物不失」。百物不失，則其節著矣。與天地同節，則節而不失其和，故曰「節，故祀天祭地」。祀天祭地，則其和至矣。禮樂，形而下者；鬼神，形而上者。上下無異形，幽明無二理，非深於道者，不能知也。先言明，後言幽者，主禮樂言之也。先王制禮作樂，與天地同和節，則是理充塞乎天地、幽明之間矣。故四海之内，因禮以合其敬，因樂以同其愛。

河南程氏曰：鬼神只是一箇造化，「天尊地卑，乾坤定矣」，「鼓之以雷霆，潤之以風雨」是也。又曰：鬼神者，造化之妙用；禮樂者，人心之妙用。

❶「者」，通志堂本、四庫本作「之」。

横渠張氏曰：禮樂鬼神一物，得禮樂則得鬼神，失禮樂則失鬼神。但有幽明之别。在明則有禮樂法度，在幽則有鬼神天道耳。人在隱微，有不善，其心不安，必私禱祕祝於鬼神。殊不知明則有禮樂，幽則有鬼神，理無二也。樂，仁也；禮，義也。仁則有樂，義則有禮。

山陰陸氏曰：《易》曰「精氣爲物，遊魂爲變」，是故知鬼神之情狀。精氣爲物，禮也；遊魂爲變，樂也。故君子不離明而識禮樂，亦不即幽而知鬼神。《周禮義》曰：「《大宗伯》言『祀大神，享大鬼，祭大示』，而《大宰》言『祀大神示』、『享先王』者，大宰非禮官也，其佐王祀神示祖考也以道。謂之鬼，則弗以神事之矣。是禮而已，非道也。」然則「大樂與天地同和，大禮與天地同節。和故百物不失，節故祀天祭地。明則有禮樂，幽則有鬼神」，《周官》蓋備矣。

新安朱氏曰：「明則有禮樂，幽則有鬼神」，蓋禮主減，樂主盈。鬼神亦只是屈伸之義，禮樂鬼神一理。又曰：在聖人制作處，便是禮樂；在造化處，便是鬼神。　又曰：言人在明處則犯禮樂，在幽處則犯鬼神。

金華應氏曰：首言「出治道」，繼言「王道備」，繼言「民治行」者，禮樂周流，太和極治之驗也。至是則充塞兩間，無非禮樂之用，刑政亦餘事耳。大者贊禮樂之深遠無盡，而推其極至之妙也。同者言其與天地同運並行，不可以差殊先後觀也。樂和，故汎言百物不失，舉物類之至衆，見其小大各得也。禮嚴，故特言祀天祭地，舉祭祀之至重，見其高下有等也。禮麗於定體，收斂而不散，鬼之歸也。樂遊乎和氣，發達而不流，神之伸也。昭昭之際，進退盈縮，而經緯不窮者，無非禮樂之用。冥冥之中，屈伸往來，而闔闢不已者，無非鬼神之用。幽明各有管攝，其分不同而理則一。曰有者，顯然見其理之可以相有，不可以相無也。惟此理磅礴充塞乎天地鬼神之間，故極天下之大，而愛敬無異心也。

金華邵氏曰：同此一和節也，豈特天地同之而已哉？得此於明，則爲禮樂；得此於幽，則爲鬼神。天地、禮樂、鬼神，皆一理而已。故四海之內，感其節則敬心翕然而合，感其和則愛心油然而生。夫幽與明一致，鬼神與禮樂一理。樂者致和，率神而從天；禮者別宜，居鬼而從地。經言「禮樂極乎天，蟠乎地，通乎鬼神」。禮樂合敬、合愛於其明，❶鬼神則合敬、合愛於其幽，則四海之內未有不合敬同愛者也。

禮者，殊事合敬者也。樂者，異文合愛者也。禮樂之情同，故明王以相沿也。故事與時並，名與功偕。

鄭氏曰：沿，猶因述也。孔子曰：「殷因於夏禮，所損益可知也。周因於殷禮，所損益可知也。」沿，或作「緣」。「事與時並」，爲事在其時也。《禮器》曰：「堯授舜，舜授禹，湯放桀，武王伐紂，時也。」「名與功偕」，爲名在其功也。堯作《大章》，舜作《大韶》，禹作《大夏》，湯作《大濩》，武王作《大武》，各因其得天下之功。

孔氏曰：尊卑有別，是殊事；俱行於禮，

❶「樂」字下，通志堂本、四庫本有「所以」二字。

是合敬。宫商别調，是異文；無不歡愛，是合愛。禮樂之狀，質文雖異，樂情主和，禮情主敬，致治則同。明王所以相因述。言前代後代同禮樂之情，因時質文，或有損益，故云「相沿也」。沿，謂因而增改也。「事與時並」，明禮；「名與功偕」，明樂。事，謂聖人所爲之事，與所當之時而並行。若堯、舜揖讓之事，與淳和之時而並行；湯、武干戈之事，與澆薄之時而並行也。名，謂樂名。偕，俱也。言聖人制樂之名與所建之功俱作也。《大章》，堯有章明之功；《大韶》，舜紹堯之德。及禹、湯等樂名，皆與功俱立也。聖王雖同禮樂之情，因而修述，但時與功不等，故禮與樂亦殊。

長樂陳氏曰：禮也者，理之不可易者也。語其事未嘗不通變以從宜，如之何不殊乎？樂也者，情之不可變者也，語其文未嘗不比物以飾節，如之何不異乎？禮雖殊事，而不殊乎合敬，禮之本故也。樂雖異文，而不異於合愛，樂之本故也。禮雖殊事，而有所謂文，升降上下，周旋裼襲，禮之文是也。樂雖異文，而有所謂事，《大司樂》「凡樂事，遂以聲展之」是也。特絶謂之殊，不同謂之異。禮之事則相絶遠矣，故言「殊」。樂之文特不同而已，故言「異」。别言之如此，合言之一也。禮樂殊事而同道，異物而合用，其情所以同也。《天宰》「以禮典和邦國，❶諧萬民」，《春官・大司樂》以六樂「和邦國，諧萬民」，則禮以和爲用，樂以和爲體，其

❶「天」字下，明本、通志堂本、四庫本及《樂書》卷十二有「官大」二字，是。

情同故也。明王之於禮樂，有改制之名，無變情之實。禮之損益，雖事與時並，樂之象成，雖名與功偕，要其情同，明王未嘗不相沿也。《樂書》。

嚴陵方氏曰：吉、凶、軍、賓、嘉，禮之所以行事也，可謂殊矣。及其至而不争，則相敬之心莫不合而同。宫、商、角、徵、羽，樂之所以成文也，可謂異矣。及其至而無怨，則相愛之心莫不合而同。事與文雖殊而異，然愛敬則皆合者，以其情同故也。情同，故明王得以相沿焉。後又言「不相沿樂」者，彼言其文，此言其情故也。述者之謂明，故特言明王焉。雖相沿之情如此，然或不同者，以其事與時並，名與功偕故也。事因時而作，時異則事異；名以功而顯，功異則名異。

馬氏曰：禮樂之情同，而明王以相沿，則知禮樂之文異，而明王不以相沿也。蓋當其時而爲之，以堯舜讓而帝，湯武争而王。差其時而爲之，則子噲讓而絶，白公争而滅。古人言禮，有曰「以時爲大」，有曰「變而從時」，此事之所以並於時也。古人言樂，有曰「樂所以象成」，此名之所以偕於功也。雖然，事與功者，豈聖人之得已哉？蓋時有所不同，則所以趨於時者，蓋不得不異也。

山陰陸氏曰：然則五帝殊時不相沿樂，三王異世不相襲禮，蓋言其文而已。若乃人心之所同然者，猶相沿襲也。

慶源輔氏曰：禮雖殊事，然所以合天下之敬；樂雖異文，然所以同天下之愛。由是觀之，則禮樂之見於事文者雖或不同，而其情則未嘗不一也。唯其情之一，故明王相沿而爲禮樂，以順天下之道，以合愛敬之心。至於事與名，則又因時與功之不同而爲之，又未嘗不與時偕行也。功因時而有，有堯舜之時則有堯舜之功，有湯武之時則有湯武之功。有是時則有是事，有是功則有是名。聖人觀其會通，以行典禮，固未嘗執一以廢百，然亦未嘗徇末以忘本也。

延平黄氏曰：合敬則無離心，合愛則無異情。事文，禮樂之迹也；敬愛，禮樂之情也。先王之制禮樂也，立本有情，趨時有迹。情，天也，不可戾者也，故在所因，而曰「禮樂之情同，明王以相沿」。迹，時也，不可同也，故在所損益，而曰「五帝殊時，不相沿樂，三王異世，不相襲禮」。事者時之應，名者功之報。趨時，斯有事。建功，斯有名。爲趨時而後有事，故事與時並；爲立功而後有名，故名與功偕。

延平周氏曰：禮樂之器與其文，則明王未必相沿；而其所以爲器與夫所以爲文之情，則相沿也。時異異事，故曰「事與時並」。功異異名，故曰「名與功偕」。唯其「事與時並，名與功偕」，則文質之相救，而《韶》、《武》之作，所以不必相沿也。

金華邵氏曰：事謂文質損益之類，名謂《咸》、《韶》、《濩》、《武》之類。情同，而事與名雖異，不害其爲同也。

故鍾鼓管磬，羽籥干戚，樂之器也。屈伸俯仰，綴兆舒疾，樂之文也。簠簋俎豆，制度文章，禮之器也。升降上下，周還裼襲，禮之文也。

鄭氏曰：綴，酇，❶舞者之位也。兆，其外

❶「酇」字上，明本及《禮記》鄭注有「謂」字，是。

營域也。

孔氏曰：自此至「之謂也」，申明禮樂之器與文，并述作之體。綴，謂舞者行位相連綴也。兆，謂位外之營兆也。周還，謂行禮周曲迴旋也。裼，謂袒上衣而露裼也。襲，謂掩上衣也。禮盛者尚質，故襲；不盛者尚文，故裼。

長樂陳氏曰：先王之爲樂也，發之聲音，則鑄之金而爲鍾，節之革而爲鼓，越之竹而爲管，磨之石而爲磬；形之動静，則羽籥以舞《大夏》，干戚以舞《大武》。此樂之器也，而象實寓焉。習其俯仰屈伸，行其綴兆，要其節奏，一舒一疾，樂之文也，而質實寓焉。其爲禮也，著之齊量，則外方以正，内圓以應，簠之所以爲器也；内方以守，外圓以從，簋之所以爲器也。暉之度數，其數以陽奇，俎之所以爲器也；其數以陰偶，豆之所以爲器也。又制度以等異之，文章以藻色之，禮之器然也，而象在其中矣。升降、上下、周旋以合其儀，裼襲以美其身，禮之文然也，而質在其中矣。《樂書》。

嚴陵方氏曰：管在堂下，磬在堂上。羽籥，文舞之所執；干戚，武舞之所執。屈伸，言舞者之身容；俯仰，言舞者之頭容。綴兆，其位也；舒疾，其節也。簠簋所以盛地産，俎豆所以薦天産。制度者，文章之法；文章者，制度之飾。升降言其行，上下言其等，周旋言其容，裼襲言其服，則禮樂之文與器略見於此矣。綴，則表綴也，舞者於此相聯，故曰「綴」；兆，則兆域，以舞者於此可別，故曰「兆」。

延平周氏曰：鍾鼓簠簋之類，器也，而其所以爲器者，情也。屈伸升降之類，文也，而其所以爲文者，情也。所爲情者，❶性命之理而已矣。知其情，則能識其文，故能作。識其文，則未能知其情，故能述而已。

故知禮樂之情者，能作；識禮樂之文者，能述。作者之謂聖，述者之謂明。明聖者，述作之謂也。

鄭氏曰：述，謂訓其義也。

孔氏曰：下文云「窮本知變，樂之情」，若能窮盡其本，識其變通，是知樂之情也。又云「著誠去僞，禮之經」，若能顯著誠信，棄去浮僞，是知禮之情也。既能窮本知變，著誠去僞，故量事制宜，而能作也。「禮樂之文」，謂上「屈伸俯仰，❷升降上下」是也。述，謂訓說義理。既知其文，故能訓說禮樂義理，不能制作禮樂也。

長樂劉氏曰：知禮之大本者，斯能作禮矣。知樂之大本者，斯能制樂矣。周公作六曲，作《大象》、《大武》，可謂作而聖矣。兼用六代之樂，三王、四代之法，可謂述而明矣。

長樂陳氏曰：禮樂之情寓於象，質之微而難知，其文顯於器，數之粗而易識。故知其情者，能作之於未有，則聖之事，非明之所及也。識其文者，能述之於已然，則明之事而已，聖不與焉。古之制器者，智創之，巧述之。創業者，父作之，子述之。然則禮樂以聖作，以明述，亦豈異此？孔子述而不作，非不足於聖也，特不居而已。蓋有不知而作者，又在所不與焉。《詩》曰「不識不知」，知則知人所

❶「爲」，通志堂本、四庫本作「謂」。
❷「上」字下，明本及《禮記正義》有「經」字，是。

爲，識則識其面目而已。是識之外矣，知之内矣，識之淺矣，知之深矣。禮樂之情存乎内而深，故稱「知」；其文存乎外而淺，故稱「識」。《樂書》。

嚴陵方氏曰：情者，文之始也，故知其情者能作。文者，情之末也，故識其文者能述。上言「作述於聖明之上」，下言「述作於明聖之下」，何也？蓋作述者，聖明之用；聖明者，述作之體。用之所起者，事也，事則有作而後有述，故上以作述爲之序；體之所歸者，道也，道則由明乃可入聖，故下以明聖爲之序。

馬氏曰：知禮樂之情者，知其情於未作之前。識禮樂之文者，識其文於已作之後。作者所以作其文，述者所以述其情。知其情於未作之前者，因情以作其文；識其文於已作之後者，因文以述其情。因情以作其文者，非神足以知來、知足以知往，不能與於此，故作者之謂聖。因文以述其情者，非明足以照之，亦不能與於此，故述者之謂明。《揚子》曰「深知乎器械、舟車、宫室之爲，則禮由己」，此因情以作其文也。又曰「鍾鼓不陳，玉帛不分，吾無見聖人」，❶此因文以述其情也。

董氏曰：平禍亂，一四方，立君臣，等上下，使天地位焉，萬物育焉，此所謂知禮樂之情而作者也。聖人之事也，事之難者也。因其情，備其文，詳其制度，而正其聲音，此所謂識禮樂之文而述者也。賢人之事也，事之易者也。事之難者，非甚盛德，得其時而起，莫之能爲也。事之易者，苟逢其時，得其説，皆可以爲之也。

❶「無」字下，明本、通志堂本、四庫本有「以」字，是。

延平黄氏曰：情可以意會，文可以理考，無精義不能會其情，無明德不能考其文。或曰：「夫子既聖矣，述而不作，何也？」曰：「夫子聖人之在下者也，有其德，無其位，亦何敢作？」

慶源輔氏曰：禮樂之情存乎中，禮樂之文形乎外。即吾之心而能作者，聖之事也；外之文而能述者，❶明之事也。聖可兼明，明不能兼聖。聖，誠者也。明，明者也。自明而誠，則聖矣。

金華應氏曰：剏新開始曰作，所以察事物之幾微，而建立其規模制度。襲舊成終曰述，所以因前古之遺緒，而修明其遺闕也。

新安王氏曰：❷禮樂之情，愛欲是也。禮樂之文，上所言是也。然情文嘗相依，有此情則有此文。雖然，明聖之名，豈易得哉？惟盡述作之實，始可以居明聖之名。故繼之曰「明聖者，述作之謂」。

樂者，天地之和也。禮者，天地之序也。和，故百物皆化；序，故羣物皆別。樂由天作，禮以地制。過制則亂，過作則暴。明於天地，然後能興禮樂也。

鄭氏曰：化，猶生也。別，謂形體異也。樂由天作，禮以地制，取法天地也。過，猶誤也。暴，失文武之意。

孔氏曰：從此至「與民同也」爲《樂論》第四段。此經申明禮樂從天地而來，王者必明於天地，然後能興禮樂。樂調陰陽，是「天地之和」。禮明貴賤，是「天地之序」。樂生於陽，是法天而作。禮生於

❶ 「外」字上，明本、通志堂本、四庫本有「因」字，是。

❷ 「新安王」三字，原爲空格，今據四庫本補。

陰，是法地而制。聖人識合天地，則制作不誤。若非聖識，則必誤。誤制禮，則尊卑混亂。誤作樂，則樂體違暴。「失文武之意」，謂文樂、武樂雜亂也。

長樂陳氏曰：至陰肅肅，至陽赫赫。肅肅出乎天，赫赫發乎地。兩者交通而成者，天地之和也，樂實與之俱焉。天尊地卑，神明位矣。以春夏先，秋冬後，四時序矣。天地至神而有尊卑先後者，天地之序也，禮實與之俱焉。是樂者天地之和，禮者天地之序。和則不乖，故百物因形移易而皆化；序則不亂，故羣物萌區有狀而皆別。樂統同也，嫌於不異，故言百物以辨之。禮辨異也，嫌於不同，故言羣物以統之。樂者天地之和，禮者天地之序，則合異以爲同。樂由天作，禮以地制，則散同以爲異。古者治定制禮，功成作樂。禮未可制而制之，是過制也。樂未可作而作之，是過作也。過制則失序矣，離而爲慝，禮能無亂乎？過作則失和矣，流而爲淫，樂能無暴乎？明於天地，然後能興禮樂，明王制作之始也。舉禮樂而天地將爲昭焉，明王制作之效也。《樂書》。

嚴陵方氏曰：和則統同而化，故言「百物皆化」。序則辨異而別，故言「羣物皆別」。百物皆化，然後至於百物不失；羣物皆別，然後可以祀天祭地。羣物，亦百物矣。舉其數之成，則曰「百」，以其類之衆，則曰「羣」。於禮言羣，以物既別，不嫌於數之不辨故也。制禮所以致治，然過制祇以爲亂。作樂所以致和，然過作祇以爲暴。明於天地，然後能興禮樂，制作之過，則禮樂之道廢矣，故以興言之。經有曰「樂由陽來，禮由陰作」，有曰「樂由中出，禮自外作」，有曰「樂由天作，禮以地制」。或言陰陽，或言中外，或言天地，言皆不同，何也？以道言則曰陰陽，以分言則曰中外，以形言則曰天地。

延平周氏曰：樂之本出於天地之和，及用於天地之間，則其和也能致百物之化。禮之本出於天地之序，及行於天地之間，則其序也能致羣物之別。樂雖出於天地之和，然樂則陽也，故其作以天爲主。禮雖出於天地之序，然禮則陰也，故其制以地爲主。過制則非禮，非禮則亂。過作則非樂，非樂則暴。天地之所以節與和者，以禮樂也。禮樂之所以節於和者，❶以天地也。是天地則禮樂也，禮樂則天地也。故曰「明於天地，然後能興禮樂」。

馬氏曰：樂者天地之和，此言其自然之和也。禮者天地之序，此言其自然之序也。天高地下，萬物散殊，此天地之序。陰陽相摩，天地相蕩，鼓之以雷霆，奮之以風雨，至於暖之以日月，而百化興焉，此天地之和也。天以和而百物化，故樂由天作，而聖人作樂以應天。地以序而羣物別，故禮以地制，而聖人制禮以配地。「明於天地，然後能興禮樂」者，所謂作者之聖是也。❷

山陰陸氏曰：過制則失中，故亂。過作則失和，故暴。鄭氏謂「暴，失文武之意」，文武，若今云文武大矣。

李氏曰：天地奠位，故「序」；神明通氣，故「和」。和，所以爲樂；序，所以爲禮。故曰「樂者，天地之和。禮者，天地之

❶「於」，通志堂本、四庫本作「與」，是。
❷「之」字下，通志堂本、四庫本有「謂」字。

序」。和，故百物自消自息，而皆化。序，故羣物或合或離，或贏或縮而皆別。和則屬乎陽，序則屬乎陰。屬乎陽者麗乎天，故曰「樂由天作」也；屬乎陰者麗乎地，故曰「禮以地制」也。

廬陵胡氏曰：《易》於樂取「雷出地奮」，是「天地之和」；於禮取「上天下澤」，是「天地之序」。「樂由天作，禮以地制」，所謂「制作侔造化」。樂主陽，禮主陰。「過制則亂，過作則暴」，「範圍天地而不過」，則暴亂不生。

延平黄氏曰：和者天地之情，序者天地之理。百物，言其羣分；羣物，言其類聚。聚而患其亂，故皆別，則言「羣物」；有生則貴衆多，故皆化，則言「百物」。又曰：先王之制禮樂也，發天地之情，明天地之理而已。過制、過作，人僞也，非真禮樂也。故過制則非禮，而失之亂；過作則非情，而失之暴。明於天地，然後能興禮樂者，發其情，明其理而已。

慶源輔氏曰：此所謂禮樂，非聖人不足以言之。天地絪縕，萬物化醇，樂之理著矣。天高地下，萬物散殊，禮之理著矣。前言自然之禮樂形於天地之間者，次言聖人制禮作樂，非自爲之，蓋有自來矣。前總言天地，原其始也；後分言天地，要始終也。❶禮樂雖出於天地，然制作之者人也。人則不能無差，循乎則得，❷徇乎私則過。得則遂其所欲，過則反得其所不欲。亂者理之也，❸暴者和之反也。極

❶「始」，明本、通志堂本、四庫本作「其」，是。
❷「乎」字下，明本、通志堂本、四庫本有「理」字，是。
❸「之」字下，明本、通志堂本、四庫本有「反」字，是。

言之，所以戒者嚴也。明於天地，聖人之事也，非述者之謂明也。

金華邵氏曰：天地禮樂，常相資而立。天地非禮樂，則其功泯；禮樂非天地，則其用息。樂者天地之和，天地得樂而後和也。禮者天地之序，天地得禮而後序也。惟其以樂而和，故物雖不一而皆化。惟其以禮而序，故物雖羣居而有別。天地可一日而無禮樂乎？禮樂雖有功於天地，至於制作，亦不能舍天地以自用。故樂由天作，蓋以其和，禮以地制，蓋以其序。有序而過之，則亂；有和而過之，則暴。則天地又有功於禮樂矣。能明天地之所以爲天地，則知禮樂之所以爲禮樂，又豈可一日而無天地乎？　又曰：樂以氣化天，則氣之運也；禮以形辨地，則形之殊也。過乎此而作，則不和而暴；過乎此而制，則無序而乖。

葉氏曰：言同和、同節，必曰大禮、大樂。而此言禮止曰「天地之序」，言樂止曰「天地之和」，何也？蓋所謂大禮、大樂者，自人而言之地。❶自人而言之，能與天地同，則曰大。若自天地言之，有不容以大言之矣，故止曰「天地之和」、「天地之序」。

論倫無患，樂之情也。欣喜歡愛，樂之官也。中正無邪，禮之質也。莊敬恭順，禮之制也。

鄭氏曰：倫，猶類也。患，害也。官，猶事也。質，猶本也。

孔氏曰：此以下明禮樂文質不同，事爲有異。樂主和同，論説等倫，無相毀害，

❶「地」，明本、通志堂本、四庫本作「也」，是。

是樂之情也。八音克諧，使物歡欣，此樂之事迹也。在心則倫類無害，故爲樂情；在貌則欣喜歡愛，故爲樂事。內心中正，無有邪僻，是禮之本質也。外貌莊敬謙恭謹慎，是禮之節制也。

張氏曰：既云唯聖人識禮樂之情，此以下更説其情狀不同也。

長樂陳氏曰：樂有情有文，微情文之顯以之神，則非意之所能致，言之所能論也。闡情文之幽以之明，則意之所能致，言之所能論也。故其文不息，其情無患，皆得而論焉。蓋八音克諧，無相奪倫，論乎陰陽而無散密之患，論乎剛柔而無怒懾之患，各安其位，而其倫清矣，非樂之文也，樂之情而已。《孟子》曰「欣欣有喜色」，❶《傳》曰「歡然有恩以相愛」，則欣喜在色而主乎外，歡愛在心而主乎內，非樂之君也，樂之官而已。誠非禮不著，僞非禮不去。誠著則中正，僞去則無邪，中正無邪，則釋回增美質矣，豈不爲禮之質乎？外貌斯須不莊不敬，則易慢之心入，而臨之以莊，則敬矣，是外莊則內敬也。貌曰恭，恭近於禮，而禮又極順焉，是外恭而內順也。禮以地制，莊恭乎其外，敬順乎其內，則因物以裁之而已，有不爲之制乎？《樂書》。

馬氏曰：樂以和爲實，而亦所以通倫理也。所謂「論倫無患」者，其和足以通倫理而無繆也，故爲樂之情。情，猶言實也。樂雖以和爲實，而其和之所見者，則在於欣喜歡愛。無欣喜歡愛，則和之理

❶「有」字上，明本、通志堂本、四庫本及《樂書》卷十二有「然」字，是。

幾乎隱矣，故欣喜歡愛而爲樂之官也。官，猶言樂之職也，則是情者官之所始，而官者情之所成也。著成去僞者，❶禮之經也，中正無邪者，誠而已，故爲禮之質。雖以誠爲本，而誠之所發者，則在於莊敬恭順之間。蓋無莊敬恭順，則禮之誠於是乎滅矣，故莊敬恭順而爲禮之制也。制，猶文也，❷則是質者制之所立，而制者質之所行也。此與夫「義理，禮之文」、「忠信，禮之本」者，其意同矣。

嚴陵方氏曰：樂之理，本於心而已。發而爲言，故有論由乎天而已。出而之人，故有倫，然理之所一，不可貳也，故無患。而樂之所以動於中者，不過是焉，故曰「樂之情」也。經曰「文足論而不息」，此樂之論也。又曰「樂行而倫清」，此樂之倫也。又曰「百姓無患」，此樂之無患也。經曰「禮以制中」，此禮之中也。又曰「禮之正國」，此禮之正也。又曰「止邪於未形」，此禮之無邪也。經曰「樂飾喜」，則發而爲欣可知；曰「樂合愛」，則發而爲歡可知；曰「禮相敬」，則形而爲莊可知；曰「禮極順」，則形而爲恭可知。

延平黄氏曰：倫者，言其理而已矣。倫，人理也。樂之情，天德也。以天德論人理，則無廢天之患矣。人之德，出而分於三，則有中；入而止於一，則有正。中而無邪，則能徙於人。正而無邪，則能侔於天。敬順，禮之制在心者也。莊恭，禮之制在體者也。欣喜歡愛，則設於情；恭順莊敬，則立於質。下文「與民同」，則禮

❶「成」，通志堂本、四庫本作「誠」。

❷「猶」字下，明本、通志堂本、四庫本有「言」字。

樂之小者也。與天地同，禮樂之大者也。與道同，禮樂之妙者也。先王之於天地，以其妙者官之，以其大者相之。

延平周氏曰：論倫而無患者，言其和，和則樂之情也。中正而無邪者，言其中，中則禮之質也。「欣喜歡愛」者，樂之所司，故曰「樂之官也」。「莊敬恭順」者，禮之所裁，故曰「禮之制也」。

慶源輔氏曰：有序而後和，故「論倫無患，樂之情也。欣喜歡愛，樂之官也」。恭敬者，不可不本之以誠實，故「中正無邪，禮之質也。莊敬恭順，禮之制也」。

金華邵氏曰：情，實也；官，職也。有此實，則有此職。質者，本也；制者，文也。有此本，則有此文。論其倫，則不相患害，如《書》所謂「無相奪倫」者，故「欣喜歡愛」而其職形矣。中正而不流於邪僻，如所謂「行脩言道」者，故「莊敬恭順」而其制立矣。知情而能作，識文而能述，此明聖述作之事也。至其施播於金石之間，發越乎聲音之表，用於宗廟社稷，事乎山川鬼神，則此情、此官、此職、此制又將與天下公之，❶豈明聖所得而私哉？

若夫禮樂之施於金石，越於聲音，用於宗廟社稷，事乎山川鬼神，則此所與民同也。

鄭氏曰：言情、官、質、制，先王所專也。

孔氏曰：「施於金石，越於聲音」，明樂也。「用於宗廟社稷，事乎山川鬼神」，明禮也。通而言之，則禮樂相將矣。此等與民所同有也。前經論「樂之情」等四事，先王所獨能專也。

張氏曰：言四者施用祭祀，隨世而異，則

❶「職」，通志堂本、四庫本作「質」，是。

前王所不專，故云「與民同」，言隨世也。長樂陳氏曰：均是樂也，施於金石，樂之器也，越於聲音，樂之象也。均是禮也，用之宗廟社稷，内祭之禮也，事乎山川鬼神，外祭之禮也。《禮運》曰：「夫禮之初，始諸飲食。其燔黍捭豚，汙尊而抔飲，蕢桴而土鼓，猶若可以致敬於鬼神。」由是觀之，金石聲音，雖主乎樂，而禮在其中矣。《周官·大司樂》分樂而序之，凡六樂，皆文之以五聲，播之以八音，此樂施於宗廟、社稷、山川、鬼神者也。於器舉金石，則絲竹之類舉矣。於象舉聲音，則歌舞之類舉矣。《大宗伯》之職「掌建邦之天神地示人鬼之禮」，《小宗伯》「掌建國之神位」，此禮施於宗廟、社稷、山川、鬼神者也。凡祭祀，以天地、宗廟爲大，日月、星辰、社稷、五祀、五嶽爲次，司中、司命、風師、雨師、山川、百物爲小。於大祭祀舉宗廟，則天神地示之類舉矣。於小祭祀舉山川鬼神，則風雨百物之類舉矣。凡此無非寓於政治，而與民同者也。「論倫無患」至於「莊敬恭順」者，禮樂之本，先王之所以與人異。及夫「施於金石，越於聲音，用之宗廟社稷，事乎山川鬼神」者，禮樂之用，先王之所以與人同。不以所異者與人，不以所同者處己，夫是之謂「議道自己，置法以民」。《樂書》。嚴陵方氏曰：施以言其施張，越以言其發越。金石者，樂之所以張，故言「施」。聲音，❶樂之所以發，故言「越」。樂之所施，固或在於匏土革木矣。此止以金石爲言者，以考之尤有聲也。宗廟社稷，内

❶「音」字下，通志堂本、四庫本有「者」字，當是。

也，故以「用」言之。山川鬼神，外也，故以「事」言之。宗廟社稷，所以依鬼神也。雖不言，知其爲鬼神矣。山川則有貨財焉，故必言鬼神以别之。《禮運》言「山川所以儐鬼神」，亦以是也。金石聲音，特樂而已，亦統以禮爲言者，凡行禮然後用樂，用樂所以成禮，未有用樂而不爲行禮者也。《周官》有禮樂，亦此之意。夫情、官、質、制者，禮樂之義也。金石聲音者，禮樂之數也。其數可陳，則民之所同。其義難知，則君之所獨。故於金石聲音曰「則此所與民同也」。《中庸》曰「非天子不議禮」，《語》曰「禮樂自天子出」，又曰「民可使由之，不可使知之」，皆此意也。

延平黄氏曰：禮樂之實，生於天下之情性，然後聖人爲之著於文，寓於器。《孟子》曰「禮之實，節文斯二者；樂之實，樂斯二者」是也。仁之實，失節則泛，失文則固；義之實，失節則刻，失文則介。天下之人，其泛爲墨子，其固爲子莫，其介爲仲子，其刻爲申子，禮樂之實熄矣。其文與器，豈得而議哉？先王始以五禮防萬民之僞，而教之中，故其中也，喜怒哀樂之未發，無過與不及；六樂防萬民之情，而教之和，故其和也，喜而爲仁，怒而爲義，哀而不傷，樂而不淫，皆中其節。萬民之僞弗入而廢其天，其性中矣，禮之實存焉。萬民之情弗出而徇於物，其禮和矣，樂之實存焉。然後聖人以文與器兼收其實而已。制禮所以致中，作樂所以致和。中和之氣格於上，則天位焉，格於下，則地位焉。行乎其中，萬物育焉。《記》曰「治定制禮，功成作樂」，能使其情和，然後其功成，能使其性正，然後其治定。

馬氏曰：情、官、質、制四者雖不同，而其大概皆不出於一人之身。若夫「施於金石，越於聲音，用於宗廟社稷，事乎山川鬼神」者，不獨在於一人之身，而與天下共之也。

慶源輔氏曰：先王之制禮作樂也，內外相應，本末具舉。情、官、質、制並行，而不相悖。然施之金石，越之聲音，用之於宗廟社稷，行之於山川鬼神，與斯民共由之，然後禮樂之道達，而君人之職備矣。

金華邵氏曰：❶《書》曰「禋于六宗，類于上帝」，則用之宗廟社稷矣。「望于山川，偏于羣神」，則事乎山川鬼神矣。神無方也，無乎不在。在天，所謂天神。在鬼，所謂鬼神。謂之山川鬼神者，其山林川谷丘陵能出雲爲風雨，見怪物者歟？

情、官、質、制，禮樂之本，先王所以與人異。金石聲音，禮樂之用，先王所以與人同。

王者功成作樂，治定制禮。其功大者其樂備，其治辯者其禮具。干戚之舞，非備樂也。孰亨而祀，非達禮也。

鄭氏曰：功成、治定，同時耳。功主於王業，治主於教民。《明堂位》說周公曰「治天下六年，朝諸侯於明堂，制禮作樂」是也。辯，偏也。「干戚之舞，非備樂」者，樂以文德爲備，若《咸池》者，孔子曰：「《韶》盡美矣，又盡善也。《武》盡美矣，未盡善也。」「孰亨而祀，非達禮」者，達，具也。《郊特牲》曰：「郊血，大饗腥，三獻爓，一獻孰。至敬不饗味，而貴氣

❶「金華邵」三字，原爲空格，今據四庫本補。

臭也。」

孔氏曰：從此至「禮樂云」，是《樂記》第三章，名《樂禮》章也。章中明王者爲治，必制禮作樂，故名《樂禮》章。案鄭《目録》第三是《樂施》，第四是《樂言》，第五是《樂禮》。今以《樂禮》爲第三章，記者别起意别之也。王者之功，因民所樂，故「功成作樂」，以應民所樂之心，如民樂周王用干戈而業成，故周王作干戈之樂。禮以體别爲義，今治人得體，故制禮以應之，如周公太平乃制禮也。樂云「作」，禮云「制」者，作是動用，制是裁斷。《白虎通》云：樂，陽也，動作倡始，故言「作」；禮，陰也，繫制於陽，故云「制」也。其功大者其樂備，其治辯者其禮具。禮具言功治有大小，故禮樂亦應以廣狹也。樂備謂文德備具，不備謂干戚之舞；禮具則血腥而祭，不具謂孰亨而祀：言禮樂之體，皆以德爲備具也。周樂干戚之舞，非如舜時文德之備樂也。後世孰亨牲體而祭祀，非如五帝血腥之達禮也。

長樂陳氏曰：功不至於《鳧鷖》，不可以言成，治不至於《既濟》，不可以言定。王者德位兼隆於天下，雖有可以制作之道，必適乎可以制作之時，故禮雖可以義起，必待乎治定，樂雖可以理作，必待乎功成。此周之禮所以備於内外之既治，而樂所以聲於「無競維」之後也。❶「作樂合乎祖」，而「簫管備舉」，樂之所以備也。「烝畀祖妣，以洽百禮」，禮之所以具也。蓋全之之謂備，小備之謂具，具於備爲

❶「維」字下，通志堂本、四庫本及《樂書》卷十三有「烈」字，是。

微，備於具爲全也。然則文武之舞不全，非所以爲備樂；腥熟之薦不兼，非所以爲具禮。《周官》以六代文武之舞爲大合樂，《禮運》以毛血腥熟合亨爲禮之大成，則備樂具禮於是覩矣。變「具禮」爲「達禮」者，禮不具不足爲天下之通禮故也。古者之舞，有以干配戚者，朱干玉戚以舞《大武》是以。有以干配戈者，春夏學干戈是以。有兼而用之者，干戈戚揚是以。干則朱飾之盾也，有扞蔽之材，而仁禮之意寓焉。戚則玉飾之斧也，有剛斷之材，而仁義之意寓焉。彼其於武舞之器如此，豈非有武事必有文備之意歟？《樂書》。

嚴陵方氏曰：樂以象其功，禮以飾其治。以樂象其功，故其功大者其樂備；以禮飾其治，故其治辯者其禮具。

馬氏曰：禮樂雖相資之物，而制作之際，則不必同其時。蓋功主於王業，而王業者起於古而成於今。治主於教民，而教民者施於今而俟於後。功成於今，故武王始得天下而作《大武》，所以象其功之成。至於周公，六年朝諸侯而始制禮。然周公制禮之時，又曰作樂者，緣其頌聲而廣之耳。則周之樂雖莫盛於《勺》，而必以《武》爲主也。若禮者則教化已明，習俗已成，其治未至於定，則不可以具也。然則功未成而治未定，其禮樂將廢耶？曰功未成，則樂未作，而用先王之樂；治未定，則禮未制，而用先王之禮。樂之備則不獨於文，不獨於武，故「干戚之舞，非備樂也」。禮之具則不獨於今，不獨於古，故「孰亨而祀，非達禮也」。武王有武功，而其樂之名曰《武》，故其武之備「遲而又久」者，此武中而有文也。舜有文德，而其樂之名曰《韶》，故舞干羽于兩階者，此文中而有武也。此文武之樂備也。

延平黄氏曰：王者之爲天下，方其圖功而謀治也，則有教化以行禮樂之道。及其功成而治定也，則有制作以建禮樂之業。道也，聖人非敢私行之，業也，先王非敢私爲之，明人之天而已。禮之實，節文仁義者也；樂之實，樂仁義者也。節之不泛，文之不固，樂之不乖，二者之實，雖人之所固有者，彼所以節文而樂之，則因教化而後至焉。蓋使天下之人，耳目之視聽，無非禮也；手足之舞蹈，無非樂也。其功已成，其治已定，先王始有制作，以收其成而已。樂以象德，而功成則德之著也，故作樂以揚之。禮以節事，而治定則事之辯也，故制禮以彰之。功大者其樂備，治辯者其禮具。王者之制禮樂，其情相沿而有詳略者，時而已矣。

山陰陸氏曰：達禮，自天子達，「三獻爓，一獻孰」是已。干戚之舞，備樂也，而曰「非備樂」；孰亨而祀，達禮也，而曰「非達禮」：以著禮樂在彼不在此也。雖有干戚之舞，而功不備；雖孰亨而祀，而治不協，愧於備樂達禮矣。

延平周氏曰：立於禮，故禮制於治定；成於樂，故樂作於功成。舜命九官，益而後伯夷，而後夔，蓋此意也。

慶源輔氏曰：樂固所以象其功，然亦所以保其功。禮固所以飾其治，然亦所以保其治。辯固訓徧，然有別矣。易「徧」爲「辯」者，謂禮故也。樂備而後成，禮達而後行。樂不備則功未大也，禮不具則治未辯也。變「具」爲「達」，禮之具，猶未足言也，必以達於上下爲至。

金華邵氏曰：此聖人保治之道。世儒往往指爲飾治之具。功之成者易於怠，故作樂以樂之，如所謂「勸之以九歌」也。治之定者易於縱，故制禮以防之，如所謂「安上治民，莫善於禮」也。然功大而樂不備，則必有遺而不舉之處；治辯而禮不具，則必有縱而不嚴之處：此所以必貴乎備且具歟？干戚止舞耳，文德何與焉？故非備樂。孰亨止今禮，而古禮何與焉？故非達禮。

新安王氏曰：❶治定未至於功成，功成不止於治定。制禮者立於禮也，作樂者成於樂也。《易》以《謙》制禮，繼以作樂之《豫》；舜命夷典禮，繼以夔典樂：皆此意也。然感人莫善於樂，治人莫急於禮。功未成，治未定，禮樂將廢。禮樂不可斯須去身，特一新其制作必待功成治定耳。

五帝殊時，不相沿樂。三王異世，不相襲禮。樂極則憂，禮粗則偏矣。及夫敦樂而無憂，禮備而不偏者，其唯大聖乎？

鄭氏曰：「不相沿襲」，言其有損益也。樂，人之所好也，害在淫侉。禮，人之所勤也，害在倦略。敦，厚也。

孔氏曰：沿，因也。五帝三王，禮樂之情則同，故前文云「明王以相沿」是也。此論禮樂之迹，損益有殊，隨時而改，故不相沿襲也。樂好而不止，放蕩奢佚，物極則反，樂去憂來。又煩手淫聲，慆堙心耳，則憂慼生也。禮勞而不堪，既生懈倦，則致粗略。偏，謂倦略不周備也。及夫厚重於樂，知止而無至於憂，行禮安

❶「新安王」三字，原爲空格，今據四庫本補。

靜，委曲備具，不至倦略，唯大聖之人能如此也。

長樂陳氏曰：五帝體天道，故以帝號，而同乎天。三王盡人道，故以王號，而應乎人。時則陰陽運量，天之所爲也，世則前後推遷，人之所因也。五帝傳賢同乎天，非不用禮也，而莫尚乎樂，樂由天作故也。三王傳子應乎人，非不用樂也，而莫尚乎禮，禮因人情爲之節文故也。詳而求之，伏羲之《扶來》，神農之《下謀》，黃帝之《咸池》，堯之《大章》，舜之《大韶》，皆以象成，惡得而相沿？夏禮尚質，周尚文，殷文之中，❶皆以從宜，惡得而相襲？顔淵問爲邦，孔子告以夏時、殷輅、周冕之禮，有虞氏《韶舞》之樂。語樂於帝，語禮於王，亦與是相爲表裏。孔子論五帝，謂法始乎伏羲，著於神農，成於黃帝、堯、舜。蓋嘗詳之於《易》。孔安國以唐虞預五帝，則是以少昊、顓頊、高辛爲之，不知奚據。樂主乎盈，不期極而極焉。禮主乎減，不期粗而粗焉。樂極而不反，則冥豫而已，能無憂乎？禮粗而不進，則跛履而已，能無偏乎？及夫敦樂而不偷，則適吾之性，何憂之有？禮備而不闕，則情文俱盡，何偏之有？《樂書》。

嚴陵方氏曰：樂以感人爲樂，樂或至於極，則憂之所生。禮以强世爲難，難或至於粗，則偏而不起。能敦以治之，雖樂而不至於極，顧豈有憂之患？備以用之，雖難而不至於粗，顧豈有偏之患？大饗卒爵而樂闋，鄉飲酒樂備而功出，所以防

❶「文」字下，通志堂本、四庫本及《樂書》卷十三有「質」字，是。

其極也。《書》言「亨多儀」，經言「賓主百拜」，亦以防其粗也。敦樂者言其始，禮備者言其成。樂著大始，故先言敦以見其始，禮居成物，故後言備以見其成。前言相沿，述者之事，故稱「明」。此言敦備，作者之事，故稱「聖」。

延平周氏曰：明主之所以相沿者，禮樂之情同也。不相沿襲者，禮樂之文異也。同，所以立本；異，所以趨時。唯其異也，乃所以爲同。五帝，天道也，故繫之以樂；三王，人道也，故屬之以禮。樂出於人情之所樂，則其敝也過，故樂極則憂，而以反爲文。禮出於强世，則其敝也不及，故禮粗則偏，而以進爲文教。❶敦樂而無憂，禮備而不偏，則無過、不及之敝。唯聖人能與於此。

馬氏曰：「不相沿樂」，樂之文也。「不相襲禮」，禮之文也。至於禮樂之情，則百王之所不易也。於五帝則言「樂」，於三王則言「禮」，互文以見意也。樂患於極，故以反爲文。盈而不能反，則放，故極則憂。禮患於粗，故以進爲文。減而不能進，則銷，故粗則偏。敦樂而無憂者，盈而不反也。禮備而不偏者，減而能進也。以大聖而言之，則所謂進而反者，非出於勉强，而皆從容中之也。

延平黄氏曰：「干戚之舞」，飾威而已，故非備樂。「孰亨而祀」，致味而已，故非達禮。五帝之天下，未傳之子，故不言「世」而言「時」。其時未失德，故不言「禮」而言「樂」。五帝之時，其俗未頓革，故言其「殊」，而不言「異」。又曰：「樂極則

❶「教」字，通志堂本、四庫本無，當是。

憂」者，以物爲樂故也。「禮粗則偏」者，以度數爲貴故也。大聖敦樂有仁，而其樂未嘗荒，故無憂；禮備有義，而其法足以適用，故不偏。

山陰陸氏曰：禮樂不可極，又不可粗。憂則失其所謂和，偏則失其所謂中。

慶源輔氏曰：帝王各隨其治與功而制作之也。然其情同，其本一，故其損益百世可知。敦，與《易》「敦臨」、「敦艮」之「敦」同。《臨》之上曰「敦臨」，《艮》之上曰「敦艮」。天下之事，唯終守之爲難。敦云者，敦篤以守其終之謂，故曰「敦艮之吉，以厚終也」。制禮以極其備，非聖人其孰能與此？

金華邵氏曰：樂固貴於備，然備非極之謂。極則窮，窮則憂將至矣。禮固貴於具，然具非粗之謂。粗則不密，不密則失於一偏矣。若夫篤於樂而不至於憂，備於禮而不至於偏，非天下至聖，孰能與此？

禮記集説卷第九十三

# 禮記集說卷第九十四

天高地下，萬物散殊，而禮制行矣。流而不息，合同而化，而樂興焉。春作夏長，仁也。秋斂冬藏，義也。仁近於樂，義近於禮。

鄭氏曰：禮爲異，樂爲同。樂法陽而生，禮法陰而成。

孔氏曰：自此至「天地官矣」，申明禮樂配於天地，若禮樂備具，則天地之事各得其宜。禮以裁制爲義，故特加「制」字。仁主仁愛，樂主和同，故仁近於樂。義主斷割，禮爲節限，故義近於禮。

長樂劉氏曰：天高地下，萬物散殊，各有尊卑、大小之義，出於自然。是天地之道，亦有禮制行於萬物也。天地之運，升降交感，流行而不息，陰陽合同，而品彙化生，晷刻不移，非有能使之者也，是天地之道亦有和樂興於自然也。人則順乎天地之理，春而耕作，夏而長耨，是人之性有仁及於萬物之道也。秋而斂之，冬而藏之，是人之情有義及於萬物之理也。故其仁近於天地之樂，義近於天地之禮，所以先王用禮樂以性天下之情。

長樂陳氏曰：天高地下，萬物散殊，形也。流而不息，合同而化，氣也。夫天地之初，有氣然後有形，及其形之既具，而氣又運乎其間，則形資氣而後有，氣資形而後行。自其形資氣而觀之，則樂常先於禮；自其氣資形而求之，則禮又先於樂。記者之言，或先樂後禮，或先禮後樂，其意如此而已。「物出乎震，齊乎巽，相見乎離」，此天地之仁，故曰「春作夏長，仁也」。「説乎兑，勞乎坎，成乎艮」，此天地之義，故曰「秋斂冬藏，義也」。仁主乎愛，故近於樂；義主乎敬，故近於禮。孔子言「教民親愛，莫善於孝」而後至於「移風易俗，莫善於樂」，此仁近於樂也。言「教民理順，莫善於弟」而後至於「安上治民，莫善於禮」，此義近於禮也。《樂書》。

嚴陵方氏曰：陰以形爲體，故於禮言天地萬物之形；陽以氣爲用，故於樂言天地萬物之氣。形故言其名，氣故言其義。於禮言制，制爲秋事；於樂言化，化爲夏事。上言「禮制行」，則知化爲樂化而興；下言「合同而化」，則知制爲散殊而制也。作長以氣言，氣盛於春夏，故春夏言其氣。斂藏以形言，形成於秋冬，故秋冬言其形。禮樂者，天地之道也；仁義者，四時之德也。

馬氏曰：「天高地下」，此尊卑自然之序也。「萬物散殊」，此小大自然之別也。禮非人爲，於天高地下，萬物散殊之際，而禮制行於其間矣。「流而不息」，天地之和氣也，「合同而化」者和，故百物皆化也。萬物散殊，未始不資於和而後生。樂非人爲，自流而不息，合同而化之際，而樂興於其間矣。春作夏長，所以生之，故爲仁。秋斂冬藏，所以成之，故爲義。以春作夏長之仁，未若流而不息，合同而化之爲妙，故仁近於樂。以秋斂冬藏之義，未若天高地下，萬物散殊之爲妙，故義近於禮。此所謂仁義禮樂者，皆在於天地之間，而非所謂人爲者也。

山陰陸氏曰：言凡在天地之間，應所謂和者，皆樂也，應所謂別者，皆禮也。春作夏長，仁也；秋斂冬藏，義也。此元亨之仁，利貞之義，蓋真宰之事也。其於禮樂如此，奈何終於麄厲，❶欲論制作之情哉？

延平黄氏曰：道之下降，氣爲陰陽，形爲天地，數爲萬物。氣數之中，以其高下散殊而有禮之序，以其流化合同而有樂之和，二者道理之自然，有生之類莫不具焉。流而不息者，品物流行也。合同而化者，萬物並育也。禮居仁義之後，人德之序也。禮居仁義之先，天德之序也。自其天地始分而言之，則仁義其在後矣。仁主愛，樂主統同，故仁近於樂；義主斷，禮主辨異，故義近於禮。而禮樂之大用，非僅於四時，是以仁義之用近之而已。禮，夏德也，夏之序長，春之生而已，可以統言仁。智，冬德也，冬之序藏，秋之成而已，可以統言義。天地化始於仁，革始於義。

李氏曰：天嚴而高，地坎而下。萬物錯雜於其中，散而不合，殊而不一，而序生焉。圜方之相研，剛柔之相干，清濁相廢，而輕重相浮，其流未嘗息。天穹窿而周乎下，地磅礴而向乎上，而和生焉。春作言其事，夏長言其化，秋斂言其物，冬藏言其氣，所以互相足。夫陰陽之道，其入則爲神明，其出則爲禮樂，其形則爲天地，其運則爲四時，其德則爲仁義。

横渠張氏曰：樂，仁也。禮，義也。仁則有樂，義則有禮。

新安朱氏曰：「天高地下，萬物散殊」一段意思極好，非孟子以下所能作。其文如《中庸》，必子思之辭，《左傳》子太叔亦

❶「厲」字，原爲空格，今據四庫本補。

論此：「夫禮，天之經，地之義，民之行，天地之經，而民實則之。」舊見伯恭愛教人看，只是説得粗，文意不瀏亮，不如此説之純粹通暢。他只説人做這箇去合那天之度數。❶ 如云爲六畜、五牲、三犧以奉五味云云之類，都是做這箇去合那天，都無自然之理。如云「天高地下，萬物散殊，而禮制行矣。流而不息，合同而化，而樂興焉」，皆是自然合當如此。

建安真氏曰：禮樂之原，出於天地自然之理。「天高地下」，此即自然之尊卑；「萬物散殊」，有大有小，有隆有殺，此即自然之等級。聖人因此制爲之禮，君父在上，臣子在下，此即「天高地下」之象。自是而下，兄弟夫婦，師友賓主，以至於輿臺皁隸，名位分守，燦然有倫，此即「萬物散殊」之象。皆所以法天地之序也。陰陽五行之氣流行於天地之間，未嘗少息。爲雷霆，爲風雨，皆是陰陽之氣摩盪而成。惟其二氣和合，所以能化生萬物。聖人因此作爲之樂。樂有五聲以應五行，十二律以候十二月之中。氣皆陰陽交錯而成，所以象天地之和也。樂音之和與天地之和相應，可以養人心，成風俗。自周衰，禮樂崩壞，然禮書猶有存者，制度文爲尚可考尋，樂書則盡缺不存。後之爲禮者，既不能合先王之制，而樂尤甚焉。大抵鄭衛之音，適足以蕩人心，壞風俗。然禮樂之則雖亡，禮樂之理則在。誠能以莊敬治其身，和樂養其心，則於禮樂之本得之矣。是亦足以立身而成德也。後言「致禮以治躬，致樂以治

❶「只」字下，明本有「是」字。

心」一章是矣。

慶源輔氏曰：禮行樂興，此禮樂之形於天地者也。制云者，以見禮之制，非人之所能爲也。作、長、斂、藏，此禮樂之形於四時者也。形於天地，則先禮而後樂。蓋有序而後和生焉。形於四時，則又先樂而後禮，蓋氣和而後物成焉。

金華邵氏曰：❶禮樂與天地並立，而天地之仁義尚爲近之。「春作夏長」以下。

樂者敦和，率神而從天。禮者別宜，居鬼而從地。故聖人作樂以應天，制禮以配地，禮樂明備，天地官矣。

鄭氏曰：敦和，樂貴同也。率，循也。從，順也。別宜，禮尚異也。居鬼，謂居其所爲，亦言循之也。官猶事也。天地各得其事。

横渠張氏曰：樂動，故率神而從天。禮静，故居鬼而從地。率神居鬼，鬼神一物也。只是神爲伸，鬼爲歸，指幽明而言。

長樂陳氏曰：樂極和，不有以敦之，未必能統同。禮從宜，不有以別之，未必能辨異。天法道者也，人法地者也。神由天道而無方，非樂之圓而神不足以率之。鬼由人道而有歸，非禮之方以知不足以居之。率則有循而體自然，非有以强之也。居則有方而止其所，非有以行之也。明有禮樂，幽有鬼神，而其從天地如此，亦各從其類故也。天以至陽而職氣覆，地以至陰而職形載。樂由天作，而至陽之氣存焉。禮以地制，而至陰之形存焉。聖人職教化者也，爲能因陰陽以統形氣，

❶「金華邵」三字，原爲空格，今據四庫本補。又，此段原補在卷第九十四之後，今移至此。

故作樂以應天，制禮以配地。蓋樂有聲而無形，作之以應天，則聲氣同故也。禮有形而無聲，制之以配地，則形體異故也。禮樂明矣而不昧，備矣而不偏。非徒足以官天地，天地亦將爲我官也。聖人始而應配之以成位，終而官之以成能，庸詎知禮樂非天地耶？天地非禮樂耶？作樂以應天，制禮以配地。別而言之，禮樂明備，天地官矣。合而言之，聖人制禮作樂，而天地官者，作之事也。大人舉禮樂，而天地昭者，述之事也。言天地官，則天地雖大，亦受於禮樂矣。言天地昭，則天地雖幽，亦不能匿其情矣。《樂書》。

嚴陵方氏曰：和言氣，《老子》所謂「沖氣以爲和」是也。宜言物，《易》所謂「象其物宜」是也。氣固有和矣，樂則敦之使厚而已。物固有宜矣，禮則別之使辨而已。和既敦，則莫不循其理而無所屈，故能率神。宜既別，則莫不安其處而有所歸，故能居鬼。神者陽之盛，而天以陽爲德，則樂之敦和，率神所以從天而已。鬼者陰之盛，而地以陰爲德，則禮之別宜，居鬼所以從地而已。故《易》曰「本乎天者親上，本乎地者親下」，亦各從其類也。禮樂之本出乎天地，故每以「從」言之。聖人以樂之從天也，故作爲聲音以應天之陽，以禮之從地也，故制爲文采以配地之陰。於樂言「應」，於禮言「配」，此禮樂內外之別也。

延平周氏曰：樂由天作，無方而不可知，故率神以從天。禮以地制，有方而不能變，故居鬼而從地。本乎天也，故作之以應天。本乎地也，故制之以配地。有樂也，天之道所以通；有禮也，地之義所以顯。樂所以發天地之和，禮所以明天地之序。

馬氏曰：神者陽之類，而天者陽之所積也。樂由陽來，故率神以從天。鬼者陰之類，而地者亦陰之所積也。禮由陰作，故居鬼以從地。神言「率」，而鬼言「居」，率者引而上之也，居者俯而就之也。故神言率，則知樂者崇之道也。鬼言居，則知禮者卑之道也。天地有自然之禮樂，而聖人作樂以應天，制禮以配地者，所以輔相天地之宜而已。故作樂以應天，制禮以配地，則禮樂明備，而天地各當其位也。此與《記》所謂「致中和，天地位焉，萬物育焉」者同意。

慮氏曰：「樂由天作」，故敦和以從天；「禮由地制」，故別宜以從地。從，猶順也。民得其和而已，未足以從天，必能率神而後可以從天。人得其宜而已，未足以從地，必能居鬼而後可以從地。率者，循其自然；居者，安其所守。若《詩》所謂「神之弔矣」，此率神也；《傳》所謂「鬼有所歸」，此居鬼也。

延平黄氏曰：氣也者，神之盛也。敦和，又其氣之盛也。禮樂之道行乎陽，則高下散殊，合同而化；行乎陰，則率神而從天，居鬼而從地。鬼神之道未離乎數，而數實行之，是以道之妙乎樂，則能率之以從天，妙乎禮，則能居之以從地。禮樂之妙，能官天地。而率神居鬼，則分天地之所主而已。唱者天之道也，故作樂而應之；偶者地之道也，故制禮以配之。應也，配也，禮樂參之天地者也。

慶源輔氏曰：前言形於天地四時者如

此，此又推言禮樂之理也。然樂之理，則敦厚於和，率循陽道，以從於天。禮之理，辨別其宜，❶居守陰道，以從於地。敦和率神，天之道也，别宜居鬼，地之事也。從天從地，禮樂自然之理也。作樂以應天，制禮以配地，聖人之事也。禮出乎地，樂出乎天，始也；聖人作樂以應天，制禮以配地，終也。至於禮樂明備，則天地之化見於禮樂，而無餘藴。如此，則天地反爲聖人之所官矣。

金華邵氏曰：「作樂以應天」，應者，彼有而此答之之謂；「制禮以配地」，配者，以此而合彼之謂。然則禮樂非聖人之私術，蓋因天地之理而爲之耳。及夫其用昭明而全備，則天地之間，各有司存，不相紊亂。是又以天地而理天地者歟？

又曰：天地者，禮樂之主，禮樂者，天地之官。主，君道；官，臣道。

天尊地卑，君臣定矣。卑高已陳，貴賤位矣。動静有常，小大殊矣。方以類聚，物以羣分，則性命不同矣。在天成象，在地成形，如此則禮者，天地之别也。

鄭氏曰：卑高，謂山澤也。位，尊卑之位，象山澤也。動静，陰陽用事。小大，萬物也，大者常存，小者隨陽出入。方，謂行蟲也。物，謂殖生者也。性之言生也。命，生之長短也。象，光耀也。形，體貌也。

孔氏曰：自此至「禮樂云」，廣明禮樂之功，包天地之德。此一經明禮爲天地之别也。山澤列於天地之中，故云「已陳」。貴賤，即公卿以下。故鄭註《周易》云：

❶「辨」字上，通志堂本、四庫本有「則」字，當是。

「君臣尊卑之貴賤，如山澤之有高下也。」❶動静，謂雷風，動散有常也。小大，小謂草木春生秋殺，昆蟲夏生冬伏；大謂常存，不隨四時變化不等：故云「殊」也。方，謂走蟲禽獸之屬，各以類聚，不相雜也。物，謂殖生草木之屬，❷各有區分，自殊於藪澤者也。鄭註《易》云「類聚羣分，謂水火也」，此註不同，各有以也。行蟲有性識，故稱「方」；殖生無心靈，故云「物」也。萬物各有區分性命之別。聖人因此制禮，類族緣物，各隨性命也。成象，日月星辰也。成形，植物動物也。聖人制禮，是從天地之分別也。

張氏曰：明聖制禮殊別，是天地之分別也，亦別辨居鬼而從地也。

横渠張氏曰：禮不必皆出於人，天地之理，自然而有。天之生物，便有尊卑小大之象，人順之而已，此所以爲禮也。天秩者，父子、兄弟、夫婦之類，次第而有者也。天秩者，雜然而生其間，便有小大上下之別。或專以禮出於人，而不知禮本天之自然，猶告子專以義爲外，而不知所以行義由内也。當合内外之道，能知禮之本於自然，人順而行之，是之謂禮。

又曰：卑高亦有義，高以下爲基，亦是人先見卑處，然後見高也。動静陰陽，性也。有常，不牽制於物也。

長樂陳氏曰：貴以高爲本，賤以卑爲基，是高卑以天地尊卑而後陳，貴賤以君臣定而後位。言定，則知位爲辨；言位，則知定爲分。分辨不同，禮亦異數，此君臣

❶「下」，通志堂本、四庫本及《禮記正義》作「卑」。

❷「生」字下，通志堂本、四庫本及《禮記正義》有「若」字。

所以别於朝廷，貴賤所以别於天下也。然卑高者位之積，貴賤者位之序。貴以卑而後形，故言卑以敵貴；賤以高而後顯，故言高以敵賤。然君可以言貴，貴不必言君也；❶臣可以言賤，賤不必皆臣也。故於君臣言尊卑，於貴賤言高卑以别之。《易》言乾坤，此言君臣者，《易》以乾坤爲首，禮以君臣爲大故也。天道常動，地道常静。以動爲常，凡物之所謂大者皆麗焉；以静爲常，凡物之所謂小者皆麗焉。因其大而大之，因其小而小之，則小大殊矣。禮者天地之序。序，故羣物皆别。「天高地下，萬物散殊，而禮制行」，如此而已。變《易》之剛柔，斷言小大殊者，此主禮有小大言之，異乎《易》主乾坤而言也。天地之間有方，不能無類聚；有物，不能無羣分。蓋獨陽不生，獨陰不生，相辨以成體，相與以致用。相辨以成體，則陽與陽類，陰與陰類。凡非類者，斯離而不合。故乾位西北，至陽也，震坎艮之陽聚焉。坤位西南，至陰也，巽離兑之陰聚焉。其非類聚耶？相與以致用，則陽物不能無偶，分之以羣乎陰，陰物不能獨立，分之以羣乎陽，則天地以道相濟，山澤以氣相通，雷風以聲相搏，水火以性相連，豈非羣分耶？是豈天地使然，各因性命不同而已。禮之道以敬爲體，而有以相之辨；❷以和爲用，而有以相與。使天下之衆，萬物之繁，静安性命之理，動安性命之情，亦何異此？

❶「言」，通志堂本、四庫本及《樂書》卷十四作「皆」，當是。

❷「之」字，通志堂本、四庫本及《樂書》卷十四無，當是。

《易》原吉凶所生，以同民患；禮推性命不同，以辨名分故也。「在天成象」，則凡物之有象者，皆資成焉，非特日月星辰之垂象而已。「在地成形」，則凡物之有形者，皆資成焉，非特山川草木之流行而已。象成而上，形成而下，暉之本數，係之末度，孰非天地之别乎？在《易》繼之變化見，在禮繼之天地别者，《易》圓而神，《禮》方以知，故言妙於《易》，言粗於《禮》。《樂書》。

延平黄氏曰：由卑而見貴，由高而見賤。方以類聚物，物以羣分類。天之尊卑，陰陽之動静，羣類之聚分，形象之上下，天地之理自爾。交感之相摩，旋轉之相盪，鼓以發之，奮以進之，動以化之，煖以養之，天地之情自爾。

嚴陵方氏曰：以形言則曰高下，以道言則曰尊卑，以位言則曰卑高。獨位反言之者，以位卑積卑至高故也。陽常動而長，陰常静而消，消則小而有别於大，長則大而有别於小。凡此皆天地所以辨而别也，而禮行乎其間，故曰「如此，則禮者，天地之别也」。

金華邵氏曰：前言天高地下，萬物散殊，而禮以行；流而不息，合同而化，而樂以興：蓋言禮樂之所由始也。此言天尊地卑而君臣定，天地之氣齊降而百化興，蓋言禮樂之所形也。小大，則《易》所謂「小往大來」之「小大」也。不同，即人物性命不同也。

地氣上齊，天氣下降，陰陽相摩，天地相蕩。鼓之以雷霆，奮之以風雨，動之以四時，煖之以日月，而百化興焉。如此，則樂者，天地之和也。

鄭氏曰：齊，讀爲「躋」。躋，升也。摩，猶迫也。蕩，猶動也。奮，迅也。百化，百物化生也。

孔氏曰：地氣上升，故天氣下降，與地氣交合。積氣從下升，在樂象氣，故先從地始。形以上爲尊，在禮象形，故從天爲初。相摩，謂陰陽二氣相切迫；相蕩，謂天地之氣相感動。萬物以氣生而未發，用雷霆以鼓動之，得風雨奮迅而出也。「動之以四時」者，萬物生長隨四時而動也。「煖之以日月」者，萬物之生必須日月煖煦之。自雷霆至日月，皆天地相蕩之事，百物化生由此。作樂者法象天地之和氣，樂和則天地亦和也。前經云制禮樂亦然。

張氏曰：❶聖人作樂，法天地和同。是樂者天地之和也，亦是「敦和，率神而從天」也。

長樂陳氏曰：樂之道，形而爲天地，氣而爲陰陽。天地待陰陽而後變化，陰陽待天地而後流通。故地氣不上齊，則肅肅之陰何以出乎天？天氣不下降，則赫赫之陽何以發乎地？兩者交通，一上一下，陰陽所以相摩也。一先一後，天地所以相蕩也。蓋陰陽之氣運行乎天地之間，其相薄也，感而爲雷，激而爲霆。其偏勝也，怒而爲風，和而爲雨。雷霆以震之，凡物之有聲者，莫不鼓矣；風雨以潤之，凡物之有心者，莫不奮矣。一噓爲春夏，一吸爲秋冬，四時之行也，有以動化之；或循星以進退，或應日以死生，日月之運也，有以煖煊之。如此，則一寒一

❶「張氏曰」一段原無，今據通志堂本、四庫本補。

暑，一晝一夜，而百昌之化興焉。然則樂有不爲天地之和耶？莫神於《易》，莫明於《禮》，微之而爲乾坤，顯之而爲禮樂，其所以同異詳略亦相爲表裏而已。煖之者，日也，月亦預焉；潤之者，雨也，風亦預焉：相須而成故也。《樂書》。

嚴陵方氏曰：地位乎下，而天位乎上，未始齊也。及其升，然後與天齊焉，故曰「上齊」。陰陽以氣言，而見乎形，故曰「摩」；天地以形言，而存乎氣，故曰「蕩」：其實一也。雷霆者，聲之所作，故曰「鼓」。風雨者，氣之所激，故曰「奮」。四時代謝，故曰「動」。日月代明，故曰「煖」。禮之別，終於成形者，主乎體故也。樂之和，終於百化者，主乎氣故也。

山陰陸氏曰：據此一節，禮樂與《易》相去，其間不能以寸。《春秋傳》曰：「夫禮，天之經也，地之義也，民之行也。天地之經，而民實則之。爲君臣、上下以則地義，爲父子、兄弟、姑姊、甥舅、昏媾、姻婭以象天經，義亦如之。」蓋禮無所不在。❶在《孝經》則爲孝，在《繫辭》則爲《易》，其揆一也。

金華邵氏曰：❷以其齊降，故有摩盪，以其摩盪，故有雷霆風雨。陰陽之交相摩軋，八方之氣相推盪。《易》解一起一滅爲相摩，一進一退爲相盪。震坎艮，本坤也，惟以剛摩柔，故一索、再索、三索，於乾而男成焉。巽離兑，本乾也，惟以柔摩剛，故一索、再索、三索，於坤而女成焉。

❶「禮」字下，通志堂本、四庫本有「樂」字。

❷「金華邵氏」四字，原無，今據四庫本補。又，此段原補在卷第九十四之後，今移至此處。

震，東方也，故震盪艮爲春。離，南方也，故離盪巽爲夏。以至兑盪坤，坎盪乾，而爲秋、冬，亦若是而已。又曰：一闔一闢，往來不窮，而變化生焉。雷霆，聲之所作；風雨，氣之所發。運行無窮曰「動」，寒暑相繼而歲成焉。照臨爲煖，日月相推而明生焉。故百物皆化，代興不廢。《易》所謂「品物流形」，《周禮》所謂「天地之化，百物之産」。已上二條，「地以上齊」以下。❶

化不時，則不生，男女無辨，則亂升，天地之情也。

鄭氏曰：辨，别也。升，成也。樂失則害物，禮失則亂人。

孔氏曰：此經明天地不時，由禮樂失所。樂以法天，化得其時，則物生；不時，則物不生：天之情也。禮以法地，男女有别，則治興；無别，亂升：❷地之情也。

皇氏曰：天地無情，以人心而謂之耳。

張氏曰：此明天地應於禮樂也。隨禮樂得失而應之，是天地之情也。然樂是氣化，故云害物；禮是形教，故言亂人也。

長樂陳氏曰：和，故百物皆化，化不時，則不生，樂失其和故也。序，故羣物皆别，男女無辨，則亂升，禮失其别故也。善言天地者，以人事；善言人事者，以天地。「化不時，則不生」，以天地明人事也。「男女無辨，則亂升」，以人事明天地也。《樂書》。

馬氏曰：天地之道，變化不以常。未春而燠，未冬而寒，則陰陽失其和，雖天下

❶ 上「以」字，四庫本作「氣」。
❷ 「亂」字上，通志堂本、四庫本有「則」字，是。

易生之物，亦不能生也，故曰「化不時，則不生」。男女有别，而後父子親；父子親，而後禮作；禮作，然後萬物安。夫亂之所起，常起於衽席之上，蓋人之所褻而莫之知也，故曰「男女無辨，則亂升」。升，猶言階之以爲亂也。康成釋「𠂔」以「成」，蓋亦是矣。「化不時，則不生」，此言有以貴於和。「男女無辨，則亂升」，此言有以貴於别。不獨人情如此，天地之情亦如此，故曰「天地之情」。蓋化則貴其和也，春先乎夏，秋先乎冬，則天地亦未嘗不貴其别也。男女則貴其别也，而兄弟睦，夫婦和，則人倫亦未嘗不貴其和也。此皆互文以見意。

山陰陸氏曰：化不時，以無樂故也。男女無辨，以無禮故也。「化不時，則不生，男女無辨，則亂升」，豈人爲哉？亦天地之情也。

延平黄氏曰：「化不時，則不生」，失樂之和。「男女無辨，則亂升」，失禮之節。不生、無辨，天地之情所不能免，故後之於天地。以樂之和，輔相其宜；以禮之中，裁成其道。

慶源輔氏曰：天地之化不時，則物不生；男女無辨，則亂。以作樂舉天地，禮舉男女，總之以天地之情，而不及人，以見禮樂之在三才無異理也。夫樂者，天地之和；禮者，天地之序。不和則不生，無序則亂作，則亦天地之情理也。

及夫禮樂之極乎天而蟠乎地，行乎陰陽而通乎鬼神，窮高極遠而測深厚。

鄭氏曰：極，至也。蟠，猶委也。高遠，三辰也。深厚，山川也。言禮樂之道，上至於天，下委於地，則其間無所不之。

孔氏曰：自此至「禮樂云」，盛説禮樂之大。天降膏露，是極乎天；地出醴泉，是蟠乎地。禮樂行而陰陽和，日月歲時無易，百穀用成，是行乎陰陽。禮樂用之以祭鬼神，樂六變，❶百神俱至，是通乎鬼神。高遠，謂天之三光皆應禮樂而明，是禮樂窮極之也。深厚，謂地之山川皆應禮樂而出瑞應，是測深厚也。此經盛論禮樂之大，雖取象於天地之功，又能徧滿於天地之間也。

長樂陳氏曰：禮樂之用，四方上下無所不至。此樂所以爲天地之和，而非止同其和，禮所以爲天地之别，而非止同其節也。蓋禮樂非天地則不因，天地非禮樂則不成。猶之「乾坤毁，則無以見《易》，《易》不可見，則乾坤亦幾乎息」。此體用相資之道也。

延平黄氏曰：樂之和，失之則不生，禮之别，失之則亂升。及其得之，則極乎天而蟠乎地，行乎陰陽而通乎鬼神，窮高極遠而測深厚。行乎陰陽，則物莫能違之；通乎鬼神，則物莫能間之。凡有聲氣形數之類在其中焉。禮樂至於此矣，然後能著大始，能居成物。

嚴陵方氏曰：極乎天，蟠乎地，言其升降之無常也。行乎陰陽，言其往來之不息也。通乎鬼神，言其變化之無方也。極乎天，非特樂由天作，雖禮亦極乎天。蟠乎地，非特禮以地制，雖樂亦蟠乎地。行乎陰，非特禮由陰作，雖樂亦然。行乎陽，非特樂由陽來，雖禮亦然。通乎鬼，非特禮别宜居鬼而已，雖樂亦然。通乎

❶「樂」字下，通志堂本、四庫本有「至」字。

神，非特樂敦和率神而已，雖禮亦然。此其所以爲至歟？故首以「及」言之。及，言及其至也。高者，下之對；遠者，近之對；深者，淺之對；厚者，薄之對。高猶可窮，而況於下乎？遠猶可極，而況於近乎？深厚猶可測，而況於淺薄者乎？

馬氏曰：禮樂之粗，則寓於形名度數之間；至於精，則無乎不在也。此言中和之效，其妙至此，而不言在人者，蓋中和者，人之所致也，其妙如此，則在人可知也。

山陰陸氏曰：此言禮樂在人有如此者，非天下之至精至變至神，孰能與於此？

新安朱氏曰：此以理言，有是理即有是氣。一氣之和，無所不通，亦如說天高地下，萬物散殊，而禮制行乎其中。《正義》引「膏露降，醴泉出」等語，緣先有此理，末梢便有這徵驗。

慶源輔氏曰：上言天地自然之禮樂，此言聖人制禮作樂之功。

金華邵氏曰：❶極天蟠地者，禮樂之容也，未出乎天地之間。窮高極遠而測深厚，禮樂之化也，又非止乎天地之間也。

「禮樂極乎天」以下。

樂著大始，而禮居成物。著不息者，天也。著不動者，地也。一動一靜者，天地之間也。故聖人曰「禮樂」云。

鄭氏曰：「樂著大始」，著之言處也。大始，百物之始生也。「著不息」，「著不動」，著，猶明白也。息，猶休止也。

孔氏曰：樂象於天，天爲生物之始，是「樂處大始」。禮法於地，地稟天氣而成

❶「金華邵氏」四字，原缺，今據四庫本補。又，此段原補在卷第九十四之後，今移至此。

於物，是「禮居成物」。顯著明白，運生不息者，是天也。顯著養物，不移動者，是地也。一動一静者，動物飛走蠢動，感天之陽氣也；静物安伏止静，感地之陰氣也。一動一静，天地間所有百物也。《周禮》雷風日月之屬皆動也，植物山林之屬皆静也。❶記者引聖人語云。此一章是禮樂法天地也。離而言之，則樂静禮動。若禮樂合用之事，則同有動静，故知天地之間，物有動静也。

長樂劉氏曰：天地交而萬物生，是樂著於生物之始也。有天地然後有尊卑，是禮居於成物之後也。天行健，終而始之不窮者也，故著生不息者，樂之理，天之道也。地不動，著而生之無疆者也，故著生不動者，禮之制，地之道也。一動一静者，禮樂行於斯民，而中和育萬物。於充盈乎天地之間者，❷人之道，所以配乎天地也。

長樂陳氏曰：乾者，萬物之所資始，故能以始而推始，則至於知大始。坤者，萬物之所資生，故能以生而生生，則至於作成物。然乾於大始，知之而已，未能使之著；坤於成物，作之而已，未能至於居。唯樂有和，所以能著其始；禮有節，所以能居其物：此禮樂所以能成天地之道也。雖其成天地之道如此，蓋亦本於天地之動静而已，故著不息而已。❸故著不息而動者，樂也。著不動而静者，禮也。一動則爲樂，一静則爲禮。是以凡在天

❶「林」，通志堂本、四庫本及《禮記正義》作「陵」。
❷「於」字，通志堂本、四庫本無，是。
❸「故著不息而已」六字，通志堂本、四庫本無，疑是。

地之間者，莫非禮樂也。禮樂之道天地而已。「聖人曰『禮樂』云」，玉帛鐘鼓云乎哉！

又《樂書》云：大始，氣之始；成物，形之中終。❶著其微而顯之者，樂也。居其所而有之者，禮也。樂以陽來，以天作，凡在天成象者，皆資之顯也，豈非著大始之意歟？禮以陰作，以地制，凡在地成形者，皆資之居焉，豈非居成物之意歟？乾則自强不息，坤則至静德方。天確而動，故其運不息。著不息者，樂之所以冥乎天也。地隤而静，故其處不動。著不動者，禮之所以冥乎地也。有天地，然後有萬物。萬物之情，非動則静，而禮樂如之。樂主動，由中出，則静矣。禮主静，交乎下，則動矣。萬物盈於天地之間，或類聚，或羣分。動者有時而静，静者有時而動，一動一静而不主故常者，無適而非禮樂也。非聖人知禮樂之情，其孰能究此？故此繼之「聖人曰『禮樂』云」。「著不息者天也，著不動者地也」，與《易》「闢户謂之乾」，「闔户謂之坤」同意。「一動一静，天地之間」，與《易》「一闔一闢謂之變」同意。

延平黄氏曰：天之化其陽，始於亥，生於子，成於丑，而乾位西北焉，則知大始矣。乾者，天之道也。《楊子》曰：「天奥西北，鬱化精也。」物於此焉，天道制其命。化精含有，其生意特未判也。及夫萬物資始於元，❷成於艮，至於震，而天之用出焉。地氣上升，天氣下降，奮之以風雨，

❶「中」字，明本、通志堂本、四庫本無，是。

❷「元」字，原脱，今據通志堂本、四庫本補。

動之以四時，煖之以日月，數者冥合，而有樂之和，則大始著矣。地之化其陰，始於巳，生於午，成於未，而坤位西南焉，則作成物矣。《易》曰「致役乎坤」者，❶致役者，作之也。萬物之生，天化氣，地化形。其化形也，萌者出，勾者達，羽者飛，足者走，鱗者遊，特未定也。及夫並育而不相害，並行而不悖，❷遊者潛，走者伏，飛者息。「方以類聚，物以羣分」，數者冥分而有禮之別，則成物居矣。大始者，精氣也。樂散爲和，氣以著之，成物之體立矣。禮分爲定，體以居之。禮者其樂之終始歟？故言禮制行矣，則在乎樂之前；言禮居成物，則在乎樂之後。

嚴陵方氏曰：有物者必由於有始，有始者必至於有物。曰「大始」，則又始之前也，亦猶「大初」謂之「大」爾。曰「成物」，則又物之後也，亦猶「成效」謂之「成」爾。乾知大始，知之而已，及樂由陽來，則著其理而可見。坤作成物，作之而已，及禮由陰作，則居其功而得所。「著大始」，則有氣而已；「居成物」，則有形焉。氣則往來未嘗息，而乾健之所以爲天歟？故曰「著不息者，天也」。形則未嘗動，而坤靜之所以爲地歟？故曰「著不動者，地也」。夫天之不息以氣，所以爲天者未嘗不息。《莊子》曰「天其運乎」是矣。地之不動以形，所以爲地者未嘗不動。《莊子》曰「地其處乎」是矣。禮樂亦然。經曰「樂由中出，故曰靜」，是亦未嘗不息也。又曰「禮者動乎外」，是亦未嘗不動

❶「者」字，通志堂本、四庫本無，是。

❷「不」字下，通志堂本、四庫本有「相」字，是。

也。故止以著言之，著者見其衆物之體也。❶於成物獨不言著者，以在成形之後，不嫌於不著也。間，讀如「無有入於無間」。一動而天，一静而地，是天地之間耳。若夫動者未嘗動，静者未嘗静，和同爲一，豈復有一間哉？《楊子》曰「和同天人之際，使之無間」，蓋謂是矣。

馬氏曰：樂由天作，而樂亦著大始；禮以地制，而禮亦居成物。蓋物之質，❷必由而後化，❸則是樂者存乎物生之始；質散而後有其别，則是禮者居於物成之後：故曰「樂著大始，禮居成物」。天者，陽也，而陽以動爲功，故天之道存於不息；地者，陰也，而陰以静爲德，故地之道存乎不動。天之道存乎不息，故聖人作樂以應天，而動亦與陽同功。地之道存乎不動，故聖人制禮以配地，而静亦與陰同德。樂之動則應於天之間，禮之静則應於地之間，故曰「一動一静者，天地之間也」。然而天地合而後萬物生，陰陽和而後萬物成，則禮樂之道亦必相待而後成也，故樂亦未嘗不静，而禮亦未嘗不動，故曰「樂由中出，故静；禮自外作，故文」。

慶源輔氏曰：氣和而後物生，物生而後有辨。「樂著大始」，和之事也。「禮居成物」，辨之事也。有氣而後有物，有用而後有辨。樂統同，氣也；禮辨異，物也。天之所可見者，不息也。地之所可見者，不動也。不息，樂之事也；不動，禮之事也。至於一動一静，聖人之妙用，而禮樂

❶「其」，通志堂本、四庫本作「於」。
❷「蓋」字下，通志堂本、四庫本有「萬」字。
❸「由」字下，通志堂本、四庫本有「和」字。

之並行也。故聖人曰「禮樂」云，言二者不可闕一也。

金華邵氏曰：禮樂雖因天地而形，天地亦以禮樂而著。方其天地別而爲禮，天地和而爲樂，是禮樂因乎天地也。及夫禮樂極天蟠地，行陽陰，❶通鬼神，窮高極遠，測度深厚，禮樂之理無所不有，天地亦賴禮樂而著焉。故大始，氣也；成物，形也。大始本有是氣，樂則著而明之。成物本有是形，禮則居而辨之。故著而運行不息，則爲天；著而一定不易，則爲地；著而爲一動一静，則在動非動，在静非静，乃天地之間，而機緘之妙也。聖人於此，窮其所自，而歸之於禮樂，故曰「禮樂」云。又以見天地造化，亦不無待於禮樂也。❷

金華應氏曰：自「天高地下」至此一章，本《上繫》之文。夫子所以明《易》也，而以是發明禮樂之理。非聖門學者深究乎天地之藴，而有見於禮樂之用，未能及此情者，理之所存，而心之發見也。及，猶至也。樂出於自然之和，禮出於自然之序。其二者之充塞流行，❸無顯不至，無幽不格，無高不届，無深不入。則樂著乎乾，知大始之妙；禮居乎坤，作成物之位。而昭著不息者，天之所以爲天；昭著不動者，地之所以爲地。居者，藏諸用者也；著者，顯諸仁者也。天地之間，不過一動一静而已。故聖人昭揭以示人，而名之曰「禮樂」也。

❶「陽陰」，明本、通志堂本、四庫本作「陰陽」。
❷「不無」，明本作「無不」。
❸「之」字下，通志堂本、四庫本有「用」字。

昔者舜作五弦之琴，以歌《南風》，夔始制樂，以賞諸侯。

鄭氏曰：夔欲舜與天下之君共此樂也。南風，長養之風，以言父母之長養己，其辭未聞。夔，舜時典樂者也。《書》曰：「夔，命汝典樂。」

孔氏曰：此一節是《樂記》第四章，名爲《樂施》，明禮樂既備，乃施布天下也。自此至「行也」，明聖人制樂以賞諸侯。其功大者，其樂備。五弦，謂無文武二弦，唯宮商等五弦也。《南風》，詩名。案《家語》云：「昔舜彈五弦之琴，其詞曰：『南風之薰兮，可以解吾民之愠兮。南風之時兮，可以阜吾民之財兮。』」《家語》，王肅所增加，非鄭所見，故註云「其辭未聞」也。舜有孝行，故以此五弦之琴，歌《南風》之詩，而教天下之孝也。案《世本》「神農作琴」，❶今云「舜作」者，特用琴歌《南風》始自舜，或五弦始舜也。夔是舜典樂之官，名夔，欲天下同行舜道，故歌此《南風》以賞諸侯，使海内同孝也。然樂之始，亦不止在夔也。

長樂陳氏曰：順天地之和，莫如樂；窮樂之趣，莫如琴。蓋八音以絲爲君，絲以琴爲君，所以禁淫邪，正人心者也。洞越練朱之制，雖起於羲農，而作五弦以歌《南風》，合五音之調，實始於舜而已。以之歌《南風》，亦不過咏父母生養之德，以解吾憂而已，豈特解民愠、阜民財而已乎？❷夔之爲樂，薦之郊廟，鬼神享；作

❶「本」字，原無，今據通志堂本、四庫本及《禮記正義》補。

❷「愠」字，原無，今據通志堂本、四庫本及《樂書》卷十五補。

之朝廷，庶尹諧；立之學宫，天下服。近足以儀覽德之鳳凰，遠足以舞難馴之百獸，豈特賞諸侯而已哉！彼然而言之者，因歌《南風》而發，亦見賞以春夏之意也。然賞諸侯以樂，前此無有也，後此則因夔而已，故以「始制」言之。此後世所以推爲樂祖，而祭之瞽宗歟？《樂書》。

嚴陵方氏曰：天地之大德曰生，而有好生之德莫如舜，故「作五弦之琴以歌《南風》」。五者，土之數，而土者，生物之主也。南風者，長養之氣也。德惟善政，政在養民，歌《南風》，所以寫其心，示其長養之意也。故「解吾民之愠」，❶此言養其心也；「阜吾民之財」，此言養其形也。南爲長養之方，北爲肅殺之地。舜作《南風》之歌，而紂爲北鄙之舞，此舜與紂善惡之所以分。樂所以象德，而諸侯有養民之德者則賞之，故夔始制樂，以賞諸侯之有德也。

李氏曰：舜知樂之情，故「作五弦之琴以歌《南風》」。夔識樂之文，故「制樂以賞諸侯」。夫當冬而叩徵音，以激蕤賓，則足以致陽光熾烈，而堅冰立散，故歌《南風》，取萬物之皆相見也。夫歌《南風》，以合於天；制樂以賞諸侯之有德者，以合於人。此舜之所以通神明，配天地，育萬物，和天下者也。

延平黄氏曰：「歌《南風》」，和天也；「賞諸侯」，和人也。諸侯之受賞，亦貴其致和而已。德盛而教尊，則其德和於人；五穀時熟，則其德和於天。樂者象德而賞之也。舞者，德之容也，故觀其舞而知

❶ 「也故」，通志堂本、四庫本作「故也」。

其德。謚者，行之迹也，故聞其謚而知其行。

慶源輔氏曰：南風，長養之風。鄭氏則以爲舜歌父母之德如南風。《家語》所載之辭，則以爲解民愠，阜民財。然以此觀之，則疑《家語》所載必有據。南風長養萬物，猶人君長養萬民。舜爲天子而歌此以爲樂，則諸侯之君民者，亦當法舜之德，體《南風》之意，以長養其民，故夔因其歌而寫之於金石絲竹。當時諸侯有養民之德者，則以樂賞之也，非謂夔始制樂，言因南風而制樂以賞諸侯，自夔始也。

金華邵氏曰：❶琴非始於舜，作而歌《南風》者，舜也。樂非出於夔，制而賞諸侯者，夔也。「舜作五弦」以下。

故天子之爲樂也，以賞諸侯之有德者也。德盛而教尊，五穀時熟，然後賞之以樂。故其治民勞者，其舞行綴遠。其治民逸者，其舞行綴短。故觀其舞，知其德；聞其謚，知其行也。

鄭氏曰：民勞則德薄，酇相去遠，舞人少也。民逸則德盛，酇相去近，舞人多也。謚者，行之迹也。

孔氏曰：此經明諸侯德尊樂備舞具。綴，謂酇也。酇，謂酇聚。舞人行位之處，立表酇以識之。舞行綴遠，由人少，舞處寬也。舞行綴短，由人多，舞處狹也。舞處之綴，一但人多，則去之近。人少則去之遠。觀其舞之遠近，則知其德之薄厚，由舞所以表德也。又以謚比擬

❶「金華邵氏」四字，原無，今據四庫本補。又，此段原補在卷第九十四之後，今移至此。

其舞。聞謚之善否，知其行之好惡也。長樂陳氏曰：諸侯「德盛而教尊，五穀時熟，然後天子賞之以樂」者，以其人事修於下，天時應於上，然後可以樂其樂也。故其勞於治民者，舞之行綴則遠；逸於治民者，舞之行綴則短。觀其舞於外，足以知其德於内，聞其謚於後，足以知其行於前，則舞者勞逸之迹，而謚者善惡之名。迹則見於一時，名則流於不朽。此諸侯不可不勉，而記者所以極言之也。

又《樂書》曰：天下有道，禮樂自天子出，故諸侯有德，天子得爲樂以賞之。德盛於内而日新，教尊於外而日隆，則人和於下矣。五穀種之美，而以時熟焉，則天地之和應於上矣。人和於下，天地應於上，則德教洽，而民氣樂。其賞之樂以彰有德，不亦宜乎？《周官》大胥以六樂之會正舞位，小胥巡舞列。經曰「行其綴兆，行列得正焉」。蓋位則酇也，所以爲綴；列則佾也，所以爲行。治民勞者，酇遠而佾寡，德殺故也。治民逸者，酇遠而佾多，❶德盛故也。非故不同，凡各稱德而已。夫舞所以節八音，八音克諧，而樂成焉。故舞必以八人爲列。自天子達於士，降殺以兩。衆仲曰：「天子用八，諸侯用六，大夫四，士二。」鄭伯賂晉悼公女樂二八，悼公以半賜魏絳。用是推之，服虔所謂天子八八，諸侯六八，大夫四八，士二八，不易之論也。然則舞行綴遠，豈六佾歟？舞行綴短，豈四佾歟？杜預謂凡天子、諸侯、大夫、士之舞，一列遞減二人，至士四人而止。豈復成樂舞耶？

❶「遠」，《樂書》卷十五作「短」，是。

世衰道微，禮樂交喪於天下，諸侯僭天子者有之，大夫僭諸侯者有之。及其甚也，大夫不僭諸侯而僭天子，陪臣不僭大夫而僭諸侯。魯公初去八佾，獻六羽，諸侯僭天子而知反正者也。季氏舞八佾於庭，大夫僭天子而不知反正者也。彼豈知舜以樂舞賞諸侯之意哉？

嚴陵方氏曰：君子所以教人者以德，唯德盛，人所從者衆，則其教尊，而人事修矣。人事修，則天時應，故繼之以五穀時熟。德盛教尊，則養其心者至矣。五穀時熟，則養其形者至矣。諸侯之養民者如此，天子賞之以樂也，不亦宜乎？諸侯六佾，大夫四，❶士二佾，舞固有常制矣。而此所言綴有短遠之異者，豈非因其德之大小，然後或備或否歟？行以言其成列，綴以言其相聯，言遠以知短之爲近，言短以知遠之爲長。長短言其所陳之形，遠近言其所至之地。樂不止於舞，必以舞爲賞罰者，以德之形容尤可見於此故也。

馬氏曰：「五穀時熟」，有富之意也。「德盛而教尊」，有教之意也。有富與教，則諸侯之德備，然後賞之以樂。「賞之以樂」者，言賞之以備樂也。德大者然後得其樂之備，德小者則雖有常數，而不得備。故其治民之勞逸者，其舞所以不同也。上言舜歌《南風》，夔始制樂，言其樂之聲也。下言其舞行綴遠、綴短者，言其樂之容也。舞者德之發，德者舞之藴，故觀舞可以知德。謚者，❷行者謚之主，故

❶「四」字下，通志堂本、四庫本有「佾」字，是。

❷「者」字下，通志堂本、四庫本有「行之賓」三字，是。

聞謚可以知行。其意主於舞，而繼之以聞謚者，所以詳之也。

山陰陸氏曰：若魯僖公，可謂「德盛而教尊」矣。《詩》曰「自今以始，歲其有」。致民之勞逸，係其德之厚薄。逸則有餘裕矣，勞者未優泰也。

延平周氏曰：聖人之賞樂，以治民爲主。

慶源輔氏曰：以舜之事觀之，則天子之爲樂，非特自象其功德，而又欲以賞天下諸侯之有德者，使天下諸侯皆法象天子之德也。人事至而天時未應，其德猶未至也。況樂者，天地之和也，故必俟乎天時應，五穀熟，然後賞之。「治民勞」，謂勞於治民者；「治民逸」，謂逸於治民者。勞謂勤勞，逸謂暇逸。勞逸以事言也，故曰治民焉。行綴遠則氣舒，行綴短則氣促。上動則下紓，上逸則下促。舞者德之容，謚者行之名，猶影形聲響之可信也。若後世之所謂謚，則異是矣。

禮記集説卷第九十四

# 禮記集說卷第九十五

《大章》，章之也。《咸池》，備矣。《韶》，繼也。《夏》，大也。殷、周之樂盡矣。

鄭氏曰：《大章》，堯樂名也，言堯德章明。《周禮》闕之，或作《大卷》。《咸池》，黄帝所作樂名也，堯增脩而用之。咸，皆也。池之言施也，言德之無不施也。《周禮》曰《大咸》。《韶》，舜樂名也。韶之言紹也，言舜能繼紹堯之德。《周禮》曰《大韶》。《夏》，禹樂名也，言禹能大堯舜之德。《周禮》曰《大夏》。「殷、周之樂盡矣」，言盡人事也。《周禮》曰《大濩》、《大武》。

孔氏曰：此論六代之樂。「《咸池》，備矣」，言黄帝之德皆施被於天下，無不周徧，是爲備具也。《咸池》雖黄帝之樂，堯既增改脩治而用之，故此文次在《大章》之下。至周謂之《大咸》。黄帝之樂，堯不增脩者，則别立其名，則此《大章》是也。至周謂之《大卷》，更加以《雲門》之號。故《周禮》，《雲門大卷》在《大咸》之上，此《大章》在《咸池》之上，故知《大卷》當《大章》也。自夏以前，皆以文德王天下，殷、周二代唯以武功爲民除殘暴，❶民得以生，人事道理盡極矣。

石林葉氏曰：《咸池》言「備」者，德之全也。殷、周言「盡」者，聲之極也。

長樂陳氏曰：舜有紹堯之至德，故樂謂之《韶》，禹有中國之大功，故樂謂之

❶「殘」字下，明本及《禮記正義》有「伐」字，當是。

《夏》。由夏而上，言樂之名而不言代，由殷而下，則言代而不言樂之名者，蓋世遠則樂之名難明，世近則樂之名易知。以其難明，故詳之；以其易知，故略之也。

又《樂書》曰：堯作《大章》，以其焕乎有文章也。黄帝作《咸池》，以其咸物而潤澤之也。蓋五帝之樂，莫著於黄帝。至堯脩而用之，然後一代之樂備，故曰「《大章》，章之也，《咸池》，備矣」。舜紹堯之俊德，而以后夔作《韶》。禹成治水之大功，而以臯陶作《夏》。成湯能護民於塗炭，故伊尹爲之作《濩》。武王以武定禍亂，故周公爲之作《武》。是帝樂莫備於堯、舜，而王樂至三王無復餘藴矣，故曰「《韶》，繼也。《夏》，大也。殷、周之樂盡矣」。此三代之道所以具，異乎堯之所謂備也。堯曰《大章》，又曰《雲門》、《大卷》者，《雲門》，樂之體也，《大章》、《大卷》，樂之用也。雲之爲物，出則散而成章，其仁所以顯；入則聚而爲卷，其智所以藏。堯之俊德，望之如日，就之如雲，《雲門》之實也。其仁如天，《大章》之實也。其智如神，《大卷》之實也。

延平周氏曰：法成於堯，而天道備，故曰「《咸池》，備矣」。文極於殷、周，而人道盡，故曰「殷、周之樂盡矣」。

嚴陵方氏曰：《大章》、《咸池》，黄帝、堯、舜之所以同用也。《韶》謂之《九韶》，九者，樂成之數。前乎舜則堯，非不繼嚳也；後乎舜則禹，非不繼舜也。特於舜樂言繼者，蓋法成乎堯者也。在嚳之時，法猶未成，堯雖繼之，而可繼之事未備。舜協于帝，在舜之時，功爲已協，禹雖繼之，而不足爲難。則可繼之善，善繼之功，唯舜獨也。無不順之謂備，無有餘之謂盡。

馬氏曰：堯德明於天下，故作《大章》以章之。黄帝之德，所施者博，故作《咸池》。德之所施者博，故曰「池」。民之所順者衆，故曰「咸」。湯、武所爲，豈其心之所欲，出於不得已也。蓋其人道極於此，故曰「盡」矣。

山陰陸氏曰：言章備《咸池》之樂，故《大章》一名《大咸》，《濩》曰《韶濩》，蓋亦以此。《韶》雖禪，猶繼也。若禹繼舜不足當之，即付朱均，雖繼絶矣。夫文，反繼爲絶，蓋如此。凡樂後無所加，則備；中無所舍，❶則盡。備猶可也，盡甚矣。

延平黄氏曰：《雲門》，天德之象也。《咸池》，地德之象也。樂之象德，有天而已，則簡地。堯之德有《咸池》，❷則備矣。《韶》、《夏》，文樂也。《濩》、《武》，武樂也。象德有文而已，則缺武。商、周之樂有《濩》、《武》，則盡矣。《大卷》，言雲之形，《大章》，言雲之象。

慶源輔氏曰：「《大章》，章之也」，言帝德之章著也。德至於可名，則非其至矣，故曰「《咸池》，備矣」。《咸池》非可以名義求也。以《大章》而視《咸池》，則《咸池》備矣。此所以先言《大章》，後言《咸池》也。若「《韶》，繼也。《夏》，大也」，視《大章》則又殺矣。曰《濩》，曰《武》，則又《韶》、《夏》之次也，故曰「盡矣」，言無餘蘊而不復可繼也。由是觀之，則樂可知。

金華邵氏曰：樂盡則德有所不足，《文

❶「舍」，通志堂本、四庫本作「含」。
❷「德」，通志堂本、四庫本作「樂」，是。

王》、《清廟》之瑟，猶有遺聲，則德有餘而樂不能盡也。「商、周之樂盡矣」，豈湯、武之征伐有歉於三聖揖遜之盛歟？孔子曰：「《武》，盡美矣，未盡善也。」記者之意或得諸此。

天地之道，寒暑不時則疾，風雨不節則饑。教者，民之寒暑也，教不時則傷世。事者，民之風雨也，事不節則無功。然則先王之爲樂也，以法治也，善則行象德矣。

鄭氏曰：教，謂樂也。「以法治」，以樂爲治之法。「行象德」，民之行順君之德也。

孔氏曰：此明樂之爲善。樂得其所，則事有功也。「以法治」者，若樂善則治得其善，樂不善則治乖於法。前文「教不時」、「事不節」是也。人君教化美善，則民法象君德。

張氏曰：此明施樂節須節也。❶既必須節，故引譬例。寒暑，天地之氣也，若寒暑不時，則民多疾疫也。風雨飄灑淒厲不有時者，則穀損民饑也。樂以氣和民心，如天地寒暑以氣生化，故謂樂爲民之寒暑也。風雨之事謂之禮也，禮以形教，故曰事也。天地之以風雨奮潤萬物，猶以禮安治萬民，故謂禮爲萬民之風雨也。先王爲樂以以法制，❷治善，則臣下之行皆象君之德也。

長樂陳氏曰：一陰一陽，天地之道也。運而爲四時，則寒暑相推而歲成焉。散而育萬物，則風雨相資而化興焉。樂道天地之和，而其教與事實體之也。蓋寒暑所以生成萬物，而風雨又所以輔成歲

❶ 上「節」字，通志堂本、四庫本無，是。
❷ 上「以」字，通志堂本、四庫本作「必」，是。

功也。教所以化成天下，而事又所以輔成治功也。寒暑不時而愆伏，其能不疾而傷世乎？風雨不節而淒若，❶其能不饑而無功乎？以迹求之，春誦夏弦，春合舞，秋合聲，以至先王之所著以成教者，孰非法寒暑之時耶？凡樂之事，或以聲展之，或以舞正之，以至律小大之稱，比終始之序，以象事行，孰非法風雨之節耶？然則先王爲樂，法寒暑風雨之治，教有時，事有節，以善民。❷如此，則民之行也，未有不象上之德矣。在《易·益》之九五，上則「有孚惠心」，下則「有孚惠我德」，豈非以法治也？善則民之行象德歟？《樂書》。

嚴陵方氏曰：往來應期之謂「時」，多少得所之謂「節」。寒者冬之氣，暑者夏之氣，故言「時」。風雨則散潤於四時之間而已，故言「節」。氣所傷爲疾，食不足爲饑。氣由寒暑而運，故不時而疾；食由風雨而成，故不節則饑。教者民之寒暑，欲得其時故也。事者民之風雨，欲適其節故也。且教以經世，苟或不時，何異寒暑之成疾乎？故曰「傷世」。事以就功，❸苟或不節，何異風雨之致饑乎？故曰「無功」。教得其時，事適其節，莫非和之所致也。和者樂之道，故繼之以先王之爲樂焉。上所言教之時，事之節，皆法治之意。以樂爲法，則莫非善法；以樂爲治，則莫非善治。

❶ 「若」，《樂書》卷十五作「苦」。
❷ 「民」字下，通志堂本、四庫本及《樂書》卷十五有「心」字，是。
❸ 「苟或」至「就功」二十字，原脱，今據通志堂本、四庫本補。

馬氏曰：古之爲教者，常興於既富之後。蓋彼爲救死而恐不贍，則奚暇治禮義哉？故其序必在於富庶之後而使之。田足以耕而爲之食，宅足以桑而爲之衣，元元皆樂於衣食之餘，而凍餒之苦不及於父母兄弟，然後謹庠序之教，而孝弟得以興於暇日也，此教貴得其時也。天下之事有小有大，而非可以一二言之，皆不可以無節。故農事既畢，而麻事隨興，野功既訖，而宮功尋至，春蒐，夏苗，秋獮，冬狩，而講事在於農隙之際，此事必宜其節也。

山陰陸氏曰：教無樂則不時，事無禮則不節。言樂以法象其治，善則行如其德。若《大章》，章之也。《韶》，繼也。《夏》，大也。行可謂不愧於德矣。蓋行見於行事，固有不能如其德者也。故曰「君子恥有其德而無其行」。

延平黄氏曰：萬物之生，得寒而成，得暑而長。然而不時，則邪氣乘物，故不時則疾。得風而動，得雨而潤。然而不節，則淫暴害物，故不節則饑。教者，先王所以化物也，故譬則寒暑。事者，先王所以應物也，故譬則風雨。因時之宜而立教，故不傷世。通物之變而用事，故有成功。是以先王之爲樂也於天下也，法治於己也，則行象德，然後無不時、不節之患。

慶源輔氏曰：寒暑不時，風雨不節，天地之禮樂失矣。教不時，事不節，人之禮樂失矣。教時，事節，固禮樂之事也。天地之道，寒暑時而風雨節矣。故先王因而作樂以象法其治。善謂作樂之善也。行象德，則如《大章》、《韶》、《夏》是也。若不顧其德，而求備於鐘鼓管磬之間，則不可謂之善也。

延平周氏曰：有樂而無禮則流，故先王之爲樂也，以法治則善，善則民之行亦象德矣。

金華邵氏曰：此又言天下之事必貴乎得其時與節。先王之禮樂亦不可拂其時與節也，故引天地之道以言之。

夫豢豕爲酒，非以爲禍也，而獄訟益繁，則酒之流生禍也。是故先王因爲酒禮。壹獻之禮，賓主百拜，終日飲酒而不得醉焉，此先王之所以備酒禍也。故酒食者，所以合歡也。樂者，所以象德也。禮者，所以綴淫也。

鄭氏曰：以穀食犬豕曰豢。爲，作也，言豢豕作酒，本以享祀養賢，而小人飲之善酗，以致獄訟也。壹獻，士飲之禮。❶百拜，以喻多。綴，猶止也。

孔氏曰：自此至「著其教焉」，明禮樂之設不得其所，則禍亂興。故先王節其禮樂以防淫亂。豢，養也。先王由酒之流生禍，因爲飲酒之禮。凡饗禮，案《大行人》云：上公九獻，侯、伯七獻，子、男五獻，並依命數。其臣介則孤同子、男，卿大夫略爲一節，俱三獻，天子、諸侯之士同壹獻也。故鄭知壹獻爲士饗禮。所獻酒少，從初至末，賓主相荅而有百拜，是意在恭敬，示飲而已，故不得醉也。人君作樂以訓民，使民法象其德也。制禮以教天下，所以綴止淫邪也。

石林葉氏曰：「獄訟益繁，則酒之流生禍」，《易》以《需》受之以《訟》，曰「飲食必有訟」，蓋原始要終之意如此。

長樂陳氏曰：飲酒，人之大欲，不能不速

❶「飲」字下，通志堂本、四庫本及《禮記》鄭注有「酒」字。

訟。先王知其然，於《書》有彝酒之戒，羣飲之誅；於禮有幾酒之察，屬飲之禁。猶以爲未也，又寓教戒之意於器皿之間，彝皆有舟，其載有量，尊皆有罍，其鼓有節，爵以角，觥以兕，以至傷而爲觴，單而爲觶，孤而爲觚，戔而爲醆，散而爲散，止而爲禁，無非備酒禍也。一獻之禮，非士之燕禮，士之饗禮而已。一獻之禮，非不簡也，而賓主至於百拜；終日飲酒，非不久也，而不得醉焉。然則先王爲禮以備酒禍，可謂至矣。言士之饗禮如此，則自士而上可知也。酒食以合歡，則禮之所施，樂未嘗不有以通之也。然合歡以爲樂，非樂其情，必以象德。酒食以爲禮，非淫其德，必以綴淫。《易》之《需》言「君子以飲食燕樂」，酒食合歡之意也；《豫》言「先王以作樂崇德」，樂以象德之意也。《曲禮》曰「富貴而知好禮，則不驕不淫」，禮以綴淫之意也。《樂書》。

嚴陵方氏曰：釀黍以爲酒，固已美矣，又加之以豢豕焉，則美之至也。《莊子》曰「以禮飲酒者，始乎治，常卒乎亂」，非謂是乎？一獻之飲酒禮也，一獻以見飲之少，百拜以見儀之多。《楊子》曰「賓主百拜，而酒三行」，亦以是而已。豢，與「芻豢」之「豢」同，謂養之也。酒所以爲饗禮，食所以謂食禮，饗食之禮，凡以通賓主之情，合彼此之歡也。歡既合矣，必有樂以和之，故繼之樂，以象賓主之德。以形容於樂，故以象言之。樂之所樂，不能無淫，必有禮以節之，故繼之以禮以綴淫。❶ 淫，過也。

❶ 上「以」字，通志堂本、四庫本無。

馬氏曰：《書》曰：「天降威，我民用大亂喪德，亦罔非酒惟行。越小大邦用喪，亦罔非酒惟辜。」此皆酒之流生禍也。然而酒者，人情之所不能免，先王亦不能絶之，因爲酒禮以節之而已。終日飲酒，久矣，而不醉焉，此先王之所備酒禍而有禮以節之也。❶人心有相得之歡，無以見則寓於酒食，故酒所以合歡。德無形而樂有象，德藴於中而無以發，則寓於樂，故樂以象德。禮所以節人心，而使之知所止，故禮者所以綴淫也。

延平黄氏曰：酒之養人，猶其教其事。酒之流生禍，猶其不時不節。一獻之禮，賓主百拜，所以節其流。又曰：上下之分甚嚴，而不至於絶者，以其有酒食以合歡。甚歡而不至於蕩者，以其有樂以象德，有禮以綴淫。

慶源輔氏曰：物之流生禍者多矣，此姑舉其一也。亦飲食男女，人之大欲，故舉以戒焉。人固有自然之德，所謂和者是也。故作樂以象之，而使之常不失其自然。又慮其過也，故制禮以綴止之。

是故先王有大事，必有禮以哀之。有大福，必有禮以樂之。哀樂之分，皆以禮終。

鄭氏曰：大事，謂死喪也。

長樂陳氏曰：先王之於事之大者，必有禮以哀之；於福之大者，必有禮以樂之。死亡凶札禍裁，天事之大者也。圍敗寇亂，人事之大者也。《大宗伯》皆以凶禮哀之，所謂「有大事，必有禮以哀之」也。以賑膰之禮親兄弟之國，而與之同福禄，以慶賀之禮親異姓之國，而與之和安樂，

❶「所」字下，通志堂本、四庫本有「以」字，當是。

所謂「有大福，必有禮以樂之」也。彼哀而我哀之，彼樂而我樂之，哀樂之分雖異情，而皆以禮終，則禮達而分定矣。《樂書》。

嚴陵方氏曰：於吉曰福，以知凶之爲禍；於凶曰事，則吉無非事。分以言其有定分而不可犯也。若曾子七日水漿不入口，則不能以禮節其哀矣。魏文侯聽鄭衛而不知倦，則不能以禮節其樂矣。

馬氏曰：大事者，言其凶事之大者也。大福者，言其吉事之大者也。哀樂之情皆生於中，而禮者所以飾之也。以禮哀之，而哀不至於過；以禮樂之，而樂不至於極。哀樂之分，皆以禮終，此言有禮以節之。

慶源輔氏曰：「有禮以哀之」，喪禮是也。「有禮以樂之」，嘉禮是也。「皆以禮終」，則不至於過也。

延平黄氏曰：「皆以禮終」，故哀樂中其節。

樂也者，聖人之所樂也，而可以善民心。其感人深，其移風易俗，故先王著其教焉。

鄭氏曰：著，猶立也，謂立司樂以下，使教國子。

孔氏曰：樂本從民心來，故感動人深，使惡風移改，弊俗變易。風，謂水土之風；氣，謂舒疾剛柔；俗，謂君上之好惡。

延平周氏曰：聖人之所樂，則莫非正也。發其所樂而爲樂，則莫非和也。以其正，故可以善民心；以其和，故感人之深。有以善之，又有以感之，則所以移風易俗也。

長樂陳氏曰：善民心，則惻隱羞惡之心達而爲仁義，恭敬是非之心達而爲禮智。

感人深，則動蕩血脉，流通精神。百里不同之風，其氣有剛柔；千里不同之俗，其習有善惡。樂之善民心，感人深，則至剛之風可移而爲柔，至惡之俗可移而爲善。移風而使之化，易俗而使之變。爲樂之效如此，而先王著之以爲教，則一道德，同風俗，天下爲一家，中國爲一人矣。《樂書》。

嚴陵方氏曰：聖人所以樂其樂者，以樂可以善民心故耳。所以能善民心者，以其感人深，而移風易俗故耳。樂之道如此，苟非著之以爲教，則其道或幾乎息矣，故先王著其教焉。上言聖人，以見有所樂故作之也。下言先王，以見教之所由來尚矣。君上所化謂之風，民下所習謂之俗，遷此之彼爲移，更有爲無曰易。

馬氏曰：樂者人情之所不能免，一人之情，千萬人之情是也。人不能無樂，而先王亦不能無樂，故樂也者，先王之所樂也，先王因其樂而著其教焉。人之善性雖皆出於天，而風俗則未嘗同。先王盛時，能同四海於一堂之上者，以其有樂也，故曰「移風易俗，莫善於樂」。

延平黄氏曰：衆人所樂者，物之盛；聖人所樂者，德之盛。惟樂出於聖人之所樂，故能「養民心，其感民深，其移風易俗」。而出於衆人者，彼且自荒矣，其如民何？

金華應氏曰：《漢志》云其移風易俗，自一獻百拜而終日不得醉，以至大事大福，哀樂有分，皆以禮終。蓋因事之風雨，以謹夫教之寒暑也。百拜以禮，綴淫以禮，哀樂以禮，無非禮也，而曰著樂之教。蓋禮樂初無二理，禮有節，則樂不流。如風雨不爽，則寒暑不忒矣。著，謂尊尚而表顯之也。

夫民有血氣心知之性，而無哀樂喜怒之常，應感起物而動，然後心術形焉。

鄭氏曰：言在所以感之也。術，所由也。形，猶見也。

孔氏曰：自此至「君子賤之也」，是樂言之科。從此至「淫亂」，論人心不同，隨樂而變。夫樂聲善惡，本由民心所感而起，及合成爲樂，又感於人。善樂感人，則人化之爲善；惡樂感人，則人隨之爲惡。是樂出於人，而還以感人。猶雨出於山，而還以雨山；火出於木，而還以燔木也。此言人由血氣而有心知，其性雖一，所感不常，故云「而無喜怒哀樂之常」。內心應感，起於外物，謂物來感已，心遂應之，而念慮興動也。術，謂所由道路也，以其感物而動，故心之所由道路見也。

長樂陳氏曰：民生而靜，有血氣心知之常性。應感起物而動，無哀樂喜怒之常情。以有常之性，託無常之情，則心術之形，固非我也，實自物而已。《樂書》。

嚴陵方氏曰：心無爲也，應感起物，則其心動矣，故其術形於外。《莊子》所謂「有物揉之而出」是也。上言血氣心知，而下止言心者，蓋別言之。雖有血氣心知之異，合而言之，萬化皆本於心而已。

慶源輔氏曰：血氣心知，民之所不能無也，故曰「有性」。喜怒哀樂，民之所不能一也，故曰「無常」。「應感起物而動」，猶言感於物而後動。應物而感，因物而起，則有動焉。動而後心術形。心術，猶《孟子》所謂仁術也。

金華應氏曰：「喜怒哀樂未發之謂中，發而中節之謂和」，此「道心惟微」也。「有血氣心知之性，而無哀樂喜怒之常」，此

「人心惟危」也。扣之則應，觸之則感，相激相生，循環無端，皆緣物而起，物動於內，而心形於外也。所性曰心知，心之虛明，未嘗不靈也。所形曰心術，心之動則不勝其多事矣。

是故志微、噍殺之音作，而民思憂。嘽諧、慢易、繁文、簡節之音作，而民康樂。粗厲、猛起、奮末、廣賁之音作，而民剛毅。廉直、勁正、莊誠之音作，而民肅敬。寬裕、肉好、順成、和動之音作，而民慈愛。流辟、邪散、狄成、滌濫之音作，而民淫亂。

鄭氏曰：志微，意細也。吴公子札聽《鄭風》，而曰「其細已甚，民弗堪也」。簡節，少易也。奮末，動使四肢也。賁，讀爲「憤」，憤，怒氣充實也。《春秋傳》曰：「血氣狡憤。」肉，肥也。狄滌，往來疾貌也。濫，僭差也。此皆民心無常之傚也。肉，或爲「潤」。

孔氏曰：人君志意微細。噍殺，謂樂聲噍蹙殺小。如此音作，而民感之，則悲思憂愁也。嘽，寬也。諧，和也。慢，疏也。繁，多也。康，安也。君若道德嘽和疏易，則樂音多文采，而節簡略，❶下民所以安樂也。粗厲，謂人君性氣粗疏威厲。猛起，謂武猛發起。奮末，謂奮動手足。廣賁，謂樂聲廣大，憤氣充滿。如此音作而民感之，則性氣剛毅。肉，言人肉多則體肥。肉，謂厚重者也。君上寬裕厚重，則樂音順序而和諧，動則民皆應之而慈愛也。流辟，謂君志流移不静。邪散，謂違辟不正，放邪散亂。狄成，滌濫，皆謂

❶「節」字下，明本、通志堂本、四庫本及《禮記正義》有「奏」字，是。

樂之曲折，音聲疾速。如此，則民感之淫亂也。此六事皆據君德及樂音。其意易盡者，則一句四字，「志微噍殺」是也。難盡者，則兩句八字以結之，「嘽諧、慢易、繁文、簡節」之類是也。或六字以結之，「廉直、勁正、莊誠」是也。

延平周氏曰：「心術形」，然後音作，故審其音，則其心術可知也。

長樂陳氏曰：樂以音變，音以民變。是故「志微、噍殺之音作，而民思憂」，哀心所感然也。「粗厲、猛起、奮末、廣賁之音作，而民剛毅」，怒心所感然也。❶「嘽諧、慢易、繁文、簡節之音作，而民康樂」，樂心所感然也。「廉直、勁正、莊誠之音作，而民肅敬」，敬心所感然也。「寬裕、肉好、順成、和動之音作，而民慈愛」，愛心所感然也。「流辟、邪散、狄成、滌濫之音作，而民淫亂」，喜心所感然也。由前則以心論聲而其辭略，由後則以音論民而其辭詳，此其序所以不同也。總而論之，其音作，而民思憂，亡國之音也。其音作，而民康樂，治世之音也。其音作，而民淫亂，亂世之音也。治世之音，居亂亡之中者以爲世治而不知戒，不亡則亂矣。此記樂者之微意也。今夫肉倍好者，璧也；好倍肉者，瑗也；肉好如一，旋而不可窮者，環也。肉好之音，豈其音旋而不可窮耶？樂音謂之狄者，猶夷狄謂之狄，以其有禽獸之道也。順成之音，則其音順而治。狄成之音，則其音逆而亂矣。《樂書》。

❶「粗厲」至「然也」二十一字，通志堂本、四庫本及《樂書》卷十六在下句「樂心所感然也」之後，是。

嚴陵方氏曰：慢易者，非「傲慢」之「慢」，特言其過耳。繁文簡節者，文雖繁而節則簡也。且厲，則蹈厲之「厲」。猛，則所守不中正。起，則作之而不已。末，與「風淫末疾」之「末」同。奮末，則手舞足蹈之謂也。肉好，猶璧之有肉好然。蓋璧外謂之肉，實而無隙；內謂之好，則虛而已。謂其音實而有所養，又虛而得所好也。狄成，言狄强而成。滌濫，言滌而泛濫也。

馬氏曰：論樂之所始，則起於心之所感，而後發於聲音。論樂之所成，則反以感人心者也。是故自「哀心感者，其聲噍以殺」至於「愛心感者，其聲和以柔」，此言其音起於心之所感也。至於所謂「志微、噍殺之音作，而民思憂」以至於「狄成、滌濫之音作而民淫亂」，此言其樂之所以感於人心也。先王之爲樂，尤慎其所以感之之始。

山陰陸氏曰：言著「志微」，❶以著嘽諧、慢易、粗厲、猛起、廉直、勁正、寬裕、肉好、流辟、邪散，皆志也。蓋志微則噍殺之音作，噍殺之音作，而民思憂。嘽諧慢易則繁文簡節之音作，繁文簡節之音作，而民康樂。粗厲猛起則奮末廣賁之音作，奮末廣賁之音作，而民剛毅。餘放此。鄭氏謂「簡節，少易也。肉，肥也。狄濫，往來疾貌」，皆非是。文繁而節不簡則失之繁，節簡而文不繁則失之簡。肉而無好則失之實，好而無肉則失之虛。順成，言順以著逆。狄成，言狄以著華。

延平黃氏曰：有血氣，則有情慾，有心

❶「著」字，明本、通志堂本、四庫本無，是。

志，則有意識。情慾可動，意識可感，然後喜怒哀樂隨其所遇而變。君子則不然，血氣心智不能淫其性，而喜怒哀樂之情發而中節，故不爲憂思淫亂而異其音焉。是故君子之樂，可以善民心，可以移風易俗。

慶源輔氏曰：慢猶緩也，對怱之言。易謂和易也，平易也。繁文所以極其盛，簡易所以著其誠。肉好，猶俗言美滿也。喜心感者易失之流，故以其流者言之。於其終，又有以見上五者，亦皆有過焉，故下言先王制樂，使「剛氣不怒，柔氣不慴」。

是故先王本之情性，稽之度數，制之禮義，合生氣之和，道五常之行，使之陽而不散，陰而不密，剛氣不怒，柔氣不慴。四暢交於中，而發作於外，皆安其位，而不相奪也。

鄭氏曰：生氣，陰陽氣也。五常，五行也。密之言閉也。慴猶恐懼也。

孔氏曰：上經既明樂之感人，自此至「深矣」，明先王節人情性，使之和其律呂，親疏有序，男女不亂，乃成樂也。自然謂之性，念慮謂之情。先王制樂，本之情性。稽，考也。既得人情，考之使合度數，裁制之以禮義，使合生氣之和，道達人情以五常之行。陽主發動，失在流散。先王教之，使感陽氣者不散。陰主幽静，失在閉塞。先王節民情，使感陰氣者不塞。剛不至暴怒，柔不至恐懼，陰陽剛柔四者通暢於身，而發見動作於外。陰陽剛柔，各得其所，是安其位也。不相侵犯，是不相奪也。五常之行，若木性仁，金性義，火性禮，水性知，土性信也。❶

❶「性」字，原無，今據通志堂本、四庫本及《禮記正義》補。

張氏曰：前言民隨樂變，此言先王制正樂化民也。陽謂稟陽氣多人也。陽氣舒散，稟陽多，則奢；陰氣閉密，人稟陰多，則縝密。今以樂通二者之性，皆使中和，故陽者不散，陰者不密也。

長樂陳氏曰：「本之情性」，而明樂之情；「稽之度數」，而明樂之文。有情有文，然後裁之以禮義，故能幽合生氣之和，明道五常之行。幽合生氣之和，則和於天；明道五常之行，則同於人。和同天人，而至於無間，故能使之陽不散，陰不密，剛不怒，柔不懾。不散者，陽中之陰；不密者，陰中之陽；不怒者，剛中之柔；不懾者，柔中之剛。四者條暢於中而發作於外，是以安其位而不相奪也。　又《樂書》曰：自「人有血氣心知之性」以至六者之音作，而民應之，無非本之情性也。自黃鍾之長，而以黍累之，則別於分，忖於寸，蒦於尺，張於丈，信於引，而五度審矣。自黃鍾之數，而以一推之，則紀於一，協於十，長於百，大於千，衍於萬，而五數備矣。然度數在天下，被之於文，則久而必息，寓之節奏，則久而必絕，要在稽之而已。稽之，則其數足以正其度，而音正矣。百度得數而有常，又制之禮義，使百體齊運而順正。其大足以合天地生氣之和而不乖，其微足以道人性五常之行而不悖，則天下之理得，而成位乎其中矣。喜心感者，聲發以散；哀心感者，聲噍以殺。是陽易失之散，陰易失之密也。怒心感者，聲粗以厲；愛心感者，聲和以柔。是剛易失之怒，柔易失之懾也。先王知樂之感人如此，故合天地生氣之和，道人性五常之行。使之陽氣宜散而不散，陰氣宜密而不密，一適天地之和以暢之而已；剛氣宜怒而不怒，柔氣宜懾而不懾，一適人性之和以暢之而已。《周官・典同》「掌六律六同之和，以便陰陽之聲」。❶ 陂聲散，險聲斂，正聲緩。陂則陽而散，斂則陰而密。陽而不至於散，陰而不至於密，其正聲之緩乎？論陰陽如此，則剛柔可知已。凡四暢交於一體之中，而發作於一體之外，則陰陽皆安其位，而陽不奪陰而散，陰不奪陽而密；剛柔皆安其位，而柔不奪剛而懾，剛不奪柔而怒。夫然則聲相應，保而爲和，細大不踰而爲平，而樂之道歸焉爾。《書》以「八音克諧，無相奪倫」爲舜樂之成；《詩》以「笙磬同音」，「以籥不僭」爲周樂之美，皆此意歟？剛柔言氣，而陰陽不言者，陰陽，氣之大者也。於氣言剛柔，則陰陽舉矣。陰陽之氣，自得之於天者言之；剛柔之氣，自得於地者言之。❷

延平周氏曰：樂出於人心，故本之情性。情性之在物者有理，故稽之度數。惡夫過而淫也，又制之禮義。如此，故能幽合生氣之和，明道五常之行也。合生氣之和，道五常之行，則和而無乖。故陽舒而不散，陰慘而不密，剛不至於過，柔不至於不及，四者條暢交於中而發於外，是以皆安其位而不相奪也。

嚴陵方氏曰：黄鍾之律長九寸，應鍾之律長四寸，此樂之度也。陽六爲律，陰六爲呂，此樂之數。情性由乎内，故言本；

❶「便」，通志堂本、四庫本及《樂書》卷十六作「辨」，是。

❷「得」字下，通志堂本、四庫本及《樂書》卷十六有「之」字，是。

度數存乎微，故言稽。生氣者，天地也。天地之大德曰生，故曰生氣也。五常者，五行也。生氣固有和矣，唯樂以合其和，然後其和不離。五常固有行矣，唯樂以道其行，然後其行無礙。陰陽，兼物言之也；剛柔，指人言之也。陰陽不言氣者，陰陽不嫌於非氣也。陽不散，陰不密，然後得其暢，故曰「暢」。陽不至於散，則陽交陰故也；陰不至於密，則陰交陽故也：故曰「交」。其暢也，其交也，豈非和之所致乎？剛柔之氣亦若是而已。夫然後發之於外，足以起事；作之於外，足以成功。且皆各安其位而不相奪也。

馬氏曰：樂出於人心，故「本之情性」。其文則見於形名度數之間，故「稽之度數」。當於人心，不合於度數，合於度數，而不當於人心，皆非所謂善樂。然而制之不可以不合其宜，故制之以禮義。人受天地之和，而生蘊於中則爲性，發於外則爲行。故合生氣之和於內，而道五常之行於外。陰陽剛柔之性皆當其位，而六通四闢，和順積於中，英華發於外，皆當其位而不相奪也。

延平黄氏曰：「本之情性」以正樂之德；「稽之度數」以正樂之文，「制之禮義」以正樂之用。陰陽爲道，則剛柔爲德；陰陽爲德，剛柔爲氣。❶剛氣，陽德之發；柔氣，陰德之發。不散不密，陰陽之中也。不怒不懾，剛柔之中也。有中性然後有中德，有中德然後有中氣。樂者本於性，發於德，而作於氣者也。

慶源輔氏曰：喜心感、怒心感者，是謂情

❶「剛」字上，通志堂本、四庫本有「則」字，是。

性。性度數，❶謂律呂。生氣，天地生物絪緼之氣。五常，謂仁、義、禮、智、信。凡音之起，由人心生，故本之以情性。律呂著天地自然之數，故稽考使有所合。大樂與天地同和。道，順也。順夫五常之行，使動而不失於流散，則陽中有陰；靜而不至於固密，則陰中有陽。剛不過於怒，則剛中有柔；柔不失之懾，則柔中有剛。舉此四者，以總上六者。陰陽剛柔，四者交暢於人之心，而發作於外之樂。交暢於中，則作於外者，疑於無倫。今也各安其位而不相陵奪，然後爲樂之至。「本之情性」，則四暢交於中而發作於外。「稽之度數」，則皆安其位而不相奪。

金華邵氏曰：此言著其教之意。先王將以著樂之教，必先立其本，而後樂可作。其本不立，則不過聲音器數之末，何以感動人物？❷故先「本之情性」，使出於天機自動，天籟自鳴，有非人僞能爲者。然後「稽之度數」，如律呂之損益，宫羽之小大。「制之禮義」，如用八、用六、宫縣、軒縣也。夫情性者，樂之本，然無所養，則本喪矣。合其義之和，而使之不乖，道其行，而使不它適。至四者條暢交感，各安其位，則得所養矣。

然後立之學等，廣其節奏，省其文采，以繩德厚。律小大之稱，比終始之序，以象事行。使親疏、貴賤、長幼、男女之理，皆形見於樂，故曰「樂觀其深也」。

鄭氏曰：等，差也，各用其才之差學之。廣，謂增習之。省，猶審也。文采，謂節

❶「性」字，通志堂本、四庫本無，是。

❷「感動人物」，通志堂本、四庫本作「感人動物」。

奏合也。繩，猶度也。《周禮・大司樂》「以樂語樂舞教國子」是也。❶律，六律也。《周禮・典同》：「以六律、六同辨天地、四方、陰陽之聲，以爲樂器。」小大，謂高聲之類，❷正聲之類。終始，謂始於宫，終於羽。宗廟，黄鍾爲宫，大吕爲角，太簇爲徵，應鍾爲羽，以象事行。「宫爲君，商爲臣」是也。「皆形見於樂」，謂同聽之，莫不和敬，莫不和順，莫不和親。

孔氏曰：先王欲稽之度數，制之禮義，非教不可，故立之學等，使依其才藝等級而教學之。增習寬廣其樂之節奏，省審其文采。文采，謂樂之宫商相應，若五采成文，即上「聲成文」是也。繩是度量之物，謂度量之以道德仁厚也。「律小大之稱」者，謂六律小之與大，以爲樂器，使音聲相稱也。若黄鍾之律長九寸，應鍾之律長四寸半强，各自倍半爲鍾，是其「小大」也。鄭氏註高聲、正聲，見《周禮・典同》註。「比終始之序」者，五聲始於宫，終於羽，比五聲終始，使有次序也。鄭註「宗廟黄鍾爲宫」以下，《大司樂》文。黄鍾，律之最長者；應鍾，律之最短者。引以證經之終始，使人法象五聲，是事行也。若宫、商、角、徵、羽象君、臣、民、事、物也。先王制樂以化民，由樂聲調和，故親疏之理見於樂之聲。以樂聲有清濁高下，故貴賤長幼見於樂。以樂聲以有陰陽律吕，❸故男女之理見於樂也。記者引古語言樂觀之益人深矣。

❶「司」下，原衍「徒」字，今據通志堂本、四庫本及《禮記》鄭注删。

❷「之類」二字，通志堂本、四庫本及《禮記》鄭注無，是。

❸下「以」字，通志堂本、四庫本及《禮記正義》無，是。

長樂陳氏曰：教不可陵節，學不可躐等。先王之於樂，非獨以善吾身，又將以教人也。故始之以中和祗庸孝友之樂德，中之以興道諷誦言語之樂語，終之以二帝三王之樂舞。始之以十三舞《勺》，中之以成童舞《象》，終之以二十舞《大夏》。其立之學等，用其才之差，而使習之如此。抑又使之廣其節奏，而不爲簡節之音，省其文采，而不爲繁文之樂，則德之充實而端厚者，故足繩之，使不淫矣。《周官》小師掌六樂之節，鍾師掌九夏之奏，節奏之辨也。❶樂之止有節，其作有奏，兩者合而成文，則文采而已。節奏、文采均聲之飾，治飾之道，欲始博而終約。始博之，節奏不可以不廣；終約之，文采不可以不省。以繩德厚，則能使人復性之靜，而不逐物之動，又何窮人欲，滅天理之有？律，述此者也；比，輔此者也。樂之於天下，其體固有大小，其用固有終始，蓋難以一隅舉。述以小大之稱，則大小相成而無輕重之不等；輔以終始之序，則終始相生而無先後之不倫。以此象乎事行，則事容有大小終始矣。「繩德厚」，以爲性，「象事行」，以爲行，則越之聲音，形之動靜。一遠一近，而親疏之理存焉；一上一下，而貴賤之理存焉；一先一後，而長幼之理存焉；一內一外，而男女之理存焉。能使是理莫不形見於樂，豈不原於律小大之稱，比終始之序耶？合生氣之和，道五常之行，使夫陰陽剛柔，各安其位，所以觀其和之深也。

❶「之奏節」，原作「之節奏」，今據通志堂本、四庫本及《樂書》卷十七改。

立之學等，廣節奏，省文采，以繩德厚，所以觀其德之深也。律小大之稱，比終始之序，以象事行，所以觀其事之深也。親疏、貴賤、長幼、男女之理，皆形於樂，所以觀其理之深也。故曰「樂觀其深矣」。乃若無形無聲，則樂深之又深。載道而與之俱，且將不可識，況得而觀之乎？《樂書》。

嚴陵方氏曰：立之學，所以教之。立之等，所以辨之。若樂師掌國學之政，大胥掌學士之版，所謂立之學也。若舞《勺》舞《象》，所謂立之等也。節奏惡其狹，故曰廣。文采惡其雜，故曰省。凡此皆原其性之所稟，故曰「以繩德厚」。小大有宜，事之稱也；終始相生，事之序也。有宜，則不可以無稱，故律而述之，使不易。相生，則不可以無序，故比而聯之，使不絶。若宮音濁而大，羽音清而小，蓋「律小大之稱」也。始於黃鍾之初九，終於仲吕之上六，蓋「比終始之序」也。凡此皆發於情之所動，故曰「以象事行」。夫德本厚，或爲物所遷，則失其厚，唯正之以樂，然厚歸厚焉，❶故於德厚言繩。親疏言其分，貴賤言其位，長幼言其序，男女言其情，四者皆人之倫也，莫不各有理焉。唯形容於樂，乃可得而見，故曰「樂觀其深矣」。

馬氏曰：前言「樂之道備矣」，然非廣其教，則不足以傳後世，故立之學等，以至於親疏、貴賤，皆形見於樂。樂之作則奏，樂之止則節。節奏合而成文采，而以繩其德厚也。人之性雖出於天，而非樂

❶ 上「厚」字，通志堂本、四庫本作「後」，是。

則無以成其性，故曰「德者性之端，樂者德之華」。德者性之端，所謂德厚也；樂者德之華，所以繩德厚也。律，述也。樂有大有小，大者不可損，小者不可益，唯其稱而已。樂有始有終，而終始之序不可亂也。若五音大不過乎宮，細不過乎羽，此小大之稱也。大師之奏，始作翕如，至於繹如，此終始之序也。「律小大之稱，比終始之序」，皆以象事行也。清明象天，廣大象地，終始象四時，周還象風雨，此樂之器所象也。先鼓以警戒，三步以見方，再始以著往，復亂以飭歸，此樂之作所象也。康成釋律謂之六律，則其説似非也。樂者宮爲君，商爲臣，角爲民，徵爲事，羽爲物，歌者在上，匏竹在下，故親疏、貴賤、長幼、男女之理，皆形見於樂也。自「本之情性，稽之度數」，以至「親疏、貴賤、長幼、男女之理」，❶皆形見於樂，則觀其樂可謂深矣。然禮樂政刑，其極一也，而獨以樂爲深者，蓋禮與政刑者，皆所以約人於外者也，樂者所以和人之中者也。故《孟子》曰：「仁言不如仁聲之入人深。」

延平黄氏曰：先王以民之喜怒哀樂隨其所遇而變，則天理滅矣，故本之情性而爲之樂焉。❷及以感通之，則君臣上下同聽之，莫不和恭，父子兄弟同聽之，莫不和親。夫恭之於君臣，親之於父子，天理也，而形見於樂，觀其深矣。

延平周氏曰：❸先王作禮樂，天下之理莫

❶「至」字下，明本有「於」字。
❷「之」，通志堂本、四庫本作「諸」。
❸「延平周氏曰」一段，原無，今據明本、通志堂本、四庫本補。

不具焉，而樂爲深。

山陰陸氏曰：樂觀其深，若季札觀樂是也。夫樂窮之而益遠，故孔子爲之三月不知肉味。

慶源輔氏曰：「廣其節奏，省其文采」，即上所謂繁文簡節也。節奏貴簡闊，文采貴繁縟。省謂察之，恐失之不及也。上言先王作樂，此言先王以樂寓之學宫而以教人，以繩正人固有之德，使不失其厚也。事之行也，必有小大之稱，終始之序，故先王之於樂，亦律而比之，以象夫事之行焉。親疏、貴賤、長幼、男女之理，皆形見於樂。樂通倫理，其是之謂乎？觀乎樂，則發人者深矣。

黄氏曰：❶黄鍾者，子之氣，陽律之長也，而林鍾可謂遠矣，乃損而下生。林鍾者，未之氣，陰吕之長也，而大蔟可謂遠矣，乃益而上生。此親疏之理，而見其父子相繼之禮焉。宫有宫覆之義，而其尊爲君；商有商度之義，而其卑爲臣。此貴賤之理，而見其君臣相濟之禮焉。黄鍾之管其九寸，❷則所生在先而爲始；中吕之管寸六，❸則所生在後而有繼。此長幼之理，而見其兄弟相序之禮焉。律不能以獨生也，必下以求吕；吕不能以獨成也，必上以附律。此男女之理，而見其夫婦相親之禮焉。

吴興沈氏曰：山川草木，翕張動静，皆樂觀也，深言其妙而難知。觀，若「大觀在上」之「觀」。

❶「黄」字，原脱，今據四庫本補。

❷「九寸」，通志堂本、四庫本作「寸九」。

❸「寸」字上，通志堂本、四庫本有「其」字，是。

土敝則草木不長，水煩則魚鼈不大，氣衰則生物不遂，世亂則禮慝而樂淫。

鄭氏曰：遂，猶成也。慝，穢也。

孔氏曰：自此至「君子賤之也」，論作樂不得其所，則滅和平之德，故君子賤之也。敝謂勞敝，煩謂煩擾。陰陽之氣衰亂，故生物不得遂成。慝，惡也。淫，過也。世道衰亂，上下無序故禮慝，男女無節故樂淫。以上三事，皆喻禮慝樂淫也。

馬氏曰：土敝也，水煩也，氣衰也，所以喻世亂也。「土敝則草木不生長，❶水煩則魚鼈不大，氣衰則生物不遂」，所以喻「禮慝而樂淫」也。世亂，非無禮樂也。禮慝樂淫，則禮樂之名雖存，而其實已亡矣。

慶源輔氏曰：「氣衰則生物不遂」，所以總上二語。敝謂傷敝，煩謂勞煩。土敝水煩，皆陰陽之氣衰息故也。物者氣之所生也，禮樂者世之所形也。慝，反善之辭。禮慝，如世俗委巷之禮也。禮易失之慝，樂易失之淫。

禮記集説卷第九十五

❶「生」字，通志堂本、四庫本無，是。

# 禮記集說卷第九十六

是故其聲哀而不莊，樂而不安，慢易以犯節，流湎以忘本。廣則容姦，狹則思欲，感條暢之氣，而滅平和之德。是以君子賤之也。

鄭氏曰：廣謂聲緩，狹謂聲急。感，動也，動人條暢之善氣，使失其所。

孔氏曰：朋淫於家，是慢易以犯禮節。淫酗肆虐，是流湎以忘根本。廣謂節奏疏緩，多有姦淫之聲；狹謂音促，則感人思其情欲。條，遠也。暢，舒也。賤，謂棄而不用也。

長樂陳氏曰：禮慝不足以善物，樂淫不足以化俗。故其聲哀矣，外貌爲之不莊；其聲樂矣，中心爲之不安。或慢易以簡節，反以犯其節；或流湎以逐末，反以忘其本。廣則嘽緩，而容姦以亂正；狹則急數，而思欲以害道。如此則感動條暢之順氣，而殄滅和平之至德，其何以動四氣之和，奮至德之光乎？是以君子賤之也。蓋同異相濟爲和，高下一致爲平。《詩》曰：「神之聽之，終和且平。」《易》曰：「聖人感人心，而天下和平。」❶

嚴陵方氏曰：此廣言淫樂之事。《關雎》之樂，非不哀也，然所以哀者，窈窕之難求，是乃所以爲莊；非不樂也，然所以樂者，❷淑女之爲配，是乃所以爲安。今哀而不莊，故慢易以犯節；樂而不安，故流

❶ 「平」字下，通志堂本、四庫本有「樂書」二小字，是。
❷ 「所」字下，通志堂本、四庫本有「以」字，是。

湎以忘本。慢則無所敬，易則無所戒，故犯節。流則不知止，湎則有所溺，故忘本。廣固足以有容，所容者，姦聲感人，則逆氣應之矣。狹固足以有思，所思者，樂得其欲，則以欲忘道矣。平則條而有理，和則暢而能通。

山陰陸氏曰：廣失之無法，狹失之不通。感，動之微也，《詩》云「無感我帨兮」。或言「感」，或言「滅」，相備也。

凡姦聲感人，而逆氣應之。逆氣成象，而淫樂興焉。正聲感人，而順氣應之。順氣成象，而和樂興焉。倡和有應，回邪曲直，各歸其分，而萬物之理，各以類相動也。

鄭氏曰：成象者，謂人樂習焉。

孔氏曰：自此至「贈諸侯也」，爲《樂象》之科。從此至「行其義」，明樂有姦聲、正聲，以類相感。君子當去淫聲，用正聲也。逆氣，謂違逆之氣，即姦邪之氣。姦聲感動於人，而逆氣來應，二者相合而成象，淫樂遂興，紂作靡靡之樂是也。正聲感動於人，而順氣來應，二者相合而成象，則和樂興，若周室大平，頌聲作也。聲感人是倡也，氣應之是和也。善倡則善和，惡倡則惡和，是倡和有應也。回，謂乖違。邪，謂邪辟。言乖違邪辟，曲之與直，各歸其善惡之分限。言善歸善分，惡歸惡分也。既善惡各歸其分，是萬物之情理，各以類自相感動也。

長樂陳氏曰：聲，樂之象也，其發而感人，不能無姦正。氣，體之充也，其出而應聲，不能無逆順。蓋樂者，天地之和，正聲之所止也，而姦聲則乖此。人者，天地之委和，順氣之所鍾也，而逆氣則反此。然氣合於無，象見於有，相感而文生。文之所生，則象之所見也。象之所見，則樂之所形也。逆氣成象，而淫樂興，則新樂之發，非治世之音也。順氣成象，而和樂興，則古樂之發，非亂世之音也。夫命有正有不正，性有善有不善，道有君子有小人，德有凶有吉。然則聲有姦正，氣有逆順，樂有淫和，不亦感應自然之符耶？聲之邪正既異其所倡，則氣之逆順亦異其所和，可謂倡和有應矣。逆氣而淫樂興，順氣而和樂興，可謂回邪曲直，各歸其分矣。凡此非特人爲然，萬物亦莫不各以氣類相感動也。古之人當春而叩商弦，以召南吕，凉風忽至，草木成實。及秋而叩角弦，以激夾鍾，温風徐回，草木發榮。當夏而叩羽絃，以召黄鍾，雪霜交下，川池暴沍。及冬而叩徵弦，以激蕤賓，陽光熾烈，堅冰立散。終歲命宫而總四弦，則景風翔，慶雲浮，甘露降，醴泉湧。以至瓠巴鼓瑟，而鳥舞魚躍；師曠奏角，而雲行雨施；鄒衍吹律，而寒谷黍滋。豈非萬物之理，各以類相動也？《樂書》。

嚴陵方氏曰：聲之感人，自外而入；氣之應聲，由中而出。氣之作也，不可得而見。及其成也，乃形見於樂而已。然由其所感者異，故其所應者異。所應者異，故所興者亦異。此君子慎其所以感之者。夫聲無非樂也，樂亦無非聲也。然單出爲聲，比音而樂之，然後爲樂。言聲感於上，而樂興於下，又以見上有好者，下必甚焉。言回則知其有莊，言邪則知其有正，又或曲或直焉，此言其聲之别如此。夫順氣則成順象，逆氣則成逆象，此以類相動也。以類相動，其理然也。故曰「萬物之理，各以類相動也」。

陳氏曰：❶《周禮・樂師》「凡建國禁其淫聲、過聲、凶聲、慢聲」。❷昔顔淵問爲邦，孔子對云「樂則韶舞，放鄭聲之淫」者，蓋樂聲有四，慢則不肅，不若凶之不善；凶則不善，不若過之不中；過則不中，不若淫之不正。爲邦以禮樂爲急，樂以放鄭聲爲先，故建國所禁之聲，其序如此。此言淫樂、和樂，淫樂則多哇之鄭也，和樂則中正之雅也。先王建國不先禁淫樂，則鄭聲得以亂雅矣。古之人將欲揚善，必先遏惡；將欲存誠，必先閑邪：意亦類此。然禮樂之道同歸，故《曲禮》論安民以「無不敬」爲先，《周官》論建國之樂以禁四聲爲先。

馬氏曰：象者，見乃謂之象也。然聲亦可謂之象，故曰「聲者樂之象」。倡和有應，故回邪曲直，各歸其分，而萬物之理皆以類相動也。

慶源輔氏曰：由是觀之，先王之樂固非一日之積也。而樂之和與淫，亦豈一人之所能爲哉？自聲之感氣，氣之成象，然後樂興焉。先王因其自然之象，而寫之於八音，固不能有所加損於其間也。至紂爲靡靡之樂，亦其逆氣自然之象耳。唐太宗時，張文收請改正樂，帝不許。曰：「朕聞人和則樂和。隋末喪亂，雖改音律，而樂不和。若百姓安樂，金石自諧矣。」其説未盡善，然得其大意矣。倡和有應，回邪曲直各歸其分，即上所言是也。至萬物又言其不特在樂而已，泛推

❶「陳氏」二字，原爲墨丁，今據《樂書》卷四十三補。

❷「樂師」，通志堂本、四庫本及《周禮》作「大司樂」，是。

物理亦莫不然也。

是故君子反情以和其志，比類以成其行。姦聲亂色，不留聰明；淫樂慝禮，不接心術；惰慢邪辟之氣，不設於身體。使耳、目、鼻、口、心知、百體，皆由順正以行其義。

鄭氏曰：反，猶本也。術，猶道也。

孔氏曰：反去淫溺之情理，以調和其善志。比擬善類，以成己身之美行。不留聰明，不留停於耳目也。不接心術，謂心不存念也。設，謂施設。❶由，從也。

張氏曰：君子，人君也。民下所習既從於君，故君宜本情，不使流宕，以自安和其志。萬物之理以類相動，故君子比於正類，以成其行也。諸行率由順正，以行其德，美化其天下也。

長樂陳氏曰：天下之情，以正聲感之則和，以姦聲感之則蕩。天下之行，以非類成之則惡，以正類成之則善。能反情以和其志，則好濫之音莫能淫，燕女之音莫能溺，其心一於和而已。能比類以成其行，則以道制欲，而不以欲忘道，其迹一於善而已。行歸於善，則德全矣。姦聲可以爲淫樂，而淫樂不止於姦聲。亂色可以爲慝禮，而慝禮不止於亂色。姦聲亂色，其入人也淺，不能累吾聰明於其外。淫樂慝禮，其入人也深，不能蔽吾心術於其內。夫然則惰慢邪辟之氣不設於身體。百體所由，無逆而非順，無邪而非正，以行吾義而已。《樂書》。

嚴陵方氏曰：情者性之欲，反情，所以復

❶「施設」，通志堂本、四庫本作「設施」。

其性。類者人之善，比類，所以資諸人。❶反情於内，故足以和其志。比類於外，故足以成其行。鄭、衛則爲姦聲，紅、紫則爲亂色。聰明，外也，故於聲色言之。心術，内也，故於禮樂言之。留則來而止之，接則與之交焉，此又内外深淺之别也。以慝禮不接心術，故墮慢不設於身體。以淫樂不接心術，故邪辟不設於身體。蓋心術之動，則氣有所襲故也。義者，宜也，由乎順正，則所行無不宜矣。

山陰陸氏曰：「反情以和其志」，情所謂可，有否焉，是之謂「反情以和其志」。故曰若琴瑟之專一，誰能聽之？「比類以成其行」，若德不足以比大王，則雖效死勿去可也。若紀侯大去其國，是不知比類以成其行之過也。義，義也；順正，命也。《孟子》曰：「莫非命也，順受其正。」又曰：「耳之於聲也，鼻之於臭也，目之於色也，四肢之於安逸也，性也，有命焉，君子不謂性也。」

李氏曰：「反情以和其志」，以内脩内者也。「比類以成其行」，以外治外者也。姦聲亂色，不留聰明，淫樂慝禮，不接心術，以外治内也。惰慢邪辟之氣不設身體，以内治外也。夫如是，則耳之綦聲，目之綦色，鼻之綦臭，心知百體之綦佚，莫不順而無逆，正而無邪矣。故曰「耳、目、鼻、口，皆由順正」。

建安真氏曰：君子之所以自養者無它，内外交致其功而已。故「姦聲亂色，❷不

❶「類者」至「諸人」十二字，通志堂本、四庫本作「類者善惡之分，比類，所以别其等」。

❷「故」字下，通志堂本、四庫本有「曰」字。

留聰明」者，所以養其外也；「淫樂慝禮，不接心術」者，所以養其內也。外無聲色之誘，則內亦正矣。內無淫慝之惑，則外亦正矣。惰慢之氣，自內出者也。邪僻之氣，自外入者也。二者不得設於身體，如是則外而耳、目、鼻、口、四肢、百體，內而心知，皆由順正以行其義，自養之功畢矣。顏子四勿之功可以庶幾也。

慶源輔氏曰：反其情之所自發也，人情亦無不善，及其流則有惡者矣，故反情之所自發以和其志。情出於性，志存於心。類，肖也。伊川解《詩》「克明克類」，曰：「非徒能明，又能類。今能知之，而不克踐之者，明及之而行弗類也。」❶此義亦然。君子以成德爲行，言比類其德以成其行也。不留不接，不設制於外，所以養於內也。內得其養，則發於外者無不中節矣。故五官、百體，皆由順正以行其義。順則不逆，正則不邪。所由者順正，而所行者又不失其宜也。凡此者，皆所以自養之道。己得其養，則樂之本立矣。故下言「作樂以奮發其德」。不曰耳目，而曰聰明。聰明，耳目之德也。耳不可使之不聞，目不可使之不見，但不留於聰明可也。

然後發以聲音，而文以琴瑟，動以干戚，飾以羽旄，從以簫管。奮至德之光，動四氣之和，以著萬物之理。

鄭氏曰：奮，猶動也。動至德之光，謂降天神，出地祇，假祖考。著，猶成也。

孔氏曰：前經明君子去姦聲，行正聲。自此至「皆寧」，明正聲之道，論大樂之

❶「弗」字下，通志堂本、四庫本有「克」字。

德，可以移風易俗，安天下也。此謂動發心志以聲音，文飾聲音以琴瑟，振動形體以干戚，裝飾樂具以羽旄，隨從諸樂以簫管，用以奮動天地至極之德。光明，則神明來降也。❶感動四時，使氣序和平，故能著萬物之理。謂風雨順，寒暑時，鬼神降其福，萬物得其所也。

馬氏曰：反情以和其志者，和於内也。比類以成其行者，善其外也。姦聲亂色不留聰明，此言耳目之無所蔽也。淫樂慝禮不接心術，此言心之官無不善也。其詳至於使耳、目、鼻、口、心知、百體，皆由順正以行其義，則樂之實備，然後發以聲音，而至於著萬物之理。樂出於心，而後形於聲音，故發以聲音。發聲音，而後舞動其容，故動以干戚。獨聲不足以爲樂，故發以聲音，文以琴瑟。干戚非備樂也，故動以干戚，而又飾以羽毛。❷在己則奮至德之光，在天則動四氣之和，在地則著萬物之理。蓋樂有本有末，故其所至者如此。

長樂陳氏曰：發以聲音，而爲德音之音；文以琴瑟，而爲德音之器；動以干戚，而爲武德之容；飾以羽旄，而爲文德之容；從以簫管，而爲備成之樂：則性術之變盡矣。此《詩》所以有簫管具舉之説歟？❸以《書》推之，「戛擊鳴球，搏拊琴瑟以詠」，爲堂上之樂；「下管鼗鼓」，至「簫韶九成」，爲堂下之樂。則發以聲音，文以琴瑟，堂上之樂；動以干戚，飾以羽

❶「則」，通志堂本、四庫本及《禮記正義》作「謂」，是。

❷「毛」，通志堂本、四庫本作「旄」。

❸「具」，通志堂本、四庫本及《樂書》卷十七作「備」。

旄，從以簫管，堂下之樂也。德自此顯，足以奮至德之光。氣自此調，足以動四氣之和。夫然則可以贊化育而與天地參矣。萬物之理，何微而不著乎？❶

嚴陵方氏曰：如上所言，然後可以作樂，故此極言作樂之事。聲音者，心所生，故言發。琴瑟者，樂之器，故言文。干戚所以爲武，故言動。羽旄所以爲文，故言飾。簫管作於堂下，故言從。至德者，天地陰陽之德也。至陰之德，肅肅出乎天；至陽之德，赫赫發乎地。上下各有所至，故曰至德。夫相合以爲光，相濟以爲和。以義固相合矣，由樂之德輝有以奮之，故其光不滅。四時先後以相濟，由樂之德音有以動之，故其和不乖。

慶源輔氏曰：有諸内必形諸外，故發之以聲音者，則聲之成文者也。寫之琴瑟，則其文益顯矣。永歌不足，則至於手舞足蹈，故動以干戚，飾以羽旄。動謂發揚蹈厲。發揚蹈厲，則有干戚之舞。然又不可無飾，故飾以羽旄。樂既形於音容，又從之以堂下之樂。上舉琴瑟，下舉管籥，則其餘者可知矣。奮至德之光明，猶「《大章》，章之也」之類。奮與《豫卦》「雷出地奮」同，故彼亦言「作樂崇德」也。「動四氣之和」，謂感召四時之和氣。「著萬物之理」，即所謂使親疏貴賤長幼男女之理皆形見於樂也。故曰「樂通倫理者也」。

山陰陸氏曰：奮，猶發也。至德之光，以樂而奮。四氣之和，以樂而動。萬物之理，以樂而著。若《大章》所以發堯德之

❶「乎」字下，通志堂本、四庫本有「樂書」二小字。

光，《大韶》所以發舜德之光。

金華應氏曰：❶在己則奮至德之光，在天則動四氣之和，在地則著萬物之理。

是故清明象天，廣大象地，終始象四時，周旋象風雨。❷五色成文而不亂，八風從律而不姦，百度得數而有常。小大相成，終始相生，倡和清濁，迭相爲經。

鄭氏曰：清明，謂人聲也。廣大，謂鍾鼓也。周旋，謂舞者。五色，五行也。八風從律，應節至也。百度，百刻也，言日月晝夜不失正也。清，謂蕤賓至應鍾；濁，謂黄鍾至中吕。

孔氏曰：人之歌曲，清潔顯明以象天，鍾鼓鏗鏘，寬廣壯大以象地。終於羽，成於宫，❸象四時變化，終而復始也。舞者周匝迴還，象風雨之迴復。五色，五行之色，謂五行之聲，宫、商、角、徵、羽相應成文，如青、黄相雜，故曰五色也。八風，八方之風。律，謂十二月之律。樂音象八風，樂得其度，故八風十二月律應八節而至，不爲姦慝也。八風者，《白虎通》云：「距冬至四十五日，條風至。次明庶風，次清明風，次景風，次涼風，次閶闔風，次不周風，次廣莫風，皆間四十五日而至。八節，立春、春分、立夏、夏至、立秋、秋分、立冬、冬至。百度，謂晝夜百刻，度數有常也。「小大相成」，謂十二月律互爲宫、羽而相成者。❹「終始相生」，謂五行

❶「金華應氏曰」及以下一段，原無，今據通志堂本、四庫本補。又「金華應」三字，通志堂本爲墨丁，今據四庫本補。

❷「旋」，通志堂本、四庫本及《禮記》作「還」，下文鄭注中「旋」字同。

❸「成」，通志堂本、四庫本及《禮記正義》作「始」，是。

❹「者」，通志堂本、四庫本及《禮記正義》作「也」。

宫、商，迭相用爲終始。「倡和清濁」，謂十二月律先發聲爲倡，後應聲爲和。律長者濁，短者清。「迭相爲經」，謂十二月之律還相爲宫，是樂之常也。

長樂劉氏曰：「清明象天」，言合樂之聲清亮而高遠也。「廣大象地」，言宫縣之位廣大而含容也。小大不類，而義實相成也。終始不斷，而理實相生也。是以「倡和清濁，迭相經紀」，以成天地之化。

長樂陳氏曰：天職氣覆而清明，地職形載而廣大。運行天地之間，一變一通，而終則有始者，其四時乎？一散一潤，而周則復還者，其風雨乎？樂之道，本末具舉，情文兼盡。其聲清而不可溷，明而不可掩者，以象天也，非特人聲而已。其體廣而不可極，大而不可圍者，以象地也，非特鍾鼓而已。六舞終於《大武》，始於《雲門》；八音終於革、木，始於金、石；六律終於無射，始於黄鍾；六同終於夾鍾，始於大吕：皆象四時也，非特宫羽而已。五聲、六律、十二管，還相爲宫。舞動其容，以要鍾鼓俯會之節，千變萬化，唯意所適，皆象風雨也，非特舞之一端而已。五聲之節奏，合爲文采，莫不雜比成文而不亂。則宫爲君，足以御臣；商爲臣，足以治民；角爲民，足以興事；徵爲事，足以成物；羽爲物，足以致用。夫然則各得其所，不相陵犯，而無怗懘之音矣。不言五聲，而言五色者，爲聲成文而言故也。八風象八卦也，其所以擬而遂之者八音，所以節而行之者八佾之舞而已。蓋主朔易者坎也，故其音革，其風廣莫。爲果蓏者艮也，故其音匏，其風融。震爲竹，故其音竹，其風明庶。巽爲木，故其音木，其風清明。兑爲金，故其音金，其風閶闔。乾爲玉，故其音石，其風不周。瓦，土器也，故坤音瓦，而風涼。是正北鼉，火精也，故離音絲，而風景。之風從黄鍾之律，而黄鍾冬至之氣也。東北之風從大吕、大蔟之律，而大吕、大蔟大寒、啓蟄之氣也。正東之風從夾鍾之律，而夾鍾春分之氣也。東南之風從姑洗、仲吕之律，而姑洗、仲吕穀雨、小滿之氣也。正南之風從蕤賓之律，而蕤賓夏至之氣也。西南之風從林鍾、夷則之律，而林鍾、夷則大暑、處暑之氣也。正西之風從南吕之律，而南吕秋分之氣也。西北之風從無射、應鍾之律，而無射、應鍾霜降、小雪之氣也。八方之風，周於十二律。如此則順氣應之，和樂興而正聲格矣，尚何姦聲之有？《大司樂》以六律、六同、五聲、八音、六舞大合樂，凡六樂皆文之以五聲，播之以八音。大師掌六律、六同以合陰陽之聲，皆文之以五聲，宫、商、角、徵、羽；皆播之以八音，金、石、土、革、絲、木、匏、竹。以是求之，五色成文而不亂，文之以五聲之和也。八風從律而不姦，播之以八音之諧也。百度得數而有常，節之以十二律之度也。吴季札觀樂於魯，而曰「五聲和，八風平，節有度，守有序，盛德之所同也」。五色成文而不亂，「五聲和」之謂也。八風從律而不姦，「八風平」之謂也。百度得數而有常，「節有度，守有序」之謂也。五聲在天爲五星，在地爲五行，在人爲五常。以五聲可益而爲七音。然則五星之於天，五行之於地，五常之於人，亦可得而益之乎？十有二律以應十有二月之氣，以十二律可益而爲六十律，六十律可益而爲三百六十律，然則十二月之於一歲，亦可得而益之乎？劉焯以京房爲妄，田琦以何妥爲當，可謂知理矣。❶先王因天地陰陽之氣，辨十有二辰，即十有二辰生十有二律。其長短有度，其多寡有數，而天下之度數出焉。要之，皆黄鍾以本之也。百度得數而有常，豈不原於十二律耶？說者以百刻爲百度，何其誤也。聲音律吕發越於樂縣之間，其體有小大，不相廢而相成，其用有終始，不相戾而相生。一倡一和，一清一濁，迭相爲經，而其常未始有窮也。蓋音莫不有適，大清則志危，大濁則志下，皆非所謂適也。一清一濁，迭相爲經，要合清濁之中而已，安往而不適哉？百度得數而有常，有常之常也。倡和清濁迭相爲經，無常之常也。有常以爲體，無常以爲用，非知真常者，孰能究此？鄭氏謂蕤賓至應鍾爲清，黄鍾至中吕爲濁，豈迭相爲經之意邪？❷

嚴陵方氏曰：清明者，樂之聲，故象天。廣大者，樂之體，故象地。終始者，樂之序，故象四時。周旋者，樂之節，故象風雨。合之以柷，樂之始也。止之以敔，樂之終也。既備乃奏，樂之周也。以反爲文，樂之還也。五色即五行也，五行則言其道，五色則言其質。非有其質，則文無所附。方言其成文，故以其質言之。五行播於四時，故天地之文作於春夏，而成於秋冬。相生所以相成，相剋所以相治，

❶「理」，通志堂本、四庫本作「禮」。

❷「邪」字下，通志堂本、四庫本有「樂書」二小字。

故曰「成文而不亂」。律十有二宫，以應歲十有二月，合而爲四時，四時分而爲八節，八節行之以八風。故八風在天則應乎八節，在地則位於八方，在《易》則畫於八卦，在樂則播於八音，其所以從律，則一也。律，述氣者也。風則天地之氣也。風從律之所述，則應期而不姦矣。百度者，晝夜之刻數也。陽長則陰消，則晝得數爲多，夜得數爲少；陰長則陽消，則晝得數爲少，夜得數爲多。得數多者，其晷長；得數少者，其晷短。長短者，度之所起也，故謂之度。陰陽一消一長，晝夜一短一長。雖小變而不失其大常，故曰「得數而有常」。小者陰也，大者陽也。成雖陰之事，然非陽以生之，則陰無自而成，故曰「相成」。終者陰也，始者陽也。生雖陽之事，然非陰以成之，則陽亦無自而生，故曰「相生」。倡者爲先，和者爲後，清者爲升，濁者爲降。倡和者，陰陽之氣，升降之體也。清濁者，陰陽之氣，先後之序也。清濁者，陰陽之氣，升降之體也。方其倡之得位，則倡者爲經，和者爲緯矣。及和之得位，亦若是也。及清之得位，則清者爲經，濁者爲緯矣。及濁之得位，亦若是也。雖然，此特其大概爾。至於播之於樂，則五音六律，其聲亦莫不有倡有和，有清有濁焉。迭相爲經，亦若是而已。

馬氏曰：「清明象天」，象天之德也。「廣大象地」，象地之體也。終始象四時之所行也，周還象風雨之回合也。聲成文，謂之音。五色成文而不亂者，聲之和也。八風從律而不姦者，律之和也。君子之於樂也，小大精麤皆有數，故天之中數五，而因之以爲五聲，地之中數六，而因之以爲六律。至於樂之始則柷。柷之數，其方二尺四寸，此三八之數也。其深一尺八寸，此二九之數也。九勝八，陽勝陰也，此樂之所以作也。至於樂之終則有敔。而敔之數，其鉏鋙二十七，此三九之數也。其長尺，此十之數也。十勝九，陰勝陽也，此樂之所止也。❶凡此皆百度得數有常而不變也。言百者，亦舉其成數爾。「小大相成」，此釋其「清明象天，廣大象地」也。「終始相生」，此釋其「終始象四時，周還象風雨」也。「倡和清濁，迭相爲經」，此釋其「五色成文而不亂，八風從律而不姦」也。

山陰陸氏曰：其「清明象天」，其「廣大象地」，蓋有不可以意致言傳者。❷鄭氏釋之如此，是徒見形表而已，而遺其精神也。周還象風雨，樂出於虛而復於虛也。若春行秋令，焱風暴雨摠至，❸則五色不成文，八風不循律矣。「百度得數而有常」者，若度長短者不失毫釐，量多少者不失圭撮，權輕重者不失黍絫是也。

□氏曰：❹周乎天地之間者，五行也。播五行於四時者，十二律也。自春徂夏，陽以動土爲功，樂則始作翕如，非象春夏之始乎？自秋徂冬，陰以作成爲事，樂則繹如以成，非象秋冬之終乎？非特此也，變化齊一，不主故常，以象四時之變通。行流散徙，不主常聲，以象四時之周流。樂之迭相爲經，四時之迭起是也。以至樂之還相爲宮，四時之無窮是也。

❶「所」字下，通志堂本、四庫本有「以」字。
❷「致」字，通志堂本、四庫本無。
❸「焱」，通志堂本、四庫本作「猋」，是。
❹「氏」字，原爲墨丁，今據通志堂本、四庫本補。

分律而序之，終於無射，始於黃鍾。分同而序之，終於夾鍾，始於大吕。分舞而序之，終於《大武》，始於《雲門》。又曰：其絲多者，其聲濁，其絲少者，其聲清。故宫以八十一而最濁，羽以四十八而最清。此五聲之清濁也。其管長者，其聲濁，其管短者，其聲清。故自黃鍾至中吕爲濁，從蕤賓至應鍾爲清。此十二律之清濁也。

廬陵胡氏曰：如《詩》歌《清廟》、《維清》，言樂與德皆清明也。如《詩》奏《文》、《武》，樂與德皆廣大也。

金華應氏曰：自「反情和志」以下，即樂以養其内，而謹其所感於外也。自「發以聲音」以下，備樂以形於外，而發其所養於内也。清明者，天之氣，樂之皦如者象之。廣大者，地之體，樂之翕如者象之。終始周還者，四時風雨之變，樂之純如、繹如者象之。合之則象兩儀，分之則象四時。增以中央土，則爲五行，分以四隅則爲八方。五聲配乎五行之色，故各成文而不亂。八音配乎八卦之風，故各從律而不姦。自是衍之，而至於百，則百度各得其數。猶八卦至於六十四，而其變無窮也。大而日月星辰之度，小而百工器物之度，各有數焉，不止晝夜之百刻也。曰「不亂」、「不姦」，以至「有常」，言其常而不紊也。曰「相成」、「相生」，以至「迭相爲經」，言其變而不窮也。順其常，則能極其變矣。

慶源輔氏曰：上既言樂作矣，故此言樂之理。樂之清明則象天，樂之廣大則象地，此可以默識而不可以言傳。始終終始則象四時，周還回復則象風雨。風雨之生物，不一而止，故樂之周旋回復似之。不曰始終，而曰終始，以見相生無窮也，此其所以象四時。色，疑「聲」字，文誤也。「五聲成文而不亂」，言在樂者也。「八風從律而不姦」，言在天地者也。「百度得數而有常」，言在人者也。終又雜舉在樂者言之，度量衡皆生於黄鍾之宫。

故樂行而倫清，耳目聰明，血氣和平，移風易俗，天下皆寧。

鄭氏曰：言樂用則正人理，和陰陽也。倫，謂人道也。

孔氏曰：樂行而倫類清，美矣。人聽之則耳目聰明，血氣和平，變移敝惡之風，改革昏亂之俗，而天下皆安矣。

張氏曰：正樂既行，故人倫之道清。不視聽姦亂，故視聽聰明。「口、鼻、心知、百體，皆由從正，❶故血氣和平。」風移俗革，移是移徙之名，易是改易之稱。文王之國自有文王之風，桀紂之邦亦有桀紂之風。桀紂之後，文王之風被於紂民，易前之惡俗，從今之善俗。上行謂之風，下習謂之俗。

長樂劉氏曰：樂之道行而人倫清矣。非禮勿聽，則耳聰；非禮勿視，則目明；非禮勿言，則氣平；非禮勿動，則體暢。移風易俗，而天下皆寧。

嚴陵方氏曰：樂行，言樂化之行也。倫清，言人倫之清也。蓋樂行則天下和而不乖，和而不乖，人倫不爲淫風所動，汙俗所染，故清。下文所言，皆其事也。耳聰則是非可以審，目明則真僞不能蔽，血和則憂樂無所乖，氣平則喜怒不妄作。自

❶「從」，通志堂本、四庫本作「順」。

一人之身，達之天下國家，則倫清之至也。

馬氏曰：倫者，理也，言親疏、貴賤、長幼、男女之理，皆形見於樂，故「樂行而倫清」，言其莫不和親，莫不和順，莫不和敬也。「耳目聰明」，言不爲外物所誘也。「血氣和平」，言不爲外物所觸也。「移風易俗，天下皆寧」，此樂之效也。

長樂陳氏曰：❶不雜則清，莫動則平。樂行而倫清，則「八音克諧，無相奪倫」。確乎鄭、衛之音不能入而雜之也。以之行乎一身，耳目聰明於其外，血氣和平於其中，❷則中國雖大，若出乎一人矣。以之行乎天下，移風易俗於其始，天下皆寧於其中，❸則天下雖廣，若出乎一家矣。《國語》曰「夫樂必聽和而視正。聽和則聰，視正則明」，其耳目聰明之謂乎？《傳》曰「樂者所以動盪血脉，流通精神，而和正其心」，其血氣和平之謂乎？昔王豹處淇，而河西善謳；緜駒處高唐，而齊右善歌。夫以一匹夫之歌，猶能感人心如此，❹又況人君擅天下利勢，而以先王之樂感人，未有不移風易俗者矣。太伯之於吴，率以仁義，化以道德，而風俗移易，舉欣欣然遷善遠罪而不自知。一國尚爾，況天下乎？楚、越以好勇之風，成輕死之俗，而有蹈水赴火之歌；鄭、衛以好淫之風，成輕蕩之俗，又有桑間、濮上之曲。❺姦聲尚爾，況和樂乎？孔子曰「移

❶「長樂陳氏」四字，原爲墨丁，今據通志堂本、四庫本補。

❷「中」，通志堂本、四庫本及《樂書》卷十八作「内」。

❸「中」，通志堂本、四庫本及《樂書》卷十八作「終」，是。

❹「猶」、「心」，通志堂本、四庫本及《樂書》卷十八作「且」、「深」。

❺「又」，通志堂本、四庫本及《樂書》卷十八作「而」。

風易俗，莫善於樂」，信矣。荀卿言「樂行而志清」，自人言之也。此言「樂行而倫清」，自樂言之也。❶

慶源輔氏曰：上既極言樂之理，故此下以樂之功效以結之。❷倫，理也；清，明也。倫清，言人之倫理清明，而無曖昧紛亂之患。自一人之身言之，則耳目聰明，血氣和平。自天下之大言之，則移風易俗，天下皆寧。樂之功效至此極矣。

故曰樂者，樂也。君子樂得其道，小人樂得其欲。以道制欲，則樂而不亂；以欲忘道，則惑而不樂。

鄭氏曰：道，謂仁義。欲，謂淫邪也。

孔氏曰：前經言正樂感人，此經明君子小人各有所樂。故，因上起下之辭。所以名樂者，是人之所歡樂也。君子所樂在於道，得其道則歡樂也。小人所樂在於欲，得其欲則歡樂也。若君子在上，以道制欲，則意得歡樂，而不有昏亂。若小人在上，以欲忘道，則志慮迷惑，而不得歡樂。

張氏曰：引舊語樂名廣證前事，因其人所樂而名爲樂。人心不同，故所樂有異，有異而名通，故皆名樂。君子在上，小人在下，君子樂用仁義以制小人之欲，則天下安樂，不敢爲亂。小人在上，君子在下，則小人肆縱其欲，忘於正道，天下從化，皆爲亂惑，不能安樂。

河南程氏曰：人雖不能無欲，然當有以制之。無以制之，而惟欲之從，❸則人道

❶「也」字下，通志堂本、四庫本有「樂書」二小字。
❷上「以」字，通志堂本、四庫本作「言」，當是。
❸「之從」，通志堂本、四庫本作「從之」。

廢，而入於禽獸矣。

馬氏曰：君子、小人，爲樂則同，所以爲樂則異。君子者，從其大體者也，故樂得其道。小人者，從其小體者也，故樂得其欲。道者出於天下之公，欲者出於一人之私。君子以心導耳，故以道制欲，樂而不亂。小人以耳導心，故以欲忘道，惑而不樂。

長樂劉氏曰：樂者，樂其禮之盛行也，不曰樂得其道乎？小人由之以享五福，不曰樂得其欲乎？

嚴陵方氏曰：君子能知樂之情，故由情足以得其道。小人徒見樂之文，徇文止能得其欲。道與欲所得皆樂也，然道有義，故足以制欲。欲既制，則其樂不流而治生；欲無窮，故至於忘道，道既忘，則其惑不解而憂生。

延平黄氏曰：樂由中出，不可以爲僞。❶樂得其道，而正樂興焉，樂之由中出者也。樂得其欲，而淫樂興焉，樂之由僞作者也。均是樂也，而樂有内外。在外之樂無常，其欲無已。無常之樂不赴無已之欲，則憂至焉。物累其心，又慮其樂之去，則惑而已矣。

慶源輔氏曰：此又總言樂之義，而君子、小人所樂不同，以見上所言者，君子之樂也。樂得其道，則和平恬愉，此樂之真也。樂得其欲，則沉湎淫佚，此樂之流也。樂本於道，則欲不行，故和平恬愉而不亂。樂本於欲，則不復有道，故至於耽惑而已。豈真可樂哉？

廬陵胡氏曰：以道制所欲，❷《易》所謂

❶「爲僞」，通志堂本、四庫本倒。
❷「所」字，通志堂本、四庫本無。

「窒欲」。以欲忘道，《曲禮》所謂「從欲」。

是故君子反情以和其志，廣樂以成其教。樂行而民鄉方，可以觀德矣。

鄭氏曰：方，猶道也。

孔氏曰：前經明君子、小人所樂不同。自此至「爲僞」，明君子敦行善樂也。反己多欲之情，以諧和德義之志。寬廣樂之義理，以成就政教之事。正樂興行，民皆鄉仁義之道。人君如此，可以觀其德行矣。

長樂陳氏曰：「反情以和其志」，則是志以道寧，而其仁足以成己。「廣樂以成其教」，則是以樂教和，而其習足以成物。❶樂教行於上，而民鄉方於下，則上所廣之教，無非德教。下所鄉之方，莫不背僞而趨德，豈不可以觀之哉？《樂書》。

延平黃氏曰：「反情以和其志」，則以道制欲。❷「廣樂以成其教」，則以道制人之欲。

嚴陵方氏曰：君子所以反其情，和其志，豈他術哉？亦以樂而已。且情出乎性，性則得之天者。志生乎心，心則存乎人者。反其在天者，然後可以和其在人者。前則繼之以「比類以成其行」者，學之事。此則繼之以「廣樂以成其教」者，教之事。

馬氏曰：反其一己之私情，而和其在内之志，則足以成己，然而未見其足以成物。故「廣樂以成其教」，所以和人心，而有以成物也，則「樂行而民鄉方矣」。其效至於民鄉方，君子之德斯可見矣。

山陰陸氏曰：❸反去淫溺之情，而調和其

❶「習」，通志堂本、四庫本作「智」。

❷「制」字下，通志堂本、四庫本有「己之」二字。

❸「山陰陸氏」四字，原缺，今據四庫本補。又，此段原補在卷末，今據通志堂本移至此。

志。比擬善類，以成己之行。不接心術，心不存念也。反情於内，則不以欲忘道，故足以和其志。比類於外，則必資人成己，故足以成其行。「反情以和其志」以下。

又曰：在己則奮至德之光，在天則動四氣之和，在地則著萬物之理。❶

慶源輔氏曰：「反情以和其志」，養其在内之樂也。「廣樂以成其教」，作夫在外之樂也。❷自内而達諸外，則樂行矣。樂行而民知鄉方，則君子之德著矣。

德者，性之端也。樂者，德之華也。金、石、絲，竹，樂之器也。詩，言其志也。歌，咏其聲也。舞，動其容也。三者本於心，然後樂氣從之。

鄭氏曰：三者本志也、聲也、容也。言無此本於内，則不能爲樂也。

孔氏曰：德在於内，樂所以發揚其德，故樂爲德之光華也。非器無以成樂，故金、石、絲、竹爲樂之器也。詩，謂言辭，説其志。歌，謂音曲，以歌咏其言辭之聲。哀樂在内，必形於外，故以舞振動其容。樂之體有此三者。《詩序》云「詩者，志之所之」，是詩言志也。「言之不足，故嗟歎之，嗟歎之不足，則永歌之」，是歌咏其聲也。「手之舞之，足之蹈之」，是舞動其容也。容從聲生，聲從志起，志從心發，三者相因，原本於心。先心而後志，先志而後聲，先聲而後舞。聲須合於宫、商，舞須應於節奏，乃成於樂，故曰「樂氣從之」。

張氏曰：樂氣，詩、歌、儛也。君子前有

❶「反情以和」至「萬物之理」三十四字，通志堂本、四庫本無。

❷「作」，通志堂本、四庫本作「推」。

三德爲本於心，後乃詩、歌、儛可觀，故云「然後樂氣從之」。

長樂陳氏曰：先王作樂以崇德，奏之於詩爲德言，詠之於歌爲德音，形之於舞爲德容。故堯之《大章》，舜之《大韶》，禹之《大夏》，湯之《大濩》，豈皆足以既德之實耶？不過形容其英華而已。樂出於虛，寓於實。寓於實，則八音麗於器，故凡物之盈於天地之間，若堅、若脆、若勁、若韌、若實、若虛、若沉、若浮，皆得效其響焉。《記》論八音多矣，舉其始言之，不過曰施之金石，要其終言之，不過曰匏竹在下，兼始、中、終言之，則曰金、石、絲、竹，樂之器也。在心爲志，發言爲詩。詩也者，言之合於法度而志至焉者也。喜則咏歌，歌也者，志之所形也。樂則舞蹈，舞也者，蹈厲有節而容成焉者也。蓋詩爲樂之章，必待歌之抗墜端折，然後其聲足以合奏。歌爲樂之音，必待舞之周旋詘信，然後其容足以中節。古之教六詩者，以六德爲之本，以六律爲之音。以六德爲本，故自樂器推而上之，及於德者性之端，樂者德之華也。以六律爲音，故自樂器推而下之，及於歌咏其聲，舞動其容也。由是觀之，聖人非惡歌也，惡其酣爾。非惡舞也，惡其屢爾。故「酣歌」、「常舞」，《商書》儆之；「屢舞躚躚」，《周詩》刺之。三者皆本於心，心合於氣，故本於心，而樂氣從之。❶

嚴陵方氏曰：五常，性之所有也，非德無以得。五音，德所寓也，非樂無以發。發而爲華，然後散而爲器。然器不止於金、

❶「之」字下，通志堂本、四庫本有「樂書」二小字。

石、絲、竹，特舉此以該之。有言、有咏、有動，皆氣之所使也。所以使氣者，心而已，故曰「本於心，然後樂氣從之」。憂氣亦本於心，然樂以樂爲主，故特言樂氣而已。

馬氏曰：德者出於天命之性，而非人之力也，故曰「性之端」。

慶源輔氏曰：端，猶《孟子》所謂四端也。華，即下文所謂英華也。德出於性，故「德者性之端」。樂以章德，故「樂者德之華」也。金、石、絲、竹，又樂之形於下者也。此總言樂之始終，又言樂之本於心。詩言心之志，歌詠心之聲，舞動心之容，與《詩大序》所言同意。樂之氣，謂和氣也。樂由陽來，豈無氣乎？

是故情深而文明，氣盛而化神，和順積中，而英華發外，唯樂不可以爲僞。

孔氏曰：情深，謂思慮深遠。文明，謂情由言顯。志意蘊積在中，故氣盛。內志既盛，則外感動於物，故變化神通也。氣盛，謂手舞足蹈是也。化神，謂動天地、感鬼神也。和順積於心中，言辭聲音發見，是英華發外也。此據正樂，若善事積於中，則善聲見於外；惡事積於中，則惡聲見於外。若心惡而望聲之善，不可得也。故云「唯樂不可以爲僞」。僞，謂虛僞。

長樂陳氏曰：情形於言而爲詩，則情深而文明者，詩之不可以爲僞也。氣歎不足而爲歌，❶則氣盛而化神者，歌之不可以爲僞也。內樂而外應之爲舞，則和順積中，英華發外者，舞之不可以爲僞也。三者一本於誠心而已。誠則明，明則能變。誠則形，形則神，神則能化。變化代興之

❶「氣」，通志堂本、四庫本作「嗟」，是。

謂天德。蓋文者理之所寓，而情出焉者也。形者神之所舍，而化出焉者也。情顯於文，故情不深則文不明。氣合於神，故氣不盛則化不神。情深而文明，是以誠心闡幽也。氣盛而化神，是以誠心微顯也。然舞之和順積中，英華發外，而天道兼焉。豈非誠心積而爲變化之天德歟？

嚴陵方氏曰：樂有情則有文，有氣則有化。其情深，然後其文明，其氣盛，然後其化神。蓋中外之理然也。情深氣盛，則樂之和順積於中，文明化神，則樂之英華發於外。所積者和順，則知所發者無乖無逆。所發者英華，則知所積者有本有根矣。是皆有諸中，然後形諸外，故言「不可以爲僞也」。

慶源輔氏曰：情深，故文明。氣盛，故化神。文明謂親疏、貴賤、長幼、男女之理，皆形見於樂。有是心則有是聲，有是聲則有是樂。紂靡靡之樂，❶彼豈不知爲鄙耶？故曰「唯樂不可以爲僞」。《武》之未盡善，亦以是故也。

樂者，心之動也。聲者，樂之象也。文采節奏，聲之飾也。君子動其本，樂其象，然後治其飾。

鄭氏曰：文采，樂之威儀也。

孔氏曰：前經論志、聲、容三者，自此至「始也」，廣明舞之義理與聲音相應之事。心動而有聲，聲成而爲樂，是樂由心動而成也。樂本無體，由象而見，❷是聲爲樂之形象。聲無曲折，則大質素，故以文采節奏而飾之。動其本，則心之動也。樂

❶「紂」字下，通志堂本、四庫本有「作」字，是。

❷「象」，通志堂本、四庫本及《禮記正義》作「聲」，當是。

其象，則亦樂之象也。治其飾，則亦聲之飾也。以此三者結上三事。

長樂陳氏曰：心静於自然，而樂動於使然，故曰「心之動」。樂之本則隱，而其聲則見，故曰「樂之象」。聲之單出則質，必待文采節奏爲之飾也。　又《樂書》曰：容從聲生，聲從志起，志從心始。❶是知詩與歌舞合而爲樂，皆本於心焉，故曰「樂者，心之動也」。人心之動，物使之然。感於物而動，故形於聲。形於聲，則聲寓於器而非器，猶爲之象而已，❷青與赤謂之文，五色備謂之采，則文於采爲略，采於文爲備。止樂謂之節，作樂謂之奏，則奏於樂爲始，節於樂爲終。要皆非聲之質也，聲之飾而已。❸君子「致樂以治心，則易直子諒之心油然生矣」，「動其本」之謂也。「施於金石，越於聲音」，「樂其象」之謂也。「省其文采，廣其節奏」，「治其飾」之謂也。

廬陵胡氏曰：前論舞與聲心相應，❹故此又言樂之心見於舞。

慶源輔氏曰：此足以見樂之所以不可爲僞也。見乃謂之象。有是聲，則樂之象見矣。樂有是象，故因以文采節奏飾之而爲樂。「動其本」，猶言「情動於中而形於言」也。

禮記集説卷第九十六

❶「始」，通志堂本、四庫本及《樂書》卷十九作「發」。

❷「已」字下，通志堂本、四庫本及《樂書》卷十九有「故曰聲者樂之象也」八字。

❸「已」字下，通志堂本、四庫本及《樂書》卷十九有「故曰文采節奏聲之飾也」十字。

❹「與」，通志堂本、四庫本作「於」。

# 禮記集説卷第九十七

是故先鼓以警戒，三步以見方，再始以著往，復亂以飭歸。奮疾而不拔，極幽而不隱，獨樂其志，不厭其道，備舉其道，不私其欲。是故情見而義立，樂終而德尊。君子以好善，小人以聽過。故曰：生民之道，樂莫大焉。❶

鄭氏曰：先鼓，將奏樂，先擊鼓以警戒衆也。三步，謂將舞，必先三舉足，以見其舞之漸也。「再始以著往」，武王除喪，至盟津之上，紂未可伐，還歸，二年，乃遂伐之。武舞再更始，以明伐時再往也。復亂以飭歸，謂鳴鐃而退，明以整歸也。奮疾，謂舞者也。極幽，謂歌者也。

孔氏曰：此以下引周武王伐紂《大武》之樂，以明上三者之義。方，謂方將欲舞，積漸之意也。亂，治也。復謂舞曲終，舞者復其行位而整治也。象武王伐紂既畢，整飭師旅而還歸也。拔，疾也，謂舞者奮迅疾速而不至大疾。歌者坐歌不動是極幽靜，而聲發起是不隱也。世多違背道理，武王獨能樂其志意，不違厭其仁義之道理，謂恒以道自將也。既不違厭道理，又能備舉而行之，以利天下，不私自恣己之情欲也。情見，謂武王伐紂之情見於樂也。義立，謂武王伐紂之義與立也。觀其樂終，則知武王道德尊盛也。君子謂在位者，小人謂士庶之等。君子觀武王之樂，德類如此，則好行善道；小

❶ 「莫」，通志堂本、四庫本及《禮記》作「爲」。

人觀武王之樂，則亦聽伏己之愆過也。生養民人之道，樂最爲大。特舉武王之樂者，以其利益最深，餘樂莫及故也。

長樂劉氏曰：先樂而鼓，所以警肅其衆，俾正心觀舞，以知先王之德也。《大武》之作，先進三步，以見其慎伐之方也；終而又始，所以法天之行，往無不利也。復其位以自治，所以警飭其民，歸其有極也。武王伐紂，德有極於幽微，而舞亦象之，不隱蔽也。獨樂其志，所以嗣文王而行堯舜之道也。天下之民攜老挈幼以歸之，不厭其道之謂也。而皆象之以舞焉。備舉二帝三王之道，脩而兼用之，求以盡斯民之性也，不私武王之所欲也。

長樂陳氏曰：凡兵以鼓進，以金止。《大武》之樂，「先鼓以警戒」，出而治兵也。「三步以見方」，武始而北出也。「再始以著往」，再成而滅商也。「復亂以飭歸」，入而振旅也。「奮疾不拔」，❶大公之志也。「極幽而不隱」，周、召之治也。獨樂其志，不厭其道，志以道寧也。備舉其道，不私其欲，以道制欲也。凡此，又舞動其容而已。乃若詩發乎情，則情見而義立者，武王仗義以平亂也。歌陳乎德，則樂終而德尊者，武王偃武以脩文也。義立則天下歸之以爲王，德尊則天下宗之以爲君。君子履之，莫不惡惡而好善；小人視之，莫不懋功而聽過。移風易俗，天下皆寧，由此其本也。然則生民之道，有不以樂爲大乎？《樂書》。

嚴陵方氏曰：鼓陽聲，所以作樂。凡作

❶「疾」字下，通志堂本、四庫本有「而」字。

樂，皆先之以鼓，爲是故也。❶作之將以用事，用事不可以無戒，作之乃所以戒之也。三者數之成，三步乃能見方者，警戒之故也。方者舞之位，舞有四表，皆自南北出，故言方焉。作始之謂始，舞始而北出，再始則周而復始故也。始爲往，終爲復，始至於再，則往之義著矣。治亂之謂亂。舞亂皆坐，復亂則還，而治亂故也。往爲出，復爲歸，亂至於復，則歸之事飭矣，故言飭焉。樂由陽來，陽之氣爲舒，其德爲明。故容雖疾而不至於拔者，以氣之舒故也；義雖幽而不至於隱者，以德之明故也。拔則其本去矣，隱則其文匿矣。不拔以見乎容，雖疾而本常自若也；不隱以見乎義，雖幽而文又可考也。「獨樂其志」，言所樂在志，不特在乎聲而已。「備舉其道」，言所舉在道，不特在乎器而已。有志則足以達乎道，故能「不厭其道」。有道則足以制其欲，故能「不私其欲」。志則聖人之所自得，故言「獨」。道則天下之所共由，故言「備」。在己自得則久而不厭，故繼之以「不厭其道」。與人共由則同而無私，故繼之以「不私其欲」。情所以本樂之義，故「情見而義立」。樂所以崇君之德，故樂終而德尊。君子樂而好之，則足以成其善。小人樂而聽之，則足以知其過。凡此皆正聲所感故也。且君子好其善而積之，則足以成名，小人聽其過而改之，則不至滅身，皆生之道也。故曰「生民之道，樂爲大焉」。❷

❶「爲」，通志堂本、四庫本作「以」。
❷「爲」，明本作「莫」。

馬氏曰：「先鼓以警戒」，象武王伐紂而誓衆也。「三步以見方」，象武王伐紂有漸也。「再始以著往」，象武王以紂之不悛而再往也。「復亂飭歸」，❶象武王既勝而歸也。「獨樂其志，不厭其道，備舉其道，而不私其欲」，此武王所以能伐商以救民於水火之中也。「情見而義立」，象武王伐紂之情見，而天下之公義立。「樂終而德尊」，言及樂之終，而武王之德愈尊。武王伐紂，所以著其善，去其不善，故君子因之以勸而好善，小人因之以戒而聽過。古之言禮者，有曰「民之所由生，禮爲大」。言政者，則有曰「人道政爲大」。而於此則又曰「生民之道，樂爲大」。此皆以其所隆而言之也。❷獨不及刑，蓋刑者，先王不得已而用之也。

廬陵胡氏曰：再始，謂每曲一終更發始爲之。凡再更發始也，鄭云象十一年觀兵孟津，十三年往伐，凡再往也。案此經泛論樂，不指武王。至賓牟賈論《武》之備，再成而滅商，乃武王再往之事，不應前後諄沓也。飭歸，謂大抵師出當以嚴歸也。極幽，幽感鬼神也。生，養也。樂助天地之化育，是爲大。

慶源輔氏曰：自「先鼓」至「飭歸」，言君子治飭之道，不拔不隱，則以有本故也。所謂飭者，因其本而文之耳，固不可無其本也。奮疾，謂發揚蹈厲。極幽，謂無聲，然即其容而情自見也。獨樂而下，又廣言樂舞之義。「不厭其道」，謂於道無厭斁也，故能備舉其道以示人，而不私於

❶「亂」字下，通志堂本、四庫本有「以」字，是。

❷「隆」，通志堂本、四庫本作「備」。

已。舜之情見，則《韶》之義立矣。武王之情見，則《武》之義立矣。作樂所以崇德，故「樂終而德尊」。季札之見舞《韶》、《箾》，所以知舜德之不可加也。君子、小人有感於樂，則心和。君子之心和，則好善；小人之心和，則聽過。聽過，謂知其爲過，而退聽以改之也。

黄氏曰：「樂終而德尊」，謂象武王應天順人，伐紂成功，王有天下之尊。「君子以好善」者，君子觀武王之樂，知武王之德，以至仁伐至不仁，救天下塗炭，競好行仁義之善道也。「小人聽過」者，謂小人之心本不好善，觀《武》之樂，知天道福善禍淫，紂以暴亂而滅，咸聽知其過，亦革心從善也。

金華應氏曰：先鼓以嚴其警戒，❶《司馬法》所謂平旦三通者。自三步而積也，三步以見其所嚮之方，不待乎六步、七步也。蓋武王觀政于商，諸侯皆欲伐紂，而武王以爲未可也。再整綴兆以爲之始，明白洞達以著其往，所謂「今朕必往」是也。行列以環繞之，以治整亂，而飭其歸，所謂「大告武成」也。發揚蹈厲之已蚤，可謂奮疾矣，而不失之暴，舒徐和緩之象也。遲之遲而又久，可謂極幽矣，而不失之隱，明白洞達之心也。靜而自守，則獨樂其志，所謂「聲淫及商」，非武王之志；動而有爲，則備舉其道，所謂「周道四達」，禮樂交通也。獨樂疑於可厭，而不以爲厭者，有道以爲樂。備舉雖曰可樂，而不私其樂者，無欲以爲累也。君子樂得其道，今乃好善而進於道。小人樂

❶「戒」字下，通志堂本、四庫本有「者」字，當是。

得其欲，今乃聽過而抑其欲，聽者退聽而自省也。

樂也者，施也。禮也者，報也。樂，樂其所自生；而禮，反其所自始。樂章德，禮報情反始也。

鄭氏曰：施言樂出不反，禮有往來也。自，由也。

孔氏曰：此明禮樂之別，報施不同。作樂使衆庶皆聽之，無反報之意，但有恩施而已。《曲禮》云「往而不來，非禮也」，故禮言報也。又廣明上意，若武王，民樂其由武功而生王業，即以《武》名樂，以受施處立名也。若祭后稷，報其王業之由，是禮有報也。章德報情，又覆説報施之意。言樂施而不報，是章明其德也。禮有恩則報，以人意言之，謂之報情，以父祖子孫言之，謂之反始，其實一也。

長樂劉氏曰：樂象功德以勸於後世，故曰「施」也。禮將誠信以反於本初，故曰「報」也。聞樂而自强於善，故曰「樂其所自生」也。被禮而必答以敬，故「反其所自始」也。❶是以禮樂行而章德、報情反始之道，達乎天下。

長樂陳氏曰：樂由陽來，天道也。禮由陰作，地道也。天覆萬物，施其德以食之，❷與而不取，故曰「樂也者，施也」。地載萬物，因其材而長之，與而取之，故曰「禮也者，報也」。春夏散天地仁氣而之乎施，秋冬斂天地義氣而歸乎報。施者天下之至德，報者天下之大利。仁近於

❶「故」字下，通志堂本、四庫本有「曰」字，是。
❷「食」，通志堂本、四庫本及《樂書》卷二十作「養」。

樂而主施，義近於禮而主報，亦是義也。❶「樂樂其所自生」，所以章德，施之道也。「禮反其所自始」，所以報情，報之道也。離而言之，則然；合而言之，一於反始而已。《禮器》主乎禮，故先言「禮也者，反其所自生」，而以「樂，樂其所自成」繼之。《樂記》主乎樂，故先言「樂，樂其所自生」，而以「禮反其所自始」繼之。然則禮不言所自成，樂不言所自始者，蓋天下之理粗而顯者，聖人未嘗不欲微之以之神；妙而幽者，聖人未嘗不欲闡之以之明。禮也者，微而之神，故推而上之，有及於所自始。樂也者，闡而之明，故推而下之，有至於所自成。❷

馬氏曰：樂由陽來，陽散其文，而以生育爲功，故樂主於施。禮由陰作，陰斂其質，而以反朴爲事，故禮主於報。樂主於施，故樂其所自生；禮主於報，故反其所自始。樂其所自生者，樂其成於此而生於彼，則有施之象焉。反其所自始者，反其終於此而始於彼，則有報之象焉。舜主於紹堯，而施及於天下，故作《大韶》；武王主於武功，而施及於天下，故作《大武》。此樂其所自生也。萬物本乎天，故先王以郊明天之道；人本乎祖，故「王者禘其祖之所自出」，此反其所自始也。樂樂其所自生，故彰德。禮反其所自始，故報情。彰德，樂其德之發於外也。情之爲言實也，因其實而報之，則有反始之意也。魂，陽物也，報之以燔燎羶薌。魄，陰物也，報之以黍稷心首。此報情反始

❶「義」，通志堂本、四庫本及《樂書》卷二十作「意」。

❷「成」字下，通志堂本、四庫本有「樂書」二小字，是。

之意也。禮言「報情反始」，則知樂章德樂生也。蓋文之省。

新安朱氏曰：「樂，樂其所自生」，「禮，反其所自始」，亦如樂由中出，❶禮自外作。禮樂是和氣從中間直出，❷無所待於外。禮却是始初有這意思，外面却做一箇節文抵當他，却是人做底。雖説是人做，元不曾杜撰，因他本有這意思，故下文云「樂章德，禮報情反始也」。和順積諸中，英華發諸外，便是章著其内之德。横渠説：「樂則得其所樂即是樂也，更何所待？是樂其所自成。」説得亦好。只是「樂其所自成」與「樂其所自生」，用字不同耳。

四明沈氏曰：樂能發人之善心，禮能還人之善心。發之而不還之，則亦何所安止哉？

金華邵氏曰：施有出而與之之義，報有反而歸之之義。樂者，順人情而爲之者也。人有此情，聖人則爲樂以樂之，故曰「施」。惟施，故「樂其所自生」。生謂情所生也。禮者，因人之情而爲之節文。人情流而不反，聖人則爲禮以反之，故曰「報」。惟報，故反其所自始。始，謂情所始也。樂彰德，所謂施也。如《韶》以象紹堯，《武》以象武功，豈非施乎？禮報情反始，所謂報也。如君臣則反乎君臣之初，父子則反乎父子之初，豈非報乎？「禮報情反始」，不必作兩句，則義明矣。

金華應氏曰：樂有發達動盪之和，宣播而出於外，一出而不可反，故曰「施」。禮有交際酬答之文，反復而還於内，故曰

❶「如」，通志堂本、四庫本作「知」。
❷「從」，通志堂本、四庫本作「由」。

「報」。《韶》、《濩》、《夏》、《武》皆章德而導和；祭饗朝聘，皆報情而反始。所謂大輅者，天子之車也。龍旂九旒，天子之旌也。青黑緣者，天子之寶龜也。從之以牛羊之羣，則所以贈諸侯也。

鄭氏曰：贈諸侯，謂來朝將去，送之以禮。❶

孔氏曰：此又明禮報之事。諸侯守土來朝天子，故天子以此等物報之。不明樂施者，其事易知，故略之。大輅，金輅也。據上公及同姓諸侯，❷故下云「龍旂九旒」，亦上公也。若異姓，則象輅；四衛，則革路；❸蕃國，則木輅。而受於天子，總謂之大輅也。「龍旂九旒」，據上公言之，侯伯則七旒，子男則五旒。寶龜之中，並以青黑爲緣。天子既與之大輅、龍旂及寶龜占兆，又從以牛羊非一，故稱「羣」。

長樂陳氏曰：天子之禮在於豐大，故其車則大輅。天子之德在於變化，故其旂則龍旂。車旂所以重國體，寶龜所以蔽國謀。諸侯以重國體、蔽國謀爲先，而以自養爲後，故「從之以牛羊之羣」，而使之有以自養，此其贈諸侯之道也。又《樂書》曰：殷尚質，其大路則木輅而已。❹周尚文，其大路豈玉路歟？周馭玉路者，謂之大馭，則玉路爲大路明矣。大路，天子之車，所以贈諸侯，蓋殷制，非周制。《春秋傳》稱王賜晉文公以大路之

❶「送」，通志堂本、四庫本作「報」。

❷「諸侯」，通志堂本、四庫本及《禮記正義》作「侯伯」。

❸「路」，通志堂本、四庫本及《禮記正義》作「輅」。

❹「路」，通志堂本、四庫本作「輅」。下文「大路天子之車」、「蓋周天子之路」中之「路」字同。

服，祝鮀言先王分魯、衛、晉以大路。杜氏以爲金輅。蓋周天子之路，以玉爲大，諸侯以金爲大，大夫以革、木爲大。其爲大同，其所以爲大異矣。《周官·司常》「交龍爲旂，析羽爲旌」，别之則旌、旂異制，合之則旂亦可謂之旌。《爾雅》曰「屬縿爲旒」，旒亦謂之縿。旆以纁，則旒蒨矣，《左傳》謂「蒨茷」是也。升龍素，則降龍青矣。青，陽也，仁之色也。素，陰也，義之色也。《商頌》曰「龍旂十乘」，則龍旂九旒，所以象火，火以養信。蓋殷天子之旌，非周制也。周制則《巾車》「王乘玉路，建大常，十有二旒以祀」。《郊特牲》曰：「旂十有二旒，龍章而設日月，象天也。」青入爲黑，北方之色也，而知於是乎藏。黑出爲青，東方之色也，而仁於是乎顯。「青黑緣」者，天子之寶龜，爲其能顯仁藏知也。以其有安民之德，故報以天子之車。以其有君民之德，故報以天子之旌。以其有守國之知，故報以天子之龜。以其有養民之道，故報之以牛羊之羣。車服以庸其意如此。

嚴陵方氏曰：輅，即路也。輅有五：曰玉、曰象、曰金、曰革、曰木。然周之所以賜諸侯者，雖同姓不過金輅而已，玉輅則以祀而不以封焉。此言大輅即金輅，以其贈諸侯者，無大於此也。故《春秋傳》言分魯公以大路、大旂，分康叔以大路、少帛，分唐叔以大路、密須之鼓，以至凡受之於王者，亦得謂之大。若鄭子僑、叔孫穆子皆稱大是也。旂以辨爲言。龍，陽德之用也。九，陽數之極也。諸侯體人君之道，故飾以陽德之用；居人君之位，故備以陽數之極。以辨爲言，則無敢僭擬於天子。青爲少陽之色，黑爲重陰之色。謀之於龜，不過欲知陰陽而已。然以巾覆之於上，又以藻藉之於下，特以之爲緣，何也？蓋諸侯非敢專，亦循緣於天子而已。故必天子之所贈，然後敢以爲寶也。贈諸侯也以龜，諸侯饗天子亦以龜者，不敢自專其知也。贈諸侯以龜者，與之共守其寶也，故經曰諸侯以龜爲寶。牛羊者，燕饗之所用，則用之末也，非所先焉，故曰「從之」。

馬氏曰：天子之卜筮，用天地四方之龜。天龜玄，地龜黃，東龜青，南龜赤，西龜白，北龜黑。至於青黑緣之龜者，天子之至寶也。然則大輅、龍旂、寶龜，皆以贈諸侯，何也？蓋天子以十二爲節，大路繁纓十二就，旂十有二旒。青黑緣之寶龜長尺二寸。公以九爲節，侯伯以七爲節，子男以五爲節。然則大輅與旒、青黑之寶龜，賜以上公之禮也。

金華邵氏曰：樂爲施，禮爲報，諸侯得乘大輅，建龍旂，用青黑緣龜，又從以牛羊之羣，若幾於極其所施而無節矣。記者一言以該之曰此「所以贈諸侯」，以見非諸侯之所可用。猶《王制》「若有加，則賜也」之意，則禮之爲報蓋昭昭矣。

金華應氏曰：❶以其安民，故報以車；以其君民，故報以旌；以守國，故報以龜；以牧民，故報以牛羊。「所謂大輅者」以下。

樂也者，情之不可變者也。禮也者，理之不可易者也。樂統同，禮辨異。禮樂之説，管

❶「應」字，原爲空格，今據通志堂本、四庫本補。又「金華應氏曰」以下一段，原補在本卷末，今據通志堂本、四庫本移至此。

乎人情矣。

鄭氏曰：理，猶事也。統同，同和合也。辨異，異尊卑也。管，猶包也。

孔氏曰：自此至「天下也」，名爲《樂情》。樂出於心，故云「情」。禮在於貌，故云「理」。變、易，換文也。樂主相親，是統領其同。禮别貴賤，❶是辨别其異。樂主和同，則遠近皆合。禮主恭敬，則貴賤有序。人情不過於此，是包管於人情也。

横渠張氏曰：禮者，理也。欲知禮，必先學窮理。禮所以行其義，知理乃能制禮。然則禮出於理之後。今夫立本者未能窮，則在後者烏能盡？禮文殘闕，唯是先求禮之意，然後可以觀理。

嚴陵方氏曰：樂之所可變者，文而已，至於情則不可變，蓋情主於和而有常故也。禮之所可易者，制而已，至於理則不可易，蓋理主於節而有定故也。前言「樂者爲同，禮者爲異」，而此言「樂統同，禮辨異」，蓋統同有别於爲同，辨異有别於爲異。爲則有人爲存焉。若乾之統天，復之辨物，曷嘗爲之哉？是以前則繼之以禮樂之事，此則繼之以禮樂之説也。説可言而已，事則有所爲矣。管者有所主治，相爲終始之謂。禮樂出乎人，而還以治人，故其言如此。

馬氏曰：先王之爲樂，未嘗不順於人情，以其情不可變也。先王之爲禮，未嘗不因於人理，以其理不可易也。樂動於内，故以情言；禮動於外，故以理言。樂者，和也，凡同者則統之。禮者，節也，凡異者則辨之。禮樂於人情無不包也。

❶「别」，通志堂本、四庫本作「殊」。

李氏曰：樂者爲同，而其同也，因其自同，而樂者統之而已。禮者爲異，而其異也，因其自異，而禮者辨之而已。故曰「樂統同，禮辨異」。

慶源輔氏曰：情之極，然後形之聲音，播之金石而爲樂，故曰「樂也者，情之不可變者也」。尊卑、上下之理，截然不可亂，聖人則因而制爲之禮，故曰「禮也者，理之不可易者也」。樂者，天地之和，故統同。禮者，天地之序，故辨異。禮之説不外乎辨異，樂之説不外乎統同。

金華應氏曰：「禮樂之説」，《荀子》「説」字作「統」。

金華邵氏曰：情動於中，故形於聲。憂者不可以爲樂，和者不可以爲乖，豈非情不可變乎？上天下澤，先王以之制禮。尊者不可使卑，親者不可使疏，豈非理不可易乎？惟情不可變，故樂之爲教，能統天下之同而不使之睽。蓋天下同此情故也。惟理不可易，故禮之爲教，能辨天下之異而不使之無别。蓋天下同此理故也。有以辨之，則同者以異而分；有以統之，則異者以同而合。如此則天下之人情，皆管攝乎禮樂之中，而無所遺矣。

窮本知變，樂之情也。著誠去僞，禮之經也。禮樂偩天地之情，達神明之德，降興上下之神，而凝是精粗之體，領父子君臣之節。

鄭氏曰：偩，猶依象也。降，下也。興，猶出也。凝，成也。精粗，萬物小大也。領，猶理治也。

孔氏曰：此更廣明禮樂之義。樂本出於人心，心哀則哀，心樂則樂，不可變易，是知變也。能窮極人心，知内外改變，樂之情也。顯著誠信,退去詐僞,禮之常也。禮出於地,尊卑有序,是偩依地之情。樂出於天,遠近和合,是偩依天之情。禮樂出於人心,與神明和會,故云「達神明之德」。用之以祭,故能降出上下之神,謂降上而出下也。又能正其萬物大小之形體,理治父子君臣之節。❶樂使上下相親,禮定貴賤長幼,是領父子君臣也。

長樂陳氏曰:自哀心感者,其聲之變也噍以殺,以至樂心、喜心、怒心、敬心,凡感於聲之變者皆非性也。感於物而後動,則情而已,此窮人心之本。知聲音之變,所以爲樂之情也。《易》以窮神知化爲德之盛,則窮本知變,其樂情之至歟?誠者,性之德。僞者,性之賊。君子於禮有所竭情盡慎,❷致其敬而誠若,非著誠歟?以五禮防萬民之僞,而教之中,非去僞歟?禮,天之經也。著誠去僞,則全於天真,而不汩於人僞。其於禮之經也,何有?《書》所謂「天秩有禮」者此也。「禮釋回增美質」、「領惡而全好」,與此同意。天地先禮樂而形,禮樂後天地而作,故天地陰陽之情,禮樂得以偩而出之也。蓋天地之道,其明爲禮樂,其幽爲神明,其位爲上下,其物爲精粗,內之爲父子,外之爲君臣。先王原天地之序以制禮,道天地之和以作樂;偩天地之情於後,而使幽者闡;達神明之德於外,而使顯者微。神之在上而不可知也,則降而下之;在下而不可知也,則興而上之。夫然後陰陽交通,而物體之精粗有所凝

❶「之」字下,通志堂本、四庫本及《禮記正義》有「限」字。
❷「慎」,通志堂本及《樂書》卷二十二作「謹」。

矣。父父子子君君臣臣，而人倫之大節有所領矣。《樂書》。　又曰：樂所以偩天之情而達神之德，禮所以偩地之情而達明之德，則神之在上者無不降，神之在下者莫不興。至於凝是精粗之體則主於樂，以其爲天地之和而百物皆化也。領父子君臣之節則主於禮，以其爲天地之序而羣物皆別也。

馬氏曰：窮其在心之本，則不放其良心。知其在物之變，則不遷於外物。不放其良心，不遷於外物，則樂莫大焉，故爲樂之情。和，故百物皆化；序，故羣物皆別，此天地之情也。明於天地，然後能興禮樂也。能興禮樂，則其和節至於與天地同，故曰「禮樂偩天地之情」。

新安朱氏曰：禮之誠便是樂之本，樂之本便是禮之誠。若細分之，則樂只是一體周流底物，禮則兩箇相對，著誠與去僞也。禮則相刑相剋，以此剋彼。樂則相生相長，其變無窮。樂如晝夜之循環，陰陽之闔闢，周流貫通。而禮則有向背、明暗。論其本，則皆出于一。樂之和，便是禮之誠；禮之誠，便是樂之和。只是禮則有誠有僞，須以誠剋去僞，則誠著。所以《樂記》内外同異，只管相對説，翻來覆去，只是這兩説。

嚴陵方氏曰：偩言負之而行也。「苟非其人，道不虛行。」言神則知明之爲人。言明則知神之爲幽。禮以節之使有別，樂以和之使無乖，此神明之德所以達也。若燔柴於泰壇以祭天，瘞埋於泰折以祭地，是禮降興上下之神也。六變而天神皆降，八變而地示皆出，是樂降興上下之神也。羣物皆別者，禮所以凝精粗之體也；百物皆化者，樂所以凝精粗之體也。承上令下之謂領。領君父之節，所以承上也；領臣子之節，所以令下也。《禮運》言「以正君臣，以篤父子」，此領其節有見於禮矣。記言「君臣莫不和敬，父子莫不和親」，此領其節有見於樂矣。必曰節者，父子之尊卑，君臣之貴賤，皆有自然之節故也。内之父子，外之君臣，皆足以領其節，則人之大倫盡於此矣。

山陰陸氏曰：偩，猶所謂背藏也。偩天地之情以微顯，達神明之德以闡幽。噓則流形，❶吸則凝體。精者其氣歟？粗者其魄歟？子曰：「氣也者，神之盛也。魄也者，鬼之盛也。合鬼與神，教之至也。」其斯之謂歟？

金華邵氏曰：偩，載也。天地之情隱於造化，禮樂則偩之而出。神明之德行於幽冥，禮樂則達之而顯。上下之神寓於兩間，禮樂則降興之，而使合如此。❷則禮樂之用皆自然而非僞爲者，故以之凝爲精粗之體。精者其至理妙用，粗者其繁文末節也。方是理散於天地神明，與夫上下之間，固無所據依。❸及其凝而爲體，以領父子君臣。故大人一舉禮樂，則天地之理皆昭著而不可掩蓋。析而言之，則天地上下之神固有異名；合而言之，則神明與上下之神其實皆天地之造化耳。此所以禮樂一舉而天地自昭也。是故大人舉禮樂，則天地將爲昭焉。天地訢合，陰陽相得，煦嫗覆育萬物，然後草木

❶「形」，通志堂本、四庫本作「行」，是。
❷「如」，通志堂本、四庫本作「於」。
❸「據依」，通志堂本、四庫本作「依據」。

茂，區萌達，羽翼奮，角觡生，蟄蟲昭蘇，羽者嫗伏，毛者孕鬻，胎生者不殰，而卵生者不殈，則樂之道歸焉耳。

鄭氏曰：天地將爲之昭然明也。訢，讀爲「熹」，熹，猶蒸也。氣曰煦，體曰嫗。屈生曰區，無鰓曰觡。昭蘇，昭，曉也；蟄蟲以發出爲曉，更息曰蘇。孕，任也。鬻，生也。内敗曰殰。殈，裂也。

孔氏曰：此一經論大人舉用禮樂，則天地恊和，生養萬物，爲之昭著之事。但「天地訢合」以下，唯論樂，不論禮。記者主在於樂，樂功既爾，禮亦同也。熹合者，熹謂蒸動。樂能感動天地之氣，使下降上騰也。言體謂之天地，言氣謂之陰陽，天地動作，則是陰陽相得也。天以氣煦之，地以形嫗之，是天煦覆而地嫗育也。天體無形，故氣曰「煦」。地體有形，故體曰「嫗」，此對文爾，其實地亦氣也。草木據其成體，故云「茂」；區萌據其新生，故云「達」。區者，鉤曲而生出，菽豆是也。羽翼，謂飛鳥之屬皆得奮動。角觡，謂走獸之屬悉皆生養。鰓謂角外皮滑澤者，鹿角之屬是也。蟄伏之蟲，埋藏其體近於死。今得昭蘇，似闇而遇曉，死而更息也。

長樂陳氏曰：聖人相天地以成能者也，故制作禮樂而天地官矣。大人配天地以成位者也，故舉禮樂而天地將爲昭焉。天地者，萬物之父母也。陰陽者，萬物之男女也。天地訢合而化醇，陰陽相得而化生，其於煦嫗覆育萬物也何有？自物之無情者言之，草木則皆茂，區萌則上達。自物之有情者言之，羽翼奮，則飛者舉矣；角觡生，則走者舉矣；蟄蟲昭蘇，則鱗介之物遂矣；羽者嫗伏，毛者孕鬻，則羽毛之物蕃矣；胎生無内敗之殰，卵生無外裂之殈：則樂之道歸是矣。《樂書》。

延平周氏曰：所謂大人者，豈非識禮樂之文而能述者乎？和同天地而無間，發育萬物而不遺，此樂之道歸焉耳。

嚴陵方氏曰：舉禮樂而錯之，則天地節和之道散於萬物而可見，故言天地將爲昭焉。將，與「將有爲」之「將」同。有「先天而天弗違」之意。且舉非作也，故不謂之聖；非述也，故不謂之明。特舉而措之，散於事業而已，故以大人言之。天地訢合，然後陰陽相得。下文所言，乃其效也。歸，言歸功於樂也。上兼言舉禮，而此止歸功於樂者，有「地道無成」之意。

馬氏曰：禮樂偵天地之情，故大人舉禮樂，則天地之情可知。自「天地訢合」以至於「不殰」、「不殈」，此皆天地將爲昭焉之事也。「天地訢合，陰陽相得，煦嫗覆育萬物」，此言其氣之和也。自「草木茂」以至「卵生不殈」，此言其氣之和而物不失其性也。夫天地生物之功至於如此之妙者，皆起於樂也，故曰「樂之道歸焉耳」。蓋樂所以和人心，心和則聲和，聲和則天地之和無不應，言樂則禮可知矣。

山陰陸氏曰：區，讀如字。歧別爲區。《莊子》曰「萬物化作，萌區有狀」，蓋萌一而區二，若今茶言一槍二旗是也。據此所謂「不靡不卵，不殺胎，不殀夭，不覆巢」，尚聖人之餘事也。

慶源輔氏曰：「煦嫗覆育」，以此四字形容天地相與生物之理。區萌，當如字。陸氏説優。已成曰茂，已生曰達。飛鳥以羽翼奮爲成，鳥獸以角觡生爲壯。❶羽翼奮，角觡生，已生者得遂其成。嫗伏孕鬻，已遂者得孳。胎不殰，卵不殈，未生者得生。上所言非樂不能使之然，故歸之於樂之道。焉耳，盡辭也。

金華邵氏曰：曰「歸焉」者，謂此可歸之於樂而不可歸之他也。

金華應氏曰：歸者言樂之用復歸於此也。蓋樂者出而不反，疑其不能復歸也。而至和所感，羣物受之，復凝結而會聚，是樂之歸也。　又曰：❷王者以其位配乎天地，故作禮樂以官天地。大人德合天地，則舉禮樂以昭天地。制作成始也，舉者成終也。官天地者，贊天地而育萬物也。昭天地者，本人情而承天地也。天地先禮樂而形，禮樂後天地而作。天地陰陽之情，禮樂偩之以闡幽也。天地之道，明爲禮樂，幽爲鬼神，位爲上下，物爲精粗，内爲父子，外爲君臣。先王本天地之序以制禮，本天地之和以作樂。及舉禮樂，則天地之情可見矣。大人舉禮樂，則天地將爲昭焉。

樂者非謂黄鍾、大吕、弦歌、干揚也。樂之末節也，故童者舞之。鋪筵席，陳尊俎，列籩豆，以升降爲禮者，禮之末節也，故有司掌之。樂師辨乎聲詩，故北面而弦。宗祝辨乎宗廟之禮，故後尸。商祝辨乎喪禮，故後主人。

鄭氏曰：禮樂之本，由人君也。禮本著誠去僞，樂本窮本知變。辨，猶别也，正也。弦，謂鼓琴瑟也。後尸，居後贊禮

❶「鳥」，通志堂本、四庫本作「走」，是。

❷「又曰」以下一段，原補在本卷末，今據通志堂本、四庫本移至此。

儀。皆言知本者尊，知末者卑。

孔氏曰：自此至「下也」，明禮樂有本。本貴末賤，君子能辨其本末，則可以制於天下。揚，舉也。干揚，舉干以舞也。黄鍾以下，唯是樂器播揚樂聲，非聲之本，❶故童者舞之。「鋪筵席」而下，所以飾禮，是禮之末節，故有司掌之。北面鼓弦，言其處卑也。宗，謂宗人。祝，謂大祝。但辨曉宗廟詔相之禮，故在尸後。商祝，謂習商禮而爲祝者，但辨曉死喪擯相之禮，故在主人之後。皆知禮末節，故位處卑賤也。

長樂陳氏曰：陽六爲律，黄鍾其首也。陰六爲吕，大吕其首也。作樂必奏律歌吕，則黄鍾、大吕合而和聲者也。弦之以琴瑟，歌之以《雅》、《頌》，堂上之樂也。盾謂之干，謂之干揚，❷武舞執焉，堂下之樂也。皆樂之末節，而非其本，故童子舞之。「鋪筵席」，司几筵之職也。陳尊俎，司尊彝、内外饔之職也。列籩豆，籩人、醢人之職也。即是而以升降爲禮，則禮之末節，而非其本者也，故有司掌之。仲尼之告子張不以鋪几筵、升降、酌獻、酬酢爲禮，而以言而履之爲禮；不以行綴兆、興羽籥、作鍾鼓爲樂，而以行而樂之爲樂。君子力此二者，以南面而立，是以天下太平也。《周官·大師》「掌六律、六同，以合陰陽之聲，而教六詩焉」，則得乎聲詩之意。南面而立者，人君也，辨乎聲詩之用。北面而弦者，樂師而已。《大

❶「聲」，通志堂本、四庫本及《禮記正義》作「樂」。
❷「謂之干」，通志堂本、四庫本及《樂書》卷二十二作「鉞謂之」，是。

祝》「掌六祝之辭，以事鬼神示，辨六號、九祭、逆尸、相尸禮」，則辨宗廟之禮，後尸而相之者，宗祝之職也。古者祝習夏禮謂之夏祝，習商禮謂之商祝。故《士喪禮》「主人入即位，商祝襲祭服，褖衣次」，繼之「主人襲，反位」，「商祝掩瑱，設幎目」，則辨喪禮、後主人而相之者，商祝之職也。《樂書》。

嚴陵方氏曰：末節，言非禮樂之本數也。孔子曰：「禮云禮云，玉帛云乎哉？樂云樂云，鍾鼓云乎哉？」《内則》言「成童舞象」，則舞樂固童者之事。孔子言「籩豆之事，則有司存」，則掌禮固有司之事。律言首以該乎末，堂上之音言上以該乎下。干揚者，武舞所執，言武以該乎文。以至言筵席以見几御，言尊俎以見鼎彝，言籩豆以見簠簋，皆互相明爾。樂師即大師也。以樂人所師，故謂之樂師，猶工人所師而謂之工師也。聲詩即歌詩也，以歌者尚聲，故謂之聲詩。北面則非尊位。弦謂鼓琴瑟。堂上之樂，樂師雖北面，亦在堂上，從南北分尊卑也。商尚質，而喪禮以質爲主，故使之辨喪禮。

馬氏曰：言「童者舞之」，則知非達樂之意也。言「有司掌之」，則知謹守其常職而已。❶蓋本在於上，末在於下，要在於主，詳在於臣之意。樂之託於聲音節奏者，非樂之妙也，故樂師辨乎聲詩則北面而弦。禮之託於形名度數者，非禮之妙也，故宗祝辨宗廟之禮則後尸，商祝辨乎喪禮則後主人。宗廟之禮主於敬，而敬之所主在尸。喪之禮主於哀，而哀之主

❶「常」，通志堂本、四庫本作「掌」。

在於主人。商祝則知周兼用二代之禮。

延平周氏曰：有司之所知，童子之所能者，禮樂之末，而聖人之與民同者也。如其禮樂之本，則豈非聖人之所獨得，而與百王同者乎？

慶源輔氏曰：末對本之稱，本末一理也，在人知之如何耳。非舍末之外，别有所謂本也。此皆自局於形名度數之間，而不能即事以求理，即數以求義也。

是故德成而上，藝成而下，行成而先，事成而後。是故先王有上有下，有先有後，然後可以有制於天下也。

鄭氏曰：德，三德也。行，三行也。藝，才技也。先，謂位在上也。後，謂位在下也。尊卑備，乃可制作以爲治法。

孔氏曰：以道德成就，故在上，則君上及主人之屬。藝術成就，故在下，如樂師之屬。行成則德成矣，德有内而行在外也。❶事成則藝成矣，在身謂之藝，所爲謂之事。人有多少品類，先王因其先後，使尊卑得分，乃可制禮作樂，以班天下。

長樂陳氏曰：禮樂之於天下，得之斯爲德，行之斯爲行，能之斯爲藝，執之斯爲事。德必有行，而行不全德者有矣。藝必兼事，而事不全藝者有矣。《郊特牲》曰：「禮之所尊，尊其義也。失其義，陳其數，祝史之事也。」知其義，而敬守之，天子之事也。《祭統》曰：「禘嘗之義大矣，明其義者君也，能其事者臣也。」由是觀之，禮樂之本在人心，❷而其末繫於童

❶「有」，通志堂本、四庫本及《禮記正義》作「在」。

❷「心」，通志堂本、四庫本及《樂書》卷二十二作「君」。

子、❶有司、樂師，是「德成而上，❷藝成而下」也。宗廟之敬在尸，而致喪之哀在主人。祝相尸、主人接神，❸特以辨其事而已。是「行成而先，❹事成而後」也。先王有制於天下，使諸侯朝，萬物服體，而百官莫敢不承事者，豈有他哉？不過上先下後，不失本末之施而已。《樂書》。

延平周氏曰：樂師不得弦於南面，宗祝不得先尸，而商祝不得先主人者，以其有藝而非德，有事而非行。此先王所以詳辨其上下先後，蓋將以制於天下也。

嚴陵方氏曰：上下以位言，先後以序言。德則反本，藝則務末，故其成也以上下爲異位。行施於此而後事作於彼，故其成也以先後爲異序。故君子於德必有據焉，藝則游之而已；於行必有所脩焉，事則節之而已。夫上下有位，先後有序，則足以爲法於天下矣。蓋制而用之謂之法故也。

馬氏曰：德者行之蘊，行者德之發，事者藝之散，藝者事之總。德與行，賢者之所能而治人者也。藝與事，賤者之役而治於人者也。蓋有見於下而無見於上，有見於先而無見於後者，皆一曲之士也。故先王有上有下，有先有後，而宗廟之敬主於尸，則不廢於宗祝；喪之哀主於主人，則不廢於商祝：而禮樂之本亦不廢於末節。此先王有上有下，有先有後也。

❶「其末繫於」四字，原脱，今據通志堂本、四庫本及《樂書》卷二十二補。

❷「德成而上」四字，原脱，今據通志堂本、四庫本及《樂書》卷二十二補。

❸「人」，通志堂本、四庫本及《樂書》卷二十二作「以」。

❹「行成而先」四字，原脱，今據通志堂本、四庫本及《樂書》卷二十二補。

然而至於本，則尤爲君子之所務也。

山陰陸氏曰：此外王之事也。若所謂内聖，孰爲上下先後？是倫也，非制也。

慶源輔氏曰：德成而上，非遺其藝也。藝成而下，則局於藝者爾。行成而先，非廢其事也。事成而後，則役於事者爾。本末具舉，精粗不廢，得道之全體，然後可以制作禮樂，以示天下。

禮記集説卷第九十七

# 禮記集説卷第九十八

魏文侯問於子夏曰：「吾端冕而聽古樂，則唯恐卧。聽鄭衛之音，則不知倦。敢問古樂之如彼，何也？新樂之如此，何也？」

鄭氏曰：魏文侯，晉大夫畢萬之後，僭諸侯者也。端，玄衣也。古樂，先王之正樂也。

孔氏曰：自此至「有所合之也」，明魏文侯與子夏問答今樂、古樂之異。❶ 身著端冕，明心恭敬也。端冕，玄冕也。凡冕服，其制皆正幅，袂二尺二寸，袪尺二寸，故稱「端」也。言古樂何以朴素如彼，使人不貪至於卧，新樂何以婉美，使人嗜愛不知其倦也。

長樂陳氏曰：樂之於天下，中則和，過則淫。故黄帝之《咸池》，堯之《大章》，舜、禹之《韶》、《夏》，殷、周之《濩》、《武》，❷ 其聲足樂而不流，其文足論而不息。此所謂中則和，古樂之發也。鄭之好濫，宋之燕女，衛之促數，齊之敖辟，慢易以犯節，流湎以忘本。此所謂過則淫，新樂之發也。莊周曰：「大聲不入里耳，折楊皇華，則嗑然而笑。」豈是謂耶？❸ 蓋文侯之於古樂，則在所外而唯恐卧；於新樂，則在所内而不知倦：此其問所以有彼此之辭也。諸侯玄端以祭，則端冕諸侯之

❶「今樂古樂」，通志堂本、四庫本及《禮記正義》作「古樂今樂」。

❷「舜禹之韶夏，殷周之濩武」，通志堂本、四庫本作「舜之韶，禹之夏，殷湯之濩，周武之武」。

❸「是謂」，通志堂本、四庫本作「謂是」。

祭服也。文侯以祭服聽樂，猶檜君以朝服逍遥。其好鄭、衛之音，不已甚乎？《樂書》。

延平周氏曰：古樂和而雅，感於人也深，唯意誠者知其所以樂。新樂淫而靡，入於人也易，故聽其音者不知倦。

慶源輔氏曰：古樂，古人之心聲也。今樂，今人之心聲也。其心不古，而使之聽古人之樂，是猶以大羹玄酒而陳之於饕食者，其不唾去也幸矣。

子夏對曰：「今夫古樂，進旅退旅，和正以廣，弦匏笙簧，會守拊鼓。始奏以文，復亂以武。治亂以相，訊疾以雅。君子於是語，於是道古。脩身及家，平均天下。此古樂之發也。

鄭氏曰：旅，猶俱也。俱進俱退，言其齊一也。和正以廣，無姦聲也。會，猶合也，皆也，言衆樂皆待擊鼓乃作。《周禮・大師》職曰：「大祭祀，帥瞽登歌，合奏擊拊，下管播樂器，合奏鼓朄。」文，謂鼓也。武，謂金也。相，即拊也，亦以節樂。拊者，以韋爲表，裝之以糠。糠，一名相，因以名焉。今齊人或謂糠爲相。雅，亦樂器名也，狀如漆筩，中有椎。

孔氏曰：此經明子夏對文侯古樂之體，言古樂進退如一而不參差。樂音和正寬廣，而無姦聲。弦匏笙簧，其器雖多，必會合保守，待擊拊鼓之類，❶擊鼓必擊拊。鄭引《周禮・大師》職謂大師登歌合奏時先擊拊，下管合奏時先擊朄，證此經擊拊也。始奏以文，謂始奏樂時，先擊鼓。復亂以武，謂舞畢，反復亂理，欲退之時，則

❶「鼓」字下，通志堂本、四庫本有「拊即鼓」三字。

擊金鐃也。金屬西方，可爲兵器，❶故爲武。鼓主發動，象春，故爲文。治亂以相者，相所以輔相於樂。亂，理也。言治理奏樂之時，先擊相也。訊疾以雅者，舞者訊疾，奏此雅器以節之。君子於此時語説樂之義理。道古，言君子作樂之時，亦謂説古樂之道理也。君子既聞古樂，近脩其身，次及其家，然後平均天下。

長樂陳氏曰：旅之爲義，生於師旅之徒，其陳足以成列也。所謂「進旅退旅」，豈非行其綴兆，要其節奏，而進退成列耶？以廣而後和正，雖廣而不容姦矣。進旅退旅，進退得齊焉。和正以廣，志意得廣焉。抑又作之堂上，弦之以琴瑟。作之堂下，匏之以笙簧。堂上非特琴瑟也，又會守拊焉。堂下非特笙簧也，又會守鼓焉。《維清》奏《象舞》，其文也；《武》奏《大武》，其武也。文先之，武次之，有安不忘危之意，而揖遜征誅之義盡矣。干羽之舞，雜然並奏，容有失行列而不治，甚疾速而不刺者乎？❷是故治亂以相，有文明以節之，使之和而不流也。訊疾以雅，有法度以正之，使之奮而不拔也。樂終於舞，如此則樂終而德尊，故明樂之君子於是語以告之，道古以明之，而君子、小人未有不好善而聽過者矣。《樂書》。

又曰：❸言會守拊鼓，則衆樂待其動而後作也。既曰「會守拊鼓」，又曰「治亂以相」，則相非拊也。鄭氏以相爲拊，誤矣。拊，《書》謂之「搏拊」，《明堂位》謂之「拊

❶「器」，通志堂本、四庫本及《禮記正義》作「刃」。
❷「乎」，通志堂本、四庫本作「矣」。
❸「又」字下，通志堂本、四庫本有「禮書」二字。

搏」，蓋以其或搏或拊，莫適先後也。《爾雅》「和樂謂之節」。或説：節即相也。《周禮・笙師》：「掌教舂牘應雅，以教祴樂。」蓋樂者，正也。賓出而舂雅，欲其醉而不失正也。工舞而奏雅，欲其訊疾而不失正也。賓出之奏雅有祴樂，則工舞之奏雅各以其舞之曲歟？

延平周氏曰：進退以旅者，言其齊而有儀，和正以廣者，言其美。弦匏笙簧，會守拊鼓者，言其序。始奏以文者，本乎仁。復亂以武者，制以義。相、雅皆樂器名也。以其節樂而能治其亂，則有相之道，是以謂之相。以其趨樂之節奏而不失於雅，是以謂之雅。古樂之作也如此，故君子樂終而語今則有倫，道古則不悖。「脩身及家，平均天下」，此其所以爲古樂也。

嚴陵方氏曰：進旅退旅，言進退之整如師旅之陳也。樂所以交歡，師所以禦難。於交歡之際，乃若禦難之整，則君子之樂豈或至於淫荒而生患哉？故必謂之旅也。❶和足以合生氣，正足以感順氣，凡以言其樂之聲也。弦匏笙簧，則舉八音之樂，凡以言樂之器也。始奏以文，謂擊鼓而作，鼓聲爲陽，故謂之文。復亂以武，謂擊鐃而退，鐃聲爲陰，故謂之武。復亂，謂復有所治也。治亂而使之理，乃所以助樂之和，故曰「治亂以相」。訊疾而使之節，乃所以正樂之失，故「訊疾以雅」。❷訊，亦治也。語，即《大司樂》所謂

❶「故」字下，通志堂本、四庫本有「進退」二字；「謂」，通志堂本、四庫本作「爲」。

❷「故」字下，通志堂本、四庫本有「曰」字，是。

樂語。道古，即語也。以所作者古之樂，故從而道古之事。鄭氏釋「樂語」曰「道者，言古以制今」，蓋謂是矣。「脩身及家，平均天下」，言雅樂足以致此也。「古樂之發」，言樂之發見於事者如此。平，言無上下之偏。均，言無遠近之異。

慶源輔氏曰：此「進旅退旅」四字，形容古樂已盡。「和正不流」，❶和而不流，便有廣大之意。「始奏以文，復亂以武」，此所謂一張一弛也。

馬氏曰：「始奏以文」者，所謂先鼓以警戒也。「復亂以武」者，所謂復亂以飭歸也。語者，所謂既歌而語以成之也。古者於旅也語，而語者語其父子、君臣、長幼之節，而合德音之致。既語而又有以道古。道古者，道上古之治，而以明其作樂之意也。



橫渠張氏曰：治亂以五成而分之時也。周、召之事，故以「相」言之。相者，器之名，然因周、召之事名之，以記其節。訊疾以雅，是發揚之事也。雅亦器之名。雅既爲正，必在中處，當發揚蹈厲之時，亦以此物記其節。雅者，正也，故以《文王》爲《大雅》，《出車》還率爲《小雅》。「治亂以相」，爲周、召作。「訊疾以雅」，爲大公作。於旅也語，謂唯是語樂，言不及他。飲射之際，亦當如是。

藍田吕氏曰：「訊疾以雅」，擊雅以任舞者之進也。「治亂以相」，拊相以治舞者之亂也。舞者之進，以象發揚蹈厲，不可得而緩也。其舞既急，行列不能無亂，故武亂皆坐拊相以節之，使正其行列，復不

❶「不流」，通志堂本、四庫本作「以廣」，是。

可得而急也。故訊疾爲大公之志，志於伐商而不可失。❶治亂爲周、召之事，歸馬散牛，不復用兵，教之以禮樂者也。

濂溪周氏曰：古聖王制禮法，脩教化，三綱正，九疇叙，百姓大和，萬物咸若。作樂以宣八風之氣，以平天下之情，故樂聲淡而不傷，和而不淫。入其耳，感其心，莫不淡且和焉。淡則欲心平，和則躁心釋。優柔平中，德之盛也，天下化中，治之至也，是謂道配天地，古之極也。後世禮法不脩，刑政苛紊，縱欲敗度，下民困苦，謂古樂不足聽也。代變新聲，妖淫愁怨，道欲增悲，不能自止，故有賊君、弃父、輕生、敗倫，不可禁者矣。嗚呼！樂者古以平心，今以助欲，古以宣化，今以長怨，不復古禮，不變今樂，而欲至治者，遠哉！

「今夫新樂，進俯退俯，姦聲以濫，溺而不止。及優、侏儒，獶雜子女，不知父子。樂終不可以語，不可以道古，此新樂之發也。

鄭氏曰：俯，猶曲也，言不齊一也。濫，竊也。「溺而不止」，聲淫亂，無以治之。獶，獼猴也。言舞者如獼猴戲也，亂男女之尊卑。獶，或爲「優」。

孔氏曰：此經明子夏對文侯新樂之體。新樂，謂今世淫樂也。俯，謂俯僂曲折，行伍雜亂。姦邪之聲濫竊不正，人所貪溺，不可禁止。作樂之時，及有俳優侏儒短小之人，舞戲如獼猴，間雜男女，不復知有父子君臣之禮。❷既與古樂乖違，樂雖終，不可語道於古也。

延平周氏曰：進退皆俯，非有儀也。姦

❶「於」，通志堂本、四庫本作「以」。
❷「君臣」，通志堂本、四庫本及《禮記正義》作「尊卑」。

聲以濫，非和正也。溺而不止，非所以爲廣也。「及優、侏儒、雜子女」，❶不知父子，非有序也。樂終而語，今則無倫，道古則有悖。此其所以爲新樂也。

嚴陵方氏曰：夫屈伸俯仰，樂之文也。一屈一伸，一俯一仰，樂乃成文。今則進退皆俯，豈所以爲樂之文乎？姦聲所以感逆氣者，濫若鄭音之好濫，溺若文侯所問之音，言流而不知反也。倡優、侏儒皆淫樂以之爲戲也。獶，即猿也。戲若猿獶之無辨，故言「獶雜子女」。獶雜，故不知父子。父子者，人之大倫。不知父子，故「樂終，不可以語，不可以道古」。

馬氏曰：聲既以濫而失節，又雜之以侏儒、女子，則樂之淫益甚也。語者，語父子君臣之節。而不知父子，則樂終不可以語。道古者，道其治古之隆。而淫聲起於亂世，則於古無以道。

山陰陸氏曰：惡不頓進，濫而後溺，溺而不止，然後浸淫乎獶雜，是之謂反。

慶源輔氏曰：「進俯退俯」，有慚怍之意。其曰古樂之發如彼，新樂之發如此，而使文侯自得之，此子夏所以善啓告也。❷

「今君之所問者樂也，所好者音也。夫樂者，與音相近而不同。」

鄭氏曰：言文侯好音而不知樂也。鏗鏘之類皆爲音，應律乃爲樂。

孔氏曰：古樂有音聲律呂，今樂亦有音聲律呂，是樂與音相近也。樂則德正心和，❸乃爲樂。音則心邪聲亂，不得爲樂，

❶「雜」字上，通志堂本、四庫本有「獶」字，是。
❷「告」，通志堂本、四庫本作「君」。
❸「心」，通志堂本、四庫本及《禮記正義》作「聲」。

是不同也。

長樂陳氏曰：古以德音謂之樂，今以溺音爲之，則非樂也，淫濫之音而已。是樂與音固相近而不同也。文侯所問在樂，所好在音，是知音而不知樂，直衆庶之見爾。孔子惡鄭聲之亂雅，及顏淵問爲邦，而告以《韶舞》。子夏所學，則孔子也，故必叩其兩端，以盡陳善閉邪之道。孟子以齊王不能同樂於民，故語之以「今樂猶古」，所以引而進之也。子夏以文侯好音而不知樂，故對之以今樂異古，所以抑而攻之也。《樂書》。

嚴陵方氏曰：有音而後有樂，則樂與音相近，而所以爲樂者，不止於音，故曰「近而不同」。

馬氏曰：情動於中，故形於聲。聲相應，故生變。變成方，謂之音。比音而樂之，及干戚羽旄謂之樂。則樂與音蓋相近而不同矣。至於子夏之意，則異於此。蓋文侯所問雖先王之雅樂，而其意之所存者鄭衛之淫聲也，此子夏所以言鄭衛之淫聲不足以爲樂，而可以謂之音而已。孟子言「今樂由古樂」，在於與民同樂而已。究其實，則古今之樂不同，猶天地之異也。

慶源輔氏曰：先言聲樂之異，後又言君之所好者，溺音，正之以漸也。不然文侯有不復問矣。

文侯曰：「敢問何如？」子夏對曰：「夫古者天地順而四時當，民有德而五穀昌，疾疢不作而無妖祥，此之謂大當。然後聖人作爲父子君臣，以爲紀綱。紀綱既正，天下大定。天下大定，然後正六律，和五聲，弦歌《詩·頌》，此之謂德音。德音之謂樂。

《詩》云：『莫其德音，其德克明。克明克類，克長克君。王此大邦，克順克俾。俾于文王，其德靡悔。既受帝祉，施于孫子。』此之謂也。

鄭氏曰：「敢問何如」，欲知音、樂異意。德音，有德之音，所謂樂也。德正應和曰「莫」，照臨四方曰「明」，勤施無私曰「類」，教誨不倦曰「長」，慶賞刑威曰「君」，慈和偏服曰「順」。俾，當爲「比」，聲之誤也。擇善從之曰「比」。施，延也。言文王之德皆能如此，故受天福，延於後世也。

孔氏曰：此一經明子夏與文侯問答古樂之正。大當，當謂不失其所。案《禮緯·含文嘉》云「君爲臣綱，父爲子綱，夫爲妻綱」，是爲三綱。「諸父有善，諸舅有義，族人有叙，昆弟有親，師長有尊，朋友有舊」，是六紀也。弦歌《詩·誦》，❶謂以琴瑟之弦歌此《詩·頌》也。經引「《詩》云」，《大雅·皇矣》之篇。鄭註「德正應和」以下，皆昭二十八年《左傳》文。《詩》言王季之德既正，天下應和，故其音莫然而靖，其明可以照臨四方。施惠勤勞，不私於己，廣及等類。教誨不倦，能爲人師長。慶賞刑威，能與人作君。故能王此大邦，慈和偏服，又能擇善而從之。王季之德如此，可以比擬文王，無可恥悔。《左傳》引此詩，皆以爲文王，謂比校文王之德，事事皆美，無可悔恨，與詩文互意別也。王季既受天福祉，以遺子孫，子孫有天下。《詩》云「德音」，此經之謂也。

長樂陳氏曰：天地以順動，則四時不忒，

❶「誦」，通志堂本、四庫本及《禮記正義》作「頌」，是。

是天地順理，然後四時各當其分也。民有德，人之和也。五穀昌，天地之和應之也。如此災害不生，而無疾疢。禍亂不作，而無妖祥。合是數者，無適不當，則三才之理，豈得不謂之大當乎？然後內外相維而紀綱正，則天下之動正夫一而大定矣。在《易》：既濟本於剛柔正而位當；家人，家道正也，而終於天下定。然則天下大當而禮可行，天下大定而樂可作，固其時。夫然後正六律而使之和聲，和五聲而使之協律，弦之琴瑟，歌之《詩·頌》，則中聲所止，無非盛德之形容焉，庸詎不爲德音之樂耶？周之世世脩德，莫若文王。《詩》之形容文王之德，莫若《靈臺》，而《靈臺》所美，又不過「虡業維樅，賁鼓維鏞」，「矇瞍奏公」而已。然則文王之樂，豈不原於德音耶？《樂書》。

嚴陵方氏曰：天氣下而地不應，地氣上而天不應，若是則逆矣，非所謂天地之順也。春或雪霜大摯，夏或草木零落，若是則忒矣，非所謂四時之當也。民有德，❶以有恒產，❷故有恒心也。「五穀昌」，以時和歲豐也。疢，熱疾也。妖，則《左氏》所謂「地反物爲妖」是也。祥，與「亳有祥」之「祥」同。疾疢，則災之加乎人者；妖祥，則災之加乎物者。疾疢不作而無妖祥，凡此之類，則天地之間，❸至纖至悉無不當於理矣，故曰「此之謂大當」。夫《頌》者，美盛德之形容，以「弦歌《詩·頌》」，故曰「此之謂德音」。樂者德之華，

❶「民」字下，通志堂本、四庫本有「之」字。
❷「以」字下，通志堂本、四庫本有「其」字。
❸「則」字下，通志堂本、四庫本有「知」字。

故德音之謂樂。

馬氏曰：「天地順而四時當」以至「疾疢不作而無妖祥」者，言和之極也。知和而和，不以禮節之，則亦不足以爲樂，故作爲父子、君臣以爲紀綱。紀綱既正，天下大定。由父子而推之，則盡其親疏之序；由君臣而推之，則盡其貴賤之等。疏不得以間於親，賤不得以覬覦於貴，如此則上下之志定矣。大曰綱，小曰紀。《書》曰「若網在綱」，《記》曰「紀散而衆亂」，則紀綱者，衆目之總也。紀綱正，無所不正矣，故言「作爲父子君臣」，而卒之於「天下大定」。自「天地順」，「而五穀昌」，以至於「天下大定」，則其和與節無所不具矣。然後寓其和節之意於形名度數之間，故「正六律，和五聲，弦歌《詩·頌》，之謂德音，德音之謂樂」。德音者，言其有德之音也。然作爲君臣、父子，必在於天地順、五穀昌之後者，蓋天地四時失其當，而五穀失其昌，則彼惟救死而恐不贍，奚暇治禮義哉？《詩》之所謂「莫其德音」者，非在於樂，而《記》者以樂言之，則蓋説《詩》者不以文害辭，不以辭害義也。《記》曰「不明乎善，不誠乎身」，克明，言明於善也。類，亦善也。《書》曰「自厎不類」，此言其止於善也。克長者，其德可以長於人也。克君者，其德可以群於人也。❶可以長於人，可以羣於人，然後能「王此大邦」，而「克順克比」也。克順者，言民順之而不逆。克比者，言民輔之而不貳。此大王之道也。而比于文王，則其德又不止於此，故「其德靡悔」。

❶「群」，通志堂本、四庫本作「君」，下「群」字同。

靡悔者，賢人之事也。無悔，則聖人也。其德至靡悔，仰有以受福于天，❶而俯有以施澤於後世，故曰「既受帝祉，施于孫子」。凡此者皆以其漠然清淨之德音至於如此。

廬陵胡氏曰：父子紀綱閨門，君臣紀綱朝廷。《禮緯》引三綱不經之論，今所不取。

慶源輔氏曰：紀綱正而天下定，❷天下以序而後定，樂以定而後作。正六律，然後可以和五聲；和五聲，然後可以弦歌《詩》《頌》。《詩》即今之《風》、《雅》，《頌》即今之三《頌》也。此《詩》雖言德音，而不言樂。然既曰「德音之謂樂」，故可引以爲據。要之，樂之功亦可致此，此子夏可語《詩》之一端。

《講義》曰：父子君臣，人倫所固有者，而曰「作爲」，何也？人固有父子，未必有父子之恩。人固有君臣，未必有君臣之義。必待聖人作爲禮節以明之，如《書》所謂「勑我五典五惇哉」，則紀綱正矣。❸人倫既正，天下復有何事？故曰「大定」。

「今君之所好者，其溺音乎？」文侯曰：「敢問溺音何從出也？」子夏對曰：「鄭音好濫淫志，宋音燕女溺志，衛音趨數煩志，齊音敖辟喬志。此四者，皆淫於色而害於德，是以祭祀弗用也。

鄭氏曰：「君之所好，其溺音乎」，言無文王之德，則所好非樂也。文侯問溺音何從出，玩習之久，不知所由出也。鄭、宋、

❶「仰」字上，通志堂本、四庫本有「則」字。
❷「下」字下，通志堂本、四庫本有「大」字。
❸「則」，通志堂本、四庫本作「此」。

齊、衛四國，皆出此溺音。濫，濫竊，姦聲也。燕，安也。《春秋傳》曰：「懷與安，實敗名。」趨數，讀爲「促速」，聲之誤也。煩，勞也。祭祀者不用淫樂。

孔氏曰：此經子夏與文侯問答溺音所出也。濫竊，謂男女相偷竊。鄭國樂音好此相偷竊，❶是淫邪之志也。溺，没也。宋音所好唯女子，❷所以使人志没。溺，即前所謂「溺而不止」也。鄭音好濫，宋音燕女，其事是一，而爲別音者，濫竊非己儔匹，別相淫竊，燕女謂己之妻妾燕安而已，所以別於好濫也。上云「鄭、衛之音」，則鄭、衛亦淫聲也。又此云「四者皆淫於色」，是衛與齊皆淫聲也。而經唯云「衛音趨數煩志，齊音敖辟喬志」，不云女色者，案《詩》有桑中、淇上，是淫佚可知，則淫佚之外更有促速煩志；《齊詩》有哀公荒淫怠慢，襄公淫於妹，亦女色之外，加以敖辟驕志：故總謂之「溺音」也。

延平周氏曰：德音則能善其志，而溺音則能亂其志也。

長樂陳氏曰：志淫則心蕩，志煩則心亂，志溺則心下，志喬則心高，皆非中聲所止，非所以爲德音之樂也。蓋樂所以放淫，亦所以誨淫；所以章德，亦所以敗德。故放淫章德，古樂之發也。《樂書》。

馬氏曰：鄭音好濫，而使人之志淫。宋音燕女，而使人之志溺。衛音趨數，而使人之志煩。齊音敖辟，而使人之志喬。祭祀之所用，在和與敬。鄭淫宋溺，則失於敬。衛煩齊驕，則失於和。是以不可

❶「此」，通志堂本、四庫本作「濫」。
❷「好」，通志堂本、四庫本及《禮記正義》作「安」，當是。

用之於祭祀也。

山陰陸氏曰：前言「所好者音也」，今乃言「所好其溺音乎」，是引其君有漸也。蓋詞不迫切而意已獨至，❶古之人多如此。四音淫志爲甚，溺志次之，煩志、驕志又次之。

慶源輔氏曰：既言德音而不及溺音，乃曰：「君之所好者，其溺音乎？」乎，疑辭也，所以致文侯之問而後語之也。不然，則將勃然如宣王矣。四國之音在當時如此。宋音其紂之遺乎？

「《詩》云：『肅雍和鳴，先祖是聽。』夫肅肅，敬也。雍雍，和也。夫敬以和，何事不行？

鄭氏曰：言古樂敬且和，故無事而不用，溺音無所施。

孔氏曰：此經子夏重爲文侯明正樂。此《詩·周頌·有瞽》之篇。言樂音敬和而鳴，先祖之神聽而從之。若施於政教，何事不行也？

長樂陳氏曰：樂之發，❷肅肅乎其敬而制之以禮，雝雝乎其和而制之以義，如此則外不淫色，内不害德，舉而措之天下，何事不行？況用之祭祀而先祖不是聽耶？《書》謂「八音克諧，無相奪倫，神人以和」者，此也。《樂書》。

嚴陵方氏曰：肅，陰事也，而禮由陰作，以敬爲主。雍，陽道也，而樂由陽來，以和爲主。孔子曰：「知和而和，不以禮節之，亦不可行也。」故曰：「夫敬以和，何事不行？」樂中之禮，於是見之矣。文王雍雍在宮，肅肅在廟，以是而已。

❶「獨」，通志堂本、四庫本作「篤」，疑是。
❷「樂」字上，通志堂本、四庫本有「古」字。

慶源輔氏曰：「敬以和，何事不行」，則濫與淫何事可也？❶

「爲人君者，謹其所好惡而已矣。君好之，則臣爲之；上行之，則民從之。《詩》云『誘民孔易』，此之謂也。

鄭氏曰：誘，進也。孔，甚也。言民從君所好惡，進之於善無難。

孔氏曰：此經子夏勸文侯謹行古樂，以此化民，無不從也。引《詩》厲王《大雅·板》之篇。

嚴陵方氏曰：言人君謹其所好惡，則以戒文侯之好溺音故也。君則指其人，上則指其位。

馬氏曰：夫鄭、衛之音其效至於如彼，而和與敬其效至於如此，則爲人君者，其好惡不可不慎也。君者臣之倡，上者下之儀。臣則聽君而和，下則視儀而動。

廬陵胡氏曰：好惡，謂好古樂，惡新樂也。誘，謂導之。

「然後聖人作爲鞉、鼓、椌、楬、壎、篪，此六者，德音之音也。然後鍾、磬、竽、瑟以和之，干、戚、旄、狄以舞之，此所以祭先王之廟也，所以獻、酬、酳、酢也，所以官序貴賤，各得其宜也，所以示後世有尊卑、長幼之序也。

鄭氏曰：六者爲本，以其聲質也。椌、楬，謂柷、敔也。壎，篪，或爲簨、虡。官序貴賤，謂尊卑。樂器列數有差次。

孔氏曰：此經論聖人作爲道德之音，以示後世也。柷形如漆筩，中有椎。敔狀如伏虎，背上有二十四鉏鋙。篪，七室。壎，六孔。壎燒土爲之，大如鴈卵。篪如

❶「可」字下，通志堂本、四庫本有「行」字，是。

鼓而小，持其柄摇之，旁耳自擊。鼓，革也。椌、楬，木也。其聲質素，故《周語》單穆公云「革木一聲」，註云「一聲，無宫商清濁」是也。既用質素爲本，然後用鍾、磬、竽、瑟華美之音，以贊和之，使文質相雜。干，楯也。戚，斧也。狄，羽也。聲既文質備矣，又用干、戚、旄、羽以舞動之，則可以用於宗廟之中，若樂九變而鬼神格也。又用於廟中，以接納賓客。賓入奏《肆夏》，及卒爵而樂闋。孔子屢歎之是也。又用樂别尊卑於朝廷，❶使各得其宜。天子八佾，諸侯六佾是也。若聞樂知德，施于子孫，是示後世。使聽之莫不和順，莫不和親，是有尊卑、長幼之序也。

長樂陳氏曰：聖人作樂，以發諸聲音者，寓之象；以稽諸度數者，寓之器。是故作革以爲鞉鼓，而鞉所以兆奏鼓者也。作木以爲椌、楬，而楬所以止合樂者也。作土爲壎，而始有所倡。作竹爲篪，而終有所和。則播鞉而鼓從之，中聲以發焉。擊椌而楬止之，中聲以節焉。吹壎而篪應之，中聲以和焉。蓋「絃歌《詩・頌》」，中聲之所止也。而謂之德音，則鞉、鼓、椌、楬、壎、篪，中聲之所出也。謂之德音之音，不亦宜乎？聖人既作爲六者之器，以寓德音之樂，抑又越之金石以爲鍾磬，宣之匏絲以爲竽瑟，所以諧其聲。舞武以干戚，舞文以旄狄，所以動其容，則八音克諧，無相奪倫，而神人奚適不和哉？此所以祭先王之廟而幽足以交於神，獻酬酳酢而明足以交於人。行之當

❶「樂」字下，通志堂本、四庫本及《禮記正義》有「體」字。

時，而官序貴賤莫不得其宜。示之後世，而尊卑、長幼莫不得其序也。夫樂之在器，以鼓爲君，以相爲相；在聲，以宫爲君，以商爲臣。歌在上而貴，舞在下而賤。凡理之形見於樂者，未有不寓貴賤、尊卑、長幼之意。是樂之所樂，而禮未嘗不行於其間。不言柷、敔，而言椌、楬者，柷以中虛爲用，而聲出焉，故又謂之椌。敔以伏虎爲形，而聲伏焉，故又謂之楬。蓋聲出也，❶樂由之合；聲伏也，樂由之止：亦陰陽之義。《書》曰「合止柷敔」。《樂書》。

嚴陵方氏曰：鞉，革音也。椌、楬，木音也。壎，土音也。篪，竹音也。至於鍾，則金音也。磬，石音也。竽，匏音也。瑟，絲音也。凡此八音略備矣，而又干、戚、旄、狄以舞之，於是樂成焉。故足以祭先王之廟，如下所言諸事也。「獻、酬、酢」，見《鄉飲酒》解。酳，即後言「執爵而酳」是也，則獻、酬、酢所兼用也。尊卑以上下言，長幼以先後言。禮樂之際，貴者在上，賤者在下；貴者常先，賤者常後。故官序貴賤，各得其宜，足以示後世尊卑、長幼之序也。官序，即次序也。以其所主治，故曰「官」。經有言「干、戚、羽、旄」，有言「鍾、鼓、干、戚」，有言「羽、籥、干、戚」，有言「弦歌、干揚」，有言「干、戚、旄、狄」，其言各不同，何也？蓋干戚、干揚皆武舞也。羽旄、羽籥、旄狄皆文舞也。干則盾也，戚則斧也，揚則越也。❷

❶「聲」字下，通志堂本、四庫本及《樂書》卷二十五有「之」字。下句「聲」字下亦有「之」字。

❷「越」，通志堂本、四庫本作「鉞」，是。

干以自蔽，戚揚以勝人，武之事如斯而已。旄以示愛，羽以示飾，籥則六律之所生，狄則五色之所備，文之事如斯而已。所舉雖各不同，所以主文武之事言之，則一也。

「鍾聲鏗，鏗以立號，號以立橫，橫以立武。君子聽鍾聲，則思武臣。石聲磬，磬以立辨，辨以致死。君子聽磬聲，則思死封疆之臣。絲聲哀，哀以立廉，廉以立志。君子聽琴瑟之聲，則思志義之臣。竹聲濫，濫以立會，會以聚衆。君子聽竽、笙、簫、管之聲，則思畜聚之臣。鼓鼙之聲讙，讙以立動，動以進衆。君子聽鼓鼙之聲，則思將帥之臣。君子之聽音，非聽其鏗鏘而已也，彼亦有所合之也。」

鄭氏曰：號，號令，所以警衆也。橫，充也，謂氣作充滿也。「石聲磬」，磬，當爲「罄」，字之誤也。辨，謂分明於節義。廉，廉隅也。濫之意，猶擥聚也。會，猶聚也。聚，或爲最。「讙以立動」，聞讙囂，則人意動作。讙，或爲「歡」。動，或爲「勳」。有所合，謂以聲合成己之意。❶

孔氏曰：此一節論樂器之聲各別，君子聽之，思其所用之臣。金鍾之聲鏗鏗然堅剛，故可以興立號令。號令威嚴，則軍士壯氣充滿，而武事可立也。石聲輕清，故磬磬然能分明辨別。既能明別節義，則不愛死也。哀，謂哀怨，絲聲婉妙，故哀怨。以哀，故能立廉隅，不越其分，以自立其志也。竹聲既擥聚，故能立會以聚衆。笙以匏爲之，而在竹聲之中者，但笙以匏爲體，插竹於匏，匏竹兼有，故笙

❶「意」，通志堂本、四庫本及《禮記》鄭注作「志」，是。

文在竹也。鼓鼙之聲，使人意動作，故能進發於其衆。五者聲各不同，立事有異，事隨聲起，是聲能立事也。君子謂知禮樂之情者，聞聲達事，非徒聽其音聲鏗鏘而已。彼謂樂聲，亦有合成己之志意。

横渠張氏曰：所謂至誠動金石，只爲人能感動。譬之鼓鍾，其武者叩之則怒，其悲者叩之則悲。如此可必謂擊鍾而求鼓音，則却無是理。

長樂陳氏曰：樂聲有陰陽之殊，人事有陰陽之辨，則樂之與人常相象，而未常相異。君子聽樂之聲，而思人之才，則有所合而無所戾矣。蓋鍾聲爲兑，石聲爲乾，絲聲爲離，竹聲爲震，鼓鞞爲坎。鍾磬鼓鼙，陰也。陰以嚴厲堅勁爲事，故鍾所以象武臣，❶石聲所以象死封疆之臣，鼓鼙所以象將帥之臣。絲竹，陽也。陽以純潔滋養爲事，故絲聲所以象志義之臣，竹聲所以象畜聚之臣。蓋樂者，樂也。君子樂得其内，小人樂得其外。樂得其内，故必思其所象；樂得其外，則務其鏗鏘而已。魏文侯之不倦新樂，蓋亦不過於五者，而未及其所象，此子夏所以致曲而深諭之也。然君子必思聚畜之臣，❷何也？蓋君子聚人以財，而理財以義，則其思聚畜之臣，欲其免於急與不足之患，而有以備凶旱水溢之災，使民不至於菜色而已。此所謂以義爲利，不以利爲利。其與夫冉求之聚斂有間矣。又《樂書》曰：鍾於五行爲金，於五事爲言，於五藏

❶「鍾」字下，通志堂本、四庫本有「聲」字。

❷「聚畜」，通志堂本、四庫本作「畜聚」。下句中「聚畜」同。

爲氣，於五性爲義。金則奏而鏗鏘，❶言則發而爲號令。直其氣，所以立橫；方其義，所以立武，所以思武臣也。磬於八音爲石，於八卦爲乾。石則其形，曲折而有別；乾則其行，剛健而不陷。有別，所以立辨；不陷，所以致死：此所以思死封疆之臣也。琴瑟同出於絲，絲聲則噍殺而哀，潔静而廉，依義以立志而已，此所以思志義之臣也。竽笙簫管，同出於竹，竹聲則動濁而濫，合比而會，有聚衆之義焉，此所以思畜聚之臣也。鼓鼙則爲革聲一也。士讙而讙，羣趨而動，有進衆之義，❷此所以思將帥之臣也。蓋有死封疆之臣，則外足以保疆場；有志義之臣，則内足以厲風俗；有畜聚之臣，其衆足以順治；有勇武將帥之臣，其威足以無敵。爲國之道，「無競維人」而已。君子於音，❸聽之在心，不在耳，誠有所合之也。言鍾聲、鼓鼙之聲，則知絲之爲琴瑟、竹之爲竽笙簫管也。言絲聲、竹聲，則知鍾之爲金、鼓鼙之爲革也。言石聲磬，則金聲鏗之類見矣。❹言竹聲濫，則石聲清之類見矣。匏、竹利制，❺言竹則匏在其中矣。革、木一聲，言革則木在其中矣。就八者單出言之，❻故謂之聲。由聽其雜比

❶ 「而」字下，通志堂本、四庫本及《樂書》卷二十五有「爲」字。

❷ 「義」字下，通志堂本、四庫本及《樂書》卷二十五有「焉」字。

❸ 「子」字下，通志堂本、四庫本及《樂書》卷二十五有「之」字。

❹ 「鏗」，通志堂本、四庫本及《樂書》卷二十五作「鍾」，是。

❺ 「利」，通志堂本、四庫本及《樂書》卷二十五作「異」，是。

❻ 「者」，通志堂本、四庫本作「音」。

言之，故謂之音。聽音必言君子者，唯君子爲能知樂故也。八音不言土者，以七音待土贊之而後和故也。鄭康成以「石聲磬」，當爲「罄」字之誤，豈經旨哉？《樂書》。

嚴陵方氏曰：其聲温柔者，足以悦人。其聲堅强者，足以警衆。而號令所以警衆也，故「鏗以立號」。警衆則所及者廣，故「號以立横」。横者，廣也。從順爲文，横逆爲武，故「横以立武」。磬聲作乎上，衆聲依乎下，上下有辨。南交而物以之生，北辨而物以之死，故「辨以致死」。聲之細，莫如絲。陽以大爲樂，陰以細爲哀。樂則舒而無疆界，哀則戚而有分際。廉者分際之謂，有分際，所以立己，故「廉以立志」，立志者，立己之謂也。竹聲濫，濫者汎濫之謂，淵而静而與物分，流而動乃與物合，故「濫以立會」。分之則散，會之則聚，故「會以聚衆」。鼓以作爲事，默則静，讙則動，静則止，動則進。蓋樂之聲作乎彼，君子之思感乎此，則以彼之情有以合此之意，❶故曰「有所合之也」。《莊子》曰：「金石有聲，不考不鳴。」而樂以聲爲主，故此以鍾磬爲首。然金尤爲善鳴，故以金石爲序。琴、瑟者，堂上之樂，竽、笙、簫、管者，堂下之樂，故又以絲、竹爲之序。凡作樂皆曰「鼓」，樂由天作，終則有始，故以鼓鼙終焉。竽笙爲匏，簫管爲竹，合言之者，竹而已。衆音皆言其聲之狀，獨於石則直言磬者，以石止可以爲磬也。蓋八音之中，唯土與石止可以爲塤磬。畜，若《易》所謂「畜物」

❶「合」字下，通志堂本、四庫本有「乎」字。

之「畜」。聚，若《易》所謂「聚人」之「聚」。「畜聚之臣」，則異乎聚斂之臣矣。將帥亦武臣，或於聽鍾聲思之，或於聽鼓鼙之聲思之，何也？謂之武，則存乎所守之志而已；謂之將帥，則見乎所行之事焉。鍾，金音也。鼓，革音也。軍旅之法，以革而進，以金而止，故其別如此。

山陰陸氏曰：武之事橫矣。磬，盡也，詘而盡也。若玉斷以復續，其異於石，終而後詘。經曰：「叩之其聲清越以長，其終詘然樂也。」凡盡則詘窮，磬爲折形以此。「竹聲濫」，所謂蕩是也。《毛詩傳》曰：「磬，聲之清者。」笙磬同音，可謂同矣。無所不入，而後可以立會。伯夷隘，立志者好之；柳下惠不恭，立會者好之。鏗，金聲。鏘，玉聲。其泛言之則通。

李氏曰：有禦難之臣，則姦宄不敢肆。有藩捍之臣，則外邦不敢犯。有衣食之臣，則國用足。禦難之臣，所謂忠義之臣也。藩捍之臣，所謂武臣也，死封疆之臣也，將帥之臣也。衣食之臣，所謂畜聚之臣也。故《詩》曰：「山有苞櫟，隰有六駮。」又曰：「山有苞棣，隰有樹檖。」櫟爲山之芘蔭，藩捍之象也。六駮在隰，能禦難之象也。棣與檖皆可養人，衣食之象。夫有其臣而君忘之，此不思之者也。君子一聽音，而有以思藩捍、禦難、衣食之臣，則其好樂也。國之良士，將瞿瞿而來，蹶蹶而進，休休而樂矣。君子之於樂也，豈聽其鏗鏘而已耶？

廬陵胡氏曰：號，猶伯牙操鍾之號。橫，謂壯氣充盈。《祭義》云：「橫乎四海。」鄭謂「磬」當爲「罄」，案古字通用耳。磬，樂器也。或爲殺，云「磬于甸人」是也。

或爲折，「磬折則佩垂」是也。或爲絞訐，掉磬是也。或爲盡，「磬無不宜」、「室如懸磬」、「聲磬然」是也。殺也，絞訐也，盡也，皆有死義。哀謂婉妙。廉，猶「廉遠地則堂高」之「廉」。立志，志不可犯。濫，濫觴之「濫」，有聚意。君子以聲合成己之志，如上五思也。

慶源輔氏曰：此亦子夏對文侯辭，又據下以教之。前言「君之所好者音也」，夫音與樂相近不同，故此又爲文侯言古人之聽音，亦豈徒哉？亦有合成己之志意也。君子之志意，在得賢而用之耳。堅剛之聲，號令似之，故「鏗以立號」。號令則所警者衆，故「號以立横」。廣大則武之事也，故「横以立武」。磬，折也，盡也。折而盡，所以立辨，辨而後可以死。故曰「生亦我所欲也，義亦我所欲也，二者不可得兼，舍生而取義也」。封疆又辨之大者。❶哀則自有廉隅而不流，有志者似之。志義謂志在於義也。所志者義，則不爲容悦矣。「地上有水，師，君子以容民畜衆」，所謂畜聚之臣者，如《師》之君子是也。鏗鏘者，聲也。號與武者，義也。聲在彼，義在我。君子不徒聽其聲而已，必有感發，其在我之意而已。獨言鏗鏘，❷以例其餘也。

金華應氏曰：文侯方以淡泊爲可厭，則使其聽鏗鏘之可喜者焉。方以昏倦惟恐臥，則欲其聽之而致思焉。且使之思武臣將帥死節志義與夫畜聚之臣，則其志氣感發，慷慨興起，而視優侏子女之獿

❶「又」，通志堂本、四庫本作「尤」。
❷「獨」，通志堂本、四庫本作「猶」。

雜，皆不足以進乎前，此子夏之善告君也。故嘗謂古今本無異樂，而雅俗不容同音。顔子問爲邦，孔子告以「樂則《韶舞》」，欲其知所慕也；繼以遠鄭聲者，欲其知所戒也。春秋去舜逾千載，而鍾鼓管弦之音猶未衰，則古今固不可謂有異樂也。然鄭聲不可不遠者，以其淫而易以溺人，故曰「惡鄭聲之亂雅樂也」。齊宣王自謂非好先王之樂，直好世俗之樂，視魏文侯之惕然自省，則大不同矣。宣王迷而未悟，故孟子告以「今樂猶古樂」者，其辭寬。文侯悟而求之，故子夏告之以古樂、新樂之發者，其辭嚴。異時文侯能知鍾聲之不比，亦畧有見乎樂矣。然明於音而聾於官，卒未免見笑於田子方。蓋區區徒能辨其聲而未能得其官以典樂，樂官猶然，而况於將帥死封疆之大者乎？

石林葉氏曰：君子聽磬聲，則思死封疆之臣。周衰，天下未有能以身致死而援之者。子擊磬於衛，荷貴聞之，❶以爲「有心哉」者以此。

延平周氏曰：鍾、磬、絲、竹、鼓、鼙之聲既不同，而所立者亦不同。故君人者聽之，亦各沿其類而思其臣也。且畜聚之臣，又安足思也哉？夫君子不畜聚，非不畜聚，蓋君子畜聚而能散，則異乎人之爲畜聚也。

禮記集説卷第九十八

❶「貴」，通志堂本、四庫本作「蕢」，是。

# 禮記集說卷第九十九

賓牟賈侍坐於孔子，孔子與之言及樂，曰：「夫《武》之備戒之已久，何也？」對曰：「病不得其衆也。」「咏歎之，淫液之，何也？」對曰：「恐不逮事也。」「發揚蹈厲之已蚤，何也？」對曰：「及時事也。」「《武》坐，致右憲左，何也？」對曰：「非《武》坐也。」「聲淫及商，何也？」對曰：「非《武》音也。」子曰：「若非《武》音，則何音也？」對曰：「有司失其傳也。若非有司失其傳，則武王之志荒矣。」子曰：「唯。丘之聞諸萇弘，亦若吾子之言是也。」

鄭氏曰：《武》，謂周舞也。備戒，擊鼓警衆也。病，猶憂也。以不得衆心爲憂，憂其難也。咏歎、淫液，歌遲之也。「恐不逮事」，逮，及也；事，戎事也。「及時事」，時至，武事當施也。「致右憲左」，致，謂膝至地也；憲，讀爲「軒」，聲之誤。「非《武》坐」，言《武》之事無坐也。「非《武》音」，言《武》歌在正其軍，不貪商。時人或說其義爲貪商也。有司，典樂者也。傳，猶說也。荒，老耄也。言典樂者失其說，而時人妄說也。《書》曰「王耄荒」。萇弘，周大夫。

孔氏曰：自此至「不亦宜乎」，《別録》是《賓牟賈》章。❶賓牟姓，賈名。初論他事，次及於樂。問是孔子，對是賓牟賈。五問五答，但三答是，二答非。夫，發語之端。孔子問作《武》樂之前，先擊鼓，備

❶「賈」字下，通志堂本、四庫本及《禮記正義》有「問」字。

戒其衆，備戒之後，久始作舞，何也？賈答《武》樂令舞者久不即出，是象武王伐紂，憂不得衆心，此答是也。孔子又問欲舞之前，其歌聲吟咏之，長歎之，其音連延而流液不絶。吟思遲遲，是貪羡之貌，何也？賈答象武王伐紂，恐諸侯不至，不及戰事，此答是也。孔子又問初舞之時，手足即發揚蹈地而猛厲，故云「已蚤」。賈以爲象武王及時伐紂戰事，此答非也。下云發揚蹈厲，大公之志，故知非也。孔子又問武人何忽有時而坐，以右膝致地，左足軒起，何也？坐，跪也。致，至也。軒，起也。賈答此非是武人之坐，以武法無坐也。❶此答亦非。下云「《武》亂皆坐，周、召之治」，故知非也。孔子又以時人之意問賈，云奏樂何意有貪商之聲。淫，貪也。孔子大聖，應知其非。此是知非而故問也。賈以武王應天從人，不得已而伐之，何容有貪商之聲？故言「非《武》音也」。孔子因問貪商之歌何音也，❷賈答典樂者失其傳。若非失其傳，是武王荒耄，遂有貪商。諸，於也。吾子，相親之辭。

長樂陳氏曰：古之善論兵者，以桓文之節制，不可敵武、湯之仁義。仁則愛人，而惡人之害之也。義則循理，而惡人之亂之也。未有下不得人和，上不得天時者矣。夫豈以衆之不得爲病，事之不逮爲恐，時之不及爲慮哉？其所以備戒如此者，出而與民同患，人之所畏，不可不畏爾。觀其誓師之辭，曰：「肆予小子，

❶「武」，通志堂本、四庫本及《禮記正義》作「舞」，當是。
❷「孔」字上，通志堂本、四庫本有「此答是」三字。

誕以爾衆士殄殲乃讎。爾衆士，其尚迪，果毅以登，乃辟。功多有厚賞，不迪有顯戮。」「尚弼予一人，永清四海。時哉弗可失。」其意亦可見矣。❶

嚴陵方氏曰：武之樂舞，形容當時伐紂之事。備者，備其物而有所防。戒者，戒其事而有所飭。若夫果得衆，則無所事乎備戒矣。唯其病不得衆，所以然也。咏者永其言，歎者難其事，淫則浸漬而不已，液則流通而不絶。凡若此者，恐不逮事也。❷發揚，言手容之發揮。蹈厲，言足容之奮厲。荒，言淫甚以至於荒也。

馬氏曰：夫武王之伐商，雖出於天人之應順而有必克之理，然未嘗無戒也。傳曰：「聖人以必不必，故無兵。衆人以不必必之，故多兵。」又曰：「聖人猶難之，故終無難。」此病不得衆，恐不逮事之意也。若恐民之未信，則曰：「爾無不信，朕不食言。」恐民之未畏，則曰：「汝不從誓言，予則孥戮汝。」病不得衆，恐不逮事之一端也。「發揚蹈厲之已蚤」，所以示其有勇敢之勢，而《武》之始如此也。「發揚蹈厲之已蚤」，非樂其蚤也。蓋當其可之謂時，而君子舉事欲及時而已矣。

延平周氏曰：武王之伐紂，豈得已哉？順乎人，應乎天而已矣。順乎人，應乎天，猶且病其不得衆，恐其不逮事，則此所以終能及時事也。

山陰陸氏曰：《泰誓》曰：「受克予，非朕文考有罪，惟予小子無良。」「病不得衆」，若此之謂也。夫以周伐殷，其克之必矣，

❶「矣」字下，通志堂本、四庫本有「樂書」二小字，是。
❷「恐」，通志堂本、四庫本作「皆」。

八百諸侯不期而會，然武王之志猶如此，恐諸侯不逮其事，蓋慎之至也。故曰「子之所慎，齊戰疾」。及時事也，此正言大公之志如此。《詩》曰：「維師尚父，時維鷹揚。」憲，讀如字。憲左，謂縣左膝，不致地。《武》坐左亦致也，據《武》亂皆坐。紂作靡靡之樂，所謂「及商」者此歟？「對曰有司失其傳」，後「商之遺聲也」五字在此，當承「對曰」，脱亂在後。去聖益遠，其傳之失者有矣。而君子知其不然，以在我者揆之而已。若世傳伊尹以割烹要湯，百里奚以五羊之皮干秦繆公，孟子皆斷而非之，是也。此言聞諸萇弘，《曾子問》曰「吾聞諸老聃」，❶則先儒謂問樂於萇弘，❷問禮於老聃是也。

慶源輔氏曰：賈五答皆是，當從陸氏說。見後賓牟賈意，當時爲知樂，故孔子與之言及樂，而又問之。此亦與人爲善之一端也。病不得衆，恐不逮事，所謂臨事而懼也。不以在己之已至者而貳之，此所謂聖人之心也。《詩》曰「上帝臨女，無貳爾心」，是恐不逮事也。若非《武》音，則何音也？此夫子所以深叩之。賈之言如是，則其中誠有所見而不可奪者，非口授耳傳之徒而已也。唯，受辭也，當作去聲。

葉氏曰：《武》之備戒已久，《武》之始也。久立於綴，《武》之終也。於用《武》之始，而曰「病不得其衆」者，諸侯之既至也。用《武》之終，而曰「待諸侯之至」者，諸侯之未至也。遲之遲者，動容也。又久者，

❶「曾」字上，通志堂本、四庫本有「若」字。

❷「儒」字下，通志堂本、四庫本有「所」字。

久立於綴也。

賓牟賈起，免席而請曰：「夫《武》之備戒之已久，則既聞命矣，敢問遲之遲而又久，何也？」子曰：「居，吾語女。夫樂者，象成者也。揔干而山立，武王之事也。發揚蹈厲，大公之志也。《武》亂皆坐，周、召之治也。

鄭氏曰：遲之遲，謂久立於綴。居，猶安坐也。成，謂已成之事也。揔干，持盾也。山立，猶正立也。象武王持盾正立，待諸侯也。發揚蹈厲，所以象威武時也。《武》舞，象戰鬬也。亂，謂失行列也。失行列，則皆坐，象周公、召公以文止武也。孔氏曰：賓牟賈前所答孔子之問，雖爲孔子所許，賈猶有不曉者，故復請問於孔子也。❶免席，避席也。既聞命，謂既爲孔子所許也。問備戒已久，立於綴亦是遲而又久，何意如此？孔子爲賓牟賈説其將舞之意，❷言作樂所以放象其成功，舞人揔持干盾以正立，似山而不動摇也。舞人發揚蹈厲，象大公威武鷹揚之志。

横渠張氏曰：揔干而山立，是舞中有一人，而象武王之治者。然以就舞位而樂尸養老，必天子有時而親爲也。發揚蹈厲之已蚤，此則是大公之志及時事而動也。「《武》亂皆坐，周、召之治」，此象武功成，周、召以文治也。坐者無事於武也。又曰：樂器有相，周、召之治與？其有雅，太公之志乎？雅者，正也。直己而行，正也。故訊疾蹈厲者，太公之事耶？《詩》亦有雅，亦正言而直歌之，無隱諷誦諫之巧也。



❶「復」，通志堂本、四庫本及《禮記正義》作「反」。

❷「意」，通志堂本、四庫本及《禮記正義》作「事」。

嚴陵方氏曰：免席而徒立，所以致敬。更端而問，故以請言之。上「遲」，音「稺」，蓋待也。所謂待諸侯之至也。下「遲」，宜如字。蓋遲未至於久，遲而又久，則遲之至也。如下文所言，至武之遲久，皆其事也。「居，吾語女」者，以免席而請，故命之居席，將以告之。樂象成者，以其成功，形見於樂也。揔干，與《祭統》所言同。曰「揔」，固足以該戚，且干所以自防，戚所以致誅。於此又見武王之用武無事於致誅，姑自爲之防爾。發揚蹈厲見乎手足之鼓舞，手足之鼓舞存乎心之所之，故曰「大公之志」。亂，謂治其行列之亂。大公之志，即武王之志也。以武莫若大公，故繫之以大公而已。周、召之治，即武王之治也。以文莫若周、召，故繫之以周、召而已。

馬氏曰：「遲之遲而又久」，言其久立於綴。久立於綴者，所以待諸侯之至也。夫武之遲久，非特以待諸侯之至而已，故孔子自樂之象成，以至於周道四達，禮樂交通，而反覆以告之也。「揔干而山立」，所以見其靜也。「發揚蹈厲」，所以見其動也。靜者動之主，動者靜之役。主則宜逸，故「揔干而山立」；臣則致勞，故「發揚蹈厲」。《傳》曰「上無爲也，下亦無爲也」，則下與上同德，下與上同德，則不臣。下有爲也，而上亦有爲也，是上與下同道，上與下同道，則不主。此其意也。

山陰陸氏曰：「揔干而山立，武王之事也」，言君之事如此。「發揚蹈厲，大公之志也」，言將之事如此。「《武》亂皆坐」，凡譁亂，使坐則定。

慶源輔氏曰：賓牟賈蓋當時之知樂者

也，故孔子以《武》樂問之。賈五答，而夫子「唯」之以一言，初未嘗有所辨明也。而賈乃起敬，免席而請者，蓋其温良恭儉讓之德容，有以感動之也，故曰「誠者非成己而已」也，❶所以成物也。賈禮恭辭遜，可與之言，故夫子使之居而語之。由是觀之，則賈知其一而未知其二也，故孔子因而發之。三句説盡《武》樂之義與武王伐紂之事，又見當時各盡其道。此蓋孔子之所自得者。若其得於萇弘者，與賈之所言合。

「且夫《武》，始而北出，再成而滅商，三成而南，四成而南國是疆，五成而分周公左、召公右，六成復綴以崇。天子夾振之而駟伐，盛威於中國也。分夾而進，事蚤濟也。久立於綴，以待諸侯之至也。

鄭氏曰：成，猶奏也。每奏《武》曲，一終爲一成。始奏，象觀兵盟津時也。❷再奏，象克殷時也。三奏，象克殷有餘力而反也。四奏，象南方荆蠻之國侵畔者服也。五奏，象周公、召公分職而治也。六奏，象兵還振旅也。復綴，反位止也。崇，充也。凡六奏以充《武》樂也。「夾振之」者，王與大將夾舞者，振鐸以爲節也。駟，當爲「四」，聲之誤也。《武》舞，戰象也。每奏四伐，一擊一刺爲一伐。《牧誓》曰：「今日之事，不過四伐五伐。」「分夾而進」，❸分，猶部曲也。事，猶爲也。濟，成也。舞者各有部曲之列，又夾振之者，象用兵務於早成也。久立於綴，象武

❶「非」字下，通志堂本、四庫本有「自」字。
❷「盟」，通志堂本、四庫本作「孟」。
❸「進」字下，通志堂本、四庫本有「者」字。

王伐紂待諸侯也。

孔氏曰：此一經孔子爲賓牟賈説《武》樂六成之意。成，謂曲之終成。每一曲終成而更奏，故云「成猶奏也」。「《武》始而北出」者，謂初舞位最在於南頭，從第一位而北出。次及第二位稍北出者。「復綴以崇」者，謂最在南第一位。初舞之時，從此位入北，至六成，還反復此位。六奏其曲《武》樂充備，是功成大平，周德充滿於天下也。經云「天子夾振」，明是尊者，故鄭知「王與大將」也。《武》樂在庭，天子尊極，所以得親夾舞人爲振鐸者。作《武》樂時，每一奏中而四度擊刺，象武王之伐紂四伐也。「盛威於中國」者，象武王之德盛大威武於中國也。振鐸夾舞者而前進，象爲事之蚤成也。未舞前舞者久立於酇綴，象武王待諸侯之至也。熊氏曰：前云三步以見方，此是一成也。作樂一成而舞，象武王北出觀兵也。❶作樂再成，舞者從第二位至第三位，象武王滅商，則與前文再始以著往爲一也。三成，謂舞者從第三位至第四位，極北而南反，象武王克紂而南遷也。❷四成，謂《舞》曲四成，❸舞者從北頭第一位即至第二位，❹象武王伐紂之後，南方之國於是疆理也。五成，謂從第二位至第三位，分爲左右，象周公居左，召公居右也。六成，復綴以崇者，綴謂南頭初位，舞者從第三位南至本位。謂六奏充其《武》樂，象武王之德充滿天下。此執

❶「出」字下，通志堂本、四庫本有「而」字。
❷「遷」，通志堂本、四庫本及《禮記正義》作「還」，是。
❸「舞」，通志堂本、四庫本及《禮記正義》作「武」，是。
❹「即」，通志堂本、四庫本及《禮記正義》作「卻」，是。

鐸爲祭天時也。案《祭統》云：「君執干戚就舞位，冕而摠干，率其羣臣以樂皇尸。」又下云：「食三老五更於大學，冕而摠干。」尚得親舞，何以不得親執鐸乎？　皇氏曰：武王伐紂之時，王與大將親自執鐸，以夾軍衆。今作《武》樂之時，令二人振鐸夾舞者，象武王與大將伐紂之時矣。　王氏曰：天子上屬，作樂六成，❶尊崇天子之德也。此《家語》文。横渠張氏曰：綴兆，綴以表行列，兆者場域之限也。舞以八佾，佾以八人爲列，則六十四人也。六成者，六奏曲終也。大凡舞者，必於其中以見其象。周始有雍州之地，及滅商所得者又有冀青，猶有六州之地。既得天下，必須鎮撫其諸侯，故「三成而南」，鎮撫南方諸侯也。四成，則見南方之國皆疆理而治也。「五成而分」，舞列皆分兩阿，❷以象周、召分而治也。「六成復綴以崇」，此時必改易衣冠服飾使之充盛，象治定致文也。「天子夾振而駟伐」，以舞列分爲左右，則摠干者在中央，振鐸而舞，列夾而進也。駟伐者，必是舞列四出，象兵四出也。「南國是疆」之後，亦有不伏者，❸如淮夷是也。其時須當用兵，故言「盛威於中國」，大中國之威也。「分夾而進」，夾摠干者也。「久立於綴」，亦是摠干者立於綴也。「以待諸侯之至」，舞中亦必有此象，是舞人四出後，改易衣服，以待其至也。如言將帥之士使爲諸侯，必有變服爲諸侯而出。



❶「作」字上，通志堂本、四庫本及《禮記正義》有「謂」字，當是。

❷「阿」，通志堂本、四庫本作「行」。

❸「伏」，通志堂本、四庫本作「服」。

延平周氏曰：樂以一變爲一成。紂都在北，故「《武》，始而北」。❶以象其觀政商郊。再成，以象克紂。三成，以象克紂而反。四成，以象有南國之土。五成，以象周、召之分治。六成，以象武功之成。《韶》，文樂也，文爲陽，故九成。《武》，武樂也，武爲陰，故六成。「夾振之而駟伐」，所以象武王之躬伐。伐以車爲主。兵事不可緩也而貴於夙，❷故曰「事蚤濟也」。紂之亡，非獨得罪於武王，天下之君皆欲亡之，此諸侯之所以至。凡此皆所以象成也。《詩》曰：「矢于牧野，維予侯興。」

長樂陳氏曰：先儒謂立四表於郊丘、廟廷，舞人自南表向二表爲一成，自二表至三表爲二成，自三表至北表爲三成，乃轉而南向，自一表至二爲四成，自二表至三爲五成，自三表至南表爲六成，則天神皆降。若八變，則又自南而北而七成，❸自二表至三爲八成，則地祇皆出。若九變，又自三表至北表爲九成，人鬼可得而禮焉。蓋周都商之西南，商都周之東北，故「《舞》，❹始而北出」，則至二表矣。此三步以見方者也。再成而滅商，則至三表矣，此「再始以著往」者也。「三成而南」，則至四表矣。《家語》曰：「三成而南反。」「四成而南國是疆」，則又自北而南至二表矣。「五成而分周公左、召公右」，則至三表矣。此復亂以飭歸者也。「六成復綴以

❶「北」字下，通志堂本、四庫本有「出」字，是。
❷「夙」，通志堂本、四庫本作「速」，是。
❸下「而」字，通志堂本、四庫本及《禮書》卷一百二十八作「爲」，是。
❹「舞」，通志堂本、四庫本作「武」，是。

崇天子」，《家語》曰：「以崇其天子。」則復初表矣。此樂終而德尊也。蓋「《武》始而北出」，則出表之東北，以商居東北故也。「三成而南」，則入表之西南，以周居西南故也。疆南國，然後可得而分治，分治然後可得而復綴。分治繫於臣，故散而爲二，復綴統於君，故合而爲一。《樂記》言「復綴以崇天子」，繼以「夾振之而駟伐」者，又本其始也。何則？武舞四表，所以象司馬之四表也，「夾振之而駟伐」，所以象司馬振鐸，師徒皆作也。「夾振之而駟伐」，《詩》所謂「駟騵彭彭」是也。「復亂以飭歸」，《國語》所謂「布憲施舍，謂之贏亂，以優柔容民」是也。司馬之四表，三表百步，一表五十步。始則行而不驟趨，中則趨而不馳走。及四表，則馳走之時也，故五十步而已。舞之四表，蓋不必然。《禮書》。　又《樂書》曰：孔子語大師之樂，❶以翕如爲作，以繹如爲成。是樂以始作以變成。武王之樂六成，則六變而已。「始而北出」爲治兵，所以尚威武也。終「夾振之而駟伐，盛威於中國」，則入爲振旅，所以反尊卑也。蓋《大武》之舞，以鼓進，以金止。以鼓進，則分左右夾而進之，所以欲事功之蚤濟也。以金止，則久立於綴兆之位而遲之，所以待諸侯之至也。其所以如此者，匪棘其欲也。致天討，除人害，以對于天下而已。

嚴陵方氏曰：「六成復綴以崇」，天子者復綴，則以象功成而還歸焉也。舉武事者既出於天子，則成武功者可不歸諸天

❶「語」字下，通志堂本、四庫本及《樂書》卷二十六有「魯」字，是。

子乎？歸功所以崇之也，故曰「以崇天子」。夫成之數有多寡，以象事序耳。「夾振之」者，八佾相夾而振鐸，八佾相夾則合而爲四矣。故繼言「駟伐」。伐，謂以戈伐地也。下又言「分夾」，則知此言夾者爲合矣。振之以鐸，所以盛其威之聲；伐之以戈，所以盛其威之容：故曰「盛威於中國」也。夾而聚者，所以一其心；分而進之，所以作其氣。作其氣，則欲其事之速成爾，故曰「事蚤濟也」。然樂舞之數有曰成，有曰變，有曰終，有曰闋，有曰奏，何也？曰成者，言樂至是而成也。曰變者，言樂至是而變也。曰終者，言樂至是而終也。曰闋者，言樂以是爲止也。曰奏，則樂以是爲進也。❶雖成可復生，變可復常，終可復始，闋可復成，奏可有加而無已。故數有至於再，至於三，有至於六，有至於九者。然《武》之樂止於六成，《韶》之樂至於九成者，蓋二四爲六，一三五爲九，則陰數窮於六，陽數窮於九。《武》樂，陰也，故六成。《韶》樂，陽也，故九成。乾爻用九，坤爻用六，亦以是爾。

山陰陸氏曰：南言化，自北而南，則商滅在後。今言「再成而商滅」，在此著商之滅早矣。《詩》曰：「實始翦商。」「四成而南國是疆」，若文王之化行乎《汝墳》之國猶未也，至是而後疆焉，則南國盡是矣。《詩》曰：「于疆于理，至於南海。」如是二公分陝而治可也。又如是而已矣，不可以有加矣，所謂「六成復綴以崇天子」是也。《王制》曰：「天子無事，與諸侯相見

❶「則」，通志堂本、四庫本作「者言」。

曰朝。」考禮、正刑、一德，以尊于天子，《黍離》閔周失是矣。《春秋》尊王，豈得已哉！《大武》言成不言變，愧於《雲門》等樂。「六成復綴」，鄭氏謂每奏一終爲一成。然則舞雖坐作進退不同，其樂一也。以崇天子，如是而天子崇矣。分夾而進，事蚤濟也。久立於綴，以待諸侯之至也。此一節應在上，今在此，言如上所謂而後能如此。且天下定矣，王命周、召分陝以主諸侯，又命大公主征不庭，此周之所以治也。《春秋傳》曰：「自陝以東，周公主之；自陝以西，召公主之。」又曰「昔召康公命我先君大公曰：五侯九伯，女實征之，以夾輔周室」是也。

馬氏曰：先儒謂樂六成，以尊崇天子之德。凡樂之作，皆所以昭天子之德，豈特六成之末始崇之乎？❶

金華應氏曰：《武》樂之始終，大概不過乎「蚤」與「久」之兩節而已。蹈厲之已蚤，大將之鼓勇也。分夾而蚤，濟三軍之養勇也。備戒之已久，❷不敢輕大敵而易進。久立以有待，不敢迫諸侯而速進。敏以趨天時而以蚤爲貴，則動如飄風之不可禦。緩以聽人心而以久爲貴，則靜如磐石之不可摇。一急一緩，俱不可偏。然六成之舞，其久之意常勝於蚤者，聖人無貪利之心，迫而後應，不得已而後動也。　又曰：❸待諸侯之至，此《武》之始事。孔子言之於終者，以其問至於遲久，故以是言。「《武》始而北出」下。

❶ 下「之」字，通志堂本、四庫本作「天子」。
❷ 「備戒」，通志堂本、四庫本作「戒備」。
❸ 「又曰」以下一段，原補在本卷末，今據通志堂本、四庫本移至此。

「且女獨未聞牧野之語乎？武王克殷反商，未及下車而封黄帝之後於薊，封帝堯之後於祝，封帝舜之後於陳，下車而封夏后氏之後於杞，投殷之後於宋，封王子比干之墓，釋箕子之囚，使之行商容而復其位。庶民弛政，庶士倍禄。濟河而西，馬散之華山之陽而弗復乘，牛散之桃林之野而弗復服，車甲衅而藏之府庫而弗復用，倒載干戈，包之以虎皮，將帥之士使爲諸侯，名之曰『建櫜』，然後天下知武王之不復用兵也。

鄭氏曰：反，當爲「及」字之誤也。及商，謂至紂都也。《牧誓》曰：「至于商郊牧野。」封，謂故無土地者也。投，舉徙之辭也。時武王封紂子武庚於殷墟。所徙者，微子也，後周公更封而大之。積土爲封。封比干墓，崇賢也。行，猶視也。使箕子視商禮樂之官，賢者所處，皆令反其居也。弛政，去其紂時苛政也。倍禄，復其紂時薄者也。散，猶放也。桃林，在華山旁。甲，鎧也。衅，「釁」字也。包干戈以虎皮，明能以武服兵也。建，讀爲「鍵」，字之誤也。兵甲之衣曰櫜。鍵櫜，言閉藏兵甲也。《詩》曰「載櫜弓矢」，《春秋傳》曰「垂櫜而入」，《周禮》曰「櫜之欲其約也」。薊，或爲「續」。祝，或爲「鑄」。

孔氏曰：孔子將欲爲賓牟賈論牧野之事，畢周道四達之意，故云「女獨未聞牧野之語乎」。以下文云「濟河而西」，故鄭知此「反商」是及至商也。「未及下車」，言封之速也。二王之後其禮大，故待下車而封之。「投殷之後于宋」者，武王初封武庚於殷墟，微子復其故位。《左傳》云「武王親釋其縛，使復其所」是也。即徙而居宋，故鄭註云「所徙者微子也」。

及武庚作亂於周公居攝時，周公因即微子所封而大之。故《書序》云「武王既黜殷命，❶命微子啓」是也。《周本紀》云「封神農之後於焦」。此不云者，舉三恪二代也。商容，容謂禮樂之官。《漢書·儒林傳》「徐生善爲容」，是善禮樂謂之容也。然《武成》篇云「式商容閭」，則商容是人姓名。鄭不見古文，故爲禮樂也。弛政，謂庶民被紂虐政者去之。倍禄，庶士禄薄者倍益之。車甲不復更用，故衅而藏之。以血塗物爲釁也。倒載干戈而還鎬京，凡載兵之法皆刃向外，今倒載者刃向國，不與常同也。虎皮，武猛之物也。用此虎皮包裹兵器，示武王威猛能包制服天下兵戈。或以虎皮有文，欲以見文止武也。封將帥之士爲諸侯者，以報其勞，賞其功也。鍵，籥牡也。櫜，兵鎧之櫜也。言鎧及兵戈悉櫜韜之，置於府庫而鍵閉之，故云「名之曰『建櫜』」也。鄭引《周禮·考工記》文。

張氏曰：今衛州所理汲縣，即牧野之地。薊，幽州縣也。陳，陳州宛丘縣，故陳城。杞，汴州雍丘縣。濟河而西，武王伐紂事畢，從懷州河陽縣南度黄河，至洛州，從洛城而西歸鎬京也。桃林，在華山旁。

石林葉氏曰：「武王克殷反商，未及下車」，此「商」字下脱「政」字。蓋《武成》文也。鄭氏不見古文，遂謂「反」當爲「及」。此與下誤言「行商容」同。

橫渠張氏曰：「牧野之語」，古樂「於旅也語」，説此樂之義也。「牧野之語」，語《武》也。語中之事，必是皆有此象。不

❶「武」，通志堂本、四庫本作「成」，是。

傳者，恐失其傳，或其繁多，難以語言盡也。

延平周氏曰：必封先代之後如此者，示其無意於天下。雖曰得之，亦與先代之後共之也。《書》曰「釋箕子囚」，蓋釋箕子而後使之爲臣。又曰「式商容閭」，蓋式之而後復其位也。漢之將帥亦嘗使爲諸侯，然卒不若周之無虞者，漢之所謂將帥，非周之所謂將帥也。

長樂陳氏曰：孔子定《書》正《禮》，皆斷自唐虞。此封先代之後，必及黄帝者，豈二帝三王之君皆出於黄帝故耶？與商周禘嚳同意。商王賊虐諫輔而比干以諫死，囚奴正士而箕子以智奴，剥喪元良而商容以仁隱。皇天震怒，命武王誅之。夫豈使之利廣土衆民爲哉？蘄於繼絶世，獲仁人而已。死者不可復作，封其墓以旌異之。生者猶可因任，因者釋之而使以德，隱者起之而復其位，急親賢也。《武成》以歸馬華山、放牛桃林爲先，釋箕子囚、封比干墓、式商容閭爲後，與此異，何耶？曰昔者廄焚，孔子問以傷人爲先，而馬次之。先人後物，古之君子皆然。夫豈武王偃兵，獨先物後賢耶？是知《武成》簡編錯誤，而記之所載爲不失其序。封二王之後，所以戒後世之爲君者。封比干之墓，所以勸後世之爲臣者。式商容之閭，言其始；行商容而復其位，言其終。釋者以商容爲商之禮樂，失之遠矣。❶

嚴陵方氏曰：牧野蓋武功所成之地，而《武》樂所由作也，故謂之「牧野之語」。

❶「矣」字下，通志堂本、四庫本有「樂書」二小字，是。

殷者湯之所遷，故後世以爲有天下之號，若曰殷邦、殷命是也。商者，契之所封，故後世以爲所都之號，若曰商邑、商郊是也。然湯止稱「商王」，《書》止曰《商書》，《頌》止曰《商頌》，特不忘本耳。又有言湯居亳，紂都朝歌者，殷乃亳之地名，《書》言「將治亳殷」是也。朝歌之城，特紂所名耳。克殷，則克殷之師而勝之。反商，則反商之政而復之。於所克言殷，以見紂師之衆；於所反言商，以見政之由舊焉。下文所言皆反商政之事也。封帝王之後，則《書》所謂「崇德象賢，脩其禮物」是也。於黄帝、堯、舜則封于未下車之前，夏、商則封于既下車之後者，蓋以道成於三，故存二代之後，以明應時損益之迹。則脩其禮物者，止於二代而已。二代而上，崇德象賢，其事爲略，故於下車之前封之，以示其不可緩也。脩其禮物，其事爲詳，故於下車之後封之，以示其無敢遽焉。崔氏謂黄帝、堯、舜之後爲三恪，謂夏、商、周爲三王。杜氏釋《左傳》「三恪」，以爲舜與二王後，誤矣。言黄帝而不及少昊、高陽、高辛者，猶《周官》之序六樂，《易》之序十三卦，皆言黄帝而遽及堯舜也。投有棄意。實封之而名曰「投」，豈非戒後世而然歟？崇先代，仁也。戒後世，義也。舜封象于有庳曰「放」，亦此意。商容，《書》言「式閭」，則所以禮之。此言復位，則所以用之。互相備焉耳。馬則人乘之以致遠，故言「弗復乘」。牛則人服之以引重，故言「弗復服」。華山、桃林，各以其所宜之地而散之也。孔氏謂欲使自生自死，疑或不然。濟河而西，則據當時所用事之地也。

「倒載干戈」者，反其本末，而載之於車，以示其不復用也。然《大司馬》若師有功，則右秉鉞以示不忘戰，此則「倒載干戈」，❶以示不復用者，蓋武之道，以止爲志，以戈爲事。志者天子之所守，示不復用，宜矣。事者司馬之所行，示不忘戰，宜矣。

山陰陸氏曰：「投殷之後」，微子也，言「投」，因致其義焉。封之者，恩也；投之者，義也。《易》曰「箕子之明夷利貞」，蓋比干諫而死，貞而不利。微子去之，利而不貞。臣道以正爲事，故武王訪箕子而投微子。且投之爲言，以紂故也，亦以微子故也。以紂故，以戒天下之爲君者。以微子故，以戒天下之爲臣者。雖謂之投，其實封也。封之者以殷故也，亦以微子故也。以殷故，以勸天下之爲君。❷以微子故，以勸天下之爲臣者。故曰「道並行而不悖」。「釋箕子之囚使之」，句，使之言用之也。言箕子爲之使，則武王可謂盛德矣。行，猶視也。行商容而復其位，則非特式其閭而已。經曰虎豹之皮，示服猛也。「倒載干戈，包之以虎皮」，言威武足以服猛，示不復用矣。苟或不然，雖包制干戈，能弗用乎？名曰偃兵，實造兵之始也。

廬陵胡氏曰：薊即涿郡薊縣，燕國之郡也。孔安國、司馬遷及鄭皆云燕國郡。邵公與周同姓。陸德明云「黄帝姓姬，君奭其後也」，然則豈黄帝之後封薊者滅絶，而更封燕郡乎？而皇甫謐以邵公爲

❶「此則」，通志堂本、四庫本作「則此」。
❷「君」字下，通志堂本、四庫本有「者」字，是。

文王庶子，記傳無見。又《左氏》富辰之言，❶亦無燕也。當考爾。《左氏》云：「武王親釋微子縛，使復其所。」此云「投於宋」者，非也。案《書》及《周本紀》，武王封紂子武庚於商墟，使其弟管、蔡相之。至周公居攝時，作亂被滅。成王命微子啓爲宋公，代商後。則封微子於宋者成王，非武王也。將帥爲諸侯，即《牧誓》「千夫長」也。建櫜，藏兵甲也。《春秋傳》「垂櫜示無弓」，則建櫜非垂矣。

慶源輔氏曰：先封其遠者，以示近者之必封也。「物有本末，事有終始，知所先後，則近道矣。」弛其政，所以慰民。倍其禄，所以勸士。武王之得天下，❷所以慰民而勸士，如斯而已，莫非義也。豈若後世之大赦天下，不問義理，以媚于民哉！成而衅之，幸其成也。衅而藏之，幸其不復用也。武王之所以息天下之兵者，固自有道。凡若此者，知其有不復用之理也，豈若後世之人率情而爲之，偃兵爲造兵之本者哉！將帥爲諸侯，《師》之上六是也。建而櫜之，其爲固也甚矣。武王之示不復用，以其道而知之也。天下知武王之不復用兵，以其迹而知之也。

金華應氏曰：《武》始而北出，三成而南，皆以河爲南北大勢之限也。又曰：濟河而西者，又以北爲東西大勢之限也。❸蓋以岐、雍而視濮、衛，❹則周爲西南，而商爲西北也。

「散軍而郊射，左射《貍首》，右射《騶虞》，而

❶「氏」，通志堂本、四庫本作「傳」。
❷「之」，通志堂本作「始」。
❸「北」，通志堂本、四庫本作「河」，當是。
❹「衛」，原作「衡」，今據通志堂本、四庫本改。

貫革之射息也。裨冕搢笏而虎賁之士説劒也。祀乎明堂，而民知孝。朝覲，然後諸侯知所以臣。耕藉，然後諸侯知所以敬。五者，天下之大教也。

鄭氏曰：郊射，爲射宫於郊也。左，東學也。右，西學也。《貍首》、《騶虞》，所以歌爲節也。貫革，射穿甲革也。裨冕，衣裨衣而冠冕也。裨衣，衮之屬也。搢，猶插也。賁，憤怒也。文王之廟爲明堂制。耕藉，藉田也。

孔氏曰：此一經論克商之後脩文教也。散軍而郊射者，還鎬京止武而習文也。天子於郊學而射，所以擇士簡德也。「左射《貍首》，右射《騶虞》」者，東學亦在東郊。《貍首》，諸侯之所射詩也。周立虞庠於西郊，故知使諸侯習射於東學，歌《貍首》詩也。鄭註《大射》云「《貍首》，逸《詩》」。貍之言不來也。其詩有「射諸侯首不朝者」之言，因以名篇。西學在西郊。《騶虞》，天子於西學中習射所歌之詩也。《王制》云：殷禮，小學在公宫南之左，大學在郊。武王伐紂之後，猶用殷制，故小學射《貍首》，大學射《騶虞》也。鄭言爲射宫於郊者，據大學也。貫革，所謂軍射也。革，甲鎧也。取甲鎧而張之，射穿多重爲善。《春秋傳》養由基射穿七札是也。既習禮射於學，故貫革之射止息也。裨冕者，《覲禮》云「裨氏裨冕」，❶鄭曰：「裨之言埤也。天子六服，大裘爲上，其餘爲裨。」❷故鄭註云「裨衣，衮之

❶ 上「裨」字，通志堂本、四庫本及《禮記正義》作「侯」，是。

❷ 「裨」，通志堂本、四庫本作「埤」。

屬」，謂從衮冕之衣以下皆是也。虎賁，言奔走有力如虎。祀乎明堂者，是文王之廟也。周公攝政，六年始朝諸侯於明堂。當武王伐紂，未有明堂。故知文王之廟制，❶非正明堂也。六服更朝，故諸侯知爲臣之道。王耕藉田，以供粢盛，故諸侯知敬，還國而教也。❷

長樂陳氏曰：武王克商，行郊射之禮，猶即商學而已，何則？周人之學有東西，無左右。商人之學有左右，無東西。地道尊右而卑左，故諸侯郊射於左學，天子郊射於右學。然射有揖遜之取，有勇力之取。不主皮之射，揖遜之取也；貫革之射，勇力之取也。散軍郊射，而貫革之射息，則尚揖遜，不尚勇力也。今夫貍之爲物，其性善搏，其行則止，而擬度焉。射者必持弓矢審固奠而後發，亦擬度之意也。《騶虞》見於《周南》，而《貍首》無所經見，逸《詩》有之。「曾孫侯氏，四正具舉。大夫君子，凡以庶士。小大莫處，御于君所。以燕以射，則燕則譽」，豈《貍首》之詩耶？《檀弓》曰：「貍首之班然，執女手之卷然。」豈《貍首》之歌耶？《周官·司服》「孤之服，自希冕而下，如子、男之服。卿大夫之服，自玄冕以下，如孤之服」。由是觀之，子、男之君，視公、侯、伯爲卑，而孤卿大夫又視子、男爲卑，此子、男之君所以與孤卿大夫同服裨冕。勝商之後，天子郊射以《騶虞》爲節，諸侯郊射以《貍首》爲節，而貫革之射息。孤

❶「知」字下，通志堂本、四庫本及《禮記正義》有「是」字。

❷「還」字上，通志堂本、四庫本及《禮記正義》有「亦」字；「教」，通志堂本、四庫本作「耕」。

卿大夫服裨冕搢笏，而虎賁之士說劍，則偃武脩文之意可見矣。鄭康成謂「裨衣，衮之屬也」。孔穎達因謂天子六服，以大裘爲上，其餘爲裨，不亦誤乎？《孝經》「宗祀文王於明堂，以配上帝」，則嚴父之孝，莫大於此。天子以孝致明堂之祀，而四海之民莫不觀化而知孝。「老吾老，以及人之老」故也。《大宗伯》「以賓禮親邦國」，而朝覲居其一。朝，春以圖天下之事，覲，秋以比邦國之功，然後諸侯不敢不一於制節，抑又知謹度以脩臣道焉。公田謂之藉，借民力治之故也。王所親耕謂之藉，借民力終之故也。四海之内，各以其職來助祭，而王必躬耕以共粢盛者，以爲祭不自致，則如不祭。以此率諸侯，事其先君，夫孰不知所以敬哉？《祭義》言與此詳略不同，何也？曰繼治者其道同，繼亂者其道變。《祭義》論先王治世之常法，故以食老更、祀先賢次於祀明堂，以耕藉先於朝覲。《樂記》論武王牧野一時之權宜，故以偃武爲先，脩文爲後，使民知孝爲先，諸侯知敬爲後。明堂之制，周法然也。武王牧野之事未必有，是記者言之，豈追成周之制言之歟？《樂書》。

嚴陵方氏曰：軍之出也，聚於行伍。其入也，散於阡陌。散軍則軍既入，而天下無事矣。然又郊射焉，慮忘戰之危故也。以樂爲節，則異乎貫革之射矣，故曰「貫革之射息」也。裨冕搢笏，示其將有事於文也。說，則脱而解之也。裨冕，見《玉藻》解。虎賁，《周官》以之名氏焉，取其奔赴如虎也。故《春秋外傳》曰：「天子有虎賁，習武訓也。」《貍首》、《騶虞》者，脩樂之文以偃武也。「裨冕搢笏」者，脩禮之文以偃武也。夫教亦多術矣。此五者，特其大者爾，故曰「大教」。示民之孝，止以明堂之配帝，❶而不云郊祀之配天者，以天下初定，禮之大者有所未暇故也。其序先散軍、郊社與裨冕、搢笏，❷以脩禮樂之文爲急，而又以樂之文爲首者，以樂入人易故也。與《内則》十三學樂，二十學禮同意。人之行莫大於孝，故繼之以祀明堂。孝所以事内，臣所以事外，故繼之以朝覲。君臣之間，主敬而已，故繼之以耕藉。

慶源輔氏曰：此武王所以偃兵之梗概也。「貫革之射」，虎賁之劒，非强以息之説之也。示之以郊射禮服，而彼自不能不息不説也。民知乎孝，則無犯上作亂之心。諸侯知所以爲臣，知所以敬天，則有尊天子、畏上帝之誠。此兵之所以不復用也。所以者爲自敬天之理也。知其所以然，然後能不違也。孝獨不言所以孝，無所以也。子之孝於親，夫孰知所以然哉？唯有以感發之而已。

金華應氏曰：射於郊，養老於大學，非有異學也。大學即在郊之學，《貍首》、《騶虞》之節，雖有天子、諸侯之異，竊意因學而分左右，非分學而射也。若分之而天子、諸侯各射一處，則非所以辨尊卑矣。《騶虞》仁而不殺，天子包容徧覆之象。《貍首》義而善搏，諸侯奔走赴功之象。故射各以其詩爲節。

「食三老、五更於大學，天子袒而割牲，執醬

❶「以」，通志堂本、四庫本作「云」。
❷「社」，通志堂本、四庫本作「射」，是。

而饋，執爵而酳，冕而摠干，所以教諸侯之弟也。

鄭氏曰：三老、五更，互言之耳，皆老人更知三德五事者也。冕而摠干，親在舞位也。周名大學曰東膠。

孔氏曰：鄭註三德，謂正直、剛、柔；五事，謂視、聽、言、貌、思。❶《文王世子》註云：「象三辰、五星者，義相包矣。」天子食三老五更之時，親袒衣而割牲，親執醬而饋之。食訖，親執爵而酳口，親自著冕，手持干盾而舞也。此冕當鷩冕。饗先公以饗射養老之類。天子親自養老，則諸侯亦然。不言教以孝者，與上互文。

横渠張氏曰：古者養老執醬而饋，執爵而酳，執干羽以就舞位，天子身親如此，用悦老者，所以教天下之孝悌，聖人之教人也。是故洒掃應對爲道之基本也。五更、三老，「更」，疑爲「叟」。三老，三人。五更，五人。

長樂陳氏曰：《禮運》云「三公在朝，三老在學」，三賓之於鄉，三卿之於國，三公之於朝，皆非一人爲之，則三老、五更之於學，豈皆以一人名之耶？後世以尉元爲三老、游明根爲五更之類，皆以一人爲之，非古意也。三老有成人之德，近於父者也，先王以父道事之。五更，更事之久，近於兄者也，先王以兄道事之。然君者所事也，非事人者也。其所以事人，不過親袒割牲，執醬而饋，執爵而酳以禮之，冕而摠干以樂之而已。《文王世子》言「天子視學，釋奠於先老，遂設三老五

❶「視聽言貌」，通志堂本、四庫本及《禮記正義》作「貌言視聽」。

更羣老之席位焉。適饌省醴，養老之珍具，遂發咏焉」。言親袒割牲，則適饌可知。言「執醬而饋」，則珍具可知。言「執爵而酳」，則省醴可知。言「冕而揔干」，則發咏可知。《樂書》。

嚴陵方氏曰：老取其成德，更取其能歷事。以其成德，故數必以三。三者，數之成也。以能歷事，故數必以五。五者，數之備也。三老不必三人，五更不必五人，亦猶三公四輔之義爾。德成而上，事成而後，此隆殺之别也。「袒而割牲」，所以服其勞。「執醬而饋」，所以養其陰。「執爵而酳」，所以養其陽。「冕而揔干」，所以侑其食也。若是固足以教諸侯之孝矣。止曰教弟者，以未若嚴父配帝之爲大故也。饋食固不止於醬，以食物故執之。「獻孰食者，操醬齊」是已。以酒漱口曰酳。養老止於如此，亦微其禮故也。揔干，武舞也。《祭統》曰「舞莫重於《武宿夜》」，此周道也。

「若此則周道四達，禮樂交通，則夫《武》之遲久，不亦宜乎！」

鄭氏曰：言《武》遲久爲重禮樂。

孔氏曰：周德如此之後，則是周之道德四方通達，禮樂交通，無所不備也。凡功小者易就，其時速也。功大者難成，其時久也。周之禮樂功大，故作《大武》之樂，遲停而久，不亦宜乎！

延平周氏曰：樂者德之聲，舞者德之形容。周之始以兵戈克紂，而至於祀明堂，耕藉田，養老更於大學。然後其教大備，其道四達，則樂舞之遲遲，豈過也哉！

嚴陵方氏曰：四達者，東西南北無所不達也。交通者，上下内外無所不通也。

唯其道四達，故禮樂得以交通焉。周之成功若是之遲，歷時若是之久也，則樂之象成亦宜夫遲久矣，故曰「不亦宜乎」。金華應氏曰：帝者之德尊，而其世已遠。意其淪墜之已久，故封之尤急。王者之德降，而其世猶近，未至於圮散而無所歸，故封之爲次。商容閑廢于家，武王固已親式其閭以致敬，而未敢輕起之，而遽任以事也。故使箕子同類之賢者，先行而訪之，道達殷勤，而後復其位，所以尊賢也。牛馬縱而遂其性，則物之勞者逸。車甲衅而息其神，則器之動者静。干戈倒而包以虎皮，則昔爲武而今爲文。將帥俾爲諸侯，則昔治軍而今治民。貫革之射則息之，虎賁之劍則説之，所以潛消其暴戾鷙悍之習。《貍首》、《騶虞》以爲節，裨冕執笏以爲容，明堂、朝覲、耕藉、養老，所以開導其孝悌敬順之心。凡此皆所以反前日之所爲，而一新天下之觀聽也。其氣象甚雍容，其節目甚詳密，此豈一日之所能爲？宜乎《武》舞象之而舒徐遲久也。然則戒之久，立之久，固無急於富天下之心。遲之遲而又久，又必緩以待天下之化。《大武》雖武舞也，實止戈之武也，實修文之武也，故《武》之詩曰「勝殷遏劉」。

君子曰：「禮樂不可斯須去身。致樂以治心，則易、直、子、諒之心油然生矣。易、直、子、諒之心生則樂，樂則安，安則久，久則天，天則神。天則不言而信，神則不怒而威，致樂以治心者也。

鄭氏曰：致，猶深審也。子，讀如「不子」之「子」。油然，新生好貌也。善心生，則寡於利欲，寡於利欲則樂矣。志明行成，不言而見信如天也，不怒而見畏如神也。

樂由中出，故治心。

孔氏曰：自此至「可謂盛矣」，名爲《樂化》。言樂能化人，始至於善。此經明樂以治心。記者引君子之言云禮樂是治身之具，故不可斯須去離於身也。致，謂深致詳審。易，謂和易。直，謂正直。子，謂子愛。諒，謂誠信。言能深遠詳審此樂，以治正其心，則和易、正直、子愛、誠信之心油油然而生矣。油，潤澤之貌，言樂能感人，使善心生也。四善之心生，則令人和樂。利欲之發由貪鄙而來，心思利欲，則形勞神苦。❶善心既生，則利欲寡少，情性和樂，安而不躁，久則人信之如天，畏之如神。天有四時不失，故云「信」；神是人所畏敬，故云「威」：其實一也。

横渠張氏曰：「天不言而信，神不怒而威」，誠故信，無私故威。

長樂陳氏曰：自「生則樂」至「不怒而威」，此由粗以至精，自有而入無也。蓋易、直、子、諒之心生，可欲者也。樂者有諸己者也。樂則安者，充實者也。安則久者，有光輝者也。久則天者，大而化者也。天則神，化而不可知者也。《孟子》之言主於學，故言善，言信，言美，言大，言聖。此主於樂，故言易、直、子、諒，言樂，言安，言久，言天。然功則歸之於一，故皆終之以神也。「天則不言而信」者，孔子所謂「天何言哉？四時行焉，百物生焉」者也。「神則不怒而威」者，《易》所

❶「形勞神苦」，通志堂本、四庫本及《禮記正義》作「神勞形苦」。

謂「神武而不殺」者也。　又《樂書》曰：陂則險，平則易，邪則曲，正則直。易則易知，性之所以爲知也。直則内敬，性之所以爲禮也。子者天性之愛，所以爲仁也。諒者天性之誠，所以爲信也。致樂以治心，而易、直、子、諒之心生，則於性之所受者能樂。於性之所受者能樂，則於事之所遇者能安。於事之所遇者能安，則不失其所而其德可久矣。《易》曰「可久則賢人之德」，《孟子》曰「聖人之於天道」。則久者，賢人之地道也；天者，聖人之天道也。神則聖而不可知，雖陰陽且不能測，况於人乎？

嚴陵方氏曰：「禮樂不可斯須去身」，君子須臾不離道，跬步弗忘孝，造次無違，❶夙夜以强學，皆以是也。斯者辨於此，須者待於彼。辨則離，待則合，斯須則一離一合之頃也。禮樂之不可去身如此，故言「致樂以治心」，「致禮以治躬也」。易、直、子、諒之心，皆以和爲體，故致樂以治之，則油然生矣。且易、直者，天之道，以樂之始由乎天也。子、諒者，人之道，以樂之終感乎人也。樂言心之無憂，安言身之無危。心樂乎内，然後身安乎外，故「樂則安」。安而無危，則固可久，故「安則久」。久而不易，則其道自然，故「久則天」。自然，則其用不測，故「天則神」。自然者，天之道也。不測者，神之用也。自然則莫之或疑矣，故「不言而信」。不測，則莫之敢犯矣，故「不怒而威」。

馬氏曰：易以言其平，直以言其正，子以言其愛，諒以言其信，皆人之常性也。人

❶「無違」，通志堂本、四庫本作「不違仁」，是。

之性出於天，而成之者樂也。樂者樂得其常性也。《孟子》曰：「萬物皆備於我矣。反身而誠，則樂莫大焉。」安則外物所不能傾，而執德弘、信道篤。在此無斁，在彼無惡，險夷一節，故「安則久」。久者幾於化，而天者以言其化也。至於化，則廣大有以致，而高明有以極矣，故「久則天」。至於化之不可知則爲神，❶故「天則神」。蓋天者四時，春夏秋冬，不言而人信之。神則視之而不見，聽之而不聞。使天下之人齊明盛服，以承祭祀，洋洋乎如在其上，如在其左右者，以其不可知也。凡此者，皆樂之所致也。故卒之言「樂以治心」。然則始之治心，終至於神，何也？蓋樂生於心，則其所循者天。所循者天，則其體也壯。故由易、直、子、諒之心而積之，終至於神。此與夫《孟子》所謂善、信、美、大、聖、神之説類矣。

東萊吕氏曰：「禮樂不可斯須去身」，凡有序而和，則爲禮樂。夫其所以然者，何歟？不仁則禮樂息矣。

新安朱氏曰：《韓詩外傳》「子諒」作「慈良」，近是。天謂體性自然，神謂神妙不測。

建安真氏曰：古之君子以禮樂爲治身心之本，故斯須不可去之。致者，極其至之謂也。樂之音和平中正，故致此以治心，則易、直、子、諒油然而生。生則樂，善端之萌，自然悦豫也。「樂則安」，樂之然後安也。「安則久」，安之然後能久也。「久則天」，渾然天成，無所作爲也。「天則神」，變化無方，不可度思也。天雖何言，

❶「之」，通志堂本、四庫本作「而」。

人自信之，以其不忒也。神雖不怒，人自畏之，以其不測也。生樂久安，猶《孟子》所謂善、性、美、大也。至於天且神，則大而化之矣。禮以恭儉退遜爲本，而有節文度數之詳。故致此以治身，則自然嚴威。夫禮、樂一也。然以禮治身，至于嚴威而止，不若樂之治心至于天且神者，何也？蓋天者自然之謂，治身而至於嚴威，則亦自然矣，其效未嘗不同也。但樂之於人，能變化其氣質，消融其查滓。故禮以順之於外，而樂以和之於中，此表裏交養之功。而養於中者，實爲之主。故聖門之教，立之以禮，而成則以樂。記禮者推明其效，亦若是其至也。於是又言身心無主，則邪慝易乘。中心斯須而不和樂，則鄙詐入之。外貌斯須而不莊敬，則慢易入之。善惡之相爲消長，如水火然，此盛則彼衰也。鄙詐易慢，皆非本有。而謂之心者，和樂不存，則鄙詐入而爲之主；莊敬不立，則易慢入而爲之主。❶夫既爲主於内，非心而何？猶汙泥非水也，撓而濁之，是亦水矣。此禮樂之所以不可斯須去身也。

慶源輔氏曰：致禮、致樂，與「君子學以致其道」之「致」同。致，謂我有以致之，而彼自至也。禮樂雖我之所固有，然不有以致之，則無以得其用。故曰「苟非其人，道不虛行」。我欲仁，斯仁至矣」。「禮樂不可斯須去身」，是所謂禮樂固非玉帛鍾鼓之謂也。「致樂以治心」，謂常存和樂以養其心也。和樂常存於内，則善心油然而生矣。易者，天之道也。直者，地

❶「易慢」，通志堂本、四庫本作「慢易」。

之道也。子、諒，人之道也。一心具三才之妙。《孟子》曰：「樂則生矣，生則烏可已也。烏可已，則不知手之舞之，足之蹈之。」故曰「生樂則安」矣。安，如「自得之，則居之安」、「仁者安仁」之「安」。則越宇宙以同時，通今古於一息，故「悠久」。悠久不息，則天也。天則不可測識矣，故曰「天則神」。神則天之不可知者也，非天之外别有所謂神也。因其「不言而信」，則謂之天。因其「不怒而威」，則謂之神。

禮記集説卷第九十九

# 禮記集説卷第一百

「致禮以治躬則莊敬，莊敬則嚴威。心中斯須不和不樂，而鄙詐之心入之矣。外貌斯須不莊不敬，而易慢之心入之矣。」

鄭氏曰：躬，身也。禮自外作，故治身。鄙詐入之，謂利僞生。易，輕易也。

孔氏曰：前云「致樂」，此云「致禮」。聖王詳審禮意以治躬則莊嚴而恭敬。內心莊嚴恭敬，則人懼之，嚴肅威重也。不能致樂治心，心中斯須不能調和，則不能喜樂，而有鄙恡詐僞之心入於內矣。不能致禮治躬，故輕易怠慢之心從外而入內矣。

河南程氏曰：「心中斯須不和不樂，而鄙詐之心入矣」，此與「敬以直內」同理，謂敬爲和樂則不可。然敬則須和樂，正以中心没事也。

長樂陳氏曰：肅則莊敬，重則嚴威，是嚴威以莊敬爲本，莊敬以嚴威爲文也。禮也者，資莊敬以爲教，待威嚴而後行。樂由中出而本乎心，則和樂者，心之發於天真者也。禮自外作而見乎貌，則莊敬者，貌之形於肅括者也。鄙詐之心，反乎子諒者也。易慢之心，反乎莊敬者也。言反乎子諒者，推而上之，以見易直；言反乎莊敬者，推而下之，以見嚴威：言之法也。《樂書》。

山陰陸氏曰：是亦威也，與「天則不言而信，神則不怒而威」亦異矣。夫禮之事如斯而已，故致樂以治心，終始兩言之也。

子曰：言之重，辭之複，其中心有善

者焉。

李氏曰：不和則鄙，不樂則詐，不莊則易，不敬則慢。不和、不樂、不莊、不敬生者，生於内者也。鄙詐慢易入者，入自外者也。

新安朱氏曰：心要平易，無艱深險阻。所以説不和不樂，則鄙詐之心入之矣；不莊不敬，則慢易之心入之矣。「入」之一字，正見得外誘使然，非本心實有此惡。雖非本有，然既爲所奪，而得以爲主於内，則非心而何？

慶源輔氏曰：樂以治心，禮以治躬，而皆終於威者，德成而後有威也。子曰：「正其衣冠，尊其瞻視，儼然人望而畏之。」成德之事也。述樂之功詳，述禮之效略者，非崇樂而簡禮也，以治心、治躬之不同耳。雖然，樂生於禮，禮成於樂。治心所以成其身，治躬所以正其心。禮樂之用，未嘗不相資也。鄙，謂麤强而不和。鄙而後至於詐，易而後至於慢。由此觀之，則所謂致樂者，致其和樂而已；致禮者，致其莊敬而已。和樂者，人之本心。莊敬者，人之正貌。鄙詐易慢則感於外而然也，故云「入」。自外之内曰入。

「故樂也者，動於内者也。禮也者，動於外者也。樂極和，禮極順。内和而外順，則民瞻其顏色，而弗與争也；望其容貌，而民不生易慢焉。故德煇動於内，而民莫不承聽；理發諸外，而民莫不承順。故曰：致禮樂之道，舉而錯之天下，無難矣。」

鄭氏曰：德煇，顏色潤澤也。理，容貌之進止也。

孔氏曰：此一經言聖人用禮樂以治身，内外兼備，使德煇動於内，而民順於外。

樂從心起，故動於內；禮自外生，故動於外。樂能感人，故極益於和；禮以檢貌，故極益於順。內心和而外色順，故民望其顏色而不與争。外貌和順，故民不生易慢。樂以和心，故德煇發動於內，而民莫不承奉聽從。禮以治貌，故理發見於外，而民莫不承奉敬順。聖王若能詳審極致禮樂之道，舉而錯置於天下，悉皆敬從，無復有難爲之事也。

張氏曰：動，謂觸也，用禮樂以感動之。樂治心，故云動內。禮檢跡，故云動外。

延平周氏曰：樂動於內，所以極和，和言其心。禮動於外，所以極順，順言其貌。

長樂陳氏曰：禮樂之於天下，辨上下之位，則禮交動乎上，樂交應乎下，相通以致用也。定內外之分，則樂動於內，禮動於外，相辨以立體也。其爲體用雖殊，而所以職乎動，則一而已。記者兩言之，爲更端異故也。曾子言「君子動容貌，斯遠暴慢矣。正顏色，斯近信矣」。誠信達之於顏色，恭敬達之於容貌。君子內和於心以達誠信，則民瞻其顏色，而弗與争焉，以內信外也；外順於貌以達恭敬，則望其容貌，而民不生易慢之心焉，以外直內也。《曲禮》曰：「執爾顏，正爾容。」《祭義》曰：「有愉色者，必有婉容。」《冠義》曰：「禮義之始，在於正容體，齊顏色。」是顏色之於容貌爲內，容貌之於顏色爲外。故於內和之樂言顏色，外順之禮言容貌。子張問政，孔子對以「君子明於禮樂，舉而錯之而已」。然則致禮樂之道，舉而錯之天下，則安上治民，移風易俗，猶反掌耳，爲政豈難哉！此孔子將爲政於衛，所以深悼禮樂之不興也。樂雖主和，未嘗不順，和順積中是也。禮雖主順，未嘗不和，「禮之用，和爲貴」是也。《樂書》。

嚴陵方氏曰：樂動於内，而彼此之情不乖，故其極也和。禮動於外，而上下之體無逆，故其極也順。内和，則民瞻其顔色，而弗與争也。外順，則望其容貌，而民不生易慢焉。顔色，則指其面目；容貌，則兼手足言之：瞻近而望遠故也。夫瞻其顔色，望其容貌，已足以使民弗與争，而不生易慢，又况於親炙之乎？聽亦無非順也。以樂有音，故特以聽言。聽與順皆言下之所以承上者如此。錯言錯之於彼，以其莫不聽順，故曰「錯之天下」。

慶源輔氏曰：樂作於外，而動於内；禮根於内，而動於外。樂動於内，故極其和；禮動於外，故極其順。和以心言，順以迹言，而心迹初非二事也，内和則外順矣，禮樂果二道哉？内和而外順，❶而民瞻望之至於如此者，「蓋德煇動於内，而民莫不承聽；理發諸外，而民莫不承順」故也。德煇謂樂也，所謂奮至德之光也。德煇動於内，則必形於外矣。理即禮也。理發於外，則根於内可知矣。舉，言舉之自我始也。致樂以治心，致禮以治躬而已。然果能致禮樂之道於己，則舉而錯之天下，民莫不順從矣，又何難之有哉！

金華邵氏曰：禮樂何以能感民如此哉？蓋聖人與斯民均備是禮樂於所性之中，

❶「順」字下，通志堂本、四庫本有「則正其衣冠，尊其瞻視，儼然人望而畏之矣，豈敢有易慢之心哉！況於與之争乎？『德煇動於内』以下，此又覆説上意。所以内和而外順」五十一字。是。

特聖人先得我心之同然，故一舉而錯之天下，則此以心感，彼以心應，宜其易易而無難矣。

「樂也者，動於内者也。禮也者，動於外者也。故禮主其減，樂主其盈。禮減而進，以進爲文。樂盈而反，以反爲文。禮減而不進則銷，樂盈而不反則放。故禮有報，而樂有反。禮得其報，則樂。樂得其反，則安。禮之報，樂之反，其義一也。」

鄭氏曰：禮主其減，人所倦也。樂主其盈，人所歡也。進，謂自勉强也。反，謂自抑止也。文猶美也，善也。放淫於聲，樂不能止也。報，讀爲「褒」。褒，猶進也。得，謂曉其義，知其吉凶之歸。「其義一」，謂俱趨立於中，不銷不放也。

孔氏曰：此一節論禮樂之體，或減或盈，其事各異。王者當各依其事以和節之。禮既減損，若不勉强自進，則禮道銷衰。樂主盈滿，若不反自抑損，則樂道流放。

張氏曰：威儀繁廣，易生厭倦，故禮之失在乎損。洋洋盈耳，不欲休止，故樂之失在乎盈。失在於損，當自勉强；失在於盈，當自抑止。

河南程氏曰：禮樂只在進反之間，便得性情之正。

長樂陳氏曰：禮未嘗不主減，然而饗必至於百拜，儀必至於三千，則以進爲文可知。樂未嘗不主盈，然而合樂必止三終，奏《韶》必止九成，則以反爲文可知。在《風》之《蟋蟀》，儉必欲中禮，樂必欲無荒，在《雅》之《楚茨》，禮儀欲其既備，鍾鼓欲其既戒，亦此意。銷則鑠於外物，不能以自强，入於魯人之跛倚者有之。放則逐於外物，不能以自反，入於魏文侯之忘倦者有之。《樂書》。

嚴陵方氏曰：其情減，則知退而不知進，故宜文之以進。其情盈，則知出而不知反，故宜文之以反。報者，施之對。施爲出，而出所以退；報爲入，而入所以進：進與報其實一也。禮爲異，故有曰進，有曰報。樂爲同，故一曰反而已。前言「禮報情」，非禮有報之謂乎？又言「君子反情以和其志」，非樂有反之謂乎？

馬氏曰：「樂動於内，故主其盈；禮動於外，故主其減」，此言其體也。「禮減而進，以進爲文，樂盈而反，以反爲文」，以至「禮之報，樂之反」，此言其用也。以體而言之，故禮曰「減」，樂曰「盈」。以用而言之，故禮曰「進」，樂曰「反」。樂者，動於内者也，故其體則主於盈。蓋樂由中出，而爲人心之所喜。禮動於外，故其體則主於減。蓋禮自外作，而先王有以强世。禮主於減，故君子勉而作之，而以進爲文。樂主於盈，故君子反而抑之，而以反爲文。以進爲文，然後能全其禮。以反爲文，然後能全其樂。七介以相見，不然則已慤。三辭三讓而至，不然則已蹙。一獻之禮，而賓主百拜，酒清人渴而不敢飲，肉乾人飢而不敢食，日暮人倦，齊莊正齊而不敢懈怠，以成禮節，此皆勉而進之者也。進旅退旅，所以示其有所和。弦匏笙簧，會守拊鼓，所以示其所有統。❶治亂則以相，迅疾則以雅，其作之則以柷，其止之則以敔，此皆反而抑之者也。禮減而不進，則禮之道幾於息矣，故銷。樂盈而不及，則樂之道至於流矣，故放。

❶「所有」，通志堂本、四庫本作「有所」，是。

先王知禮樂之偏，故禮則有報，而樂則有反。禮有報者，必資於樂也。樂有反者，必資於樂也。❶故曰「禮之用和爲貴」。言「禮之用，和爲貴」，則樂之用，節爲善也。故禮得其報則樂，樂得其反則安。禮得其報，則禮資於樂，資於樂則樂。蓋樂者，樂也。《傳》曰：「行而樂之樂也。」樂得其反則安，則樂資於禮。資於禮則安，故《傳》曰：「有禮則安。」禮之報、樂之反雖不同，而相資之理一也，故曰「其義一也」。

李氏曰：陽剛以動吐，故其道常饒。陰柔以静翕，故其道常乏。禮，陰也，常乏，故主乎減。樂，陽也，常饒，故主乎盈。然陽而不陰，則無以合其施；經而不緯，則無以成其誼。故陰之陽，剛上而文其柔，所以爲禮之文也；陽之陰，柔下而文其剛，所以爲樂之文也。故曰「禮減而進，以進爲文，樂盈而反，以反爲文」。《易》於《復》曰「反復其道」，而於《姤》曰「品物咸章」。蓋上者陽之所也，下者陰之所也。陽上進而陰下退，所以爲「復」。「禮主於減，樂主於盈」者，復之道。❷外者陽之所也，内者陰之所也。陽内入而陰外出，故爲姤。禮以進爲文，樂以反爲文者，姤之道也。若夫禮減而不進，則入至於藏，故銷。樂盈而不反，則出至於蕩，故放。銷則不能若消之有存，而放則不能若息之有止也。是以君子之體禮也，得其報，則樂而不憂；其體樂也，得其反，則安而不虞。故孔子之言「謙

❶「樂」，通志堂本、四庫本作「禮」。
❷「道」字下，通志堂本、四庫本有「也」字。

以制禮」，則繼之以「復以自知」；言「作樂崇德」，則繼之以「嚮晦入宴息」：凡以此也。蓋一反一動者，亦出於理之自然，而道之常也。故坎者陰也，然而含陽。離者，陽也，然而含陰。此信道致詘，詘道致信，一滿一虛，以相爲終始、相爲先後者也。故曰「樂之反，禮之報，其義一也」。

新安朱氏曰：「禮主其減」者，禮主於撙節退遜檢束。然以其難行，故須勇猛力進始得，故「以進爲文」。「樂主其盈」者，樂主於舒暢發越。然一向如此，必至於流蕩，故「以反爲文」。禮之進，樂之反，便得情性之正。　又曰：主減者當進，須力行將去。主盈者當反，須回顧身心。

慶源輔氏曰：禮主其減，減所以裁節於外也。樂主其盈，盈則充盛於内也。樂而不盈，則無以形於外。禮而不減，則無以合於内。來而不往，非禮也。往而不來，非禮也。故曰「禮有報」。往來不已，是亦進之意。

金華邵氏曰：禮有以節乎人情，故聖人制禮之初，則主其減，減則便於行。樂有以樂乎人情，故聖人作樂之初，則主其盈，盈則滿其欲。禮固主於減矣，然必增而進之，如「經禮三百，曲禮三千」，所謂進也，故以進者爲文。樂固主於盈矣，然必有以約而反之，如「《清廟》之瑟，朱弦而疏越，一唱而三嘆」，所謂反也，故以反者爲文。在《風》之《蟋蟀》，儉必欲其中禮，樂必欲其毋荒；在《雅》之《楚茨》，禮儀欲其既備，鍾鼓欲其既戒。禮有報，資於樂；樂有反，資於禮：此禮樂皆得。夫樂者，樂也，人情之所不能免也。樂必發於聲音，形於動静，人之道也。聲音動静，性術之變盡於此矣。

鄭氏曰：免，猶自止也。人道，人之所爲也。性術，言此出於性也。盡於此，不可過。

孔氏曰：自此至章末，總明樂之德也。樂之爲體，是人情之歡樂，❶所不能自抑退也。内心歡樂見於聲音，則嗟歎咏歌是也；形見於動静，則手舞足蹈是也：是人道自然之常。術謂道路，變謂變動。言聲音動静，是人性道路之變轉竭盡於此，不可過於此度也。

嚴陵方氏曰：聲音生於氣，故曰「發」。動見於容，❷故曰「形」。發故可聞，形故可見。

慶源輔氏曰：人生而静，天之性也。感於物而動，性之術也。咨嗟咏歌，手舞足蹈，性術之變也。過此則淫放，故曰「盡於此矣」。

故人不耐無樂，樂不耐無形。形而不爲道，不耐無亂。

鄭氏曰：形，聲音動静也。耐，古書「能」字也。後世變之，此獨存焉。古以能爲三台字。

孔氏曰：此明人禀自然之性而有喜樂。歡樂既形於聲音動静，而不依道理，或歌舞不節，俾晝作夜，不能無淫亂之事，以至亡國喪家也。

長樂陳氏曰：情動於中而形於言，人之所以爲詩也。情樂於内而形於外，人之所以爲樂也。凡此天機之發而不能自

❶「之」字下，通志堂本、四庫本有「所」字。

❷「動」字下，通志堂本、四庫本有「静」字，是。

已，非有以使之然也。是人而不耐無樂，樂不耐無形，形而不爲之道，達則始乎治，常卒乎亂矣。《樂書》。

嚴陵方氏曰：前言樂者，人情之所不能免，故此復言人不能無樂。前言樂不形於動静，❶故此復言樂不能無形。

慶源輔氏曰：形而不爲道，則鄭、衛之樂是也。

先王耻其亂，故制《雅》、《頌》之聲以道之，使其聲足樂而不流，使其文足論而不息，使其曲直、繁瘠、廉肉、節奏足以感動人之善心而已矣，不使放心邪氣得接焉。是先王立樂之方也。

鄭氏曰：流，猶淫放。文，篇辭也。息，猶銷也。曲直，歌之曲折也。繁瘠、廉肉，聲之鴻殺也。節奏，闋作進止所應也。方，道也。

孔氏曰：此一節論先王恥惡其亂，故立正樂以節之也。先王制爲《雅》、《頌》之聲，作之有節，使人愛樂，不至流逸放蕩也。文，謂樂之篇章，言德樂深遠，❷論量義理而不可息止也。曲謂聲音迴曲，直謂聲音放直，繁謂繁多，瘠謂省約，廉謂廉稜，肉謂肥滿。凡聲音之宜，或須繁多肉滿，謂𪓰大也；或須瘠小廉瘦，謂細小也。凡樂器大而弦𪓰者，其聲鴻；器小而弦細者，其聲殺也。節奏，謂或作或止，作則奏之，止則節之。言聲音之内，或曲或直，或繁或瘠，或廉或肉，或節或奏，隨分而作，以會其宜，使足以感動人之善心而已。既節之以《雅》、《頌》，又調

❶「不」，通志堂本、四庫本作「必」，是。
❷「德樂」，通志堂本、四庫本作「樂德」，是。

之以律吕，貌得其敬，心得其和，故放心邪氣不得接於情性矣。❶長樂陳氏曰：王政廢興，在《雅》不在《風》。盛德形容，在《頌》不在《雅》。制爲《雅》、《頌》之聲以道之，則審樂足以知政，聞樂足以知德。使其聲足樂而不流，文足論而不息也。聲足樂而不流，故安。文足論而不息，故久。中正之雅不過是爾。蓋廉直之音作而民肅敬，繁簡之音作而民康樂，肉好之音作而民慈愛。先王制爲《雅》、《頌》，以道曲直、繁瘠、廉肉之聲，抑又節奏合而成文，其有不足感動者人之善心邪？❷上文論六音，此及廉直、繁簡、肉好，而不及噍殺、粗厲、滌濫者，不合《雅》、《頌》之聲故也。《樂書》。嚴陵方氏曰：先王之恥其亂，非苟恥而已，必有道以道之。制《雅》之聲，道之使正。制《頌》之聲，道之使公。聲者，道之所發；文者，理之所寓。聲足樂者，樂其道也。文足論者，論其理也。道所以制欲而有節，故雖樂而不至於流。理所以明義於無窮，故可論而不至於息。曲者，聲之柔若絲是也。直者，聲之剛若金是也。繁者，聲之雜若笙是也。瘠者，聲之純若磬是也。廉者，聲之清若羽是也。肉者，聲之濁若宫是也。節者，聲之制若徵是也。奏者，聲之作若合是也。絲金者，樂之音；笙磬者，樂之器；羽宫者，樂之聲；節奏者，樂之文：互舉以相備也。樂至於此，則其教不廢也，故以「方」言之。李氏曰：夫無中聲，則淫樂不可勝聽矣。

❶「情性」，明本作「性情」。
❷「者」字，通志堂本、四庫本及《樂書》卷二十九無，當是。

蓋樂者民之所不能免，而無中聲以節文之，則民德亂矣。故聖人於《豫》則曰「作樂崇德」，所以養其正而閑其邪也。故制《雅》、《頌》之聲以和之，使其聲和，故足以樂而不流；其文明，故足以論而不息；則確乎鄭、衛不能拔也。夫道則無方也，當應物，❶則有方矣。

延平周氏曰：無放心則無邪氣，有邪氣則有放心。

慶源輔氏曰：「先王恥其亂」，❷與《孟子》所謂「武王恥之」之意同。道，謂宣道其和樂之意。中聲之所止，故足樂而不流。君子於是語於是，道古則文足論也。不息，謂意味深遠，言之不能盡也。樂易失之放，有放心則邪氣應焉。

新安王氏曰：❸《雅》、《頌》，中聲也。聲足樂，文足論，和也。曲直，歌之曲折。繁瘠、廉肉，聲之隆殺。節奏，或作或止。

是故樂在宗廟之中，君臣上下同聽之，則莫不和敬。在族長鄉里之中，長幼同聽之，則莫不和順。在閨門之内，父子兄弟同聽之，則莫不和親。故樂者，審一以定和，比物以飾節，節奏合以成文，所以合和父子君臣，附親萬民也。是先王立樂之方也。

鄭氏曰：審一，審其人聲也。「比物」，謂雜金革土匏之屬也。「以成文」，五聲八音，克諧相應和。

孔氏曰：此一經覆説聖王立樂之事。君臣主敬，鄉里主順，父子主親。人聲雖一，而所感有喜怒哀樂之殊，當須詳審其



❶「當」字下，通志堂本、四庫本有「其」字，是。
❷「王」，原作「生」，今據通志堂本、四庫本及上經文改。
❸「新安王」三字，原爲空格，今據四庫本補。

聲，以定調和之曲；比八音之物，以飾音曲之節；或奏作，或節止，以成其五聲之文。合和父子君臣者，上文「和敬」、「和親」是也。附親萬民，上文「和順」是也。

張氏曰：正樂流行，故隨所在而各盡其善。宗廟有君臣，所主在和敬。鄉里有長幼，所主在和順。閨門有父子，所主在和親。前章使親疏、貴賤、長幼、男女之理皆形見於樂，是也。❶

長樂陳氏曰：宗廟主乎敬，族長鄉里主乎順，閨門主乎親。樂之主乎敬者，聽之莫不敬。主乎順者，聽之莫不順。主乎親者，聽之莫不親。猶道之所在，仁者見之之謂仁，知者見之之謂知。　又《樂書》曰：樂合生氣之和，道五常之行，使主敬、主親、主順之道，皆會歸於和。父子兄弟和親於閨門，樂之化行乎一家也。長幼和順於族長鄉里，樂之化行乎鄉遂也。君臣上下和敬於宗廟，樂之化行乎一國與天下也。古樂之法，❷脩身及家，平均天下，如此而已。五聲所以爲一者，以宫爲之君也。十二律所以爲一者，以黄鍾爲之本也。故審宫聲，則五聲之和定；審黄鍾，則十二律之和定：審一以定和也。金石以動之，絲竹以行之，革木以節之，比物以飾節也。節以止樂，而奏以作之。一節一奏，合雜以成文采，節奏合而成文也。指八音而言，謂之比音；指八音之物而言，謂之比物：其實一也。審一以定和者，樂之情；比物以飾節者，

❶「也」字下，原衍「長樂」二字，今據通志堂本、四庫本删。

❷「法」，通志堂本、四庫本及《樂書》卷三十作「發」。

樂之節；節奏合而成文者，樂之文：三者備矣。在閨門之內，所以合和父子也。在宗廟之中，所以合和君臣也。在族長鄉里之中，所以附萬民也。❶

嚴陵方氏曰：樂之爲樂則一，而聽之者各有所主，故其感皆不同。至於所以爲和，則一而已，故每以和言之。君臣言在宗廟而不及朝廷，則以君臣主敬，而宗廟尤所宜故也。且孔子在宗廟朝廷，便便言唯謹爾。在宗廟朝廷之禮，固亦同矣。族者親之所聚，長者衆之所從。鄉里，與《祭義》言「一命齒于鄉里」同。族長則指其人，鄉里則指其地也。特於族長、鄉里言長幼，則以鄉黨莫如齒故也。《老子》曰「天得一以清，地得一以寧」，則知樂亦得一以和也。且樂爲天地之和，天地之和同出於一氣者也。❷ 樂之道在乎審其一，而後其和可定也。樂有自然之節，比物則因以爲之飾爾。合言道，和言情，離者可使附，疏者可使親也。

慶源輔氏曰：前言制《雅》、《頌》之聲，以道其樂意耳。此又言先王作樂之法。一者，萬物之所以不能外也。在禮則爲節，在樂則爲和，故「審一以定和」。此先王制樂之本意也，豈徒悦人之耳目哉？

金華應氏曰：一者，心也。心一而所應者不一，精審察於衆理之中，❸以求其當，所謂「惟精惟一」也。守一以凝定其和，雜比以顯飾其節。及其成文，則文可以合和其至親、至嚴之大倫，附親其至疏、

❶「附」字下，通志堂本、四庫本有「親」字。
❷「者也」，通志堂本、四庫本作「而已」。
❸「審」字下，通志堂本、四庫本有「密」字，是。

至衆之萬民。蓋樂發於吾心，而感於人心，無二理也。

廬陵胡氏曰：❶樂之爲樂則一，而感各有不同。其和則一而已，故每以和言之。先王作樂，本之情性，稽之度數，審其用於未發之初，純一而不雜，故定其情於中節之際，和順而不乖。近取諸身，而審一以定和者，樂之情也。遠取諸物，而比物以飾節者，樂之文也。情文俱盡，而節奏俱合，則樂之本末具矣。故内則和父子，外則和君臣，達則和萬民，先王立樂之方，同此和而已，故曰「保合太和」。

故聽其《雅》、《頌》之聲，志意得廣焉。執其干戚，習其俯仰詘伸，容貌得莊焉。行其綴兆，要其節奏，行列得正焉，進退得齊焉。故樂者，天地之命，中和之紀，人情之所不能免也。

鄭氏曰：綴，表也，所以表行列也。《詩》云：「荷戈與綴。」兆，域也，舞者進退所至也。要，猶會也。命，教也。紀，總要之名也。

孔氏曰：此一經論先王制樂得天地之和，則感動人心，使之和善也。《雅》以施正道，《頌》以贊成功，聽之則淫邪不入，故志意得廣焉。干戚是威儀之容。俯仰詘伸謂動止以禮，故容貌得莊敬也。依其綴兆，故行列得正；隨其節奏，故進退得齊。樂感天地之氣，是天地之教命。樂和律吕之聲，是中和紀綱，總要之所名。人感天地而生，又感陰陽之氣。樂既合天地之命，協中和之紀，感動於人，是人情不能自免也。今案《詩》「荷戈與

❶「廬陵胡」三字，原爲空格，今據四庫本補。

祋」，與鄭氏不同。鄭氏所見齊、魯、韓《詩》本不同也。

張氏曰：前云先王制之聲音，形於動靜，故此證其事。《雅》、《頌》是發於聲音，執其干戚是形於動静。

長樂陳氏曰：季札觀周樂於魯，歌《大雅》，曰：「廣哉，熙熙乎！」歌《頌》，曰：「至矣哉，廣而不宣！」師乙言樂於賜，謂廣大而静者宜歌《大雅》，寬而静者宜歌《頌》。是《雅》爲王政之興，《頌》爲王功之成。其體未嘗不廣也，況聽其聲乎？蓋内之爲志意，外之爲容貌，陳之爲行列，變之爲進退。聽《雅》、《頌》之聲，則知反情以和志，故「志意得廣焉」。執其干戚，習其俯仰詘伸，則不至慢易以犯節，故「容得莊焉」。❶ 行其綴兆，要其節奏，則回邪曲直，各歸其分，故「行列得正焉，進退得齊焉」。然《雅》、《頌》之聲，《詩》之歌也；干戚，舞之器也；俯仰詘伸，舞之容也；綴兆，舞之位也；節奏，聲之飾也。言《雅》、《頌》，則風舉矣；言干戚，則羽籥舉矣；言俯仰詘伸，則疾舒舉矣；言綴兆，則遠短舉；❷言節奏，則文采舉矣。樂出於虛，藏於無。天地麗於實，形於有。實必受命於虛，有必受命於無，此樂所以能生天地，非天地所生也。萬物非天地不生，天地非樂不生，則樂者天地之受命也。今夫始天、始地者，太始也。樂有以著之，以至六變而天神降，八變而地示出。自非能命天地而不命於天

❶「容」字下，通志堂本、四庫本及《樂書》卷三十有「貌」字，是。

❷「舉」字下，通志堂本、四庫本及《樂書》卷三十有「矣」字。

地，孰能與此？喜怒哀樂未發而爲中者，性也，天下之大本存焉。發皆中節而爲和者，情也，天下之達道存焉。先王作樂以情性爲綱，以中和爲紀。無中以紀之，則蕩而至於過；無和以紀之，則異而至於乖。古之神瞽，考中聲而量之以制度，所道者中德，所咏者中聲。使夫聽音不愆，以合神人，以中紀之也。合生氣之和，道五常之行，使夫陽而不散，陰而不密，剛氣不怒，柔氣不懾，以和紀之也。然樂之道，推而上之，以觀其妙，斯爲天地之命。推而下之，以觀其徼，斯爲中和之紀。以樂爲中和之紀，則禮者中之紀而已。與《易》於乾言變化，於坤特言化同意。《樂書》。

嚴陵方氏曰：人之志意，公正則廣，私邪則狹。故「聽其《雅》、《頌》之聲，志意得廣焉」。「執其干戚，習其俯仰詘伸」，皆所以形於容貌者，以其所執、所習如彼，故容貌所得如此。綴兆者，舞之營域。行者，行止有序之謂。列者，多少有制之節。奏者，樂之終始。故要其節奏，進退得齊焉。進言樂作而進，退言樂闋而退，言總而會之也。行列欲止於一，故言「正」。進退患其不齊也，故言「齊」。天地之命者，言道天地之化於萬物，使小大長短，各有所受之也。命既立矣，然後得天地之正氣而爲中，得天地之沖氣而爲和。中者性也，和者情也，紀者正物而有常。言天下之性情，莫不取正於樂，以之爲常也。命也、性也、情也，皆繫於此，又豈人情之所能免乎？以「人情」爲言者，其以動而發於聲，尤所不能免故也。

馬氏曰：天地之所以命於人者，中和而

已。《傳》曰「生者天地之委和」，又曰「人受天地之中而生」，則是樂者以中爲體，以和爲用，而中和之要蓋不出於此也。

延平周氏曰：樂能官天地，而天地不得之，則或幾乎息，故曰「天地之命」。又能道中和，而中和得之，則各有條理，故曰「中和之紀」。雖大而命天地，小而紀中和，而其歸於樂，則一而已。所謂樂者，人情之所不能免也。

慶源輔氏曰：此後世之士爲此而必亟焉，反以爲愧也。豈知先王制此，所以莊其容貌焉。故後人之臨善而不勇者，樂之教不行焉故也。樂者天地之命，非人之所能爲也。然人情之所不能免也，中和於是而總要焉。人情之所不能免焉，此所以爲天地之命也。

横渠張氏曰：❶天地之命，樂之道也。中和之紀，樂之制也。

夫樂者，先王之所以飾喜也。軍旅鈇鉞者，❷先王之所以飾怒也。故先王之喜怒皆得其儕焉。喜則天下和之，怒則暴亂者畏之。先王之道，禮樂可謂盛矣。

鄭氏曰：儕，猶輩類。天子之於天下喜怒，節之以禮樂，則兆民和從而畏敬之。禮樂，王者所常興則盛矣。

孔氏曰：此一經覆説樂道之盛。樂以飾喜，非喜不樂，是喜得其儕類。鈇鉞飾怒，非怒不可横施鈇鉞，是怒得其儕類。非善不喜，故天下和之；非惡不怒，故暴亂者畏之。上經論樂章，末兼云禮者，以此一章總兼禮樂，故以「禮樂」結之。

❶「横渠張」三字，原爲空格，今據四庫本補。
❷「鉄」，通志堂本、四庫本及《禮記》作「鈇」，是。

長樂陳氏曰：藝有六，樂居一焉。禮有五，軍居一焉。樂由陽來，而喜者陽也。禮由陰作，而怒者陰也。以飾喜爲樂，則飾怒爲禮矣。以鈇鉞爲禮之器，則鐘鼓爲樂之器矣。先王以樂飾喜，樂以天下者也。故天下安治者莫不和之，以爲樂焉。以禮飾怒，憂以天下者也。故天下暴亂者莫不畏之，以爲威焉。《孟子》言「今王鼓樂於此，百姓聞之，舉欣欣然有喜色」，所謂樂所以飾喜也。繼之相告曰「吾王庶幾無疾病與」，所謂喜則天下和之也。言「王嚇斯怒，❶爰整其旅」，所謂「軍旅鈇鉞，所以飾怒也」。繼之一怒而安天下之民，所謂「怒則暴亂者畏之」也。先王之於喜怒，未嘗容私，皆得其儕焉，夫豈爲道之過哉？由是知先王之道，禮樂正其盛者也。有子謂先王之道，以「禮之用，和爲貴」，則兼樂之，❷有不爲盛者乎？喜怒得其儕，則喜怒必以其類矣。與《春秋傳》謂「喜怒以類」同意。《樂書》。

嚴陵方氏曰：在顯之謂飾。喜心生於内，則隱矣，必播於聲音節奏，然後顯其所以喜，故曰「飾喜」。怒心生於内，亦隱矣，必用其軍旅鈇鉞，❸然後顯其所以怒，故曰「飾怒」。喜合乎樂，則非作好也，必天下所同喜。怒合乎禮，則非作惡也，必天下所同怒。和言「天下」，畏言「暴亂」者，暴亂且畏，則天下無所不畏矣。此言禮樂，則知前所言軍旅鈇鉞者，對樂而言禮也。五禮特言軍者，對喜而言怒故也。

❶「嚇」，通志堂本、四庫本及《樂書》卷三十一作「赫」。
❷「樂」字下，通志堂本、四庫本及《樂書》卷三十一有「言」字，是。
❸「其」，通志堂本、四庫本作「於」。

馬氏曰：以樂飾喜，而不以爲汰者，以喜當其類也。以軍旅鈇鉞飾怒，而不以爲暴者，以怒當其類也。喜而當其類，則天下和之。怒而當其類，則暴亂者畏之。先王治天下之道，非一端可盡，而其大要則在於禮樂，故先王之道，禮樂可謂盛矣。然上言禮樂，而此則言樂，而繼以軍旅鈇鉞者，蓋於禮者所以揖讓，❶而軍旅鈇鉞者，所以征誅也。揖讓征誅，皆謂之樂也。《荀子》曰：「出所以征誅，則莫不聽從；入所以揖讓，則莫不從服。」揖讓、征誅其義一也，則揖讓、征誅皆謂之樂，而禮在其中矣。

山陰陸氏曰：和，讀去聲。

子贛見師乙而問焉，曰：「賜聞聲歌各有宜也，如賜者宜何歌也？」師乙曰：「乙，賤工也，何足以問所宜？請誦其所聞，而吾子自執焉。愛者宜歌《商》，温良而能斷者宜歌《齊》。夫歌者直己而陳德也，動己而天地應焉，四時和焉，星辰理焉，萬物育焉。故《商》者，五帝之遺聲也。寬而静，柔而正者，宜歌《頌》。廣大而静，疏達而信者，宜歌《大雅》。恭儉而好禮者，宜歌《小雅》。正直而静，廉而謙者，宜歌《風》。肆直而慈愛。

鄭氏曰：子贛，孔子弟子。師，樂官也。乙，名。聲歌各有宜，氣順性也。賤工，樂人稱工。執，猶處也。此文換簡失其次。「寬而静」，宜在上，「愛者宜歌《商》」，宜承此下行，讀云「肆直而慈愛者，宜歌《商》」。《商》，宋詩也。愛，或爲「哀」。「直己而陳德」，各因其德，歌所宜。育，生也。

❶「於」字，通志堂本、四庫本無。

孔氏曰：自此至問樂，依《别録》是《師乙》之章。凡聲歌各遂人性所宜。子贛令師乙觀己之性，宜聽何歌也。師乙不敢定其所宜，故請誦所聞之詩。寬謂德量寬大，静謂安静，柔謂和柔，正謂正直。《頌》其成功，德澤弘厚，故性之寬柔静正者宜歌之。廣大而静，謂志意宏大而安静。疏達而信，謂疏朗通達而誠信。《大雅》者，歌其大正，故廣大疏達者宜歌之。恭謂以禮自持，儉謂以約自處。好禮則動不越法。《小雅》者，小正也，故恭儉而好禮者宜歌之。正直而静退，廉約而謙恭，故宜歌諸侯之《風》。《商》者五帝之遺聲。五帝道大，故肆直慈愛者宜歌之。《齊》三代之遺聲。三代干戚所起，裁斷是非，故温良能斷者宜歌之。歌者，當直己身而陳論其德。己有此德，則宜此歌也。歌者運動己德，而天地應，四時和，星辰理，萬物育。和謂陰陽順，理謂不悖逆，育謂羣生得所。鄭註「《商》，宋詩」者，以下文「商人識之」、「齊人識之」，皆據其代。宋是商後，故知此《商》謂宋人所歌之詩也。

長樂陳氏曰：人之生也直，而德則直心而行之。歌以發德，而德則直己而陳之。直己則循理而無所詘，陳德則因性而無所隱。然則歌之所發，豈自外至哉？人之歌也，與陰陽相爲流通，物象相爲感應，故聲和則形和，形和則氣和，氣和則象和，象和則物和。動己而天地應焉，其形和也；四時和焉，其氣和也；星辰理焉，其象和也；萬物育焉，其物和也。三才相通而有感，有感斯應矣。四時變化而不乖，不乖斯和矣。星辰各有度數而不亂，能勿理乎？萬物各有成理而自遂，能勿育乎？《中庸》曰：「寬裕温柔，足以有容。齊莊中正，足以有敬。」是寬柔者，君子之容德；静正者，君子之敬德。《頌》者，美盛德之形容，故寬而静，柔而正者宜歌之。《雅》以政而後成，政以德而後善。君子之德有小大。廣大嫌於離静以即動，疏達嫌於去信以近誣。《大雅》，政之大者也，故廣大而静，疏達而信者，宜歌之。恭儉而知好禮，則恭而能安，不失之太遜；儉而能廣，不失之太陋。《小雅》，政之小者也，故恭儉而好禮者宜歌之。《洪範》之論君德，以正直爲始。論王道，以正直爲終。正直則不倚於剛，亦不倚於柔，一適乎中而已。濟之以静，則其正足以有守，其直足以有行。廉而濟之以謙，則廉不失之隘，謙不失之輕。《風》出於德性，繫一人之本者也。故正直而静、廉而謙者宜歌之。以《書》之九德考之，寬而静，則「寬而栗」也；柔而正，則「柔而立」也；廣大而静，廉而謙，則「簡而廉」也；疏達而信，則「剛而塞」也；恭儉，則「愿而恭」也；好禮，則「亂而敬」也；正直而静，則「直而温」也。肆直而慈愛者宜歌《商》，温良而能斷者宜歌《齊》，説見後。《樂書》。

嚴陵方氏曰：人之德性不同，而歌之爲體亦不一。故德性之小者，不足以歌大，大者不可以歌小。師乙所以誦其所聞，而使之自執焉。夫寬者，容德也。柔者，順德也。容或失之雜，故濟之以静；順或失之隨，故持以正。❶此皆德之盛者，

❶「持」字下，通志堂本、四庫本有「之」字，是。

故宜歌《頌》。廣大者鎮之以静，疏達者守之以信，此皆政之大者，故宜歌《大雅》。恭則不侮，儉則不奪。然恭而無禮，或失之勞；儉不中禮，或失之陋。勞則過乎禮，陋則不及乎禮，故必好禮以制中焉。此政之小者，故宜歌《小雅》。正直而守之以静，廉而有分際者，於物或所絶，❶故守之以謙。若是則可以動化一國，故宜歌《風》。肆直所以爲德，慈愛所以爲仁，温則將至於懦而無立，良則將至於寬而制，❷故又貴乎能斷。斷則在己有立，在物有制矣，故宜歌《齊》。蓋温良所以爲仁，能斷所以爲義也。歌出於志之所之，非可以致曲也，亦直己而已。曲則隱，直則陳，故必以陳言之。《仲尼燕居》曰「升歌清廟」，示德也，非陳而何？夫歌不過發乎聲，聲不過發乎氣。雖千變萬化，無非一氣之所爲也。故通乎天地者，一氣之升降爾。行乎四時者，一氣之往來爾。見乎星辰者，一氣之成象爾。散乎萬物者，一氣之成爾。❸則歌之動己也，以致天地之應，四時之和，星辰之理，萬物之育，固其宜也。

山陰陸氏曰：此一節疑以脱亂，因先後之序。❹蓋其文宜曰：「夫歌者，直己而陳德也，動己而天地應焉，四時和焉，星辰理焉，萬物育焉。寬而静，柔而正者，宜歌《頌》。廣大而静，疏遠而信者，❺宜歌《大雅》。恭儉而好禮者，宜歌《小雅》。

❶「或」字下，通志堂本、四庫本有「有」字，是。
❷「而」字下，通志堂本、四庫本有「無」字，是。
❸「成」字下，通志堂本、四庫本有「形」字，是。
❹「因」字下，通志堂本、四庫本有「失」字，是。
❺「遠」，通志堂本、四庫本作「達」，是。

正直而静，廉而謙者，宜歌《風》。肆直而慈愛者，宜歌《商》。温良而能斷者，宜歌《齊》。故《商》者，五帝之遺聲也。商人識之，故謂之《商》。《齊》者，三代之遺聲也，齊人識之，故謂之《齊》。内「愛」一字衍。《大雅》蓋《文王》之三，《小雅》蓋《鹿鳴》之三，《頌》蓋《清廟》，《風》蓋《周南·關雎》、《葛覃》、《卷耳》，《召南·鵲巢》、《采蘩》、《采蘋》。故季札觀樂，爲之歌《周南》、《召南》，曰「美哉，始基之矣」。所謂「正直而静，廉而謙者，❶宜歌《風》」者，爲此歟？爲之歌《小雅》，曰「美哉，思而不貳，怨而不言」，所謂「恭儉而好禮者，宜歌《小雅》」者，爲此歟？爲之歌《大雅》，曰「廣哉，熙熙乎！曲而有直體，其文王之德乎？」所謂「廣大而静，疏達而信者，宜歌《大雅》」者，爲此歟？爲之歌《頌》，曰「至矣哉！直而不倨，曲而不屈，處而不底，行而不流」，所謂「寬而静，柔而正者，宜歌《頌》」者，爲此歟？

金華邵氏曰：人之一身，凡天地、四時、星辰、萬物之理，莫不畢備。今也直己而陳德於歌，宜其或應或和，或理或育。有不期然而然者，非歌能使之也，德寓於歌，聞其歌而感之也。直己者無所掩覆，致直而行之也。

金華應氏曰：師乙賤工，而誦其所聞，有非後世儒者所及。蓋先王之澤未散，人多習聞聲樂之理。及夫子正樂，而感發益深。不但學者有所悟解，而工師之職亦皆講肄而精通之。故師摯之始、《關

❶「静廉」，原作「廉静」，今據通志堂本、四庫本及上文乙正。

雎》之亂，洋洋乎盈耳。而師乙之對聲歌，亦可觀也。其後樂益僭亂而繚干，師摯之徒皆逃而去之，入於河海，豈偶然哉？

李氏曰：歌者，樂語也。以樂語爲之文者，必以樂德爲之本。中和祗庸孝友，所謂樂德也。夫不過之謂中，不亢之謂和。祗者，敬之見於體；庸者，有常而能變；孝者，仁之本；友者，義之本也。夫寬柔者，和德也。静正者，中德也。寬而静，柔而正，中正之至也。廣大者未足乎寬，疏達者未足乎柔，信者未足乎正。寬大而静，疏達而信，中和之次也。恭儉而好禮，則祗也。正直而静者，中而未足乎和也。廉而謙者，和而未足乎中也。肆直能斷者，義也。慈愛温良者，仁也。肆直而慈愛者，本乎義而濟之以仁者也。温良而能斷者，本乎仁而濟之以義者也。「《頌》者，美盛德之形容，以其成功告於神明」者也，故盡中和之德者，宜歌之。《大雅》者，言天下之事，形四方之風之大者，故有中和之德者，宜歌之。《小雅》言天下之事，形四方之風之小者，故祗庸者宜歌之。《風》言一國之事，繫一人本者，❶故或有中德而未足乎和，或有和德而未足乎中者，宜歌之。夫人之情，其歡忻悲傷嗟怨，皆不能隱於樂，非直己歟？其文止於禮義，其言明於法度，其理通乎性命，非陳德歟？夫發於至誠者，於《詩》爲近。故大足以動有形之天地，幽足以感無迹之鬼神。

「商之遺聲也，商人識之，故謂之《商》」。

❶「人」字下，通志堂本、四庫本有「之」字，是。

《齊》者，三代之遺聲也，齊人識之，故謂之《齊》。明乎《商》之音者，臨事而屢斷。明乎《齊》之音者，見利而讓。臨事而屢斷，勇也。見利而讓，義也。有勇有義，非歌孰能保此？

鄭氏曰：屢，數也。數斷事，以其肆直也。見利而讓，以其温良能斷也。斷，猶決也。保，猶安也，知也。

孔氏曰：五帝道備，三王德盛，但遺聲於後代。肆直而慈愛，温良而能斷者，宜聽其歌聲，非謂能行其道德也。以其肆直慈愛，故臨危疑之事，數能斷割，是勇也。以其温良能斷，故見利不私於己，是有義也。有勇有義之人，非歌聲辨之，誰能知哉？

長樂陳氏曰：五帝之聲不得而見，所可見於《書》者，不過「詩言志，歌永言」而已。「商人識之」，蓋不得其詳，所得而歌之者，不過五帝之遺聲而已。商之聲，其體肆而不拘，直而不屈；其用則恤下以爲慈，利物以爲愛。則肆直，義也；慈愛，仁也。仁之實，盡於事親；義之實，盡於事兄。樂也者，節文仁義而已。然則歌商之音，非肆直而慈愛者，豈所宜哉？三代得天下以仁，未嘗不始於温良；行仁以義，未嘗不始於能斷。故湯之代虐以寬，温良也；布昭聖武，能斷也。言湯如此，則夏周可知。故「明乎商之音者，臨事而屢斷」，勇以行之故也。「明乎齊之音者，見利而讓」，義以守之故也。勇者，正直之德；義者，剛克之德。歌者，直己而陳德者也。非歌，孰能保此勿失乎？周人兼用六代之樂，而正考甫得《商頌》於周之太師，得非五帝之遺聲乎？周之禮樂盡在於魯，而魯太師摯適齊，得非三代之遺聲乎？子贛達於政，非不臨事而屢斷也；❶累於貨殖，未必能見利而遜也。然則子贛所宜歌，亦可知矣。《樂書》。

嚴陵方氏曰：明者，不爲物蔽之謂。肆直慈愛而不蔽於慈愛，是「明乎商之音者」也。故臨事而屢斷，以慈愛之蔽在於無斷故也。温良能斷而不蔽於能斷，是「明乎齊之音者」也。故見利而讓，以能斷之蔽在於無讓故也。唯有勇乃能斷事，唯有義乃能讓利。歌五帝之遺聲，則可以保其勇；歌三代之遺聲，則可以保其義。故曰：「有勇有義，非歌孰能保此？」蓋勇義，人之所有，非明乎歌之音，則不足以保全之故也。

金華應氏曰：奮決明厲者，商治之規摹，故明乎其音，則能有決而不亂。舒遲而臯緩者，齊俗之氣象，故明乎其音，則見利而遜。

延平周氏曰：有勇也，非歌五帝之遺聲，則孰能保之？有義也，非歌三王之遺聲，則能保之？❷是人之於歌也，非苟從其所宜而已，又將有以成就於己也。

李氏曰：歌者直己，❸非徒直己而陳德也，又足以脩人之所未足。故肆直而慈愛，宜歌《商》，而明乎商之音，則臨事而屢斷。温良能斷者，宜歌《齊》，而明乎齊之音，則見利而能遜。此古之人所以成於樂也。

❶「不」字下，通志堂本、四庫本及《樂書》卷三十二有「能」字，是。
❷「則」字下，通志堂本、四庫本有「孰」字，是。
❸「直己」二字，通志堂本、四庫本無。

「故歌者上如抗，下如隊，曲如折，止如槀木，倨中矩，句中鉤，纍纍乎端如貫珠。

鄭氏曰：言歌聲之著，動人心之審，如有此事。

孔氏曰：此論感動人心形狀，如此諸事。歌聲上嚮，感動人意，使之如抗舉也。音聲下嚮，感動人意，如似隊落也。音聲迴曲，感動人心，如似方折。音聲止静，感動人心，如枯槀之木，止而不動。音聲雅曲，感動人心，如中於矩。音聲大屈曲，感動人心，如中於鉤。音聲之狀纍纍乎感動人心如貫珠，言音聲感動人心想如此。❶

嚴陵方氏曰：抗言聲之發揚，隊言聲之重濁，曲言其回轉而齊也，止言其闋後而定也。倨則不動，不動者方之體，故中矩言其聲之常如此。句則不直，不直者曲之體，故中鉤言其聲之變如此。纍纍乎，言其聲相繫屬。端如貫珠，言其終始兩端相貫而各有成也。

「故歌之爲言也，長言之也。説之，故言之；言之不足，故長言之；長言之不足，故嗟歎之；嗟歎之不足，故不知手之舞之，足之蹈之也。」子貢問樂。

鄭氏曰：長言之，引其聲也。嗟歎，和續之也。「不知手之舞之，足之蹈之」，歡之至也。「子貢問樂」，上下同美之也。

孔氏曰：上論歌之形狀，此論歌之終始相生，至於舞蹈。歌者引液其聲使長也。説之，故言。❷ 此又覆説歌意，有可説之

❶「動」字下，通志堂本、四庫本及《禮記正義》有「令」字，當是。

❷「言」字下，通志堂本、四庫本及《禮記正義》有「之」字，當是。

事來感己情，故言之。直言之不足，故長言之，長言之不足，故嗟歎之，美而和續之。雖復嗟歎，情猶未滿，故不覺揚手而舞之，舉足以蹈之也。

嚴陵方氏曰：此先長言而復嗟歎，❶《詩》則先嗟歎而後永歌者，言先歎嗟，❷則以嗟歎而唱之也；後嗟歎，則嗟歎而和之也。彼以《詩》爲主，而《詩》者樂之始，故以唱爲序。此以樂爲主，而樂者《詩》之終，故以和爲序。非其不同意，各有所主也。終言「子貢問樂」，蓋題上事也。與《文王世子》言「周公踐阼」同義。

山陰陸氏曰：目下事也，宜在「子贛見師乙而問焉」之上。

金華邵氏曰：歌之爲義，長其言之謂也。方其人有所悦乎中，則言之；言不足以盡其悦，故言之；❸至於長言不足而聲嗟氣歎；嗟歎不足而手舞足蹈；樂至於此，蓋有非歌之所能盡者，故終之曰「子貢問樂」。記者亦不能容言於其間，猶曰可問而不可言也。夫可問而不可言，此豈羽籥、干戚、鍾鼓、管磬之謂乎？《中庸》之終曰「上天之載，無聲無臭，至矣」，與「子貢問樂」同意。或者以爲總結上文問樂之義，非也。

禮記集説卷第一百

❶「復」，通志堂本、四庫本作「後」。
❷「歎嗟」，通志堂本、四庫本作「嗟歎」。
❸「故」字下，通志堂本、四庫本有「長」字，是。

# 禮記集説卷第一百一

## 雜記上第二十

孔氏曰：案鄭《目録》云：「名曰《雜記》者，雜記諸侯以下至士之喪事。此於《别録》屬《喪服》。」

嚴陵方氏曰：此篇雖以記喪爲主，下篇又兼言三患、五恥、觀蜡、取盜之類，則其事不一，故以雜名篇，猶之《易》有《説卦》、《序卦》，而有《雜卦》，《莊子》有《内篇》，而有《雜篇》也。

諸侯行而死於館，則其復如於其國。如於道，則升其乘車之左轂，以其綏復。其輤有裧，緇布裳帷，素錦以爲屋而行。至於廟門，不毁牆，遂入，適所殯，唯輤爲説於廟門外。

鄭氏曰：館，主國所致舍。復，招魂復魄也。如於其國，主國館賓，與使有之，得升屋招用褒衣也。道，道上廬宿也。升車左轂，象升屋東榮。綏，當爲「緌」，緌爲旌旗之旄也。去其旒而用之，異於生也。輤，載柩將殯之車飾也。輤取名於櫬與蒨，讀如「蒨旆」之「蒨」。櫬，棺也；蒨，染赤色者也。將葬載柩之車飾曰柳。裧，謂鱉甲邊緣。緇布裳帷，圍棺者也。裳帷用緇，則輤用赤矣。象宫室屋，其中小帳櫬覆棺者。若未大斂，其載尸而歸，車飾皆如之。廟，所殯宫。牆，裳帷也。適所殯，謂兩楹之間。去輤乃入廟門，以其入自有宫室也。毁，或「徹」。❶凡柩自外來者，正棺於兩楹之間，尸亦夷之於此，皆因殯焉。異者柩入自門，❷升自西階，尸入自門，升自阼階。❸其殯必於兩楹之間者，以其死不於室，而自外來，留之於中，不忍遠也。

孔氏曰：自此以下至「蒲席以爲裳帷」，總明諸侯及大夫、士在路而死，招魂復魄，并明飾棺貴賤之等。此經論諸侯之制。五等之侯朝覲天子及自相朝會，死於主國有司所授館舍，若復魂之禮，❹則與在己本國同。「如於道」，自若也；❺道，路也。若諸侯在道路死，升其所乘車左邊轂上而復魄。車轅向南，左轂，左，東也。不於道路廬宿之舍復者，廬宿供待衆賓，❻非死者所專有也。以其綏復者，若在國中招魂，則用其上服。今在路死，則招用旌旗之綏，亦冀魂魄望見識之而還也。若王喪於國，亦用綏。《周禮・夏采》云「建綏，復如四郊」是也。其輤有裧，輤，謂載柩之車，四旁有物裧垂，象鱉甲邊緣也。輤下棺外用緇色之布，以爲裳帷。於此裳帷之中，又用素錦以爲屋，小帳以覆棺，設此飾而後行也。鄭引將葬車飾曰柳者，證此輤非將葬車也。至廟門，不毀去裳帷，遂入殯宫殯焉。餘物不説，唯輤一物説於殯宫門外。輤乃覆

❶「或」字下，通志堂本、四庫本及《禮記》鄭注有「爲」字，是。
❷「門」，四庫本及《禮記》鄭注作「闕」。
❸「阼階」，原倒，今據通志堂本、四庫本及《禮記》鄭注乙正。
❹「魂」，通志堂本、四庫本及《禮記正義》作「魄」，疑是。
❺「自」，《禮記正義》作「如」。
❻「賓」，原作「殯」，今據《禮記正義》改。

棺上，象宮室。今入之有宮室，故去輤。鄭云「入自有宮室」是也。「柩自入門」至「阼階」，❶《曾子問》文。

山陰陸氏曰：綏，旐也。以其旐復，旐，北方之物也。死，無乎不之，號而復之，則其旗宜以死者所首之方而已。

廬陵胡氏曰：《禮》言「綏」，凡數處，鄭皆讀爲「緌」。竊謂《王制》、《明堂位》、《夏采》所云，讀作「緌」可也。此復魄既在車，當以「執綏」之「綏」。杜子春説是。鄭意蓋謂《夏采》建綏以復，不知彼王禮也。裳用緇，則輤與裧皆赤也，以玄纁對耳。鄭謂輤如「綪旆」之「綪」，取蒨赤也。竊案大夫以白布爲輤，豈亦因染赤得名乎？柩車飾，經惟此一文，則知未大斂前，車飾亦然。

大夫、士死於道，則升其乘車之左轂，以其綏復。如於館死，則其復如於家。大夫以布爲輤而行，至於家而説輤，以輲車，❷入自門，至於阼階下而説車，舉自阼階，升適所殯。

鄭氏曰：綏，亦緌也。大夫復於家以玄冕，士以爵弁服。大夫輤言用布，白布不染也。言輤者，達名也。不言裳帷，俱用布，無所别也。至門，亦説輤乃入。言「載以輲車，入自門」，明車不易也。輲，讀作「輇」，❸或作「摶」。許氏《説文解字》曰：「有輻曰輪，無輻曰輇。」《周禮》又有蜃車，天子以載柩。蜃、輇聲相近，其制同乎？輇崇蓋半乘車之輪。諸侯言「不

❶「自入」，通志堂本、四庫本及《禮記正義》作「入自」，是。
❷「以」字上，通志堂本、四庫本有「載」字，是。
❸「作」，通志堂本、四庫本及《禮記》鄭注作「爲」。

毁牆」，大夫、士言「不易車」，互相明也。不易者，不易以輴也。廟中有載柩以輴之禮，此不易耳。

孔氏曰：此一經明大夫車飾。大夫以白布爲輤，不以蒨草染之。初死及至家，皆以輲車。至家説輤，惟輲車在，故云「載以輲車」。説車，説去其車也。舉自阼階下，而升適兩楹之間所殯之處，此謂尸。若柩，則升自西階也。天子、諸侯載柩以蜃車，其殯時則易輴矣。大夫、士在路，載以輲車，至家説載，亦載以輲車，故鄭云「車不易也」。凡在路載柩，天子以下至士皆用蜃車，其制與輲車同。《周禮·遂師》「共蜃車之役」，❶是天子也。《既夕》云：「遂匠納車于階間。」註云：「蜃車。」是士也。此云「輲車」，謂大夫也，諸侯不言可知。其蜃車之形，鄭註《既夕禮》：「其車之轝狀如牀，❷中央有轅，前後出設輅轝，輅轝上有四周，下則前後有軸，以輇爲輪。」迫地而行，其輪卑，有似於蜃，故鄭云「半乘車之輪」。乘車輪六尺有六寸。今云半之，得三尺三寸也。輲車則不用輻爲輪。天子、諸侯殯皆用之，故《檀弓》云「天子菆塗龍輴」，謂畫輴轅爲龍。諸侯殯亦用輴車，不畫轅爲龍也。《喪大記》云：「君殯用輴。」註云：「君，諸侯也，輴不畫龍。」大夫殯，不用輴，故鄭註《喪大記》：「大夫之殯廢輴。」士掘肂見衽，是亦廢輴也。其朝廟，大夫以上皆用輴，士朝廟葦軸，❸故《既夕禮》

❶ 「周」，原作「車」，今據《禮記正義》改。
❷ 「狀」，原作「牀」，今據《禮記正義》改。
❸ 「廟」字下，通志堂本、四庫本及《禮記正義》有「用」字，是。

云：「遷於左祖用軸。」❶鄭註云「大夫、諸侯以上有四周，謂之輴。天子畫之以龍」是也。輴與輁軸所以異者，輴有四周，輁軸則無，故鄭註《既夕禮》云「軸狀如轉轔，刻兩頭爲軹。輁狀如長牀，穿桯，前後著金而關軸焉」是也。

廬陵胡氏曰：綏亦如字。大夫無爲屋之文，則是素錦帳，同諸侯矣。

士輤，葦席以爲屋，蒲席以爲裳帷。

鄭氏曰：言以葦席爲屋，則無素錦爲帳。

孔氏曰：此一經明士輤也。謂用葦席屈之，以爲輤棺之屋。蒲席以爲裳帷，圍繞於屋旁也。然大夫無以他物爲屋之文，則是用素錦爲帳矣。既有素錦帷帳，帳外上有布，輤旁有布裳帷，則士之葦席屋之外，旁有蒲席裳帷，則屋上當以蒲席爲輤覆於上，但文不備也。

嚴陵方氏曰：大夫以布爲輤，則諸侯用帛可知。士以葦席爲屋，則不得用素錦矣。蒲席爲裳，則不得用緇布矣。此皆降殺之別也。

凡訃於其君，曰：「君之臣某死。」父、母、妻、長子，曰：「君之臣某之某死。」君訃於他國之君，曰：「寡君不祿，敢告於執事。」夫人曰：「寡小君不祿。」大子之喪曰：「寡君之適子某死。」

鄭氏曰：訃，或皆作「赴」。赴，至也。訃於其君，謂臣死，其子使人至君所告之也。❷「君之某之某死」，❸此臣於其家喪所主者。君夫人不稱薨，告他國君，

---

❶「左」字，通志堂本、四庫本及《禮記正義》無，是。

❷「死」，原作「使」，今據《禮記》鄭注改。

❸上「之」字下，通志堂本、四庫本有「臣」字，是。

謙也。

孔氏曰：此一節總明遭喪訃告於君及敵者，并訃於鄰國稱謂之差。「父、母、妻、長子，曰『君之臣某之某死』」，上「某」是生者臣名，下「某」是臣之親屬死者。君赴於他國稱寡君，若云寡德之君。《曲禮》云：「諸侯曰薨，士曰不祿。」夫人尊與君同。今俱不稱薨，同士稱者，言臣子於君父，雖有考終眉壽，猶若其短折然，故云「不祿」。若君薨，而訃者曰「卒」，卒是壽終矣，斯無哀惜之心，非臣子之辭。鄰國來赴書以「卒」，❶言無所老幼，皆終成人之志，所以相尊敬也。不敢指斥鄰國君身，故云「告于執事」。夫人、太子皆當云「告于執事」，不言者略也。

山陰陸氏曰：凡諸侯同盟則訃，不同盟，蓋不訃也。不言死，不死其君也。不言卒，不卒其君也。《曲禮》云：「壽考曰卒，短折曰不祿。」君雖壽考，猶以不祿赴，臣子之意也。「夫人曰『寡小君不祿』」，《左傳》曰：「君氏卒，聲子也。不赴于諸侯，不反哭于寢，不祔于姑，故不曰薨。」

大夫訃於同國適者，曰：「某不祿。」訃於士，曰：「某不祿。」訃於他國之君，曰：「君之外臣寡大夫某死。」訃於適者，曰：「吾子之外私寡大夫某不祿，使某實。」訃於士，亦曰：「吾子之外私寡大夫某不祿，使某實。」

鄭氏曰：適，讀爲匹敵之「敵」，謂爵同者也。實，當爲「至」，此讀，周秦之人聲之誤也。

❶「卒」字下，通志堂本、四庫本及《禮記正義》有「者」字，是。

孔氏曰：此一經明大夫卒，相訃告之禮。「同國適者」，謂大夫位相敵者。大夫既尊於士，士處亦稱「不禄」。稱「某」者或死者名，或死者官號，而赴者得稱之。訃於他國之君，故云「外臣」。自謙退無德，故云「寡大夫」。尊敬他君，故云「某死」。訃於他國，大夫私有恩好，故曰「外私」。以赴大夫，其辭得申，故云「某不禄」。以身赴告，故云「某使至」。❶訃於士，與大夫同。

嚴陵方氏曰：士曰不禄，此非士，亦曰「不禄」者，謙辭也。與死者有恩私，故曰「外私」。與《玉藻》言於大夫曰外私，名同而實異矣。「使某實」，謂以事實來告。

廬陵胡氏曰：《春秋傳》曰：「以賜君之外臣首。」實謂身親告也。

清江劉氏曰：使某實，實者，以異國傳聞疑言，使人實之也。

士訃於同國大夫，曰：「某死。」訃於士，亦曰：「某死。」訃於他國之君，曰：「君之外臣某死。」訃於大夫曰：「吾子之外私某死。」訃於士，亦曰：「吾子之外私某死。」

孔氏曰：此經論士喪相訃告之稱。士賤，赴大夫、士及他國皆云「某死」，但於他君稱「外臣」，於大夫、士言「外私」耳。

大夫次於公館以終喪，士練而歸。士次於公館，大夫居廬，士居堊室。

鄭氏曰：公館，公宮之舍也。練而歸之士，謂邑宰也。練而猶處公館，朝廷之士也。唯大夫三年無歸。「大夫居廬，士居堊室」，亦謂未練時也。士亦謂邑宰。朝

❶「某使」，通志堂本、四庫本及《禮記正義》作「使某」，當是。

廷之士居廬。

孔氏曰：此一節明大夫、士遭君喪次舍居處及歸還之節。大夫恩深禄重，故爲君喪居廬，終喪乃還家。邑宰之士恩輕，又爲君治邑，久不歸即廢職，故至小祥，反其所治邑。朝廷之士雖輕而無邑事，故亦留次公館三年也。大夫居廬，以位尊恩重。士居堊室，以位卑恩輕。鄭知未練時者，若練後則大夫居堊室。知士居堊室謂邑宰者，若非邑宰，未練之前，當與大夫同居廬。然《周禮·宫正》註云「親者、貴者居廬，疏者、賤者居堊室」，引此經文，則是大夫以上定居廬，士以下定居堊室。與此註「朝廷之士亦居廬」不同者，鄭意謂與王親者，雖士賤亦居廬，則此註是也。若與王無親，身又是士，則居堊室，則此經「士居堊室」是也。故《宫正》之法，引士居堊室證賤者居堊室也。若與王親雖疏，但是貴者，亦居廬也。

熊氏曰：若天子，則大夫居廬，士居堊室，此經是也。若諸侯，則朝廷大夫、士皆居廬，宰邑之士居堊室，《宫正》之註是也。

山陰陸氏曰：此言「士次於公館」，則「大夫居廬，士居堊室」。即言「大夫次於公館以終喪，士練而歸」。大夫居廬，士居堊室」，嫌士練而歸，猶居堊室。廬非久處者也，以言待盡於此。

金華應氏曰：必次於公館，即練而歸之士也。但大夫以其序皆次，且朝夕存焉，以待終喪，故《曾子問》曰「君未殯，則朝夕不歸」。士則不盡次，而又止於練，未必朝夕存焉，故《檀弓》曰「早備入而朝夕踊」。經所以既曰「練而歸」，又曰「次於公館」者，正謂其不能盡次，故以次爲復也。鄭氏謂士分兩等，而有邑宰、朝廷之殊。諸侯之士多矣，由大國至小國，其有中士、下士者數，各居其上之三分，固不止於兩等。然而邑散布於四竟之内，固有去國尤遠者，若邑宰之士盡釋邑寄而館於此，豈不皆廢一邑之事乎？ 於經文似不通。

大夫爲其父母兄弟之未爲大夫者之喪，服如士服。士爲其父母兄弟之爲大夫者之喪，服如士服。

鄭氏曰：大夫雖尊，不以其服服父母兄弟，嫌若踰之也。士，謂大夫庶子爲士者也。己卑又不敢服尊者之服。今大夫喪禮逸，與士異者，未得而備聞也。《春秋傳》曰：「齊晏桓子卒，晏嬰麤衰斬，苴絰帶，杖，菅屨，食粥，居倚廬，寢苫，枕草。其老曰：『非大夫之禮也。』曰：『唯卿爲大夫。』」此平仲之謙也。言己非大夫，故爲父服士服耳。麤衰斬者，其縷在齊斬之間，謂縷如三升半，而三升不緝也。斬衰以三升爲正，微細焉，則屬於麤也。然則士與大夫爲父服異者，有麤衰斬，枕草矣。其爲母五升縷而四升，爲兄弟六升縷而五升乎？ 唯大夫以上乃能備儀盡飾，士以下則以臣服君之斬衰爲其父，以臣從君而服之齊衰爲其母與兄弟，亦以勉人爲高行也。大功以下，大夫、士服同。

孔氏曰：此一經明大夫、士爲其父母昆弟之服。大夫之父母兄弟或作士，或無官，今大夫爲之，若著大夫之服，是自尊踰越父母兄弟也。鄭知士是大夫庶子者，若大夫適子，雖未爲士，猶服大夫之服，即下文是也。引《春秋》襄十七年《左傳》文，證大夫與士喪服不同也。唯卿爲大夫者，此晏嬰對家老言，若身爲卿，得著大夫之服；若身爲大夫，唯得服士服。此平仲謙退之辭，非禮也。案《喪服》初章「斬衰」，次章「疏衰」，疏即麤也。「麤衰斬」者，言其布縷在齊斬之間，齊斬三升，麤衰四升。今麤如三升半，而計縷唯三升也。鄭既約晏嬰之事，始明大夫與士不同。大夫以上斬衰，枕凷，士則疏衰，枕草也。鄭既約士之父服縷細降一等，經文有母及兄弟，故約母與兄弟之服。《喪服》「爲母四升」，此云「爲母五升縷」，謂麤細似五升之縷，成布四升。《喪服》「爲兄弟五升」，此云「爲兄弟六升縷」，爲麤細如六升之縷，成布五升，皆謂縷細，成布升數少也。大夫以上，儀服無降殺，故鄭云「備儀盡飾」，士以下爲父母兄弟降從義服。案《喪服》義服皆降正服一等。居喪之禮，以服重爲伸，以服輕爲屈。今以重服情深，使士有抑屈，是勉勵士身使爲高行也。大夫以下輕服情殺，故上下俱伸。

王氏曰：喪禮自天子以下無等，故曾子曰：「哭泣之哀，齊斬之情，饘粥之食，自天子達于庶人。」且大國之卿與天子上士俱三命，故曰一也。晉士起，大國上卿，當天子之士也。平仲之言，唯卿爲大夫，謂諸侯之卿當天子之大夫，非謙辭也。春秋之時，尊者尚輕簡，喪服禮制遂壞，羣卿大夫專政，晏子惡之，故服麤衰，枕草，於當時爲重。《孟子》云：「三年之喪，齊疏之服，飦粥之食，自天子達於庶人，三代共之。」又此經云「端衰喪車皆無等」。又《家語》云「孔子曰『平仲可謂能遠於害矣。❶不以己之是，駮人之非，遜辭以避咎』」也。其大夫與士異者，大夫以上，在喪斂時弁絰，士冠素委貌。

石林葉氏曰：古者喪服，大夫、士必有異制，《禮經》皆不載。鄭氏引晏平仲居桓子喪，其老以爲非大夫禮爲證父母兄弟之未爲大夫者服士服，蓋不欲以尊踰之也。而桓子亦大夫矣，晏氏之老以爲非大夫禮，則平仲之服士服也，故疑其爲過也。由是言之，大夫與士之禮，其必以精粗爲辨歟？當春秋時，諸國蓋多行短喪，而況其服，是以平仲矯之，不欲斥人之過，所以姑自抑以卿然後爲大夫爲答。《家語》亦記此事，而有曾子問孔子，孔子以爲遠害。孔子蓋與平仲而《禮》略之也。

嚴陵方氏曰：生者貴而死者賤，則其服從死者，嫌若臨之故也。生者賤而死者貴，則其服從生者，嫌若僭之故也。

山陰陸氏曰：據此大夫喪服，士有不如也。《既夕禮》曰「衰三升，寢苫，枕塊」，則古者士服斬衰，寢苫，枕塊；大夫麤衰斬，寢苫，枕草，是歟？當晏子時，士僭大夫。大夫以上，喪服益輕，故嬰麤衰斬，枕草，反古之道。家老視時以爲非也。《閒傳》曰：「斬衰三升，齊四升、五升、六升。」❷齊衰四升蓋士以下，則五升大夫，六升諸侯、天子，齊衰之别也。若斬衰，則兩等，《喪服》所謂衰三升、三升有半，三升有半，大夫以上服斬之衰歟？大夫之適子，服大夫之服。

❶「曰」字，原脱，據通志堂本、四庫本補。

❷「齊」字下，通志堂本、四庫本有「衰」字。

鄭氏曰：仕至大夫，賢著而德成，適子得服其服，亦尊其適象賢。

孔氏曰：父官至大夫，適子雖未仕，得服大夫之服，爲其能象似父之也。❶皇氏曰：大夫適子若爲士，爲其父唯服士服。鄭註「仕至大夫」，謂此子若仕官至大夫，始得服大夫服，以其賢德著成也。

大夫之庶子爲大夫，則爲其父母服大夫服。其位與未爲大夫者齒。

鄭氏曰：雖庶子得服其服，尚德也。使齒於士，不可不宗適。

孔氏曰：大夫庶子仕至大夫，由身有德行，所以得服大夫之服。其行位之處，齒列於適子之下。年雖長於適子，猶在適子之下，使適子爲主。若年少於適子，則固在下，是宗適也。

嚴陵方氏曰：大夫之適子雖爲士，服大夫之服而不嫌於重者，適故也。至於庶子死，身爲大夫，雖服大夫之服，其位猶與未爲大夫者齒。蓋長幼之序，不可以貴賤廢故也。

士之子爲大夫，則其父母弗能主也，使其子主之。無子則爲之置後。

鄭氏曰：大夫之子得用大夫之禮，而士不得也。置，猶立也。

孔氏曰：士之身爲大夫，❷父身是士，故不可爲大夫喪主。使此死者之子爲主，以其子是大夫適子，故得服大夫服，爲之主。前經「大夫之適子服大夫服」是也。若無適子，則以庶子當適處；若無庶子，

❶「之」字下，通志堂本、四庫本及《禮記正義》有「賢」字，是。

❷「之」，通志堂本、四庫本及《禮記正義》作「子」，是。

則以族人之子當適處：皆得用大夫禮。此所置之後，謂暫爲喪主，假用大夫禮。若大宗子，則直爲立後，自然用大夫禮也。父是士，則不得主大夫喪。所以然者，父貴可以及子，故大夫之子得用大夫之禮。子貴不可以及父，故其父不得用大夫之禮。

大夫卜宅與葬日，有司麻衣、布衰、布帶，因喪屨緇布冠不蕤，占者皮弁。

鄭氏曰：有司，卜人也。麻衣，白布深衣而著衰然。❶及布帶、緇布冠，此服非純吉，亦非純凶也。皮弁則純吉之尤者也。占者尊於有司，卜求吉，其服彌吉，大夫、士朔服皮弁。

孔氏曰：宅，謂葬地。大夫尊，故得卜宅并葬日。麻衣，謂白布深衣。吉服，十五升之布。布衰，謂麤衰，以三升半布爲衰，長六寸，廣四寸，綴於衣前，當胷上。後又有負版，長一尺六寸，廣四寸。白布深衣是吉，衰是凶，布帶亦凶。緇布冠是吉，不蕤亦凶。故鄭云「非純服」也。「因喪屨」，因喪之繩屨也。緇布冠，古法不蕤，後代有蕤。此以凶事，故得云「不蕤」。占者，謂卜龜之人。皮弁是純吉尤甚者。

山陰陸氏曰：有司，羣吏有事者也。鄭氏謂「有司，卜人」，誤矣。據《士冠禮》「有司如主人服，即位于西方，東面北上。筮與席、所卦者，具饌於西塾」。言「因喪屨」，則麻衣、布衰、布帶，緇布冠不蕤，非前日之服也。凡服皆先服服而後冠。《聘禮》曰「遭喪，將命于大夫，主人長衣



❶「然」，通志堂本、四庫本及《禮記》鄭注作「焉」，是。

練冠以受」是也。筮先冠後衣，自既服之後歟？「緇布冠不蕤」，禮也。不待言不緌而後著。今言不緌，以有緌之者也。

如筮，則史練冠長衣以筮，占者朝服。

鄭氏曰：筮者，筮宅也。謂下大夫若士也。筮史，筮人也。長衣，深衣之純以素也。長衣練冠，純凶服也。朝服，純吉服也。大夫、士日朝服以朝也。

孔氏曰：《士喪禮》云「筮宅卜日」，故知此謂筮宅也。下云「下大夫及士不合用卜」，故知用筮。以筮輕，故用純凶服。占者，用朝服也。案《士喪禮》「族長涖卜，及宗人吉服」，鄭註：「服玄端也。」彼謂士之卜禮，此據筮禮，故朝服。案《士虞禮》註云：「士之屬吏爲其長弔服如麻。」❶此史練冠長衣者，此經文含大夫，其臣爲大夫，以布帶繩屨，故史練冠長衣，若士之卜史當從弔服，不得練冠長衣也。

山陰陸氏曰：長衣，蓋練衣也。練而爲衣，長之，即吉有漸也。知然者，以「練，練衣，黄裏縓緣，鹿裘衛長袪」知之也。❷鄭氏謂「長衣，深衣之純以素」，非是。

大夫之喪，既薦馬，薦馬者哭踊出，乃包奠而讀書。

鄭氏曰：嫌與士異，記之也。《既夕禮》曰：「包牲取下體。」又曰：「主人之史請讀賵。」

孔氏曰：此明大夫將葬，柩朝廟後，❸欲出之時也。案《士喪禮》下篇云薦馬凡有

❶ 「如」，《禮記正義》、《儀禮·士虞禮》鄭注均作「加」，是。
❷ 「衛」，《禮記·檀弓上》作「衡」，是。
❸ 「柩」字上，《禮記正義》有「啓」字，當補。

三，柩初出，至祖廟，設奠爲遷祖之奠，訖，乃薦馬，一也。至日側祖奠，又薦馬，二也。明日將行，遣奠時，又薦馬，三也。此薦馬，❶下云「包奠而讀書」，於《既夕禮》爲第三薦馬時也。薦，進也。馬是牽車爲行之物，孝子見進薦馬，是行期已至，故感之而哭踊。馬出，乃取遣奠牲下體包裹之，以遣送行也。苞者象既饗而歸賓俎，士則羊豕各三个。必取下體者，下體能行，亦示將行也。有遣車者，亦先包之。書，謂凡送亡者賵入椁之物書也。讀之者，省録之也。註引「讀賵」，賵猶送者人名也。

大夫之喪，大宗人相，小宗人命龜，卜人作龜。

鄭氏曰：卜葬及日也。相，相主人禮也。命龜，告以所問事也。作龜，謂揚火灼之以出兆。

孔氏曰：大夫，謂卿也。大宗，謂大宗伯也。小宗，謂小宗伯也。皇氏曰：大小二宗，並是其君之職，來爲喪事，如「司徒旅歸四布」是也。故《宗伯·肆師》云：「凡卿大夫之喪，相其禮。」

金華應氏曰：君臣一家也。君之喪，百官庀其職，大夫之喪，家臣庀其役，其廣狹不同矣。君則卹其私，而以國有司助之。其凡役，則司徒供之，《少儀》「聽役於司徒」是也。其贊相則大小二宗，與卜人同之，《宗伯》「四師相禮」是也。大小宗與卜人皆春官，而喪事同贊相之。蓋君喪之用大宰、大宗、大祝，若《曾子問》所記是也。而亦以贊大夫之喪，其待之



❶「此」字下，《禮記正義》有「云」字。

厚矣。夫臣子之喪，其力有不能盡具者，皆仰之於公，又俾有司贊其事，所謂「體羣臣」者，此類是也。

內子以鞠衣、褒衣、素沙。下大夫以禮衣，其餘如士。

鄭氏曰：此復所用衣也，當在「夫人狄稅素沙」下，爛脱失處在此上耳。內子，卿之適妻也。《春秋傳》曰「晉趙姬請逆叔隗於狄，趙衰以爲內子，而已下之」是也。下大夫，謂下大夫之妻。禮，《周禮》作「展」。王后之服六，唯上公夫人亦有褘衣，侯、伯夫人自褕狄而下，子、男夫人自闕狄而下，卿妻自鞠衣而下，大夫妻自展衣而下，士妻稅衣而已。素沙，若今紗縠之帛也。六服，皆袍制，不襌，以素紗裏之，如今袿袍襈重繒矣。「褒衣」者，始爲命婦見加賜之衣也。

孔氏曰：此一經明卿大夫以下之妻所復之衣。鞠衣、褒衣者，始命爲內子，上所褒賜之衣，故曰「褒衣」，即鞠衣也。復時亦用此衣，亦以素沙爲裏。鄭引《春秋》僖公二十四年《左傳》文，證卿妻爲內子也。王后以下之服，已具《玉藻》。袍制爲通衣裳，有表有裏，似袍，故云不襌，似漢時袿袍下之襈，以重繒爲之也。「其餘如士」，謂鞠衣、襌衣之外，❶其餘褖衣如士之妻。士妻既用褖衣而復，則內子下大夫妻等亦用褖衣也。

復，諸侯以褒衣、冕服、爵弁服。

鄭氏曰：復，招魂復魄也。冕服者，上公五，侯伯四，子男三。褒衣，亦始命爲諸侯及朝覲加賜之衣也。褒，猶進也。

❶「襌」，通志堂本、四庫本作「禮」，是。

孔氏曰：自此至「西上」，總明招魂所用之衣。但此經上下顛倒，如鄭所次，以此經爲首，次以「夫人稅衣褕狄」之經，然後次「内子以鞠衣」之經。諸侯既用褒衣，又以冕服爵弁服而復也。冕服者，上公自衮冕而下，故爲五；侯、伯自鷩冕而下，故爲四；子、男自毳冕而下，故爲三也。凡服，各依其命數，則上公五冕之外，更加爵弁服以下皮弁、冠弁之等，而滿九；侯、伯冕服之外，亦加爵弁以下，而滿七；子、男冕服之外，加爵弁、皮弁，而滿五。其褒衣，君特所褒賜，則宜在命數之外也。故《王制》云：「三公一命衮，若有加，則賜。」是褒衣不入命數也。此褒衣或是冕之最上者。

山陰陸氏曰：先儒謂始命爲諸侯及朝覲加賜之衣。若秦仲受顯服，其《詩》曰「黻衣繡裳」，此其一隅。黻，衮也。然則「復，諸侯以褒衣」、「公襲，褒衣一」，舉其有者也。若以謂諸侯人得而有之，非所謂褒。

夫人稅衣褕狄，狄稅素沙。

鄭氏曰：言其招魂用稅衣上至褕狄也。「狄稅素沙」，言皆以白紗縠爲裏。

孔氏曰：此明婦人復衣。婦人衣有六也。夫人，謂諸侯伯夫人也。狄稅，言褕狄以下至於稅衣。

山陰陸氏曰：夫人先稅衣後褕狄，即服有漸也。據「復，諸侯以褒衣、冕服、爵弁服」，其言「狄稅素沙」又以別内子焉。據「内子以鞠衣素沙」，夫人稅衣，不言以，不嫌不以。

復西上。

鄭氏曰：北面而西上，陽長左也。復者

多少，各如其命之數。

孔氏曰：凡招魂皆北面而招，以西頭爲上。招魂冀生氣之來。生氣爲陽，又北面言之，南方是陽，左在西方，故鄭言「陽長左」。案《士喪禮》「復者一人」，諸侯之士一命，而用一人，明復者各依命數也。

嚴陵方氏曰：復，北面求諸幽，故以西爲上，西北皆陰故也。

大夫不褕絞，屬於池下。

鄭氏曰：謂池飾也。褕，褕翟也。采青黄之間曰絞。屬，猶繫也。人君之柳，其池繫絞繒於下，而畫翟雉焉，名曰「振容」，又有銅魚在其間。大夫去振容，士去魚，此無「人君」及「士」，亦爛脱。

孔氏曰：此一經明大夫葬時車飾。諸侯以上，則畫褕翟於絞，屬於池下。若大夫降下人君，不得畫以褕絞，屬於池下。其池上，則畫於褕，得有褕絞也。故《喪大記》士亦有褕絞，與大夫同，但不得屬於池下。人君之柳上有池，下有振容，池與振容之間又有魚，故註云「在其間」。詳見《喪大記》。

山陰陸氏曰：宜承「蒲席以爲裳帷」之下，脱爛在是。然則大夫、士殯與葬儀，雖小不同，大略一也。其異者，「大夫不褕絞，屬於池下」。

大夫附於士。士不附於大夫，附於大夫之昆弟。無昆弟，則從其昭穆。雖王父母在，亦然。

鄭氏曰：附，讀皆爲「祔」。大夫祔於士，不敢以己尊自殊於其祖也。士不祔於大夫，自卑別於尊者也。「大夫之昆弟」，謂爲士者也。「從其昭穆」，中一以上，祖又祖而已。祔者，祔於先死者。

孔氏曰：自此至「祔於公子」，廣明祔祭之義。「大夫祔於士」，謂祖爲士，孫爲大夫，若死，可以祔祭於祖之爲士者。「士不祔於大夫」，謂先祖爲大夫，孫爲士，不可祔祭於大夫，唯得祔於大夫之兄弟爲士者。「無昆弟」，謂祖無昆弟爲士，則從其昭穆，謂祔於高祖爲士者。高祖爲大夫，則祔於高祖昆弟爲士者。若孫死之後，❶應合祔於王父。王父見，❷無可祔，亦如是祔於高祖也。鄭恐大夫之昆弟俱作大夫，士亦得祔之，故云「謂爲士者」。「中一以上」，《喪服小記》文，謂自祖以上間一世，各當昭穆而祖祔之。若不得祔祖，則間去曾祖一世，祔於高祖；若高祖無可祔，則祔高祖之祖，是祖又祖也。

金華應氏曰：重世裔之本宗，故大夫寧自屈而祔於士。重朝廷之命爵，故士不敢僭而祔於大夫。重婚姻之正耦，故婦與妾之祔各以其類，而無之，則寧越次而間升。重承家之陽類，故男祔則配，而女祔則不配。

婦附於其夫之所附之妃，無妃則亦從其昭穆之妃；妾附於妾祖姑，無妾祖姑，則亦從其昭穆之妾。

鄭氏曰：夫所祔之妃，於婦則祖姑。

孔氏曰：此經論婦之所祔，義與夫同。孫婦祔祖姑，無妃謂無祖姑，亦間一以上，祔於高祖之妃。無則祔於高祖之祖妃。若其祖有昆弟之妃，班爵同者亦祔之。



❶「之」下，原有「死」字，今據通志堂本、四庫本及《禮記正義》删。

❷「見」字下，《禮記正義》有「在」字，當補。

男子附於王父則配，女子附於王母則不配。公子附於公子。

鄭氏曰：配，謂并祭王母。不配則不祭王父也。有事於尊者，可以及卑；有事於卑者，不敢援尊。配與不與，❶祭饌如一，祝辭異，不言「以某妃配某氏」耳。女子，謂未嫁者也。嫁未三月而死，猶歸葬於女氏之黨。「公子附於公子」，不敢戚君。

孔氏曰：男子祔於王父，并祭所配王母。在室之女及已嫁未三月而死，祔祭於王母，則不祭所配之王父。案《特牲禮》云「用薦歲事於皇祖某子」，是不言配。《少牢禮》云「以某妃配某氏」，鄭註云「某，妻也。某氏，若言姜氏、子氏也」。此是言配。但士用特牲，大夫用少牢，其餘皆同，是「祭饌如一」。特牲雖是常祭，容是禫月吉祭，故不言配。公子之祖爲君，公子不敢祔，於祖之兄弟爲公子者，❷故鄭云「不敢戚君」也。

君薨，大子號稱「子」，待猶君也。

鄭氏曰：謂未踰年也，雖稱子，與諸侯朝會如君矣。《春秋》魯僖公九年夏，葵丘之會，宋襄公稱子，而與諸侯序。待，或爲「侍」。

孔氏曰：大子，君存稱世子。今君既薨，故稱子。與諸侯並列，其待之禮，猶如正君。引《春秋》者，證未踰年稱子及「待猶君」之義。若踰年，則稱君也。若杜元凱之意，未葬以前，雖踰年猶稱子；既葬，雖未踰年，亦稱公。具在《曲禮》疏。

❶ 下「與」字，四庫本及《禮記》鄭注作「配」，是。
❷ 「於」字上，《禮記正義》有「祔」字，當補。

山陰陸氏曰：此言君薨未葬，待其子猶君也。《春秋》召陵之會，陳子亞衛侯，待猶陳侯也；若温之會，陳侯既葬，陳子序在鄭伯之下，莒子之上，視君下一等。

有三年之練冠，則以大功之麻易之，唯杖、屨不易。

鄭氏曰：謂既練而遭大功之喪者也。練除首絰，要絰葛，又不如大功之麻重也。言「練冠」、「易麻」，互言之也。「唯杖、屨不易」，言其餘皆易也。屨不易者，練與大功俱用繩耳。

孔氏曰：此謂遭三年之喪，至練時，首絰已除，故特云冠。若初死者，是降服大功，❶其餘七升、八升、九升之大功，則不得易三年之練也。大功無杖，無可改易。斬衰既練，要絰與大功初死要絰麤細同。斬衰是葛，大功是麻，故鄭云「不如大功之麻重也」。云「練冠、易麻，互言之」者，麻謂絰帶。大功言絰帶，明與三年練亦有絰帶。三年練云冠，明大功亦有冠。是大功冠與絰帶易三年冠及絰帶，故云「互言之」。

嚴陵方氏曰：三年之喪既練，而遭大功喪，❷則以麻易之者，此以義起禮也。

有父母之喪，尚功衰，而附兄弟之殤，則練冠附於殤，稱「陽童某甫」。不名，神也。

鄭氏曰：此兄弟之殤，謂大功親以下之殤也。斬衰、齊衰之喪練皆受以大功之衰，此謂之「功衰」。以是時而祔大功親以下之殤，輕不易服。冠而兄爲殤，謂同

❶「功」字下，通志堂本、四庫本有「則以此大功之麻易三年之練也。此特據降服大功」二十字。

❷「功」字下，通志堂本、四庫本有「之」字。

年者也。兄十九而死，已明年因喪而冠。陽童，謂庶殤也。宗子則曰陰童。童，未成人之稱也。某甫，且字也。尊神不名，爲之造字。

孔氏曰：此經明已有父母之喪，練後，得祔兄弟小功之殤也。已有父母喪，猶尚身著功衰。今兄弟有殤，在小功者，當須祔祭，則不改練時之服，身著練冠，祔祭於殤也。大功正服，變三年之練。❶故鄭知此大功以下之殤，言「以下」，兼小功也。已是祖之適孫，若祔大功兄弟長殤，得在祖廟。若祔小功兄弟長殤，則是祖之兄弟之後，所以得祔者，已是曾祖之適，其小功兄弟同曾祖。今小功兄弟當祔於從祖之廟，其小功兄弟身及父是庶人，不合立祖廟，則曾孫適孫爲之立壇，祔小功兄弟之長殤於從祖，立神而祭也。當祔祭此殤之時，其祝辭稱此殤曰「陽童」，又稱此殤曰「某甫」，所以不呼其名者，尊神之也。故爲之造字，稱曰「某甫」。《曾子問》：「庶子之殤，祭於室白，故曰陽童。宗子殤死，祭於室奧，則曰陰童。」《檀弓》云「五十以伯仲」，是正字。二十之時曰「某甫」，是且字，言且爲之立字也。鄭云「冠而兄爲殤，謂同年」者，此鄭自難云弟冠而兄得爲殤者，謂弟與兄同年十九也。云「兄十九而死，已明年因喪而冠」者，此新死之兄，既是小功之服，不合變三年之練，而得有因喪冠者，謂已明年之初，用父母喪之練節而加冠以後，始祔兄弟也。云「爲之造字」者，以冠始有字。此兄去年已死，未得有字，祔時爲

❶「變」字上，通志堂本、四庫本及《禮記正義》有「則」字。

之造字也。

横渠張氏曰：有父母之喪，尚功衰，謂未祥，猶衣所練之功衰，未衣麻衣也。

藍田吕氏曰：上言有三年之練冠，則以大功之麻易之，唯杖屨不易。此謂三年既練，遭大功之喪，當易練冠練衣，而服大功之衰，又加首絰，以麻易葛帶，所不易者，杖屨而已。然此三年者，統言父、母、君、長子及爲人後，及適孫爲祖之類。若父母之喪既練而祔於兄弟之殤，則杖屨與練冠俱不易。此一節於三年練冠中，特爲父母立例。蓋大功之衰，有重於三年之練冠，故所不易者，唯有杖屨。兄弟之殤，雖亦大功，然既殤且祔，宜輕於父母之練，故比之三年，所不易者，又有練冠也。功衰者，卒哭所受六升之服也。至練則以功衰之布練而爲衣，故猶曰功衰。此不曰練，而曰功衰者，爲下練冠立文也。言尚者，明受功衰之日已遠，故知爲練服也。若哭兄弟之殤，則必易練冠。蓋殤之喪雖無卒哭之税，至于祔宜有殺矣。

凡異居，始聞兄弟之喪，唯以哭對可也。其始麻，散帶絰。未服麻而奔喪，及主人之未成絰也，疏者與主人皆成之，親者終其麻帶絰之日數。

鄭氏曰：以哭對，惻怛之痛，不以辭言爲禮也。散帶垂，與居家同也。凡喪，小斂而麻。疏者，謂小功以下也。親者，大功以上也。疏者及主人之節則用之，其不及亦自用其日數。

孔氏曰：此一節明異居聞兄弟喪哭及奔赴之禮。言「凡」，非一之辭。異居別所而始聞兄弟之喪，不暇問餘事，唯哭對使者，赴於禮可也。「始麻，散帶絰」者，此謂大功以上兄弟其初聞喪，始服麻之時，散垂要之帶絰。若小功以下服制，❶則糾垂不散也。若聞喪未及服麻而即奔喪，道路既近，至在主人未成絰時，謂未小斂之前也。疏者值主人成服之節，則與主人成之。親者雖值主人成服，未即成之，必終竟其麻帶絰滿依禮日數而後成服也。案《士喪禮》「小斂襲絰于序東」，是凡士喪，小斂而麻也。又《士喪禮》「三日絞垂」，此云「始麻散帶絰」，是與居家同也。鄭註「其不及亦自用其日數」者，謂疏者若不及主人之節，亦自用其依禮之日數。奔喪之後，至三日而成服也。案《奔喪禮》聞喪，即襲，絰絞帶，不散，彼謂有事，未即奔喪故也。又《奔喪禮》至即絞帶，不散垂，彼謂來遲，此即來奔，故至猶散麻，以見尸柩故也。

山陰陸氏曰：《喪服小記》所謂有主後者，謂異居是也。此謂聞同母異父兄弟之喪，殺於兄弟，惻怛之情輕，不必盡哀，又不必問故，故曰「唯以哭對可也」。

主妾之喪，則自附。至於練、祥，皆使其子主之，其殯、祭，不于正室。君不撫僕、妾。

鄭氏曰：祔自爲之者，以其祭於祖廟。「不撫僕、妾」，略於賤也。

孔氏曰：妾既卑賤，得主之者，謂女君死，攝女君也。祔祭於祖姑，尊祖，故自祔也。妾合祔於妾祖姑，無祖妾姑，則祔於女君。雖攝女君，猶下正適，故殯之與祭，不得在正室。妾祖姑無廟，於廟爲壇

❶「制」，四庫本及《禮記正義》作「麻」，是。

祭之。❶若不攝女君之妾，則不得爲主，則別爲壇，不在祖廟中，而子自主之也。

嚴陵方氏曰：妾之喪祔於妾祖姑之廟，故其夫自主而祔之，非尊妾也，尊祖而已。練、祥則使其子者，略之也。殯祭不於正室者，所以明嫡也。「不撫僕、妾」，貴之於賤宜略故也。

山陰陸氏曰：言主妾之喪，則自祔，則妾之喪，其主有不主者矣。崔氏謂：「女君死，攝女君也。」然則練、祥使其子主之，曰練、祥可矣。今曰「至於練、祥」，則又以著虞、卒哭，其子主之固也。

女君死，則妾爲女君之黨服。攝女君，則不爲先女君之黨服。

鄭氏曰：妾於女君之親，若其親然。

孔氏曰：雖是徒從而抑妾，故爲女君黨服，防覬覦也。攝女君，差尊，故不爲先女君之黨服。

嚴陵方氏曰：「女君死，則妾爲女君之黨服」者，親親之仁也。「攝女君，則不爲先女君之黨服」者，尊尊之義也。

山陰陸氏曰：即不言先，嫌女君出。

聞兄弟之喪，大功以上，見喪者之鄉而哭。適兄弟之送葬者，弗及，遇主人於道，則遂之於墓。凡主兄弟之喪，雖疏，亦虞之。

鄭氏曰：「見喪者之鄉而哭」，奔喪節也。「遂之於墓」，言骨肉之親，不待主人也。「疏亦虞之」，以喪事虞祔乃畢。

孔氏曰：此一節明奔兄弟喪之法。「見喪者之鄉而哭」，此謂親兄弟同氣及同堂兄弟也。《奔喪禮》云：「齊衰望鄉而哭，

❶「廟」字下，通志堂本、四庫本及《禮記正義》有「中」字，是。

大功望門而哭。」不同者，此經謂降服大功者。若如此，則兄弟之名通經重也。❶「適兄弟之送葬者」，此兄弟通緦小功也。適，往也。謂往送五服之親，不及喪柩在家。主人葬竟，已還，送葬之人值於路，不得隨孝子歸，仍自獨往於墓也。兄弟疏者，謂小功緦麻。彼既無主，雖服緦小功之疏，亦爲之主虞祔之祭。案《小記》云：「大功者，主人之喪有三年者，則必爲之再祭。」鄭註云「小功緦麻，爲之練祭可也」，與此不同者，彼承大功有三年者，此則緦小功有三年者，故至小祥，同於三年，故主虞祔也。今此言疏者亦虞，但虞者謂無服者，朋友相爲，亦虞祔也。

禮記集説卷第一百一

❶ 「經」，《禮記正義》作「輕」，是。

# 禮記集説卷第一百二

凡喪服未畢,有弔者,則爲位而哭,拜,踊。

鄭氏曰:客始來,主人不可以殺禮待之。

孔氏曰:未畢,謂喪服將終,猶有餘日未滿,有人始來弔,當爲位哭,踊,不以殺禮待新弔之賓也。言「凡」者,五服悉然。

大夫之哭大夫,弁絰。大夫與殯,亦弁絰。大夫有私喪之葛,則於其兄弟之輕喪,則弁絰。

鄭氏曰:弁絰者,大夫錫衰相弔之服也。如爵弁而素加環絰。私喪,妻子之喪也。輕喪,緦麻也。大夫降焉,弔服而往,不以私喪之末臨兄弟。

孔氏曰:謂成服以後,大夫往弔,哭大夫,則身著錫衰,首加弁絰。若未成服以前,與殯之時,身亦弁服,而首加弁絰也。「私喪之葛」,謂妻子之喪,至卒哭以葛代麻之後,於此之時,遭兄弟之輕喪,緦麻,大夫降一等,雖不服,以骨肉之親,亦著弔服弁絰而往。不以妻子私喪之末服臨兄弟也。若成服後,則錫衰;未成服之前,身著素裳,而首服弁絰。

爲長子杖,則其子不以杖即位。爲妻,父母在,不杖,不稽顙。母在,不稽顙。稽顙者,其贈也拜。

鄭氏曰:「子不以杖即位」,辟尊者也。爲妻,尊者在,不敢盡禮於私喪,故不杖,不稽顙。獨母在,於贈、拜得稽顙。父在,贈、拜則不得稽顙。

孔氏曰:父「爲長子杖」,其子,長子之子,祖在不厭孫,其孫得杖,但與祖同處,不得以杖即位，辟尊者也。爲妻，謂適子爲妻。父母見存，不敢爲妻杖，又不敢爲妻稽顙。案《喪服》云：「大夫爲適婦爲喪主。」父爲己婦之主，故父在，不敢爲婦杖。父没母在，爲妻雖得杖而不得稽顙。以「杖」與「稽顙」連文，不杖屬於父在，不稽顙文屬母在，故云「父母在，不杖，不稽顙」。不稽顙二義，母在不稽顙者，謂母在，爲妻子尋常拜賓之法也。「稽顙者，其贈也拜」者，但父没母在，稍降殺於父。有他人以物來贈己，其恩既重，其謝此贈之人時，爲拜，得稽顙，故云「其贈也拜」。

嚴陵方氏曰：父母在，則爲妻不杖，不稽顙，爲尊者厭，不敢盡禮於私喪也。母在父没，則爲妻亦不稽顙，則容杖矣。然於拜贈之時，亦稽顙焉。凡以别於父在之時也。

山陰陸氏曰：適子爲妻如此，則庶子父雖在，以杖即位可也。

違諸侯，之大夫，不反服。違大夫，之諸侯，不反服。

鄭氏曰：其君尊卑異也。違，猶去也。去諸侯仕諸侯，去大夫仕大夫，乃得爲舊君服。

孔氏曰：去諸侯，謂不使其君及辟仇也。之，往也。己若本是諸侯臣，往仕大夫，此是自尊適卑，不可反服於前之尊君也。本是大夫臣，今仕諸侯，此是自卑適尊，若猶服卑君，則爲新君之耻也，故亦不反服。舊君服齊衰三月。

清江劉氏曰：此言違而仕者，則不反服舊君，避新君也。然則違而未仕者，聞舊君之喪，則反服爾。《春秋傳》所謂「未臣焉，有伐其國者，反死之可也。既臣焉而反死之，則不可」。鄭玄云「去諸侯仕諸侯，去大夫仕大夫，乃得爲舊君服」，非也。

嚴陵方氏曰：或違尊而之卑，或違卑而之尊，皆不敢反服於舊君者，以尊卑異體故也。

喪冠條屬，以別吉凶。三年之練冠，亦條屬，右縫。小功以下，左。緦冠繰纓。大功以上散帶。

鄭氏曰：別吉凶者，吉冠不條屬也。條屬者，通屈一條繩，若布爲武，垂下爲纓，屬之冠，象大古喪事略也。吉冠則纓、武異材焉。右縫者，右辟而縫之。「小功以下」，左辟，象吉，輕也。繰纓，繰當爲「澡麻帶絰」之「澡」，聲之誤也。爲有事，其布以爲纓。

孔氏曰：此一節明喪冠輕重之制。吉冠則纓與武各別，喪冠則纓與武共材。「條屬」者，條猶著也，謂取一條繩屈之爲武，垂下爲纓，以著冠也。三年練冠，小祥之冠也。雖微入吉，亦猶條屬，與凶冠不異。吉冠則攝上，辟縫嚮左，左爲陽，陽，吉也。凶冠縫嚮右，右爲陰，陰，喪所尚也。過小祥，猶條屬，故縫猶嚮右也。小功以下輕，故縫同吉，嚮左也。緦麻，❶冠治纓不治布，冠又用澡治，緦布爲纓，以輕故也。鄭註「有事其布以爲纓」者，緦麻既有事其縷就上澡之，是又治其布。謂縷、布俱治也。大功以上散帶者，小斂之後，主人拜賓襲絰於序東，小功以下皆絞之，大功以上散此帶垂，不忍即成之，至成服乃絞。

❶「麻」，通志堂本、四庫本及《禮記正義》作「衰」。

山陰陸氏曰：繰，讀如「蠶繰」之「繰」。繰纓，散絲纓也。即言絲，嫌不散。

朝服十五升，去其半而緦，加灰，錫也。

鄭氏曰：緦，精麤與朝服同。去其半，則六百縷而疏也。又無事其布，不灰焉。

孔氏曰：朝服精細，全用十五升布爲之。緦麻於朝服十五升布之内，抽出其半，以七升半用緦麻服之衰服也。鄭註《喪服》「去其半而緦，如絲」是也。取絲以爲布，❶又加灰治之，則曰錫，言錫然滑易也。經云「去其半而緦」，始云「加灰，錫」，明此緦衰不加灰，不治布故也。

山陰陸氏曰：《周書》：成王會墠上，天子南面立，絻無繁露，朝服八十物，搢挺。唐叔、荀叔、周公在左，太公望在右，皆絻，亦無繁露，朝服七十物，搢笏。堂下之右。唐公、虞公南面立焉。堂下之左，殷公、夏公立焉。皆南面絻，有繁露，朝服五十物，搢笏。八十、七十、五十物，縷也。據此升之精粗有不同矣。鄭氏謂八十縷爲升，舉其精者也。緦於縷加灰錫，於布加灰，朝服據布，故曰「十五升，去其半而緦，加灰，錫也」。朞，悲哀。三年，憂。緦，思而已。❷

諸侯相襚，以後路與冕服。先路與褒衣不以襚。

鄭氏曰：不以己之正者施於人，以彼不以爲正也。後路，貳車，貳車行在後也。

孔氏曰：襚謂以物送死用。後路，謂上路之後次路也。冕服，謂上冕之後次冕也。先路褒衣，是己車服之上，不可以施

❶「絲」，通志堂本、四庫本及《禮記正義》作「緦」，是。
❷「思」字，原脱，今據通志堂本、四庫本補。

人，以彼不以爲正服所用也。

嚴陵方氏曰：後路，貳車也。先路，正車也。褎衣，即前言「復諸侯以褎衣」是矣。

山陰陸氏曰：大路，玉輅也。《左傳》僖二十八年「王賜晉侯大路之服」，襄二十九年「鄭公孫蠆卒，王追賜之大路」，二十四年「賜穆叔大路」，定四年「分魯公以大路大旂，分康公以大路少帛，分唐叔以大路密須之鼓」是也。車馬曰賵，衣服曰襚，襚而以路，非正也。《既夕》曰：❶「賓奉幣，由馬西當前路，北面致命。」變言前路，著非後路也。不曰先路，避先路也。

遣車視牢具。疏布輤，四面有章，置於四隅。

鄭氏曰：言車多少，各如所包遣奠牲體之數也。遣奠，天子大包，❷包九个；諸侯亦大牢，包七个；大夫亦大牢，包五个；士少牢，包三个。大夫以上乃有遣車。輤，其蓋也。四面皆有障蔽，以隱翳牢肉。

孔氏曰：遣車，送葬載牲體之車也。牢具，遣奠所包牲牢之體，貴賤各有數也。一个爲一具，取一車載之，故云「視牢具」。諸侯大夫位尊，雖無三命，則有車馬之賜。及天子上士三命，皆得有遣車。諸侯士以下賤，故無遣車也。「疏布輤」者，以麤布爲上蓋，四面有物章之。入壙，置於槨之四隅。

賈氏曰：士無遣車，則所包者不載於車，直持之而已。

山陰陸氏曰：疏布輤，亦如殯車爲輤，其

❶「夕」字下，通志堂本、四庫本有「禮」字，是。

❷「包」，通志堂本、四庫本及《禮記》鄭注作「牢」，是。

異者，四面有章，置於槨之四隅。

載粻，有子曰：「非禮也。喪奠，脯醢而已。」

鄭氏曰：粻，米糧也。言死者不食糧也。遣奠，本無黍稷。

孔氏曰：遣車載粻，有子譏其爲失也。遣奠之饌無黍、稷，故不載粻。《既夕》藏筲者，謂遣奠之外，別有黍稷麥也。遣奠用牲體，是脯醢之義。

祭，稱孝子、孝孫。喪，稱哀子、哀孫。

鄭氏曰：各以其義稱。

孔氏曰：祭，吉祭也。謂自卒哭以後之祭。吉則申孝子之心，祝辭云孝也。或子或孫，隨其人。喪稱哀子、哀孫，謂自虞以前凶祭也。喪則痛慕未申，故稱哀也。故《士虞禮》稱哀子，卒哭乃稱孝子。

嚴陵方氏曰：祭所以追養，而盡於一身之終。喪所以哭亡，而止於三年之。❶孝則爲人子孫終身之行也，故子孫之於祭，必稱孝。哀則發於聲音，見於衣服，蓋三年之禮而已，故子孫之於喪，止稱哀。

端衰，喪車，皆無等。

鄭氏曰：喪車，惡車也。喪者衣衰及所乘之車，貴賤同。孝子於親，一也。衣衰言端者，玄端，吉時常服，喪之衣衰當如之。

孔氏曰：端，正也。吉時玄端服，身與袂同，以二尺二寸爲正，而喪衣亦如之。以其綴六寸之衰於心前，故曰「端衰」。等，等差也。喪也衣衰及惡車，❷天子至士制度同，無等差之別也。案鄭註《巾車》「喪車凡五等」，木車，始遭喪所乘；素車，卒

❶「之」字，疑衍，或其下有闕文。
❷「也」，《禮記正義》作「之」。

哭所乘；藻車，既練所乘；駹車，大祥所乘；漆車，禫所乘。

山陰陸氏曰：衰制雖無等，其布之精粗則有差也。據衰與其不當於物也，寧無衰。

大白冠、緇布之冠，皆不蕤。委武，玄、縞而后蕤。

鄭氏曰：不蕤，質無飾也。大白冠，大古之布冠也。《春秋傳》曰：「衛文公大布之衣，大白之冠。」委武，冠卷也。秦人曰委，齊東曰武。玄，玄冠也。縞，縞冠也。

孔氏曰：大白冠，白布冠也。緇布冠，黑布冠也。二冠無飾，故皆不蕤。此緇布冠，謂大夫、士之冠。其諸侯則《玉藻》云「緇布冠繢緌」是也。玄縞二冠，既先有別卷，後乃可蕤，故云「而后蕤」也。大祥縞冠亦有蕤，何以知之？前既云「練冠，亦條屬，右縫」，則知縞不條屬。既別安卷，灼然有蕤也。鄭引衛文公證大白冠是布也。文公以國未道，不充其服，自貶損也。

馬氏曰：冠以莊其首，蕤以致其飾。冠而不蕤者，始於上古尚質而不文也。冠之以蕤者，制於後代，以文而勝質也。文公爲狄所滅，齊桓公救而封之，則以亡國之君爲居喪之服，故以大白始冠者，欲其重始，而取上世之冠，故以緇布，此皆不蕤者也。至於玄冠，或以朱組纓，或以丹組纓；縞冠則或以玄武，或以素紕，此皆以蕤者也。然而大白不蕤矣。而《郊特牲》曰「大古冠布，齊則緇之，其緌也」，緇布不蕤矣。而《玉藻》曰「緇布冠繢緌」，諸侯之冠也。若是則有時而致飾，可以蕤乎？《雜記》所言特喪冠爾。

山陰陸氏曰：委，委貌也。玄所謂縞冠

玄武，縞所謂玄冠縞武，如是而後緌。先儒謂「玄冠委貌也」。然則縞冠，素委貌歟？ 素委貌，蓋素端之冠。

大夫冕而祭於公，弁而祭於己；士弁而祭於公，冠而祭於己。 士弁而親迎，然則士弁而祭於己可也。

鄭氏曰：弁，爵弁也。冠，玄冠也。祭於公，助君祭也。大夫爵弁而祭於己，唯孤爾。然則士弁而祭於己，緣類欲許之也。親迎雖亦己之事，攝盛服爾，非常也。

孔氏曰：此一節明大夫、士公私祭服。大夫謂「孤」也。冕，絺冕也。「祭於己」，自祭廟也。助祭爲尊，故服絺冕。自祭爲卑，故服爵弁。士以爵弁爲上，故用助祭。冠玄冠爲卑，自祭不敢同助君之服，故用玄冠也。作記之人雖云士冠而祭於己，以己既爵弁親迎，親迎輕於祭，尚用爵弁，則自用爵弁，自祭己廟，於禮可用也。是記者緣事類許之著爵弁也。《儀禮・少牢》上大夫自祭用玄冠，此亦云「弁而祭於己」，與《少牢》異，故鄭註云「唯故爾」。❶ 知非卿者，以《少牢禮》有卿賓尸，下大夫不賓尸，明卿亦玄冠不爵弁也。親迎配偶，一時之極，故許其攝盛服。祭祀須依班序，著弁於理可也。

崔氏曰：孤不悉絺冕，若王者之後及魯之孤，則助祭用絺。若方伯之孤，助祭則玄冕，以其君玄冕，自祭不踰之也。

馬氏曰：《周官・司服》曰「王之吉服，祭昊天上帝，則服大裘而冕」，降而至於「祭羣小祀，則玄冕」。蓋祭之大者莫重於昊天，而祀之小者莫甚於羣小祀。不別以

❶ 下「故」字，四庫本作「孤」，據《禮記正義》當是。

服，不降以等，則尊卑不明，隆殺不分，而禮幾乎熄矣。大夫、士則祭之至大者莫重乎助於公，祭之有常者莫甚乎祭於己，故大夫則冕而祭於公，弁而祭於己。士弁而祭於公，冠而祭於己者，亦《周官》「六服同冕」之意也。蓋王則異其服，而大夫、士則異其冕弁而已。《周禮》又曰「卿大夫之服自玄冕而下」，「士之服自皮弁而下」，則大夫以玄冕爲極，而士以爵弁爲極也。非祭於公，安敢用哉？雖然，士弁而親迎，則士弁而祭於己可乎？謂昏者己之事，祭於家者亦己之事，弁可用於昏，則亦可用乎祭於己，此記禮者之所疑也。蓋昏禮者，合二姓之好，爲萬世之始，以其至大之禮行於一時之間，可以攝其盛服而用弁焉。《士昏禮》所謂「主人爵弁」者也。至若祭於己，則歲時所用，於家爲常。苟不與祭於公者有辨，安在其爲禮哉？士可弁而祭於己，則大夫亦可冕而祭於己矣。雖然，士之弁而親迎，亦猶記所謂「冕而親迎」者也。故哀公嘗疑其爲已重，而孔子弁之，❶諸侯以祭服而親迎，則士以助祭服而親迎，義之當然，於是乎在。苟弁而祭於己，則非特嫌其同於公，而又著其輕於昏矣。故士之弁而祭於公者，正也。弁而親迎者，權也。弁而祭於己，則不可也。

山陰陸氏曰：此言大夫若冕而祭於公，則弁而祭於己。士若弁而祭於公，則冠而祭於己。若下大夫一命，弁而祭於公，則冠而祭於己。可知下士不命，冠而祭於公，則端而祭於己。亦可知《少牢》朝

❶「弁」，四庫本作「辨」，當是。《五禮通考》引作「非」。

服而祭，下大夫也；《特牲》冠端玄而祭，下士也。王之上士三命，服玄冕，則弁而祭於己矣。然則一命大夫不冕，雖士三命有服冕者，據大夫五，士三。鄭氏謂大夫爵弁自祭宗廟，惟孤爾。又謂諸侯自相朝聘皆皮弁服，皆非是。案《典瑞》：「公執桓圭，侯執信圭，伯執躬圭，繅皆三采三就，以朝覲宗遇會同于王。相見亦如之。」蓋諸侯自敵以上相見，皆用其至，且有宜稱。皮弁服不應執圭。

李氏曰：「大夫冕而祭於公」，謂天子之大夫也。《儀禮》曰「大夫朝服而祭」，謂諸侯之大夫也。士弁而親迎，則弁而祭於己可也。《詩》曰「角枕粲兮」，角枕，天子之所服也。有昏者枕可以同於王，而士之冠可以同於大夫，所以重昏也。

暢，臼以掬，杵以梧，枇以桑，長三尺，或曰五尺。畢用桑，長三尺，刊其柄與末。

鄭氏曰：臼、杵，所以擣鬱也。掬，栢也。枇，所以載牲體者。此謂喪祭也。吉祭，枇用棘。畢，所以助主人載者。刊，猶削也。

孔氏曰：此一節明吉凶暢及枇畢之義。❶暢，猶鬱鬯也。掬，栢。《爾雅・釋木》云：「梧，桐也。」以栢爲臼，以桐爲杵，擣鬱暢用栢，❷香桐潔白，於神爲宜也。牲體從鑊以枇升入於鼎，從鼎以枇載之於俎。知吉祭枇用棘者，《特牲・記》「枇用棘心」是也。主人舉肉，則用畢助主人舉肉，用桑者亦喪祭也。吉時亦用棘。末

❶「此」，原作「吉」，今據通志堂本、四庫本及《禮記正義》改。

❷「暢」，通志堂本、四庫本及《禮記正義》作「鬯」，是。

頭亦削之。枇亦當然。

長樂陳氏曰：匕之别有四：有黍稷之匕，有牲體之匕，有疏匕，有喪匕。三匕以棘，喪匕以桑。廩人之所摡，黍稷之匕也。饔人之所摡，牲體之匕也。牲體之匕，挑匕也。其制則黍稷之匕小於挑匕，挑匕小於疏匕，何則？敦之量不過三豆，而高不過一尺，則黍稷之匕小矣。挹之以挑匕，然後註於疏匕者三，則疏匕大矣。畋器曰畢，祭器亦曰畢，皆象畢星也。《詩》曰「兕觥其觩」，「角弓其觩」，「有捄棘匕」，「有捄天畢」，捄者，曲而長也，則畢之狀可知矣。鄭氏曰畢狀如匕。喪匕用桑，而畢亦桑，則吉匕用棘，而畢亦棘。此鄭氏所以言匕、畢同材也。然桑黄，棘赤，各致其義。舊《圖》謂「匕、畢皆漆之」，誤矣。《特牲》「主人及佐食舉牲鼎」，「宗人執畢先入」，「贊者錯俎加匕」。鄭氏曰：「主人親主，❶則宗人執畢導之，以畢臨載匕，備失脱也。」《少牢》及《虞禮》無匕，何哉？《少牢》大夫不親舉，虞祭主人未執事，其説是也。《禮書》。

率帶，諸侯、大夫皆五采，士二采。

鄭氏曰：此謂襲尸之大帶。率，繂也。繂之不加箴功。大夫以上，更飾以五采，士以朱、緑。襲事成於帶，變之，所以異於生。

孔氏曰：小斂大斂，衣數既多，有絞不可加帶，故知此謂尸襲竟而著此帶也。率謂爲帶也，但攝帛邊而熨殺之，不加箴功，異於生也。吉時大帶唯有朱、緑、玄

❶ 下「主」字，《禮書》作「舉」，當是。

華，無五采。以五采飾之，亦異於生也。❶此士，天子之士也。諸侯之士，則《士喪禮》「用緇帶」。鄭以襲衣與生同，惟帶與生異。凡襲事，著衣畢，加帶乃成，故註云「成於帶」也。

山陰陸氏曰：言大夫以上襲尸，其帶皆以五采絲率之，即非襲尸無率也。據「士練帶率下辟」。

醴者，稻醴也。甕、甒、筲、衡，實見間，而後折入。

鄭氏曰：此謂葬時藏物也。衡，當爲「桁」，所以庋甕、甒之屬，聲之誤也。「實見間」，藏於見外、椁内也。折，承席也。

孔氏曰：此經謂送葬所藏之物。醴是稻米。所謂甕者，盛醯醢；甒者，盛醴酒；筲者，盛黍稷；衡者，以大木爲桁，置於地，所以庋舉甕、甒之屬。「實見間」者，見，謂棺槨之飾，❷言實此甕、甒、筲等於見外、槨内二者之間也。實物棺内既畢，然後以承席加於椁上。案《既夕禮》：「乃窆，藏器於旁，加見。」註云：「器，用器、役器也。加見者，器在見内也。」又云：「藏苞、筲於旁。」註云：「見在外也。」❸則見内是用器、役器，見外是明器也。此是士禮。大夫以上，則有人器、明器也。人器實，明器虛。案《既夕禮》註云「折猶庋也，方鑿連木爲之，蓋如牀，而縮者三，横者五，無簀。窆事畢，加之壙上，以承抗席」，故謂承席。

賈氏曰：見，棺飾也。飾則帷荒。以帷

---

❶「亦」字，原重，今據通志堂本、四庫本删其一。

❷「槨」，通志堂本、四庫本及《禮記正義》作「外」。

❸「見在」，《禮記正義》、《儀禮・既夕》鄭注作「在見」。

荒加於柩棺，柩不見，唯見此帷荒，故名帷荒爲見。❶

唐陸氏曰：見，棺衣也。

山陰陸氏曰：以實見間，非止此四物，以此四物該之。衡，讀如字，其桁之横者也。

重，既虞而埋之。

鄭氏曰：就所倚處埋之。

孔氏曰：案《既夕禮》：「初喪，朝禰廟，重止於門外之西，不入。」謂將響祖廟，若過之然也。明日自禰廟隨至祖廟庭，欲明將出之時，❷「重出自道，左倚之」。「就所倚之處埋之」，謂於祖廟門外之東也。

凡婦人，從其夫之爵位。

鄭氏曰：婦人無專制，生禮死事，以夫爲尊卑。

小斂、大斂、啓，皆辯拜。

鄭氏曰：嫌當事，來者終不拜，故明之也。此既事，皆拜。

孔氏曰：禮：凡當大斂、小斂及啓攢之時，唯有君來，則止事而出拜之。若他賓客至，則不止事。事竟，乃即堂下之位，悉徧拜，故云「皆辯拜」也。然若士當事，而大夫至，則士亦爲大夫出。《雜記》云「大夫至，絶踊而拜之」是也。

金華應氏曰：小斂以襲其形，大斂以韜於棺，啓殯以載其柩，皆喪事之變節而切於死者之身也。生者之痛，莫此爲甚，賓亦於是拜死者，弔生者，故主人皆徧拜以謝之，而致其哀也。

朝夕哭，不帷。無柩者，不帷。

❶ 「見」字下，通志堂本、四庫本有「儀禮疏」三小字。

❷ 「欲」，《禮記正義》作「厥」，是。

鄭氏曰：「朝夕哭，不帷」，緣孝子心欲見殯、肂也。既出，則施其扂，鬼神尚幽闇也。無柩，謂既葬也。棺柩已去，鬼神在室，堂無事焉，遂去帷。

孔氏曰：案《士喪禮》：「君使人弔，徹帷。」鄭云：「徹帷，扂之。」則扂是褰舉之名。初哭，則褰舉，事畢則施下之。葬後，神主祔廟還在室，在堂無事，不用帷也。

君若載而后弔之，則主人東面而拜，門右北面而踊，出待，反而后奠。

鄭氏曰：主人拜、踊於賓位，不敢迫君也。君即位車東，出待，不必君留也。君反之，使奠。

孔氏曰：臣喪朝廟，柩已下堂，載在柩車，而君來弔。君位於車東，故主人在車西，東西而拜。門，謂祖廟門也。右，西邊也。若門外來，則右在東。此據車門內出，故右在西。孝子拜君竟，從位立近門内西邊，北面而哭踊，爲禮也。出待者，孝子哭踊畢，而先出門待君。以君來則拜迎之，去則拜送。今君弔事竟，不敢必君久留，故孝先出，❶待君出也。反而後奠者，君使人命孝子反還喪所。而后設奠，告柩知之。或謂此在廟載柩車時。奠，謂反設祖奠也。

子羔之襲也，繭衣裳與稅衣、纁袡爲一，素端一，皮弁一，爵弁，❷玄冕一。曾子曰：「不襲婦服。」

鄭氏曰：繭衣裳者，若今大纊也。纊爲

❶「孝」字下，通志堂本、四庫本及《禮記正義》有「子」字，是。

❷「弁」字下，通志堂本、四庫本及《禮記》有「一」字，是。

繭，緼爲袍，表之以税衣，乃爲一稱爾。税衣，若玄端而連衣裳者也。大夫而以纁爲之緣，非也。唯婦人纁袡。禮以冠名服，此襲其服，非襲其冠。曾子譏「襲婦」而已。❶玄冕，又大夫服，未聞子羔曷爲襲之。玄冕，或爲冠，❷或爲玄端。

唐陸氏曰：紳，❸裳下襈也。王肅云：「婦人蔽膝。」

孔氏曰：此明大夫死者襲衣稱數也。「繭衣」者，❹纊爲繭，謂衣裳相連，而緜纊著之也。税，謂黑衣也。亦衣裳連纁絳也。袡，裳下緣襈也。以絳爲緣，繭衣既褻，故用税衣表之，合爲一稱，故云「繭衣裳與税衣、纁袡爲一」也。素端，以素爲衣裳。此第二稱也。服既不褻，並無别衣表之也。皮弁，第三稱也，十五升白布爲衣，❺積素爲裳也。爵弁第四稱，玄衣纁裳也。玄冕第五稱，大夫之上服也。纁袡是婦人之服，而子羔襲用之，故曾子譏之。鄭以經云「皮弁」、「爵弁」，但云冠，此襲其服，非襲其冠，故云「禮以冠名服」。子羔爲大夫，無文。今玄冕，❻故云「曷爲襲之」。

山陰陸氏曰：據此男子裏衣皆連衣裳，裘蓋亦如之。然則婦人連衣裳，放男子之内也。公襲九稱，爵弁三；大夫五稱，

❶「婦」字下，通志堂本、四庫本及《禮記》鄭注有「服」字，是。
❷「爲」字下，通志堂本、四庫本及《禮記》鄭注有「玄」字，是。
❸「紳」，《禮記正義》引《經典釋文》作「袡」。
❹「衣」字下，通志堂本、四庫本及《禮記正義》有「裳」字，是。
❺「白」，原作「也」，今據四庫本及《禮記正義》改。
❻「今」字下，通志堂本、四庫本有「著」字，是。

皮弁三；則士三稱，爵弁一，皮弁二與？凡襲，親身之服不與其餘爲序，故子羔襲稅衣，其素端以下自爲序。素端亞皮弁，皮弁亞爵弁，爵弁亞玄冕。公襲衮衣，其玄端以下自爲序。玄端亞朝服，朝服亞素積，素積亞爵弁，爵弁亞玄冕，玄冕亞褒衣。

爲君使而死，公館復，私館不復。公館者，公宮與公所爲也。私館者，自卿大夫以下之家也。

鄭氏曰：公所爲，君所作離宫别館也。

公七踊，大夫五踊，婦人居閒，士三踊，婦人皆居閒。

鄭氏曰：公，君也。始死及小斂、大斂而踊，君、大夫、士一也，則皆三踊矣。君五日而殯，大夫三日而殯，士二日而殯。士小斂之前不踊，❶君、大夫大斂之朝乃不踊。婦人居閒者，踊必拾，主人踊，婦人踊，賓乃踊。

孔氏曰：此一經明諸侯至士初死、在室、殯踊節及明貴賤踊數也。公，諸侯去死日五日而殯，則合死日六日也。七踊者，始死一踊，明日襲之時又一踊，襲明日朝，又明日小斂朝一踊，爲四也。其日晚小斂時，又一踊，是小斂日再踊，就於前三日爲五也。小斂明日朝又踊，爲六也。至明日大斂之朝不踊，當大斂時乃踊，凡七也。大夫三日殯，合死日爲四日。始死一，明日襲朝，又明日小斂日再，小斂明日大斂，凡五也。士二日殯，合死日數也。始死一，小斂朝不踊，至小斂時一，又明日大斂一，凡三也。婦人與丈夫更踊，居賓主之中閒也。然親始死及動尸

❶「前」，四庫本及《禮記正義》作「朝」，是。

舉柩，哭踊無數。今云七、五、三者，謂爲禮有節之用。❶ 每踊輒三者，三爲九而謂爲一也。

山陰陸氏曰：公五日而殯，踊七日，大夫三日而殯，踊五日。其始死之日踊，既殯之後一日猶踊。若士三日而殯，❷踊三日，則其既殯之後一日猶踊歟？❸ 三、五、七然後有閒，士三踊，婦人居閒，言「皆」，三無又閒故也。然則婦人居閒，若閒七踊，其二日，甲一踊，又二日，乙一踊，又二，❹甲乙踊。大夫放此。

嚴陵方氏曰：爲貴者踊則多，爲賤者踊則少，此重輕之別也。

公襲：卷衣一，玄端一，朝服一，素積一，纁裳一，爵弁二，玄冕一，褒衣一，朱緑帶，申加大帶於上。

鄭氏曰：朱緑帶者，襲衣之帶，飾之雜以朱緑，異於生也。此帶亦以素爲之。申，重也。重於革帶也。革帶以佩韍。❺ 必言重加大帶者，明雖有變，必佩此二帶也。❻ 士襲三稱，子羔襲五稱。今公襲九稱，則尊卑襲數不同矣。諸侯七稱，天子十二稱與？

孔氏曰：此一經明襲用衣。公襲以上服在内，公身貴，故以上服親身，欲尊顯加賜，故褒衣最外，而細服居中也。子羔賤，故卑服親身。玄端者，燕居玄端朱裳也。朝服者，緇衣素裳，日視朝之服也。

❶「用」，通志堂本、四庫本及《禮記正義》作「踊」，是。
❷「三」，疑當作「二」，《喪大記》「士之喪，二日而殯」。
❸「猶」，通志堂本、四庫本作「不」。
❹「二」字下，通志堂本、四庫本有「日」字，是。
❺「韍」原作「軷」，今據四庫本及《禮記》鄭注改。
❻「佩」，《禮記》鄭注作「備」，是。

素積者，皮弁視朔之服。纁裳者，冕服之裳，亦鷩、毳，❶任取中間一服。爵弁二者，玄衣纁裳，此始命之服，重本，故二通也。玄冕之下，又取一也。褒衣最上，華君賜也。自「卷」至此，❷合爵弁二通，合九稱。朱緑帶者，以素爲之，飾以朱緑。此衣之小帶，散在於衣，非是總束其身。已用此朱緑小帶結束之，重加大帶於革之上，象生時大帶也。用素爲之。士則二采，大夫、諸侯皆五采，即前經率帶也。申加者，謂於革帶之上重加此大帶也。天子、諸侯襲數無文。鄭約之，故稱「與」，疑辭也。

嚴陵方氏曰：言公之襲如此，自卿大夫而下，固有降殺矣。

山陰陸氏曰：子羔言繭衣裳，公言朱緑帶，申加大帶於上，相備也。《喪大記》曰「袍必有表，不禪，衣必有裳，謂之一稱」。纁裳，先儒謂「冕服之中，鷩毳任取中間一服」，非是。纁黨即冕服，❸不應其序在此。蓋纁裳亦爵弁也，故曰：「素積一，纁裳一。」素積言皮弁，則纁裳言爵弁可知。然則公襲爵弁蓋三，即言爵弁三，嫌不侈。又公言褒衣，而子羔不言，著有褒衣則襲，無則否。且於公言有褒衣，亦言之法。若子羔嘗賜褒衣，則其襲應云：「子羔之襲也，繭衣裳與玄冕爲一，素端一，皮弁一，爵弁一，褒衣一。」知然者，以公襲如此知之也。

❶「亦」字下，通志堂本、四庫本及《禮記正義》有「可」字，當是。
❷「卷」字下，通志堂本、四庫本及《禮記正義》有「衣」字，是。
❸「黨」，通志堂本、四庫本作「裳」，是。

小斂環絰，公、大夫、士一也。

鄭氏曰：環絰者，一股，所謂纏絰也。士素委貌，大夫以上素爵弁，而加此絰焉，散帶。

孔氏曰：環者，周迴纏繞之名，故知是一股纏絰。若兩股相交，則謂之絞。親始死，孝子去冠，至斂，❶不可無飾。士素委貌，大夫以上素弁，而貴賤悉得加於環絰，故云一也。

長樂黄氏曰：叔孫武叔之母死，既小斂，舉尸出户，袒乃投其冠，括髮，子游嗤其不知禮。疏云：「括髮在小斂之後，奉尸夷于堂之前，主人爲欲奉尸，故袒而括髮在前。今武叔奉尸夷堂之後，乃投冠括髮，失哀節，故子游嗤之。」以此推之，則小斂之時，士素委貌，大夫以上素弁，而加環絰可知。及至大斂，子亦弁絰。

又曰：鄭註「環絰」之末有「散帶」二字。「既馮尸，主人絞帶」條下，孔疏亦云：「小斂於户内，訖，主人袒，括髮，散帶垂。」今以記文考之，小斂但言婦人帶麻，主人絞帶，不言主人帶絰，至奉尸夷于堂，方言帶絰。而註説則以小斂之時散帶，疏説又以爲既小斂之後散帶，其説不同，皆不足爲據也。

嚴陵方氏曰：親始死，故未暇辨貴賤之等。

公視大斂，公升，商祝鋪席，乃斂。

鄭氏曰：《喪大記》曰：「大夫之喪，將大斂，既鋪絞、紟、衾，君至。」此君升乃鋪席，則君至爲之改，始新之也。

孔氏曰：公，君也。明君臨臣喪，大斂禮

❶「至」字下，通志堂本、四庫本及《禮記正義》有「小」字，是。

也。臣喪大斂，君來至之前，主人雖已鋪席，布絞、紟、衾，聞君至，則主人撤去之。君來，升堂時，商祝更鋪席，待君至，乃斂。榮君來，爲新之也。亦示若事由君也。商祝，主斂事者。

魯人之贈也，三玄二纁，廣尺，長終幅。

鄭氏曰：言失之也。《士喪禮》下篇曰：「贈用制幣，玄纁束帛。」

孔氏曰：記魯失也。贈謂以物送亡人於槨中。魯人雖三玄二纁，而用廣尺，長終幅，不復丈八尺，則失禮也。

弔者即位於門西，東面。其介在其東南，北面西上，西於門。主孤西面。相者受命曰：「孤某使某請事。」客曰：「寡君使某，如何不淑。」相者入告，出曰：「孤某須矣。」弔者入，主人升堂，西面。弔者升自西階，東面，致命曰：「寡君聞君之喪，寡君使某，如何不淑。」子拜稽顙，弔者降，反位。

鄭氏曰：弔者即位于門西，立門外，不當門也。主孤西面，立於阼階下也。相者受命，受主人命以出也。不言擯者，喪無接賓也。淑，善也。如何不善，言君痛之甚，使某弔也。稱「孤某」者，其君名。君薨稱「子某」，使人知適嗣也。須矣，不出迎也。子，孤子也。降，反位者，出反門外位。無「出」字，脱。

孔氏曰：自此以下終於篇末，明諸侯相弔，含贈賵之禮。此一節明弔禮。門西，謂主國大門之西。凶事，異於吉，故介在東南，北面西上，以使在門西故也。相者，相主人傳命者也。鄭註喪不言擯，此對例耳。通而言之，吉士亦云相。❶《司

❶「士」，通志堂本、四庫本及《禮記正義》作「事」，是。

儀》云：「每門一相。」《大宗伯》云：「朝、覲、會、同，則爲上相。」凶事亦稱擯，故《喪大記》云：「君弔，擯者進。」又《士喪禮》「擯者出請入告」是也。「孤某須也」，孤謂嗣子也。某爲嗣子之名，異於吉禮。不出迎，故曰「須矣」。主人升堂，謂從阼階升也。子拜稽顙，不云「孤某」而稱「子」者，客既有事於殯，故稱「子」以對擯之辭也。❶ 以下皆然。若對賓之辭，則稱「孤某」。

嚴陵方氏曰：此皆諸侯相弔之禮也。淑，善也。「如何不淑」，言奉君之命，弔君之喪，不敢不善其事也。須，待也。與「寡君須矣」同義。

含者執璧將命曰：「寡君使某含。」相者入告，出曰：「孤某須矣。」含者入，升堂致命，子拜稽顙。含者坐委于殯東南，有葦席。既葬蒲席。降，出反位。宰夫朝服，即喪屨，升自西階，西面坐取璧，降自西階以東。

鄭氏曰：含玉爲璧制，其分寸大小未聞。言「降出反位」，則是介也。《春秋》有既葬歸含賵襚，無譏焉，皆受之於殯宮。朝服，告鄰國之禮也。即，就也。以東藏於內也。

孔氏曰：此一節明含之所用，已具《檀弓》疏。「含者坐委所含之璧于殯之東南席上」，未葬之前，有葦席承之。既葬已後，則以蒲席承之。案《左傳·隱公元年》「天王使宰咺來歸惠公仲子之賵，緩也」，《公羊》亦云「不及事」，皆譏其緩也。鄭云「無譏」者，據《穀梁》云「王使榮叔歸含且賵，不言來，不周事之用也」。明宰

❶「擯」，《禮記正義》作「殯」。

咺言來，得周事也。是既葬，歸含且賵，無譏。宰夫朝服即喪屨者，宰謂上卿也。言「夫」衍字。朝服者，吉服也。必用吉服者，以鄰國執玉而來。執玉不麻，故著朝服，且不敢純凶待鄰國也。以在喪，不可純吉，故即喪屨也。此遭喪已久，故嗣子親受禮，宰著朝服，若新始遭喪，主人不親受，❶使大夫受於殯宮。此弔者既爲上客，又賵者是上介，則此含者、襚者當是副介、末介。但含襚於死者爲切，故在陳之。❷

襚者曰：「寡君使某襚。」相者入告，出曰：「孤某須矣。」襚者執冕服，左執領，右執要。入，升堂致命，曰：「寡君使某襚。」子拜稽顙。委衣于殯東。襚者降，受爵弁服於門內霤，將命，子拜稽顙如初。受皮弁服於中庭，自西階受朝服，自堂受玄端，將命，子拜稽顙，皆如初。襚者降，出反位。宰夫五人舉以東，降自西階，其舉亦西面。

鄭氏曰：委衣于殯東，亦於席上所委璧之北，順其上下。授襚者以服者，賈人也。其舉亦西面，亦襚者委衣時。

孔氏曰：此一節明襚禮。案上文含者稱執璧，下文賵者稱執圭，則此襚者當稱執衣。不云者，文不備也。鄭註「順其上下」，謂上者在前，下者在後也。《聘禮》有賈人，故知授襚者之服是賈人也。上云「委衣于殯東」，又云「受爵弁」、「受皮弁」、「玄端」，皆曰「如初」，是皆在殯東西面而嚮殯。今示舉者「亦西面」，是亦如

❶ 「主」字上，通志堂本、四庫本及《禮記正義》有「則」字，是。

❷ 「在」字下，通志堂本、四庫本及《禮記正義》有「先」字，是。

禭者西面也。其服重者，使執而入，爵弁受於内霤，皮弁受於中庭，朝服受於西階，玄端受於堂。既受處不同，則陳於璧北，亦重者在南。凡諸侯相禭，衣數無文。據此其服有五。又「先路、褒衣不以禭」，以外無文。

嚴陵方氏曰：即前所言諸侯相禭以後路與冕服者，蓋是禮也。

山陰陸氏曰：所受服轉卑，故其所授轉高也。爵弁、皮弁不言委，朝服玄端不言委，受可言也，委不可言也。凡端不言服，愧於言服。據爵弁服纁裳、皮弁素積、玄端玄裳，爵弁服尊矣，受於門内霤；皮弁次之，受於中庭；朝服又次之，自西階受朝服；玄端卑矣，自堂上受玄端。不言受朝服於西階，受玄端於堂，亦以此。

上介賵，執圭將命曰：「寡君使某賵。」相者入告，反命曰：「孤某須矣。」陳乘黄大路於中庭，北輈，執圭將命。客使自下由路西，子拜稽顙。坐委于殯東南隅。宰舉以東。

鄭氏曰：輈，轅也。自，率也。下謂馬也。馬在路之下。《覲禮》曰：「路下四亞之。」客給使者入，設乘黄於大路之西，客入則致命矣。使，或爲「史」。

孔氏曰：此一節明賵禮。乘黄，謂馬也。大路，謂車也。陳四黄之馬於大路之西，于殯宮中庭。北輈者，大路輈轅北嚮也。客使，謂使客之從者，爲客所使，故曰「客使」。自下由路西者，由左也。陳路北轅既竟，賵客執圭升堂致命，而客之從者牽馬設在車之西。大路亦使設之也。引《覲禮》證馬爲下也。四亞之，謂馬四疋亞次路車也。賵，《既夕》有「奠」，主於親者，故《既夕禮》「兄弟賵奠」，此諸侯相於既疏，故無奠。

嚴陵方氏曰：乘馬曰賵，衣衾曰襚，具玉曰含，錢財曰賻。此言賵禮，故陳乘黄、大路於中庭。

山陰陸氏曰：犬馬不上於堂，故執圭將命。《小行人》「圭以馬」。喪事，君言相，大夫、士言擯，亦言之法。正言大路，舉重以該之。蓋二王之後歟？所謂乘黄，亦如此。客使，牽馬者也。自下，自路下西之前，《聘禮》所謂「牽馬者自前西乃出」是也。商拜而後稽顙，周稽顙而後拜。今拜稽顙，拜其臣故也。即拜其君，宜稽顙而後拜。稽首，首至地而遲也。頓首，首至地而頓也。空首，首不至地。凡此三拜，以兩手承之，所謂「拜手稽首」是也。若今吉拜也。吉拜，拜而稽顙；❶凶拜，稽顙而後拜；振動，若今叩頭矣。《春秋傳》曰：「再拜稽顙。」肅拜，若今婦人拜是歟？《春秋傳》曰「敢肅使者」，嫌於不敬，故謂之肅。奇拜，一拜也。孔子拜爲火來者，士一，大夫再。士貶於大夫一拜，則凡再拜，褒矣。褒，讀如字。言坐委於殯東，不言圭，尊圭也。下放此。

凡將命，鄉殯，將命，子拜稽顙。西面而坐委之。宰舉璧與圭，宰夫舉襚，升自西階，西面坐取之，降自西階。賵者出，反位于門外。

鄭氏曰：凡者，説不見者也。鄉殯將命，則將命時立於殯之西南。宰夫，宰之佐也。此言宰舉璧與圭，則上「宰夫朝服」，衍「夫」字。賵者出，乃言反位門外，明禮

❶「而」字下，通志堂本、四庫本有「後」字，當是。

畢將更有事。

孔氏曰：此一經總明從上以來弔、含、襚及賵文不見者。鄉殯，謂在殯之西南，東北面。將命既畢，子拜稽顙之後，將命者來就殯東西面而坐委之。宰舉璧歟圭者，❶主人上卿坐，舉含者之璧與賵者之圭。宰夫舉襚，謂宰之屬官舉此襚者之衣。宰與宰夫欲舉時升自西階，不敢當主孤之位。來鄉殯東席之東，西鄉坐取之，降自西階也。

山陰陸氏曰：此弔儀也。始云「寡君使某弔」矣，而曰「寡君使某含」，「寡君使某襚」，「寡君使某賵」，又曰「寡君有宗廟之事，不得承事，使一介老某相執紼」，則弔臨含相賵，皆相將，贈賻亦應爾。而今不録，不與録也。故曰「玩好曰贈，貨財曰賻」。

上客臨，曰：「寡君有宗廟之事，不得承事，使一介老某相執綍。」相者反命曰：「孤某須矣。」臨者入門右，介者皆從之，立于其左，東上。宗人納賓，升，受命于君。降曰：「孤敢辭吾子之辱，請吾子之復位。」客對曰：「寡君命，某毋敢視賓客，敢辭。」宗人反命曰：「孤敢固辭吾子之辱，請吾子之復位。」客對曰：「寡君命，某毋敢視賓客，敢固辭！」宗人反命曰：「孤敢固辭吾子之辱，請吾子之復位！」客對曰：「寡君使臣某毋敢視賓客，❷是以敢固辭。固辭不獲命，敢不敬從！」客立于門西，介立于其左，東上。孤降自阼階拜之。升，哭，與客拾踊三。客出，送于門外，拜稽顙。

❶「歟」，四庫本及《禮記正義》作「與」，是。
❷「君」字下，通志堂本、四庫本及《禮記》有「命」字，是。

鄭氏曰：上客，弔者也。臨，視也。言欲人視喪所不足而給助之，謙也，其實爲哭耳。臨者入門右，不自同於賓客。賓三辭而稱使臣，爲恭也。爲恭者，將從其命。孤降自阼階，拜之，拜客，謝其厚意。不迎而送，喪無接賓之禮。

孔氏曰：此一節明弔、含、襚、賵既畢，上客行臨哭之禮。「使一介老某相執綍」者，某者，上客名也。相，助也。謙言助主人執其葬綍，其實爲哭而來耳。一介，言唯有一人爲介，謙辭耳，其實介數各下其君二等。臨者不敢自同賓，故入門右，從臣位也。「宗人納賓，升，受命于君」者，主國宗人掌禮，欲納此弔賓，先受納賓之命於主國嗣君。「降曰請復位」者，宗人下阼階請客復門西客位也。「反命」者，反此客之辭命於嗣君也。曰「孤敢固辭」者，是宗人受嗣君之命以告客。前文云「孤某」，此直云「孤」，不云「某」者，客是使臣，不復稱名也。前四禮，客皆在門西。此臨在門東者，前是奉君而行，❶此是私禮，若《聘禮》私覿，故在門東。

山陰陸氏曰：臨應親至，故其詞如此。據寡君使某弔，使某含，使某襚，使某賵，不云「不得承事」，其遣上客亦以此。賵稱上介，亞於此歟？若陳乘黄、大路於中庭，蓋亦重禮也。言執紼，容外客臨有葬而至者也。含不及斂，不及事矣。襚不及殯，不及事矣。賵不及葬，不及事矣。雖然，猶愈乎否。賓升，受命于君，變子稱君，容外客臨，有不及事，既葬與

❶「君」字下，通志堂本、四庫本及《禮記正義》有「命」字，是。

踰年而後至也。《公羊傳》曰：君薨稱子某，既葬稱子，踰年稱公。其曰「孤降自阼階」，則子踰年可知。孤不名，亦以此。《曲禮》曰：居喪之禮，升降不由阼階。

其國有君喪，不敢受弔。

鄭氏曰：辟其痛傷己之親如君。

孔氏曰：此謂國有君喪，而臣又有親喪，則不敢受他國賓來弔也。以義斷恩，哀痛主於君，不私於親。

山陰陸氏曰：言諸侯有天子之喪，雖有親喪，不敢受弔。諸侯如此，則其臣有諸侯之喪，蓋亦如此。設若衛靈公弔季康子，而康子有君之喪，應辭。

外宗房中南面，小臣鋪席，商祝鋪絞、紟、衾，士盥于盤北，舉遷尸于斂上。卒斂，宰告。子馮之踊，夫人東面坐馮之，興踊。

鄭氏曰：此《喪大記》脱字，重著於是。

孔氏曰：《大記》云「夫人東面亦如之」，此云「夫人東面坐馮，興踊」，唯四字別，義皆同也。

嚴陵方氏曰：此一節宜承「公襲申加大帶於上」之下，脱亂在是。案《喪大記》曰「夫人東面亦如之」，此云「坐馮之興踊」，蓋非脱字重著。

士喪有與天子同者三，其終夜燎及乘人、專道而行。

鄭氏曰：乘人，謂使人執引也。專道，人辟也。

孔氏曰：柩遷之夜，須光明，故竟夜燎也。乘人，謂人引車，不用馬也。《既夕禮》云「屬引」。專道，謂喪在路，不辟人也。三事爲重，故與天子同。

禮記集說卷第一百二

# 禮記集説卷第一百三

## 雜記下第二十一

嚴陵方氏曰：此篇固以所記不一爲雜。然有生必有死，人道之正也，死於外則變矣。有樂必有憂，人情之常也，重有憂則變矣。變則不一而雜。謂之「雜」者，又在乎此。故上篇諸侯行而死於館爲首，自未没父喪而母死，分爲下篇之首。

有父之喪，如未没喪而母死，其除父之喪也，服其除服。卒事，反喪服。

鄭氏曰：没，猶竟也。除服，謂祥祭之服也。卒事，既祭，反喪服，服後死者之服。

孔氏曰：自此至「父也」，明前後兩服之中，有變除喪之節。此經明先有父喪，而後遭母死，爲父變除之節。未没喪者，爲父喪小祥後，大祥前，未竟之時，于時又遭母喪，母既葬後，值父應大祥，除服以行祥事，故云「服其除服」。卒事謂父祥竟，更還服母服也。若母未葬，而值父二祥，則不得服其祥服。二祥之祭爲吉，未葬爲凶，故未忍凶時行吉禮。

横渠張氏曰：如有服，則服其服，雖緦小功之服，亦服新而脱舊，以往時暫故也，反則如常。

嚴陵方氏曰：除服，謂祥祭之服。服其除服，而後反喪服，以示於前喪有終也。雖諸父、昆弟之喪，如當父母之喪，其除諸父、昆弟之喪也，皆服其除喪之服。卒事，反喪服。

鄭氏曰：雖有親之大喪，猶爲輕服者除，骨肉之恩也。唯君之喪不除私服。言「當」者，期大功之喪，或終始皆在三年之中。小功緦麻則不除。殤不長、中乃除。❶

孔氏曰：此經明諸父兄弟之喪，當父母服内變除之節。父母服内，其諸親除喪，亦爲服除服，除竟反先服。此亦謂重喪葬後之時也。曾子問曰：「大夫、士有私喪，可以除之矣。而有君服焉，其除之也，如之何？」孔子曰：「有君喪服於身，不服私服，又何除焉？」是有君服不得除己私服。其私，謂父母已下及諸父昆弟皆不得除也。《服問》云：「緦之麻不變小功之葛，小功之麻不變大功之葛。」據此言之，是尋常小功緦麻不得易大功以上之服，故知有大功以上之服，不得爲小功緦麻除服也。又《服問》云：「殤長、中，變三年之葛。」既變三年之葛，明在大功服中，爲殤長者、中著服，❷而又爲之除也。

如三年之喪，則既潁，其練、祥皆行。

鄭氏曰：言今之喪既服潁，乃爲前三年者變除而練、祥祭也。此主謂先有父母之服，今又喪長子者。其先有長子之服，今又喪父母，其禮亦然。然則言未没喪者，已練、祥矣。潁，草名。無葛之鄉，去麻則用潁。

孔氏曰：此明前後喪既受葛之後，得爲前喪練、祥。既潁者，謂後喪既虞卒哭，合變麻爲葛，無之鄉則用潁也。❸後喪既

❶「不」字，四庫本及《禮記正義》無，是。
❷「者」字，通志堂本、四庫本及《禮記正義》無，是。
❸「無」字下，通志堂本、四庫本及《禮記正義》有「葛」字，是。

穎之後，其前喪須練祭，皆舉行之。此經云「既穎」，不云未没喪，則知既穎與未没喪者別也。既穎，是既虞受服之時，故鄭知未没喪是既練之後也。庾氏曰：鄭註先有長子之服，今又喪父母，當云又喪母，不得并稱父。依禮，父在，子爲長子三年。後喪既穎，前喪練、祥皆行，若後喪既殯，得爲前喪虞祔。

山陰陸氏曰：凡喪服皆麻，練而葛，蓋禫而後穎。穎，吉服也。知然者，以「被穎黼」、「衣錦尚絅」知之也。三年重服，故雖當既穎，其練、祥猶行。鄭氏謂未没喪者，已練、祥矣，鄉當父母之喪，未練、祥也。然則既穎在禫之後明矣。

王父死，未練、祥而孫又死，猶是附於王父也。

鄭氏曰：未練、祥，嫌未祫祭，序於昭穆耳。王父既祔，則孫可祔焉。猶，當爲「由」，由，用也。附，皆當作「祔」。

孔氏曰：禮，孫死祔祖。今此明若祖喪雖未二祥，而孫死，則孫亦得用是祔禮祔於祖也。案文二年《穀梁傳》云：「作主壞廟有時日，於練焉壞廟。壞廟之道，易檐可也，改塗可也。」註云：「親過高祖，則毁其廟，以次而遷。」以此言之，則練時壞祖與高祖之廟，改塗易檐，示有壞意。其以先祖入於太祖之廟，其祖傳入高祖廟，其新死者入祖廟，是練時遷廟也。入三年喪畢，祫於太祖廟，是祥後祫也。故註云「未練、祥，嫌未祫祭，序於昭穆耳」。兼言祥者，恐未祫故也。但祖祔祭之後，即得祔新死之孫。然王父雖祔未練，無廟，孫得祔於祖，其孫就王父所祔祖廟之中而祔祭王父焉。

嚴陵方氏曰：王父雖未練、祥，而孫得祔者，以昭穆同故也。

山陰陸氏曰：猶之言嫌不祔也。未練、祥，嫌未卒哭。據周卒哭而祔，嫌未卒哭，曰「未練」足矣，今曰未祥，則亦嫌未祥可以祔也。《春秋傳》曰：「夏五月乙酉，吉禘于莊公。其言吉何？未可以吉也。其言于莊公何？未可以稱宮廟也。」

有殯，聞外喪，哭之他室。入奠，卒奠出，改服即位，始如即位之禮。❶

鄭氏曰：哭之他室，明所哭者異也，哭之爲位。入奠，謂朝入奠於其殯。既乃更即位，就他室，如始哭時。此謂後日之哭也。

孔氏曰：有殯，謂父母喪未葬，柩在殯宮者也。外喪，謂兄弟喪在遠者也。他室，別室也。若聞外喪，哭於殯宮，則嫌是哭殯。於別室，明所哭者爲新喪也。明日之朝，著重喪之服入奠殯宮及下室。卒奠而出，改己重喪服，著新死未成服之服。即他室之位，如昨日聞喪即位時也。

大夫、士將與祭於公，既視濯而父母死，則猶是與祭也，次於異宮。既祭，釋服出公門外，哭而歸。其他如奔喪之禮。如未視濯，則使人告，告者反而後哭。如諸父、昆弟、姑姊妹之喪，則既宿則與祭。卒事，出公門，釋服而後歸。其他如奔喪之禮。如同宮，則次于異宮。

鄭氏曰：猶，亦當爲「由」。次於異宮，不可以吉與凶同處也。使者反而後哭，不敢專己於君命也。宿則與祭，出門乃解祭服，皆爲差緩也。

❶「始如」，通志堂本、四庫本及《禮記》作「如始」，是。

孔氏曰：此一節明大夫、士與祭於公而有私喪之禮。「猶是與祭」者，既與祭，於公祭日前，既視濯之後，而遭父母喪，則猶是吉禮，而與於祭也。其時止次異宮，不可以吉與凶同處也。未視濯前，遭父母之喪，則使人告君。必待告君者反，而後哭父母也。既宿，謂祭前三日，將致齊之時，既受宿戒，雖有期喪，則與公家之祭。若諸父、昆弟、姑姊妹等同宮而死，則既宿之後，出次異宮。

廬陵胡氏曰：「猶是」，言自若也。

山陰陸氏曰：禮，大夫死，雖當祭，猶告。《春秋傳》曰：「大夫，國體也。」古之人重死，君命無所不通。鄭氏謂：「宿則與祭，出門乃解祭服，皆爲差緩也。」然則歸而後哭，亦以此。

曾子問曰：「卿大夫將爲尸於公，受宿矣，而有齊衰内喪，則如之何？」孔子曰：「出舍乎公宮，以待事，禮也。」

鄭氏曰：尸重受宿，則不得哭。内喪，同宮也。

孔氏曰：案上文不爲尸之時，未視濯之前，受宿之後，父母喪，使人告，告者反而後哭。今此齊衰内喪，亦謂諸父、昆弟、姑姊妹也。但尸尊，故出舍公之宮館，以待君之祭事，不在己之異宮耳。

孔子曰：「尸弁冕而出，卿、大夫、士皆下之。尸必式，必有前驅。」

鄭氏曰：冕，兼言弁者，君之尸或服士大夫之服也。臣見尸而下車，敬也。尸式以禮。

嚴陵方氏曰：此一節已見《曾子問》解。

父母之喪，將祭，而昆弟死，既殯而祭。如同宮，則雖臣妾，葬而后祭。祭，主人之升降散等，執事者亦散等。雖虞、附亦然。

鄭氏曰：將祭，謂練、祥也。言若同宮，則是昆弟異宮也。古者昆弟異居同財，有東宮，有西宮，有南宮，有北宮。有父母之喪，當在殯宮，而在異宮者，疾病或歸者。主人，適子。散等，栗階，爲新喪略威儀。

孔氏曰：將祭，❶謂將祭大小祥祭。❷而有兄弟死，則殯後乃祭。兄弟輕，故殯後便可行吉事。此謂異宮者耳，若同宮，雖臣妾之輕卑，死猶待葬後乃行父母祭也。《喪服傳》云：「有死於宮中，則爲之三月不舉祭。」祥祭，已涉於吉。尸柩至凶，故不可以相干。虞、祔則得爲之。若喪柩即去者，則亦祭，不待三月也。吉祭，則涉級聚足；喪祭，則栗階。此二祥祭，宜涉級，爲有兄弟喪，少威儀，故散等也。散，栗也。等，階也。助執祭者亦栗階。舉主人至昆弟虞、祔而行父母二祥祭，執事者亦栗階。栗階，謂升一等而後升，不連步也。故《燕禮·記》云「栗階不過二等」，註云：「其始升，猶聚足連步，越二等，左右足各一發而升堂。」

清江劉氏曰：按喪不宜有異居，然則「昆」當作「兄」，兄弟或不同居矣。《喪服》曰：「小功以下爲兄弟。」

山陰陸氏曰：散等，謂不入級聚足。❸鄭氏謂「散栗階」，❹誤矣。栗階，躐等有栗

---

❶「祭」字，原脱，今據通志堂本、四庫本及《禮記正義》補。

❷上「祭」字，通志堂本、四庫本無，《禮記正義》作「行」，是。

❸「入」，通志堂本、四庫本作「拾」，是。

❹「散」字下，通志堂本、四庫本有「等」字，是。

之道，故曰栗階。

自諸侯達諸士，小祥之祭，主人之酢也嚌之，衆賓、兄弟則皆啐之。大祥，主人啐之，衆賓、兄弟皆飲之可也。

鄭氏曰：嚌、啐，皆嘗也。嚌至齒，啐入口。

孔氏曰：此經明喪祭飲酒之儀。正祭之後，主人獻賓長，賓長酢主人。主人受賓長酢，則嚌之。衆賓及兄弟祭末受獻之時啐之。衆賓、兄弟皆飲之，必知此主人之酢，非受尸酢者，以《士虞禮》主人、主婦獻尸受酢之時，皆卒爵。虞比小祥爲重，尚卒爵，今惟嚌之，故知受賓酢也。神惠爲重，故在喪受尸酢，亦卒爵。賓禮爲輕，故賓酢，但嚌之。知喪祭有受賓酢者，鄭註《曾子問》云「虞不致爵，❶小祥不旅酬，大祥無無算爵」，故知小祥之祭，旅酬之前皆爲之也。

嚴陵方氏曰：蓋飲酒之禮以少爲敬。啐爲少於飲，嚌爲少於啐。下言「衆賓」，則知主人之酢爲受長矣。於長賓嚌之，則於衆賓啐之。於長賓啐之，則於衆賓嚌之。此重輕之别也。而大祥又殺於小祥者，以哀少忘而敬少略故也。

山陰陸氏曰：「自諸侯達諸士」，蓋蒙上言。練、祥、虞、祔之祭，升降皆散等。升降如此，則小祥之酢嚌之、啐之，大祥啐之、飲之，皆達亦可知。

凡侍祭喪者，告賓祭薦而不食。

鄭氏曰：薦，脯醢也。吉祭，告賓祭薦，賓既祭而食之。喪祭，賓不食。

❶「曾」，原作「云」，今據通志堂本、四庫本及《禮記正義》改。

孔氏曰：侍，謂相於喪祭禮者。喪禮不主飲食，故相者告賓，但祭其薦，不食之也。此謂練、祥祭，虞、祔不獻賓也。嚴陵方氏曰：祭之而不食者，哀而不忍故也。

子貢問喪。子曰：「敬爲上，哀次之，瘠爲下。顔色稱其情，戚容稱其服。」「請問兄弟之喪。」子曰：「兄弟之喪，則存乎書策矣。」君子不奪人之喪，亦不可奪喪也。

鄭氏曰：問喪，問居父母之喪也。喪尚哀，言敬爲上者，疾時尚不能敬也。容，威儀也。《孝經》曰：「容止可觀。」兄弟之喪存乎書策，言疏者如禮行之，未有加也。齊、斬之喪，哀容之體，經不能載矣。不奪人之喪，重喪禮也。不可奪喪，不以輕之於己也。

孔氏曰：此一節明居父母兄弟喪禮。不奪人之喪者，謂不奪他人居喪之禮，謂他人居喪，任其行禮，不可抑奪。亦不可奪喪，謂己之居喪，當須依禮，不可自奪其喪，使不如法。不奪人喪，恕也。不奪己喪，忠也。齊、斬之喪，謂父母也。父母至親，哀容體狀，❶經不能載。「顔色稱其情」，當須毀瘠。「容稱其服」，當須憔悴也。

横渠張氏曰：持喪敬，則必哀，哀則必瘠。恣適非所以居喪，稍不敬，則哀忘之矣。或謂三年致哀，於君子所養，得無損乎？是君子之所養也，居喪以敬爲上，敬則一於禮也。

嚴陵方氏曰：敬，足以盡禮，故爲上；哀，足以盡情，故次之；瘠，足以盡容，故爲

❶「體狀」，原倒，今據通志堂本、四庫本及《禮記正義》乙正。

下。顔色在乎面目，而面目者，情之所見也，故顔色稱其情。戚容兼乎四體者，服之所被也，故戚容稱其服。顔色稱其情者，以外稱内也。戚容稱其服者，以本稱末也。情有悲哀隆殺之别，服有齊斬重輕之殊。外不稱内之隆殺，則爲僞矣。本不稱末之輕重，則爲野矣。奪喪，見《曾子問》解。

山陰陸氏曰：凡居親之喪，哀瘠常浮於敬，故哭泣之哀，顔色之戚，有圖不能畫、書不能載者矣，故孔子言之如此。兄弟之喪存乎書策，若親之喪，求情於言意之表可也。

孔子曰：「少連、大連善居喪，三日不怠，三月不解，期悲哀，三年憂，東夷之子也！」

鄭氏曰：言其生於夷狄而知禮也。怠，惰也。解，倦也。

孔氏曰：此明居喪得禮之事。三日不怠，謂親之初喪，三日内，水漿不入口之屬。三月不解者，未葬前，朝夕奠，及哀至則哭之屬。期悲哀，謂練以來，常悲哀，朝夕哭之屬。三年憂者，以服未除，憔悴憂戚。

馬氏曰：聖人之作《春秋》，於中國則尊之，於蠻夷則擯之者，以明中國者禮義之所在，而蠻夷者不可以禮義責也。然而少連、大連之善居喪，三日不怠，三月不解，期悲哀，三年憂，則孔子之高弟曾、閔之至孝，❶亦不過如是。此孔子稱之曰「東夷之子也」，蓋非特美其能行是禮，又美其能變是俗也。雖然，《孟子》之言，「舜生於諸馮，遷於負夏，卒於鳴條，東夷

❶「則」字下，通志堂本、四庫本有「雖」字，是。

之人也。文王生於岐周，卒於畢郢，西夷之人也」。彼舜、文王爲東西夷之人，則二連以東夷之子而合於禮，豈足怪哉！《論語》謂「柳下惠、少連降志辱身矣，言中倫，行中慮」，少連之行可與下惠爲徒，則豈特如孟獻子之流，加於人一等而已哉！

三年之喪，言而不語，對而不問。廬、堊室之中，不與人坐焉。在堊室之中，非時見乎母也，不入門。疏衰皆居堊室，不廬。廬，嚴者也。

鄭氏曰：言，言己事也。爲人説爲語。在堊室之中，以時事見乎母，乃入門，則居廬時不入門也。廬，哀敬之處，非有其實則不居。

孔氏曰：大夫、士言而後事行，故得言己事，不得爲人語説也。對而不問，謂有問者得對，而不得自問於人。此謂與有服之親，若與賓客疏遠者言，則《閒傳》云「斬衰唯而不對，齊衰對而不言」是也。《喪大記》云：「練，居堊室，不與人居。」居，即坐也。

嚴陵方氏曰：言略而語詳，對應而問倡。言而不語，對而不問，以居憂有所不暇故也。「廬、堊室之中，不與人坐」，示憂之所獨也。「在堊室，非時見乎母，不入門」，則在廬之中，非時亦有所不見矣。《閒傳》曰：「齊衰之喪，居堊室。」齊衰，即此所謂疏衰。以廬爲嚴，故父母之喪乃居之。所謂嚴者，以居喪之重，人不可犯也。

妻視叔父母，姑、姊妹視兄弟，長、中、下殤視成人。

鄭氏曰：視，猶比也。所比者，哀容居

處也。

孔氏曰：此一經明服雖有異，其哀戚輕重各視所正之親：妻居廬而杖，抑之視叔父母；姑、姊妹出適，服輕，進之視兄弟；長、中、下殤服輕，上從本親，視其成人也。

嚴陵方氏曰：此言輕重雖稍異，而哀戚略同也。

親喪外除，兄弟之喪内除。

鄭氏曰：親喪，日月已竟，而哀未忘。兄弟之喪，日月未竟，而哀已殺。

孔氏曰：親喪，謂父母之喪。外，謂服也。兄弟，謂期服及小功緦也。内，心也。

長樂黄氏曰：註説「内除」，謂日月未竟而哀已殺。若日月未竟而哀先殺，則是不能終其喪也。内除、外除，皆言日月已竟，服重者則外雖除而内未除，服輕者則不唯外除而内亦除也。註説失之。

視君之母與妻，比之兄弟，發諸顔色者，亦不飲食也。

鄭氏曰：言小君輕服，亦内除也。發於顔色，謂醲美酒食，使之醉飽。

孔氏曰：視，比也，謂比視君之母與君之妻，輕重之宜，比於己之兄弟。若酒食不發見於顔色者，則得飲食之。

嚴陵方氏曰：服君之母妻比己之兄弟，則服君之服比己之親可知。此亦所以明外除、内除之異也。發諸顔色，若酒醴之類。

免喪之外，行於道路，見似目瞿，聞名心瞿，弔死而問疾，顔色戚容必有以異於人也。如此而后可以服三年之喪，其餘則直道而行之是也。

鄭氏曰：惻隱之心能如是，則其餘齊衰以下直道而行盡自得也。似，謂容貌似其父母也。名，與親同。

孔氏曰：異於人，謂殊異於無喪之人，餘行皆應如此。以弔死問疾，哀痛之處。身又除喪，戚容應甚，故舉「弔死問疾」言也。其餘謂期親以下，父在爲母雖期年，亦從上三年之内也。

山陰陸氏曰：餘則直道而行之，言所謂百行推此而直前則是矣，故曰「執一術而百善至者，孝之謂也」。

廬陵胡氏曰：路隋父死，母告以貌類父，終身不引鏡，近於目瞿。劉温叟父名岳，終身不聽絲竹，近於心瞿。弔問哀痛之處，戚容應甚。

祥，主人之除也。於歲爲期，❶朝服。祥因其故服。

鄭氏曰：爲期，爲祭期也。至明日而祥祭，亦朝服，始即吉，正祭服也。《喪服小記》曰「除成喪者，其祭也，朝服縞冠」是也。祭猶縞冠，未純吉也。既祭，乃服大祥素縞麻衣。釋禫之禮云「玄衣黄裳」，則是禫祭玄冠矣。黄裳者，未大吉也。既祭，乃服禫服，朝服綅冠。踰月吉祭，乃玄冠朝服。既祭，玄端而居，復平常也。

孔氏曰：祥，謂祥祭，主人除服之節。於祥祭前夕，預告明日祥祭之期。此人著朝服，❷謂緇衣素裳，其冠則縞冠也。明旦祥之時，主人因著其前夕故朝服也。於練祭不著祭服，於此祥時正著祭服，故

❶「歲」，《禮記》作「夕」。

❷「此人」，通志堂本、四庫本作「此時主人」，是。

註云「正祭服」。純吉朝服玄冠，今縞冠，故云「未純吉」。祥祭雖吉，❶哀情未忘，加著縞冠素紕麻衣。鄭引《閒傳》「大祥素縞麻衣」是也。禫禮玄衣黄裳玄冠，大吉當玄衣素裳，今用黄裳，故云「未大吉也」。禫祭後著朝衣綅冠，❷踰月吉祭，乃玄冠朝服，則天子、諸侯以下，各依本官吉祭之服也。從祥至吉，服有六。祥祭朝服縞冠，一也。祥吉素縞麻衣，二也。禫祭玄冠黄裳，三也。禫訖朝服綅冠，四也。踰月吉祭玄冠朝服，五也。既祭玄端而居，六也。

山陰陸氏曰：嫌於夕爲期，嘗朝服矣。詰朝不復反喪服，故云爾。然則祥之日，猶服練服。及祭，易之，所謂「除成喪者，其祭也，朝服縞冠」是也。祭已，又易之，所謂「大祥素縞麻衣」是也。

子游曰：「既祥，雖不當縞者，必縞，然後反服。」

鄭氏曰：謂有以喪事贈賵來者，雖不及時，猶變服，服祥祭之服以受之，重其禮也。其於此時始弔者，則衛將軍文子之爲之是矣。反服，反素縞麻也。

孔氏曰：既祥，謂大祥後有人以喪事來弔者。既晚，不正當祥祭縞冠之時，主人必須反著此祥服縞冠，受來弔者之禮，然後反服大祥素縞麻衣之服。

山陰陸氏曰：此言親喪，雖既祥，猶有他喪未除。今以祥故無所不用縞。縞，既祥之服也。然後反服，然後反他喪之服。

當袒，大夫至，雖當踊，絶踊而拜之。反，改

❶「吉」，《禮記正義》作「訖」。下文「祥吉」之「吉」同。
❷「衣」，通志堂本、四庫本及《禮記正義》作「服」。

成踊，乃襲。於士，既事成踊，襲而后拜之，不改成踊。

鄭氏曰：尊大夫，來至則拜之，不待事已也。更成踊者，新其事也。於士，士至也。事，謂大小斂之屬。

孔氏曰：此一節明士有喪，大夫及士來弔之禮。案《檀弓》云「大夫弔，當事而至則辭焉」，謂大小斂時，主人不出，故辭大夫也。此是斂已竟，當其袒踊，故「絶踊而拜之」也。「反，改成踊」，反，還也；改，更也。拜大夫竟，反還先位，更爲踊，而始成踊也。乃襲，謂更成踊訖，乃襲初袒之衣也。既事，既，猶畢也。當主人有大小斂諸事，而士來弔，則主人畢事竟而成踊，不即出拜也。士言「既事」，則大夫亦然。大夫言「絶踊」，則士固不絶踊也。成踊畢而襲，襲畢乃拜之，不更爲成踊。

山陰陸氏曰：已嘗袒矣，大夫至而襲，故今改襲而袒。於士，襲而後拜之，故不復改袒。然則又成踊，何也？蓋居喪，凡賓客弔，客去而歸，必踊。

上大夫之虞也，少牢；卒哭成事、附，皆大牢。下大夫之虞也，犆牲。卒哭成事、附，皆少牢。

鄭氏曰：卒哭成事、附言「皆」，則卒哭成事、附，與虞異矣。下大夫虞以犆牲，與《士虞禮》同與？

孔氏曰：上大夫平常吉祭，用少牢。虞依常禮也。卒哭謂之成事，成吉事也。附，廟附也。❶ 二祭皆大，並加一等，用大牢也。下大夫吉祭，用少牢。虞祭降一

❶「廟附」，通志堂本、四庫本及《禮記正義》作「附廟」，是。

等，用特牲。卒哭、附，依常吉祭禮也。鄭以《士虞禮》云：「三虞卒哭，他用剛日。」先儒以此三虞卒哭同是一事，鄭因此經虞與卒哭其牢既別，明卒哭與虞不同也。

嚴陵方氏曰：犆，即特也，與「特牲三俎」之「特」同，而與「郊特牲」之「特」異。蓋位有上下，故禮有隆殺也。

山陰陸氏曰：《禮・士虞》用特豕，今下大夫之虞亦云特牲，則容父爲士，子爲下大夫，其祭如此。於上大夫言父爲大夫，於下大夫言父爲士，相備也。

祝稱卜葬虞，子孫曰「哀」，夫曰「乃」，兄弟曰「某」，卜葬其兄弟曰「伯子某」。

鄭氏曰：祝稱卜葬虞者，卜葬、卜虞，祝稱主人之辭也。孫謂爲祖後者，稱曰「哀孫某卜葬其祖某甫」。夫曰「乃某卜葬其妻某氏」。兄弟相爲卜，稱名而已。

孔氏曰：謂卜葬擇日，而卜人祝龜所稱主人之辭也。虞用葬日，故并言「葬虞」。子卜葬父，則稱「哀子某卜葬其父某甫」。乃者，言之助也。妻卑，故假助句以明夫之尊也。弟爲兄，則祝辭云「某卜葬兄伯子某」。兄爲弟，則云「某卜葬其弟某」。兄弟稱名，則子孫與夫皆稱名也。

古者貴賤皆杖。叔孫武叔朝，見輪人以其杖關轂而輠輪者，於是有爵而後杖也。

鄭氏曰：記庶人失禮所由始也。叔孫武叔，魯大夫叔孫州仇也。輪人，作車輪之官。

孔氏曰：關，穿也。輠，迴也。作輪之人，以扶病之杖關穿車轂中而迴轉其輪。「於是有爵而後杖」，以其爵位既尊，其杖不鄙褻而許用也。

鑿巾以飯，公羊賈爲之也。

鄭氏曰：記士失禮所由始也。士親飯，必發其巾。大夫以上，賓爲飯焉，則有鑿巾。

孔氏曰：飯，含也。大夫以上貴，故使賓爲其親含，恐尸爲賓所憎穢，故設巾覆尸面，而當口鑿穿之，令含得入口也。士賤，不得使賓。子自含其親，但露面而含耳。鑿巾，則是自憎穢其親，故爲失禮也。

山陰陸氏曰：禮因時損益，故有先王未之有，可以義起者。若「有爵而後杖」、「鑿巾以飯」是也。禮，士含巾不鑿。至公羊賈始鑿之以含，君子有取焉。

冒者何也？所以揜形也。自襲以至小斂，不設冒則形，是以襲而后設冒也。

鄭氏曰：言「設冒」者，爲其形人將惡之也。襲而設冒，言「后」，衍字耳。

孔氏曰：此經記者自問答設冒之事。未襲之前，始死，事須沐浴。自既襲以後，以至小斂之前，雖以著衣，❶若不設冒，則尸象形見，爲人所惡也。襲則設冒，至小斂之前，則以衣覆於冒上。

山陰陸氏曰：記冒如此，亦以著鑿巾爲善。「后」非衍字，言孝子如此設冒不得已也。

或問於曾子曰：「夫既遣而包其餘，猶既食而裹其餘與？君子既食則裹其餘？」❷曾子曰：「吾子不見大饗乎？夫人饗，❸既饗，卷三牲之俎歸於賓館。父母而賓客之，

❶「以」字，通志堂本、四庫本及《禮記正義》作「已」。

❷「餘」字下，通志堂本、四庫本及《禮記》有「乎」字，是。

❸「人」，《禮記》作「大」。

所以爲哀也。子不見大饗乎？」

鄭氏曰：言遣既奠而又包之，是與食於人已而裹其餘將去何異與？君子寧爲是乎？言傷廉也。既饗歸賓俎，所以厚之。言父母家之主，今賓客之，是孝子哀親之去也。

孔氏曰：此一節明或人問曾子遣奠之事。大饗，賓客既畢，主人斂三牲俎上之肉，歸於賓館。己家父母今日既去，遂同賓客之疏，是孝子所以悲哀也。重結前文，以語或人。

非爲人喪，問與？賜與？

鄭氏曰：此上滅脱，未聞其首云何。是言非爲人喪而問之與？人喪而賜之與？問，遺也。久無事曰問。

孔氏曰：此語接上之辭，故鄭云滅脱。與，語助也。豈非爲人有喪，而問遺之與？人之有喪，而賜與之與？平敵則問，卑下則賜。

山陰陸氏曰：宜承「既卒哭，遺人可也」之下，脱爛在是。著非爲人喪，從父昆弟以下，雖卒哭，猶無所問遺。

金華應氏曰：非爲喪而問也，又非爲喪加賜也，乃爲己之親耳。

三年之喪，以其喪拜，非三年之喪，以吉拜。

三年之喪，如或遺之酒肉，則受之，必三辭。主人衰絰而受之。如君命，則不敢辭，受而薦之。喪者不遺人。人遺之，雖酒肉，受也。從父昆弟以下，既卒哭，遺人可也。

鄭氏曰：稽顙而後拜，❶曰喪拜。拜而後稽顙，曰吉拜。謂受問受賜者也。受酒

❶「後」字，原重，今據通志堂本、四庫本及《禮記》鄭注删其一。

肉，必衰絰正服，明不苟於滋味也。受而薦之於廟，貴君之禮。喪者不遺人，言齊斬之喪重，志不在施惠於人。

孔氏曰：此一經論身有喪，拜謝之禮。以其喪拜，謂父母、長子也。其實杖期以上，皆爲喪拜。「非三年之喪，以吉拜」者，謂不杖期。以下此義已具《檀弓》疏。三年之喪，受酒肉，雖受之，猶不得食也。尊者食之，乃得食肉，猶不得飲酒。故《喪大記》云「既葬，若君食之，則食之，大夫、父之友食之，則食之矣。不辟粱肉，❶若有酒醴則辭」是也。

嚴陵方氏曰：喪拜、吉拜皆爲拜。辭與問也，心有所樂，然後以物遺人。喪以哀爲主，故不遺人。人遺之，雖酒肉受之者，卻之爲不恭故也。

山陰陸氏曰：所謂吾從其至者也，然則稽顙而後拜，蓋三年之喪拜也，故曰「以其喪拜」。

縣子曰：「三年之喪如斬，朞之喪如剡。」朞之喪，十一月而練，十三月而祥，十五月而禫。三年之喪，雖功衰，不弔，自諸侯達諸士。如有服而將往哭之，則服其服而往。練則弔。

鄭氏曰：如斬、如剡，言痛之惻怛有淺深也。「朞之喪」至「而禫」，當在「練則弔」上。爲父在爲母也。功衰，既練之服也。諸侯服新死者之服而往哭，謂所不臣也。練則弔，謂父在爲母功衰，可以弔人者，以父在，故輕於出也。然則凡齊衰十一月，皆可以出矣。

孔氏曰：自此至「盈坎」，明弔喪之節。三年之喪，小祥後衰與大功同，故曰「功

❶「粱」，通志堂本、四庫本及《禮記正義》作「粱」，是。

衰」。衰雖外輕，而痛猶内重，故不得弔人也。自諸侯達諸士，謂貴賤同也。功衰雖不弔人，如有服，謂自有五服之親喪，則往哭之。將往哭，則不著己功衰，而依彼親之節以服之，申於骨肉之親故也。然諸侯絶朞，不應有諸親始死服。今云服而往，當是敵體及所不臣者，謂始封君不臣諸父昆弟也。大祥始除衰杖而練，得弔人者，以父在而得出，則其餘喪雖無父，亦得出也。母既可矣，諸父灼然，故鄭云「皆可以出」。

山陰陸氏曰：所謂「功衰」，猶言功衰，微加人功。雖服功衰不弔，則以創鉅痛深故也。

既葬，大功，弔，哭而退，不聽事焉。朞之喪未葬，弔於鄉人，哭而退，不聽事焉。功衰，弔，待事，不執事。小功緦，執事，不與於禮。

鄭氏曰：聽，猶待也。事，謂襲、斂、執綍之屬。朞之喪，謂爲姑、姊妹無主，殯不在己族者。不與於禮，謂饋奠也。

孔氏曰：身有大功之喪，既葬，往弔他喪，弔哭既畢，則退，不待主人襲斂之事。朞喪練，弔亦然。朞之喪，謂姑、姊妹無主，爲之服朞，未至於葬，往弔鄉人之喪，亦喪畢則退，❶不待襲，❷弔於鄉人，其情稍輕於未葬，得待襲、斂，但不親自執事。經直云「朞喪」，鄭知姑、姊妹無主者，以前云大功既葬，始得弔人。此經朞喪未葬，已得弔人，明知此朞服輕，是姑、姊妹在他族成婦日久，殯在夫族者也。執事，

❶ 「喪」，《禮記正義》作「哭」，是。

❷ 「襲」字下，通志堂本、四庫本有「斂也。此姑、姊妹朞喪既葬，受以大功衰，謂之功衰。此後若」二十二字，是。

擯相也。緦小功服輕，故未葬便可弔人。亦爲擯相，但不得助彼饋奠耳。《曾子問》云：「説衰與奠，非禮也，擯相可也。」❶是擯相輕，而饋奠重也。

藍田吕氏曰：「功衰」事下脱一「不」字，❷此謂卒哭之受服。

相趨也，出宫而退。相揖也，哀次而退。相問也，既封而退。相見也，反哭而退。朋友，虞、附而退。

鄭氏曰：此弔者恩薄厚、去遲速之節也。相趨，謂相聞姓名，來會喪事也。相揖，嘗會於他。相問，嘗相惠遺也。相見，嘗執摯相見也。附，皆當爲「祔」。

孔氏曰：相趨，本不相識，情既輕，故柩出廟之宫門而退。相揖，恩微深，故待柩出至大門外，哀次而退。相問，恩轉深，故窆竟而退。相見，恩轉厚，故葬竟，孝子反哭，至家而退。朋友疇昔情重，故至主人虞祔乃退。然與死者相識，亦當有弔。禮，知生者弔，知死者傷。今註云弔，則知是弔生人也。

弔，非從主人也。四十者執紼。鄉人五十者從反哭，四十者待盈坎。

鄭氏曰：言弔者必助主人之事。從，猶隨也。成人，二十以上，至四十，丁壯時。非鄉人，則長少皆反，優遠也。坎，或爲「壙」。

孔氏曰：此論助葬及執事、反哭之節。弔喪者，本是來助事，非爲空隨從主人而已。既助主人，故使年二十以上至四十强壯者皆執紼。鄉人，同鄉之人也。五十始衰，故待主人窆竟反哭，從孝子反

❶「擯」字上，通志堂本、四庫本及《禮記正義》有「以」字。
❷「事」，明本作「字」，疑是。

也。四十强壯，不得即反，故待土滿坎而反。若非鄉人，則無問長少，皆從主人歸，優饒遠者。

喪食雖惡，必充飢，飢而廢事，非禮也。飽而忘哀，亦非禮也。視不明，聽不聰，行不正，不知哀，君子病之。故有疾飲酒食肉，五十不致毁，六十不毁，七十飲酒食肉，皆爲疑死。有服，人召之食，不往。大功以下，既葬，適人，人食之。其黨也食之，非其黨，弗食也。功衰，食菜果，飲水漿，無鹽、酪，不能食食，鹽、酪可也。孔子曰：「身有瘍則浴，首有創則沐，病則飲酒食肉。毁瘠爲病，君子弗爲也。毁而死，君子謂之無子。」

鄭氏曰：君子病之，病，憂也。疑死，疑猶恐也。既葬，適人，人食之，往而見食，則可食也。爲食而往，則不可。黨，猶親也。非親而食，則是食於人無數也。功衰，齊、斬之末也。酪，酢酨。毁而死，是不重親也。

嚴陵方氏曰：禮所以制中。飢而忘廢事，飽而忘哀，皆非中道，故皆以爲非禮。然送死所以當大事，則飢而廢事，尤爲非禮矣。君子病之，以其不足以當大事也。其黨則食之，非其黨則弗食，所以爲之節。食菜果，飲水漿，皆聖人之中制，故天下無難能之病焉。

藍田吕氏曰：功衰亦卒哭之受服。《閒傳》「父母之喪，既虞卒哭，疏食水飲，不食菜果」，與此文正合。疏食水飲，其飲不加鹽、酪，故曰「飲水漿，無鹽、酪」也。「不能食食，鹽可也」者，❶《喪大記》：「不

❶「鹽」字下，四庫本及經文有「酪」字。

能食粥羹之以菜可也。」蓋人有所不能，亦不可勉也。

山陰陸氏曰：鄭氏謂功衰，齊、斬之末。末者，齊衰既葬、斬衰既練之後。

非從柩與反哭，無免於堩。

鄭氏曰：言喪服出入，非此二事，皆冠也。免，所以代冠。人於道路，不可以無飾。堩，道路。

孔氏曰：從柩，爲孝子送葬，從柩去時。反哭，謂孝子葬竟，還時。道路不可無飾，得免而行。非此二條，不得免於道路也。若葬遠，反哭，在路則著冠；至郊，反著免。故《小記》云「遠葬者比反哭，❶皆冠，及郊而后免」是也。

凡喪，小功以上，非虞、附、練、祥，無沐浴。

鄭氏曰：言不有飾事，則不沐浴。

孔氏曰：自小功以上，恩重哀深，自宜去飾。沐浴是自飾。非此數條祭事，則不自飾也。言「小功以上」，則至斬同。練祥不主大功、小功也。若三年之喪，則《士虞禮》云「沐浴不櫛」，鄭註云「朞以下櫛可也」。又《士虞禮》云：「明日，以其班附，沐浴，櫛。」註云：「彌自飾。」大夫以上亦然。

嚴陵方氏曰：有祭則不可以不齊戒，齊戒則不可以不沐浴。

疏衰之喪，既葬，人請見之，則見，不請見人。小功，請見人可也。大功不以執摯。唯父母之喪，不辟涕泣而見人。

鄭氏曰：言喪不行求見人耳。❷人來求見己，亦可以見之矣。不辟涕泣，言至哀

❶「哭」字下，《禮記正義》有「者」字。
❷「言」字下，通志堂本、四庫本有「重」字。

無飾也。

孔氏曰：此明在喪與人相見之義。小功輕，可請見於人，大功不可也。文承「疏衰」「既葬」之下，則小功亦謂既葬也。凡言見人，謂與人尋常相見，不論執贄之事也。

嚴陵方氏曰：「人請見之則見，不請見人」者，以人請見在彼，請見人在此故也，亦與對而不問同義。執摯，則請見人之禮也。

三年之喪，祥而從政。期之喪，卒哭而從政。九月之喪，既葬而從政。小功緦之喪，既殯而從政。

鄭氏曰：以《王制》言之，此謂庶人也。從政，從爲政者教令，謂給繇役。

孔氏曰：《王制》云：「父母之喪，三年不從政。齊衰大功，三月不從政。」與此不同者，此庶人依士禮卒哭與既葬同三月，故《王制》省文，總云「三月」也。若大夫、士三年之喪期不從政，是正禮也；卒哭，金革之事無辟，是權禮也。

曾申問於曾子曰：「哭父母，有常聲乎？」曰：「中路嬰兒失其母焉，何常聲之有？」

鄭氏曰：嬰，猶鷖彌也。言其若小兒亡母啼號，安得常聲乎？所謂「哭不偯」。

廬陵胡氏曰：孔子不取弁人孺子泣，而此取嬰兒哭者，此泛問哭時，故舉重始死時也。彼在襲、斂，當哭踊有節，故異。

卒哭而諱。王父母、兄弟、世父、叔父、姑姊妹，子與父同諱。母之諱，宫中諱。妻之諱，不舉諸其側。與從祖昆弟同名，則諱。

鄭氏曰：自卒哭鬼神事之，尊而諱其名。王父母以下之親諱，是謂士也。父爲其親諱，則子不敢不從諱。天子、諸侯諱羣祖。母之所爲其親諱，子孫於宮中不言。妻之所爲其親諱，夫於其側亦不言也。孝子聞名心瞿，凡不言人諱者，亦爲其相感動也。子與父同諱，則子可盡曾祖之親也。從祖昆弟在其中，於父輕，不爲諱。與母、妻之親同名重，則諱之。

孔氏曰：此一節論親戚死亡諱辟名之事。卒哭前，猶以生禮事之。卒哭後，去生漸遠，故諱其名。王父母，謂父之王父母，於己爲曾祖父母，正服小功，不合諱。以父爲之諱，子亦同父諱之。兄弟，謂父之兄弟，於己爲伯叔，正服朞，父亦爲之朞，是子與父同有諱也。世父、叔父，是父之世父、叔父，於己是從祖，正服小功。姑，謂父之姑，於己爲從祖姑，在家正服小功，出嫁緦麻，二者皆不合諱。以父爲之諱，故己從父而諱也。姊妹，謂父姊妹，於己爲姑，在家正服朞，出嫁大功九月，是己與父同爲之諱。此等是子與父同諱也。鄭註「子不敢不從諱」，據王父母、世父、叔父及姑己不合諱者言之。父之兄弟及姊妹己爲合諱，不假從父而諱也。鄭註「是謂士也」，士謂父身。以父身是士，故諱王父。若是庶人子，不逮事父母，則不諱王父母也。天子七廟，諸侯五廟，故知諱羣祖。妻之所爲其親諱，但不得在側言之，於宮中遠處得言之。母與妻二者之諱，與己從祖昆弟同名，則爲之諱，不但宮中、旁側，其在餘處皆諱之也。鄭註「子與父同諱，則子可盡曾祖之親」者，父爲王父諱，於子則爲曾祖；父之伯、叔及姑，則是子曾祖之親，故云「子可盡曾祖之親也」。從祖昆弟共同曾祖之親，故註云「在其中」。從祖昆弟於父言之是父之同堂兄弟子也，父服小功，不爲之諱，己又不得從父而諱。若母、妻諱與從祖昆弟名相重累，則諱之。故註云「於父輕，不爲之諱。與母、妻之親同名重，則諱之」。鄭註爲從祖昆弟諱而生文也。

以喪冠者，雖三年之喪可也。既冠於次，❶入哭踊三者三，乃出。

鄭氏曰：言雖者，明齊衰以下，皆可以喪冠取之也。始遭喪，以其冠月，則喪服因冠矣。非其冠月，待變除卒哭而冠。次，廬也。雖，或爲「唯」。

孔氏曰：自此以下明遭喪冠取之節。將冠值喪，當成服時，因喪服加冠。非但輕服得冠，雖有三年重喪，亦可。因喪服而冠，故云「可也」。「冠於次」，謂加冠於廬次之中，若齊衰以下，加冠於次舍之處，冠後入於喪所，哭而跳踊，每哭一節三踊，如此者三，凡九踊，乃出就次所。《曾子問》云「將冠，子未及期日，有齊衰、大功、小功之喪，則因喪服而冠」，言未及期日，知冠月則可冠也。次，廬也。據重服而言。

廬陵胡氏曰：《夏小正》冠用二月，若正月遭喪，則二月不得因喪而冠，必待冠除受服之節。

禮記集說卷第一百三

❶「冠」，原作「葬」，今據明本、《禮記正義》及下孔疏説改。

# 禮記集說卷第一百四

大功之末，可以冠子，可以嫁子。父小功之末，可以冠子，可以嫁子，可以取婦。己雖小功，既卒哭，可以冠、取妻，下殤之小功則不可。

鄭氏曰：此皆謂可用吉禮之時。父大功卒哭而可以冠子、嫁子，小功卒哭而可以取婦；己大功卒哭而可以冠子，小功卒哭而可以取妻，必偕祭乃行也。下殤小功齊衰之親，❶除喪而後可爲昏禮。凡冠者，其時當冠則因喪而冠之。

孔氏曰：大功，謂己有大功之喪。末謂卒哭之後。取婦有酒食之會，集鄉黨僚友，涉近歡樂，故大功之末乃可得爲也。❷經文大功據己身不云父，小功據其父不云身，互而相通。故鄭註同之，謂父及己身俱有大功之末、小功之末。父是大功之末，己亦是大功之末，乃得行此冠子、嫁子。父小功之末，己亦小功之末，可以嫁取。必父子俱然，乃得行事，故云「必偕祭乃行」。知父子俱大功、小功者，若姑、姊妹出適，父子俱爲大功；從祖兄弟，父子俱爲小功：其服同也。若父齊衰，子大功，則不可。若父大功，子小功，可以冠、嫁，未可取婦。必父子俱小功之末，可以取婦。若婦小功，❸己緦麻，灼然合取可知。下殤小功，謂本齊衰重服，降

❶「親」，原作「喪」，今據《禮記正義》改。
❷「大」，《禮記正義》作「小」，是。
❸「婦」，通志堂本、四庫本及《禮記正義》作「父」，當是。

在小功，不可冠、嫁。其餘小功可以冠、取。若其齊衰長殤、中殤，降在大功，理不可冠、嫁矣。經云大功、小功之末，可以吉冠，則大功、小功之初當冠之時，則因喪服而冠之。鄭因前經三年之喪可冠，於此復明輕喪亦可冠也。

范氏曰：按《禮》「大功之末，可以冠子、嫁子」，此於子已爲無服也。以己尚在大功喪中，猶未忍爲子娶婦，近於歡事也。故於冠子、嫁子則可，娶婦則不可矣。己有緦麻之喪，於祭亦廢，婚亦不通矣，況小功乎？　又曰：五服之制，各有月數。月數之内，自無吉事，故曰「縗麻非所以接弁冕也」。《春秋左氏傳》：「齊侯使晏子請繼室於晉。」叔向對曰：「寡君之願也。縗絰之中，是以未敢請。」時晉侯有少姜之喪耳。禮貴妾緦，而叔向稱在縗絰之中。推此而言，雖輕喪之麻，猶無婚姻之道也。而敦本敬始之義，每於婚冠見之矣。《雜記》曰「大功之末，可以嫁子；小功之末，可以娶婦」，而下章云「己雖小功，卒哭，可冠、娶妻」也。二文誠爲相代。尋此言爲男女失時，或繼嗣未立者耳，非通例也。

横渠張氏曰：「大功之末，可以冠子，可以嫁子，父小功之末，可以冠子，可以嫁子，可以娶婦」，疑「大功之末」已下十二字爲衍，宜直云「父大功之末」。云父大功，則是己小功之末也，而己之子緦麻之末也，故可以冠、取也。蓋冠、取者，固已無服。❶凡卒哭之後，皆是末也。所以言衍者，以上十二字義無所附著。己雖小

❶「服」字下，通志堂本、四庫本有「矣」字。

功，既卒哭，可以冠、取妻，是己自冠、取妻也。

山陰陸氏曰：入小功之末，謂小功服之在父行者，若從祖父母、從姊妹、從祖父祖母、從祖祖姑是也。大功之末在卑行者，若孫及從父兄弟、從父姊妹、兄弟之子婦是也。大功之末，不言可以取婦，不可以取婦也。己雖小功，既卒哭，可以冠、取妻，言主冠、取者，雖在可以主之域，然其冠、取者若有小功，未卒哭，亦不可。

凡弁絰，其衰侈袂。

鄭氏曰：侈，猶大也。弁絰服者，弔服也。其衰：錫也，緦也，疑也。袂之小者二尺二寸，大者半而益之，則侈袂三尺三寸。

孔氏曰：弔服，首著弁絰，身著錫衰、緦衰、疑衰。此三衰，大作其袂。若士，則其衰不侈也。故《周禮·司服》有「玄端素端」，註云「變素服言素端，明異制」，「大夫以上侈之」，明士不侈，故稱端。

父有服，宮中子不與於樂。母有服，聲聞焉，不舉樂。妻有服，不舉樂於其側。大功將至，辟琴瑟。小功至，不絶樂。

鄭氏曰：「宮中子」，與父同宮者也。禮，由命士以上，父子異宮。不與於樂，謂出行見之，不得觀也。將至，來也。「辟琴瑟」，亦所以助哀。

孔氏曰：父有服，在宮中，不與於樂，謂命士以下，與父同宮者。若異宮，則得與於樂。　崔氏曰：父有服，齊衰以下之服也。若重服，則期後猶有子姓之冠，自不當與於樂。

長樂黃氏曰：註云「宮中子，與父同宮

者。禮，由命士已上，父子異宮」，《正義》從而解云：「若異宮，則得與樂。」上文言諱，雖子之服盡，尚從父諱，其父之所諱，豈命士而上，父有喪服者，子可與樂哉？今詳之，「父有服宮中」者，譬諸父方持服在家未出，而從吉之時，其子或輕而先除，或親盡而無服。以其父方在喪服，哀戚未終，不可與於樂也。亦如從父諱於先祖之禮也。次云「母有服」，「妻有服」，亦謂方在服制之中，亦隨其降殺。其宮中者，謂持服不出之際，則其義明矣，非謂同宮室居。命士而上，父有喪服，子可觀聽音樂者也。

山陰陸氏曰：此一節自士上達。父有服，有作樂者，宮中雖不聞，子不敢與也。母有服，聲聞焉，不敢舉樂。妻有服，於其側不舉爾。所謂不與於樂，非直不舉也。

長樂陳氏曰：父，生我者也，尊而不親，故父有服，宮中子不得與於聞樂，況舉樂乎？母，鞠我者也，親而不尊，故母有服，不得以舉樂，雖聲聞焉可也。妻，齊我者，敵體而已，故妻有服，不舉樂於其側，雖不於其側，舉之可也。是人子有服於母，其情殺於父，而於妻又殺於母也。樂不止於琴瑟，而琴瑟特常御者而已。《曲禮》曰：「君子無故不徹琴瑟。」大功之親有服，其將至，則爲有故矣，雖辟琴瑟可也。未至，則不必辟琴瑟矣。小功之親有服，雖不至，絕樂。❶若夫於己有小功之喪，議而及樂，又禮之所弃也。

❶「樂」字下，通志堂本、四庫本及《樂書》卷三十二有「其將至，又可知矣。雖然，小功至，不絕樂」十五字，是。

姑姊妹，其夫死，而夫黨無兄弟，使夫之族人主喪。妻之黨雖親弗主。夫若無族矣，則前後家、東西家，無有，則里尹主之。或曰主之，而附於夫之黨。

鄭氏曰：此謂姑姊妹無子，寡而死也。夫黨無兄弟，無緦之親也。其主喪不使妻之親，而使夫之族人。婦人外成，主必宜得夫之姓類也。里尹主之，喪無無主也。里尹，閭胥、里宰之屬。諸侯弔於異國之臣，則其君爲主，里尹主之，亦斯義。妻之黨自主之，非也。夫之黨，其祖姑也。

孔氏曰：此一節明姑姊妹在夫家而死，無後，使外人爲主之事。或曰主之者，或人之説云妻黨主之，而祔祭之時，夫之黨主之，非也。案《周禮》六鄉之内，二十五家爲里，里置一宰，下士也。諸侯之臣在國而死，他國君來弔，則君爲主。死者雖至親，不得爲主。里尹主之，亦此義。

新安朱氏曰：古法既廢，鄰家里尹決不肯祭他人之親，則從宜而祀之别室，其亦可也。

山陰陸氏曰：言「妻之黨雖親弗主」，苟夫無族矣，雖視朋友至於祔而止可也。《喪服小記》曰：「大功者主人之喪有三年者，則必爲之再祭，朋友虞祔而已。」

麻者不紳，執玉不麻，麻不加於采。

鄭氏曰：吉凶不相干也。麻，謂絰也。紳，大帶也。喪以要絰代大帶也。麻不加於采，衣采也不麻，❶謂弁絰者必服弔服是也。采，玄纁之衣。

孔氏曰：尋常執玉行禮，不得服衰麻。

❶「也」，通志堂本、四庫本及《禮記》鄭注作「者」，是。

《聘禮》：「己國君薨，至於主國，衰而出。」註云：「於是可以凶服將事。」似行聘、饗，執玉得服衰絰者。彼謂受主君小禮，得以凶服。若行聘、饗大事，則吉服也。弁絰之麻，不得加於玄衣纁裳之采。

山陰陸氏曰：據此，若弁絰，雖服皮弁而絰，非常服之弁歟？《弁師》：「王之皮弁服，會五采。」

國禁哭則止，朝夕之奠，即位自因也。童子哭不偯，不踊，不杖，不菲，不廬。

鄭氏曰：禁哭，謂大祭祀時，雖不哭，猶朝夕奠。自因，自用故事。童子，未成人，不能備禮也。當室則杖。

孔氏曰：即位自因者，孝子於殯宮朝夕奠之時，即阼階下位，自因其故事而設奠也。案《問喪》云：「童子當室，則免而杖。」當室，謂十五以上。若世子生則杖。故《曾子問》云「子衰、杖，成子禮」是也。

皇氏曰：童子當室，則備此經中五事。問喪之免而云杖，舉重言也。

山陰陸氏曰：「國禁哭則止，朝夕之奠，即位自因也」，此一節宜承如始即位之禮，脱爛在是。言若國禁哭，則之他室，不哭，其入奠與即位猶自因也。

孔子曰：「伯母、叔母疏衰，踊不絶地。姑姊妹之大功，踊絶於地。如知此者，由文矣哉！由文矣哉！」

鄭氏曰：由，用也。言知此踊絶地、不絶地之情者，能用禮文哉！能用禮文哉！美之也。伯母、叔母，義也。姑姊妹，骨肉也。

山陰陸氏曰：疏衰大功，文也。踊絶不絶，情也。伯、叔母之喪，文至而情不至。姑姊妹之喪，文不至而情至。知此者，則凡於禮知由於内矣，故曰：「如知此者，由文矣哉！」若夫徒文具而無至誠惻怛之實，失是矣。

廬陵胡氏曰：踊絶地不絶地，義有輕重，豈由禮文而已哉。

泄柳之母死，相者由左。泄柳死，其徒由右相。由右相，泄柳之徒爲之也。

鄭氏曰：亦記失禮所由始也。泄柳，魯穆公時賢人也。相，相主人之禮。

孔氏曰：相主人之禮法，相也由左。❶《孟子》云魯穆公時，子柳、子思爲臣。子柳，即此泄柳也。

山陰陸氏曰：由右相，雖非古，在可以然之域。凡經言「自某始」，記失禮所由始也。即言「爲之」，君子有取焉。據鑿巾以飯，公羊賈爲之也；由右相，泄柳之徒爲之也；七月而禘，獻子爲之也。

天子飯九具，❷諸侯七，大夫五，士三。

鄭氏曰：此蓋夏時禮。❸周禮，天子飯含用玉。

孔氏曰：《典瑞》云：「大喪，共飯玉、含玉。」《禮》戴説天子飯以珠，含以玉，諸侯、大夫、士飯以珠，含以貝，皆非周禮，並夏、殷之法。《左傳》成十七年子叔聲伯夢食瓊瑰，哀十一年齊陳子行「命其徒具含玉」，此等皆是大夫，而以珠玉爲含者，以珠玉是所含之物，故言之，非謂當時實含用珠玉也。

山陰陸氏曰：《士喪禮》「貝三實于笄」，此士三之證也。案珠玉曰含，玉貝亦曰

❶「也」，通志堂本、四庫本及《禮記正義》作「者」，是。

❷「具」，四庫本及《禮記》作「貝」，是。

❸「禮」字下，通志堂本、四庫本及《禮記》鄭注有「也」字，是。

含,則散言之,飯、含通也。鄭氏謂蓋夏時禮,周禮天子飯含用玉,誤矣。《典瑞》言玉職也,貝非所言。《大戴禮》天子飯以珠,含以玉。諸侯飯以珠,大夫、士飯以珠,含以貝。《典瑞》「大喪共飯玉、含玉」,則珠有以玉爲之者矣。《玉府》所謂「珠玉」是也。諸侯言飯,不言含,則蒙上「含以玉」可知。然則「飯以珠」,不必言矣。其言之,則以天子珠兼以玉,諸侯以珠而已。《稽命徵》曰:「天子飯以珠,含以玉;諸侯飯以珠,含以璧。」相備也。相備而天子言玉,諸侯言璧。璧,器也。廬陵胡氏曰:春秋時,子叔聲伯、陳子行臣飯含僭君,疑衰周時禮。鄭謂此等夏、殷禮,無所依據。又《檀弓》飯用米貝,鄭不疑於夏、殷,獨疑此,何也?

士三月而葬,是月也卒哭。大夫三月而葬,五月而卒哭。諸侯五月而葬,七月而卒哭。士三虞,大夫五,諸侯七。

鄭氏曰:尊卑,恩之差也。天子至士,葬即反虞。

孔氏曰:大夫以上葬與卒哭異月者,以其位尊,念親哀情,於時長遠。士職卑位下,禮數未申,故葬罷即卒哭。《檀弓》云:「葬日虞,弗忍一日離也。」不顯尊卑,是貴同然。❶

山陰陸氏曰:士踰月而葬,容外姻至;大夫三月而葬,容同位至;諸侯五月而葬,容同盟至;天子七月而葬,容同軌至。《左傳》云「同軌畢至」,著同盟以下雖至,有不畢也。若其卒哭遲速不同,則以其

❶ 「貴」字下,通志堂本、四庫本及《禮記正義》有「賤」字,是。

德服喪有隆殺也。

諸侯使人弔，其次含、襚、賵、臨，皆同日而畢事者也。其次如此也。

鄭氏曰：言五者相次同時。

孔氏曰：諸侯使人弔鄰國，先行弔禮，宣君命。人以飲食爲急，故含次之，食後須衣，故襚次之。有衣即須車馬，故賵次之。君事既畢，則臣行私禮，故臨在後。事雖多，同一日畢也。

卿大夫疾，君問之無算。士，壹問之。君於卿大夫，比葬不食肉，比卒哭不舉樂。爲士，比殯不舉樂。

孔氏曰：案《喪大記》「君於大夫疾，三問之」，此無算，謂有師保恩舊之親。或三問謂君自行，無算謂遣使也。

升正柩，諸侯執綍五百人，四綍皆銜枚。司馬執鐸，左八人，右八人。匠人執羽葆御柩。大夫之喪，其升正柩也，執引者三百人，執鐸者左右各四人，御柩以茅。

鄭氏曰：升正柩者，謂將葬，朝于祖，正棺於廟也。五百人，謂一黨之民。諸侯之大夫，邑有三百户之制。綍、引同耳。廟中曰綍，在塗曰引，互言之。御柩者，居前道正之，大夫、士皆二綍。

孔氏曰：此經明諸侯、大夫送葬正柩之禮、執鐸之差。將葬，朝於祖廟，柩升廟之西階。《既夕禮》云「升自西階，正柩於兩楹間」是也。銜枚，止諠囂也。司馬，夏官，主武，故執金鐸率衆，左右各八人，夾柩以號令於衆也。匠人，工人也，以鳥羽注於柄頭如蓋，謂之羽葆。匠人主宫室，故執羽葆居柩前，御行於道，指揮爲進止之節也。《周禮》喪祝御柩，謂王禮也。案《周禮注》「六卿主六引，六遂主六縡」，經云執紼應舉六遂，而言黨者，正取一黨之人數耳。邑有三百户之制，謂小國中下大夫也。其實大國下大夫亦三百户。故《論語》云「奪伯氏駢邑三百」，註云「伯氏，齊大夫」，是齊爲大國，下大夫亦三百家也。

嚴陵方氏曰：載柩有車，車有副焉。而載柩者爲正大夫，殺禮於諸侯，故以茅，取其色白，宜於凶禮，且以表哀素之心焉。楚軍前茅，亦以兵凶器也。

孔子曰：「管仲鏤簋而朱紘，旅樹而反坫，山節而藻棁，賢大夫也，而難爲上也。晏平仲祀其先人，豚肩不揜豆，賢大夫也，而難爲下也。❶君子上不僭上，下不偪下。」

鄭氏曰：難爲上也，言其僭天子、諸侯。鏤簋，刻爲蟲獸也。冠有笄者爲紘，紘在纓處兩端，上屬下不結。旅樹，門屏也。反坫，反爵之坫也。山節，薄櫨刻之爲山。棁，侏儒柱畫之爲藻文。難爲下，言其偪士、庶人也。豚，俎實。豆徑尺。言并豚兩肩不能覆豆，喻小也。

孔氏曰：此一節明奢儉失禮之事。《祭義》云「天子冕而朱紘」。山節而藻棁，天子之廟飾。《論語》云「邦君樹塞門」、「邦君爲兩君之好，有反坫」，此天子、諸侯之制，而管仲爲之。當時謂管仲是大夫之賢者，尚爲此僭上之事，是難可爲上者。他人在管仲之上者，皆被僭之也。旅樹、山節，已具《禮器》及《特牲》疏。依禮，豚在於俎，以豆形既小，尚不揜豆，明豚小之甚，不謂豚在豆也。平仲賢大夫，猶尚偪下，是在平仲之下者，恒被平仲而

❶「下」字，原重，今據通志堂本、四庫本及《禮記》删其一。

偪也。

馬氏曰：管仲以其君霸，晏子以其君顯，相齊之業可謂賢矣。然有功而不必有德，有才而不必有禮，故能九合諸侯而不能治一身，能一言省刑而不能善一祭，此敬仲君子以爲濫，平仲君子以爲隘也。故言其功與才，則孔子稱其勳勞，而荀子第其優劣；言其德禮，則曾西所不爲，而孟子所不與也。以是知非有德不可以知禮，非有禮不足以成德。德禮既備，豈有失哉？

婦人非三年之喪，不踰封而弔。如三年之喪，則君夫人歸。夫人其歸也，以諸侯之弔禮；其待之也若待諸侯然。夫人至，入自闈門，升自側階，君在阼。其他如奔喪禮然。嫂不撫叔，叔不撫嫂。

鄭氏曰：踰封，越竟也。君夫人歸，奔父母喪也。「其歸也，以諸侯弔禮，其待之若待諸侯」，謂夫人行道車服，主國致禮。「入自闈門，升自側階」，不自同於賓客也。宮中之門曰闈門，爲相通者也。側階，亦旁階。其他，謂哭、踊、髽、麻。「嫂不撫叔，叔不撫嫂」，遠別也。

孔氏曰：此一節明諸侯夫人奔父母喪節。如，若也。若父母三年之喪，則雖君之夫人歸往奔喪也。非三年喪，則不歸。女子出適，爲父母期。云「三年」者，以本親言也。案《喪大記》，夫人弔於大夫、士，入自大門，升自正階。今此不然，以女子不同於女賓之疏也。主國之君在阼階待之，不降階而迎。言其他如奔喪禮，嫌夫人位尊，與卿大夫妻奔喪禮異，故明之。

嚴陵方氏曰：男不入，女不出，則婦人其

可以踰封乎？唯弔三年之喪，然後踰封，而弔哀有所重故也。《檀弓》言「五十無車者，不越疆而弔人」者，所以優老也。此之所言，特以防微而已。闈門，宮中旁出之門也。撫，謂撫存之也。與不通問同義。

李氏曰：《穀梁傳》曰「婦人既嫁不踰竟，踰竟，非正」，故曰：「婦人非三年之喪不踰封而弔。」《春秋》書曰：「郯伯姬來歸。」傳曰：「大歸也。大歸而猶曰郯，夫人之也。」故曰「若待諸侯然」。非三年之喪，則雖衛之亡，而許穆夫人不得歸唁者，大夫守之以義故也。

君子有三患：未之聞，患弗得聞也。既聞之，患弗得學也。既學之，患弗能行也。君子有五恥：居其位，無其言，君子恥之。有其言，無其行，君子恥之。既得之，而又失之，君子恥之。地有餘而民不足，君子恥之。衆寡均而倍焉，君子恥之。

鄭氏曰：恥民不足者，古者居民，量地以制邑，度地以居民，地邑民居，必參相得也。衆寡均，謂俱有役事，人數等也。倍焉，彼功倍己也。

孔氏曰：此一節明在位君子有三患五恥之事。人須多識，若未聞知，患不得聞也。地邑民居，必參相得。今之撫養，使民逃散，是地有餘而民不足。役民衆寡，彼己均等，他人功績倍多於己，由不能勸課督率，故君子皆恥之。

嚴陵方氏曰：弗聞，則由知。❶弗學，則無由能。弗行，則無由至。道始於聞而知，中於學而能，卒於行而至。雖然，聞

❶「則」字下，通志堂本、四庫本有「無」字，是。

之矣而不能學，則與無聞同；學之矣而不能行，則與不學同。故君子每以是爲患焉。昔舜居深山，聞一善言，則若決江河，沛然莫之能禦，此其至也。子路有聞，未之能行，唯恐有聞，又其次也。若冉求對孔子以「非不説子之道，力不足也」，豈知所謂聞而能學乎？齊王欲孟子「姑舍爾所學而從我」，豈知所謂學而能行乎？君子居其位，將以行道，道非言無自而行。居其位而無其言，是備位耳。《孟子》曰：「立乎人之本朝，而道不行，恥也。」其謂是歟？言之者衆而行之者寡，言之爲易而行之爲難，有其言而無其行，是空言耳。孔子曰：「古者言之不出，恥躬之不逮也。」又曰：「君子恥其言而過其行。」其謂是歟？君子進以禮，位固不可以苟得；退以義，則位又不可以苟失。既得之，而又失之，則非義而退矣。孔子曰：「邦有道，貧且賤焉，恥也。」其謂是歟？政不足以聚人，則民不繁。民不繁，則有曠土矣。故地有餘而民不足。《曲禮》曰：「地廣大荒而不治，此亦士之辱也。」其謂是歟？術不足以使人則事不逮，事不逮則有廢功，故衆寡均而倍焉。《孟子》曰：「地醜德齊，莫能相尚。」其謂是歟？所謂衆寡均而倍者，彼力均於此，而我功少於彼也。雖然，孔子嘗謂：「鄙夫事君，其未得之，患不得之，既得之，患失之。」此乃言「既得之，又失之」，蓋鄙夫之心在乎固其位，君子之心在乎稱其位。勢不足以固其位而失之者，鄙夫所患也。德不足以稱其位而失之者，君子所恥也。此所以爲異。三患之所言者道，故曰患；五恥之所言者事，故曰恥。此所以言三患於前，而後言五恥。唯其知所患，故能終至於無患。唯其知所恥，故能終至於無恥。

廬陵胡氏曰：楚許伯、樂伯、攝叔致師，能行其所聞而復者，能力行也。故聞也、學也患弗得，不患弗能。唯行也患弗能也。能，猶力也。衆寡均而倍焉，若「鄭國之民不加少，寡人之民不加多也」。

孔子曰：「凶年則乘駑馬，祀以下牲。」

鄭氏曰：自貶損，亦取易供也。駑馬，六種最下者。下牲，少牢，若特豕、特豚也。

孔氏曰：此一節明凶荒，君自貶損也。《校人》馬有六種，種馬、戎馬、齊馬、道馬、田馬，此五路所乘。駑馬，負重載遠所乘。凶年，人君自貶乘駑馬也。天子、諸侯常祭大牢。凶荒，則用少牢。諸侯之卿大夫常祭用少牢，降用特豕。士常祭用特豕，降用特豚。如此之屬，皆爲下牲。

嚴陵方氏曰：馬不良謂之駑馬，❶牲非純全謂之下。

山陰陸氏曰：下牲，蓋猶用其本牲之下者也。故祭凶年不儉。

恤由之喪，哀公使孺悲之孔子學士喪禮。❷《士喪禮》於是乎書。❸

鄭氏曰：時人轉而僭上，士之喪禮已廢矣。孔子以教孺悲，國人乃復書而存之。

嚴陵方氏曰：喪禮將亡，聖人不可以不書。必待孺悲學之，然後孔子書之者，以明禮之不廢，亦有所因也。

❶ 下「馬」字，通志堂本、四庫本無，當是。
❷ 「使」字，原脱，今據通志堂本、四庫本及《禮記》補。
❸ 「士喪禮」，原不重，今據通志堂本、四庫本及《禮記》補。

山陰陸氏曰：《儀禮·士喪》是歟？子貢觀於蜡。孔子曰：「賜也，樂乎？」對曰：「一國之人皆若狂，賜未知其樂也。」子曰：「百日之蜡，一日之澤，非爾所知也。張而不弛，文武弗能也。弛而不張，文武弗爲也。一張一弛，文武之道也。」

鄭氏曰：蜡也者，索也。歲十二月，合聚萬物而索饗之祭也。國索鬼神而祭祀，則《黨正》以禮屬民，而飲酒于序，以正齒位。於是時，民無不醉者如狂矣。曰「未知其樂」，怪之也。蜡之祭，主先嗇。大飲烝，勞農以休息之。言民皆勤稼穡，有百日之勞，喻久也。今一日使之飲酒燕樂，是君之恩澤，非女所知，言其義大也。張、弛，以弓弩喻人也。弓弩久張之，則絶其力；久弛之，則失其體。

孔氏曰：此一節明蜡月鄉飲酒之樂。蜡，謂王者於亥月報萬物，休老息農。又各燕會飲酒於黨學中，故子貢往觀之。民勤稼穡其實一年，而云百日，舉其成數以喻也。❶張，謂張弦；弛，謂落弦。張而不弛，則絶其弓力，喻民久勞不息，亦損民力。弛而不張，則失弓往來之體，喻民久休息，則志驕逸。若調之以道，化之以理，張弛以時，勞逸以意，則文武得其中道也。

藍田吕氏曰：蜡，索祭也。歲十二月，歲將終矣，百物成矣。凡物之神，苟有功于人，無不舉而祭之。故司嗇也，百種也，農也，郵表畷也，貓也，虎也，坊也，水也，謂之八蜡。祭之道至于蜡，則報之禮備

❶「喻」字下，通志堂本、四庫本有「久」字，《禮記正義》有「其久」二字。

矣。故曰「仁之至，義之盡也」。自秋成至于十二月有百日，在百日中索是鬼神以脩蜡禮，故曰「百日之蜡」。至于十二月乃祭，祭而遂息田夫，故曰「一日之澤」。一方不成，則蜡不行於其方，謹愛民財而不可費也。順成之方，蜡祭乃行，必使不成之方移民而就粟也。

嚴陵方氏曰：蜡者，既勞之而報之也。澤者，欲息之而加之惠也。勞之，其來也久，故言百日之蜡。息之，其及也均，故言一日之澤。方其勞之之初，猶弓之張而有爲也。及其息之之後，猶弓之弛而非作也。張之以武，所以告始。弛之以文，所以成終。百日之蜡始於春，一日之澤終於冬，亦是意也。

馬氏曰：王者奉天牧民以施政，春夏使之耕作，秋冬使之收成，欲其富也，能勿勞乎？致其勞也，能勿息乎？既蜡而收民息己，則飲之酒，使其相樂是也。子貢觀蜡，但見其狂，是上不知觀天道，下不能酌民情，故孔子告之以「百日之蜡，一日之澤」，而又言「張而不弛，文武不能；弛而不張，文武不爲」。蓋推蜡之澤以治民，推民之意以承天，則不爲久張以著其仁，不爲久弛以著其義。自非聖人，安能明此？

山陰陸氏曰：弛而不張，聖人有所不爲；張而不弛，聖人有所不能。

孟獻子曰：「正月日至，可以有事於上帝。七月日至，可以有事於祖。」七月而禘，獻子爲之也。

鄭氏曰：記魯失禮所由也。孟獻子，魯大夫仲孫蔑也。魯以周公之故，得以正月日至之後郊天，亦以始祖后稷配之。

獻子欲尊其祖，以郊天之月對月禘之，非也。魯之宗廟，猶以夏時之孟月爾。《明堂位》曰：「季夏六月，以禘禮祀周公於太廟。」

孔氏曰：此一節明魯郊禘之事。獻子，仲孫蔑謚也。❶ 正月，周正月，建子之也。❷ 日至，冬至日也。有事，謂南郊祭所出之帝靈威仰也。周以十一月爲正，其月日至。「若天子則圜丘，魯以周公之故得郊天，所以於此月郊所出之帝」，此言是也。七月，周七月，建午之月也。日至，夏至日也。有事，謂禘祭於祖廟。此言非也。魯之祭祀猶用夏法，禘於孟月。孟月於夏家是四月，於周爲六月。獻子以二至相當，以天對祖，乖失禮意。獻子爲之，記其失所由也。案《春秋》宣九年獻子始見經，案僖八年於時未有獻子，而「七月禘」者，鄭云「以僖公八年正月，公會王人于洮。六月應禘，以在會未還，故至七月乃禘。❸ 理不合譏，爲致夫人，故書之」。獻子既七月而禘，《春秋》不書於經以示譏者，魯時暫行之。又此不云「自獻子始」，是不恒行也。

山陰陸氏曰：此言冬日至可以有事於上帝，夏日至可以有事於祖。七月而禘，僖公蓋嘗用此，「秋七月，禘于太廟」是也。

夫人之不命於天子，自魯昭公始也。

鄭氏曰：亦記魯失禮所由也。周之制，同姓百世婚姻不通。吴，大伯之後，魯同

❶「謚」下，原衍「正」字，今據通志堂本、四庫本删。

❷「之」字下，通志堂本、四庫本及《禮記正義》有「月」字，是。

❸「七」，原作「十」，今據通志堂本、四庫本及《禮記正義》改。

姓，昭公取於吴，謂之吴孟子，不告於天子。自此後取者，遂不告於天子，天子亦不命之。

孔氏曰：諸侯夫人亦天子所命，或是王后無畿外之事，故天子命畿外諸侯夫人，此文是也。若畿内諸侯及卿大夫之妻，則《玉藻》註云「天子、諸侯命其臣，后夫人亦命其妻」是也。

外宗爲君、夫人，猶内宗也。

鄭氏曰：皆謂嫁於國中者，爲君服斬，夫人齊衰，不敢以其親服服至尊也。外宗，謂姑姊妹之女、舅之女、從母皆是也。内宗，五屬之女也。其無服而嫁於諸臣者，從爲夫之君；嫁於庶人，從爲國君。

孔氏曰：君内宗爲君悉服斬衰，爲夫人齊衰，則君外宗之女爲君及夫人與内宗同，故云「猶内宗也」。案禮，族人不敢以其戚戚君，則異族者亦不可以戚戚君，故不以其親服服至尊也。鄭知嫁於國中者，以經云「爲君、夫人」，是國人所稱號故也。國外當云諸侯。古者大夫不外取，故君之姑姊妹嫁於國内大夫爲妻，是其正也。舅之女及從母在國中，非正也。諸侯不内取，舅女及從母不得在國中。❶諸侯雖曰外取，舅及從母元在他國，而舅之女及從母不得來嫁於己國卿大夫爲妻，以卿大夫不外取也。内宗、外宗嫁在他國，皆爲本國諸侯服斬。或云在他國則不得也。此外宗與《喪服》外宗爲君别也。故鄭註彼云「外宗是君之外親之婦」，此外宗惟據君之宗。

廄焚，孔子拜鄉人爲火來者。拜之，士壹，

❶「非正」至「國中」十八字，原脱，今據通志堂本、四庫本補。

大夫再，亦相弔之道也。

鄭氏曰：言拜之者，爲其來弔己。《宗伯》職曰：「以弔禮哀禍災。」

孔氏曰：廄焚，孔子馬廄爲火焚。孔子拜鄉人來慰問者，雖非大禍災，亦是相哀弔之道也。

山陰陸氏曰：廄焚，雖不問馬，然猶爲爲火來者拜也。録之以著聖人言動之間，無所不爲法。

孔子曰：「管仲遇盜，取二人焉，上以爲公臣，曰：『其所與遊，辟也，可人也。』管仲死，桓公使爲之服。宦於大夫者之爲之服也，自管仲始也，有君命焉爾也。」

鄭氏曰：可人也，言此人可也，但居惡人之中，使之犯法。宦，猶仕也。此仕於大夫，更升於公，與違大夫之諸侯同爾，禮不反服。

孔氏曰：❶此一節明大夫之臣雖仕於公，反服大夫之服。孔子論説管仲之事，管仲於盜中簡取二人，薦上以爲桓公之臣。謂此盜人所與交遊，是邪辟之人，故爲盜，其人性行是堪可之人也。依禮，仕於大夫，升爲公臣，不合爲大夫著服。管仲死，桓公使此二人著服，自此升爲公臣者，皆服官於大夫之服。記失禮所由，又記桓公不忘賢者之舉也。

山陰陸氏曰：言其所以放辟爲盜，以其所遊也。故君子居必擇鄉，遊必就士，所以防邪僻而近中正也。爲其所爲主服，與違大夫之諸侯不同。蓋世衰道微，君不能教，始服其師，君不能舉，而所爲主者有服矣。

❶「氏」，原作「子」，今據四庫本改。

過而舉君之諱，則起。與君之諱同，則稱字。

鄭氏曰：舉，猶言也。起立者，失言而變自新。稱字，謂諸臣之名也。

孔氏曰：此明辟君之諱。過，謂過誤也。

内亂不與焉，外患弗辟也。

鄭氏曰：謂卿大夫也。同僚將爲亂，己力不能討，不與而已。至於鄰國爲寇，則當死之也。《春秋》魯公子友如陳葬原仲，《傳》曰：「君子辟内難，而不辟外難。」

孔氏曰：此經明卿大夫辟内亂之事。引《春秋》莊二十七年《公羊傳》文。案彼云：「大夫不書葬，此何以書？公子慶父、公子牙通乎夫人以脅公，子起而治之，❶則不得與干國政；坐而視之，則親親。」故請至于陳葬原仲。至莊三十二年，季子與國政，故逐慶父，酖叔牙也。此註力不能討，亦謂不與國政。若與國政，力能討而不討，則責之。宣二年晉史董狐書趙盾以弑君是也。

嚴陵方氏曰：門内之治恩揜義，内亂不與者，所以重恩也。門外之治義斷恩，外患不辟者，所以重義也。

《贊大行》曰：「圭，公九寸，侯、伯七寸，子、男五寸，博三寸，厚半寸，剡上左右各寸半，玉也。藻，三采六等。」

鄭氏曰：《贊大行》者，書説大行人之禮者名也。藻，薦玉者也。三采六等，以朱白蒼畫之再行也。子、男執璧，作此贊者，失之矣。

❶ 「子」字上，通志堂本、四庫本及《禮記正義》有「季」字，是。

孔氏曰：此名五等諸侯所執鼂玉之制。❶《周禮》有《大行人》篇，掌諸侯五等之禮。作記之前，有人説書贊明大行人之事，記者引之。剡，殺也。圭與璧殺上左右角各寸半也。五等諸侯圭璧雖異，而俱以玉爲之，故云玉也。藻，謂以韋衣板以藉玉者。三采朱、白、蒼也。六等，六行也。謂三色，每色爲二行，是三采六等。案《聘禮·記》云：「朝天子圭與繅，皆九寸。繅三采六等。」《典瑞》云「公、侯、伯皆三采三就」，謂一采爲一就。其實采别二就，三采則六等也。《典瑞》又云「子、男皆二采再就」，二采則四等。又云「瑑圭、璋、璧、琮，繅皆二采一就，以頫、聘」，此謂卿大夫二采共一就也。天子五采五就，則十等也。此經則公、侯、伯、子、男總云「博三寸，剡上左右各寸半」，此謂圭也。總包子、男，失之矣。

山陰陸氏曰：《聘禮·記》曰「所以朝天子，圭與藻皆九寸；問諸侯，朱緑藻八寸」，蓋上言所以朝之玉，下言以聘他國者也。藻八寸，則圭亦八寸可知，故曰「瑑圭、璋八寸，璧琮八寸，以頫、聘，子、男執璧以朝，以圭聘、頫」。今此言圭則子、男聘頫之玉也。鄭氏謂「子、男執璧，作此贊者，失之矣」，誤也。正言玉也，則所謂「博三寸，厚半寸，剡上左右各寸半」，主公言之，其餘以是爲差。上公用龍，四玉一石，雖曰玉可也，故曰「藻三采六等」。據子執穀璧，男執蒲璧，繅皆二采再就。

長樂陳氏曰：玉之藉以繅，而繅之長眂

❶「名」，四庫本及《禮記正義》作「明」，是。

玉。采以象德之文，就以象文之成。君子以貞剛之質存乎內，而以柔順藉之於外，又有文焉，然後可以行禮矣。玉五采五就，色不過五也。公、伯、侯皆三采三就，降殺以兩也。子、男二采而大夫聘玉亦二采者，禮窮則同也。「繅」，或作「藻」。冕繅織絲爲之，則圭繅亦然。鄭氏與杜預皆謂韋爲之，亡據也。《禮書》。

哀公問子羔曰：「子之食奚當？」對曰：「文公之下執事也。」

鄭氏曰：問其先人始仕食禄，以何君時。

嚴陵方氏曰：文公之下執事也，自此而下，宜更有辭，容簡脱之耳。

成廟則釁之，其禮：祝、宗人、宰夫、雍人皆爵弁、純衣。雍人拭羊，宗人祝之，宰夫北面于碑南，東上。雍人舉羊升屋自中，中屋南面刲羊，血流于前，乃降。門、夾室皆用雞，先門而後夾室。其衈皆於屋下。割雞，門當門，夾室中室。有司皆鄉室而立，門則有司當門北面。既事，宗人告事畢，乃皆退，反命于君曰：「釁某廟事畢。」反命于寢，君南鄉于門內，朝服。既反命，乃退。路寢成，則考之而不釁。釁屋者，交神明之道也。凡宗廟之器，其名者成，則釁之以豭豚。

鄭氏曰：廟新成，必釁之，尊而神之也。宗人先請於君曰：「請命以釁某廟。」君諾之，乃行。宰夫攝主，故居上。拭，靜也。自，由也。其衈，謂將刲割牲以釁，先滅耳旁毛薦之。耳，聽聲者，告神，欲其聽之，《周禮》有刉衈。有司，宰夫、祝、宗人也。告事畢，告宰夫也。君朝服者，不至廟也。路寢，生人所居。不釁者，不神之也。考之者，設盛食以落之爾。《檀弓》曰「晉獻文子成室，諸大夫發焉」是也。宗廟名器，謂尊彝之屬。

孔氏曰：此一節論釁廟及考路寢之事。宗廟初成，則羊取血以釁之。❶其禮謂釁廟之禮。爵弁，士服也。純衣，謂絲衣，則玄衣纁裳也。雍人是厨宰之官。拭靜其羊，於廟門外。案《大戴禮·釁廟篇》云：「成廟則釁以羊。君玄服立於寢門內，南鄉，祝、宗人、宰夫、雍人皆玄服。宗人曰：『請命以釁某廟。』君曰：『諾。』遂入。雍人拭羊，乃行入廟門，碑南，北面，雍人舉羊升屋自中，中屋南面，刲羊，血流于前，乃降。」此皆《大戴禮》文。初受命寢門內，君與祝、宗人、宰夫、雍人等皆著玄服，謂朝服緇衣、素裳等，其祝、宗人等入廟之時，則爵弁純衣也，雍人抗舉其羊，由屋東西之中，謂兩階之間而升也。當屋棟上之中，南面刲割其羊，使血流于前也。門，廟門。夾室，東西廂。不用羊，各一雞，凡三雞，故云「皆用雞」。如上用羊，升屋割之也。未刲羊、雞之時，先滅耳旁毛以薦神，廟則在廟之屋下，門與夾室則在門、夾室之屋下，故云「其衈皆於屋下」。衈訖，然後升屋而釁門與夾室，亦當門屋上及室上之中。❷釁既畢，反報君命。於路寢考之，謂與賓客燕會，以酒食澆落之，即歡樂之意也。器之作，名者成，則殺豭豚血塗之；細者成，則不釁。鄭註《周禮》云：「毛牲曰刉，羽牲曰衈。」此經有羊有雞，無刉文，

❶「則」字下，通志堂本、四庫本及《禮記正義》有「殺」字，是。

❷上「上」字，四庫本作「下」。

總以衈包之。《周禮》對文耳。皇氏曰：舉羊，謂掛羊於屋。自中，謂在屋之中。屋，謂羊在屋棟之下，縣之上下處。❶長樂陳氏曰：釁者，塗釁以血，交神明之道也。廟成則釁，室成不釁，以室不可以神之也。宗廟之器，其名者釁，❷非名者不足以神之也。然則《周官》羊人釁共羊牲，將以釁廟也；雞人釁共雞牲，將以釁門及夾室也；犬人幾珥用駹。《禮記》言「宗廟之器，釁之以豭豚」，則釁牲不特雞、羊而已。賈公彦曰「或羊或犬，俱得爲釁」是也。古之用釁者多矣。若天府釁寶鎮及寶器，小子釁邦器及軍器，龜人釁龜，圉人釁廐，以至社稷五祀，與夫師行之主、藏約之户，或釁於始成，或釁於將用，其禮豈一端哉？然釁，有司行事而君不親，犬羊爲牲而牛馬不預，爵弁而不冕，牲駹而不純，則釁之爲禮也小矣。後世有以牛釁鍾，而甚者有叩人鼻以珥社，❸此先王之所弃也。嚴陵方氏曰：考，即「宣王考室」之「考」。且考有燕，必用酒者，陽之盛也。寢者，人之所居，故以陽之盛者考之。釁有祭，祭止用血。血者，陰之至也，廟者，神之所居，故以陰之至者釁之，亦各從其類也。衈者，割其耳而薦其毛也。凡器莫不有名。先儒言名器謂尊彝之屬者，以其名之尤著故也。若名山謂之名，亦以是而已。

❶「處」字下，通志堂本、四庫本及《禮記正義》有「中」字，是。
❷「名」字，原脱，今據通志堂本、四庫本及《禮書》卷九十三補。
❸「珥」，通志堂本、四庫本及《禮書》卷九十三作「衈」，是。

橫渠張氏曰：釁名器以豭豚，而齊宣王釁鍾以牛。戰國時無復常制，不然，又何以欲以羊易之？

諸侯出夫人，夫人比至于其國，以夫人之禮行。至，以夫人入。使者將命，曰：「寡君不敏，不能從而事社稷宗廟，使使臣某敢告於執事。」主人對曰：「寡君固前辭不教矣。寡君敢不敬須以俟命！」有司官陳器皿，主人有司亦官受之。

鄭氏曰：行道以夫人之禮者，弃妻致命其家，乃義絶，不用此爲始也。前辭不教，謂納采時。此辭賓在門外，擯者傳焉。賓入致命如初，主人卒辭曰：「敢不聽命！」器皿，其本所賫物也。律「弃妻畀所賫」。

孔氏曰：自此至「稱之」一節，論諸侯出夫人，及卿大夫以下出妻之事。夫人有罪，諸侯出之，令歸本國。禮尚謙退，不能指斥夫人之罪。故使者將命，云「寡君才知不敏，不能隨從夫人共事社稷宗廟，使使臣某告在下之執事」。須，待也。俟，亦待也。敬須，待君命也。使人得主人荅命，使有司之官陳夫人嫁時所賫器皿之屬，以還主國。主國亦使有司領受之，並云「官」者，明付、受悉如法也。

妻出，夫使人致之曰：「某不敏，不能從而共粢盛，使某也敢告於侍者。」主人對曰：「某之子不肖，不敢辟誅，敢不敬須以俟命。」使者退，主人拜送之。如舅在則稱舅，舅没則稱兄，無兄則稱夫。主人之辭曰：「某之子不肖。」姑、姊妹，❶亦皆稱之。

鄭氏曰：肖，似也。不似，言不如人。

❶「姑」字上，通志堂本、四庫本及《禮記》有「如」字，是。

誅，猶罰也。稱舅、稱兄，言弃妻者父兄在則稱之，命當由尊者出也。唯國君不稱兄。姑、姊妹見弃，亦曰「某之姑，某之姊若妹不肖」。

孔氏曰：稱舅，謂妻被出，夫之父在，則稱父名使使來告也。稱兄，謂夫兄之名。不云舅没則稱母者，婦人之名不合外接於人也。若有死喪，則稱母弔。故《曾子問》云「母喪稱母」。夫身無兄，則稱夫名「使某來告」，則上文是也。夫之父兄遺人致命之辭未聞。

嚴陵方氏曰：夫婦之道，合則納之以禮，不合則出之以義。人倫之際，有所不免也。故先王亦存其辭焉。

孔子曰：「吾食於少施氏而飽，少施氏食我以禮。吾祭，作而辭曰：『疏食不足祭也。』吾飱，作而辭曰：『疏食也，不敢以傷吾子。』」

鄭氏曰：言貴其以禮待己，而爲之飽也。時人倨慢，若季氏則不以禮矣。少施氏，魯惠公子施父之後。

孔氏曰：此一節明少施氏以禮食孔子。吾祭，謂孔子祭也。作，起也。飱，謂强飯以答主人之意。

横渠張氏曰：後世不安於禮，相見唯務簡便，至如賓主相與爲禮，安然不動，復何相勸、相敬之意，但以酒食相與醉飽而已。古人非不知此簡便，必自進籩豆，凡席酌酒而拜，❶所以致其敬也。末世雖宗廟之饗，父母之養，禮意猶有所闕。然所謂如食宜飫，如酌孔取，但取飲食醉飽而已，殊非養老之意。老馬反爲駒，不顧其

❶「凡」，通志堂本、四庫本作「几」，是。

後。孔子食於少施氏而飽，必是少施氏有禮也。食於季氏，不食肉而飧。孔子雖欲行禮，施於季氏，必是不知，故不若辭食而已。凡禮必施之知者，若爲不知，禮亦難行。

嚴陵方氏曰：《孟子》曰：「呼而與之，行道之人不受。蹴而與之，乞人則不屑也。」孔子食於少施氏，苟非食之以禮，又安得爲之飽乎？觀其賓祭與飧，主人皆作而辭，則其有禮也可知矣。飧者，食後而更飧。傷，謂傷廉也。

山陰陸氏曰：《詩》所謂「既飽以德」者，此歟？

納幣一束，束五兩，兩五尋。婦見舅姑，兄弟、姑姊妹，皆立于堂下，西面，北上，是見已。見諸父，各就其寢。女雖未許嫁，年二十而笄，禮之，婦人執其禮。燕則鬈首。

鄭氏曰：納幣，謂昏禮納徵也。十个爲束，貴成數。兩兩者合其卷，是謂五兩。八尺曰尋，五兩五尋，則每卷二丈也，合之則四十尺。今謂之匹，猶匹偶之云與？婦來爲供養也。其見主於尊者，兄弟以下在位，是爲已見，不復特見也。諸父旁尊，各就其寢，亦爲見時不來也。女雖未許嫁，年二十亦爲成人矣。禮之，酌以成之。言婦人執其禮，明非許嫁之笄。既笄之後去之。鬈首，猶若女有鬌紒也。

孔氏曰：此一節論昏禮婦見舅姑，及女未許嫁、加笄分別之事。婦來明日，而見舅姑之時，兄弟、姑姊妹皆立于舅姑之堂下，東邊西鄉，以北爲上，近堂爲尊也。婦自南門而入，入則從於夫之兄弟、姑姊妹前度，以因是即爲相見，不復更別詣其室見之，故云「是已見」也。諸父，謂夫之伯叔。婦於明日各往其寢見之，不與其寢舅姑同日也。❶女子十五許嫁而笄，則主婦及女賓爲笄禮，主婦爲之著笄，女子賓以醴禮之。❷若未許嫁，至二十而笄，則婦人禮之。無主婦、女賓，不備儀也。既笄後，尋常燕居，則去其笄而鬈首，謂分髮爲鬌紒也。既未許嫁，猶爲少者處之。

嚴陵方氏曰：納幣，即《昏禮》所謂納徵。以物言，故曰幣。以義言，故曰徵。《周官·媒氏》：「凡嫁子娶妻，入幣，純帛無過五兩。」王氏謂：「天數五，地數五，位相得，而各有合。五兩，則以天地合數爲之節。」正謂是矣。

韠長三尺，下廣二尺，上廣一尺，會去上五寸。紕以爵韋六寸，❸不至下五寸。純以素，紃以五采。

鄭氏曰：會，謂領上縫也。領之所用，蓋與紕同。在旁曰紕，在下曰純。素，生帛也。紕六寸者，中執之，表裏各三寸也。純、紕所不至者五寸，與會去上同。紃，施諸縫中，若今時絛也。

孔氏曰：韠，韍也。長三尺，與紳齊也。上廣下狹，象天地數也。旁緣謂之紕，上緣謂之會。以其在下總會之處，故謂之爲會，謂韠之領縫也。此縫去韠上畔廣五寸，謂會上下廣五寸。紕謂會縫之下，韠以兩邊。❹紕以爵韋闕六寸，❺倒攝之，兩廂各三寸也。不至下五寸者，謂

❶「其寢」，通志堂本、四庫本及《禮記正義》無，是。
❷「子」字，通志堂本、四庫本及《禮記正義》無，是。
❸「紕」，原作「純」，今據《禮記》改。
❹「以」，《禮記正義》作「之」。
❺「闕」，《禮記正義》作「闊」。下文「闕五寸」之「闕」同。

紕、韠之兩邊，不至韠之下畔闕五寸。純以素者，謂紕所不至之處，橫純之以生帛。此帛上下亦闕五寸也。❶紃，絛也。五采之絛，施之諸縫之中也。會之所用無文，純紕既用爵韋，故鄭知與紕同也。純之上畔去韠之下畔五寸，會之下畔去韠之上畔五寸。以其俱五寸，故鄭云「與會去上同也」。

長樂陳氏曰：韠長三尺，所以象三才。頸五寸，所以象五行。下廣二尺，象地也。上廣一尺，象天也。會，猶《書》所謂「作會」也。❷紕，裨其上與旁也。純，緣其下也。去會與純合五寸，則其中餘二尺也。純六寸，❸則表裏各三寸。然韠自頸肩而下，則其身也。鄭氏以其身之五寸爲領，而會爲領縫，是肩在領上矣。衣之上韠猶尊上玄酒、俎上生魚也。古者喪服用韠，無所經見。《詩》曰「庶見素韠」，是祥祭有韠也。《禮書》。

禮記集說卷第一百四

❶「此」字上，原衍「之」字，今據通志堂本、四庫本及《禮記正義》刪。「闕」，通志堂本、四庫本及《禮記正義》作「闊」。

❷「謂」，原在「作」下，「所」下原衍「會」字，今據通志堂本、四庫本及《禮書》卷二十三刪乙。

❸「純」，通志堂本、四庫本及《禮書》卷二十三作「紕」，是。

# 禮記集説卷第一百五

## 喪大記第二十二

孔氏曰：案《鄭目録》云：「名曰《喪大記》者，記人君以下始死、小斂、大斂、殯葬之事，此於《别録》屬喪服。」

嚴陵方氏曰：《孟子》曰「養生者不足以當大事，唯送死可以當大事」，《周官》「以喪禮哀死亡」，則喪無非大事也。然禮有小大，此篇所記以大者爲主，故名曰《喪大記》。

疾病，外内皆埽。君、大夫徹縣，士去琴瑟。寢東首於北牖下，廢牀，徹褻衣，加新衣，體一人。男女改服。屬纊以俟絶氣。男子不死於婦人之手，婦人不死於男子之手。

鄭氏曰：疾困曰病。外内皆埽，爲賓客將來問病也。徹縣，去琴瑟，聲音動人，病者欲静也。凡樂器，天子宫縣，諸侯軒縣，大夫判縣，士特縣。去琴瑟者，不命之士。寢東首於北牖下，謂君來視之時也，病者恒居北牖下，或爲墉下。廢牀，廢，去也。人始生在地，去牀，庶其生氣反。徹褻衣，則所加者新朝服矣，互言之也。加朝服者，明其終於正也。體一人，體，手足也。四人持之，爲其不能自屈伸也。男女改服，爲賓客來問病，亦朝服也，庶人深衣。纊，今之新綿，易動摇，置口鼻之上，以爲候。「男子不死於婦人之手，婦人不死於男子之手」，君子重終，爲其相褻。

孔氏曰：此明君及大夫等疾困去樂之事，君，謂諸侯。此篇所記，皆據諸侯以下。案《論語·鄉黨》云：「疾，君視之，東首，加朝服。」經云「東首」，故鄭知君來視之時。東方生長，鄉生氣也。案《既夕禮》云：「養者皆齊。」《文王世子》云：「世子親齊玄而養，至病困改服。」故《檀弓》曰：「親始死，羔裘玄冠者，易之而已。」易羔裘玄冠，即朝服也。

嚴陵方氏曰：疾甚至於病，《檀弓》言「曾子寢疾，病」，《論語》言「子疾病」，皆謂是也。疾病，則賓客見問。故伯牛有疾而孔子問之，曾子有疾而孟敬子問之，皆禮然也。《曲禮》曰：「大夫無故不徹縣，士無故不徹琴瑟。」疾病，則所謂有故也，故皆徹而去之。北牖，與《郊特牲》言「北牖下」同義，欲君南面而視之故也。

馬氏曰：君子之於其生也欲内外之有别，於其死也欲始終之不褻，則男女之分明，而夫婦之化興。此男子不死於婦人之手，婦人不死於男子之手，所以必記於禮也。昔者「曾子寢疾，病，樂正子春坐於牀下，曾元、曾申坐於足，童子隅坐而執燭」。及其易簀，反席未安而没。故《論語》亦云「召門弟子曰『啓予足』，『啓予手』」，則曾子之死，唯弟子與子侍側而已。

李氏曰：東首所以歸魂于陽，北牖下所以反魄于陰，使之各歸其真宅而已。「男子不死于婦人之手，婦人不死于男子之手」，以齊終也。

金華應氏曰：掃庭及堂，正家之常道，今於此又皆掃者，肅外内以謹變，致潔敬以謹終也。樂縣琴瑟，自其疾即不作，則聲音固已久閎於耳矣。撤而去之，亦不欲接於目也。

君、夫人卒於路寢。大夫、世婦卒於適寢。内子未命，則死於下室，遷尸於寢。士之妻皆死於寢。

鄭氏曰：死者必皆于正處。寢、室通耳，其尊者所不燕焉。君謂之路寢，大夫謂之適寢，士或謂之適室。此變命婦言世婦者，明尊卑同也。世婦以君下寢之上爲適寢。内子，卿之妻也。下室，其燕處也。

孔氏曰：此一經明貴賤死寢室同。❶君，謂諸侯。諸侯三寢，一正者曰路寢，餘二曰小寢。故《春秋》成公薨於路寢，道也；僖公薨于小寢，譏即安，謂就夫人寢也。夫人亦有三寢，一正二小，亦卒正者也。適寢，猶今聽事處，其制異諸侯。大夫與妻皆死於適寢。大夫妻曰命婦，而云「世婦」，世婦是諸侯之次婦，諸侯世婦尊與命婦敵，故互言之見義。❷命婦死於正寢，則世婦死女君次寢之上也。卿之妻，未爲夫人所命，則死在下室，至小斂後遷尸，還正寢也。士之妻各死正室，夫妻皆然，故云「皆」也。鄭註「寢、室通」者，《士喪禮》云「死于適室」，此云「卒於適寢」，是寢、室通也。云「尊者所不燕」者，謂尊嚴之處，不就而燕息焉。

嚴陵方氏曰：路寢謂之路，猶路車之「路」，以大言之也。適寢謂之適，猶適子謂之「適」，以正言之也。言正則以別他下室及燕處也。寢即正寢也，士與其妻

❶「室」，《禮記正義》作「不」。
❷「之」，通志堂本、四庫本及《禮記正義》無，是。

皆死于寢，則以賤而無嫌故也。

山陰陸氏曰：諸侯子曰世子，大夫妻曰世婦。大夫不世爵禄，然克生其子，則世矣，其妻謂之世婦以此。内命婦曰世婦，蓋名生於大夫之妻。

復，有林麓則虞人設階，無林麓則狄人設階。小臣復，復者朝服。君以卷，夫人以屈狄，大夫以玄赬，世婦以襢衣，士以爵弁，士妻以税衣，皆升自東榮，中屋履危，北面三號。捲衣投于前，司服受之，降自西北榮。其爲賓，則公館復，私館不復。其在野，則升其乘車之左轂而復。

鄭氏曰：復，招魂復魄也。階，所乘以升屋者。虞人，主林麓之官也。狄人，樂吏之賤者。階，梯也，簨虡之類。小臣，君之近臣也。朝服而復，所以事君之衣也。用朝服而復之者，敬也。復用死者之祭服，以其求於神也。君以卷，謂上公也。夫人以屈狄，互言耳。上公以衮，則夫人用褘衣；而侯、伯以鷩，其夫人用褕狄；子、男以毳，其夫人乃用屈狄矣。赬，赤也。玄衣赤裳，所謂卿大夫自玄冕而下之服也。其世婦亦以襢衣。榮，屋翼。升東榮者，謂卿大夫、士也。天子、諸侯言東霤。危，棟上也。號，若云「臯某復」也。司服以篋待衣於堂前。私館，卿大夫之家也。不於之復，爲主人之惡。

孔氏曰：自此至「復而後行死事」，明招魂之禮。此一經明復時所用之衣及招魂升降之節。死者封内若有林麓，則虞人設階梯而升屋。官職卑小，不合有林麓，故狄人設階。簨虡，階梯之類也。小臣，君之親近，冀君魂來依之，大夫、士以下，亦用近臣也。「君以卷」，謂上公衮冕而下；夫人屈狄，謂子、男之夫人。男子舉上公，婦人舉子、男之妻。男子舉上以見下，婦人舉下以見上，是互言也。大夫招魂用玄冕、玄衣纁裳，故云「玄赬」也。世婦，大夫妻也。其上服唯襢衣，言世婦，亦見君之世婦服與大夫妻同也。士以爵弁，士助祭上服也。六冕則以衣名冠，諸侯爵弁，則以冠名衣。今言爵弁，但用其衣，不用其弁也。稅衣，六衣之下也。皆升自東榮者，復者升東翼而上也。天子、諸侯四注而爲屋，東西兩頭爲屋簷霤下，故言「東霤」。大夫以下南北二注，而爲直頭，頭即屋翼，自此升也。中屋履危者，當屋東西之中，履屋上高危之處而復也。北面，求陰之義，鬼神所嚮也。三號者，一號於上，冀神在天而來；一號於下，冀神在下而來；❶一號於中，冀神在天地之間而來也。三招既竟，捲斂所復之衣，從屋前投與司服之官。司服待衣於堂前者，前謂陽生之道。復是求生也，如《雜記》所言，則每衣三號。「降自西北榮」者，復者投衣畢，而往西北榮而下也。初復是求生，故自東榮而上。求既不得，不忍虚從所求不得之道還，故就幽陰而下，因取西北扉爲便也。故鄭註《士喪禮》云，降因徹西北扉，若云此室凶不可居也。

嚴陵方氏曰：設階必以虞人者，以階之材取諸林麓，❷而虞人則掌林麓之官故也。無林麓則無虞人，故以樂吏之賤者代之。《顧命》言「狄設黼扆綴衣」，而不

❶「下」，通志堂本、四庫本及《禮記正義》作「地」，是。
❷「材」字下，通志堂本、四庫本有「必」字。

必簨虡之類者以此。故斂則用大胥、衆胥，飾則用崇牙、璧翣，而棺槨之間以容柷爲度。

馬氏曰：始死者，人以不忍之心而望其重生；求生者，人以必還之理而欲其不死：故謂之「復」。自君至於士，自夫人至於士妻，各以其祭服之至盛者招之，庶乎神之衣是而來也。中屋履危，則求之上下之間；北面三號，則求諸幽陰之義。及乎不知神之所在而卒不復也，然後捲衣投于前而降焉。蓋死矣滅矣，不可以復生矣，則自小斂以至於葬，此所謂唯哭先復，復而後行死事也。然則死者不可以復生，萬物自然之理也。于死而必爲復，既死而卒不能復，聖人制此，豈虛禮歟？亦以謂禮義之經，非從天降也，非從地出也，人情而已矣。孝子之情苟可以生死而肉骨者，無不爲已。況於萬一有復生之道，何憚而不設此禮哉！

山陰陸氏曰：虞人所虞也，狄人所樂也，喪則憂戚，幸其生，故使虞人、狄人設階。《周官》夏采掌大喪以冕服復于大祖，亦是此意。大夫變「纁」言「赬」，則大夫以下纁裳以赬代歟？據一命緼韍幽衡，❶士妻以税衣，亦互言爾。玄赬，冕服也。大夫以玄赬，則世婦用鞠衣。士以爵弁，則其妻用襢衣。即服皮弁，其妻乃服税衣矣。君夫人應言東霤，今言皆升自東榮，主大夫以下。天子、諸侯爲殿屋四注，大夫以下雖亦四注，其上猶有翼。復衣不以衣尸，不以斂。婦人復，不以袡。

❶「衡」字下，通志堂本、四庫本有「再命赤韍幽衡」六字，是。

凡復，男子稱名，婦人稱字。唯哭先復，復而後行死事。

鄭氏曰：不以衣尸，謂不以襲也。復者，庶其生也。若以其衣襲斂，是用生施死，於義相反。《士喪禮》云：「以衣衣尸，浴而去之。」衻，嫁時上服，非事鬼神之衣也。婦人稱字，不以名行也。氣絶則哭，哭而復，復而不蘇，可以爲死事。

孔氏曰：絳襈衣下曰「衻」。自殷以上，貴賤復同呼名。周則天子稱天子，諸侯稱某甫且字矣。大夫、士稱名，婦人並稱字。氣絶而孝子即哭，哭訖乃復，故云「唯哭先復」。復而不生，故行死事，謂正尸於牀及浴襲之屬也。

長樂陳氏曰：「不以衣尸，不以斂」，此兩句共一説耳，於文爲駢。然則本但云復衣以衣尸，不以斂也。以衣尸者，即《士喪禮》「以衣衣尸」者也。不以斂者，即《士喪禮》「浴而去之」者也。

嚴陵方氏曰：税與衻皆謂之緣衣，或以復，或不以復者，蓋祭之緣衣則謂之税，嫁之緣衣則謂之衻，此其所以異服。各以死者之祭服，以其求於神故也。

山陰陸氏曰：復，世婦以襢衣，❶士妻以税衣。襢衣有衻，税衣亦有衻。復升而復衻下垂，故「不以」。

始卒，主人啼，兄弟哭，婦人哭踊。

鄭氏曰：悲哀有深淺也。若嬰兒中路失母，能勿啼乎？

孔氏曰：主人，孝子男子女子也。哀痛嗚咽，不能哭，故啼也。有聲曰哭。兄弟情比主人爲輕也。婦人，衆婦也。宗婦

❶「襢」，原作「禮」，今據四庫本改。

亦啼。婦人雀踊，而此云踊者，通自上諸條並踊也。

山陰陸氏曰：主人啼而不哭，兄弟哭而不踊，婦人哭踊，殺於上矣。蓋踊所以動體安心下氣也。

既正尸，子坐于東方，卿大夫、父、兄、子姓立于東方，有司、庶士哭于堂下，北面。夫人坐于西方，内命婦、姑、姊妹、子姓立于西方，外命婦率外宗哭于堂上，北面。

鄭氏曰：正尸者，謂遷尸牖下南首也。子姓，謂衆子孫也。姓之言生也。其男子立於主人後，女子立於夫人後。世婦爲内命婦，卿大夫之妻爲外命婦。外宗，姑、姊妹之女。

孔氏曰：此經明人君初喪，子及夫人以下哭位也。案《既夕禮》云「設牀笫當牖下」，❶《士喪禮》「將含，商祝入，當牖北面」，故正知正尸牖下南首也。子，謂世子。世子尊，故坐于東方。《士喪禮》「主人坐於牀東」是也。卿大夫、父、兄、子姓立于東方，以《士喪禮》言之，❷「衆主人在其後」。又云「親者在室」，謂大功以上當在室内東方。但諸侯以上位尊，故《顧命》康王之「入翼室，恤宅宗」，不宜與卿大夫、父、兄、子姓俱在室内也。卿大夫等或當在户外之東方，遥繼主人之後也。有司、庶士卑，故在堂下北面。案《士喪禮》云少功以下，❸「衆兄弟堂下北面」，此經直云有司、庶在堂下，則諸父、兄、子姓等雖小功以下，皆在堂上西面也。夫人

❶「下」字，通志堂本、四庫本及《禮記正義》無。
❷「主人坐」至「士喪禮」二十三字，原脱，今據通志堂本、四庫本補。
❸「少」，四庫本及《禮記正義》作「小」，是。

坐于西方者，亦近尸。故《士喪禮》云「婦人俠牀東面」，❶但士禮略，人君當以帷彰之。❷内命婦，則子婦也。姑、姊妹，謂君姑、姊妹也。子姓，君女孫。皆立于西方也。外命婦、外宗疏於内命婦，故在户外。婦人無堂上位，故皆堂下北面。舅之女及從母之女，外宗中兼之也。

山陰陸氏曰：卿大夫序于父、兄、子姓之上，國事先君臣也。諸侯爲卿大夫服而不服父、兄、子姓以此。序内命婦在上，豈諸侯爲内命婦服視卿大夫服歟？

金華應氏曰：男東女西，陰陽之大分也。喪遽哀迫，人雜事叢，先謹男女之辨，而各以類從，則紛糾雜亂者有倫矣。主東賓西，内外之大統也。男主居東之上，而内之家長雖若母，亦在西，則示一國一家之有主，而内外族姓之尊卑咸有所統攝矣。

大夫之喪，主人坐于東方，主婦坐于西方，其有命夫命婦則坐，無則皆立。士之喪，主人、父、兄、子姓皆坐于東方。主婦、姑、姊妹、子姓皆坐于西方。凡哭尸于室者，主人二手承衾而哭。

鄭氏曰：命夫命婦來哭者，同宗父、兄、子姓，姑、姊妹、子姓也。凡此哭者，尊者坐，卑者立。士賤，同宗尊卑皆坐。承衾哭者，哀慕若欲攀援。

孔氏曰：此經明大夫、士初有喪哭位之禮。大夫之喪，哭位之中有命夫、命婦，雖有卑於死者，以其位尊，故坐哭。若其無命夫、命婦，雖尊於死者，亦皆立哭。

❶「面」，原作「西」，今據《禮記正義》改。
❷「彰」，通志堂本、四庫本及《禮記正義》作「鄣」，是。

此是爲喪來哭者。若有弔者，當立哭，不得坐也。不顯父、兄、子姓及姑、姊妹哭位者，約上文君喪及下文士喪略可知也。君與大夫位尊，故坐者殊其貴賤。士既位下，故坐者等其尊卑，無所異也。皇氏曰：尊者坐，卑者立，謂爵位尊者則坐，故上文君喪，子及夫人坐，大夫之喪，主人、主婦、命夫、婦皆坐是也。君之喪，卿大夫皆立。卿大夫之喪，非命夫、命婦者皆立是也。此尊卑，非謂對死者爲尊卑也。成服之後，尊於死者則坐，卑於死者則立也。

君之喪，未小斂，爲寄公、國賓出。大夫之喪，未小斂，爲君命出。士之喪，於大夫，不當斂則出。

鄭氏曰：父母始死，悲哀，非所尊不出也。出者，或至庭或至門。國賓，聘大夫。不當斂，其來非斂時。

孔氏曰：此一節明君、大夫、士未小斂之前，主人出迎賓之節。鄭註「或至庭」者，謂世子迎寄公及國賓，下文「士出迎大夫」是也。或至門者，謂下文「大夫於君命」是也。以此言之，則世子於天子之命，士於君命，亦皆然也。士之喪，大夫來弔，其主人於大夫來弔，不當小斂之時，則出迎大夫。案《檀弓》云「大夫弔，當事而至，則辭焉」，註云：「辭，猶告也。擯者以主人有事告也。主人無事，則爲大夫出。」但云「斂」，不云「襲」者，未襲之前，唯爲君命出，其餘則不出，故《士喪禮》未襲之前，「君使人弔，主人迎于寢門外」是也。君使退，主人哭拜，送于外門外。於時賓有大夫，則拜之，非特出迎賓也。《雜記》云「士喪當袒，大夫至，絕踊而拜之」，亦謂斂後，正斂時不出也。

凡主人之出也，徒跣，扱衽，拊心，降自西階。君拜寄公、國賓于位。大夫於君命，迎於寢門外。使者升堂致命，主人拜於下。士於大夫親弔，則與之哭，不逆於門外。

鄭氏曰：拜寄公、國賓於位者，於庭鄉其位而拜之。此時寄公位在門西，國賓位在門東，皆北面。小斂之後，寄公東面，國賓門西，北面。士於大夫親弔，謂大夫身來弔士也。與之哭，既拜之，即位西階東面哭。大夫特來，則北面。

孔氏曰：前經明出迎賓遠近，此經更辨拜迎委曲之儀。降自西階，不忍當主位也。寄公，謂失位之君。國賓，謂鄰國大夫來聘者。鄭知寄公在門西者，寄公有賓義也。知國賓在門東者，或本是吉，使行私弔之禮，故從主人之位。皆北面者，凡賓弔，北面是其正。故《檀弓》云「曾子北面而弔焉」。尸在堂上，故鄉之也。寄公小斂後，稍依吉禮，就賓位，東面鄉主人也。國賓亦以小斂後漸吉，就賓位，但爵是卿大夫，猶北面也。主人鄉其位拜訖，即位於西階下，東面哭之。士之喪，大夫親來弔，立於西階下，東面。主人則降自西階下南面拜之。拜訖，即位西階下，與大夫俱哭，不迎大夫於門外。此謂大夫、士俱來，若大夫獨來，不與士相隨，則北面。故鄭註大夫特來北面也。

山陰陸氏曰：迎，逢也。凡言先之也，若逆彼來而後往焉。大夫於君命言迎，士於大夫言逆，以此。

夫人爲寄公夫人出，命婦爲夫人之命出，士妻不當斂則爲命婦出。

鄭氏曰：出，拜之於堂上也。此時寄公

夫人、命婦位在堂上，北面。小斂之後，尸西，東面。

孔氏曰：前經明男子迎賓，此經明婦人迎賓也。出，謂出房也。婦人不下堂，但出房而拜於堂上也。婦人尊卑與夫同，故所爲出者亦同也。前文云「君之喪，外命婦率外宗哭于堂上，北面」，故鄭知此時在堂上北面也。小斂之後，遷尸于堂，故知從婦人之位「在尸西，東面」也。

小斂，主人即位于户内，主户東面，乃斂。卒斂，主人馮之踊，主婦亦如之。主人袒，説髦，括髮以麻。婦人髽，帶麻于房中。

鄭氏曰：士既殯，説髦，此云小斂，蓋諸侯禮也。士之既殯，諸侯之小斂，於死者俱三日也。婦人之髽，帶麻於房中，則西房也。天子、諸侯有左右房。

孔氏曰：自此至「拾踊」一節，明人君、大夫、士等小斂之節，及拜迎於賓及奠祭弔者之儀。初時尸在牖下，主人在尸東。今小斂當户内，故主在户内，❶稍東，西面。斂訖，主人馮尸而踊，主婦馮尸竟，亦踊。主人袒者，鄉小斂不袒，今方有事，故袒衣也。説髦者，髦幼時翦髮爲之，至年長則垂著兩邊。明人子事親，恒有孺子之義也。若父死，説左髦，母死，説右髦，二親並死，則並説之，親没不髦是也。今小斂竟，喪事已成，故説之也。括髮以麻者，以，用也。人君小斂説髦竟，而括髮用麻。士既小斂亦括髮，但未説髦耳。❷婦人髽亦用麻也。帶麻，麻帶也，謂婦人要絰也。男子説髦、括髮在東

❶「主」字下，通志堂本、四庫本及《禮記正義》有「人」字。
❷「説」，原作「見」，今據四庫本及《禮記正義》改。

房，婦人髽亦用麻也，❶帶麻于西房，與男子異處。鄭註「於死者俱三日」者，謂數往日也。

藍田吕氏曰：婦人不俟男子襲絰亦先帶麻者，以其無絞帶、布帶，且質略少變，故因髽而襲絰也。

長樂黄氏曰：小斂所用之日，以喪禮義考之，但有死三日而斂，若併死日而數二日而小斂，三日而大斂。今言三日而斂，則恐指大斂而不及小斂。唯《白虎通義》云：「天子、諸侯三日小斂，大夫、士二日小斂。」此乃小斂日數，雖引以爲在禮有之，然無所考。天子、諸侯殯葬月日與士不同，則斂日亦當不同。　又曰：案《士喪禮》：「小斂馮尸，主人括髮袒，衆主人免于房，婦人髽于室。」又《士喪禮》曰：「既馮尸，主人絞帶，衆主人布帶。」《喪大記》曰：「婦人髽帶麻于房中。」以此觀之，則知小斂馮尸之後，括髮免髽之時，主人已絞帶，衆主人已布帶，婦人已帶麻，特主人未襲絰爾。　又曰：《喪服》斬衰章疏云：「婦人亦有絞帶、布帶，以備喪禮。」吕氏云無絞帶、布帶，當考。

徹帷，男女奉尸，夷于堂，降拜。

鄭氏曰：夷之言尸也，於遷尸，主人、主婦以下從而奉之，孝敬之心也。

孔氏曰：此經明士之喪，小斂訖，徹帷夷尸之節。初死，恐人惡之，故有帷。小斂衣尸畢，有飾，故除帷也。諸侯及大夫賓出乃徹帷，見下文。夷，陳也。小斂竟，相者舉尸，將出户，陳于堂，孝子男女親屬扶捧之至堂也。降，下也。適子下堂

❶「亦用麻也」四字，通志堂本、四庫本及《禮記正義》無。

拜賓也。

嚴陵方氏曰：《周官·凌人》「大喪共夷槃冰」，所以寒其尸，使勿傷，故曰「夷牀」、曰「夷衾」，皆以是。夷堂者，夷之爲言移也，亦以傷爲戒故也。

山陰陸氏曰：體魄降矣而謂之夷，婉詞也。盤曰夷槃，牀曰夷牀，衾曰夷衾，亦以此，即若知氣有升無夷也。

君拜寄公、國賓，大夫、士拜卿大夫於位，於士旁三拜。夫人亦拜寄公夫人於堂上，大夫內子、士妻特拜命婦，氾拜衆賓於堂上。

鄭氏曰：衆賓，謂士妻也。尊者皆特拜，拜士與其妻皆旅也。

孔氏曰：此經明小斂訖拜賓也。君，謂嗣君也。小斂畢，尸出堂，嗣君下堂，拜寄公、國賓，並就其位鄉而拜之也。大夫、士是先君之臣，同服斬衰。小斂訖，出庭列位，故嗣君出拜之。卿大夫則就其位，鄉而拜之。士賤，不人人拜之，每一面三拜，士有三等故也。旁，猶面也。夫人拜於堂上，婦人無下堂也。大夫內子、士妻，夫人亦拜之。卿妻曰內子，大夫妻曰命婦，不言者，見卿妻與命婦同也。特拜命婦，特猶獨也，謂人人拜之，尊故也。拜內子亦然。衆賓士妻賤，故氾拜之，亦旁三拜也。此經唯舉君喪拜賓，不云大夫、士者，文不具也。大夫、士喪，拜賓亦然。故《士喪禮》云「主人拜賓，大夫特拜，士旅之」士也。❶ 熊氏曰：大夫、士拜卿大夫者，士家自遭喪，❷

❶ 下「士」字，通志堂本、四庫本及《禮記正義》作「是」，是。

❷ 「士」字上，通志堂本、四庫本及《禮記正義》有「是卿大夫」四字，是。

小斂後拜卿大夫於位，士旁三拜。大夫内子、士妻亦謂大夫、士妻家自遭喪，小斂後拜命婦及拜士妻之禮。大夫、士各自遭喪，并言之者，以其大夫、士家喪小斂後拜賓同故也。

主人即位，襲帶絰，踊。母之喪，即位而免。乃奠。弔者襲裘，加武帶絰，與主人拾踊。

鄭氏曰：即位，阼階之下位也。有襲絰，乃踊，尊卑相變也。「母之喪，即位而免」，記異者，禮，斬衰括髮，齊衰免，以至成服而冠。爲母重，初亦括髮，既小斂則免。乃奠，小斂奠也。始死，弔者朝服裼裘如吉時。小斂則改襲，而加武與帶絰矣。武，吉冠之卷也。加武者，明不改冠，亦不免也。《檀弓》曰「主人既小斂，子游趨而出，襲裘帶絰而入」也。

孔氏曰：主人拜賓時，袒，今拜訖，襲衣加要帶、首絰於序東，復位，乃踊也。案《士喪禮》云先踊乃襲絰，此先襲絰乃踊，士爲卑，此據諸侯爲尊，故鄭註云「尊卑相變」也。爲父喪，拜賓竟，而即阼階下位，又序東帶絰，猶括髮。若爲母喪，至拜賓竟，❶即位時不復括髮，以免代之。免以襲絰，至大斂乃成服，所以異於父也。拜賓襲絰踊竟，後始設小斂之奠。弔者襲裘加武者，未小斂之前，弔者裘上有裼衣，上有朝服。開朝服，露裼衣。今小斂之後，弔者以上朝服掩襲裘上裼衣也。加武者，主人既素冠素弁，弔者故加素弁於武也。帶絰者，帶謂要帶，絰謂首絰，以朋友之恩，故加帶絰。若無朋友之

❶「而即阼階」至「拜賓竟」二十二字，原脱，今據通志堂本、四庫本及《禮記正義》補。

恩，則無帶，唯經而已。拾踊，拾，更也。主人先踊，婦人踊，弔者踊，三者三，是與主人更踊也。鄭註「加武，明不改冠，亦不免也」者，凶冠則武與冠連，不別有武，免亦無武。今云「加武」，明不改作凶冠，亦不作免。弔所以有免，以四代祖免親及朋友在他邦，嫌有免理，故云「亦不免」也。引《檀弓》曰以下，證小斂之前裼裘，小斂之後襲裘也。此皆謂未成服前。若成服後，成錫衰、緦衰等，已具上《檀弓》疏。

山陰陸氏曰：鄭氏謂「有襲絰乃踊，尊卑相變也」，然則「袒括髮」，「括髮袒」，亦相變。言加武，則著不以居冠弔。據「居冠屬武」，後絰，弔服也。

君喪，虞人出木、角，狄人出壺，雍人出鼎，司馬縣之。乃官代哭。大夫，官代哭，不縣壺。士代哭不以官。君堂上二燭，下二燭。大夫堂上一燭，下二燭。士堂上一燭，下一燭。

鄭氏曰：代，更也。未殯，哭不絶聲，爲其罷倦，既小斂，爲漏刻，❶分時更哭也。❷木，給爨竈。角，以爲㪺水斗。壺，漏水之器也。冬漏以火爨鼎，沸而後沃之。此挈壺氏所掌也。屬司馬，司馬涖縣其器。大夫不縣壺，下君也。士代哭不以官，自以親疏哭也。燭，所以照饌也。滅燎而設燭。

孔氏曰：此一節論君及大夫、士小斂後代哭之異。虞人，主山澤之官，故出木與

❶「爲」字上，通志堂本、四庫本有「可」字，《禮記》鄭注有「可以」二字。

❷「時」字下，通志堂本、四庫本及《禮記》鄭注有「而」字。

角。狄人，樂吏，主挈壺漏水之器，故出壺。雍人主亨飪，故出鼎。冬月水凍，則漏遲無準，故取鼎煖水，用虞人木爨煮之也。司馬，夏官，卿也。其屬有挈壺氏，故司馬自臨視縣漏器，故《挈壺氏》云：「凡喪，縣壺以代哭者。」縣漏分時，使均其官屬，更次相代而哭也。有喪，則於中庭終夜設燎，至曉滅燎，而日光未明，故須燭以照祭饌也。

賓出，徹帷。哭尸于堂上，主人在東方，由外來者在西方，諸婦南鄉。

鄭氏曰：「賓出，徹帷」，君與大夫之禮也。士卒斂，即徹帷。徹，或爲「廢」。由外來，謂奔喪者也。無奔喪者，婦人由東面。

孔氏曰：此明小斂後尸出在堂時法也。鄭註「士卒斂，即徹帷」，《士喪禮》文。賓出後乃除帷，是人君及大夫禮舒也。哭尸於堂，主人位在尸東，婦人位在尸西，如室中。若於時有新奔喪從外來者，則居尸西方，欲異於在家也。未小斂而奔者，則在東方。故《奔喪》注云「其未小斂而至，與在家同」也。諸婦南鄉，謂主婦以下在家者。婦人位本在西方東鄉，今既有外新奔者，❶故移辟之，而近北鄉南也。

婦人迎客、送客不下堂，下堂不哭。男子出寢門見人，不哭。其無女主，則男主拜女賓于寢門內。其無男主，則女主拜男賓于阼階下。子幼，則以衰抱之，人爲之拜。爲後者不在，則有爵者辭，無爵者人爲之拜。在

❶「則居尸」至「奔者」六十五字，原脱，今據通志堂本、四庫本及《禮記正義》補。

竟内則俟之，在竟外則殯葬可也。喪有無後，無無主。

鄭氏曰：婦人所有事，自堂及房；男子所有事，自堂及門。非其事處而哭，猶野哭也。出門見人，謂迎賓也。拜者，皆拜賓於位也。爲後者有爵，攝主爲之辭於賓耳，不敢當尊者禮也。

孔氏曰：此一節明小斂之後，男主、女主迎送弔賓及拜賓之位，又廣明喪主不在之義。婦人質，故送迎敵者不下堂，有君夫人弔，則主婦下堂至庭，稽顙而不哭也。男子遭喪，敵者來弔，不出門，若有君命，則出門，亦不哭也。故《士喪禮》「君使人弔，徹帷，主人迎于寢門外，見賓不哭」是也。「其無女主」以下，明喪無主，使人攝者，禮也。若有主，則男主拜男賓，女主拜女賓。無女主，則男主拜女賓于寢門内，❶少遠階下，而猶不出門也。無男主，則使女主拜男賓於阼階下位。鄉云「女有下堂」，謂此也。子雖幼小，則以衰抱之爲主，而人代之拜賓也。「爲後者不在，則有爵者辭」者，謂主有官爵，出行不在，而家有喪，其攝主無官爵，則辭謝於賓云：己無爵，不敢拜賓也。「無爵者，人爲之拜」，謂不在之主無官爵，其攝主之人爲主拜賓也。若主行近在竟内，則俟其還乃殯葬。若主在國外，不可待，則殯。又不可待，則葬可也。「喪有無後，無無主」，釋所以使人攝及以衰抱幼之義。無主則對賓有闕，故四鄰、里尹主之，無得無主也。

❶「無女主，則男主拜女賓」九字，原脱，今據通志堂本、四庫本及《禮記正義》補。

嚴陵方氏曰：有後無後存乎天，有主無主存乎人。存乎天者不可爲也，故喪有無後者。存乎人者，可以爲也，故無無主也。

金華應氏曰：有爵者來弔，則辭謝不敢見，重爵命也。無爵者則代之拜。有爵、無爵蓋係於弔者，而注以係於爲後不在之人，雖於理有之，而有不通者。人之於喪也，惟其情之厚者則弔之，初不視其爵之有無。而爲攝主者，亦通大夫、士而言也。大夫或弔於士，士或弔於大夫，其往來初無常。而受弔者不拘爲後之貴賤，但弔者之至，則隨其人而應之，有所辭、所拜之不同耳。且攝主所以領賓，而欲弔者之不虛辱耳。若如注説，則爲後不在而必身無爵者，於凡有客始一例接之，苟有爵則一例辭之。是皆無事乎接賓也，又何以攝主焉？在禮，士不主大夫之喪，士不攝大夫，則有爵者喪，必有爵者而後主之矣。爲主者有爵，則受有爵之弔，乃爲相稱，又何辭焉？

君之喪三日，子、夫人杖。五日既殯，授大夫、世婦杖。子、大夫寢門之外杖，寢門之內輯之。夫人、世婦在其次則杖，即位，則使人執之。子有王命則去杖，國君之命則輯杖，聽卜、有事於尸，則去杖。大夫於君所則輯杖，於大夫所則杖。

鄭氏曰：三日者，死之後三日也。爲君杖不同日，人君禮大，可以見親疏也。輯，斂也。斂者，謂舉之不以拄地也。夫人、世婦次於房中，即位堂上。堂上近尸殯，使人執杖，不敢自持也。子於國君之命輯杖，下成君，不敢敵之也。卜，卜葬，卜日也。凡喪祭，虞而有尸。大夫於君所輯杖，謂與之俱即寢門外位也。獨焉則杖。君，謂子也。於大夫所杖，俱爲君，杖不相下也。

孔氏曰：自此至「隱者」一節，廣明君及大夫、士三日後杖之節制。案下文大夫之喪既殯，主人、主婦、室老皆杖。❶今杖不同日，是人君禮也。子杖，通女子在室者。若嫁爲他國夫人，則不杖；嫁爲卿大夫妻，同五日杖也。《喪服四制》「七日授士杖」，君之女及內宗、外宗嫁爲士妻及女御，皆七日杖也。子，大夫子，兼適庶及世子。寢門，殯宮門也。子、大夫廬在寢門外，得持杖拄地行，以至寢門。殯柩在門內，神明所在，故入門輯斂之，不敢拄地也。若庶子至寢門，則去杖，不得持入。此大夫與子同者，謂大夫特來，不與子相隨也。若與子相隨，子杖則大夫輯，子輯則大夫去杖。故下文云「大夫於君所輯杖」是也。「夫人、世婦在其次則杖」者，次謂西房居喪之地，則得持杖拄地。「即位，則使人執之」，以堂上有殯也。子有王命去杖者，世子尊天子之命，對之不敢杖也。國君之命輯杖，謂鄰國使人來弔，世子未敢比成君，故斂杖也。有事於尸，謂虞及卒哭、祔祭，敬卜及尸，故去杖也。大夫於君所輯杖者，君謂世子。經前云「子」，後云「君」，嫌是別人，故鄭云「君，謂子也」。若大夫與世子俱在門外位，大夫則輯杖，敬嗣君也。大夫與大夫俱在門外，是兩大夫相對，同爲君，杖不相降，故並得杖拄地也。

❶「室」，原作「至」，今據通志堂本、四庫本及《禮記正義》改。

山陰陸氏曰：子、夫人杖不言授，嫌或使之。

大夫之喪，三日之朝既殯，主人、主婦、室老皆杖。大夫有君命則去杖，大夫之命則輯杖。内子爲夫人之命去杖，爲世婦之命授人杖。

鄭氏曰：大夫有君命去杖，此指大夫之子也。而云大夫者，通實大夫有父母之喪也。授人杖，與使人執之同也。

孔氏曰：此一節明大夫杖節。大夫死後三日，既殯，應杖者悉杖也。大夫嗣子而云大夫者，兼通子爲大夫，有父母喪也。有君命則去杖，對君命亦然也。大夫之命，謂嗣子對彼大夫之使，則斂杖，自卑下也。兩大夫自相對，則不去杖。内子，卿妻也。有夫及長子喪，君夫人有命弔己，則去杖。若有君之世婦命弔，内子敬之，則使人執杖以自隨。卑於夫人，故隨而不去也。經云「大夫之喪」，不舉命婦而舉内子、卿妻者，互文也。欲見卿喪與大夫同。

山陰陸氏曰：内子爲夫人之命去杖。輯杖，於此取中焉，在去杖與杖之間。「爲世婦之命授人杖」，不言使人執之，卑也。其稱爲亦以此。

禮記集説卷第一百五

# 禮記集說卷第一百六

士之喪，二日而殯。三日之朝，主人杖，婦人皆杖。於君命、夫人之命，如大夫。於大夫、世婦之命，如大夫。

鄭氏曰：士二日而殯者，下大夫也。士之禮，死與往日，生與來日，此二日，於死者亦得三日也。婦人皆杖，謂主婦，容妾爲君、女子子在室者。

孔氏曰：此一節明士之杖節。二日而殯，除死日爲二日也。三日，殯之明日也。士之子於君命，其妻於夫人之命，如大夫禮，皆去杖也。若士之子於大夫之命，其妻於世婦之命，如大夫於大夫之禮，大夫之命則輯杖，世婦之命則授人杖也。

子皆杖，不以即位。大夫、士哭殯則杖，哭柩則輯杖。弃杖者，斷而弃之於隱者。

鄭氏曰：子，謂凡庶子也。不以即位，與去杖同。哭殯，謂既塗也。哭柩，謂啓後也。大夫、士之子於父，父也，尊近，哭殯可以杖。天子、諸侯之子於父，父也，君也，尊遠，杖不入廟門。弃杖於隱者，杖是喪至尊，爲人得而褻之。

孔氏曰：大夫、士，謂大夫、士適子。既攢塗之後，於父，父也，其尊偪近，故哭殯可以杖。將葬，既啓之後，對爲尊，❶則斂去其杖。鄭注「廟門」即殯宮門也。大祥斷杖，弃於幽隱之處，使不穢汙也。

❶「對」字下，通志堂本、四庫本及《禮記正義》有「柩」字，是。

君設大盤，造冰焉。大夫設夷盤，造冰焉。士併瓦盤，無冰。設牀，襢第。有枕，含一牀，襲一牀，遷尸于堂又一牀，皆有枕席。君、大夫、士一也。

鄭氏曰：此事皆沐浴之後，宜承「濡濯弃於坎」下，札爛脱在此耳。造，猶内也。襢第，袒簀也，謂無席，如浴時牀也。禮：自仲春之後，尸既襲，既小斂，先内冰盤中，乃設牀於其上，不施席而遷尸焉。秋涼而止。士不用冰，以瓦爲盤，併以盛水耳。漢禮：大盤廣八尺，長丈二，深三尺，赤中。夷盤小焉。《周禮》天子夷盤，《士喪禮》君賜冰亦用夷盤，然則其制宜同之。

孔氏曰：此一節明初死沐浴之節。造冰者，造内其冰於盤中。夷盤亦内冰，小於大盤，置冰於下，設牀於上，去席，襢露第簀。浴時無席，爲漏水也。設冰無席，爲通寒氣也。含、襲、遷尸，此三節各有牀，唯含一時暫徹枕，使面平，故《士喪禮》云「商祝徹枕」。含竟並有枕，含、襲及堂皆有席也。鄭註「既襲」，謂大夫也。「既小斂」，謂士也。皆是死之明日。若天子、諸侯，亦三日而設冰也。

始死，遷尸于牀，幠用斂衾。去死衣。小臣楔齒用角柶，綴足用燕几。君、大夫、士一也。

鄭氏曰：牀，謂所設牀第當牖者也。《士喪禮》曰：「士死於適室。」幠用斂衾。去死衣，病時所加新衣及復衣也。去之，以俟沐浴。

孔氏曰：此一節明初死之節，❶下經論死

❶ 上「節」字下，通志堂本、四庫本有「反」字。

後而沐浴，前經論浴後設冰，經文顛倒。尸初在地，冀生氣復。既不生，故遷於牀，近南當牖前，所謂「正尸」也。幠，覆也。斂衾者，大斂之衾被也。遷尸在牀，用斂衾覆之。楔齒，楔柱也。柶，以角爲之，長六寸，兩頭屈曲。❶將含，恐口閉急，故使小臣以柶柱張尸齒令開也。尸應著屨，恐足辟戾，亦使小臣側几於足，令几脚南出，綴拘尸足兩邊，令直不辟戾也。《既夕禮》「綴足用燕几，挍在南，御者坐持」是也。自始死至此，貴賤同。

管人汲，不説繘，屈之。盡階，不升堂，授御者。御者入浴，小臣四人抗衾，御者二人浴。浴水用盆，沃水用枓，浴用絺巾，挋用浴衣，如他日。小臣爪足，浴餘水弃于坎。其母之喪，則内御者抗衾而浴。

鄭氏曰：抗衾者，蔽上，重形也。挋，拭也。爪足，斷足爪也。

孔氏曰：此一經明浴時也。管人，主館舍者。汲，謂汲水瓶索也。遽促於事，故不説去井索，但縈屈執之於手中，以水從西階而升，盡，不上堂。用盆盛浴水，用枓酌盆水沃尸，用盤於牀下盛浴水。❷絺是細葛，除垢爲易。用生時浴衣拭尸肉，令燥。如他日，謂如平生尋常之日也。浴竟，小臣翦尸足之爪。坎者，甸人所掘階間取土爲竈之坎。甸人，主郊野之官也。内外宜别，故母喪用内御舉衾。内御，婦人也。事事如前，唯浴用人不同耳。

❶「屈曲」，通志堂本、四庫本倒。

❷「用枓」至「浴水」十五字，原脱，今據通志堂本、四庫本補。

嚴陵方氏曰：管人，主管籥之人也。井竈，亦其所司，故使之汲水焉。繘，井索也。枓以木爲之。

管人汲，授御者。御者差沐于堂上。君沐粱，大夫沐稷，士沐粱。甸人爲垼于西牆下，陶人出重鬲。管人受沐，乃煮之。甸人取所徹廟之西北厞薪，用爨之。管人授御者沐，乃沐。沐用瓦盤，挋用巾，如他日。小臣爪手翦須，濡濯弃于坎。

鄭氏曰：差，淅也，淅飯米，取其潘以爲沐也。浴沃用枓，沐於盤中，文相變也。《士喪禮》「沐稻」，此云「士沐粱」，蓋天子之士也。以差率而上之，天子沐黍與？

孔氏曰：此一節明沐也。粱、稷，皆謂用其米取汁而沐也。將沐，甸人爲土垼塹竈于西牆下，以煮沐汁。陶人，作瓦器之官。重鬲，謂懸重之罌，是瓦瓶受三升，以沐米爲粥，實於瓶，以疏布冪口，繫以篾，縣之，覆以葦蓆也。淅於堂上，管人亦升，盡等不上堂，就御者受淅汁，往西牆於垼竈鬲中煮之。甸人取復魄人所徹正寢西北厞以然竈，煮沐汁。爨，然也。謂正寢爲廟，神之也。舊云抽取屋西北簷。或云取屋外當扉隱處薪，義亦通也。煮汁熟，管人取以升階，授堂上御者，御者乃爲尸沐。瓦盤貯沐汁，用巾拭髮及面。《士喪禮》注云「挋，晞也，清也」，事事如平生。小臣翦手爪，治須，象平生也。濡，謂煩撋其髮。濯，謂不浄之汁。所濡濯汁弃於坎中。鄭注《士喪禮》云：「巾櫛浴衣，亦并弃之其坎。」案《既夕禮》：「掘坎南，順廣尺，輪二尺，深三尺，南其壤。」此沐汁弃於坎，則浴汁亦然。沐與浴俱有枓有盤。浴云「用枓」，沐云

「用盤」，故鄭云「文相變也」。案《公食大夫禮》「黍稷爲正饌，稻粱爲加」，是稻粱卑於黍稷。黍味美而貴，故鄭疑天子用之也。

君之喪，子、大夫、公子、衆士皆三日不食。子、大夫、公子、衆士食粥納財，朝一溢米，莫一溢米，食之無算。士疏食水飲，食之無算。夫人、世婦、諸妻皆疏食水飲，食之無算。

鄭氏曰：納財，謂食穀也。二十兩曰溢。於粟米之法，一溢爲米一升二十四分升之一。諸妻，御妻也。❶同言「無算」，則是皆一溢米，或粥或飯。

孔氏曰：此以下廣明五服之喪，自初死至除服君及大夫、士食飲之節。此經明君喪，食之禮。財，謂穀也，謂所食之米也。每日納用之米，朝唯一溢米，莫唯一溢米也。作之無時，當須豫納，故云「納財」。案《律歷志》二十兩則米二升，與此不同。古秤有二法，說《左傳》者云「百二十斤爲石」，則一斗十二斤，爲一百九十二兩，則一升爲十九兩有奇。今一兩爲二十四銖，則二十兩爲四百八十銖，計十九兩有奇爲一升，則總有四百六十銖八參，以成四百八十銖，唯有十九銖二參在，是爲米一升二十四分升之一。此大略而言之也。居喪因病，❷不能頓食，隨頻則食，❸故云「無算」。士賤病輕，故疏食。麤，疏也。食，飯也。麄爲米飯，❹亦

❶「妻」，《禮記》鄭注作「妾」，是。
❷「因」，《禮記正義》作「困」，是。
❸「頻」，通志堂本、四庫本及《禮記正義》作「須」，是。
❹「爲米」，通志堂本、四庫本及《禮記正義》作「米爲」，是。

水爲飲。夫人、世婦、諸妻皆婦人，質弱，恐食粥傷性，故言「疏食水飲」也。

大夫之喪，主人、室老、子姓皆食粥，衆士疏食水飲，妻妾疏食水飲，士亦如之。

鄭氏曰：室老，其貴臣也。衆士，所謂衆臣。士亦如之，如其子食粥、妻妾疏食水飲。

孔氏曰：此經明大夫禮也。子姓，謂孫也。不云衆子，主人中兼之。案《喪服傳》云：「卿大夫室老，士貴臣，其餘皆衆臣。」案《檀弓》主人、主婦歠粥。主婦，謂女主也。

既葬，主人疏食水飲，不食菜果，婦人亦如之。君、大夫、士一也。練而食菜果，祥而食肉。

鄭氏曰：果，瓜桃之屬也。

孔氏曰：此一節明既葬至練祥，君、大夫、士之食節。既葬，哀殺，可以疏食，不復用一溢米也。

食粥於盛不盥，食於篹者盥。食菜以醯醬。始食肉者，先食乾肉。始飲酒者，先飲醴酒。

鄭氏曰：盛，謂今時杯杅也。篹，竹筥也。歠者不盥手，飯者盥。篹，或作「簨」。

孔氏曰：此一節明食之雜禮。歠粥不用手，故不盥。以手就篹取飯，故盥也。練而食菜果者，食之時以醯醬也。始食肉、始飲酒，謂祥後也。然《閒傳》曰「父母之喪」，「大祥有醯醬」，「禫而飲醴酒」，二文不同。蓋記者所聞之異。 熊氏曰：此據病而不能食者，練而食醯醬，祥而飲酒也。

期之喪，三不食。食疏食，水飲，不食菜果。

三月既葬，食肉飲酒。期，終喪不食肉、不飲酒。父在，爲母、爲妻，九月之喪，食飲猶期之喪也。食肉飲酒，不與人樂之。

鄭氏曰：食肉飲酒，亦謂既葬。

孔氏曰：此一節論期與大功喪食之節，期之喪，謂大夫、士旁期之喪。三不食者，謂義服。其正服則二日不食。見《閒傳》。猶期之喪，謂事同期也。

五月、三月之喪，壹不食，再不食，可也。比葬，食肉飲酒，不與人樂之。叔母、世母、故主、宗子，食肉飲酒。不能食粥，羹之以菜可也。有疾，食肉飲酒可也。五十不成喪，七十唯衰麻在身。

鄭氏曰：叔母以下，義服恩輕也。故主，謂舊君也，言故主者，關大夫及君也。性不能食粥，可食飯菜羹。有疾，食肉飲酒，爲其氣微也。不成喪，成猶備也，所不能備，謂不致毁、不散送之屬也。七十，居處飲食與吉時同。

孔氏曰：此一經明五月、三月喪食之節。壹不食謂緦麻，再不食謂小功，并言之，容殤降之緦麻再不食，義服小功壹不食，故以「壹不食」、「再不食」結之。故《閒傳》云「小功緦麻，再不食」，殤降者也。故主，若是諸侯，當云「舊君」。主者，大夫之稱，故知關大夫、君也。

既葬，若君食之則食之，大夫、父之友食之則食之矣。不辟粱肉，若有酒醴則辭。

鄭氏曰：尊者之前，可以食美也。變於顔色，亦不可。

孔氏曰：此經明己有喪，既葬，尊者賜食之禮，葬後情殺，可從尊者奪也。君食之，謂君食臣也。大夫，謂大夫食士也。父友，謂父同志也。其人並尊，若命之食，則可從之食也。雖以粱米之飯及肉命食，孝子食之。若飲酒醴，則變見顔色，故辭而不飲。

小斂於户内，大斂於阼。君以簟席，大夫以蒲席，士以葦席。

鄭氏曰：簟，細葦席也。三者下皆有莞。

孔氏曰：此一節明君、大夫、士小斂、大斂所用之席。士卑，不嫌，故得與君同用簟也。案《士喪禮·記》云「設牀，當牖，下莞上簟」，《士喪》經云「布席户内，下莞上簟」，謂小斂也。大斂云「布席如初」。始死至大斂用席，皆有莞也。大夫辟君，上席以蒲。若吉禮，則蒲在莞下，故《司几筵》「繢純，加莞席，紛純」，與此異也。

小斂：布絞，縮者一，横者三。君錦衾，大夫縞衾，士緇衾，皆一。衣十有九稱。君陳衣于序東，大夫、士陳衣于房中，皆西領北上。絞、紟不在列。

鄭氏曰：絞，既斂所用束堅之者。縮，從也。十有九稱，❶法天地之終數也。《士喪禮》「小斂陳衣於房中，南領，西上」，則大夫異。今此同，❷亦蓋天子之士也。絞、紟不在列，以其不成稱，不連數也。小斂無紟，因絞不在列見之也。或曰縮者二。

孔氏曰：此以下至「絺、綌、紵不入」，廣明君、大夫、士小斂、大斂及襚所用之衣，并所陳之處。經明小斂之衣，以布爲絞，從者一幅，竪置於尸下，横者三幅，亦在尸下。從者在横者之上，每幅之末析爲

❶ 「十」字上，通志堂本、四庫本及《禮記》鄭注有「衣」字，是。

❷ 「今」上，原衍「同」字，今據通志堂本、四庫本及《禮記》鄭注删。

三片，以結束爲便也。君、大夫、士各用一衾，故云「皆一」。舒衾於此絞上。君、大夫、士同用十九稱衣布於衾上，然後舉尸於衣上，屈衣裹，又屈衾裹之，然後以絞束之。天數終於九，地數終於十。人既終，故云以天地終數斂之也。陳衣，謂將小斂陳衣也。房中者，東房，大夫、士唯有東房也。絞、紟不在十九稱之列。

大斂：布絞，縮者三，横者五。布紟，二衾。君、大夫、士一也。君陳衣于庭，百稱，北領西上。大夫陳衣于序東，五十稱，西領南上。士陳衣于序東，三十稱，西領南上。絞、紟如朝服。絞一幅爲二，❶不辟。紟五幅，無紞。

鄭氏曰：二衾者，或覆之，或薦之。如朝服者，謂布精麤，朝服十五升。小斂之絞也，廣終幅，析其末，以爲堅之强也。大斂之絞，一幅三析用之，以爲堅之急也。紞，以組類爲之，綴之領側，若今被識矣。生時禪被有識，死者去之，異於生也。《士喪禮》：「大斂亦陳衣於房中，南領，西上。」與大夫異，今此又同，亦蓋天子之士。紞，或爲「點」。

孔氏曰：此一節明大斂之事。布絞縮者三者，取布一幅，裂作三片，直用之，兩頭裂，中央不通。横者五者，又取布二幅，分裂作六片，用五片横於縮下。布紟者，禪被也，當在絞上，以絞束之。二衾者，小斂君、大夫、士各一衾，至大斂各加一衾，爲二衾，其衾所用與小斂同。但此衾，一是始死覆尸者，故《士喪禮》云「幠用斂衾」，注「大斂所并用之衾」。一是大

❶「二」，通志堂本、四庫本及《禮記》作「三」，是。

斂時復制。士既然，明大夫以上亦然。君陳衣百稱者，衣多，故陳在庭爲榮。案鄭注《雜記篇》襲禮，大夫五，諸侯七，上公九，天子十二稱，則此大斂，天子當百二十稱，上公九十稱，侯、伯、子、男七十稱。今云「君百稱」者，舉上公全數言之。北領，謂尸在堂也。西上，由西階取之便也。大夫、士小斂衣小，❶統於尸，故北上。大斂衣多，故南上，亦取之便也。絞之於紟，二者布精麄皆如朝服十五升。絞以一幅之布分爲三段。辟，擘也。小斂絞全幅，析裂其末爲三。大斂之絞既小，不復擘列其末。古字假借，讀「辟」爲「擘」也。鄭注「堅之强」、「堅之急」者，解小斂絞用布全幅，以衣少，欲得堅束力强也。大斂一幅分爲三片。凡物細則束縛牢急，以衣多，故須急也。鄭注「紞，綴之領側，若被識」者，領爲被頭，側謂旁，❷識認記識。❸言綴此組類於領及側，如今被之記識也。　皇氏曰：紟，禪被也，取置絞束之下，擬用以舉尸也。《孝經》云「衣食而舉之」是也。

小斂之衣，祭服不倒。君無襚。大夫、士畢主人之祭服。親戚之衣，受之，不以即陳。小斂，君、大夫、士皆用複衣複衾。大斂，君、大夫、士祭服無算。君褶衣褶衾，大夫、士猶小斂也。

鄭氏曰：不倒，尊祭服也。斂者要方，散衣有倒。君無襚者，不陳，不以斂也。褶，袷也。君衣尚多，去其著也。

❶ 下「小」字，四庫本及《禮記正義》作「少」，是。

❷ 「謂」字下，通志堂本、四庫本及《禮記正義》有「被」字，是。

❸ 「認」，通志堂本、四庫本及《禮記正義》作「謂」，是。

孔氏曰：祭服，謂死者所用也。小斂十九稱，不悉著之，但用裹尸，要取其方而衣其倒領在足間者。唯祭服尊，領不倒在足也。君無襚者，國君陳衣及斂，悉用己衣，臣有致襚，不得陳用也。大夫、士降於君，小斂則先畢盡用己正服，乃用賓客襚者也。用衣之美者，故言祭服。若親屬有衣相送，受之，而不以即陳列也。《士喪禮》鄭注云：「大功以上，有同財之義。襚之不將命，自即陳於房中。小功以下及同姓皆將命。」祭服無算，算，數也。大斂，所有祭服皆用之，無限數也。大夫、士猶小斂，則複衣、複衾也。據主人之衣，故用複。若襚，亦得用袷也。故《士喪禮》云「襚以褶」是也。

廬陵胡氏曰：謂君不以衣襚大夫、士也。此謂小斂，若大斂則君有襚。《士喪禮》具之。

袍必有表，不禪，衣必有裳，謂之一稱。

鄭氏曰：袍，褻衣，必有以表之，乃成稱也。《雜記》曰「子羔之襲，繭衣裳與稅衣纁衻爲一」是也。《論語》「當暑，袗絺綌，必表而出之」，亦爲其褻也。

孔氏曰：袍有衣以表之，不使禪露也。引《雜記》證子羔之襲有袍，繭衣上加稅衣爲表乃成稱。引《論語》證衣上加表。熊氏曰：褻衣所用，尊卑不同，士襲而用褻衣，故《士喪禮》「陳襲事，爵弁服，皮弁服，褖衣」，注云「褖，所以表袍」，是襲有袍。《士喪禮》小斂云「祭服次，散衣次」，死則冬、夏並用袍，上加表。❶

❶ 「上」字下，通志堂本、四庫本及《禮記正義》有「並」字，是。

注云「褖衣以下，袍繭之屬」，是小斂有袍。《士喪》大斂散衣，❶是亦有袍。若大夫，襲亦有袍。案《雜記》子羔之襲，繭衣裳是也。若公則襲及大小斂皆不用褻衣。《雜記》「公襲無袍、繭」是也。襲輕尚無，大小斂無可知。

唐陸氏曰：衣單複具曰稱。

凡陳衣者實之篋，取衣者亦以篋，升降者自西階。凡陳衣不詘，非列采不入，絺綌紵不入。

鄭氏曰：取，猶受也。不屈，謂舒而不卷也。列采，謂正服之色也。絺、綌、紵，當暑之褻衣也。襲尸重形，冬、夏用袍，及斂則用正服。

孔氏曰：列采，謂五方正色。非列采，謂雜色不入陳之也。絺是細葛，綌是麤葛，紵是紵布，此褻衣也。

凡斂者袒，遷尸者襲。君之喪，大胥是斂，衆胥佐之。大夫之喪，大胥侍之，衆胥是斂。士之喪，胥爲侍，士是斂。

鄭氏曰：袒者，於事便也。胥，樂官也，不掌喪事。胥當爲祝字之誤也。侍，猶臨也。《大祝》之職「大喪贊斂」。《喪祝》「卿大夫之喪掌斂」。《士喪禮》「商祝主斂」。

孔氏曰：此一節明斂所用之人。大小斂事多，故袒爲便。遷尸入棺，事少，故襲。大祝是接神者，故君喪使執斂事。是猶執也。衆祝，喪祝也，賤，故副佐大祝也。大夫卑，故大祝侍之。侍，謂臨檢之也。君應有侍者，不知何人也。衆祝即喪祝。卑，故親執斂也。士之喪，喪祝臨之，士

❶「喪」字下，《禮記正義》有「禮」字。

之朋友來助斂也。《士喪禮》「士舉遷尸」是也。商祝，祝習商禮者。

小斂大斂，祭服不倒，皆左衽，結絞不紐。

鄭氏曰：左衽，衽向左，反生時也。

孔氏曰：此一節明斂衣之法。前也言小斂不倒，此又並言者，爲下諸事出也。衽，衣襟也。生向右，左手解抽帶便也。死則襟向左，示不復解。生時帶並爲屈紐，使易抽解。若死，則無復解義，故絞束畢結之，不爲紐也。

斂者既斂，必哭。士與其執事則斂，斂焉則爲之壹不食。凡斂者六人。

鄭氏曰：斂者必使所與執事者，不欲妄人褻之。執，或爲「槷」。

孔氏曰：斂者，謂大祝、衆祝之屬。以其與亡者或臣舊，或有恩。今手爲執事，專心則增感，故斂竟皆哭也。士與其執事，謂平生曾與亡者共執事。今與喪所，則助斂。若不經共執事，則褻惡之，不使斂也。生經有恩，死又爲之斂，爲之廢壹食。斂，兩邊各三人，故用六人。凡者，貴賤同也。

山陰陸氏曰：君子所遇而安，則死亦樂矣。《莊子》「南面王樂」是也。故君之喪，使大胥是斂，衆胥佐之。夫愛親豈有窮哉！故凡斂，孝子非之，大胥是焉。《檀弓》曰「君於大夫，將葬，及出，命引之」，言孝子可以義奪也。士，商祝主斂，士是之而已。鄭氏謂「胥」當爲「祝」，語誤矣。❶

君錦冒黼殺，綴旁七。大夫玄冒黼殺，綴旁五。士緇冒赬殺，綴旁三。凡冒，質長與手

❶「語」字，通志堂本、四庫本無，當是。

齊，殺三尺。自小斂以往用夷衾，夷衾質殺之裁猶冒也。

鄭氏曰：冒者，既襲，所以韜尸，重形也。殺，冒之下帬，韜足上行者也。小斂又覆以夷衾。裁，猶制也，字或爲「材」。

孔氏曰：此一經明尊卑冒制。冒，謂襲後小斂前所用以韜尸也。冒有質、殺者，作兩囊，各縫合一頭，又縫連一邊，餘一邊不縫，兩囊皆然也。上者曰質，下者曰殺。君質用錦，殺用黼。鄭注《士喪禮》云：「冒，制如直囊。其用之，先以殺韜足而上，後以質韜首而下。」綴旁七者，不縫之邊，上下安七帶，綴以結之也。大夫綴旁五，士旁三者，尊卑之差也。鄭注《士喪禮》云「上玄下纁，象天地也」，以此推之，❶士頳殺，則君、大夫畫殺爲斧文也。凡冒，謂通貴賤也。冒之質從頭韜來至下，長短與手相齊也。殺從足韜上長三尺。自小斂以往，往，猶後也。小斂前有冒，小斂後衣多，故用夷衾覆之。「夷衾質殺之裁猶冒也」者，言夷衾所用，上齊於手，下三尺，所用繒色及長短制度，如冒之質、殺，但不復爲囊及旁綴也。

君將大斂，子弁經，即位于序端。卿大夫即位于堂廉楹西，北面，東上，父、兄堂下，北面。夫人命婦尸西，東面。外宗房中，南面。小臣鋪席，商祝鋪絞、紟、衾、衣，士盥于盤上，士舉遷尸于斂上。卒斂，宰告，子馮之踊，夫人東面，亦如之。

鄭氏曰：子弁經者，未成服，弁如爵弁而素。大夫之喪，子亦弁經。

❶「推」字，原重，今據通志堂本、四庫本及《禮記正義》刪其一。

孔氏曰：此一經明君大斂時節也。成服則著喪冠，弁絰是未成服，君、大夫、士皆然。此雖謂大斂，其小斂亦同也。序謂東序。端謂序之南頭。卿大夫謂羣臣也。堂廉謂堂基南畔廉稜之上。楹謂南近堂廉者。子既在序端，故羣臣列於基上東楹之西也。父兄，諸父、諸兄不仕者，以其賤，故在堂下，鄉北，以東爲上也。若士，亦在堂下。外宗，君姑姊妹之女及姨舅之女也，輕，故在房中而鄉南。鋪席，謂下莞上尊，❶敷於阼階上，供大斂也。商祝鋪絞、紟、衾、衣等，致于小臣所鋪席上，以待尸也。士亦喪祝之屬。《周禮》：「喪祝上士二人，中士四人，下士八人。」將舉尸，故先盥手于盤上也。斂上，即斂處。宰告者，斂畢，大宰告孝子也。孝子得告，馮尸而起踴。夫人亦馮尸而踊。馮竟，乃斂於棺。

大夫之喪，將大斂，既鋪絞、紟、衾、衣，君至，主人迎，先入門右，巫止于門外。君釋菜，祝先入，升堂。君即位于序端。卿、大夫即位于堂廉楹西，北面，東上。主人房外南面，主婦尸西，東面。遷尸。卒斂，宰告，主人降，北面于堂下。君撫之。主人拜，稽顙。君降，升主人馮之，命主婦馮之。

鄭氏曰：先入右者，入門而右也。巫止者，君行必與巫，巫主辟凶邪也。釋菜，禮門神也。必禮門神者，禮，君非問疾弔喪，不入諸臣之家也。主人房外南面，大夫之子尊，得升視斂也。

孔曰：此一經明大夫大斂節也。主人，適子也。出門迎君，望見馬首，不哭不

❶「尊」，四庫本及《禮記正義》作「簟」，是。

拜。先還入門右，北面，以待君至。《士喪禮》注云：「不哭，厭於君，不敢伸其私恩也。」「巫止門外」者，君臨臣喪，巫祝桃茢。至門，恐主人惡之。且禮，敬主人，故不將巫入對尸柩。《士喪禮》云：「巫止于廟門外，祝代之。」具在《檀弓》疏。巫止而祝代入，故先君而入門，升自階阼也。君隨祝後而升堂，即位於東序之端。阼階上之東，是適子臨斂處也。「主人房外南面」者，鄉者在門右，君升則主人亦升，立君之北，東房之外，面鄉南，俱欲視斂也。遷尸者，鄉鋪絞、紟、衾、衣，而君至。今列位畢，故舉尸于鋪衣上也。主人得告斂畢，降西階堂下，鄉北立待君者，君臣情重，方爲分異，故斂竟，君以手撫案尸與之別。主人見君撫尸，故在堂下拜，稽顙以禮君之恩。君降者，撫尸畢而下堂也。升主人者，君命升之也。主人升自西階，由足西面馮尸，不當君所。君又命主婦馮之。《士喪禮》其子不得升。故鄭注「大夫之子尊，得升視斂也」。

横渠張氏曰：巫、祝皆所以接鬼神也。巫之接鬼神者，不説有鬼神，直以至誠感之。若有所應，感之正則得正，感之邪則得邪，聖人存之。

山陰陸氏曰：君釋菜者，非修絜不入諸臣之家。

士之喪，將大斂，君不在，其餘禮猶大夫也。

鄭氏曰：其餘，謂卿、大夫及主婦之位。

孔氏曰：此一節明士斂之節，士喪，卑無恩，君不視斂，故云「君不在」也。其餘鋪衣、列位、男女之儀，悉如大夫也。

鋪絞、紟，踊；鋪衾，踊；❶遷尸，踊；斂衣，踊；斂衾，踊；斂絞、紟，踊。

鄭氏曰：目孝子踊節。

孔氏曰：此一節明孝子貴賤踊節。

君撫大夫，撫内命婦。大夫撫室老，撫姪、娣。君、大夫馮父、母、妻、長子，不馮庶子。士馮父、母、妻、長子、庶子。庶子有子，則父母不馮其尸。凡馮尸者，父、母先，妻、子後。君於臣撫之，父母於子執之，子於父母馮之，婦於舅姑奉之，舅姑於婦撫之，妻於夫拘之，夫於妻、於昆弟執之。馮尸不當君所。凡馮尸，興必踊。

鄭氏曰：撫，以手案之也。内命婦，君之世婦。馮，謂扶持服膺也。君於臣撫之，至夫與妻於昆弟執之，❷此恩之深淺尊卑之儀也。馮之類，必當心。「馮尸不當君所」，不敢與尊者所馮同處也。馮之類，❸「凡馮尸，興必踊」，悲哀之至，馮尸必坐。

孔氏曰：此一節明撫尸及馮尸之節。大夫貴，故君自撫之。大夫以室老爲貴，臣以姪、娣爲貴。妾死，則爲之服，故並撫之也。君、大夫自主父、母、妻、長長子四人喪，❹故同馮之。馮父、母，撫妻、子，并云馮，通言耳。士賤，故馮及庶子無子者。君、大夫庶子，雖無子，不得馮也。凡馮尸者，凡主人也。「父、母先，妻、子後」，謂尸之父、母、妻、子也。君尊於臣，但以手撫案尸心，身不服膺也。父母於子，執之當心上衣也。子於父母，馮之服

❶「踊」字下，通志堂本、四庫本及《禮記》有「鋪衣踊」三字，是。

❷「與」，據經文當爲「於」。

❸「馮之類」三字，通志堂本、四庫本無，是。

❹「長長」，通志堂本、四庫本不重，是。

膺心上也。婦於舅姑尊，故奉當心上衣也。舅姑於婦亦手案尸心，與君爲臣同也。妻於夫拘之，微引心上衣，輕於馮，重於執也。夫於妻、於昆弟，亦執心上衣也。不當君所者，君已馮心，則餘人馮者，宜少辟之。凡馮尸，必哀殞，故起必踊，泄之。馮者爲重，奉次之，拘次之，執次之。尊者則馮、奉，卑者則撫、執。執雖輕於撫而恩深，故君於臣撫，父母於子執，是兼有尊卑深淺也。《士喪禮》「君坐，撫當心」，此下云「馮尸不當君所」，明君不撫，得當君所也。

山陰陸氏曰：言執，若不能捨也。婦於舅姑言奉，若舅姑在焉。婦人從一拘之，若猶有所拘焉。

父母之喪，居倚廬，不塗，寢苫枕凷，非喪事不言。君爲廬，宮之。大夫、士襢之。既葬，柱楣，塗廬，不於顯者。君、大夫、士皆宮之。凡非適子者，自未葬，以於隱者爲廬。

鄭氏曰：宮，謂圍障之也。襢，袒也，謂不障。不於顯者，不圖見面。❶於隱者爲廬，不欲人屬目。蓋廬於東南角，既葬猶然。

孔氏曰：此以下至「兄不次於弟」，明君、大夫、士遭喪，斬衰、齊衰、大功等，居廬及堊室，至祥禫以來，降殺之節。此經論遭喪居廬之禮。廬者中門之外，東牆下倚木爲廬，以草夾障，不用泥塗之。孝子居於廬中，寢卧於苫，頭枕於凷。若非喪事，口不言説。君廬外以帷障之，如宮牆。大夫、士其廬袒露，不帷障也。既

❶「圖」，四庫本及《禮記》鄭注作「塗」，是。

葬，情殺，故柱楣稍舉，以納日光，又以泥塗，辟風寒，不塗廬外顯處也。大夫、士既葬，故得宫之。凡非適子，謂世子也。❶既非喪主，故於東南角隱映處爲廬。葬竟亦然。

既葬，與人立，君言王事，不言國事。大夫、士言公事，不言家事。

鄭氏曰：此常禮也。

孔氏曰：此經明居喪常禮。未葬，不與人並立。君，諸侯也。王，天子也。既葬，可並立，則諸侯可言於天子事，猶不私言己國事。公，君也。大夫、士亦得言君事，未可言私事。《曾子問》練不羣立，據無事之時。此有事須言，故與人立也。

禮記集説卷第一百六

❶「世」，通志堂本、四庫本及《禮記正義》作「庶」，是。

# 鳴謝

《儒藏》精華編惠蒙善助，共襄斯文；謹列如左，用伸謝忱。

本煥法師　壹佰萬元

智海企業集團董事長　馮建新先生　壹佰萬元

NE・TIGER 時裝有限公司董事長　張志峰先生　壹佰萬元

張貞書女士　壹佰萬元

方正控股有限公司、金山軟件有限公司創始人　張旋龍先生　壹佰萬元

付剛先生　伍拾萬元

北京大學《儒藏》編纂與研究中心

本册審稿人　劉尚榮　張　濤
本册責任編委　王豐先

**圖書在版編目(CIP)數據**

儒藏.精華編.五三：上下册/北京大學《儒藏》編纂與研究中心編.—北京：北京大學出版社，2022.3

ISBN 978-7-301-11771-2

Ⅰ.①儒… Ⅱ.①北… Ⅲ.①儒家 Ⅳ.①B222

中國版本圖書館CIP數據核字（2022）第044203號

| | |
|---|---|
| **書　　名** | 儒藏（精華編五三）（上下册）<br>RUZANG（JINGHUABIAN WUSAN）（SHANGXIA CE） |
| **著作責任者** | 北京大學《儒藏》編纂與研究中心　編 |
| **責任編輯** | 吴遠琴　吴冰妮 |
| **標準書號** | ISBN 978-7-301-11771-2 |
| **出版發行** | 北京大學出版社 |
| **地　　址** | 北京市海淀區成府路205號　100871 |
| **網　　址** | http://www.pup.cn　　新浪微博：@北京大學出版社 |
| **電子信箱** | dianjiwenhua@126.com |
| **電　　話** | 郵購部 010-62752015　發行部 010-62750672　編輯部 010-62756449 |
| **印 刷 者** | 北京中科印刷有限公司 |
| **經 銷 者** | 新華書店 |
| | 787毫米×1092毫米　16開本　88印張　853千字 |
| | 2022年3月第1版　2022年3月第1次印刷 |
| **定　　價** | 1200.00元（上下册） |

ISBN 978-7-301-11771-2
9 787301 117712 >
定價：1200.00元
（上下册）